祖先与永恒

杰西卡·罗森中国考古艺术文集

[英] 杰西卡·罗森（Jessica Rawson） 著

邓菲 黄洋 吴晓筠 等译

Ancestors and Eternity:
Essays on Chinese Archaeology and Art

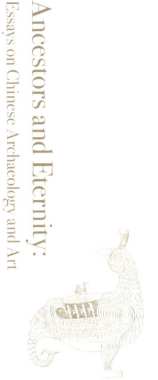

生活·讀書·新知 三联书店

祖先与永恒

关于作者

杰西卡·罗森（Jessica Rawson，1943— ）教授是中国艺术与考古领域最为杰出的西方学者之一。1975—1994年任大英博物馆东方部主任。1994年以来任牛津大学中国艺术考古专业教授，英国牛津大学副校长，以及其最古老的学院——墨顿学院院长。1990年荣膺英国学术院院士。为表彰她对中国研究的突出贡献，2002年英国女王授予其爵士头衔。2009年应台北史语所之邀任"傅斯年讲座"教授。

罗森教授对中国文化的兴趣极为广泛，包括中国古代青铜器、玉器，以及青铜器在后期的复兴。她注意考察"成套"青铜器在商周礼仪程序中的作用，该理论在探讨青铜器发展方面卓有成效。玉器方面，罗森教授的贡献主要集中于上古玉器在后期的保存及重新使用，比如商代妇好墓中就发现了许多被重新使用过的上古玉器，目前只有少数学者对此类问题进行过深入讨论。

近年来，罗森教授主要致力于中国墓葬结构发展的研究，试图展现古代墓葬是如何为墓主人与建造者所理解。她探讨了早期中国（从商代至汉代）整体墓葬形式的演变，同时中国与亚洲内陆地区的交流联系也是她关注的主题之一。

罗森教授还致力于一些晚期的题目，如在伦敦筹办"盛世华章——康、雍、乾三代帝王"艺术精品展，向西方社会重现中国的三朝盛世和丰富艺术内涵。在对晚近中国艺术的研究中，她对"装饰"的运用有着特殊兴趣，侧重西方与东亚装饰传统的比较研究，进而揭示这两个区域重要的文化差异与相似性。

本文集收录罗森教授三十五年来在以上领域的研究论文17篇，大部分完成于2000年之后，尚为首次以中文结集发表。

开放的艺术史丛书

总　序

  主编这套丛书的动机十分朴素。中国艺术史从某种意义上说并不仅仅是中国人的艺术史，或者是中国学者的艺术史。在全球化的背景下，如果我们有全球艺术史的观念，作为具有长线文明史在中国地区所生成的艺术历程，自然是人类文化遗产的一部分。对这份遗产的认识与理解不仅需要中国地区的现代学者的建设性的工作，同时也需要世界其他地区的现代学者的建设性工作。多元化的建设性工作更为重要。实际上，关于中国艺术史最有效的研究性写作既有中文形式，也有英文形式，甚至日文、俄文、法文、德文、朝鲜文等文字形式。不同地区的文化经验和立场对中国艺术史的解读又构成了新的文化遗产。

  有关中国艺术史的知识与方法的进展得益于艺术史学者的研究与著述。20世纪完成了中国艺术史学的基本建构。这项建构应该体现在美术考古研究、卷轴画研究、传统绘画理论研究和鉴定研究上。当然，综合性的研究也非常重要。在中国，现代意义的历史学、考古学、人类学、民族学、社会学、美学、宗教学、文学史等学科的建构也为中国艺术史的进展提供了互动性的平台和动力。西方的中国艺术史学把汉学与西方艺术史研究方法完美地结合起来，不断做出新的贡献。中国大陆的中国艺术史学曾经尝试过马克思主义的阶级和社会分析，也是一种很重要的文化经验。文化理论和文化研究的多元方法对艺术史的研究也起到积极的作用。

  我选择一些重要的艺术史研究著作，并不是所有的成果与方法处在当今的学术前沿。有些研究的确是近几年推出的重要成果，有些则曾经是当时的前沿性的研究，构成我们现在的知识基础,在当时为我们提供了新的知识与方法。比如,作为丛书第一本的《礼仪中的美术》选编了巫鸿对中国早期和中古美术研究的主要论文 31 篇;而巫鸿在 1989 年出版的《武梁祠:中国古代画像艺术的思想性》(*The Wu Liang Shrine: The Ideology of Early Chinese Pictorial Art*);包华石(Martin Powers)在 1991 年出版的《早期中国的艺术与政治表达》(*Art and Political Expression in Early China*);柯律格(Craig Clunas)在 1991 年出版的《长物志:早期现代中国的物质文化与社会状况》(*Superfluous Things: Material Culture and Social Status in Early Modern China*);巫鸿在 1995 年出版的《中国古代美术和建筑中的"纪念碑性"》(*Monumentality in Early Chinese Art and Architecture*)等,都是当时非常重要的著作。像雷德侯(Lothar Ledderose)的《万物:中国艺术中的大规模与模件化生产》(*Ten Thousand Things: Module and Mass Production in Chinese Art*);乔迅(Jonathan Hay)的《石涛:清初的绘画与现代性》(*Shi-tao: Painting and Modernity in Early Qing China*);白谦慎的《傅山的世界:十七世纪中国书法的嬗变》(*Fu Shan's World: The Transformation of Chinese Calligraphy in the Seventeenth Century*);杨晓能的《另一种古史:青铜器上的纹饰、徽识与图形刻划解读》(*Reflections of Early China: Décor, Pictographs, and Pictorial Inscriptions*)等都是 2000 年以来出版的著作。中国大陆地区和港澳台地区的中国学者的重要著作也会陆续选编到这套丛书中。

除此之外,作为我个人的兴趣,对中国艺术史的现代知识系统生成的途径和条件以及知识生成的合法性也必须予以关注。那些艺术史的重要著述无疑都是研究这一领域的最好范本,从中可以比较和借鉴不同文化背景下的不同方式所产生的极其出色的艺术史写作,反思我们共同的知识成果。

视觉文化与图像文化的重要性在中国历史上已经多次显示出来。这一现象也显著地反映在西方文化史的发展过程中。中国的"五四"以来的新文化运动是以文字为核心的,而缺少同样理念的图像与视觉的新文化与之互动。从这个意义上说，这套丛书不完全是提供给那些倾心于中国艺术史的人们去阅读的，同时也是提供给热爱文化史的人们备览的。

我唯一希望我们的编辑和译介工作具有最朴素的意义。

尹吉男

2005 年 4 月 17 日

于花家地西里书室

前　言

在过去的三十五年间，我一直致力于中国考古与艺术的研究，先后担任大英博物馆东方部主任以及牛津大学考古系教授等工作。在这几十年中，中国古代文化的博大精深不断撼动着我。作为一个欧洲人，我非常留意中国物质文化的发展，及其与地中海沿岸文明的差异。在那些地区，古埃及、古希腊及古罗马的成就为西方艺术与物质文化奠定了基础。千百年来，那些饰有神、人雕塑及绘画的石质建筑一直被视为西方艺术的经典。中国的情况则十分不同。古代青铜器、玉器是物质文化的核心，其中最精美的艺术品与统治者和贵族阶层紧密联系在一起。此外，古代青铜器上的铭文也提供了中国艺术精髓——书法——的最早例证。更重要的是，中国精湛的陶瓷、纺织技术令整个世界为之惊叹。

中国古代青铜器是我的主要研究内容之一。世界其他地区从未铸造出如此精美的青铜器。我的研究集中于两个方面：成套青铜器在礼仪活动中的作用，以及后世对早期青铜器器形及纹饰的复兴。我对成套器物功能的关注始于20世纪80年代研究赛克勒青铜器收藏之时。部分藏品现在陈列于美国史密森尼学会（Smithsonian Institution）辖下的华盛顿赛克勒美术馆（见本书收录的第2、3、4篇论文）。当时，我应邀为一批西周青铜器编纂图录。这一工作使我更加了解公元前9世纪左右青铜器器形的变化。许多学者都知道这一点，但这一显著的变化必定伴随着礼仪的变革。商代及西周早期对成套青铜器的使用在此时突然中断。新的器形开始流行，并且以多件重复的方式构成器物组群。这些新型的青铜器可能对应着礼仪活动中的新变化。不单是礼仪上出现了重大变革，贵族阶层的社会结构也可能发生了变化。

我们还需注意，当商代或西周的成套器物被使用时，它们是当时人们理解礼仪观念的组成部分。换言之，人们的部分思想和信仰隐含在这些成套器物中。但殷商成套器物所蕴含的观念与西周成套器物中涉及的思想内容有所不同。成套器物服务于特定的目的，比如用于礼仪活动的礼器或用于作战的兵器。在这样的观点下，这些器物不仅有助于理解特定时期的物质文化，同时也有助于理解与这些青铜礼器相关的信仰和习俗。

古代青铜器的另一个方面，即后期对早期器形和装饰的复兴，也能反映出这些晚期器物铸造时的社会情况。自商代以来，人们便对较早时期的青铜器十分着迷。我们可以在商代晚期、西周晚期及东周时期的墓葬中发现早期青铜器的复制品。这些时期的贵族都希望以他们与历史的显赫联系来提醒自己以及后世子孙（见第5、6、7篇）。与过往历史相关的见证无疑为拥有这些器物的家族带来崇高的地位。后来的帝王们也基于同样的原因复制古代青铜器。

如果我们想更深入地透过早期器物来理解中国古代社会及观念思想，各个时期的墓葬可以提供另外的线索（见第8—12篇）。中国具有悠久的墓葬传统。墓葬为其墓主提供了一个完备的死后世界。早期的竖穴土坑墓是古代青铜器和玉器的宝库。这些宝藏不但为它们的所有者提供了礼仪及身份所需的物品，也配备了战争所需的兵器和马车。秦代（公元前221

—前210年）以来的墓葬发生了许多重要变化，其中以兵马俑的出现最为突出。秦始皇陵不仅仅提供了军队，墓中的车马厩、朝臣、百戏、官员、嫔妃，以及天地星辰的图像，都是为了秦始皇的死后世界而创造的。如同随葬的青铜器一般，这些为冥世所准备的物品是古代中国人死后世界观的必要组成部分。

自秦代以来，墓葬成为墓主人的微缩宇宙。这种始于秦始皇时期的转变，一点也不亚于一场革命。我们可以通过比较商代与汉代（公元前206—公元220年）的墓葬来理解上述变化。汉代贵族以漆器和玉器取代了成套的精美青铜容器；这些器物与侍从木俑或陶俑放置在一起。另外，最高等级的贵族通常身着玉衣。随葬品上的变化反映了人们对待死亡的态度和信仰上的转变。同样值得注意的是，玉衣等贵重物品以及陶俑等模型，都被用来在死后世界发挥作用。我们还应认识到，壁画中的侍从、宴饮以及山岳都为墓主人提供了它们所描绘的事物（见第12篇）。因此，我们不应将陶俑与其他的物品区别开来。包括墓室壁画在内的一切，都为墓主的实际需求服务。

汉代墓葬的改变一部分源自于楚国习俗的影响，一部分可能来自于更遥远的西方、中亚地区。墓前的动物雕塑及凿山为藏的石室墓对石材的使用，都表现了中国与中亚及伊朗地区的联系。在那些地区，石头是雕塑与建筑的首选材料，并且同样有凿山为藏的石室墓。中国在秦汉时期已经作为世界的一部分，进入了全球化的早期阶段。

的确，通过对中国早期青铜器、玉器以及墓葬的分析，我们可以大致将欧亚大陆分为三个主要区域。最东端的是中国，及其影响所及的韩国、东南亚等地。最西端为地中海沿岸地区，及其影响的北欧及西亚等地区。将两者联系起来的是中亚广阔的沙漠和连绵的山脉,以及现今俄罗斯、蒙古地区的草原地带。在该区域内,游牧民族及商贾使中国与西亚间的交流得以存在。本论文集中的两篇文章(见第13、14篇)讨论了这些地区之间的交流。外来物品促进了新的材料及事物在中国的出现。古代中国人借用了来自美索不达米亚地区的红玛瑙珠,在西周晚期创造出全新的葬服样式(见第13篇)。

本书最后三篇文章将继续讨论欧亚大陆的不同文化,探讨较晚时期的装饰或图案(见第15—17篇)。这里,我将进行一个对比,一面是中国晚期流行的花鸟吉祥图案,另一面是以古希腊、罗马建筑系统为基础的西方图案。这两个区域存在着根本性的差异。然而,西方系统的部分元素随着佛教由印度次大陆传入中国。另外,中国的花鸟图案随着丝织品及瓷器传入印度、西亚,然后进入欧洲。现今欧洲及其他西方国家仍广泛使用的青花瓷,便是当时中国出口贸易瓷的派生物。我在关于装饰的论述中,以及其他的文章里,都专注于研究前人留下的丝织品与瓷器,这不仅是为了理解当时的贸易与交流,更是为了理解当时的社会结构与信仰模式。例如,通过分析万历皇帝(1573—1620年在位)的龙袍,我们可以思考当时的两种信仰:龙袍上吉祥图案的作用,以及龙袍将普通人转化为皇帝身份的特殊力量(见第15篇)。中国青铜器、玉器、陶瓷或丝织品上的各种创造,都与当时的社会习俗与观念的变革息息相关。

我要感谢在本书的出版过程中参与翻译工作的学生们:邓菲、吴晓筠、陈谊、黎婉欣、陈莘、蒋奇栖、曾庆盈、陆于平。其中,邓菲担任统筹工作,我十分感激她为此书所付出的努力。另外,北京大学的黄洋教授对所有译文进行了细致的修订。社科院考古所的赵超教授也协助校对译文,确保译文专业词汇的准确性。此外,我还要感谢梅建军教授为

《装饰纹样与地域——汉中青铜器的个案》一文所做的贡献。最后,我要向长期投入本书的三联书店的编辑们致以衷心的感谢。

杰西卡·罗森
2009 年 2 月 23 日

目　录

前　言 ··· 1

青铜器 ··· 1

  01　装饰纹样与地域——汉中青铜器的个案 ·············· 3

  02　是政治家，还是野蛮人？——从青铜器看西周 ········ 20

  03　西周青铜铸造技术革命及其对各地铸造业的影响 ······ 48

  04　战国及秦汉时期的礼器变化 ························ 63

复古维新 ··· 101

  05　古代纹饰的复兴与过去的呈现——来自商周青铜器的例子 ········ 103

  06　复古维新——以中国青铜器为例 ···················· 126

  07　中国青铜器的传承 ································ 155

墓　葬 ··· 171

  08　中国的丧葬模式——思想与信仰的知识来源 ·········· 173

  09　图像的力量——秦始皇的模型宇宙及其影响 ·········· 211

  10　西汉的永恒宫殿——新宇宙观的发展 ················ 241

  11　作为艺术、装饰与图案之源的宇宙观体系 ············ 307

  12　中国山水画的缘起——来自考古材料的证明 ·········· 355

中西交通 ··· 395

  13　红玛瑙珠、动物塑像和带有异域风格的器物——公元前1000—前650年前后周及其封国与亚洲内陆的交流迹象 ········ 397

  14　中国的博山炉——由来、影响及其含义 ·············· 463

装饰系统 483
  15 万历皇帝画像的载体作用 485
  16 装饰系统——中国的花鸟图像 501
  17 "盛世华章展"综述 525

文章出处 541
杰西卡·罗森学术简表 544

青铜器

01

装饰纹样与地域
——汉中青铜器的个案

引　言

　　汉中地区出土的青铜器有诸多值得注意之处。最引人注目的是它们多样的装饰类型。其中一些高品质的器物，可能来自郑州、盘龙城或安阳的商代作坊。不过，它们出土的地区与商的中心地区相距甚远。而且与之相关的其他青铜器也不太像是黄河中游地区的产物。汉中地区发现的青铜器看上去很像湖南、四川和安徽的青铜器。有些器物相当粗糙，很可能是当地的制品。最后，汉中类型的青铜器均未发现于商代中心地区的典型环境中。殷商中心地区的青铜器以成套的方式制作和使用，并常大批随葬于墓葬之内。[1]这些似乎都不是汉中地区的做法。相反，汉中的青铜器发现于广泛分布的小窖之中，与主要的居住中心或墓地没有关联。而且，与它们同时出土的武器、工具和配件，也未带有任何黄河流域殷人地区的典型色彩。

　　区分这些不同的考古地域比较容易，但令人意外的是，我们能够同样容易地辨别出哪些器皿为商代主流的青铜器，而另外一些为典型的边远地区的产品。本文将通过观察汉中出土并已发表的一些青铜器，从器物的装饰特征入手，去探讨分辨这些青铜器的方法。[2]

装饰纹样系统

商周时期的青铜器,向世人展示了一些最为有趣而错综复杂的古代纹饰。本文旨在说明,这些纹饰依赖于一个"系统",正如世界各地许多繁复的装饰纹样一样。我将"装饰纹样系统"(ornamental system)定义为包含着众多组件的整体,而所谓的组件,指可供工匠按照既有的规则去学习、使用和组合的基本元素。就现在的讨论而言,组件是指雀鸟和动物眼睛等纹样、兽面纹(即现称为饕餮的纹饰)上的角,或是器身上的扉棱和凸起兽面纹等独立单元。我侧重探讨纹饰中的组件而非其整体,这是因为青铜器上的装饰往往是由许多不同的元素组合而成的;与完整的纹饰如龙纹和饕餮纹相比,这些组件较为细小,从属于纹饰。这非常明显地表现在安阳时期的装饰中【图1-1】,甚至连S形和C形的卷纹也成为纹饰的组成部分【图1-2】,这点我将在下文中详细论述。这里所说的"既有的规则",包括把不同组件安置于容器环带纹之内的方式,但我们

[1-1] 瓿上的装饰线图,陕西省汉中市城固县莲花村出土,商代晚期。引自曹玮主编:《汉中出土商代青铜器》,第二册,146页。

[1-2] 壶上的装饰线图,陕西省汉中市城固县龙头镇龙头村出土,商代中期。引自曹玮主编:《汉中出土商代青铜器》,第一册,73页。

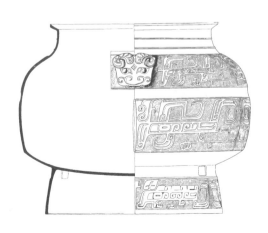

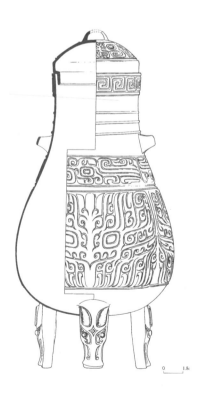

将在下文中看到更多的规则。工匠们未必明确地受过特定部件组合规则的训练,不过,他们通过在工作中耳濡目染的机会,不知不觉中已吸收了这些知识。我也将使用另外一些经常提及的词汇去表述纹样系统内的不同部分。例如:"纹饰"(motif)可能是指其中的一个组件,不过,商器的纹饰往往由若干部件组合而成;"图案"(design)是指一个或多个纹饰;我将用"装饰"(decoration)一词来形容在整个纹样系统之下的一个方面。纹样系统则表示所有的组件,以及用以组合这些部件的规则,其中还包括器物形制,即那些披上了各样装饰的青铜容器自身。

以往不少学者对此课题的讨论,常是围绕龙纹、雀鸟纹和饕餮纹等个别纹饰。此外,他们还出版发表器物上各部分的图样和拓片,仿佛这些纹饰原本是意图在平面上观看一样。[3] 然而纹样的原意并非如此,也不应如此观看和解读。实际上,所有的装饰纹样在特定的环境之内,都是专为某类型的器物而设定的。既然它们是器物形制的一部分,就必须和形制结合起来去理解。在黄河流域的商周等早期社会中,这些布满图案的器物是用以献祭祖先的青铜容器。而在英国和法国的青铜时代晚期,精致的图案则专门为武器、盾牌、镜子【图1-3】和颈圈之类的佩饰所设。[4] 在西方,图案被锻造在青铜器甚至金器之上;而在黄河流域,青铜礼器则是模铸而成。随着罗马帝国的建立,欧洲和地中海地区大量建造石质建筑,这种建筑的装饰系统因此成为两千多年以来西方的主导系统。在中国,建筑只起了较小的作用,主导的装饰系统通过绘画或刺绣方式表现出来,多以寓意吉祥的雀鸟、动物和植物为主题,是一个由语言体系主导的系统。在以上所有的例子中,我们都可以界定其组件,即这些系统的组成部分,并探讨这些部件赖以组合的规则。[5]

纹样系统的另一重要特性是能够让世代的工匠去学习和遵循。这个特性是决定图案如何被复制的有效途径,同时也指引图案如何在一定的限制内进行变化和发展。[6]

[1-3] 凯尔特人的铜镜,英格兰西部出土,公元1世纪。引自:John Brailsford, *Early Celtic Masterpieces from Britain in the British Museum*, fig. 61, 91.

青铜器 | 5

（对页）［1—4］
觚上的装饰线图，陕西省汉中市城固县龙头镇龙头村出土，商代早期。引自曹玮主编：《汉中出土商代青铜器》，第一册，76页。

纹样系统的使用范围如此之广，以至于成为特定人群文化的基本内容；实际上，纹样系统也成为特定文化内部的一种工具。例如，我们即将讨论的商代青铜礼器纹样系统，使得复制青铜器上的装饰成为可能，通过它们便可辨认出新的青铜礼器和十年以前制作的礼器属于同一类型。换言之，纹样系统维系了相似性，因此也维持了辨认的方式。一段时期内不同青铜器之间装饰纹样系统所具有的潜在一致性，是分辨青铜器产自商代主流铸造传统抑或是边陲地区制作的最根本凭据。当器物间的相似度很高时，我们便会视它们产自同一地区。纹样系统由此成为界定历史长河中特定族群及其文化的特征。我们也可利用这样的辨认来解读青铜器的变化与分流，去探明哪些青铜器由原初产地发展而来，而哪些是外地出现的变体。邻近的族群采纳纹样系统的不同方式，也是了解他们与殷人进行互动交流的标志。汉中地区发现的铜器让我们注意到商代中心地区与此地的互动关系。与对合金成分的分析一样，纹样也提供了铜器来源的线索。如同语言、烹饪习惯等文化特征，纹样也是地域性的。

我们常用英语的"风格"（style）一词来形容纹样系统及其中的变化。虽然这是一个人们广为接受的传统术语，不过它只有在描述西方建筑发展的变迁时才最为有效，例如我们常说的罗马风格和哥特风格。当用于描述器物时，就没那么有效了。鉴于纹样系统是以各种不同风格表现出来的，因此我认为，如果把作为基础的纹样系统也考虑在内，我们还是可以使用"风格"一词来形容各种类型的器物。"风格"是实践而成的模式，必须依靠某种具体事物来表现。

（对页）［1—5］
图1—2中壶的肩部和腹部装饰。引自曹玮主编：《汉中出土商代青铜器》，第一册，74页。

商代和西周初期的青铜器纹饰

倘若我们要鉴别这几件汉中青铜器的来源，我们实际上是要对纹样系统与其地域之间的联系进行探讨。要在汉中青铜器上揭示这些联系，我们先要简略地概括商代中心地区青铜器的装饰纹样系统。

在黄河流域青铜容器生产的早期阶段（二里头时期，约公元前1700—前1500年），容器的种类寥寥无几，以爵和觚为大宗。我们所见的装饰，也只局限于爵的腹部以及觚的腹和圈足上狭窄的环带纹，这些纹饰都是以阳线纹来表现的【图1—4】。

在随后的几个世纪，即以河南郑州和湖北盘龙城遗址为代表的二里岗时期，容器的类型增加了。同时装饰也更加多样化，发展出了宽条和窄条的浮雕卷纹装饰带，带纹中的组件由接近 S 或 C 形的卷纹构成（参见图 1-2）。有些卷纹像羽毛般向外展开，为翎状。虽然环带纹内的一双大眼像是代表动物的正面或侧面，但这些纹饰并未能清楚地显示出它们是何种动物【图 1-5】。汉中的几件尊和罍皆表明 S 和 C 形卷纹是基本的组件。[7]

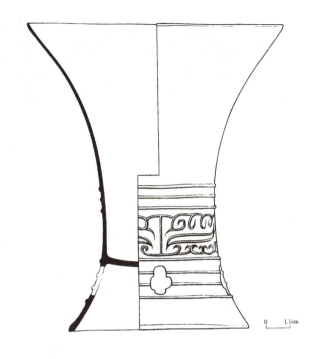

一件瓿上的装饰使我们看到了纹样系统的力量【图 1-6】。其腹部装饰带由抽象图形恰到好处地组合而成。一对拥有巨大瞳孔的眼睛使我们把纹饰看成一只慑人的动物。然而尽管拉长的身躯暗含其中，整个设计却以羽毛和卷纹为主，少有图像的特征。综合上述例子，曲线形状的器身对装饰的表现手法十分重要。

倘若我们细看这些容器和其他同类型的器物，不难发现它们的纹饰排列明显遵照一定的规则。首先，卷纹集中在眼部四周，用来突显装饰带内的

[1-6] 瓿，陕西省汉中市洋县马畅镇安家村出土，商代中期。引自曹玮主编：《汉中出土商代青铜器》，第二册，132页。

兽纹。其次，装饰带的宽窄比例均衡，器身中腹的较宽，而器足、颈部的则较窄（参见图1-2、1-4）。中腹环带纹内的装饰尤其讲求对称，一对动物的眼睛占据中心，以此来表明是兽纹。从属位置的兽纹也会出现，组成它们的眼睛和作卷纹状的身躯也同样对称地排列于主要兽面纹的两旁。但是，在较次要部位如颈部和圈足上的环带纹内，纹饰则不一定讲求对称。那些看起来像是兽面的纹饰却可以向同一方向排列。如此，各式各样的容器表面均以这两种方式——对称和顺列——来装饰。

我把所有二里头和商朝中心地区二里岗遗址出土的容器及装饰归入同一个商代纹样系统的发展阶段，即第一阶段。这个系统的主要部件是眼睛和排列在它们附近的S形和C形卷纹。其他部件包括器肩上的动物头饰和扉棱。三分合范也是决定纹饰构成的因素。换言之，铸造技术也影响到了纹饰的规则。总括来说，这些规则包括：用较为简单的卷纹和眼睛图案构成环带装饰；纹饰环带和不同种类器型的关系；布置与合范铸造部分相关的设计，安排动物头饰和扉棱在整个饰样中的位置。事实上，容器的类型本身是装饰规则的基础。我把这个系统视为商代传统中的第一阶段。

在随后被称为安阳时期的几个世纪中，商代的装饰纹样系统进入了一个新的阶段，就如上述的瓿（参见图1-1）和一件美轮美奂的罍

【图1-7】所体现的那样。它们是我所定义为纹样系统第二阶段的最明显的例证。那些用以组合纹样的部件与第一阶段颇有不同。这里的兽纹以雷纹衬底,那是一种有折角的螺旋纹样。前一阶段的兽纹以S和C形卷纹构成,面貌含糊不清,而第二阶段清晰的底纹使纹饰主体在视觉上与背景区分开来,因而产生了不见于早前阶段的轮廓和界线。

此外,之前的装饰是运用卷纹和翎状纹的组件来产生变化,就如上述的甀(参见图1-6)一样,现在取而代之的是拥有不同特征的饕餮纹、龙纹和雀鸟纹,其角、颚和爪等部位能明显辨认出来,而且这些部件可以互相替换。就图1-1的甀所见,圈足上有小龙,头部取自同器上的半块饕餮纹。中腹饕餮的两角是其身躯的另一版本,只是被倒转过来而已。在方罍(参见图1-7)上我们也可以找到角和龙身互换位置的例子。环绕器身下部蕉叶纹内的瓶形龙角取自器盖上的饕餮,而器肩上的双体龙则是取自另一种饕餮,可见于上海博物馆所藏的一件方罍【图1-8】上,它的身躯和角组成平行环纹。由此可见,尽管有些规则未变,但这只是在纹饰的排

[1-7] 方罍,陕西省汉中市城固县宝山镇尚家村出土,商代晚期。引自曹玮主编:《汉中出土商代青铜器》,第一册,122页。

[1-8] 方罍的一面拓片,商代晚期,上海博物馆藏。引自:《上海博物馆藏青铜器》,上海,1964年,第二册,11页。

青铜器 | 9

[1-9] 斝,河南省温县出土,商代晚期。引自张囤生编《中国美术分类全集·中国青铜器全集》,商卷4,图版62。

[1-10] 斝的线图,陕西省汉中市洋县马畅镇出土,商代晚期。引自曹玮主编:《汉中出土商代青铜器》,第一册,92页。

列方面,现在器身上所有部分的主要纹饰则皆讲求对称;另外,合范的连结仍然是限制表面纹饰布局的决定性原则。

在第二阶段中也出现了不同的风格。紧密配置如瓿上的平展饰样是其中一种;方罍上更深浮雕的纹饰(参见图1-7)则是另外一种。[8] 无论是平展还是立体的纹饰,纹样系统的部件仍然非常相似。而表现它们的不同方式则可以被视为风格上的差异。同样,添加一些非常独特的纹饰类型也算是风格上的区别,如河南省博物馆所藏的斝与安阳时期青铜器上的鸮形图案【图1-9】。汉中出土的一件以雀鸟为装饰的非同寻常的铜斝【图1-10】,无疑也属于系统中第二阶段的器物,具有独特的风格。同样,在安阳时期到西周初期出现在容器上的变化也可被视为风格上的改变。[9]

各地的贡献

现有大量证据将上述汉中的青铜器及其呈现的纹样系统,与以郑州和安阳为中心的中原青铜器铸造传统联系起来。我也谈到了湖北盘龙城,因为那里出产的青铜器似乎也是商代中原地区青铜器的类型。[10]

前文已提及,盘龙城的青铜器精确地仿造并扩展了郑州二里岗时期第一阶段青铜器的纹样系统,表明郑州的物主或工匠,甚至是两者可能同时从郑州转移到了这个南方的中心。[11] 我们迄今为止仍未完全了解盘龙城的地位,也不清楚为何在此使用如此高品质的器物。不过,盘龙城有可能是商王朝较为边缘的地区,而郑州则是其中心。纹样系统与地域之间的关联又再一次得到证明。

倘若我们将盘龙城视为商代中心区域的一部分,便可借此论证汉中地区的居民在拥有和使用青铜器的习惯上,与当时其他遗址上的殷人相当不同。首先,从其纹饰来看,此地出土的各种青铜器并不一致:它们既不属于同一时期,也不是商代典型的成套器物。我在上文描述的几类青铜器,似乎是在一段很长的时期内,逐一或数件一组地搜集或掠夺而来的,其中不少肯定来自商代的中心地带。这些青铜器以瓿、尊和罍等圆鼓形盛器最为常见。从汉中人对这几类器物的青睐可见,他们似乎和同样流行这些铜器的四川及湖南有所联系。[12] 然而,四川、湖南地区的这类青铜器通常是本地生产。此外,汉中地区多见的鼎、斝、爵和觚,也甚少见于南方或西南地区。汉中地区在使用商代式样的铜器时,无疑有着自身的特色与偏好。

我们也要注意其他的地区性联系。【图1-11】所示的尊器似乎是

[1-11] 尊,陕西省汉中市城固县宝山镇苏村出土,商代晚期。引自曹玮主编:《汉中出土商代青铜器》,第一册,52页。

[1-12] 尊,四川省广汉三星堆出土,商代晚期。引自四川省文物考古研究所编:《三星堆祭祀坑》,北京,1999年,图70。

来自湖南的成品。其上的纹饰外形略似安阳时期的样式，装饰主纹同样被置于雷纹背景之上。不过，在此处我们得考虑到对于每一处局部细节的判断。如果我们仔细地观察主要的饕餮面纹，便会发现围绕其颚骨的线纹刻画并非是安阳纹样系统的典型做法。另外，带钩扉棱和肩部上的小鸟也不是安阳第二阶段的特色。此尊应与四川三星堆发现的铜器进行比较【图1-12】。[13]

同样，【图1-13】所示的罍看似二里岗第一阶段的青铜器，但它的风格却与标准的器物大为不同。罍上均匀的卷纹没有雷纹衬底，但因波浪形的浮雕形式而有所变化。这种立体线纹与上述安阳方罍上所见的颇有不同，和迄今仅见于安徽阜南出土的青铜器【图1-14】纹饰相同。这种变化似乎是风格化的，与地区性的偏好有关。图1-13中的罍有可能是从安徽带至汉中的。

我们可在【图1-15】中的尊上发现风格的另外一种变体。根据梅建军的研究，这件略嫌粗拙的铜器大概产自汉中地区。其表面相当粗糙，圈足上有着过大的穿孔。器物上的纹饰打破了面纹和地纹之间的平衡，所有线条的宽度几乎一样，因而掩盖了安阳第二阶段标准纹样系统

[1-13] 罍,陕西省汉中市城固县宝山镇苏村出土,商代晚期。引自曹玮主编《汉中出土商代青铜器》,第一册,102页。
[1-14] 安徽省阜南出土尊的纹饰,该器现藏于安徽省博物馆,商代中期至晚期。引自张囯生编《中国美术分类全集·中国青铜器全集》,商卷1,图版115。

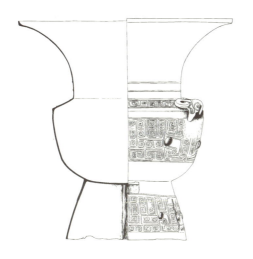

的效果。我们几乎可以将其比拟为从标准语言中变化出来的地方方言。成功的纹样系统的一个主要特色,便是能够为邻近地区的人群所借用。本节所述的三件器物,正是三种不同借用方式的例子。

其他地区的人们必须依靠本地的工匠,来仿造第一和第二阶段的商代纹样系统。在湖南、四川、安徽与汉中的作坊中,皆有供仿造之用的商器,不过大概没有来自商朝中心地区的工匠参与他们的生产。从【图1-16】中的壶盖可见到这种模仿的证据。这壶本身(参见图1-2)应来自于郑州或盘龙城,其器盖看似十分古老。不过器盖上圆形的细阳线纹与器身上宽平的环带纹并不吻合。壶本身的器盖似乎早已丢失,本地的工匠便在一段时间后为铜壶配制了新盖。

[1-15] 陕西省汉中市城固县宝山镇苏村出土尊的装饰线图,商代晚期。引自曹玮主编:《汉中出土商代青铜器》,第一册,61页。

[1-16] 图1-2中的卣盖,陕西省汉中市城固县龙头镇龙头村出土,商代中期。引自曹玮主编:《汉中出土商代青铜器》,第一册,74页。

复 古

对纹样系统的仔细研究不单反映出区域性的变化,同时也促使我们检视不同时期的变化。这些变化包含了我们所认定的阶段,正如上述由第一阶段到第二阶段的纹样系统的发展。由于发生了转变(我们或许可以称之为演化),对纹样的分析也让我们可以确认出传统的变体,甚至看到以往模式的复兴。在汉中出土的青铜器中,就有不少显示了这种保守性的传统。

因此在一件大卣【图1-17】上便饰有见于二里头早期铜器装饰的阳线纹。不过,它大量运用S形及C形卷纹的表现方式,仍属于二里岗晚期的风格。从该案例可见,那种将整套具有二里岗晚期特色的纹饰和典型的二里头、二里岗早期的表现形式相结合的方法,能让我们辨认出其中的保守性来。其表现手法流畅出色。我们暂未能确定该卣是否来自于郑州、盘龙城或其他地区,而它也不像汉中地区的产品。

还有一件四足而非三足的青铜盛器——鬲【图1-18】,在引人注目之余也引发类似的问题。乍看之下,此铜器有着S形及C形的卷纹和羽毛状的翎,似乎属于商代纹样系统的第一阶段。然而,饕餮眼睛上的一只角清楚地显示出它是第一阶段中的成熟形式;而饕餮鼻子上方阴刻线勾划的椭圆形也表明了相同的情况。这些特征与第一阶段纹样系统中常见的卷纹颇为不同,却更接近第二阶段中出现的兽纹。因此,此鬲很有可能属于从较早类型中发展而来的后期形式。

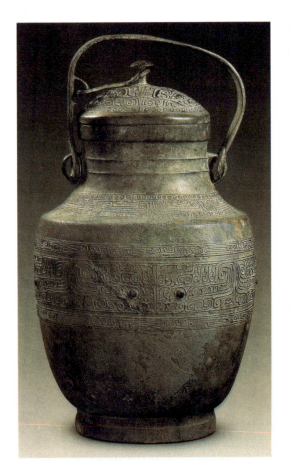

[1-17] 卣,陕西省汉中市城固县龙头镇龙头村出土,商代中期。引自曹玮主编:《汉中出土商代青铜器》,第一册,66页。

在大量晚商及西周早期的青铜容器上,可以发现第一阶段纹样系统的晚期形式。一件山西省忻县出土的鼎,饰有很宽的二里岗型S形卷纹【图1-19】。然而,该器物明显是后来制作的,可能是第一阶段青铜器的地方化版本。我们也有西周的例子,比如出自扶风云塘村20号墓的一件簋[14],以及长安客省庄1号墓内的一只鼎[15]。在簋的例子中,容器的外形是属于周而非二里岗时期的样式。然而在鼎上,却采用了很少用于装饰鼎的斜线纹样,这种线条更多被用来划定鬲上的装饰范围。这很可能反映了周人在发现更早期的铜器后,模仿了其上的部分纹饰。上文提及的四足鬲可能出产于陕西省,大概也属于这类复古的产品。

除了不寻常的器物外,汉中地

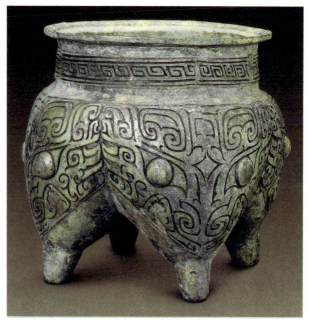

[1-18] 四足鬲,陕西省汉中市城固县龙头镇龙头村出土,商代中期。引自曹玮主编《汉中出土商代青铜器》,第一册,36页。

[1-19] 鼎,山西省忻县出土,商代晚期。引自张囯生编《中国美术分类全集·中国青铜器全集》,商卷4,图版13。

青铜器 | 15

区的青铜器中也有着非常标准的容器，其上的装饰直接源于第一阶段而非第二阶段的纹样系统。当中有一件三脚细足鼎，在容器的口缘下有一道环带纹，带内的阴线勾勒了饕餮面纹【图1-20】。虽然凸起的环带纹缺乏第一阶段图案的优雅，但该环带纹也没有吸收安阳第二阶段系统中典型的青铜器装饰和地纹。同样，在【图1-21】中簋的圈足上出现的纹饰并没有以雷纹作为背景，而且兽面的纹饰也是以卷纹组成，但它与鼎上的环带纹相似。就像第一阶段初期的形式一样，兽面纹饰以阴刻线来表达，而不是聚焦于浮雕部分的外形。这些标准的容器广泛分布于陕西一带。它们有可能是为下层精英提供的较为廉价的器皿，或许与古朴的风气甚至是早期的青铜器相关。

这股由后代人重新采用前代样式的复古之风，带来的其中一项效果便是将现在与过去联系起来。从汉中发现的例子可见，当青铜器在生产地以外的地区出土时，它们必然与其新的拥有者建立起一套截然不同于原来

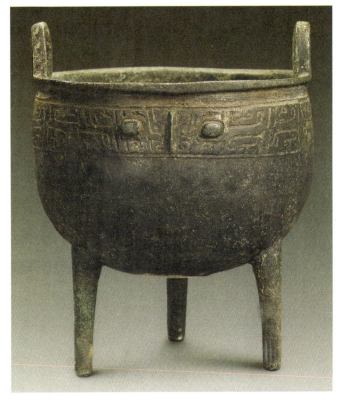

[1-20] 鼎，陕西省汉中市洋县谢村镇六陵渡村出土，商代晚期。引自曹玮主编：《汉中出土商代青铜器》，第一册，20页。

[1-21] 簋,陕西省汉中市城固县五郎乡镇吕村出土,商代晚期。引自曹玮主编:《汉中出土商代青铜器》,第一册,42页。

在商朝中心的联系。事实上,我们至今仍有一个未解的谜团,就是这些种类不同的器物,对它们的拥有者来说意味着什么?他们在多大程度上了解这些来自遥远地区的青铜器,以及那里居民迥异的习俗与信仰呢?

结 论

上文有关装饰纹样系统的讨论使我们能够更好地解读汉中出土的不同类型的青铜器。我们的研究表明,当地居民拥有部分来自郑州、盘龙城和安阳等商代中心地区的青铜器,同时我们也辨认出一些青铜器来自湖南、四川和安徽。它们与本地出产的青铜器存在明显的差别。

然而,对纹样系统的讨论也可帮助我们进一步理解各个地区的纹样特色。如果我们不将装饰纹样视为如方言一样植根于某个区域之中,就无法获得我们在此阐明的一些观念。在以熟练的手工制造为主的时代,倚赖纹样系统进行的复制与特定中心的特定作坊有着非常密切的联系。只有在这些特定的中心,学徒才可能从富有经验的师傅身上学会处理那些属于第一阶段的复杂卷纹,或是第二阶段有效使用的、以组合和替换纹饰各部件的方法来创造新纹饰的做法。汉中的居民肯定知道,那些如图1-11和1-

13 中的青铜器来自遥远的地区,也是他们自己生产的版本所无法媲美的。纹样系统的重要影响力是,它能够吸引那些对它不甚熟悉的群体,并激发他们模仿与复制。因此,一个纹样系统可以开拓并被移植到远离本土的地区。湖南和安徽的青铜器是二里岗和安阳系统中演化出来的高品质仿品,但是汉中仿造的青铜器则并不是那么精致。在某种意义上,我们可以将这三个地区的青铜器都视为原型的不同版本。这与方言从中心区域所用的语言(尤其是文字)演化而来的情况如出一辙。

(黎婉欣 译)

[1] 成套礼器的概念对于理解青铜器在古代中国社会的用途非常重要。在商、西周和后来春秋时期的诸侯国中,酒器和食器在不同的时期都有特定的比例。在各种类型的酒器和食器之中,也着重突出某些类型。笔者已就这些成套礼器在西周时期的意义作了广泛讨论,参见:Jessica Rawson, "Western Zhou Archaeology," in Michael Loewe and Edward Shaughnessy eds., *The Cambridge History of Ancient China, From the Origins of Civilization to 221 BC*, Cambridge, 1999, pp.352-459. 考古报告常提供墓葬出土容器的数量,但成套礼器的概念却甚少为考古学家所采用。然而可参阅:郭宝钧:《商周铜器群综合研究》,北京,1981 年。

[2] 本文引用"青铜器系列丛书",曹玮主编:《汉中出土商代青铜器》,3 卷,成都,2006 年;另外见赵丛苍编:《城洋青铜器》,北京,2006 年。

[3] 有关各类纹饰的拓片,见上海博物馆青铜器组:《商周青铜器纹饰》,北京,1984 年。不过,该册并没有收录青铜器的图片。

[4] John Brailsford, *Early Celtic Masterpieces from Britain in the British Museum*, London,1975.

[5] 有关这两个系统的不同之处,参见收录在本书中的《装饰系统——中国的花鸟图像》一文。

[6] 有关装饰纹样系统的稳定性和内在的变化,参见:贡布里希:《秩序感:装饰艺术的心理学研究》,杨思、徐一维译,杭州,1987 年。

[7] 有几件容器代表此类型,例如 CH68-2 号尊,见曹玮主编:《汉中出土商代青铜器》,49 页;tong-5 号罍,同上书,106 页;tong-71 号罍,同上书,109 页。

[8] 罗樾(Max Loehr)将以上所列举的变化统统归纳为"风格"的变化。他将商代的青

铜装饰分为"五种风格"，参见：Max Loehr, "The Bronze Styles of the Anyang Period," *Archives of the Chinese Art Society of America* 7, 1953, pp.42-53.

〔9〕可比较安阳出土的一件商代子庚簋（见张囯生编：《中国美术分类全集·中国青铜器全集》，北京，1997年，商卷2，图93）和著名的西周利簋（张囯生编：《中国美术分类全集·中国青铜器全集》，北京，1997年，周卷1，图49）。饕餮面纹雕刻手法的差别形成了我所说的风格差异。

〔10〕盘龙城出土的青铜器图片，可见湖北省文物考古研究所：《盘龙城：1963—1994年考古发掘报告》，2卷，北京，2001年。

〔11〕有关盘龙城遗址的重要性及其与中原地区的关系，参阅：Robert Bagley（贝格利），"Shang Archaeology," in Michael Loewe and Edward Shaughnessy eds., *The Cambridge History of Ancient China, From the Origins of Civilization to 221 BC,* Cambridge, 1999, pp.124-231, 详细论述见 pp.168-171.

〔12〕同上注，pp.212-219.

〔13〕湖南省及四川省的三星堆遗址也出土有类似的器物，说明湖南和四川两地使用青铜器的居民有某些紧密的联系，见 Bagley, "Shang Archaeology," pp.208-219.

〔14〕陕西省考古研究所等：《陕西出土商周青铜器》，北京，1980年，图版74。

〔15〕中国社会科学院考古研究所凤翔发掘队：《1976—1978年长安凤翔发掘简报》，《考古》1981年1期，13－18转76页，图版2:1。

02

是政治家，还是野蛮人？
——从青铜器看西周[1]

我非常荣幸应邀在英国学术院（British Academy）作阿尔伯特·列克特（Albert Reckitt）考古学讲座。很高兴有这样一个机会，尤其是在如此令人肃然起敬的环境里讨论中国考古学。我选择的题目是周朝早期及其青铜器，这是我在过去十年中有幸参与研究的课题。[2]

公元前1050年左右，周人打败了以黄河中游为中心的商王国，建立了政权【图2-1】。[3] 关于周的资料有两个主要来源：一是为盛放供

[2-1] 中国中西部地区。

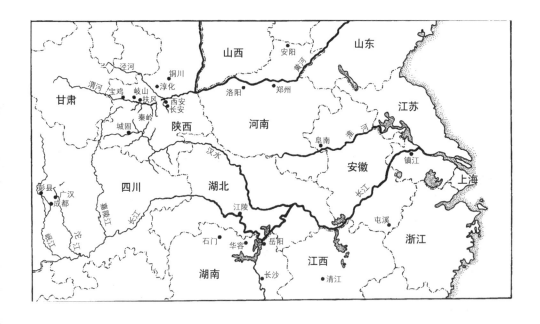

奉祖先的食物、美酒等祭祀品而铸造的青铜器；二是文献，包括传世文献和铸刻在青铜器上的铭文。这两类资料描绘了两幅相当不同的周代图景。周朝早期青铜器显得笨拙，甚至古怪；而文献则优美而令人信服。考虑到这样的反差，我选择平衡以下两种观点：一种是关于周代的传统看法，认为周人是伟大的政治家；另一种观点则认为，对商人而言，周人可能是外来者，甚至是野蛮人。

在讨论周代青铜礼器时，不可避免地要与商器进行比较。商代用于献祭的青铜器铸造技术已发展到了一个高度精密、复杂的水平。周人采用的正是商代青铜器的传统器型。【图2-2a】是商代食器簋，下面两张插图则是周代同类器物的不同形式【图2-2b、2-3a】。在这件商器上，精心铸造

[2-2a] 簋，青铜礼器，高14.1厘米，商代，公元前13—前12世纪。华盛顿赛克勒美术馆藏。

[2-2b] 簋，青铜礼器，高15厘米，陕西岐山出土，先周或周代早期，公元前11世纪。引自岐阜市历史博物馆：《中国陕西省宝鸡市周原文物展》，日本岐阜，1988年，图版19。

青铜器 | 21

[2-3a] 簋,青铜礼器,高23.5厘米,西周早期,公元前11世纪。华盛顿史密森尼学会弗利尔美术馆藏。

的弧形表面上铸刻有清晰的兽面纹,即后来所谓的"饕餮"纹。其主要特点是细节精巧,动物面部和它的龙形角隐藏在云雷地纹的背景里。在器形更为考究的商代青铜器上,器表上的纹饰带与器形精确地相配合。[4]

【图2-2b】是周代的簋,较之商的同类器物,它在各个方面都显得笨拙一些:其腹部相当呆板地向外伸展,器表纹饰单调而粗糙。【图2-3a】所示的一件现藏于华盛顿弗利尔美术馆的簋更为引人注目。其宽大的双耳和尖锐的突起装饰,使之具有侵略甚至是野蛮的特征。

周代早期的青铜器普遍显得乏味和古怪,但早期文献所描写的周人则正直又聪慧,其统治遵循久已形成的仁慈的王室传统。最重要的是,这些文献为周克商的合法性提供了理论依据。例如,打败商朝的周武王被认定为有道明君,因为唯有上天的支持,其征服才能获得成功,而上天只会支持明君。反之,商王的失败在于他的腐化与荒淫。正义的君王会获得"天命",而非正义的君王则会失去它。

有关这些观点最充分、最著名的叙述见于《尚书》。学者通常认为,《尚书》中的某些重要篇章成于西周时期(公元前1050—前771年)。[5]更值得注意的是,同样的观点也出现在青铜器铭文中。一个著名的例子见于上海博物馆藏大盂鼎的铭文【图2-4】:

> 丕显文王,受天有大命。在武王嗣文作邦,辟厥匿,匍有四方,畯正厥民。[6]

[2—3b] 簋,青铜礼器,高23.8厘米,陕西宝鸡纸坊头出土,西周早期,公元前11世纪。引自《宝鸡強国墓地》,卷2,彩图Ⅳ。

[2—4] 大盂鼎及其铭文,高101.9厘米,西周早期,公元前11—前10世纪,上海博物馆藏。引自上海博物馆:《上海博物馆藏青铜器》,上海,1964年,卷1,图版29,卷2,25页。

其他稍早的、属于成王（武王之子）时期的青铜器铭文，说明了这一观念在西周初期已相当普遍。值得一提的是，当时成王还未成年，由他的叔父周公摄政。因此，对其政权的理论支持可能十分必要，并被广为诏告。属于这一时期的何尊铭文，有以下词句：

    唯武王既克大邑商，则廷告于天，曰：余其宅兹中国，自之乂民。[7]

  《尚书》和青铜器铭文中体现的这些理论和看法非常重要，因为它们是中国保存下来的关于王权和国家性质的最早论述。在此之前没有任何明确的论述。因为这些文字资料，也因为商朝未能为后代留下任何相似的文字资料，周人赢得了他们作为中国政治理论奠基者的声誉。但是，这些表达准确、精心雕琢过的观念不可能在此时忽然形成。周人表达的是他们向商人学习而来的思想，或者早在克商之前这些观念就已经在周人中普遍存在。

  在本文中，上述观点令人感兴趣的地方在于：周人宣称，作为商王朝合理的后继者和继承人，他们拥有"中央"统治者的合法地位。就他们的统治而言，周人宣称自己是正义的，具有足够的力量来接管这个他们视野中最大和最强的国家。他们自视为政治家，同时也委婉地宣称他们是商王朝的一份子。

  我提出的问题是：周人是否真的像他们常被描述的那样，是商传统的一份子与继承者？还是像他们的青铜器所表现的那样，可能是外来者？

  当然在某些重要的方面，特别是在语言和文字的使用上，周人属于这一传统。他们使用商人的文字系统，他们也说相同的语言——汉语。不仅如此，他们还采用相似的宗教仪式，包括占卜以及更重要的祭祀祖先的活动。然而，尽管有共同的语言和礼仪，大量的物质资料，尤其是他们的青铜器，仍然表明周人是外来者。更为特别的是，周人与商影响范围之外的陕西西部有着密切联系，而这种联系直到公元前771年周人统治中国中心区域之前都一直保持着。

  我将按时间顺序分析三个不同时段的陶器和青铜器，并强调陕西西部在赋予西周青铜器完全不同于商器的特征中所起到的作用。这三个时

期是:

1. 公元前 11 世纪早期,克商前周人的发源地陕西;

2. 公元前 1050 年前后,克商后的初始阶段,以及南方和西南方所起的作用;

3. 公元前 880 年前后,西周晚期的礼制革命。

一些重大的发现使我们对周人的青铜铸造有了新的认识。尤其重要的是陕西西部的宝鸡強国墓地,以及位于渭水北面(今岐山、扶风境内)的周人祭祀中心出土的大型青铜窖藏。[8]另外,从四川省广汉一座与商代同期、但不是由商人建造的城址中发现的特殊的青铜面具,证明在商人的主要势力范围之外还有较大的青铜冶铸作坊存在。[9]

先周时期

没有文字记载说明周人在取得天下之前的确切所在。甚至是在岐山发现的周人克商之前的甲骨卜辞,也没有对最早的周人居住地提供任何线索。商代甲骨文提到了周,但并未对其所在位置给予准确的地理信息。《诗经》中的早期诗歌常被用来说明周人克商前的迁徙活动。此外,公元前 1 世纪编纂的著名史书《史记》,列出了周人早期统治者的世系,并简要地描述了他们的迁徙过程[10]。不过令人遗憾的是,这些记载中的大部分都写成于周代之后很晚的时代。

因此在很多方面,考古学提供了更为可靠的基础。虽然尚未发现铭文能够证明商统治时期居住在陕西的族群就是先周时期的周人,但我们仍有理由认为周人就是由这些族群发展而来的。毕竟周人克商之后即定新都于西安附近。所以,这很可能表明至少在此之前数十年或更长的时期内,他们就居住在陕西境内。

考古发掘的成果表明,在商人统治时期,有两支或是三支拥有不同物质文化的群体居住在陕西。其中东部的人群直接处在商人的影响之下。[11]商代早期和晚期的青铜礼器和兵器都曾在这一带出土。西至岐山都可见到相对较早的器物,而较晚的器物则集中于东部的西安附近,老牛坡便是一个主要的遗址。其他商代早期和晚期的青铜器出土于铜川。能够把臣服于商的族群与那些居住在更西边的族群区别开来的更重

[2-5]商、先周和辛店遗址出土的鬲和罐的比较。

a.出于陕西老牛坡。引自《文物》1986年6期,1—22页,图26.4,40.3。

b.出于陕西扶风刘家。引自《文物》1984年7期,16—29页,图10.2,13。

c.出于甘肃永靖及甘肃临夏。引自《考古学报》1980年2期,187—220页,图24:19;《文物》1988年3期,7—19页,图12:2。

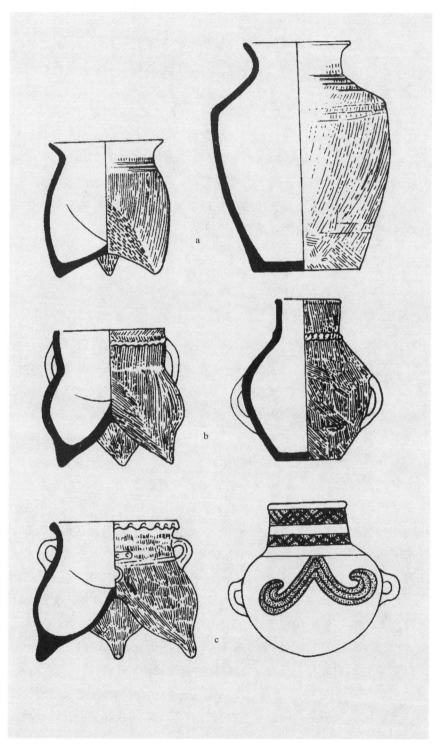

要依据是圆体三袋足陶鬲。东部地区的鬲的袋足是相互连通的，内部并未分隔开来【图2-5a】。这种鬲以多样的方法制作，但所有的形式均与先周鬲的主要器形不同。[12]

这种十分特别的鬲在分布于渭水上游及其支流泾水的遗址中都有发现。这些遗址属于斗鸡台和刘家类型【图2-6】。这种鬲带有三个内部相互分隔的袋足【图2-5b】。每个袋足都是模制的，可能是以现成的器物为模型。[13]然后，将三个袋足捏合在一起，再加上一圈黏土作为器颈，通常还带有两个小耳。在19世纪30年代，使用这种鬲的文化在宝鸡被辨认出来，至今已经发现许多其他相关的遗址。[14]由于这种鬲似乎是逐渐向东扩展的，周人很有可能和其他族群一道，是这种鬲的制造者。[15]

除了这种三足器外，相同的族群也可以由某些特殊类型的罐分辨出来。其中一种类型的陶罐带有斜肩，器身最宽处有两个小环耳，器底为平底或圜底（参见图2-5b）。另一种类型的颈部带有双耳，第三种类型的陶罐则只有单耳。这些陶罐都与商人的主要器形不同，后者为斜肩、平底、无耳（参见图2-5a）。这些陶器类型不仅将陕西西部和东部的居民区分开来，还使我们有可能向更西部追踪这些族群的来历。分档鬲和双耳圆罐这

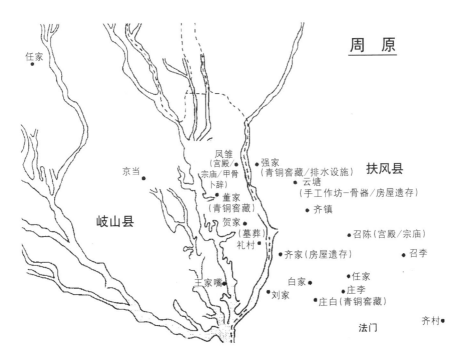

[2-6] 岐山与扶风地区周原遗址。

两种陶器类型已发现于甘肃和陕西西部更早的、属于新石器时代的辛店文化和寺洼文化中【图2－5c】。[16] 如此说来,周人最近的祖先可能居住于陕西西部,而他们的远祖则有可能来自更远的西部。

当周人的祖先从西方继承了他们的陶器,他们对东方商王朝都邑文化的某些方面也充满了渴望。在克商前的数十年间,他们采用了晚商青铜礼器简化而固定的形制。最常见的器型是鬲、鼎以及乳钉菱格纹簋。如前所述,它们像是更为复杂的商代青铜器的笨拙翻版(参见图2－2b)。[17]

总而言之,陕西的考古发现表明,克商之前这一地区被两大族群所分割。[18] 东部的族群采用了许多来自商文化中心的特色;而西部的族群则相对独立于商文化的影响,他们保留了独特的陶器类型,但也逐渐吸收商人的某些青铜器形式。这些西部居民似乎渐渐东移,最后定都于西安。乍看之下,毫无疑问,就商人而言,周人是外来者,甚至是未开化的野蛮人。但他们是与众不同的野蛮人。他们能够采用商人的习俗,包括文字、占卜,还包括礼器。他们将商人的礼器融入并添加进自己特有的陶器组合中。

西周早期古怪的青铜器

西周早期的青铜铸造不仅以其对商人礼器的忠实模仿著称(参见图2－2b),也以带有长突起和浮雕装饰的大胆怪异的青铜器而闻名(参见图2－3a)。[19] 附加装饰物和装饰母题被应用在一系列商人已建立起的标准器型上。与它们采用的标准器型相反,这种西周早期青铜器上的纹饰,与商器及上述先周主要青铜器和陶器上的纹饰十分不同。[20]

使用并可能制造这些古怪青铜器的一个主要中心在陕西西部的宝鸡【图2－7】。该地区早已被认为是一些奇特青铜器的来源地,这些铜器现多收藏于西方。[21] 其中一件是藏于华盛顿弗利尔美术馆的四耳簋(参见图2－3a)。除了四耳之外,这件簋值得注意的还有它的水牛头装饰、尖锐突起以及高圈足。宝鸡纸坊头出土的一件与之相关的簋,证实了这类青铜器在陕西西部曾经非常流行(参见图2－3b)。

宝鸡地区的数个遗址都是同一个小国强国的遗存。纸坊头、竹园沟和茹家庄共发现了二十座墓葬。[22] 我们将在这一节和下一节中讨论这

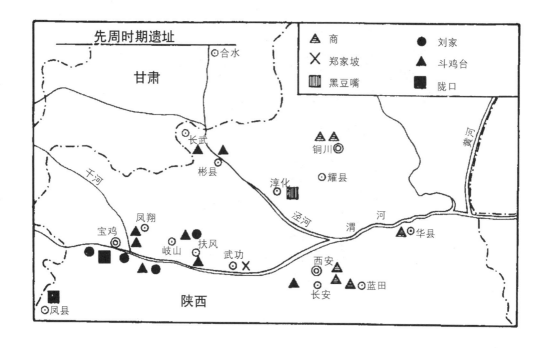

[2-7]陕西地区商周时期遗址。

些墓葬中出土的青铜器。

这件纸坊头出土的簋,是一座局部被盗的墓葬中出土的五件铜簋中的一件。这座墓葬体现了陕西西部西周早期墓葬的特色,即每座墓葬中都随葬有几件明显具有不同特征的簋和鼎。比如簋即有如下类型:一件非常传统的方座簋、一件带有高足的特殊簋、上文所述的四耳簋(参见图2-3b),以及一件饰满牛角的簋【图2-8a】。[23]

最后这件簋使我们有可能去探寻诸如突起的角、牛头以及钩形扉棱这些西周早期奇特青铜器特征的进一步来源。该簋由双耳盆及方座构成。这件器物特别引人注目的是,由伸出器表之外的大牛角和制成鸟侧影状的钩形扉棱所形成的雕塑效果。这两个特点同样存在于四川彭县发现的那些最为奇异的青铜器上。[24] 彭县地区发现的几件大圆罍都饰有钩形扉棱,其中许多呈鸟形;像宝鸡发现的簋一样,它们还大量地装饰着突出的角。如【图2-8b】中的罍,其盖上的扉棱制成鸟的形状。其他青铜器带有承托器柄的写实的小牛装饰;而器身上的浮雕动物以盘龙的形式表现。这些龙的形象几乎可视为西周早期青铜器的标志,它们从未出现在商都邑范围内的青铜器上。[25]

青铜器 | 29

[2-8a] 簋，青铜礼器，高31厘米，陕西宝鸡纸坊头出土，西周早期，公元前11世纪。引自《宝鸡強国墓地》，卷2，彩图VI。

a

[2-8b] 罍，青铜礼器，高69.4厘米，四川彭县竹瓦街出土，西周早期，公元前11世纪。引自李学勤：《中国美术全集·工艺美术编4·青铜器》，北京，1985年，195页。

b

因此，四川彭县和陕西西部的宝鸡是两个主要的地点，在此发现了长久以来被认定为具有西周早期特征的青铜器，它们带有动物雕塑和钩形扉棱。据此我们可以进一步推测，这种明显流行于西部和西南部的奇特风格，发源于更早的青铜器传统，该传统把处于商都邑文化区之外的湖南、四川、陕南和渭水流域这个弧形区域连接起来。[26]

克商之前的青铜器表明，这个弧形区域内存在着某些交流。湖南石门发现的一件商代的卣【图2-9】和陕西淳化发现的一件同时期的壶【图2-10】在器形、牛角兽面装饰以及扉棱方面都十分相似。在卣的提梁和壶的边缘都有成对的钩状小扉棱。扉棱与小鸟装饰的组合，是这两件器物共有的罕见特征。位于黄河流域的商都邑区内尚未发现这种包含在扉棱中的小鸟装饰。[27] 也没有证据表明，这种小鸟与扉棱的独特组合是直接从湖南向北经湖北和商人统治的主要区域河南，然后再向西传入陕西。反之，这种交流可能是通过河流来进行的（参见图2-1）。

从湖南往西的路线沿汉水抵达城固，然后向北经长江支流到达宝鸡。秦岭是一道难以逾越的山岭屏障，横亘在渭水以南，阻碍了渭水下游与汉水中游的直接联系。相似的青铜器被发现于位于东部的安徽阜南和西部的城固。它们之间的相似性意味着，至少有一些交流是沿着汉水进行的。[28] 然而，在对我们的论述十分重要的其他遗址，如湖南岳阳、华容、石门等地发现的青铜器表明，长江也是一条主要的传播路线，它向北顺支流经过四川的广汉和彭县，再环绕宝鸡附近的秦岭。

城固的发现表明，它很可能是一个军事前哨。[29] 除部分容器外，在一些遗址里还发现了大量的兵器和车器。更南面的四川广汉，是近年来最引人注目的考古遗址之一。[30] 两个大型祭祀坑发现于城址的边缘，它们与商代同时期，但很显然，居住在此的人群与商很少有文化上的联系，而且很可能也没有政治上的臣服关系。这里出土的青铜头像和面具，以及更引人注意的一尊完整的立像，都无先例可循【图2-11】。此外，祭祀坑中还有许多与其他遗址出土的器形相似的玉器及礼器，尤其是尊一类的礼器（参见图2-12b、2-14）。[31]

这种类型的尊为说明湖南、四川以及陕西南部和中部的联系提供了有利证据。湖南岳阳【图2-12a】、华容，四川广汉【图2-12b、2-14】和陕西城固【图2-13a】发现的尊器形相似，其高足非常突出，有时还

[2-9a] 卣,青铜礼器,高47.5厘米,湖南石门出土,商代,公元前13—前12世纪。引自张国生编:《中国美术分类全集·中国青铜器全集》,商卷4,北京,1998年,图版142。

[2-9b] 卣的局部放大,可见扉棱中的鸟形。引自《中国美术分类全集·中国青铜器全集》,商卷4,图版143。

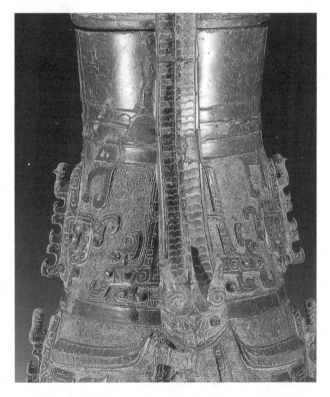

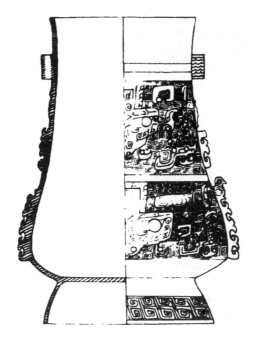

[2−10] 青铜礼器壶的线绘图,高32.8厘米,陕西淳化县出土,商代,公元前12世纪。引自《考古与文物》1986年5期,12−22页,图5:4。

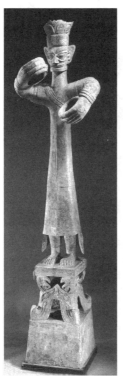

a

b

[2−11a] 青铜立像,高262厘米,四川广汉三星堆2号坑出土,商代,公元前13—前12世纪。引自四川省文物管理委员会:《广汉三星堆遗址》,卷1。

[2−11b] 小型立像,高18厘米,陕西宝鸡茹家庄出土,西周中期,公元前10—前9世纪。引自陕西省考古研究所等:《陕西出土商周青铜器》,北京,1984年,图70。

青铜器 | 33

[2-12a] 尊，青铜礼器，高56.2厘米，湖南岳阳出土，商代，公元前13—前12世纪。引自湖南省博物馆《湖南省商周青铜器陈列》，长沙，8页。

[2-12b] 尊，青铜礼器，高53厘米，四川广汉三星堆2号坑出土，商代，公元前13—前12世纪。引自《文物》1985年5期，1—20页，彩图2.2。

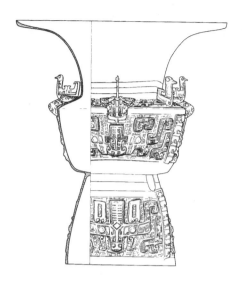

[2-13a] 尊,青铜礼器,高44.8厘米,陕西城固县出土,商代,公元前13—前12世纪。引自《陕西出土商周青铜器》,111号器。

[2-13b] 象形青铜器,高21厘米,长38厘米,西周中期,公元前10—前9世纪。引自《陕西出土商周青铜器》,49页。

(右上)[2-14] 青铜礼器尊的线绘图,高53厘米,四川广汉三星堆2号坑出土(见图2-12b),商代,公元前13—前12世纪。引自《文物》1989年5期,1—20页,图15:2。

略呈弧形。[32] 在许多这类周边地区的尊上，饕餮纹以浮雕的线条来描绘，且常带有近乎三角形的耳（参见图2-12a、2-12b、2-14）。尊的肩部以钩形冠兽首和小鸟装饰代替扉棱。这可能是四川那种饰以鸟形扉棱、突起角的罍（参见图2-8b）和宝鸡发现的簋（参见图2-8a）的原型。不过，这些后来的青铜器夸大了早期尊上的动物圆头和鸟形扉棱。[33]

两件铜斝说明了早期的器形和装饰母题如何延续到晚商和西周早期，并为西周早期怪异的青铜器提供了灵感。【图2-15a】的斝和一些晚商青铜器一同被发现于陕西岐山[34]，其外形是商朝中期的典型器型，而器表的纹饰则与城固的尊相似（参见图2-13a）。柱上两只带冠鸟非常奇特，与南方青铜器上的鸟相似。[35] 因此，像这样一件来自南方或是仿制南方器物的青铜器，其存在的时间超出了那些南方青铜器流行的时期，和传统的晚商青铜器一起使用并受到珍视。第二件斝显示出一种早期的形制如何在西周前期又被重新采用【图2-15b、2-15c】。它的器形与前者相似，因此反映的是公元前13世纪的青铜器。但是它的凤鸟纹不早于西周早期，或可定为公元前10世纪以后的纹饰（参见图2-15c）。因此，像图2-15a中斝这样的青铜器留存到后来的时期，并被仿制成像是图2-15b的那件斝。通过这种方式，在远离商朝中心的地区，较早的地方特色被西周早期的奇异青铜器重新采用，并加以改变。

当周人巩固了其统治之后，一些他们自身的地方特征就逐渐消失。样式奇特的青铜器被更类似于商代的青铜器所替代。然而，西部的宝鸡与西部和南部青铜器传统的联系仍得以持续。比如，宝鸡出土的兵器便带有四川地区的风格。[36] 尤为引人注目的是，宝鸡茹家庄小型人像（图2-11b）对广汉大型雕像（图2-11a）中大手的模仿。[37] 也是在宝鸡，动物造型的器物一直沿用到西周中期（图2-13b）。在商代，动物造型的器物在中国南方，尤其在湖南地区特别发达，但却于商中心区式微。[38] 周人一定是从和南方的联系中发展出了对这些器物的兴趣。西部青铜器的地域性和独立性将对第三阶段青铜器的发展做出重要贡献，我将在下文继续讨论这一内容。

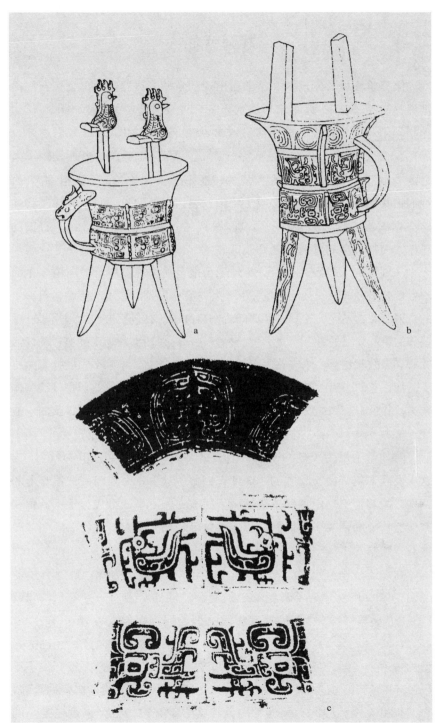

[2-15a] 青铜礼器斝的线绘图,高41厘米,陕西岐山出土。引自《陕西出土商周青铜器》,22号器。

[2-15b] 青铜礼器斝的线绘图,高57.5厘米,陕西城固出土,西周早期,公元前11—前10世纪。引自《陕西出土商周青铜器》,113号器。

[2-15c] 陕西城固出土斝的纹饰拓片。引自《文物》1963年3期,43页,图1。

青铜器

礼制革命

第三阶段是公元前 880 年前后出现的新的青铜器类型，它们与周原地区息息相关。[39] 近年来对周代研究来说最重要的发掘都集中在这个包括岐山和扶风在内的广大区域（参见图 2-6）。在此发现了宫殿建筑遗存、作坊遗迹、城墙以及墓葬。[40] 尤其特殊的是，这里还发现了大量的青铜器窖藏。当周人在犬戎的侵犯下于公元前 771 年被迫逃离时，他们把青铜礼器埋藏在地窖或土坑中。显然，他们希望归来后重新找回这些青铜器。然而，他们永远没能做到这一点。直到 19 世纪，农民的耕作才使得大量的青铜器重见天日。

从现存的大量窖藏看，这个地区可能是一个礼仪中心，与位于东面一百多公里之外长安县的都城相互分离并有所区别。这里的窖藏与墓葬中的青铜器非常不同。在一座墓葬的青铜器群中，只包括被认为适用于一座墓葬的最低数量的青铜器及类型。换言之，只包括那些为正确执行礼仪活动所必需的器物。一组窖藏则可能保存着公元前 771 年某个家族拥有的所有器物，它们因为太新或太过珍贵而未被埋于墓葬中。这些器物往往制作精美，并带有长篇铭文，对家族而言具有重要价值，因此太过珍贵而不能埋于墓中。一个窖藏中的青铜器常常属于若干个不同的时代。

对该讨论最为关键的一组青铜器是 1976 年在扶风庄白发现的。[41] 这里发现了属于微氏家族的 103 件青铜器。其中一件西周中期铜盘上的铭文，能够用于确定这些青铜器属于同一家族更早的世代。根据盘铭和其他器物上的铭文所提供的信息，可以确定铭文中人名的先后顺序以及他们青铜器的年代序列。[42]

在属于较早年代的青铜器中，酒器占有优势。的确，现存青铜器说明了第一代人致力于青铜器中最复杂的酒器类型，如方彝、尊和觥【图 2-16a】。第二代人仍拥有相同类型的器物，但尺寸较小【图 2-16b】。这一家族，甚至是整个国家的命运似乎正在走下坡路。相同的器型仍被第三代继续使用【图 2-16c】。然而到第四代时，突然产生了令人惊异的变化。几乎所有的酒器都消失了，代替酒器的是成套的食器，它们采用完全相同的和相匹配的设计【图 2-17】。大型铜壶是唯一的

[2-16] 陕西扶风庄白窖藏发现的微氏家族三代青铜器的线描图。

a. 折器,西周早期,公元前10世纪。

b. 丰器,西周中期,公元前10—前9世纪。

c. 史墙器,西周中期后半段,公元前9世纪。折方彝(顶左),高40.7厘米。

引自《陕西出土商周青铜器》,14-16、18-20、24-25号。

酒器。在几种新出现的青铜器类型中,大型编钟最引人注目。

一个在公元前950年需要成套酒器的社会,却在公元前880年左右废弃了它们,并以大规模成套的食器取而代之,这一定意味着在礼仪、信仰上发生了重要的变化。青铜器的面貌也随之发生了重大变化,这在今日看来仍十分显著。西周早期的青铜器相对较小且精细复杂(参见图2-8a、2-8b、2-16a)。要充分欣赏它们,就必须近距离观察。我们似乎有理由认为,这时的礼仪可能是一种相对私人的活动,由与青铜器距离较近的少数人举行。后来的西周青铜器则通过巨大的数量和体积,由远距离观赏达到其效果。它们的表面不再装饰极小的细节(参见图2-17)。实际上,当时流行的直棱纹或是波曲纹并不利于近距离观

[2—17] 微伯庝器的线绘图,属于微氏家族第四代。上,八簋;中,两对壶;下,一套编钟。西周中期至晚期,公元前9世纪。最大的编钟高70厘米。引自《陕西出土商周青铜器》,33—40、29—32、59—64号器。

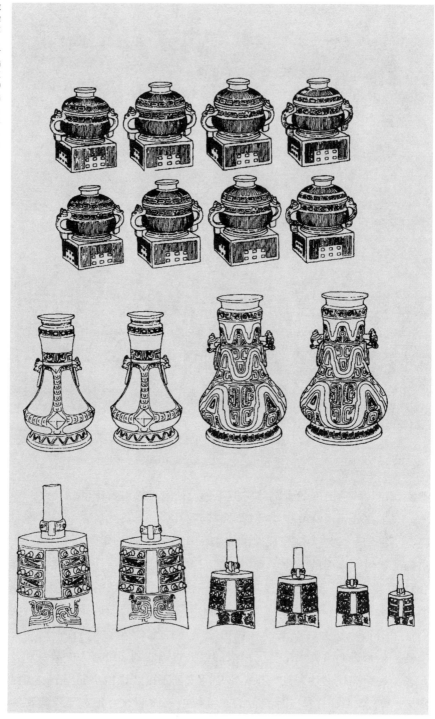

察。其相对粗犷的设计更适合从远处来观看。而且，编钟引进了一个新的因素——以青铜器演奏音乐。成排的大型青铜器场景和编钟音乐的影响，似乎暗示着在当时亲眼目睹仪式活动的人数比以前要多，他们很可能恭敬地站在一定的距离之外。另外一种可能是，后来参与礼仪的人数可能没有变化，但礼器和编钟可能正式陈列在其他的场合。

我们可能永远不会了解礼器为何会发生上述变化。然而，我们能够在流行于宝鸡及其以西地区的做法中见到这些变化的许多特征。大多数西周早期都邑地区的墓葬都随葬着成对的鼎和簋。[43] 但在宝鸡附近竹园沟的墓葬中，更多的鼎和簋被置于墓葬中。13号墓提供了一个很好的例子，其中包括七鼎、三簋。在该墓所属的相对较早的时期，特定的器物似乎是被精心挑选出来，以尽可能地展示多样化的器形和纹饰。[44] 在接下来的数十年间，人们开始使用彼此更为相似的器物，例如1号墓中出土的五件几乎完全一样的鼎。[45]

宝鸡茹家庄时代稍晚的墓葬说明了下一步的发展。[46] 強国的一位统治者和他的妾埋葬在这里，其妻井姬则埋葬在另一座相邻的墓中。強伯和他的妻子各自拥有几件彼此不同的鼎和簋；他的妾则拥有一套简易组合的鼎簋，器表没有花纹，器形也完全一样【图2-18】。和图2-17上半部所示的后来的簋一样，这些器物并未打算让人细细观察，似乎希望在人们的匆匆一瞥中传达出正确的信息。这一简易的组合宣告了之后的发展方向。在改变礼仪的决定在周的都城西安及周的礼仪中心扶风、

[2-18] 宝鸡茹家庄妾墓出土的一套相配的鼎簋。西周中期，公元前10—前9世纪。最大的鼎高17.7厘米。引自《陕西出土商周青铜器》，73—74号器。

岐山付诸实行的同时,西部地区使用完全相同的成套食器的做法似乎被采纳为新的标准。

青铜钟的引进支持了这样的观点,即西部的做法是后来礼仪变革的榜样。钟有助于这一讨论是因为西周早期都邑地区的人们似乎从未使用过它们。商都安阳曾使用青铜钟,但此后钟就在北方绝迹。然而在南方,它们被持续使用,并被加大尺寸、精心装饰。[47] 最初的青铜钟是口朝上装置,后来倒着悬挂,器口朝下。在西周中心地区,南方青铜钟最早出现于宝鸡。[48] 河流路线似乎又一次提供了交流的渠道。西周早期的宝鸡竹园沟7号墓出土了一套三件南方类型的钟【图2-19】。[49] 在很短的时间内,更东边的周都邑也开始使用青铜钟。[50]

在改变用于祖先祭祀的青铜器类型时,周人明确地向更西部的地区寻找灵感。这一行为本身意味着,周人虽然定都于西安,统治着更东边的大片领土,却仍然对西部保持着极高的敬意。这种与西部地区的联系

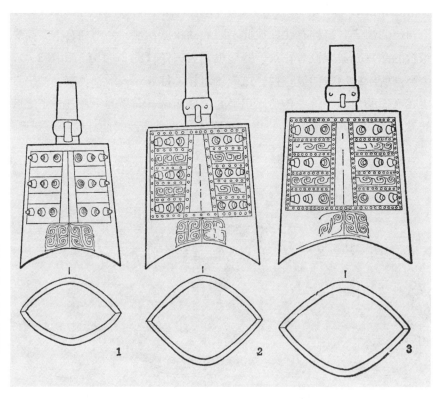

[2-19] 陕西宝鸡竹园沟7号墓出土的一套三件带有南方风格的编钟。西周早期,公元前11—前10世纪。最大的编钟高34厘米。引自《宝鸡渔国墓地》,卷1,97页,图74。

早在克商之前就已建立起来。

一旦揭示出这些联系，便能解释周代青铜器与之前的商器之间存在的某些主要差异。在克商之前的时期，陕西出土的青铜器多是由生活在商中心区影响范围之外的族群对商青铜器的拙劣仿制。当周人取得政权后，他们采用了各式各样的装饰，特别是那些之前应用于商势力范围之外的湖南和四川地区青铜器上的奇特样式。在周人统治的后期，当他们试图大规模地改变礼器组合的时候，又再一次转向西部地区学习。

所以，根据对西周青铜器的判断，周人是外来者，甚至是以"顽固不化"的外来者形象出现的。从这一角度来理解，便能重新审视周人带有煽动力的辩论，并能发现他们具有说服力的主张所反映出的不是他们所宣称的力量，而是他们的弱点。可能正因为周人是外来者，所以他们特别强调自己是聪慧、公正、合法的继承者和统治者。这样，野蛮人就变成了政治家。

（黄爱梅　译　吴晓筠　校）

〔1〕本篇选自 *Proceedings of the British Academy*, Vol.LXXV, 1989，pp.79-95.

〔2〕本论文是在笔者编订亚瑟·赛克勒（Arthur M. Sackler）博物馆青铜器图录的基础上对西周进行的进一步研究。参见：Jessica Rawson, *Western Zhou Ritual Bronzes in the Arthur M. Sackler Collections*, Washington and Cambridge, 1990.

〔3〕公元前841年之后周代的绝对编年已十分确定。虽然在此之前周王在位的顺序是已知的，但他们在位的时间长短并不清楚。对于周代前半段，学者们提出了十余种不同的年代方案。关于这些不同方案的简明英文总结，参见：C. Y. Hsu（许倬云）and Katheryn Linduff（林嘉琳），*Western Zhou Civilization*, New Haven and London, 1988, pp.387-390.

〔4〕R. Bagley（贝格利），*Shang Ritual Bronzes in the Arthur M. Sackler Collection*, Washington and Cambridge, 1987, figs.114-116.

〔5〕《尚书》英译本见 B. Karlgren（高本汉），"The Books of Documents," *Bulletin of the Museum of Far Eastern Antiquities* 22, 1950, pp.1-81；W. A. C. H. Dobson, *Early Archaic Chinese: A Descriptive Grammar*, Toronto, 1962.

〔6〕同上注，p.224.

〔7〕英译文参见：W. Fong（方闻）ed., *The Great Bronze Age of China: An Exhibition from the*

People's Republic of China, New York, 1980, p.198.

〔8〕这些遗址的公布，参阅：卢连成、胡智生：《宝鸡強国墓地》，北京，1988 年；陈全方：《周原与周文化》，上海，1988 年。

〔9〕广汉两个祭祀坑的发掘简报，见四川省文物管理委员会等：《广汉三星堆遗址一号祭祀坑发掘简报》，《文物》1987 年 10 期，1－17 页；四川省文物管理委员会等：《广汉三星堆遗址二号祭祀坑发掘简报》，《文物》1989 年 5 期，1－20 页。另见 R. Bagley, "Sacrificial Pits of the Shang Period at Sanxingdui in Guanghan County, Sichuan Province," *Arts Asiatiques* 43, 1988, pp.78-86.

〔10〕同注 3, C. Y. Hsu and Katheryn Linduff, *Western Zhou Civilization*, pp.34-35.

〔11〕陕西省的发掘工作一直在积极进行，克商之前周的遗址得到广泛讨论。参见：卢连成于 1988 年 11 月"庆祝半坡博物馆及陕西考古协会三十周年研讨会"所发表论文《先周文化与周边地区的青铜文化》；张长寿、梁星彭：《关中先周青铜器文化的类型与周文化的渊源》，《考古学报》1989 年 1 期，1－23 页。这些研究提供了最新公布资料的概况。关于陕西商代遗址的文献，同注 2：Jessica Rawson, *Western Zhou Ritual Bronzes in the Arthur M. Sackler Collections*, pp.136-137. 老牛坡的发现，见西北大学历史系考古专业：《西安老牛坡商代墓地的发掘》，《文物》1988 年 6 期，1－22 页。

〔12〕同上注，卢连成：《先周文化与周边地区的青铜文化》，32－40 页。另外参阅：胡谦盈：《姬周陶鬲研究》，《考古与文物》1982 年 1 期，73－74 页。

〔13〕绳纹在袋足内壁的出现，证明了塑模方法的使用，因为这种绳纹通常用作器物外部的装饰。

〔14〕分裆鬲看起来是东部沿海类型的新石器文化遗留下来的器物，此前这种文化逐步向东扩张，在陕西形成客省庄二期文化，它与东部沿海相对应的文化一样，有很多袋足器，通常是用塑模制造的。关于客省庄遗址，见中国科学院考古研究所：《沣西发掘报告》，北京，1962 年，17－69 页。

〔15〕关于分裆鬲与连裆鬲的分布，见卢连成：《先周文化与周边地区的青铜文化》；张长寿、梁星彭：《关中先周青铜器文化的类型与周文化的渊源》，1－23 页。郑家坡文化使用连裆鬲，也见于地图 2－7 中标示出的黑豆嘴文化。连裆鬲由一个底部有三个裂口的陶土圆筒制成。这些分开的部分接合在一起制成袋足。一些商代的鬲也是用这种方法制造的。

〔16〕典型的辛店遗址，参见：中国社会科学院考古研究所甘肃工作队：《甘肃永靖张家咀与姬家川遗址的发掘》，《考古学报》1980 年 2 期，187－220 页；甘肃省文物工作队、北京大学考古系甘肃实习队：《甘肃临夏莲花台辛店文化墓葬发掘报告》，《文物》1988 年 3 期，7－19 页。有关作为先周类型之始祖的寺洼陶器，见《考古与文物》1982 年 1 期，69－74 页，图版二。

〔17〕关于西安附近沣西墓葬中的先周鬲及粗制的青铜礼器，参见：中国社会科学院考古研究所丰镐发掘队：《长安沣西早周墓葬发掘记略》，《考古》1984 年 9 期，779－783 页。

〔18〕 如同上文所述，见注 14，不同类型的鬲可将西部的人群区别开来。

〔19〕 Jessica Rawson, "Eccentric Bronzes of the Early Western Zhou," *Transactions of the Oriental Ceramic Society* 47, 1983, pp.11-32.

〔20〕 这些古怪的青铜器是西周早期青铜器的几个组群中的一个，参见：Jessica Rawson, *Western Zhou Ritual Bronzes in the Arthur M. Sackler Collections*, pp.25-73.

〔21〕 关于所谓两套宝鸡青铜器的讨论和器物清单，见 Jessica Rawson, *Western Zhou Ritual Bronzes in the Arthur M. Sackler Collections*, Appendix 3, pp.155-160. 威廉·沃森（William Watson）最早讨论了宝鸡青铜器的显著特征。参见：William Watson, *Ancient Chinese Bronzes,* London: Faber and Faber, 1962.

〔22〕 完整的考古报告，见卢连成、胡智生：《宝鸡𢐗国墓地》，同注 8。

〔23〕 有关纸坊头墓葬出土内容，见卢连成、胡智生：《宝鸡𢐗国墓地》，卷 2，图版 II-XIII。

〔24〕 彭县遗址的报道，见王家佑：《记四川彭县竹瓦街出土的铜器》，《文物》1961 年 11 期，28－31 页；冯汉骥：《四川彭县出土的铜器》，《文物》1980 年 12 期，38－47 页；四川省博物馆、彭县文化馆：《四川彭县西周窖藏铜器》，《考古》1981 年 6 期，496－499 转 555 页。

〔25〕 关于带有这种装饰母题的出土青铜器，见宝鸡竹园沟 1 号墓出土的簋（卢连成、胡智生：《宝鸡𢐗国墓地》，卷 2，图版 LXIV）和泾阳高家堡出土的簋（葛今：《泾阳高家堡早周墓葬发掘记》，《文物》1972 年 7 期，5－8 页）。

〔26〕 关于将东北、西北、西部及西南联系起来的弧形地带的讨论，见童恩正：《试论我国从东北至西南的边地半月形文化传播带》，见《文物出版社成立三十周年纪念：文物与考古论集》，北京，1987 年。贝格利描述了商时期南方青铜铸造的地方特色，并认为它对早周铸造传统有所贡献，参见 R. Bagley, *Shang Ritual Bronzes in the Arthur M. Sackler Collection,* pp.32-36；另见 R. Bagley, "Sacrificial Pits of the Shang Period at *Sanxingdui* in Guanghan County," 同注 9. 然而，这两位作者并未仔细分析有助于解释南方和西北青铜器之间共同特征的地理联系的全部特性。

〔27〕 关于鸟和扉棱的讨论，见 R. Bagley, *Shang Ritual Bronzes in the Arthur M. Sackler Collection,* no.104.

〔28〕 虽然本文未加讨论，但阜南、广汉和城固所发现的青铜器都具有一些突出且不同寻常的特征。阜南县出土的两件尊早已为人所知，见 R. Bagley, *Shang Ritual Bronzes in the Arthur M. Sackler Collection,* figs.79, 171. 在其中一件尊上，人形位于老虎之下。虎的身体向两侧展开，以便从两个角度都可以看到。广汉发现的尊的残片上也有完全相同的纹饰，参见《文物》1987 年 10 期，7 页，图 11. 在城固还发现了与阜南出土的另一件尊极为相似的罍，见王寿芝：《陕西城固出土的商代青铜器》，《文博》1988 年 6 期，3－9 页，图版 1、2。

〔29〕 有关城固县出土的青铜器的调查报告，参见：唐金裕、王寿芝、郭长江：《陕西省城固县出土殷商铜器整理简报》，《考古》1980 年 3 期，211－218 页。

[30] 相关的考古报告，见注9。其他讨论见四川省广汉文化局：《广汉三星堆遗址》，四川，1988年；《四川文物》1989年特刊。

[31] 许多早期的罍也被发现，参见：《文物》1989年5期，10页，图15:3。罍在早期的普及或许能够解释罍在西周早期流行于四川地区的原因。

[32] R. Bagley, *Shang Ritual Bronzes in the Arthur M. Sackler Collection*, no.43.

[33] 鸟形扉棱的来源，见 R. Bagley, *Shang Ritual Bronzes in the Arthur M. Sackler Collection*, pp.36-37, 104; Jessica Rawson, *Western Zhou Ritual Bronzes in the Arthur M. Sackler Collections*, pp.47-55.

[34] 两件甾的发掘报告，见陕西省博物馆、陕西省文物管理委员会：《陕西岐山贺家村西周墓葬》，《考古》1976年1期，31－38页；段绍嘉：《介绍陕西省博物馆的几件青铜器》，《文物》1963年3期，43页。

[35] 讨论见：R. Bagley, *Shang Ritual Bronzes in the Arthur M. Sackler Collection*, no.104.

[36] 见卢连成、胡智生：《宝鸡强国墓地》，卷1，413－462页。

[37] 宝鸡出土的其他青铜器表明了与广汉铸造传统之间的联系。在广汉出土的一些青铜头像上，长辫的发型非常普遍，见《文物》1989年5期，5页，图8。宝鸡竹园沟13号墓出土的斧上饰有类似的小型头像，其发型也十分相似，见卢连成、胡智生：《宝鸡强国墓地》，图版XXVI。陕西丰镐遗址发现的玉面饰有助于确定现藏于中国国内及国外博物馆中一些未知出处的中国西部的怪异玉面饰。参见：中国社会科学院考古研究所丰镐工作队：《1984－1985年沣西西周遗址、墓葬发掘报告》，《考古》1987年1期，15－32页；张长寿：《记沣西新发现的兽面玉饰》，《考古》1987年5期，470－473转469页。这些面饰（其中一些有蒜头鼻或招风耳）可能是源自广汉地区使用的古怪青铜面具，见《文物》1989年5期，彩版2:1。

[38] 兽形器出现在妇好墓中，参见：Jessica Rawson, *Chinese Bronzes, Art and Ritual*, London, 1987, fig.7. 关于南方兽形器的讨论，见 R. Bagley, *Shang Ritual Bronzes in the Arthur M. Sackler Collection*, pp.32-36.

[39] 关于礼器类型变化更完整的讨论，见 Jessica Rawson, *Western Zhou Ritual Bronzes in the Arthur M. Sackler Collections*, Introduction, pp.96-111.

[40] 好几支考古队都曾对这一地区进行发掘，因此尚无有关当地全部出土资料的综合概述。参考资料见陈全方：《周原与周文化》，同注8；另见 Jessica Rawson, *Western Zhou Ritual Bronzes in the Arthur M. Sackler Collections*, p.138. 主要青铜器的列表，见丁乙：《周原的建筑遗存和铜器窖藏》，《考古》1982年4期，398－401转424页；吴镇烽：《陕西商周青铜器的出土与研究》，《考古与文物》1988年5－6期，71－89页。

[41] 陕西周原考古队：《陕西扶风庄白一号西周青铜器窖藏发掘简报》，《文物》1978年3期，1－18页。

[42] 关于史墙盘铭文的讨论，见徐仲舒：《西周墙盘铭文笺释》，《考古学报》1978年2期，139－148页；李学勤：《论史墙盘及其意义》，《考古学报》1978年2期，149－158页；

于省吾：《墙盘铭文十二解》，《古文字研究》第 5 辑，1981 年，1—16 页；赵诚：《墙盘铭文补释》，《古文字研究》第 5 辑，1981 年，17—26 页；于豪亮：《墙盘铭文考释》，《古文字研究》第 7 辑，1982 年，87—101 页。

[43] 对比陕西泾阳高家堡和扶风齐家村的西周早、中期墓葬中的青铜器，见 Jessica Rawson, *Chinese Bronzes, Art and Ritual*, London: British Museum Publication, fig.15.

[44] 卢连成、胡智生：《宝鸡强国墓地》，卷 2，图版 XIV-XLI。

[45] 同上书，图版 LXIII。

[46] 同上书，图版 CLI-CCVIII。

[47] 青铜钟发展的概述，参见：F.M. Chen（陈芳妹）, "The Stylistic Development of Shang and Zhou Bronze Bells," in Rosemary Scott and Graham Hutt eds., *Style in the East Asian Tradition, Colloquies on Art and Archaeology in Asia*, no. 14, London, 1987, pp.14-37. 南方编钟的综述见：C.H. Kao, "An Introduction to Shang and Zhou Bronze *Nao* Excavated in Southern China," in K.C. Chang ed., *Studies of Shang Archaeology, Selected Papers from the International Conference on Shang Civilization*, New Haven and London, 1986, pp.275-299.

[48] 宝鸡 13 号墓出土了一件更早的钟，它源于安阳，而非南方的传统。见卢连成、胡智生：《宝鸡强国墓地》，卷 2，图版 XV。

[49] 这种青铜钟的南方先例见于江西新余出土的编钟，参阅：薛尧：《江西出土的几件青铜器》，《考古》1963 年 8 期，416—418 转 422 页，图 3；见 Jessica Rawson, *Western Zhou Ritual Bronzes in the Arthur M. Sackler Collections*, pp.745-747.

[50] 对比长安县普渡村出土的一套编钟，见陕西省文物管理委员会：《长安普渡村西周墓的发掘》，《考古学报》1957 年 1 期，75—85 页，图版 2.1。

03

西周青铜铸造技术革命及其对各地铸造业的影响[1]

本文将描述西周时期（约公元前 1050—前 771 年）周人的青铜铸造中心与南方各省铸造中心之间的关系。

河南和陕西的礼器是用复杂的合范法铸造的，古代世界的其他地区都没有以同样的形式采用过这种特定的技术。当中原以外地区，比如在中国南方的礼器铸造开始使用同样的技术时，这一技术肯定是转借而来的。在中国中南部和东南部都发现过复制中原形制的商代早期器物，但并未由此发展出一个持续不断的青铜铸造业。相反，中国南方对中原技术的接纳看来只发生于相当有限的几个时段内，而在介于中间的时段则对此失去了兴趣。

当中央与地方联系紧密时，礼器会得到精确的复制；而当联系中断时，南方就会偏离北方的做法，并制造出他们自己具有高度创造力的器物来。有些时候，某些地区似乎完全放弃制造青铜容器。西周时期礼器上的变革，有助于确定中原与周边地区发生联系的时机。南方一些地区在礼仪变化之前仿制中原器物，后来则一直未受到变革的影响；而另外一些地区则更紧密地跟随了中心区域所发生的变化。

本文将首先审视礼器变化的性质并确定其可能发生的时间，然后描述中国中南部和东南部对变化的不同反应。

西周中心地区的成套器物

要了解器物类型如何演变，最好是通过祭祀祖先的成套礼器。在

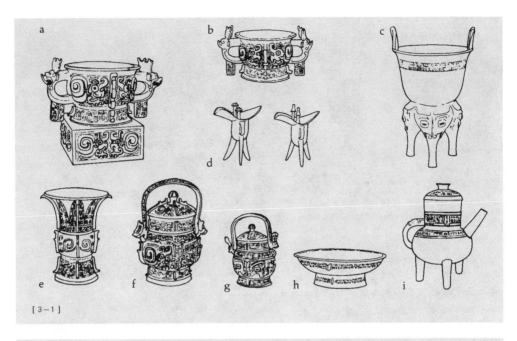

[3-1]

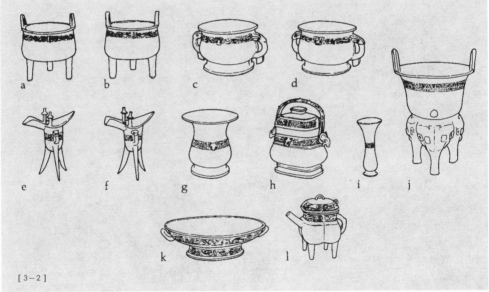

[3-2]

[3-1] 陕西泾阳高家堡墓葬出土铜器线绘图：
a、b.方座簋二（一件器座已残）；c.瓿一；d.爵二；e.圆筒尊一；f、g.卣二；h.盘一；i.盉一。
另有两件鼎、一件觚和一件觯已残，以上均为西周早期物物。引自陕西省考古研究所等：《陕西出土商周青铜器》，北京，1984年，卷4，136—145号器。

[3-2] 陕西扶风齐家村19号墓出土铜器线绘图：
a、b.鼎二；c、d.簋二；e、f.爵二；g.尊一；h.卣一；i.觯一；j.瓿一；k.盘一；l.盉一。
西周中期。引自《陕西出土商周青铜器》，卷3，15—26号器。

青铜器 | 49

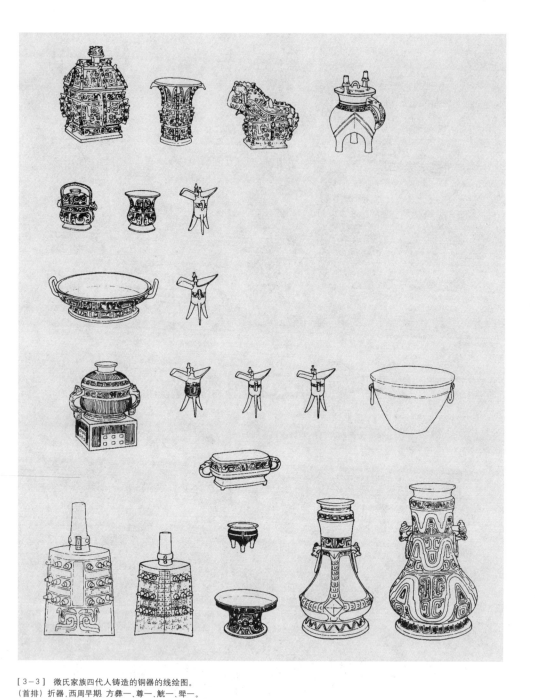

[3-3] 微氏家族四代人铸造的铜器的线绘图。
（首排）折器，西周早期．方彝一、尊一、觥一、斝一。
（第二排）丰器，西周中期．卣一、尊一、爵一。
（第三排）史墙器，西周中期后半段．盘一、爵一。
（第四、五排）微伯庥器，西周晚期．簋一、爵三、盨一、鬲一、盆一、钟二、豆一、壶（同样的器物，每一类型举一例）。
引自《陕西出土商周青铜器》，卷2，14—20、24、25、27、29、31、33、41、44、47、49、51、54、55号器。

[3-4] 散伯车父器及陕西扶风召陈村发现的其他器物的线绘图.
a.早期鼎一; b~e.散伯车父鼎四; f~j.散伯车父簋五; k~m.叔膳夫簋三; n.匜一; o.盘一; p,q.散伯车父壶二; r.勺二。西周晚期。引自《陕西出土商周青铜器》,卷3,113—129号器。

青铜器 | 51

此，一套器物可定义为某一家族或个人在某一特定时期对祖先进行酒食祭祀时，所需要的一组反复出现的不同类型的器物。这一定义忽略了地位较高的个人为一套礼器带来的复杂性，例如商王武丁的妃子妇好，她的墓中就保存着远远超出上述定义的青铜器。[2] 这里所讨论的西周中心区包括陕西、山西部分地区，以及河南、河北和山东省的大部分地区。

墓葬群提供了成套器物的有用信息。在西周时期的任何阶段，中心区的墓葬似乎都葬有一系列标准的器物。这些墓里可能包括日用器，以及一些满足墓主死后所需的器物，以便他们能够继续献祭给祖先；另一种可能性是，这些器物也许是丧葬仪式中使用器物的一部分。令人遗憾的是，在某些时期，尤其是西周晚期，发现的墓葬极少，我们只能从青铜器窖藏中出土的带有相同铸器者铭文的青铜器中搜集相关信息。

陕西泾阳高家堡一座墓葬出土的器物【图 3-1】代表了西周早期的成套青铜器。[3] 其中包括二鼎（残）、一对方座簋（一件残）、一甗、二爵、一觚（残）、一觯（残）、一圆尊、不成对的二卣、一盘和一盉。簋的方座和几件器物上装饰的盘龙纹是西周早期青铜器的特色。下一阶段即西周中期的成套青铜器反映出一个变化。这一变化不是关于器物类型的，而是风格上的。装饰着鸟纹图案、器形圆滑的容器在该时期变得流行起来。陕西扶风齐家村19号墓出土的青铜器就属于这一时期，包括二鼎、二簋、二爵、一尊、一卣、一觯、一甗、一盘和一盉【图 3-2】。[4] 可以看出，所有这些器物都继承了晚商和西周早期的器型。

因此，典型的西周早、中期的成套青铜礼器包括以下器类：食器（成对的鼎、侧面为S形的成对的簋、单件甗）、酒器（成对的爵、一件或两件觚、单件觯、圆尊、一件或两件卣）和水器（单件盉及盘）。

西周中期晚段以后，这些器型和这种特定的组合就无从追踪了。其中许多器型和器类的组合突然消失，取而代之的是相当不同的组合。陕西扶风庄白大型窖藏中的青铜器可以证明这一变化，并且还能确定这一变化发生的大致时间【图 3-3】。该窖藏中的器物属于一个家族中的好几代人。通过铸器者的名字可以准确地确定这些器物的所有者：他们是折、丰、史墙和微伯㝬。一般认为折生活于西周早期偏晚，丰和史墙生活在西周中期，微伯㝬则可能生活于中期偏晚到晚期偏早的这一时间段内。折和丰的青铜器与高家堡和齐家村墓葬出土的器群非常接近（参见

图 3-1、3-2)。史墙的青铜器或许属于稍晚的时期。微伯痶的青铜器引入了新的器型，其中有镂空圈足豆、多件成套的直棱纹簋（微伯痶的簋共有 8 件）、成对的大壶和编钟。痶器中的爵还带有商器的特征。[5]

然而，爵不再出现在西周晚期的成套青铜器中，例如陕西扶风召陈窖藏中发现的青铜器就没有爵【图 3-4】。[6] 这个窖藏包括五鼎、八簋、二壶、一匜，还有两件酒勺。其中的四鼎、五簋、二壶带有同一类型的铭文，表明它们属于同一时期。但是根据其他青铜器的功能看，它们似乎也属于同一套青铜器。

这套青铜器的主要特征是：有大量的鼎和簋，它们可能是一系列标志等级的器物中的组成部分；还有成对的大壶；匜代替了袋足盉；源自商代的所有饮酒器类都消失了。而且，有一些器物，尤其是簋和壶，其器形也不见于西周早期和中期。

变化的主要特征

因此上述变化可以归纳为以下几点：

1. 从商代继承下来的古代饮酒器逐渐消失，包括爵、角、斝、觯，以及在西周曾十分流行的盛酒器卣和尊。仅这一变化就需要由礼仪上的改革来促成。

2. 引入新的器物，包括大型壶、豆、盨、簠和匜。[7]

3. 引入旧器物的新形式，包括直棱纹簋（这一器型似乎复兴了更早的样式），水平瓦纹簋替代了侧面呈 S 形的簋；饰以条纹的平沿鬲取代了高领鬲；还出现一种新式的大水罐銎。最后三种器物是由陶器器形发展而来的。

4. 从南方引进了带有管柄的新型乐器：钟。

5. 完全相同的鼎或簋组成九鼎八簋（或七鼎六簋等等）的组合，用于表明等级。

这一变化中最显著的特征，体现在对由陶器器形发展而来的一些新器形的使用，以及它们对旧有形式的取代。这里必须强调，以贵重的铜来仿制廉价的陶器是多么不寻常。一般情况下，最初用贵重材料制造的物品，后来都会为更低廉的材料所复制，以便使原先对于大多数跃跃欲试的使用

[3-5] 赛克勒藏品中的三件铜器,鬲、簋、鍪可表明它们是以陶器为原型的。从左到右:
a. 青铜鬲与陕西长安普渡村1号墓的陶鬲比较。引自石兴邦《长安普渡村西周墓的发掘》,《考古学报》1957年1期,图8。
b. 青铜簋与北京房山琉璃河51号墓的陶簋比较。引自中国考古学会:《北京附近发现的西周奴隶殉葬墓》,《考古》1974年5期,图15.7。
c. 青铜鍪与陕西长安普渡村2号墓的陶簋比较。引自陕西省文物管理委员会:《长安普渡村西周墓的发掘》,《考古学报》1957年1期,图版5.4。

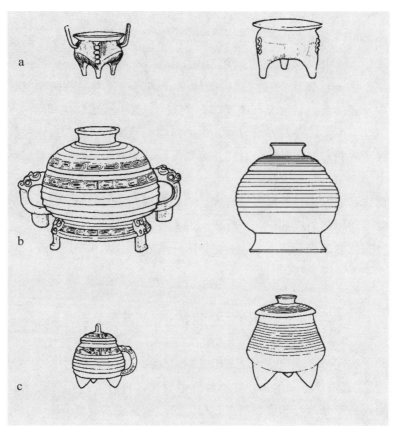

者来说太过昂贵的物品可以得到广泛使用。因此,相反的过程总是很少见的。当青铜铸造首先在河南出现时,这一(相反的)过程曾经发生过,因为当时铸造工匠可用的主要模型就是新石器时代的陶器。当青铜铸造技术传播到对该技术知之甚少的地区时,这种情况也会发生。新的器型鬲、簋和鍪【图3-5】,可能是在中国西部,即西安附近周的主要都城的西边发展而来的。青铜铸造在当地可能不如在都城那么为人所知,因此用青铜仿制常见的陶器类型是很自然的事。

更令人吃惊的是,比起这些器型原先的发展来说,它们在西周中期偏晚时突然占据优势。西周中、晚期中心地区的铸造者继承了古代的传统以及一系列已经固定的器型;他们不必因为需要其他的或可能更庄重的模型而转向陶器。西周晚期新器型获得的完全优势表明,抛弃旧器物而采用新器物是有意之举,是中央权力的决定。[8] 这一彻底的变化将西周划分开来，而这种划分尤其有助于确定周中心区与不受周王朝直接控制的南方地区建立联系的时机。

中原南部：河南南部和湖北

商代青铜铸造在湖北和湖南有很大的影响：这些地区出土的商早期青铜器与河南的原型有紧密的关系；不过到了后来，当地与商同期的青铜器已与商中心地区的器物相去甚远。[9] 与此形成对照，湖北出土的西周早期青铜器说明，这一地区与周王朝建立在陕西长安及河南洛阳附近的都城又开始建立了密切的联系。湖北黄陂鲁台山的墓群随葬有标准的西周早期礼器。这一墓群中的个别墓葬出土了一鼎、二爵、一觯和一尊。这些墓葬不是孤立的个案；在该地区还发现了其他常见的西周青铜器。[10]

有趣的是，这种联系似乎在西周中期就停止了。还没有证据表明此地输入或制造西周中期青铜器，譬如类似陕西扶风齐家村 19 号墓（参见图 3－2）出土的那些青铜器，也没有证据表明此地使用过具有这一时期特征的鸟纹图案。

西周末年，联系又重新建立起来。这有可能是因为西部都城在犬戎的入侵下陷落，导致周贵族成员南迁。湖北京山宋河区窖藏出土的青铜器就仿造了北方礼器的器型，其中有成套相配的簋和鬲（代替了鼎），以及二件大型壶、豆、匜和盘【图 3－6】。[11]

上述器型既不可能是从西周早期当地使用的青铜器直接发展而来，也不可能是从一个我们一无所知的假想的西周中期（当地青铜器）阶段发展而来。这个窖藏是西周末期湖北与西周中心地区联系的证据。西周晚期的青铜器或是青铜铸造者肯定从西安地区到达湖北，刺激了与西周后期成套礼器直接相关的青铜器铸造。良好的铸造质量表明周中心区发展起来的技术已经移植到了河南南部和湖北地区。

东南：安徽和江苏

证据表明，位于陕西和河南的中心地带与江苏、安徽等东南省份的联系呈现出一种相当不同的关系。在商代，联系的模式与湖北和湖南所

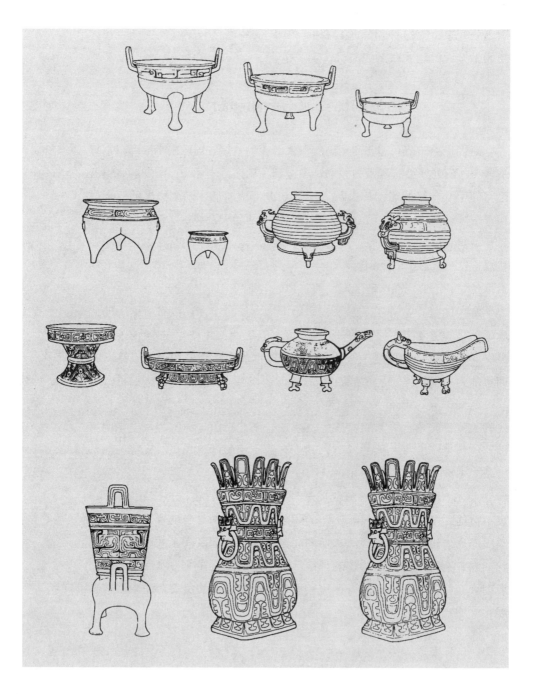

[3-6] 湖北京山宋河区窖藏出土青铜器线绘图。鼎三（九件中的三件）、大鬲（二件之一）、小鬲（七件之一）、簋二件（七件之二）、甗一、豆一件（两件之一）、方壶二、盘一、匜一。其中两件鼎、两件豆和壶上铭刻有曾侯次子的献词。
引自《湖北京山发现曾国青铜器》，图版9—10，图4—10。

经历的阶段一致,即早商青铜器在这些地方得到忠实的模仿;而晚商青铜器则更独立于北方的原型。

但到西周初期,这两个地区的相似性不复存在。似乎东南地区既未发现这一时期的青铜器,也未采用北方的墓葬类型。令人感兴趣的时刻直到西周中期才开始。

引起我们注意的是一种地方墓葬类型——土墩墓。与周中心地区的竖穴墓不同,土墩墓建于地面之上而不是地面之下。它们随葬的青铜器通常既包括周中心区的也有当地制造的。江苏丹徒大港母子墩墓就是一个例子【图3-7】。[12] 该墓随葬的青铜器有:二鼎、一鬲、二簋、一尊、一卣、一鸟形盖壶和一鸟形器。除了后两件器物,其余的容器均以周中心地区的器物为原型。其中一件凤鸟纹方座簋似乎就是中原的器物,其器型、纹饰和铭文都完全符合周中心区的样式。当时东南地区的人们不太可能熟练书写适合青铜铭文的字体。该器的铭文似乎表明,这件青铜器是在周中心地区铸造的,或者,如果它是在东南地区制造的话,应是由从周中心地区迁移到那里的工匠所铸造的。

母子墩出土的簋可以与一件陕西长安县花园村17号墓出土的、几乎完全相同的簋相比较【图3-8】。后者的铭文记述了与荆、楚的战役。[13] 这些战役可能是昭王的征伐,这件簋的年代可能就属于昭王时期或是昭王之后的穆王时期。因此,母子墩凤鸟纹簋的年代可定于西周早期偏晚到中期偏早阶段。

西周中期偏早的青铜器一旦为东南所知,它们便激发了当地青铜业的勃兴。在江苏、安徽各地,尤其是在江苏丹徒、安徽屯溪出土的器物,体现了这些青铜器的特征:[14]

1. 西周中期偏早的器型占有优势,包括鼎、簋、圆尊和侧面为S形的尊;

2. 这些青铜器依各地的喜好而有所变化,有时被做得很大,它们的器形随着时间而逐渐改变,装饰中结合了中心与地方的审美情趣;

3. 有些器型在周中心区被摒弃许久之后,在东南地区仍继续使用。例如圆尊还可见于东周时期的墓葬。[15]

大英博物馆收藏的一件卣看来是东南传统的产物。像其他东南地区的器物一样,它沿用了西周早中期之际周中心地区的卣的形制。在

[3-7] 江苏丹徒大港母子墩墓出土青铜器线绘图,西周中期。引自《江苏丹徒大港母子墩西周铜器墓发掘简报》,图4。

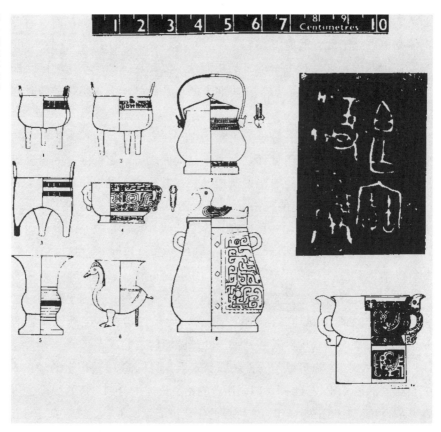

[3-8] 陕西长安花园村17号墓出土的鸟纹簋及其铭文,西周中期前半段。引自陕西省文物管理委员会《西周镐京附近部分墓葬发掘简报》,图23—24。

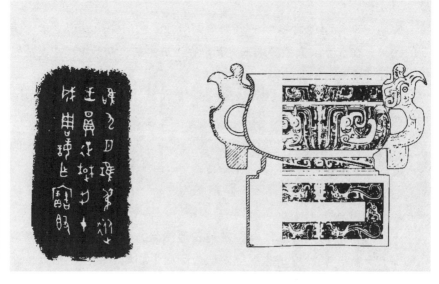

58 　祖先与永恒——杰西卡·罗森中国考古艺术文集

[3-9] 卣,青铜礼器,西周晚期（左）,加上提梁,高62厘米,藏于大英博物馆。该卣可能来自中国南方。与西周早期中原的卣（右）相比较。

【图 3-9】中，这件东南地区的卣和另一件大英博物馆藏的西周早期偏晚周中心区的卣放置在一起。与那件青铜器相比，东南地区的这件显得体形很大（加上提梁，共高 62 厘米）。江苏丹阳出土的一件尊，也是同样硕大。[16]

尽管尺寸巨大，卣的铸造仍采用了合范法。与提梁成一直线位于两侧的范线，可以从错位的花纹上清楚地看到。与周中心区的卣一样，范缝的痕迹也贯穿于南方器物器身中部的纹饰块。而且，它和都城的器物一样，都将提梁铸在器身两侧的环上。可见，在周中心区发展起来的技术已经传到了周边地区。

根据对大英博物馆藏卣的分析，南方青铜器的成分与陕西、河南青铜器的合金配比稍有区别（表1）。铜的比例低于周中心区青铜器，铅和银则相对稍高。对赛克勒博物馆藏青铜器所进行的成分分析，也得

[3-10] 盘，青铜礼器，可能来自中国南方，西周晚期或东周早期，高7.6厘米，直径26.6厘米，赛克勒藏品。

到较为相似的结果。其中一件盘因与安徽、江苏出土的器物成分相似，可以认定来自于南方【图3-10】。它主要的成分分析如下：铜64.3%、锡13.6%、铅11.8%、砷0.056%、银0.313%。它在合金成分上与大英博物馆藏卣的相似性也许是巧合，但这一比较至少带有一些暗示性，特别是在安徽屯溪出土的青铜器中也发现银含量较高的情况下。[17]

表1　两件中国青铜卣的原子吸收光谱分析（大英博物馆）

登记号	Cu	Sn	Pb	As	Ag	Au	Ni	Zn	Fe	Sb	Bi	Mn	Cd	Co
地方类型的卣														
1983.2-2.1	64.9	11.9	13.0	0.19	0.162	<0.003	0.19	0.046	0.07	0.13	0.055	<0.0008	<0.0004	0.009
中心地区的卣														
1947.7-12.329	85.1	13.5	0.27	0.15	0.063	<0.004	0.039	0.009	0.32	0.06	0.119	<0.0010	<0.0006	0.006

就其尺寸而言，这件卣的器壁相对较薄。北方的青铜器则更为厚重。也许用于制作东南陶范的陶土无法达到河南和陕西那样明晰的轮廓。最重要的是，卣的装饰十分怪异。它的腹部饰有巨大的盘曲蛇纹，可能是当地对前文所述的泾阳青铜器盘龙图案的一种翻版（参见图3-1）。[18] 细密的交叉十字地纹则是以当地陶器的图案为基础。

类似的地方青铜器，即采用西周中期器型的地方变体，并饰有北方纹饰的地方翻版，看来在东南地区一直沿用到西周晚期。而且，在西周晚期，这一地区似乎与周中心区只有很少的联系，或者根本没有联系。因此，像卣和尊这些在西部已被淘汰、在中南部也被偶然排除的器物，在东南地区却保留到更晚的世纪。在东周时期，当这些器型出现在中国中南部或广东和广西时，它们可能是从东南地区的器物那里借鉴而来的。[19]

因此，中国中南和东南地区的青铜铸造业各不相同，并产生了两支个别的东周早期青铜器传统。认识到礼器器形的变革及其在各地区所造成的不同影响，对研究铸造技术在中国南方的传播，提供了必要的背景。

（黄爱梅 译 吴晓筠 校）

〔1〕本篇为作者1986年10月21-26日在中国郑州参加"金属与合金使用起源第二次国际研讨会"时宣读的论文。
〔2〕妇好墓的发现，见中国社会科学院考古研究所：《殷墟妇好墓》，北京，1980年。
〔3〕该墓的发掘，见葛今：《泾阳高家堡早周墓葬发掘记》，《文物》1972年7期，5-8页。
〔4〕齐家村墓葬的发掘，见陕西周原考古队：《陕西扶风齐家十九号西周墓》，《文物》1979年11期，1-11页。它的出土物可通过与陕西长安普渡村一座墓葬的出土物（陕西省文物管理委员会：《长安普渡村西周墓的发掘》，《考古学报》1957年1期，75-85页）对比来确定其年代。后者出土了长甶盉，铭文中出现穆王，所以此器物与此墓应属于某个紧接着继位的王的统治时期，可能是恭王时期。其他铸有铭文地青铜器，包括裘卫诸器（岐山县文化馆等：《陕西省岐山县董家村西周铜器窖藏发掘简报》，《文物》1976年5期，26-44页），都支持将这部分青铜器的年代定于西周中期偏晚。
〔5〕庄白窖藏的发现情况，见陕西周原考古队：《陕西扶风庄白一号西周青铜器窖藏发掘简报》，《文物》1978年3期，1-18页。李学勤认为，这个家族罕见地保有爵器，是因为他们与商统治区域有长期的联系。参阅：Li Xueqin, *The Wonder of Chinese Bronzes*, Beijing, 1980, p.14.
〔6〕藏有散伯车父器的窖藏，见史言：《扶风庄白大队出土的一批西周铜器》，《文物》1972年6期，30-35页。
〔7〕关于盨和簠的考辨，见高明：《盨、簠考辨》，《文物》1982年6期，70-73转85页。
〔8〕注4中提到的长甶墓有新式的鬲和一套钟，但其他器物仍是旧器型。
〔9〕比较湖北黄陂盘龙城出土的青铜器和湖南宁乡出土的四羊尊，前者的报告，见湖北省

博物馆：《盘龙城商代二里岗期的青铜器》，《文物》1976 年 2 期，26－41 页；后者的报告参见，Fong Wen（方闻）ed., *The Great Bronze Age of China: An Exhibition from the People's Republic of China,* New York, 1980, no.20.

〔10〕湖北黄陂墓葬，见黄陂县文管所：《湖北黄陂鲁台山两周遗址与墓葬》，《江汉考古》1982 年 2 期，37－60 页。其他的发现，参见：刘长苁、陈恒树：《湖北浠水发现两件铜器》，《考古》1965 年 7 期，369－370 页；武汉文物拍卖会：《西周卫尊》，《江汉考古》1985 年 1 期，103 页；襄樊市文物管理处：《湖北襄樊拣选的商周青铜器》，《文物》1982 年 9 期，84－85 页；随州市博物馆：《湖北随县安居出土青铜器》，《文物》1982 年 12 期，51－57 页；《湖北随县发现商周青铜器》，《考古》1984 年 6 期，510－514 页。

〔11〕湖北京山宋河区窖藏，见湖北省博物馆：《湖北京山发现曾国青铜器》，《文物》1972 年 2 期，47－53 页。

〔12〕母子墩墓葬见镇江博物馆等：《江苏丹徒大港母子墩西周铜器墓发掘简报》，《文物》1984 年 5 期，1－10 页。对墓葬年代及对这一地区青铜器发展的讨论，见刘兴、吴大林：《谈谈镇江地区墩式墓的分期》，《文物资料丛刊》1982 年 6 期，79－85 页；刘兴：《东南地区青铜器分期》，《考古与文物》1985 年 5 期，90－101 页。

〔13〕关于花园村出土的簋及其铭文的讨论，见陕西省文物管理委员会：《西周镐京附近部分墓葬发掘简报》，《文物》1986 年 1 期，1－36 页。

〔14〕屯溪青铜器，参见：安徽文物工作队：《安徽屯溪西周墓葬发掘报告》，《考古学报》1959 年 4 期，59－90 页；胡文：《安徽省屯溪弈棋又出土大批西周珍贵文物》，《文物》1965 年 6 期，52 页。关于丹阳情况，见注 16。

〔15〕例如圆尊就出现在蔡侯墓，参见：安徽省文物管理委员会、安徽省博物馆：《蔡侯墓出土文物》，北京，1956 年，图版 19。

〔16〕该尊见镇江市博物馆等：《江苏丹阳出土的西周青铜器》，《文物》1980 年 8 期，3 页，图 1.7。

〔17〕感谢萨瑞（E.Sayr）和霍尔姆斯（Lore Holmes）提供这条信息，并允许我引用其结论。关于屯溪青铜器，见《考古学报》1959 年 4 期，59－90 页。关于与此相似的盘的情况，见冯普仁：《无锡北周巷青铜器》，《考古》1981 年 4 期，302－303 转 369 页。

〔18〕一件现藏于上海博物馆的装饰着密集螺旋纹的小型青铜器，见陈佩芬：《冀仲壶》，《文物》1984 年 6 期，21－23 页，图版 1。这可能是蟠龙纹与南方蛇纹的中间形式。

〔19〕侧面为 S 形的尊在湖南、广西都有发现，参见：Fong Wen, *The Great Bronze Age of China*, no.66, fig.88。这种器物可能并非是对中心区器物的仿造，也不是承袭湖北、湖南西周晚期至东周早期的传统，而是源于东南地区，这里是在礼仪变革之后唯一继续采用这种器型的地区。广西出土的器物上装饰着类似蛇的动物。大英博物馆所藏卣上的蛇形似乎表明，尽管它与东南青铜器有相似之处，但它仍属于东南传统在更晚的时期向南方和西南延伸的产物。

04

战国及秦汉时期的礼器变化

导　言

　　本文将讨论礼器在用途上的变化。我的主要观点是：曾在仪式典礼中占据重要地位达千年以上的青铜礼器，在战国晚期及秦汉时期的墓葬中已不再担任重要角色。与此同时，作为补充，漆器被加入到礼器当中。实际上，我们看到的是礼器的"现代化"。取代那些古代的器型，该时期在仪式中最常使用的食器和酒器似乎多是日常饮宴中出现的新型器物。文中所有的材料都来自墓葬。因此，我将描述的战国至秦汉的礼器变化，似乎是一些重要变化的产物。这些变化不仅体现在礼仪准备过程和表现形式中，也反映在人们对冥世生活的理解和认知上。

　　"礼器"一词在这里指代在仪式（例如葬礼、墓中的祭祀和为祖先所举行的祭宴等）中用于盛放食物和酒的容器。在商代至周代早期（至少到公元前771年），礼器可能与高级贵族在普通宴会上使用的饮食器皿类似。这些古老的饮食器皿是后世众多的铜器或陶器的原型。虽然未经证实，但人们也普遍认为鼎、壶、豆和敦等与古代礼器一脉相承的器物同样属于礼器。毋庸置疑，其中许多的器型的确属于礼器，但可能并不是全部。另外，也有以青铜制成的新式器物，但它们不一定是为祭祖礼仪而制造的。而且一直以来，人们可能也会使用其他材料制成的器物作为礼器——譬如高温烧制的陶瓷器或漆器。因此，器型或材质，都不是判断一个容器是否属于礼器的决定性因素。然而,即使存在着这些不确定的因素,学者们对公元前4世纪末之前的礼器定义仍有着合乎情理的共识。

目前较少被考虑的是公元前3世纪左右发生的变化。青铜器的优势地位自此结束。[1] 我的观点是,在公元前5世纪至前2世纪,通常被认为是日用品的容器已开始被应用到礼仪活动中了。因此,我们必须考虑是否能够将礼器与一般的日常器皿区分开来。

现代考古学家经常在考古报告中把礼器与日常器物区别对待、分开讨论,就像下文将会谈到的曾侯乙墓报告一样。例如,青铜器和玉璧被视作礼器,但漆耳杯和漆案却被描述成日常器具。很难说这种现代的分类正确地反映了过去的分类方式。当然这类划分在过去的确存在,但过去的分类方式也有可能比我们现在采用的更为复杂且更具变通性。我们从湖北荆门包山一座公元前4世纪的墓葬中发现的陪葬品遣册中可以得知,一些木制容器也被用于仪礼中。[2] 因此,即使将沿用了商代及周代早期青铜器器型的容器视为礼器是正确的,也不能排除其他类型的器物被用于典礼和仪式的可能性。在稍后的讨论中,我会更多地依赖于墓室中器物的位置,而非其器型,来确定哪些器物属于礼器。

众所周知,至少从周代早期(公元前1000年)开始,更有可能是从商代晚期(公元前1200—前1050年)开始,一些高火候的陶器和漆器似乎就与青铜礼器配合使用。因此,人们使用漆器的做法并不奇怪。从周代晚期到汉代的主要变化是,漆器比青铜器更具主导地位,而且人们在更多的情况下使用的是新式的器型而非较早的传统样式。[3]

在这里,我们关注的漆器类型是用于饮食的耳杯,还有被称作"樽"的三足酒器。这种器物通常与长柄勺一起出现,并被放置在案几之上。这三者形成了一个组合。[4] 换言之,它们通常被一起使用。其他类型的器物也可以加入其中,包括被称为"卮"的无足小圆柱状器皿。[5] 所有这些器物都有可能用陶土制成,并施彩使其看起来更像漆器。我们会在本文结尾处讨论一些精美的替代品。鼎和壶既可以是漆器也可以是彩绘陶器。这就把两组分别代表古老传统和新兴潮流的器物,带到了同一个视觉和审美模式之下。[6] 当原本用青铜制成的传统的鼎,转而以漆绘陶器或完全的漆器制成时,很明显它就不再是一件炊器了。[7] 毕竟,漆器是不能放置于火上的。正如我以下的讨论,鼎在汉代以前已不再是流行的炊具，它已基本上被便于放置炉上的圜底器皿所取代。

我会在对轪侯夫人墓的评论中详细说明汉代初期所使用的系列器物。轪侯夫人在公元前168年左右葬于湖南长沙附近。她墓中出土的实物以及那幅著名帛画上所绘的景象【图4-1】，都是鼎在该时期继续流行的证据。墓中出土有几件漆器，及其他被认为从商周青铜饮食器发展

[4-1] 长沙马王堆1号墓所出帛画线图，公元前2世纪。引自《长沙马王堆一号汉墓》，北京，1973年，卷1，图38。

而来的古代礼器系列中的器皿,譬如壶。鼎和壶还出现在那幅著名帛画的下部,在墓主人所站平台之下的场景中。

这一场景与我所提出的解释尤其相关(参见图4-1)。人们对该场景的认识有不同的意见,我比较倾向于威廉·沃森(William Watson)和巫鸿的看法,认为帛画的这一部分表现出葬礼的场景。[8]中部的长榻可能存放轪侯夫人的遗体,因为其上覆盖的丝织物的图案与画中表现的轪侯夫人的穿着相似,并且此图案也可在墓中找到。该场景还描绘了跪拜于两侧的男性亲属。近景是鼎和壶,摆放于桌上的漆耳杯内放有筷子。其他小型的器皿被摆放在桌子的周围。我们似乎可以合理地把这一场景解释为某种礼仪活动。因此,漆耳杯在这里属于礼器。

该墓棺椁内头箱中的器物则向我们展示了另一组背景。[9]头箱被布置成房间的模样,因此轪侯夫人可以背靠屏风,以拐杖在左、靠手在右的姿势就座(参见图4-17)。另有五个乐俑、四个歌俑和四个舞俑负责娱乐墓主。这样的舞乐俑也可以在许多稍后汉墓中的壁画或石刻中找到(参见图4-4b)。供墓主使用的容器中包括一件漆鼎。在墓主座位之前,是一个大托盘,盘中放有五只盛放食物的小碟、一只盛酒用的耳杯、两只饮酒用的卮和一双筷子。这种安排表明,即便在葬仪中使用的器具和为墓主提供食物的餐具不完全一致,也是十分相似的。

以上的描述反映出沿用古代样式的特定礼器组合的消亡,同时也印证了我的想法,即鼎在以酒和食物为祭品的祭祀典礼中,可能不再具有重要的地位。漆器,特别是耳杯,在这个阶段明显担当着重要的角色。而且,这些漆器和日常用于饮食的器皿并无太大的差别。

本文开头提及的漆器被大量地表现在汉墓中的壁画和画像石上。并且漆器实物或仿漆陶器也很常见。然而,较之对人物及一系列相关活动的描绘,对这些物质遗存的阐释要困难得多。因此我们需要寻找表现漆器在仪式或典礼场合中使用的进一步描述。我在这里将会引用两个来自东汉的稍晚的例子。

第一个例子来自于著名的沂南汉墓。前室画像所反映的场景被认为表现了若干仪式场景,可能是葬礼的场面,或者是死者亲友向其祭拜的情景。[10]前室西墙上的画面刻画出站、跪人像各三排,他们都屈身面向手捧托盘的一人【图4-2】。在最左边的是两张摆放着耳杯的矮桌。

这个画面的前景是一件漆樽和两件漆壶。学者们对该场景有许多不同的解释，但似乎又都存在着大致相同的认识，那就是画面中的人物在葬礼中或葬礼以后的其他仪式中向死者致以敬意和缅怀。因此，耳杯在这里也属于礼仪场景的一部分。

第二个有明确礼仪性质的例子表现了一名男子在坟丘前跪拜的情景【图4-3】。在他和坟丘之间为摆放着器皿的方案或垫子，离观者稍远的，是一只耳杯和一件形似提梁平底樽的器物。这个来自山东嘉祥画像石上的例子，虽然不如前例明显，但同样表明了漆器作为礼器的用途。[11]

墓葬中的不少场景也都表现了耳杯、樽、长柄勺和案几这一套器物。我们看到三种非常不同的情况。第一种具有高度的仪式性，虽然可能是与死者无关的仪式。这种情况可以在山东和江苏找到。山东诸城汉墓中的画像石描绘了墓主人落座于屋中，身后置有一架三面屏风【图4-4a】。画中的主要人物，即墓主，尺寸比其他人大得多，并且似乎正在接待在

[4-2] 山东沂南汉墓前室西壁画像石局部拓片，东汉，公元2世纪。表现葬礼或其他仪式上正在行礼的人们。他们身后是案几上的耳杯、樽及壶。引自：《沂南古画像石墓发掘报告》，南京，1956年，石拓6。

[4-3] 山东嘉祥嵩山汉画像石局部拓片，东汉，公元2世纪。两人向其上植有一树的坟茔躬身行礼。器皿和托盘，包括一只耳杯，被表现在人物之前。引自朱锡禄《嘉祥汉画像石》，济南，1992年，图45。

青铜器 | 67

[4—4a] 山东诸城晚期汉墓石刻线图,公元2—3世纪。图中描绘墓主的形象,其前放有小几,几上有漆杯,几前是圆柱状酒器,或樽。引自《文物》1981年10期,14—21页,图8。

他面前躬身行礼的客人。屏风之后及两旁都是仆从。墓主右侧的仆人手捧包裹着的兵器；[12] 其中一人还手持羽扇或蝇掸。七个戴冠并持笏的人跪在房檐下的平台上。冠和笏都是身份等级的标志。在建筑物之外，有仪仗人员左右两排排开：外侧的手持旗帜；内侧则高举斧或戟。仪仗队伍的中间，还刻画了两个人物，一个较大，另一个却小得多，他们呈跪姿面向墓主，头上同样戴冠，手上持笏并指向前方。还有四个同样戴冠持笏的人处于夹道的仪仗队列之外，两立两跪。他们的仆从似乎跟随在其身后。在前面的建筑中还坐着另一些人，似乎是在等待上前敬拜墓主。学者通常认为这一场景描绘了下级官员拜访官阶较高的墓主并呈上名谒的情景。因此，这可能是典礼性或仪式性的场合。承鲁惟一（Michael Loewe）指示，尹湾地区出土了为这类礼节性拜访而准备的文书。[13]

此场景中最基本的元素是摆放成套耳杯的案几或祭坛。其后（从墓主的角度看）还附有樽和附带的长柄勺。这些器具明显是这种场合的基本要素。它们在这里的用法可能与沂南汉墓葬礼中的不尽相同，似乎是在一个更加正式的场合中发挥功用。山东安丘也有一个相关却并不相同的场景，类似的例子也发现于江苏的墓葬中。[14] 可能在较早的时期，这些场合中使用的是青铜器而非漆器。

诸城汉墓也向我们提供了一个非正式场合的例子。【图4-4b】描绘了宴会场景，前景中的乐师和表演者清楚地表明了这一点。客人位于画面后方和右侧，他们身边放有盛着耳杯的托盘、樽、长柄勺及案几。[15] 两排官员和持戟的仆人站在画面左侧，他们看起来似乎是在见证着某种刑罚的进行。这一场景可能描绘了职责与刑罚相关的官员的娱乐活动。

第三种描绘有漆器的墓室图像是以墓主饮宴为主题的。在沂南汉墓中，墓主夫妇被刻画在主室的画面中央。在画面中，这对夫妇的前方堆积着谷物，而他们的左侧是仆从备食的繁忙景象【图4-5】。耳杯、樽及长柄勺都被置于案几上。这不是一个十分隆重的宴会，更多的是表现墓主夫妇进食的情景。[16] 人们似乎认为，只要子孙们在墓前献祭，墓主在冥世生活中便能享用到丰富的食物。[17] 对于死去的先人如何获得这些食物，汉代人似乎并未给出单一的解释。他们也许认为，根据类比的特性，通过在祠堂中举行献祭，食物就会奇迹般地出现在墓中的饮食器皿中。又或者，祭品将填满于墓中的谷仓及其他储藏器皿中，确保食

[4-4b] 山东诸城汉墓的另一幅石刻线图，东汉，公元2—3世纪。该图表现了宴会的场景，包括娱乐和刑罚。引自《文物》1981年10期，14—21页，图6。

[4–5a] 描绘墓主夫妇的场景,山东沂南,公元2—3世纪。场景中谷物被堆放在墓主夫妇面前,食物的烹饪与准备在他们的左侧进行。

[4–5b] 身前放有供奉器皿的墓主夫妇,山东沂南,公元2—3世纪。引自:Käte Finsterbusch, *Verzeichnis und Motivindex der Handarstellungen*, Wiesbaden, 1966,1971, vol.2, no.310.

青铜器 | 71

物可随时在炉上烹煮并以墓中提供的餐具盛放。人们也有可能同时接受这两种解释方式。在来自山东滕州的石刻上,我们还可以看到保证先人食物供给的另外一种方法。[18] 刻有两只漆杯和一只盛有鱼的碟子的图像似乎提供了消耗不尽的食物。一方面,我们可以看到墓主像日常一样进食;另一方面,如果食物需要依靠后代的献祭,墓主的用餐便具有了仪式的含义。

然而,鼎和壶并没有在上述我们所讨论的墓葬图像中占有重要地位,虽然我们知道它们在同时期也曾被使用。因此很有可能它们的重要性在这时期的礼仪中相对较低,让位于耳杯和筒形樽。换言之,鼎和壶可能仍然作为饮食器皿被使用(参见图4-2),但是,它们的地位似乎比墓主生前实际使用的器皿要低,因此也就被遗忘在墓室壁画的题材之外了。

墓主——受祭者或献祭者

各种类型的漆器和宴会的场景不过反映了墓中所提供的生活的一部分。从公元前2世纪初起,墓葬中就充满了模型、图像和各种实物,它们尽可能多地对应或提供了日常生活的方方面面。[19] 在长达四个世纪的汉王朝中,这些出现于墓中的对现实的映像被进一步完善。筵席和宴会、舞蹈和音乐、车马出行的画面,还有建筑和山水的景观,都可以简单地理解为对墓主生前生活的回顾。但汉墓中的相关文献却暗示着一个包括各种官员和神灵的死后世界的存在。如果冥世生活因此而被认为是不可忽略的,那么这些墓室图像似乎是想为墓主提供安稳优越的生活;[20] 它们可能会实现每个人所追求的美好生活,这一点清楚地记载在山东苍山汉墓所出的铜镜铭文和独特的墓铭之上。[21] 与世俗生活相关的谷仓、井、厕所和炉子也是必需的。[22] 墓中大多数的物品都是为保证墓主可以享用食物而准备的。

但人们是否会认为墓主会像他们生前一样,向同样生活在冥世的先人祭祀呢?既然墓中生活被认为是对现世生活的复制,甚至是理想化,那么我们基本可以肯定,向先人的献祭很可能也是墓中生活的重要组成部分,就像在人间所举行的献祭活动一样。而且,墓主在墓中所举行的对其先人的祭祀活动，很有可能采取的也是为其亲友举办宴会的形式。因此，汉墓中描绘的一些宴会的场景，也可能是墓主款待其先人的场合。

我们可以从公元9世纪时收录在《广异记》的故事里找到一些有用的线索。故事记载，一名男子无意中被与其逝世的岳母葬在一起。他的亲友们不久后意识到这个错误，将他从墓中救出。被救出的男子仍然活着，并向亲友们讲述了在墓中举行的一场丰盛的筵席。在这场筵席中，所有王氏家族死去的成员，都来迎接他们新到的亲人王夫人，也就是该名男子的岳母。[23] 汉代以后，墓中的器皿是为墓主人接受食物并使其能在冥世为亲友举行筵席而准备的。虽然我们现在无从得知汉墓中的器皿是否也是为墓中的筵席——像王氏墓中举行的一样——而设的，但我们可以想象情形可能大致如此。

现在我们必须开始讨论更进一步的问题。战国及秦汉时期墓中的漆器、陶器和青铜器的作用，与商周墓葬中随葬的青铜器是否有所不同呢？这个问题有助于我们了解，从精美青铜器到具有世俗风格的漆器的转变，仅仅是材质上的变化，还是涉及现世礼仪和死后观念的更广泛变革中的一部分？我们可能会想到，当商王武丁的嫔妃妇好在公元前1200年前后被葬于安阳时，随葬的二百多件青铜器是否也会被她用于供奉祖先或从其后人那里接受祭飨？[24] 对此我们尚无定论。但林巳奈夫曾提出，由公元前4到前2世纪南方墓葬中的文书资料可知，墓主人似乎的确有在冥世举行与人间无异的整套礼仪仪式的意图。林巳奈夫并没有对此展开详细的讨论，但他指出，在公元前4世纪时，青铜器更多地被应用在这些仪式中，而在公元前2世纪，漆器的使用却更加普遍。[25]

我们现在所知的是，无论在商周时期还是在汉代，生者对死者的供奉都同样重要。大量的祭品，包括整只的动物，被随葬于商王陵墓的事实印证了这一点。更有甚者，对妇好墓的发掘发现了地面享殿的遗迹，在殿内很可能曾有祭典之类的活动举行。因此妇好墓内的器皿可能是用于接受或举行献祭的。用于献祭的商周青铜器和汉墓中漆器的最大的区别，并非在于墓主是否使用它们来接受和举行祭祀，而在于这两个时期中器皿在墓中的置放情形是非常不同的。

在商周时期直到公元前4世纪的墓葬中，我们可以看到，礼仪性的器物主宰了整个墓葬。而且在最高级的墓葬中，礼仪性的器物通常华丽精美。但是在汉墓中，现实生活被表现得更加全面，礼仪活动不过是其中的一部分。譬如，中山王刘胜（公元前154—前112年在位）和其配偶窦绾在公元前2世纪晚期下葬于河北满城，他们拥有复杂的多室墓，既包括礼仪性空间，也有私人空间，还有马厩和储藏室【图4-6】。[26] 他们也拥有一些非常精致的器物，但却没有可以与为商周贵族阶层所制的礼器群在精致性和复杂性上相媲美的器物组合。

汉墓中表现的日常生活场景把人们的注意力从墓中图像和模型所反映的祭祀礼仪的变化上转移开来。事实上，在公元前3到前2世纪，祭祀礼仪似乎发生了四个重大变化：首先，流行的礼器从青铜器，尤其是古代造型的容器和钟的类型，变为当时盛行的漆食器（附带的还有新式的乐舞表演）；其次，墓葬中表现的重点从仪式典礼（还有战事和地位）转变为对生活各方面更全面的关注；第三，随葬品从贵重的器物——主要是青铜器和玉器——转变为各种材质、种类也更多样的器物，而且其中饮食器不一定是最精美贵重的；最后，随葬品从实物转变为同时使用实物、模型和图像的组合——这一变化我们尚未讨论到。

[4-6] 河北满城刘胜墓复原图，公元前2世纪。引自Wen Fong (ed.), *The Great Bronze Age of China: An Exhibition from the People's Republic of China*, 1980, fig. 112.

我在本文中将只讨论这些变化的几个方面。我会把注意力放在实物器皿上。本文旨在说明，当青铜器类型越来越分化并且重要性逐渐降低的同时，漆器的数量增长，而且很有可能起到更重要的作用。也有可能从一开始，漆器就有着与青铜器不同的功能。最后，本文会论及墓葬中

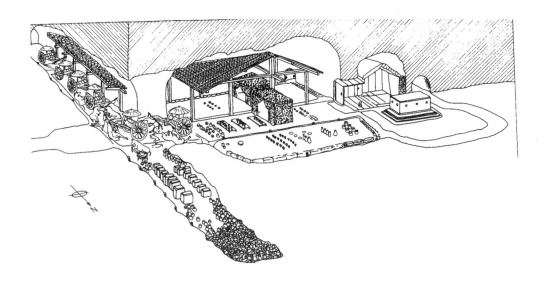

对应于实物的图像的使用。这些问题都会根据春秋战国时期墓葬的陪葬品来一一讨论。首先我会把汉代漆器的使用追溯至南方，譬如湖北，尤其还有之前楚国的传统。随后，我将会讨论汉代的情况。

东周及汉初的青铜器

公元前770年，周王室的东迁导致了周人的传统被带入那些没有使用青铜器祭祀传统的地区，譬如北京附近，或之前青铜器影响力不大的地区，如河南南部和湖北北部等。开始时，西周的礼器类型占据了绝对优势。但在公元前6至前5世纪，许多变化却悄然发生。[27]总体而言，这时期出现了新的并且不一定是用于仪式或祭祀的青铜器类。这些新式器物逐渐取代了一些传统礼器的地位。在经历了技术和装饰的高峰时期后，许多青铜器变得愈加单调乏味，重要性也不断下降。甚至有些青铜器为了和漆器或彩绘陶器相配，最初可能曾被施彩。

我们可以在公元前5到前3世纪的一些墓葬中看到这类变化。主要的例子来自南方，包括位于湖北随县的公元前5世纪晚期的曾侯乙墓（约公元前443年），位于河南信阳公元前4世纪的长台关楚墓，荆门包山2号墓，江陵望山1号墓，还有当阳赵家湖及江陵九店两处公元前5到前4世纪墓地中的墓葬，以及江陵雨台山公元前4世纪的楚墓和荆门马山公元前3世纪的楚墓。[28]

在北方地区，我们还可以在太原251号墓和长治分水岭古墓群中发现与南方地区相似的变化过程。位于河北平山的中山王陵是一座公元前4世纪的重要墓葬。而出土了全套青铜器的山东临淄商王墓地，则为我们提供了公元前3世纪晚期的例子。[29]

我们可以把从公元前5世纪晚期直到公元前3世纪末墓葬中青铜器使用的趋势归纳如下：

1. 鼎和壶等主要的礼器一直存在，但其重要性却逐渐下降。这以非普遍的、但却在总体装饰上的简化为标志。这两种器型在汉代依然以青铜器、漆器或仿铜陶器的形式出现并被使用。但是很明显并非所有的鼎和壶在周代晚期和汉代都被用于礼仪仪式中。[30]

2. 从公元前5至前3世纪，绝大多数其他类型的礼器（青铜器或是仿铜陶器）仍在使用，尤其是簠、敦和盂等。但它们于公元前 3 世纪末开始衰落并且最终消亡于公元前 2 世纪。这类器皿因源自商周青铜器而在今天普遍被认为是礼器。

3. 置于案几之上、名为"豆"的献祭用器皿仍然流行。在南方的墓葬中，它们更常以漆器而非铜器或陶器的形式出现。在某些阶段豆形的台架还被用作灯台。

4. 新的青铜器型出现，如匜（通常器壁十分薄）、盒、被称作樽的有盖和细足的筒形容器（直径较小而无足的是卮），[31] 棱角分明的洗以及耳杯等等。所有这些新型器物都有相应的漆器【图 4－7a】。[32] 除器皿外，还有可能是为与漆器配套而制的装饰精美的器盖，但漆器可能已经腐朽。[33] 我们还不能完全理解为什么当时的人们要按照最初出现于漆器中的形制去制作青铜器。很多这样的新器物可能并非用于古代形式的礼仪。

5. 在秦统治的区域内，蒜头壶和鍪特别盛行。[34] 圜底的鍪可能是许多炊具的源头，具体讨论见下文。蒜头壶和鍪在公元前 4 到前 3 世纪开始被使用。[35] 它们经常与漆器一同出现。人们在审视这些青铜器的作用时，却很少考虑到这一情况。

6. 圜底器皿似乎从公元前 3 世纪晚期开始作为炊具被用于新式的炉灶上（因具有封闭式的火膛而更有效）。它还以青铜器的形式出现在高级墓葬中，譬如山东临淄商王战国墓【图 4－7b】，还有后来的汉墓，如满城刘胜墓【图 4－8】。[36] 因此，技术上的重要变化令老式的炊具鼎退出了舞台。上文第 5 点提到，新式的圜底器皿似乎来自于鍪，这表明该变化可能是受到位于中国西部秦人统治区域传统的影响。

7. 新类型的器物即使是以青铜铸成，看起来也不像与礼仪祭祀有直接联系，例如器物的支架（可能是鹿角）、薰炉、烤炉、灯具、各式长柄勺、融合了鸟造型的器物、铜镜，或许还有小巧的高足杯，桌子、案几、屏风等家具配件。[37] 后者中有许多小件的雕刻品。我们仍然不清楚这些青铜器起到了何种作用，但很明显它们并非标准的礼器。

这种趋势不断发展累积下来的影响，清楚地表现在西汉早期满城汉墓（公元前 112 年）中出土的青铜器上（参见图 4－8）。[38] 在这里，似乎并没有青铜鼎的踪影（鼎状的青铜器似乎被做成了各式各样的灯具或暖炉）。壶的数量很多，但在缺乏其他青铜礼器的情况下，很难确定它

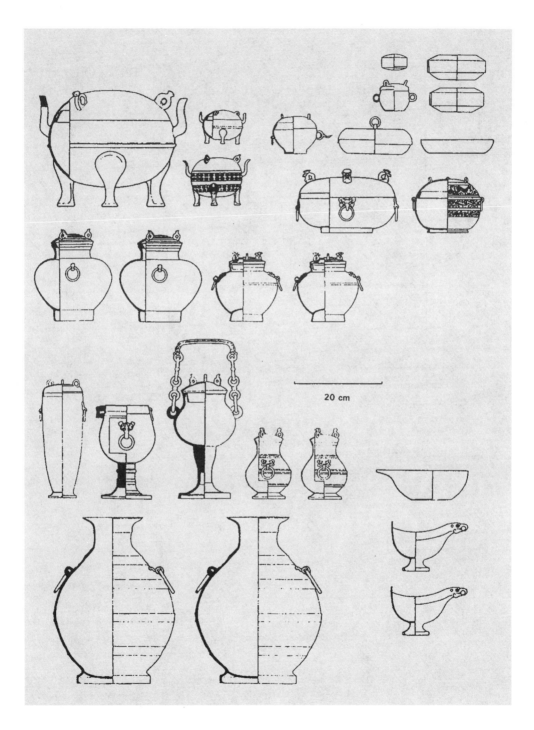

[4-7a] 山东临淄商王墓地出土青铜器线绘图,公元前3世纪。引自《临淄商王墓地》,图10—18。

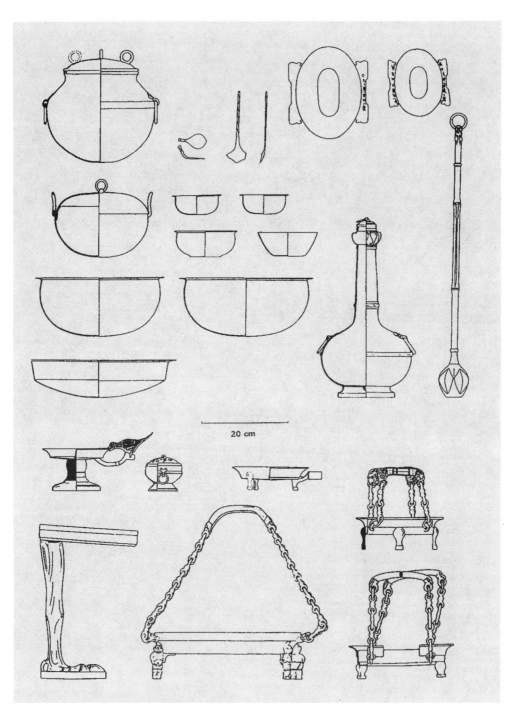

[4-7b] 山东临淄商王墓地出土青铜器线绘图,公元前3世纪。引自《临淄商王墓地》,图10—18。

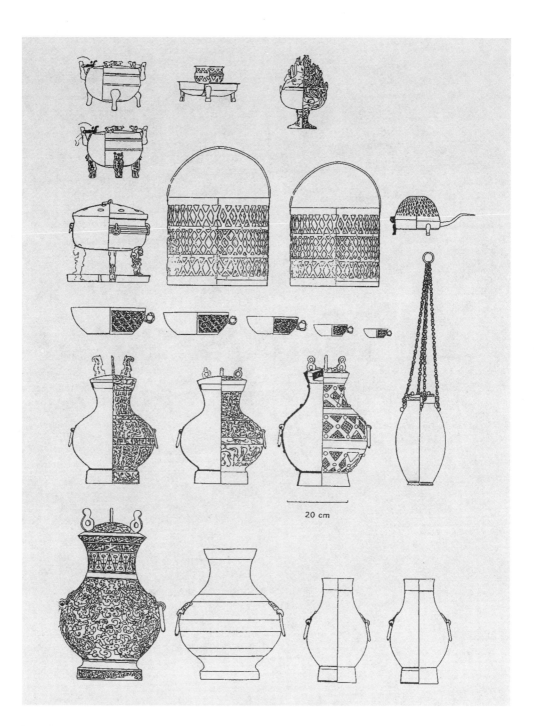

[4-8a] 河北满城刘胜墓出土青铜器线绘图,公元前2世纪。引自《满城汉墓发掘报告》,卷1,图22—23、26、29、31、32:1—2、34—36、47—49、32:3—4、35、37、42—45。

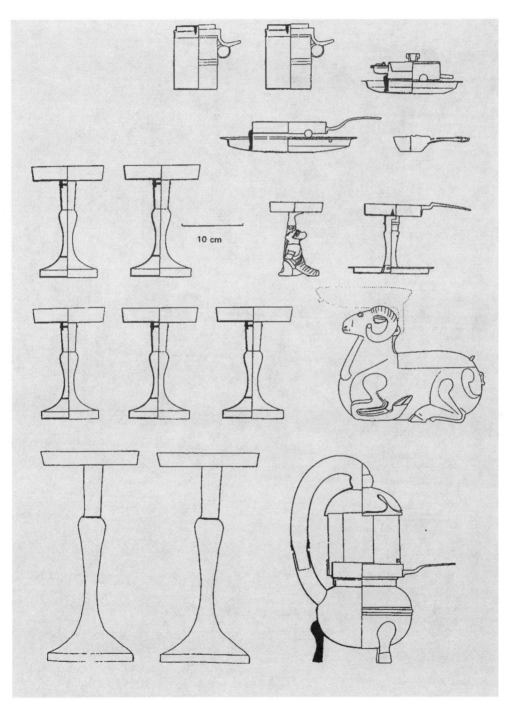

[4-8b] 河北满城刘胜墓出土青铜器线绘图,公元前2世纪。引自《满城汉墓发掘报告》,卷1,图22—23、26、29、31、32:1—2、34—36、47—49、32:3—4、35、37、42—45。

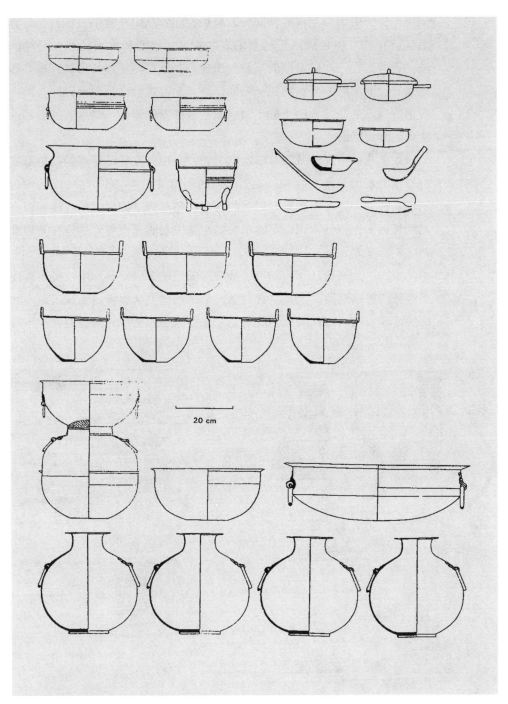

[4-8c] 河北满城刘胜墓出土青铜器线绘图，公元前2世纪。引自《满城汉墓发掘报告》，卷1，图22—23、26、29、31、32：1—2、34—36、47—49、32：3—4、35、37、42—45。

青铜器 | 81

们是否真的用于祭祀仪式。同时，薰炉在随葬品中非常引人注目，灯具更甚；并且青铜也被用于制造圜底的炊具、水器和大型的线条分明的洗，后者也在一些较早期的墓葬中出现，并且是以漆器的形式。这些器物和早期商周的成套器物完全不同。灯具的可观数量就已经说明，两个时期所重点关注的方面十分不同。似乎这些青铜器并不是主要的祭器或主要的宴会器皿。

如果我们审视满城汉墓中的出土物，我们会发现，比青铜器更像宴会器皿的反而是绘有色彩、貌似漆器的陶器【图4-9】。这些陶器中包括了鼎和壶，还有匜和卮等其他的器型。还包括了许多被绘成漆器模样的陶耳杯。这些器物组合可能用来祭祀墓主刘胜，也可能供他在死后宴请亲友或客人。

根据以上的论述，我们可以推断到公元前2世纪墓葬中已经不再使用传统的青铜祭器。尤其是青铜鼎，似乎已被完全摒弃。满城汉墓中的圜底器皿表明，古代中国传统的以三足器为主的烹饪方式已经发生了改

[4-9] 河北满城刘胜墓出土的仿漆器造型的陶器线绘图，公元前2世纪。引自《满城汉墓发掘报告》，卷1，图84、87。

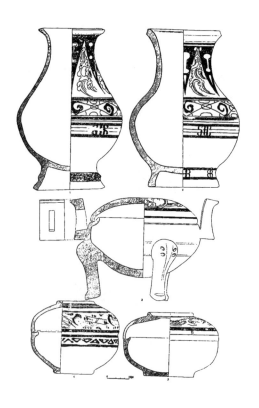

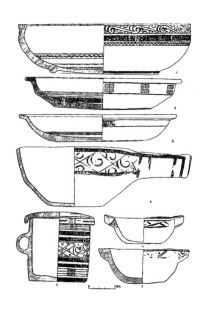

变。炉灶变得重要起来，而圜底的器皿能更好地放置在炉灶的凹陷处。但这些器皿似乎并没有像之前的鼎和甗那样被吸收进成套的祭祀礼器之中。因此，随着炊具的变化，即使鼎仍以漆器或被涂绘成漆器模样的陶器形式出现，它也只是传统的残留物而已。至于其他新出现的仪式性活动，它们可能与祭祀祖先或墓主无太多的直接联系，因此需要与以往完全不同的青铜器皿，譬如熏炉。[39]的确，青铜器在此时可能不再和宴会礼仪紧密联系了。另一方面，漆器和绘有漆器纹样的陶器则似乎变得更加重要。

东周墓葬中的漆器

我将讨论漆器是如何逐渐获得中心地位的。在这部分的讨论中，我会特别关注耳杯、樽和碟。

我们已经意识到，漆器在战国时期对整个青铜器类型系统产生了特定影响。漆匜、漆盒和漆碟等器型都为青铜器所模仿；而青铜器中一些器类，譬如鼎和壶，则被制成漆器或外表类似漆器的彩绘陶器。许多专家注意到，这股追求漆器或仿漆器外表的潮流表明，漆器的地位相对于青铜器来说大大提高。[40]过去，学者会以技术的缺乏来解释青铜器纹饰铸造的衰落。器物表面装饰的变化，导致了可供涂绘图案的光滑器表的出现，但这可能是在礼仪性宴会习俗发生变化之后，漆器取得优势地位的征兆。[41]

既然漆器越来越盛行，大量漆器进入上层社会的活动领域，包括各种典礼仪式，也就不足为奇了。之前我们已讨论过，这种现象也可以在马王堆的著名帛画场景中找到。我将会分析漆器如何分布于战国时期南方较大型墓葬的不同墓室中，从而探讨漆器相对于青铜器和其他器物的作用。我还将专门讨论耳杯。[42]这些复杂的墓葬中都有数个墓室，这使我们能够探讨仪式性用具和日常用具之间的不同，不过并不能完全解决这一问题。由始至终我们的讨论都处于一个前提之下，即墓葬是根据各个墓室所设定的功能来准确布局并排列的。

1. 约公元前433年的湖北随县曾侯乙墓【图4-10】。这个大型墓的四个墓室中，有两个是特别相关的。它们分别是举行仪式的大型中

[4-10] 湖北随县曾侯乙墓四个墓室的平面图,公元前5世纪晚期。引自《曾侯乙墓》,卷1,9页,图5。中室以字母C标记,私人空间则以E标记。

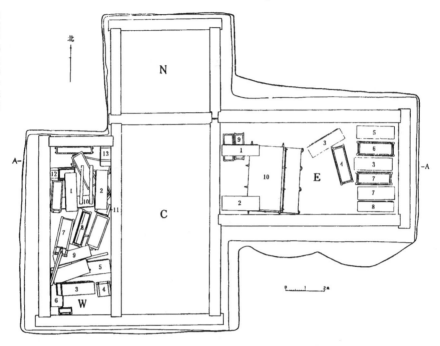

室（C）和放有内棺并被认为是曾侯乙私人房间的东室（E）。主要的青铜礼器和编钟被放置在中室。各种各样的漆杯,包括耳杯,也被置于此处；漆豆也是。同样被放在中室的还有一个装有案几和成套耳杯的箱子。除此之外,中室内还立有一个漆木制成的方形"祭台"或桌子。因此漆器同为仪式活动和日常宴会的重要用具。我们还不清楚谁会是墓主的客人：是神灵、冥世的亲友还是官员？在作为墓主私人房间的东室,同样有一些杯子和豆等漆器,还有案几或桌子。曾侯乙自用的食器似乎是金制的。在墓中还发现了一只带盖束腰金杯、一只带盖的金盏及配套的金漏匙。这些个人使用的餐具有可能是漆耳杯和附带长柄勺的樽的前身。把举行仪式的房间和墓主的房间（墓主也可能在此进食）分开,似乎是南方墓葬的一种模式。[43]

2. 公元前4世纪的河南信阳长台关1号墓【图4-11】。六个墓室围绕着存放木棺的主室。作为最大的墓室,东室在用于储藏乐器的同时也可能用于举行典礼仪式。长台关1号墓并不像曾侯乙墓那样拥有大量青铜器,这也许是因为它曾经被盗。但仍有一件铜壶、一件经常被认作薰炉的镂孔奁形器,还有一面铜镜。紧临东室南部西侧的是厨房或制备

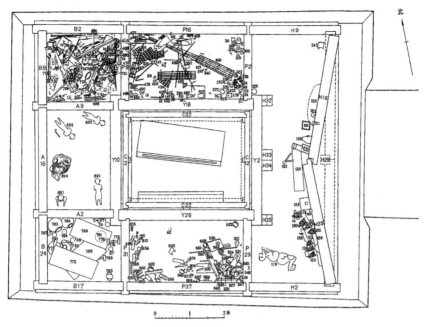

[4-11] 河南信阳长台关1号墓平面图,公元前5—前4世纪。长形的东室是礼仪空间;紧邻其南端的是厨房或制备间;带有床榻的私人空间位于左上方或西北角。引自《信阳楚墓》,图15。

[4-12] 湖北荆门包山2号墓东部第一层及第六层图示,公元前4世纪。引自《包山楚墓》,卷1,84页,图51(A),和86页,图51(F)。

青铜器 | 85

室,这里发现有大量漆器,包括耳杯和案几。在最靠近西北部的墓室,出土了一张长榻,还配有靠枕和席子。这个以精细的木制品布置起来的墓室,被学者们推测为书房,但它有可能是像曾侯乙墓东室那样的私人房间。这个墓室还发现有各种铜、陶礼器。多年以来,这类器皿一直被认为是专用于典礼仪式中。但在长台关墓中,这些礼器却被放置于一个私人空间中而非仪式性的场合中。我们尚不清楚墓主为何要这样储藏这些礼器。如果这样的储藏方式不仅仅是为了方便,那么,或许我们可以将其看作一个早期例子,表明了墓主可在私人或家居的环境中接受祭品,而不一定要在仪式性的场合中。[44]

3. 公元前4—前3世纪的湖北荆门包山2号墓【图4-12】。在这座墓葬中,被认为是礼器的铜、陶器和大量漆器,特别是漆杯,一起被放置在东室中。另外,东室还出土有一个装着耳杯的大箱子,也许是为出行而准备。我们可以推断,礼器和日常食具再次被放置在一起只是为了节省空间的权宜之计。但是,以下涉及到等级较低的墓葬的讨论将表明,礼器和漆杯确实经常一起出现。[45]因此,所有这些器物可能都具有礼仪性功能。仆从木俑在这些墓室中也十分引人注目。

在比较简朴的墓葬中,空间的分隔更为普通。通常是一个较大的主室和一个耳室。主室中放置着礼乐器,而耳室则用于储藏被考古学者认定为日常器具的器物。

1. 湖北望山1号墓【图4-13】。在此墓的边箱中发现了一件与包山楚墓出土物相似的酒具盒。同时还发现了车马具,这些器物很可能用于出行。铜、陶礼器都位于头箱中。但在同一区域的其他墓葬中,空间的分隔却没有这么清晰。在沙冢1号墓中【图4-14】,漆杯和一些青铜礼器一起被置于边箱中;其他的礼器则被置于头箱中。[46]

2. 湖北江陵雨台山354号墓【图4-15】。在这座公元前4世纪的墓葬中,头箱发现了一件镇墓兽、各种铜、陶礼器、漆豆和15件漆耳杯。在此阶段,漆耳杯已被明确包括在我们所认为的礼器类别中并且很有可能与其他礼器一同使用。[47]

3. 在公元前3世纪的湖北江陵马山1号楚墓中,其头箱中摆放着漆耳杯和铜耳杯、两件青铜鼎和一件汉代北方样式的铜提梁壶【图4-16】。正如杜德兰所指出的,这很可能是一组墓主使用的食具。[48]传统的礼器

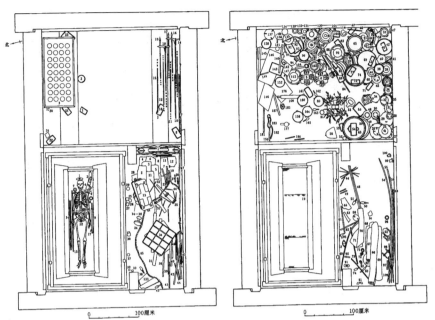

[4—13] 湖北江陵望山1号墓平面图，公元前4世纪。引自《江陵望山沙冢楚墓》，22—23页，图17a—b。

[4—14] 湖北江陵沙冢1号墓平面图，公元前4世纪。引自《江陵望山沙冢楚墓》，175页，图115。

青铜器 | 87

[4-15] 湖北江陵雨台山354号墓平面图，公元前4世纪。引自《江陵雨台山楚墓》，50页，图40。

[4-16] 湖北江陵马山1号墓平面图，公元前4—前3世纪。引自《江陵马山一号楚墓》，北京，1985年，10页，图12。

现在被置于边箱中。这种变化进一步提升了供死者使用的宴饮用具的地位，并且是对曾侯乙墓和长台关墓葬中情况的颠覆。

以上的论述是基于这些墓葬中空间的分隔，因此不同的椁室被看作代表了不同的房间。无论大型墓还是小型墓，似乎都可以清楚地分辨礼仪空间和墓主的私人空间。从公元前5—前3世纪，漆器可能出现在墓室的礼仪性空间中，并有可能被用作典礼仪式的一部分。[49] 但很多漆器也会被放置在墓主的私人空间中，甚至是被布置成厨房的椁室中。所以墓葬中墓主的私人空间很有可能也包含礼器。

当宴饮器皿像马山1号墓那样被放置于头箱中时，很明显这些器物已经在墓中担任了主要的角色。和耳杯一起出现的是鼎和壶等青铜器。[50] 杜德兰曾经指出，在这种情况下，鼎和壶不一定继续被当成礼器使用。然而，这种变化也可能是非常微妙的。杯、鼎和壶似乎只是成套宴饮用具中的一部分，因此也可能被视作日常用具。但既然宴饮是后世子孙为祭祀先人而举行的，那宴饮所用的器具在某种程度上来说也是一种礼器。同样的摆设出现在马王堆1号墓的头箱中，其时代为公元前2世纪初【图4-17】。这似乎直接来源于马山墓的布局方式。[51]

因此，我们可以在华南地区看到墓葬中着重点的变化。这种变化与本文关注的汉代晚期的情况相关。礼仪性空间中礼仪用具的中心地位被逐渐取代，公元前3世纪晚期至前2世纪的南方墓葬更加注重为墓主准备祭飨的空间。这些墓中备食的过程与日常生活的场景十分相像。漆器的使用是华南地区社会生活的特征，因此若要表现南方常见风格的正式宴会，漆器是必不可少的。

为什么我会特别关注华南地区呢？部分原因是由于该地区墓葬的保存状况较好，给我们提供了可供研究的材料。然而，政治因素也令南方在总体上具有不可忽视的影响力。秦人经由四川迁徙到湖北。湖北和湖南的墓葬都表明，南方墓葬习俗以及随葬品对入侵者产生了影响。[52]而随着楚的势力在湖北的消亡，楚的统治者向东迁徙到今天的安徽和江苏。汉代的建立者刘邦正是从这一地区崛起的。而且，刘姓家族中有地位的成员也仍然留在此处，以诸侯王的身份统治着以今天徐州一带为中心的小封国。当汉人从其统治的广大区域里吸收各种器物风格和行为风俗时，来自楚的器物风格和习俗是其中很重要的一部分。这在漆器器型的使用和类似于楚木俑的墓俑的使用中体现得最为明显。[53]汉墓的结构类似居室，拥有不同功能的房间，这也可能来源于南方。毫无疑问，像我们所看到的那样，对日常生活的强调，是南方墓葬自曾侯乙墓时期以来的重要特征（参见图4-10）。[54]而对现世日常生活的关注，在从使用具有上古特征的礼器到选取日常风格用具的转变中，似乎起了关键作用。

因此我们看到不止一个方面的、环环相扣的变化。首先，漆器和铜或陶制礼器被结合使用，此前也许一直如此。在湖北，由于增加了耳杯和其他不同类型的杯、豆和碟，这一趋势得到进一步加强。其次，青铜器的作用衰落，而且许多铜、陶礼器也被施彩为和漆器相配。在该过程中，它们所担任的角色也都发生了变化。再次，南方墓葬中出现了空间的分隔。在大型墓中，私人的空间被用于补充礼仪性空间。而且在墓主

[4-17] 湖南长沙马王堆1号墓,公元前2世纪。引自《长沙马王堆一号汉墓》,卷1,36页,图36。

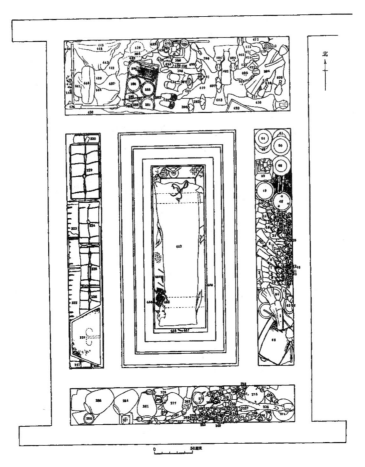

的私人空间中,除了放置我们所认为的礼器外,可能还有日常食具。从不同墓室中器具的摆放,我们可以大致推断出当时的观念:礼仪性的墓室是墓主向亲友或神灵供奉食物和乐舞的场所,而宴会则会在墓主的私人空间中举行。

从马山楚墓和马王堆汉墓的新式布局中可以看出,在公元前3—前2世纪,为墓主宴饮而做的准备比起礼仪性的安排变得更加重要。但到了汉代,这两方面的差异即使存在也变得极少了。汉代的主要贡献是,它继承了南方的墓葬风格,并且使用多墓室的墓葬来全方位地表现日常生活的内容。

汉代的漆器

上文已经提及，漆器类器物在湖北和湖南的楚墓中起到了重要作用，在之前由楚控制的地区内的汉墓中也是如此。[55]漆器和仿漆陶器也被用于山东和江苏等华东地区。公元前2世纪的临淄金雀山汉墓，在以绘画精美的帛画而闻名的同时，也出土了置于案上的耳杯。[56]仿陶器则见于陕西和河南。[57]因此我们有充分的证据说明，至少从公元前2世纪开始，汉墓中多配备成套的包括耳杯在内的食具和其他类型的漆器。而配套的可能还包括一些青铜器或模仿其器型的器物。

刘氏家族中王侯的高等级墓葬给予这种观点以更多的支持。在这些墓葬中，我们可以看到对漆器器型的特别强调。王侯墓中拥有外形源自漆耳杯或筒形樽和卮的玉器。[58]位于江苏省徐州狮子山的公元前2世纪的汉楚王墓中，出土了数件采用漆器器形的玉质容器，包括一件耳杯、一件高足杯、一件樽（或卮）、一件剖面为圆形的玉杯。[59]这是理解刘胜墓的一个重要背景。我们已讨论过的刘胜墓拥有两个主墓室，一个仪式性主室和一个私人起居室，同时在墓道的两边还各有一个储藏室，其墓室分隔方式反映出大型楚墓的某些特征（参见图4-6）。在刘胜墓的起居室里，发现了一只碟子和一只采用漆器器型的彩釉陶耳杯，在这里它们也许是作为玉器的替代品。[60]出土地点和材质，同时暗示出这些器物不凡的价值。它们替代了曾侯乙墓中的金器。除此之外，刘胜墓的中室中还拥有两具帷帐。虽然几乎没有漆器幸存下来，但在帷帐旁仍残留有漆杯耳部铜饰的痕迹。刘胜及其夫人窦绾的墓葬还出土了许多仿漆器的彩绘陶器，表明漆器具有绝对的重要性。

我们必须对刘胜和窦绾的墓葬进行进一步的讨论，因为我们缺乏像它们那样未经劫掠的高级墓葬。正是根据这样的墓葬，我们才有可能回答，用于供奉墓主的器皿和墓主在冥世向其祖先提供祭祀的器皿，是否是两种不同形式的容器。既然所有的汉墓都试图按照墓主所属的社会阶层为其提供全套的冥世生活，我们难以想象墓中会没有供墓主祭祀其祖先的设备。既然墓主在生前会举行这些仪式，人们也会认为他们死后同样会履行相关的礼仪。但如同上文所提到的那样，稍晚的案例也证实了典礼仪式可能以宴会的方式举行。如果某些特别的器皿曾在死者生前用于祭祀祖先,那么它们很有可能也会被带进墓中,要么用于献祭仪式,要么用于宴饮。但我们似乎缺少证据说明它们是在类型或性质上有所差异的两套器物组合。因此在公元前3世纪似乎悄然出现了一个变化,它改变了用于祭典的器皿种类,而更倾向于采用日常器皿,主要是漆器或仿漆器的其他器皿。而且,为墓主所举行的宴会本身,似乎也比公元前5—前4世纪墓葬的礼仪性空间中所举行的祭仪更受重视。

图　　像

西汉的墓葬中通常放置各式的实物器皿,它们可以是漆器、陶器,或是玉器等材质更为精良的器物;而在东汉时期,壁画或画像石也被应用在墓中。山东沂南或诸城的画像石是最突出的例证(参见图4–2、4–3、4–4)。这些画像,相对于实物来说,更加非同寻常。至少从汉代使用的规模来看,对画像的采用是新的发明。

这类墓室壁画的起源和发展非常复杂,在此不可能进行全面讨论。但在本文的讨论中,我们可以将其追溯到来自南方的较早的例子。对图像的使用是公元前5—前4世纪时南方墓葬的一个显著特征。就像东汉时的

[4–18] 曾侯乙墓内棺上表现神灵护卫的彩绘线图,湖北随县,东周,公元前5世纪晚期。引自《曾侯乙墓》,36页,图21。

[4-19] 长沙马王堆1号墓帛画中部，汉代，公元前2世纪。表现了拄着拐杖的軑侯夫人。她对面的是她的亲属或子孙。引自《长沙马王堆一号汉墓》，卷1，图38。

墓葬一样，南方的人们似乎认为这些图像能够在实质上提供其中所描绘的事物。因此，曾侯乙的棺木为其上所绘的持有武器的怪神所守护【图4-18】。这些神灵的画像看起来具有某种目的，而且该目的和图像中所表示的似乎是一致的，就是守护。这些图像可能是长沙马王堆軑侯夫人墓中帛画的前身【图4-19】。而这幅帛画也可能用于营造它本身所描绘的景象。

这幅帛画的内容备受争议。但正如稍晚的发现于沂南和诸城的图像一样（参见图4-4、4-5），它表现了墓主的形象。軑侯夫人位于中央，手拄拐杖。身后是其仆从，跪在她面前的似乎是男性亲属或子孙们。如果我们首先考虑人物的朝向，我们会留意到，这是一种东汉式场景的描述方式，只从侧面而非正面表现人物。画中的主要人物都以侧面表示，因此仆从和其他家族成员也是如此。郑岩曾经讨论过汉代绘画中从侧面到正面视角的变化。[61] 这幅帛画的第二个特点是，轪侯夫人面前恭敬地跪着的人物类似于底部场景中表现的形象，有关这一点我们已在上文中提及（参见图4-1）。在底部场景中，轪侯夫人的男性亲属穿戴着类似上部场景中人物的冠和礼服。后者中的其中一人还手持着表明了职位或官阶的笏。

因此我认为，对墓主、正在行礼的亲属后代或所有相关人员着意描绘的做法，最晚始于公元前2世纪初。如果与棺木上的护卫（参见图4-18）作一个类比，我们会发现，帛画（参见图4-19）同样提供了它所刻画的情景，那就是轪侯夫人在她的世界中获得令人满意的地位。并且，这种地位似乎能够确保她在冥世同样拥有后代或相关人士的尊敬。

假如这个关于墓主画像来源及其在冥世角色的初步设想是正确的，那么这类图画应该源自楚的传统。而漆器本身以及从使用古老青铜器型到选用新式器物进行献祭的转变也是一样的。

结　　论

因此，刻画在山东画像石上的器皿表明，对墓主献祭的方式发生了重要的转变。这些场景显示出从最初主要应用古老青铜器进行祭祀，到使用日常器皿的转变，后者通常采用漆器的器型，但有时鼎和壶等较古老的器形也被混合使用。而南方似乎在这种转变中对以上两个方面都起到了重要作用。首先，南方是一个漆器盛行的地区。其次，位于南方的墓葬陈设反映出对日常生活的重视并不逊于对典礼和仪式的重视。来自南方的墓葬习俗似乎推动了人们在墓葬中表现日常生活内容的风气。

在幸存的已知遗迹中，日用食具占汉墓出土物的绝大部分，而我们无法找到可以替代古代青铜器角色的其他器皿。根据这些非正面的证据，即使这一推断难免有所疏漏，我们也只能暂时做出这样的结论——

墓中用于供奉墓主的日常饮宴用具，和现实生活中用于祭祀祖先的并无不同。换言之，无论在人间或是冥世，古代青铜器皿都已不再作为祭祀的正确用具。取而代之的是当时的日常食具，这一做法沿用至今。另外，我认为墓主对其祖先的祭祀采取了在冥世为亲友举行宴会的形式。

选择绘画或雕刻来取代对实物的使用，则可能是南方图像传统的另一贡献。在这一传统中，人们期待能凭借图像获得其所表现的结果。代替实物的图像得到了广泛使用，可能是因为它们似乎可以确保墓主能享用用之不竭的食物。对图像的使用使汉墓的布局安排进一步远离了源于商周的早期礼仪传统，这本身也是一个革命性的变革。

（陈　谊　译）

〔1〕杜德兰（Alain Thote）对华南葬俗的阐释是这一讨论的基础，参见：Alain Thote, "Continuities and Discontinuities: Chu Burials during the Eastern Zhou Period," in Roderick Whitfield and Wang Tao trans. and eds., *Exploring China's Past: New Discoveries and Studies in Archaeology and Art*, Saffron Books International Series in Chinese Art and Archaeology, no.1, London, 1999, pp.189-204. 我们对南方的研究需要与对其他地区的分析结合起来，尤其是在吸纳重要的容器类型方面，例如可能从北部边境地带传入的扁壶，以及似乎是从西部典型器物鍪演变而成并被秦人带至中部的圜底釜。本文将在稍后部分提及这一观点。

〔2〕Hayashi Minao（林巳奈夫）, "Concerning the Inscription 'May Sons and Grandsons Eternally Use This [Vessel]'," *Artibus Asiae* 53, 1993, pp.51-58. 也见包山楚墓发掘报告，湖北省荆沙铁路考古队：《包山楚墓》，北京，1991年。

〔3〕见《考古》1984年5期，405－416转404页，图版2。

〔4〕成套的概念对这里的讨论至关重要。因为如果我们只关注一个单一的器型，可能很难从中发现整体上的重要变化。例如，尽管也有值得商榷的地方，但鼎从商代到汉代一直沿用。如果我们单独考察这些鼎，可能会倾向于认为从商代到汉代的习俗是延续的。然而，假如我们考察鼎和其他器皿是怎样组合使用的，我们就会看出不同时代间的重要变化。在商代，鼎是和酒器一起使用的，包括觚、爵或尊等，但在数量上则远远不及后者。例子见安阳18号墓，《考古学报》1981年4期，491－518页。而且，商代的

成套器物组合和西周的不同。在周克商的时期（公元前 1050 年），比起古老的酒器如觚、爵和斝等，鼎和簋等食器的重要性有所提高。对周的成就的全面评述和对相关发现、报告和文章的引用，可见：Jessica Rawson, "Western Zhou Archaeology," in Michael Loewe and Edward Shaughnessy eds., *The Cambridge History of Ancient China, From the Origins of Civilization to 221 BC*, Cambridge, 1999, pp.352-449. 在公元前 9 世纪，伴随着新的功能类别和旧器型的新造型的出现，一个更为整体性的变化发生了。对西周后半期的礼仪变化的讨论，见 Jessica Rawson, *Western Zhou Ritual Bronzes from the Arthur M. Sackler Collections*, Washington, 1990, Introduction. 此时大型的鼎和簋都被大量铸造，后一种的成套组合类型为东周所继承，并在中国中部的许多地区得到采用。与此同时，青铜乐器的地位也大大提高了。

〔5〕湖北江陵凤凰山 167 号墓出土一套精美漆器，其物品清单表明墓主准备举行仪式，见《文物》1976 年 10 期，31－35 转 50 页；与同一遗址中 168 号墓的器皿的比较，见《考古学报》1993 年 4 期，455－513 页。

〔6〕同时使用古代青铜器和漆器演变而来的器皿的西汉墓葬，见《文物》1991 年 9 期，40－60 页。

〔7〕此处的鼎被视为表示地位正统性的工具。对史记和较早期文献有关内容的讨论，见：Noel Barnard, "Records of Discoveries of Bronze Vessels in Literary Sources and Some Pertinent Remarks on Aspects of Chinese Historiography," *Journal of the Institute of Chinese Studies of the Chinese University of Hong Kong* VI.2, 1973, pp.455-546.

〔8〕Michael Loewe, *Ways to Paradise: The Chinese Quest for Immortality,* London, 1979, p.46; Wu Hung, "Art in a Ritual Context: Rethinking Mawangdui," *Early China* 17, 1992, pp.111-144.

〔9〕Michele Pirazzoli-t'Serstevens, "The Art of Dining in the Han Period: Food Vessels from Tomb No.1 at *Mawangdui*," *Food and Foodways* IV.3/4, 1991, pp.209-219.

〔10〕参见信立祥：《汉代画像石综合研究》，北京，2000 年，249－252 页。另外见：Lydia Dupont Thompson, *The Yi'nan Tomb: Narrative and Ritual in Pictorial Art of the Eastern Han (25-220 C.E.)*, unpublished Ph.D. dissertation, New York University, 1998, pp.187-195.

〔11〕出自辽宁省营城子东汉墓的壁画与此类似，描绘了某种宗教或礼仪活动。壁画的前景刻画了两个跪着的人物。左边一人的前面，有一件放置于架上的筒形樽，樽内有长柄勺。樽的周围还有三只耳杯。在这一场景的上部，相同的或是另外的人物在走向神灵，见注 8。Michael Loewe, *Ways to Paradise: The Chinese Quest for Immortality*.

〔12〕试比较山东安丘王丰村画像石上所绘的置于架上的武器和仆从所持的武器，见俞伟超主编：《中国画像石全集》，济南、郑州，2000 年，卷 3，图 147。

〔13〕《文物》1996 年 8 期，4－24 页，图 48－51。

〔14〕Käte Finsterbusch, *Verzeichnis und Motivindex der Han-Darstellungen,* Wiesbaden, 1966, 1971, vol.2, no.261; 俞伟超主编：《中国画像石全集》，卷 4，47、156、170 条。

〔15〕我们还知道很多其他宴会场景的例子。山东嘉祥的画像石在很多不同的场景之下表现了耳杯和樽,见朱锡禄编:《嘉祥汉画像石》,山东,1992 年,图 49。虽然风格迥异,并且内容上也有所不同,四川墓葬中表现出来的娱乐场景可能与诸城墓中的场景具有相同的功能,是以图像为手段向墓主提供给养和娱乐,同时依靠墓主后代的持续关注保证图像的有效性。见龚廷万、龚玉、戴嘉陵编:《巴蜀汉代画像集》,北京,1998 年,64、66、74 条。

〔16〕比较《文物》1992 年 12 期,15-20 页,图 6。

〔17〕武梁祠是进行供奉的祠庙的主要例子。它表现出墓主子孙后代向墓主鞠躬的场景。巫鸿把这看成是表达敬意的场合,但也有可能是为了表现墓主的亲友,见 Wu Hung, *The Wu Liang Shrine, The Ideology of Early Pictorial Art,* Stanford, 1989, pp.193-213。与出自山东嘉祥的其他画像石的对比,见朱锡禄编:《嘉祥汉画像石》,7、31、62-65 条;并见注 14, Käte Finsterbusch, *Verzeichnis und Motivindex der Han-Darstellungen*。

〔18〕作者于 1999 年 8 月在山东滕州调查时所见。

〔19〕在汉代之前,中国的一些地区也使用模型,最通常使用的是秦墓中的谷仓。罗泰在讨论汉代流行的新型墓葬最初源于秦代时利用了这一因素,见 Lothar von Falkenhausen, "Mortuary Behavior in Pre-Imperial Qin: A Religious Interpretation," paper given to the *International Conference on Religion and the Study of Chinese Society, The Transformation of a Field and Its Implication for the Study of Chinese Culture,* Chinese University of Hong Kong, May 2000. 其他在华北墓葬中出土的陶俑,参见 Jessica Rawson, "Thinking in Pictures: Tomb Figures in the Chinese View of the Afterlife," *Transactions of the Oriental Ceramic Society* 61, 1996-1997, pp.19-37. 此文中引述了来自山西和山东的例子。然而,关于模型及模型、图像和器物组合的最丰富的资料可见于湖北省的战国墓,见注 1, Alain Thote, "Continuities and Discontinuities: Chu Burials during the Eastern Zhou Period"。

〔20〕近来在战国墓及汉墓中发现了大量不同类型的文书。这些记载显示,墓主会在阴间遇到冥官并需要向他们报告。索安(Anna Seidel)对此进行过开创性论述,见 Anna Seidel, "Traces of Han Religion in Funerary Texts Found in Tombs," 见秋月观暎编:《道教と宗教文化》,东京,1987 年,21-57 页。

〔21〕Wu Hung, "Beyond the 'Great Boundary': Funerary Narratives in the Cangshan Tomb," in John Hay ed., *Boundaries in China*, London, 1994, pp.81-104.

〔22〕倪克鲁(Lukas Nickel)在一篇开拓性的论文中试图提出,河南的一些西汉墓葬在早期可能并未提供阴间生活所需的实用物品,见 Lukas Nickel, "Some Han Dynasty Paintings in the British Museum," *Artibus Asiae* 60, 2000, vol.1, pp.59-78。然而,作为倪克鲁的讨论中心的西汉画像空心砖,似乎来源于备有炉灶等日常用具的墓葬,参见:《考古学报》1964 年 2 期,107-125 页,图 8:8;《文物》1977 年 6 期,1-12 页,图 6:1。的确,华北许多地区的西汉墓都有谷仓或炉灶,而像位于徐州的楚王墓那样的大

型墓葬也有实际大小的厕所和井。有关西安地区的秦代至汉代墓葬,可见韩保全、程林泉、韩国河编:《西安龙首原汉墓》,西安,1999 年;东部墓葬可见《文物》1988 年 2 期,2－18 转 68 页,该文讨论的是一座位于徐州北洞山的大型的凿山为藏的墓葬,其中发现有厕所和井;另外一座位于徐州地区的出土炉灶和其他器具的较低等级的墓葬,见《文物》1999 年 12 期,4－18 转 68 页。当然,正像倪克鲁提出的那样,这样的趋势可能也因地区的不同而有例外的情况。

〔23〕杜德桥书中提到的例子,参见: Glen Dudbridge, *Religious Experience and Lay Society in T'ang Ching: A Reading of Tai Fu's Kuang-i chi,* Cambridge, 1995, p.197, no.119.

〔24〕中国社会科学院考古研究所编:《殷墟妇好墓》,北京,1980 年;关于铭文司兔母的论述,参见: Cheng Chen-hsiang, "A Study of the Bronzes with the 'Ssu T'u Mu' Inscriptions Excavated from the Fu Hao Mu Tomb," in K. C. Chang ed., *Studies of Shang Archaeology, Selected Papers from the International Conference on Shang Civilization,* New Haven and London, 1980, pp.81-102.

〔25〕在此处我倾向于林巳奈夫的观点,同注 2, Hayashi Minao, "Concerning the Inscription 'May Sons and Grandsons Eternally Use This [Vessel]'".

〔26〕所有关于刘胜墓的参考资料,见中国社会科学院考古研究所、河北省博物馆文物管理处编:《满城汉墓发掘报告》,北京,1980 年。

〔27〕这些变化主要体现于来自南方和北方的地方器物,例如,南方的木制案几在这一时期以铜铸造,如河南光山宝相寺所出的黄夫人方座,或者是河南新郑李家楼所出的一件似乎也有着南方特征的奇特的兽形器座;铜镜或燧的例子,则有出自河南三门峡上村岭的虎鸟纹阳燧,这是北方的器物类型;各种形式的壶,有的源自北方的皮壶,如出自河南安阳的卣,或者是带提梁的模仿在马背上或车中出行时所使用的北方器皿,如出自河南安阳戚家庄或河南安阳刘家庄的卣,见《中国青铜器全集》编委会:《中国青铜器全集》,北京,1996—1998 年,卷 7、93、33、17 条;卷 3、127、125、126 条。

〔28〕所有这些墓葬的有关资料见:湖北博物馆:《曾侯乙墓》,北京,1989 年;河南省文物研究所:《信阳楚墓》,北京,1986 年;《考古学报》1982 年 1 期,71－116 页;湖北省荆沙铁路考古队:《包山楚墓》,北京,1991 年;湖北省宜昌地区博物馆、北京大学考古系:《当阳赵家湖楚墓》,北京,1992 年;湖北省文物考古研究所:《江陵九店东周墓》,北京,1995 年;湖北省荆州地区博物馆:《江陵雨台山楚墓》,北京,1984 年;湖北省荆州地区博物馆:《江陵马山一号楚墓》,北京,1985 年。

〔29〕太原 251 号墓报告,见山西省考古研究所、太原市文管会编:《太原晋国赵卿墓》,北京,1996 年。中山王陵报告,见河北省文物研究所:《𰯼墓:战国中山国国王之墓》,北京,1995 年。商王墓地报告,见淄博市博物馆:《临淄商王墓地》,山东,1997 年。

〔30〕同注 1, Alain Thote, "Continuities and Discontinuities: Chu Burials during the Eastern Zhou Period," fig. 12.

〔31〕比较出自湖北江陵望山 2 号墓的错银青铜尊(湖北省文物考古研究所:《江陵望山沙

冢楚墓》，北京，1996 年，彩图 4）和出自湖北江陵雨台山楚墓的漆盒（湖北省荆州地区博物馆：《江陵雨台山楚墓》，图版 57:2）。

〔32〕朱凤瀚：《古代中国青铜器》，天津，1995 年，977—1075 页；另外参见：Alain Thote, "Intercultural Relations as seen from Chinese Pictorial Bronzes of the Fifth Centuries," *Res* 35, Spring 1999, pp.10-41.

〔33〕湖北省文物考古研究所：《江陵望山沙冢楚墓》，图版 13:3。

〔34〕云梦睡虎地秦墓编写组：《云梦睡虎地秦墓》，北京，1981 年；《文物》1980 年 9 期，15—24 页。

〔35〕《考古与文物》1984 年 3 期，58—73 页，图 1。

〔36〕我们似乎还未能得知圜底器皿的出现所蕴含的全部意义。圜底鍪自战国时期开始在山西出现，见《考古与文物》1984 年 3 期，58—73 页，图 1。最初它们可能有被置于三脚架之上再放于火上或后期的炉灶上。鍪在献祭礼仪习俗的变化中所起的作用，可能是秦地的一个重要贡献，但迄今为止鲜有这方面的讨论。

〔37〕例子见江陵望山 1 号墓的出土物，参阅：湖北省文物考古研究所：《江陵望山沙冢楚墓》，图版 12:1、13:1、13:3、24:2；以及平山中山王墓，河北省文物研究所：《䶮墓：战国中山国国王之墓》，卷 2，图版 87、89、90、91、93—95、97:1、105（铁器）。南方墓葬中，曾侯乙墓以及其后的楚国墓葬，出土有筒形的香炉，参见：湖北博物馆：《曾侯乙墓》，卷 2，图版 82:3。

〔38〕刘胜墓中出土的青铜器，见中国社会科学院考古研究所、河北省博物馆文物管理处编：《满城汉墓发掘报告》。另外见本书中的《西汉的永恒宫殿：新宇宙观的发展》一文。

〔39〕界定礼器的困难之处，可见于荆门郭店墓葬的发掘报告，其中青铜器匜、耳杯和陶鼎被发掘者认为是礼器，但墓中同一位置所出的漆耳杯却被认为并非礼器，见《文物》1997 年 7 期，35—48 页。

〔40〕参见：Li Xueqin（李学勤），*Eastern Zhou and Qin Civilizations*, K. C. Chang trans., New Haven and London, 1985, p.349; Jenny So, *Eastern Zhou Ritual Bronzes from the Arthur M. Sackler Collections,* Washington, 1995, p.69.

〔41〕学者们过于轻易地认为，漆器或形似漆器的错金银青铜器不过是被用于世俗目的。我们需要对公元前 6—前 4 世纪间所发生的变化作更多的探索。

〔42〕在黄河流域的土壤条件下，漆器并不能保存下来。因此我们不知道耳杯和相关的器物是否在更北的墓葬中也有使用。偶尔发现的金属制耳杯至少表明这些地区也时不时地使用它们。见山西省考古研究所、太原市文管会编：《太原晋国赵卿墓》，130 页，图 68:9；淄博市博物馆：《临淄商王墓地》，图版 38。后者为银质，可能表明了它们较高的地位。

〔43〕报告见湖北博物馆：《曾侯乙墓》。

〔44〕报告见河南省文物研究所：《信阳楚墓》。

〔45〕报告见湖北省荆沙铁路考古队：《包山楚墓》。

〔46〕报告见湖北省文物考古研究所:《江陵望山沙冢楚墓》。

〔47〕报告见湖北省荆州地区博物馆:《江陵雨台山楚墓》。

〔48〕同注1,Alain Thote, "Continuities and Discontinuities: Chu Burials during the Eastern Zhou Period," p.202.

〔49〕大量中等规模的墓葬证明了一点,如湖北江陵九店294号墓,见湖北省文物考古研究所:《江陵九店东周墓》,123页,图83。

〔50〕这件壶带有提梁,由此可以看出它并非直接从古代的礼器壶发展而来。它可能有着我们并不知晓的功能。这样的壶也出现在曾侯乙墓中并在汉代继续使用,可见于满城刘胜墓。

〔51〕同注9, Michele Pirazzoli-t'Serstevens, "The Art of Dining in the Han Period: Food Vessels from Tomb No.1 at *Mawangdui*".

〔52〕云梦睡虎地秦墓编写组:《云梦睡虎地秦墓》,《文物》1980年9期,15－24页。

〔53〕从汉景帝(公元前156—前141年在位)阳陵内所出的彩俑中,可清楚地看到木俑对汉代造像传统的影响,见王学理:《中国汉阳陵彩俑》,陕西,1992年。笔者在1997年访问商丘时所见,河南永城汉梁王墓园中发现了与阳陵彩俑几乎一样的墓俑。

〔54〕对汉墓某些特征的发展变化的讨论,见本书中的《西汉的永恒宫殿:新宇宙观的发展》。我们也可以认为,某些特征是从秦代发展而来的。对谷仓模型及农业的重视,将墓葬视为图表的观念,以及对图表中方向的强调等特征都可印证这一点,参见本书中的《图像的力量——秦始皇的模型宇宙及其影响》。对汉墓源自秦的观点,同注19, Falkenhausen, "Mortuary Behavior in Pre-Imperial Qin: A Religious Interpretation".

〔55〕湖北省荆州博物馆:《荆州高台秦汉墓》,北京,2000年。

〔56〕《文物》1977年11期,24－27页,图2;《文物》1998年12期,17－25页,图5。

〔57〕同注22,韩保全、程林泉、韩国河编:《西安龙首原汉墓》;《文物》1997年7期,42－53转95页,图5:17。由于漆器的保存状况要比陶瓷器物差,我们缺乏关于它们用法的完整信息。

〔58〕这些类型的器物也有以镀金青铜制成的,见《中国青铜器全集》编委会:《中国青铜器全集》,卷12,37－46条。

〔59〕《文物》1998年8期,4－33页,图8。另外,相当数量的漆耳杯和青铜礼器被共同放置在一个耳室中,见图4－7。

〔60〕中国社会科学院考古研究所、河北省博物馆文物管理处编:《满城汉墓发掘报告》,卷2,图版152。

〔61〕对墓中墓主形象的描述,见郑岩:《墓主画像研究》,见山东大学考古系编:《刘敦愿先生纪念文集》,山东,1998年,450－468页。

复古维新

05

古代纹饰的复兴与过去的呈现
——来自商周青铜器的例子

前　言

[5-1] 伯矩鬲,高30.4厘米,西周,公元前11—前10世纪,出土于北京琉璃河251号墓。引自《中国古青铜器选》北京,1976年,26号。

北京近郊一座西周墓葬出土的两件铜鬲,展现了截然不同的视觉效果。其中一件铸有当时一位极为著名的周贵族的名字,伯矩。装饰在这件铜器上的,是带有突出水牛状角的饕餮或兽面。这种设计对公元前11世纪晚期到前10世纪的铜器设计来说相当新颖【图5-1】。[1]甚至在器盖上也饰有类似的水牛角动物。相反,在另一件称为麦鬲的器物上,口沿下方的饕餮上的成组小羽旌纹,则展现了更早青铜器装饰风格的痕迹【图5-2a】。这些羽旌经常出现在早于这件器物数个世纪的商代早期铜器上。因此,这些在麦鬲纹饰带上的羽旌【图5-2b】,可回溯至数百年前制作的铜器。[2]这种复兴最早出现于商代晚期,但特别流行于早周阶段。[3]依据口缘下方向内弯曲的颈部形态,麦鬲可被定为西周早期而不是商代晚期。尽管这两件鬲可能不是同时制造的,但它们之间的时间差也应是在五十年之内。

这两件鬲表现了纹饰如何将单纯的三袋足器转化为具有不同美感效果的独特礼器。伯矩鬲上显著、突出的水牛角表达了青铜器的当代

[5-2a] 麦鬲,高18.6厘米,西周,公元前11—前10世纪,出土于北京琉璃河251号墓。引自《琉璃河西周燕国墓地 1973—1977》,北京,1995年,彩版27。

[5-2b] 麦鬲纹饰拓片。

意识,并反映器物订制者所雇佣的工匠掌握了当时最先进的设计原则。另一件器物则认可了古代装饰的力量和价值,表明订制者可能企望与那个时代有所关联。

在商(约公元前1500—前1050年)和周(约公元前1050—前221年)时期,王以及有权势的家族以成套的青铜酒食容器,在祭礼中将食物祭献给看不见的祖先。他们相信以这些珍贵的容器来荣耀、纪念祖先,祖先的神灵便会庇荫子孙;同时,使用这些容器也能向生者展示他们所拥有的权力与财富。[4] 这些青铜器以引人注目的形式出现于祭坛和仪式的主要环节中。我们下面将会见到,一个晚商或周的贵族所拥有的容器大约是20到40件。[5] 这些器物很少制作于同一时间,或是都饰有密切相关的纹样。但它们之间的异同却意味深长,我将在下文中对其进行讨论。

商周时期的贵族家族成员必定知道这些差异,但他们是否了解这些器物与过去的关联?以青铜器纹饰呈现过去是否是一种特殊的礼仪形式，或意识形态的交流？这些问题仅是这两件青铜器的合用或并置所带来的部分问题。本文将通过分析青铜纹饰的性质来回答这些问题。这些纹饰使过去的观者以及今日的我们能够察觉到纹饰及其在特定时空中的使用之间的关系。如下文将要讨论的，青铜纹饰是一个已存在的知识体系的产物；此外，它的存在也仰赖于世代对设计元素的复制。不但装饰母题在同时代的不同器物上重复出现，并且，较早阶段的设计也能被再造于较晚的器物之上。复制过去的设计是一种文化再生的形式。通过这种形式，器物的订制者及拥有者将他们对自身的想法，以及他们与过去之间的关系，转化为视觉的形式。从某方面来说，这种再生仰赖于持续性，但订制者能够通过拥有及使用那些忆及遥远过去的器物，回溯到遥远的时代，将他们与更早的世代及其功勋联系在一起。

这两件西周鬲使我们进一步注意到，它们在中国视觉文化的复古现象（称为"仿古"）中所起到的重要作用。这些器物证明自觉地再造古代的形式或装饰，在中国始于相当早的时期。我们已十分了解宋代至清代在绘画、书法及其他媒介上的复兴；另外，我也已在他处论述了公元前9到前7世纪青铜器的复古，以及其他形式的复兴。[6]本文的目的之一是为仿古史的早期阶段加入另一个年代上的层次。这是一个很少被考虑的阶段。这或许是因为对个别纹饰（特别是饕餮）的过度关注，使得学界的观点分化，从而在详细考察青铜器装饰的多变性时偏离了复古这一主题。

成套组合、纹饰与装饰系统

在所有的文化中，对过去人工制品以及建筑的形式和装饰的复兴，取决于观者对这些素材的辨识能力。必须要辨别过去与现在以及复兴过去与当代风尚之间的差异。对差异的认知是必要的。如果较晚世代的人们无法辨识语言或是视觉材料中关于古代的暗示，他们便无法操纵这些素材来达成社会或意识形态的目的。

一种区别当代风尚及复兴古代的方法取决于我们辨识混合于某些特定时期的形式及装饰的能力。这种技能广泛传播，并在许多文化之中得到利用。为了更全面地理解商周复兴过去的成果，本文将分析用以美化青铜礼器的设计系统。因为纹饰及其组织遵从固定的模式，使观者可以在不同的时空条件下，以相同的标准检视它们。

一个装饰系统以视觉元素或部件的使用为基础，它们依据某些规则组合在一起。这些部件的数量以及组合的模式可能会随着时间而改变，规则也可能被修改。即使如此，我们仍然可以在很长的时间段里，追踪装饰系统的构成元素及基本规则。在井然有序的系统及其演化中，将早期设计置入较晚的时段以改变发展方向的做法是十分明显的。西方建筑的装饰是最为人所熟知的一类系统，许多建筑上的复兴发生于两千年中的若干阶段。[7]

中国青铜器的装饰则形成了另一种优美的装饰系统。[8]分析该系统时，我们需理解这种装饰与三维器物间不可分割的关系。这些纹饰出现在三维器物之上，因此不能将之视为平面上的个别纹饰。一些著作简单地以拓片和线描的形式复制铜器上的装饰，这种做法在视觉上暗示了纹饰是组织于平坦的表面之上，因而扭曲了原来的特征。[9]伯矩鬲上顺着圆形袋足突起的、耸立于平坦器盖上的水牛面部设计，为之带来了戏剧化的效果（参见图 5-1）。麦鬲上窄小的兽面及羽旌装饰（参见图 5-2）与其平滑的圆形器身十分相称。此外，这两件器物为同一人所有，并可能被同时观看、使用。因此，一件个别器物的纹饰必须被理解成一个更大的器物组合中的单元。装饰系统所依凭的一项主要规则或限制是，礼仪是依附在特定的器物类型之上。纹饰必须符合这些规定的器物形制，并且，当这些不同类别的器物被同时使用时，它们将不可避免地被同时观看。

这些青铜器以陶范制作，陶范垂直分范的方式经常为一些纹饰提供了布局的框架，或对称的基准。水平式的分割则是规划器物表面的另一个方面。[10]因此，在伯矩鬲上，垂直的范线将袋足上的水牛兽面分成对称的两个部分，而水平的装饰纹带则使夔龙纹环绕于颈部。这些组织纹饰的分割以及成套器物中给定的器形与器形组合，形成了支持装饰系统的规则。不同时间段的纹饰在这些规则下组合起来，成为铜器上的部件。其他部件包括扉棱，以及器盖、器盖把手和器身上的三维兽首。虽然这两件鬲的装饰在对器形的运用，以及垂直、水平分范的做法上都遵循着相同的规则,但它们却采用了非常不同的装饰组件。两种文化实践确保了装饰系统的持续使用及发展:对祖先的祭祀以及使用陶范的铸造技术,这两者支持了复制在中国青铜礼器制造中的地位。

商周时期,应用这些规则的纹饰或部件经历了若干主要的变化。为了理解图 5–2 鬲上所示的羽旌纹的渊源,我们必须回到商代早期(约公元前 1500—前 1300 年)的青铜器。商代的青铜器装饰可分为两个主要阶段。第一个阶段是早于安阳时期以及安阳早期的典型阶段,此时的部件由涡纹及羽旌纹构成,它们组织在眼睛周围,表示动物的面部(有时称之为罗樾Ⅰ—Ⅲ式)。[11] 第二个阶段即安阳主要阶段(约公元前 1300—前 1050 年)的装饰,此时,带有清楚的眼、耳、角、身,并经常与夔龙或鸟状生物相结合的饕餮兽面(即罗樾Ⅳ—Ⅴ式)更加流行。两阶段主要的差别在于对衬地雷纹的不同处理方式。通过雷纹的衬托,动物形的主纹能够被凸显出来。

西周早期使用的装饰与商代第二阶段铜器的装饰十分相近。伯矩鬲便属于第二阶段的做法。当某个能够区别早晚两个阶段的人检视另一件西周鬲时,他会觉得其颈部平素的弦纹看起来相当过时,并能察觉出这是一种复古或是受到较早装饰模式影响的做法,而不是采用当时流行的样式。然而,当我们考虑这种复古是一种对过去商代人们的兴趣时,它们更可能是作为一种信号,标志出对一个更早的世代的回溯。换言之,装饰模式的差异或许可以从家族史的角度,而不是从一个已知并被记录下来的时代的角度来看待。[12]

与这里将简要说明的其他复古现象相关的是那些后来发生于西周中晚期铜器设计及功能上的变化。[13] 这一装饰的急剧变化是以重复的几何形式表现兽形纹饰。自公元前 6 世纪起,交错及镶嵌成为西周青铜装饰最后阶段的特征。然而,尽管装饰系统的部件发生了如此显著的变化,器物仍然是以块范法铸造,并成套地使用。因此,数件器物纹饰的组织排列方式,仍是依循很久以前的基本规则。

我选择强调基本的装饰系统,以便厘清设计的框架。在这一框架下,复古的器物能够与其他形式上更加当代的器物区别开来。唯有当这种区别成为可能,各种暗示及关联才能够与不同的器物联系起来。这里,我们可以见到德勒兹(Deleuze)所强调的差异及重复性的强有力的例证。[14] 纹饰于一个既定系统下产生的变化，促生了一系列符号意义上的标志。[15] 纹饰是一种非常有力的工具，借此信息得以在贵族家族成员之间交换。以前的论著采取了两种相当不同的做法。一方面是把纹饰看作具有美学效果的事物，另一方面是把它视为某种图像或者图像性的意义。[16]

当纹饰的美学价值受到重视时，"风格"一词便经常被使用。[17] 本文到目前为止尽量避免使用这一词汇，但它可以用来区别某一较短时段内某一装饰传统中数个密切相关的变化形式。我们可以认为伯矩鬲（参见图5-1）带有西周早期风格纹饰，即，它是装饰系统中晚商阶段的周代变体。麦鬲（参见图5-2）则可被视为是以周的风格对早商阶段的装饰系统进行的复兴。仅凭风格的角度讨论装饰，不能帮助我们解读这些青铜器在其原来的背景中所传递出的关联和含义。图像研究的方法也是如此。在青铜器设计的范围之外，将个别装饰母题与动物或神灵对应起来的尝试并没有收到良好的效果。这不只是因为缺少了足以证明这些神灵的证据。主要的问题在于，图像研究的方法忽视了作为设计系统一部分的单一母题能通过其变化传达关联的价值。[18] 因此，某些母题或许在指代真实或想象的特定动物上具有意义。但采取这一论点并无益于解释有着无数变化的夔龙或是兽面，即我们所知的饕餮。为了进一步讨论这个方面，以下将讨论青铜礼器如何传达意义，或更确切地来说，传达关联的一般特征。

物质性（Materiality）与意义

由青铜器的主要功能来说，它们显然是重要的沟通场所。当用来盛放酒食供奉祖先时，青铜器是生者与不可见的神灵之间的媒介。按照阿尔弗雷德·杰尔（Alfred Gell）的研究来说，这些器物是一种中介，作用于两个分离的群体之间，从而使两者得以交流。[19]《诗经》中的篇章提供了最为明确的证据，说明盛放在容器中酒食的香气，是吸引祖先神灵的一种方式，即与他们进行交流的途径。[20] 另一种交流的形式是通过铸在青铜器上的文字。（主要是那些铸在周前期铜器上的）长篇铭文是写给祖先及后代的。那些更早时期记录着氏族及区域间联系的简短铭文，也同样表现了成套器物在祖先与后裔的关系网络中的位置。

商王武丁（约公元前 1200 年）的王妃妇好随葬的青铜器，为成套器物如何通过铭文体现一个复杂社会，提供了极佳的例证。[21]铭文包括了妇好的生前称号及谥号、家族成员的名字、与商代礼仪相关的官员名字，以及安阳以外地区的官员名字。这样的记录标志了妇好及其大家族在社会及宗教礼仪关系上的地位。[22]与这些铭文并存或替代它们标志这些关系的器物本身——它们的形状、尺寸及装饰——也可能是信息中不可缺少的部分。[23]

将器物放置在祭台上，并使之随着精心设计的仪式流程而移动，这种视觉化的陈列会吸引生者及死者的注意力，同时彰显妇好的地位。然而，单纯地将所有异常精美的器物视为权力地位的象征的看法是相当平庸的。我们需要以一种更加细微的方法来揭示无数的巧思，人们通过这些巧思来构筑他们的环境，借由独特的方式，在社会中确定其身份认同以及与他人的角色关系。物质性的研究作为一个正在发展的理论方法，试图强调不同文化及其特定习俗的物质特征。在该话语[24]中，一件艺术品或人工制品的物质性存在，被视为在社会及宗教生活中使用它的人群建构或传播其文化的一个积极组成部分。这样的论点由丹尼尔·米勒（Daniel Miller）等学者提出。[25]他们以"物质性"一词，来涵盖所有人类在实质及认知上与物品的接触。丹特（Dant）以莫斯（Marcel Mauss）的研究为基础，指出：

> 物品具有性格，而这些性格在某种程度上来说是部落氏族永恒的物品。头衔、护身符、铜制品和酋长的灵魂是具有相同本质并履行相同职能的等同物。[26]

丹特更进一步地指出：

> 既定物品不但产生了对等的责任义务，并标志出社会地位。这一社会人类学的观点，对物品维持社会关系及管理文化秩序的能力，予以相当程度的重视。[27]

以这一方法为基础，物质文化史家及人类学学者意识到与文字及语言相对的人工制品，在社会、思想及文化的建构和再造中所可能具有的作用。换言之，物品本身在社会的结构、演变及信仰中所扮演的角色，与个人同样重要。

在中国青铜礼器的例子中，"物质性"的物质层面直接以容器的形式呈现，例如用来斟酒的觚和爵，或是呈献肉及谷物的鼎或簋。以手持或是在祭台上移动青铜器的实际动作，不但供奉了食物，而且表达了更多的含义，即为生者与死者之间持续不断的关系提供了一个物质的参照。因此，青铜器是建构商周贵族生活的积极参与者，在生者间建立起基本的社会纽带。

就铜器对参与者的展示性及维持性来说，青铜器还产生了当时的意识观念，这种意识维护并扩大了祖先在神灵世界及人间所具有的影响力。青铜器的耐久性及长期被使用这两项特征，确保了这些观念上的意义能在往后承继的世代中被复制。选择指涉现在和过去的青铜纹饰，是青铜器的物质性能够巧妙地突显社会团体中，特定人物之间相互关系的方法之一。这些细节也使过去呈现出来，实际上也意味着将其带入未来。因为如果过去能以这种方式进入现在，那么它当然也能保存到将来。[28]

我们不应期望通过器物的视觉特性所传递出来的信息，能够直接以文字的形式表述出来。实际上，我们所面对的是不同的交流形式，是一种比文字更适合表现家族位置、地位及财富的形式。这是因为权力和地位并不能轻易地通过词语表达出来。某一特定的等级身份可能以口头或文件（如铜器铭文）的形式授予个人，但若这一身份地位要被广泛认可，且维持较长时间，那么便可能需要某种视觉上的展示。[29] 军阶和大学荣誉学位因证书而生效，但这些身份却是借由制服或长袍礼帽来体现。许多社会都流行以物质的方式进行表述。即便是今日的我们，也在进行许多物质上的选择，比如通过汽车的种类、衣服的形式来表现权力与地位，徽章则用来表示身份等级。

我们同样以隐喻的方式使用人工制品。以永不失去光泽的材质制成的黄金婚戒，是对婚姻的持续及长久的一种隐喻。无名指上的戒指也约束并提醒着我们对于婚姻的约定。这些观念的物质形式是一个社会必不可少的部分，它们体现社会的价值及理想。[30] 一个崇尚汽车所代表的速度与未来发展的社会，其所重视的价值与一个以供奉祖先的青铜器来体现个人成就的社会相当不同。

在古代中国，权力与地位被认为必然与能为其子孙带来福祉的不可见的祖先有关。因此在当时，以物质的形式来表明权威和等级，会不可避免地展现在那些作为礼仪组成部分的人工制品上，借之与他们的祖先沟通、联系。早在商时期之前，中国北方新石器时代的人们似乎已十分重视对死者的供奉，这可以从他们为死者所准备的特殊陶制随葬品中看出。使用仿陶器器形青铜器的祭宴仪式，可能是这种较早做法的结果。

由铜器铭文（特别是那些铸在西周早期铜器上的铭文）可知，许多器物是拥有相当权力的贵族成员为祭祀特定祖先所制作的。这些单件青铜器的设计，可能也被其他高级贵族家族的核心成员认为是与其订制者及祖先联系在一起。在这一背景下，陈列于宴飨上的全套器物，是世代间多层关系的一种具有多重意义的物质表述。如此，这些器物所暗示的世代之间的关系将与对祖先的酒食供奉一样长久。成套器物所带有的意义，也同样是隐喻式的。

复古设计在商周成套器物上的作用

商和周代早期的高级贵族成员都拥有 20 到 45 件容器，它们可能是在为逝去的家族亲属供奉酒食时一起使用的。这里的数字来自墓葬里发现的器物组群。青铜礼器不是为了作为随葬品而制作的，但将它们埋入地下或许是为了让其所有者在死后加入祖先的行列后，可以继续使用它们为他们的祖先提供宴飨。[31] 家族可能拥有更大的器群，它们被陈列在祭台上，而不是埋入地下。

三组商代青铜器可以作为典型的例子。第一组是妇好墓内将近两百件的容器，第二组是安阳郭家庄 160 号墓的器群，[32] 而另一组来自安阳市的 54 号墓。[33] 160 号墓出土了 44 件容器和数件铙，54 号墓则出有 43 件。它们都展现出极高的铜器铸造水平，可能是王室订制的。这些壮观的器物让今日的观众留下了深刻的印象，一如它们给当时那些看过它们的观众留下了深刻印象。之前无数的研究探讨了它们的功能和铭

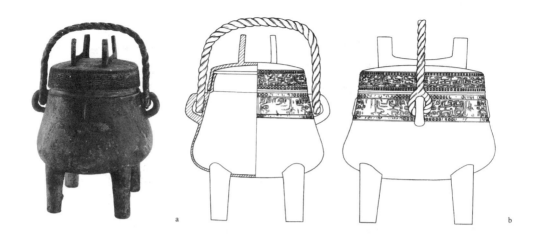

文。然而，成套器物上的纹饰差异却很少受到关注。此外，虽然个别器物或类别的细节已被详细地讨论，但作为一个整体的成套器物所具有的视觉冲击却很少被论及。参与仪式的人们能够意识到器物与人物之间的关系。某些青铜器是专为某个特定的祖先准备的。另一些则可能属于某位亲属。因此，器物的形制和装饰可能与过去和现在的家族关系结合在一起。我认为青铜器可以被视为人们的代表。器物与家族结构的相似关系可能是建立在青铜器间的异同之上。礼仪是家族关系的表达，具体表现在具有显著视觉特征的青铜器上。

[5-3a] 有盖提梁鼎，高33厘米，商代，约公元前1200年，出土于河南安阳殷墟郭家庄160号墓。引自《安阳殷墟郭家庄商代墓葬：1982年—1992年考古发掘报告》，84页，图62。

[5-3b] 有盖提梁鼎线绘图。

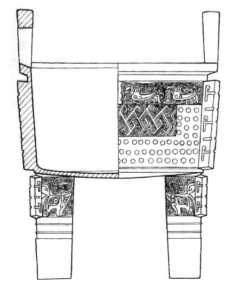

[5-4] 方鼎线绘图，高21.6厘米，商代，约公元前1200年，出土于河南安阳殷墟郭家庄160号墓。引自《安阳殷墟郭家庄商代墓葬：1982年—1992年考古发掘报告》，82页，图59。

这里所提到的三组成套器物都包括了带有仿古特征的器物。其中一件出于郭家庄160号墓的不寻常器物，清楚地表明了铸铜工匠对采用过去青铜器设计模式的尝试。该器物是一件方鼎【图5-3】，但是不同于另一件出于这座墓的器物所带有的锐利边角【图5-4】，它是圆弧形的，并带有绳索状的提梁。这些特征似乎仔细地参考了陶器或篮子的形式。最显著的复古特征是在器盖和器身上的两条纹饰带中的纹饰，它们复制了出自郑州、盘龙城，以及安阳早期墓葬的商前期青铜器上的窄小C形涡纹纹饰带。[34]但这件鼎绝非早期遗留下来的器物。该器带有与同时出土的多件随葬器物相同的铭文，因此我们可以推测，它与其他器物铸造的年代相差不超过五十年。[35]此外，仅有商代晚期和西周早期的器物能与其形式相对照。[36]

　　这件方鼎（参见图5-3）格外引人注意，因为它与一批具有不同美学特征的器物出土于同一座墓葬。差异性是这套器物重要且显著的特征。与这件鼎形成鲜明对比的是一对尊和一对斝【图5-5、5-6】。这四件器物都有角度尖锐的方形横断面、垂直突出的扉棱，以及饰于器表上的复杂精细的分解式饕餮。这些纹饰的主纹及衬地都填以细密带有角度的涡纹。这些强调角度的形式以及铸满器表的纹饰，突显了前文所提到的那件圆弧平素的鼎。这种带有角度的器物以最新颖的形式，以及当时墓主人所能拥有的极致豪华的视觉效果而引人注目。此外，尊肩部上带有芒状角的小型兽首，是可见于少数特殊青铜器上的特征，它们或带有富有棱角的轮廓，或有着精巧的装饰，或两者兼备。[37]

　　这些带有精细设计的方形器显然流行于贵族之间，且多发现于随葬

[5-5] 方尊，高44.3厘米，商代，约公元前1200年，出土于河南安阳殷墟郭家庄160号墓。引自《安阳殷墟郭家庄商代墓葬：1982年—1992年考古发掘报告》，86页，图64。

[5-6] 方斝，高43.4厘米，商代，约公元前1200年，出土于河南安阳殷墟郭家庄160号墓。引自《安阳殷墟郭家庄商代墓葬：1982年—1992年考古发掘报告》，95页，图71。

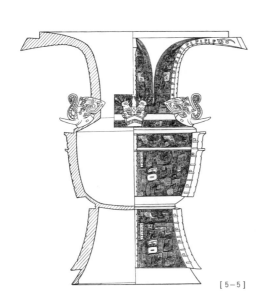

[5-5]

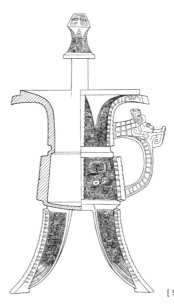

[5-6]

复古维新

品丰富的墓葬，包括安阳的 54 号墓。若与同样出有尊、斝等特殊方形器类的妇好墓相比，将更能说明问题。出乎意料地，160 号墓的器物明显小于妇好墓的器物，54 号墓的器物却与妇好墓的十分相近。

这些器物不仅只是为特定仪式所准备的高品质容器，它们是某一时间点上某些特定贵族的归属标记。此外，采用与王室相同的器类的做法或许也能被生者识别，对祖先的神灵来说则可能相当明显。虽然我们无法得知这些贵族成员为何都渴望拥有这种特定的器物类型，但他们的确都是如此。由于这些看起来十分高贵的器物得到广泛使用，想必人们十分渴望它们。我们可以将之视为象征特定社会群体团结的标志，以及当时社会权力的证明。但我们不能将器物作为信号的作用与其作为有形的人工制品的属性区分开来。方形以及细密的装饰都是很强的物质特性。媒材即是信息。圆弧边角的方鼎在与这样的方形器的对照下，获得了特殊的地位。

普遍见于这三座商墓的另一种视觉展示是成套觚、爵的出现。160 号墓有十套，而 54 号墓有九套。妇好墓所拥有的套数更加庞大。这位王妃随葬了 53 件觚，其中多件铸有她及其他人的名字。每套觚的标准数量似乎是在 9 到 12 件之间。它们与数量相当的爵搭配在一起。160 号墓的墓主再一次引人注目，因为他拥有带有方形而不是圆形横断面的觚【图 5－7】，且将之与不常见的器类角【图 5－8】而不是标准的爵相互搭配。因此，这里的青铜器一方面表明了和其他成员的联系，另一方面却以比标准礼器更为优越的器物，微妙地宣称主人的与众不同。使用多组这类器形的青铜器可能是展示的一种形式，或许与展示让人印象深刻且凝重的尊斝的做法有些许不同。在今日看待这些差别时，我们所能察觉到的差异，在商代也一定是同样地明显。

一个很少被考虑的与商有关的问题是，贵族彼此之间如何能拥有与王室极为相似的器物？这可能是因为这些青铜器在王室的监督下生产制作，并用来赠与高级贵族。如果当时只有一个铸造青铜器的作坊，便能够说明这种相似性。然而，当时似乎有若干铜器作坊，对于器形和纹饰的共享，即某一特定时期的风格得以形成的机制，尚未被完全地了解。此外，青铜器上不同的铭文标明了不同家族及这些家族中的个人对器物的所有权。它们暗示着家族可以经由某些方式，单独地订制青铜器。

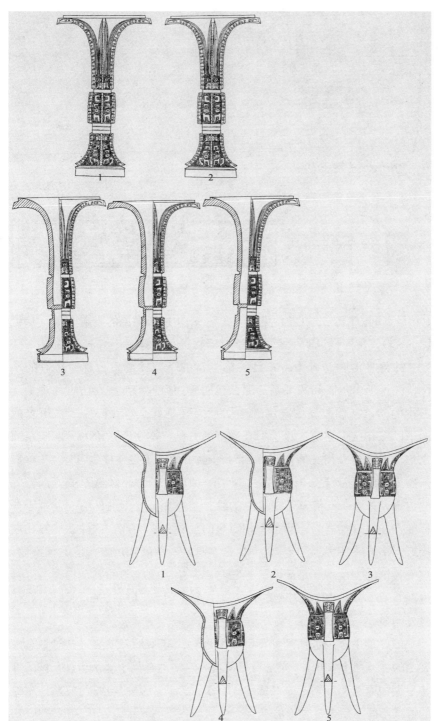

[5-7] 五件方觚的线绘图,高30.3厘米,商代,约公元前1200年,出土于河南安阳殷墟郭家庄160号墓。引自《安阳殷墟郭家庄商代墓葬 1982年—1992年考古发掘报告》,100页。

[5-8] 五件角的线绘图,高17.8厘米,商代,约公元前1200年,出土于河南安阳殷墟郭家庄160号墓。引自《安阳殷墟郭家庄商代墓葬:1982年—1992年考古发掘报告》,102页,图78。

[5-9a] 甑,高79.5厘米,商代,约公元前1200年,出土于安阳花园庄54号墓。引自《考古》2004年1期,11页,图1。

[5-9b] 甑上的纹饰。

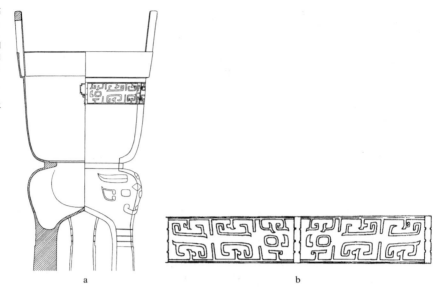

　　160号墓的方觚、方角（参见图5-7、5-8）和罕见的带盖方鼎（参见图5-3），也同样说明了家族能够对器物进行选择。

　　如果外形强劲有力、并且装饰丰富的子器物群可表现所有者的地位，并指示出贵族间的关系，那么我们应如何理解那些在仿古外观上所进行的尝试？那些复古案例的确切意义又是什么？我们应分析更多的例子以探究这个问题。除了160号墓的方鼎，本文所讨论的另两座墓葬也包含了与过去相关的青铜器。54号墓中的例子是一件甑【图5-9a】，该器上的纹饰带【图5-9b】再现了一种可见于郑州和盘龙城青铜器上的纹饰，并与160号墓带盖鼎上的纹饰基本相似。但这件甑的器型十分标准，并且这类器物一般带有相对过时的设计。因此，这件甑显然比较接近本文开头所提到的麦鬲。[38] 它本身是一件展现过去传统的标准器，这一传统的主要特征是简明，当它与商墓中带有锐角的复杂青铜器（参见图5-5），或是装饰夸张的伯矩鬲（参见图5-1）放在一起时，显得格外明显。

　　妇好墓中至少包括两种不寻常的器物。其中最突出的是一对带有大袋足的盉【图5-10a】。光是袋足便可将这对盉与见于郑州和盘龙城的那些早期的盉及鬲联系起来【图5-10b】。[39] 而且它们与商代晚期更常见的形式不同，后者将圆形器身支在柱状或尖锥状足上。器顶上的管状流,

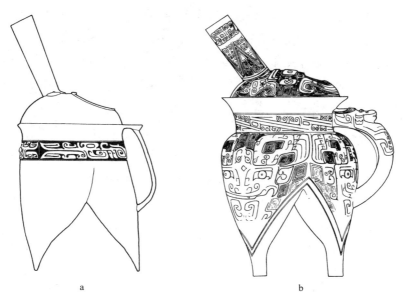

[5−10a] 一件盉的线绘图，高38.7厘米，商代，约公元前1200年，出土于安阳妇好墓。引自《殷墟青铜器》，北京，1985年，图20:2。

[5−10b] 一件盉的线绘图，高36厘米，商代早期，约公元前1400—前1300年，出土于湖北盘龙城2号墓。引自《盘龙城——1963—1994年考古发掘报告》，168页，图109。

以及开口周围的两个眼睛，也同样是依据更早的形式。在其过渡阶段，盉顶部的面部设计已经消失。[40] 这三座墓（特别是160号墓和妇好墓）中还有许多典型的青铜器，但因篇幅有限，便不详述于此了。

如果我们今天能够领会，展示这些带有复杂棱角和装饰的青铜器可以传达与权力相关的社会地位和人际关系，我们或许同样可以认为，前面所提及的仿古器（此外还有许多的例子）也具有类似的作用。一些像是麦盉（参见图5−2）和前述的觚（参见图5−9）那样在精简的器形上带有古代设计的器物，似乎说明了某些器类可借由其上精致的古代装饰，而被当时人理解为具有悠久的历史。带有满身纹饰的器物与特别的复古器物之间的对比表明，在一套器物中，有相当多的选择可供表达细微的差异。在进行这些选择时，订制者及其幕僚似乎着眼于以简化的古代设计来保存古代的感觉。

第二个类型明显地复兴了一些早期的特殊形式，如看起来像是刻意制成古代样式的160号墓方鼎（参见图5−3）和妇好墓的盉（参见图5−10a）。由于它们太过珍稀，而且其他墓葬中也没有发现类似的例子，它们可能是基于某些外来的需求，或为某一特定时刻和场所而订制的。

这里，我们可以将之与早期玉器相比。商贵族似乎拥有许多古代玉器，他们改制或仿制这些玉器。160号墓的墓主拥有一件新石器时代的，或至少是早于商代的玉斧，其上饰以时代较晚的安阳式饕餮。[41] 妇好拥有数件古代玉器，以及一些以红山玉器为原型的小卷龙。[42] 这些不寻常且可能是外来的特征，不仅来自于过去，也来自于其他地区。拥有并展示这种经常佩戴在身上的玉器，确实能将遥远的时空带入当下。再造过去或远方形制的青铜器也有类似的效果。但与佩戴玉器所展示的不同，这些特征被结合进对祖先的供奉中，并在这一特定的情境下被彰显出来。青铜器和玉器都是商朝影响力和势力的明确指征。它们是商人诉诸武力和礼仪手段所追求的权力的物质表现。若一件远方或过去的器物被放置在一座墓葬中，这也是以直接和隐喻的方式表现占有。

　　西周早、中期仍旧持续着这种结合过去和现在的做法。但随着西周中晚期礼器的变化，一种新的做法出现了。[43] 山西侯马附近的天马—曲村遗址的发现，使我们意识到在某个时期内，周的贵族成员，特别是那些住在现今山西和河南的贵族，为他们的墓葬订制早期铜器的复制品。[44] 因礼仪方面的变化而导致的器形、设计上的变化，使这些复制品更加引人注目。模仿早期铜器的复制品通常尺寸较小，且不具有实际的功能。它们的目的似乎是为了代替那些因为某些原因而无法用来陪葬的属于先代的物品。

　　周原地区发现的窖藏，特别是出有至少包括四代家族成员青铜器的庄白窖藏，使我们能大致了解这些早期的器物如何能够被一个家族拥有数个世纪。[45] 由庄白窖藏可知，拥有该窖藏的家族同时拥有一套具有实际功能的礼器，以及数件代表祖先器物的青铜器。这些早期青铜器陈列于祭台时，就能够以物质的形式代表家族的先祖，并能向后世提醒祖先的功业。发现于天马—曲村的那些替代物或许在某种程度上也具有相同的功能：以早期青铜器的模型来作为过去的参照，使家族的世系得以完整呈现。

　　目前讨论的所有例子的物质化表现，是以器形及装饰的年代序列为标准。这是装饰系统化的结果，而这一系统化是借由这种系统的复制特性来达到的。我们可将商周时期的装饰系统分为三个阶段。在商前期（约公元前1500—前1300年），早期器物的仿制品并不普遍。到了安阳兴盛阶段和西周早中期（约公元前1300—前850年），复兴显得尤为突出，由此创造出了一组源远流长的相对平素拘谨的青铜器。此外，更加罕见的早期青铜器形式也以特殊的物质形式，向生者与死者展示着商周贵族的权力与地位。

西周晚期（约公元前850年）的主要改变，推动了一种相当不同的做法。可以肯定的是，那些不具有实际功能的小型仿古青铜器，被用来代表墓主在其家族世系中的地位。此时对过去世代的追溯，比前面几个阶段的做法更为明确。

礼器起到了重要的作用，乃是因为它们被纳入到意图让死者与生者交流的仪式之中。这种交流在铜器铭文中表现得格外清楚。不过，另一个意义深长的方面在于，礼器形制及装饰的稳定性及可变性。单件、成批或成套的青铜器之所以能表现生者与死者的权力地位，不仅只是基于财富，而是源自家族关系所具有的根本作用。带有仿古纹饰的青铜器有时似乎作为某个特定人物的代表，有时与过去某个非特定的时代联系在一起，有时它们又是参考特定古代器物而来的外来物。但不论何时，青铜器都是为了维系支撑现在与未来的伦常关系而以物质形式表现的隐喻。

结　　语

本文所讨论的例子与更晚（特别是在宋徽宗以及清乾隆皇帝时期）那些为人所熟知的出土及复制的青铜器不同。战国至汉代间的礼仪变化，即便未使本文所讨论的那些成套礼器完全消失，至少也使之大幅缩减。当古代的器物于数个世纪后重新出土时，它们被认为是罕见特殊的，并被视为某种征兆。[46]

更重要的，装饰系统以及与之结合在一起的成套器物，已不再被使用。虽然人们对铜器的兴趣及理解与日俱增，并对之进行收藏和著录，但装饰母题的结合方式，以及将它们排列于器表的方法，却很少有人了解。能够灵活地在这种媒介上操控异同的做法，就这样失落了。换言之，不论是早期成套器物的物质性，或其所具有的意义，在宋明清时期都已被人遗忘。当后来的皇帝们面对着一系列的容器时，他们不但无法完全了解它们的功能，也无意重建它们在古代社会中原有的作用。[47]

我们因此可以将商周时期所进行的复古与那些后来发生的复古明确地

区分开来。当宋徽宗或乾隆皇帝为了祭祀祖先而定制青铜器时，它们不再以其形式和装饰表达高级贵族家族之间或家族各世代之间的紧密关系。取而代之的是，它们提供了一种与古代历史时期正统统治相关联的纽带，至少它们的拥有者如此认为。在这种作用中，宋徽宗和乾隆依据周代的范本所定制的成套器物，是向世人及祖先宣示其合法地位的工具。

　　礼器的变化和演变这一事实本身，为君主所企望达到的制度转变提供了一种物质性的表达。本文开头所提到的关于纹饰所具有的转化力量，也同样具有一种隐喻的能力。不论是在西方或东方，复兴古代的装饰和形式，都被用来作为某些人物和制度的精神复兴的工具或象征。

　　通过再造青铜器和摹仿书法的形式、风格来与古代相交的做法，在经历了20世纪的许多动荡后仍保存下来。古代青铜器的形状和设计以许多意想不到且生动的形式展示给世人，例如北京国际饭店前摆放的大铜爵就是一例【图5-11】，该饭店客房里的毛巾上也装饰着爵的字样。这些物质相当迷人。那些能将过去展现在这些物质形式上的人们，似乎能更进一步地宣告对过去及其价值的掌握。这种操控有些近乎神奇。来往于北京大街上的行人能察觉出这件爵不相称的尺寸，但这种夸大的做法强调了过去的美德和价值，并将这些价值与一座建于20世纪的宾馆联系在一起。[48]

[5-11] 爵，设置于北京长安街上的国际饭店门前。

（吴晓筠　译）

〔1〕北京市文物研究所：《琉璃河西周燕国墓地 1973—1977》，北京，1995 年；更多关于伯矩鬲的论述，参见：Jessica Rawson, *Western Zhou Ritual Bronzes*, vol.2, Washington D.C., and Cambridge, Mass., 1990, pp.460-465.

〔2〕带有羽旌纹的早期饕餮可见湖北盘龙城发掘报告中的一件罍。湖北省文物考古研究所：《盘龙城——1963—1994 年考古发掘报告》，北京，2001 年，卷 1，427 页，图 313。

〔3〕鬲在商代前期较多，在安阳兴盛阶段较少。此处讨论的类型出现于殷墟晚期，例子可见安阳殷墟西区 AGM1102。见注 1，Rawson, *Western Zhou Ritual Bronzes*, fig.24. 关于其发展过程，参见：Ursula Lienert, *Typology of the Ting in the Shang Dynasty: A Tentative Chronology of the Yin-hsü Period,* Publikationem der Abteilung Asien Kunsthistorisches Institut der Universität Koln, Band 3:1. Wiesbaden, 1979, pp.151-170. 一件器型及纹饰与本文所讨论的麦鬲十分相似的鬲出土于山东滕州前掌大墓地 120 号墓。参见中国社会科学院考古研究所：《滕州前掌大墓地》，卷 1，北京，2005 年，224–226 页，图 159:3。

〔4〕由于青铜器上的铭文述及了祖先和子孙，家族世代的序列得以与这些器物的制作和使用联系在一起。

〔5〕成套器物的使用，以及高级贵族和一般贵族在仪式上陈列的成套器物的数量变化，可参考：Jessica Rawson, "Late Shang Bronze Design, Meaning and Purpose," in Whitfield eds., *The Problem of Meaning in Early Chinese Ritual Bronzes, Colloquies on Art and Archaeology in Asia*, no.15, London, 1992, pp.85-86.

〔6〕参见本书中收录的《复古维新——以中国青铜器为例》。该文讨论了一组西周晚期至东周早期依据一个世纪之前的青铜器形制所制作的小型器物。巫鸿提出了另一种讨论，请见巫鸿：《"明器"的理论和实践——战国时期礼仪美术中的观念化倾向》，《文物》2006 年 6 期，72–81 页。其他的相关讨论见李零：《烁古铸今》，香港，2005 年。

〔7〕当本文口头发表于芝加哥的研讨会时，笔者讨论了西方的古典系统。相关的简要论述也可见本书收录的《装饰系统——中国的花鸟图像》一文。圆柱、柱头和横梁等等建筑要素形成了组件，而建造建筑的方式提供了规则。另外参阅：John Summerson, *The Classical Language of Architecture*, London, 1980. 该书优美地论述了组件在这些原则下的不同组合方式。瑟里奥（Sebastian Serlio）的著作也是极佳的代表，参见：Sebastian Serlio, *Sebastian Serlio on Architecture, Volume One, Books I-V of* "Tutte l'opera d'architectetura et prospetiva by Sebastiano Serlio," Vaughan Hart and Peter Hicks trans., New Haven and London, 1996. 关于考古发现在西方所造成的影响，参见：Alain Schapp, *The Discovery of the Past, the Origins of Archaeology,* Ian Kinnes and Gillian Varndell trans., London, 1996.

〔8〕L. Ledderose, *Ten Thousand Things: Module and Mass Production,* Princeton, 2000, pp.25-49. 该书为理解青铜器设计系统的方法提供了补充。

〔9〕上海博物馆青铜器研究组：《商周青铜器纹饰》，北京，1984 年。该书为这一做法提供

了很好的例子。

〔10〕贝格利（Robert Bagley）在对商代青铜器的讨论中，提出了一个十分重要的观点。参见：Robert Bagley, *Shang Ritual Bronzes in the Arthur M. Sackler Collections*, Washington, D.C., and Cambridge, Mass., 1987, pp.17-30. 他指出商代容器纹饰的组合形式在很大程度上受到当时铸造方式的限制。这里，贝格利对罗樾（Max Loehr）的五种风格说提出了一个重要的延伸，见 Max Loehr, "The Bronze Styles of the Anyang Period," *Archives of the Chinese Art Society of America*, vol.8, 1953, pp.42-53. 倪克鲁（Lukas Nickel）在最近发表的一篇文章中，对铸造方法提出了另一个观点，但这一论点并不影响块范法对纹饰组织方式所产生的影响。参见：Lukas Nickel, "Imperfect Symmetry: Re-Thinking Bronze Casting Technology in Ancient China," *Artibus Asiae*, vol.66, no.1, 2006, pp.5-39.

〔11〕罗樾选择"风格"一词，表现了他在西方艺术史方面的训练，这是更适于使用这一词汇的领域。另外参见：Meyer Schapiro, *Theory and Philosophy of Art: Style, Artist, and Society, Selected Paper*, New York, 1994, pp.51-102. 该文关于"风格"的论述最为著名。

〔12〕在使用"以信号标志出某些事物"这一词汇时，我认为以符号学的方法分析青铜器纹饰将有一定的帮助。成套器物与供奉祖先紧密地联系在一起。此外，器物上经常铸有所有者的名字，因此这两种类别的纹饰经常能立即与家族成员联系在一起。

〔13〕关于西周中期变化的讨论，同注 1, pp.92-125.

〔14〕Gilles Deleuze, *Difference and Repetition*, Paul Patton trans., London, 1994.

〔15〕罗兰·巴特关于服饰琐碎变化的讨论可作为对照，参见：Roland Barthes, *The Language of Fashion*, Oxford and New York, 2005. 关于符号学的一般性介绍，参阅：Jonathan Culler, *The Pursuit of Signs, Semiotics, Literature, Deconstruction*, London and New York, 1981.

〔16〕罗樾是青铜器美学特征及其他中国早期纹饰的主要论述者之一。参见：Max Loehr, "The Fate of Ornament in Chinese Art," *Archives of Asian Art*, vol.21, 1967—1968, pp.8-19. 另可见 Robert Bagley, "Meaning and Explanation," in Whitfield ed., *The Problem of Meaning in Early Chinese Ritual Bronzes, Colloquies on Art and Archaeology in Asia*, no.15, London, 1992, pp.34-55. 但他们均未探究纹饰作为一种能发展成社会符号的系统所具有的作用。

〔17〕"风格"一词可能被误解了几十年。这一词汇十分适用于西方建筑。这里，一种体系会随着时间变化出许多辨识性强的阶段，像是罗马式、哥特式、巴洛克式等。在整个欧洲，它也会随着地域的变化而变化。即使如此，这些阶段中的单一系统的变化也被仔细地考虑过。当风格的概念转而用于西方绘画或三维物件时，其定义便不是那么地精确，且总体来说，经常不能被有效地运用。

〔18〕更多关于图像研究方法的讨论，请参考：Sarah Allan, "Art and Meaning," in Whitfield ed., *The Problem of Meaning in Early Chinese Ritual Bronzes, Colloquies on Art and Archaeology in Asia*, no.15, London, 1992, pp.9-33; Jordan Paper, *The Spirits Are All*

Drunk, Comparative Approaches to Chinese Religion, Albany, 1995. 张光直在《美术、神话与祭祀》中企图解释青铜器上的装饰母题。可惜他的讨论是以较晚的文献为基础, 它们与商代青铜器没有直接的相关性。该书英文版见 K. C. Chang, *Art, Myth and Ritual,* Cambridge, Mass., and London, 1983. 该书可与另一文相比较, 参见: Ladislav Kesner, "The *Taotie* Reconsidered: Meaning and Functions of the Shang Theriomorphic Imagery," *Artibus Asiae,* vol.51, 1/2, 1991, pp.29-53.

[19] 杰尔在其著作中为"载体"理论提供了标准, 该书今日已被广泛地讨论与引述。参见: Alfred Gell, *Art and Agency,* Oxford, 1998.

[20] Arthur Waley trans., *The Book of Songs,* London, 1937, pp.209-211.

[21] 中国社会科学院考古研究所:《殷墟妇好墓》, 北京, 1980 年。

[22] 关于一些妇好墓青铜器铭文的讨论, 见 Cheng Chen-hsiang (郑振香), "A Study of the Bronzes with the Si T'u Mu Inscriptions Excavated from the Fu Hao tomb," in Kwang-chih Chang ed., *Studies of Shang Archaeology, Selected Papers from the International Conference on Shang Civilization,* New Haven and London, 1986, pp.81-102; 曹定云:《"亚其"考——殷墟"妇好"墓器物铭文探讨》,《文物集刊》2 集, 北京, 1980 年, 143–150 页。

[23] 相关论述见注 5. Jessica Rawson, "Late Shang Bronze Design, Meaning and Purpose".

[24] 译者按: 话语 (discourse) 的概念为福柯所提出, 其概念包括了对特定主题的特殊用语、谈论方式、场合及氛围。

[25] 这些学者的研究为本文提供了理论基础。参见: Daniel Millar ed., *Materiality,* Durham and London, 2005; Lynn Meskell, "Objects in the Mirror Appear Closer Than They Are," in Millar ed., *Materiality,* 2005, pp.51-71; Tim Dant, *Materiality and Society,* Maidenhead, 2005; Elizabeth DeMarrais, Chris Gosden and Colin Renfrew eds., *Rethinking Materiality, the Engagement of the Mind with the Material World,* Cambridge, 2004.

[26] 莫斯 (Marcel Mauss) 关于礼物的论述, 提前引出了与今日称为"物质化"相关的讨论。参见: Marcel Mauss, *The Gift, the Form and Reason for Exchange in Archaic Societies.* W. D. Halls trans., London, 1990, p.64.

[27] 见注 25. Tim Dant, *Materiality and Society,* Maidenhead, p.4.

[28] 青铜器铭文表明, 后来的世代将会使用这些器物, 因此青铜器能将铭文的内容传递给之后的世代。

[29] 西方历史为如何以精致的器具和家具表达身份地位, 提供了丰富的例证。与使用食器相关的讨论, 参见: Musée National des Châteaux de Versailles et de Trianon. *Versailles et les tables royales en Europe, XVIIème-XIXème siècles,* Paris, 1993. 不过, 可用来展示身份地位的形式显然还有很多, 且与政治、宗教、学术和个人的要求交织在一起。这一方面的论述, 见: Géza von Habsburg, *Princely Treasures,* London, 1997; Marina Belozerskaya, *Luxury Arts of the Renaissance,* London, 2005. 包华石 (Martin Powers)

最近发表的著作探讨了在早期中国，带有装饰的物品与所表现的价值之间的关系。见 Martin Powers, *Pattern and Person, Ornament, Society, and Self in Classical China*, Cambridge, Mass., 2006.

[30] 关于隐喻在语言上所具有的穿透力的讨论，参见：George Lakoff and Mark Johnson. *Metaphors We Live By*, Chicago and London, 1980. 其他的学者延伸了这些概念，例如：Gilles Fauconnier and Mark Turner, *The Way We Think, Conceptual Blending and the Mind's Hidden Complexities*, New York, 2002; Dedre Genter, Brian Bowdle, Philip Wolff, and Consuelo Boronat. "Metaphor is Like Analogy," in Dedre Genter, Keith Holyoak, Boicho Kokinov eds., *The Analogical Mind, Perspectives from Cognitive Science*, Cambridge Mass and London, pp.199-253; Christopher Tilly, *Metaphor and Material Culture*, Oxford, 1999.

[31] 参见：Hayashi Minao（林巳奈夫）, "Concerning the Inscription 'May Sons and Grandsons Eternally Use This [Vessel]'," *Artibus Asiae*, vol.53, no. 1/2, 1993, pp.51-58. 在该文的基础上，本文提出所有墓葬中的物件，包括礼器，是死者准备用于死后世界的。因此，虽然青铜器无疑是为生者所制造，它们很可能在死后世界被永恒地使用。

[32] 中国社会科学院考古研究所：《安阳殷墟郭家庄商代墓葬：1982年—1992年考古发掘报告》，北京，1999年。

[33] 中国社会科学院考古研究所安阳工作队：《河南安阳市花园庄54号商代墓葬》，《考古》2004年1期，7-19页。英文摘要可见：Anyang Work Station, Institute of Archaeology, Chinese Academy of Social Sciences, "Excavation of Tomb M54 at Huayuanzhuang in Anyang, Henan," *Chinese Archaeology*, Beijing, vol.5, 2005, pp.59-70.

[34] 可供比较的盘龙城罍，见《盘龙城——1963—1994年考古发掘报告》；安阳小屯232号墓、333号墓的鼎，见中国社会科学院考古研究所：《殷墟青铜器》，北京，1985年，40、42页，图8、10。

[35] 《安阳殷墟郭家庄商代墓葬：1982年—1992年考古发掘报告》，80页，图58：2。

[36] 与之相关的两个例子，见陈梦家：《殷周青铜器分类图录》，东京，1977年，A87；中国青铜器全集编辑委员会编：《中国美术分类全集·中国青铜器全集·第5卷·西周（一）》，北京，1996年，9号器。

[37] 这些带有突角的小兽首曾被视为是早周青铜器的一个特征。然而，一些商代遗址中发现了带有这种特征的青铜器。另外，安阳出土的陶范也证实了带有大型附加物和突角的青铜器，是商铸铜作坊所制。见李永迪、岳占伟、刘煜：《从孝民屯东南地出土陶范谈对殷墟青铜器的几点新认识》，《考古》2007年3期，53页，图1。

[38] Louisa Huber, "Some Anyang Royal Bronzes: Remarks on Shang Bronze Décor," in George Kuwayama ed., *The Great Bronze Age of China, A Symposium*, Los Angeles, 1981, pp.16-43. 在这篇文章中，作者将这种器物归于简朴风格，然而她并未考虑到这种器物是源自于再造或是延续更加久远以前带有装饰的器物。高本汉（Bernhard Karlgren）

曾注意过商代青铜器上的这种反差，相关论述见：Bernhard Karlgren, "Yin and Chou in Chinese Bronzes," *The Bulletin of the Museum of Far Eastern Antiquities, Stockholm*, vol.8, 1936, pp.9-156; "New Studies on Chinese Bronzes," *The Bulletin of the Museum of Far Eastern Antiquities, Stockholm*, vol.9, 1937, pp.1-117; "Notes on the Grammar of Early Bronze Décor," *The Bulletin of the Museum of Far Eastern Antiquities, Stockholm*, vol.23, 1951, pp.1-80.

〔39〕来自郑州二里岗阶段的一个例子，见河南省文物考古研究所：《郑州商城新发现的几座商葬》，《文物》2003年4期，10页，图15：10。

〔40〕另一个同样属于武丁时期，但装饰较不显著的例子，发现于安阳的建筑基址。见中国社会科学院考古研究所安阳工作队：《河南安阳殷墟大型建筑基址的发掘》，《考古》2001年5期，25页，图7。

〔41〕《安阳殷墟郭家庄商代墓葬：1982年—1992年考古发掘报告》，115页，图91、92。

〔42〕Jessica Rawson, "The Reuse of Ancient Jades," in Rosemary Scott ed., *Chinese Jades. Colloquies on Art and Archaeology in Asia*, no.18, London, 1997, pp.174-178. 该文讨论了来自妇好墓和其他更晚遗址的例子。

〔43〕关于器类变化的讨论，参见：Jessica Rawson, "Western Zhou Archaeology," in Michael Loewe and Edward Shaughnessy eds., *The Cambridge History of Ancient China, From the Origins of Civilization to 221 BC*, Cambridge, 1999, pp.352-449. 更多的细节见注1，pp.93-125. 另外参阅：Lothar von Falkenhausen（罗泰），"Late Western Zhou Taste," *Études chinoises*, vol.18, no.1-2, 1999, pp.143-178.

〔44〕同注6。

〔45〕已有许多著述讨论了这一重要的窖藏。参阅：北京大学考古文博院、北京大学古代文明研究中心编：《吉金铸国史：周原出土西周青铜器精粹》，北京，2002年。

〔46〕关于青铜器在汉代被重新发现的情况，参见：Noel Barnard, "Records of Discoveries of Bronze Vessels in Literary Sources and Some Pertinent Remarks on Aspects of Chinese Historiography," *Journal of the Institute of Chinese Studies of the Chinese University of Hong Kong*, vol.6, no.2, 1973, pp.455-546.

〔47〕许多器型为五供所采用。相关论述见：Josh Yiu, *The Display of Fragrant Offerings: Altar Sets in China*, unpublished D. Phil. Thesis, University of Oxford, 2005.

〔48〕感谢韩文彬(Robert Harrist)教授提供爵的图片，以及他对本文初稿所提出的建议。

06

复古维新
——以中国青铜器为例

在中国,没有什么器物比商周时期的青铜器更经常地被复制、模仿,或是能引发联想。的确,这些青铜器在某种程度上与建筑在西方世界所扮演的角色相似。[1]换言之,当商周青铜器在无意间被发掘出土后,它们便成为当时人们认为应该仿效的理想时代的物质范例。由是,它们成为宫殿或寺庙香炉的原型,并在许多情境下被仿制成装饰花瓶。这些晚近的器物与西方古典建筑形成了一种对应,其建造者以保存在地中海遗址内的古代建筑结构遗存作为它们的模范。这种与西方石材建筑之间的对应不但显示了方法上的某些相似性,同时也显示出这两个完全分隔的地域之间非常不同且独特的选择。

收集以及复制出土青铜器的原因很多。这些重新发现以及仿效的过程正是"古色"特展以及为该展览所举办的学术研讨会的主题。[2]当我们思索那些脱离青铜器原来制造和使用时代的后来的青铜器复兴,以及复制所带来的多样性时,我们实际上面临着多种形式的接受。为了本文讨论的目的,我将这种对古代青铜器及其复制品的接受分为三个方面:"再造"(recreation)、"古物研究"(antiquarianism)及"复古"(archaism)。

制作那些可以被我们归入这三个类别器物的工匠遵循着古代青铜器的形式及美学特性,将它们置入新的时代背景中。当定制者和工匠采用过去的形式和装饰风格时,他们似乎希望这些后来的器物能对观众产生特别的影响。然而,他们所期望的效果以及观众的反应,会因为工匠和定制者是否在乎复制的准确性，或是在乎这些器物是否能唤起过去而有所不同。当然，青铜器的观众以及他们对青铜器的接受方式，会在制成青铜礼器形式的器物的漫长历史中有所改变。

对古代青铜器研究来说非常重要的一个方面是探索它们如何成为确切可靠的模范，以用于后来的礼仪活动之中。其中一个做法是仔细复制古代青铜器特殊的形制、装饰及功能。一般来说，制作复制品的目的不仅是追求仔细的复制，而是要以之强调家世背景。如果一个家族或是统治者能够定制精确的复制品，便表示他们在制作这些器物时是以原件为本，如此便能显现他们特殊的地位。在这样的努力中，青铜器原本作为酒食供奉器的功能被认可了，即使它们不总是被准确地复制。通过器物彰显特殊的身份地位甚至是家族世系，即以一种视觉及触觉的方式与过去产生联系，是为了达到更进一步的目标——使观众对一个家族或是国家产生深刻的印象。而这个假想的观众通常是死者或是鬼神。这些精确复制品的所有者经常通过这种手段寻求合法性。这是一个容易理解的目的。[3] 我将这种确切的复制称为"再造"。汉代（公元前206—公元220年）以后，供奉祖先的酒食被盛放在形状及材质都十分不同的容器中。因此，当人们试图进行确切的复兴时，就像是在宋代（960—1279）和清代（1644—1911），其中所牵涉的不只是再现原来的器形和装饰，同时也要理解和恢复器物最初的功能。为了本文的目的，我提出所谓再造的一个先决条件是，定制者明确知道古代青铜器的最初功能是作为酒食的供奉容器。然而，这种再造很少被真正地实现。

第二个方面是收集及珍藏古代青铜器。由于古代青铜器的供给量非常小，且人们对它们的了解也很少，复制品及赝品的制造便弥补了这个需求。这种收藏是世人所重视的过去的一部分，而这一过去也记载在《礼记》等描述周代器物的文献中。这种对古代器物的兴趣导致了古代青铜器图录及图绘版的礼书（如《三礼图》），或是目录及百科全书式的著作（《三才图会》）的出现。我将这种现象称为"古物研究"。古物研究与《古色》展览图录里的讨论格外相关。

第三个方面是将古代青铜器的特征表现在多样化的器物之上，例如香炉和花瓶。这些器物的功能与古代青铜器的功能完全不同。与青铜不同的多元化材质,如陶瓷、珐琅和玉,也被用来制作这些器物。的确,一种松散地以古代青铜器和纹饰为根本的全新装饰风格被创造了出来。这种我称之为"复古"的现象,成为这次会议的新颖主题。

本文的讨论将分为三节。在第一节中,我将讨论上古时期再造的范例,以阐明这种做法的重要性。第二节将由这个例证中提出一些一般性的结论。第三节将根据古代青铜器的案例研究,就再造、古物研究及复古三个方面讨论晚期青铜器。

再 造

目前的讨论牵涉了两个问题。首先,我们必须要问:为什么商周青铜礼器被如此普遍地视为晚期铜器的模范?即,后来的人们为什么选择它们?第二,青铜器的功能和器形能够被再造到什么程度?以及在什么范围内它们仅作为后来功能相异器物的造型和纹饰的来源?这里所提出的再造和复古有何不同?

这一节关于这些问题的讨论将由一个特殊的例子开始。公元前8和前7世纪的墓葬为我们提供了一个较晚阶段使用较早青铜器的早期案例。[4] 这一例证为后面的讨论提供了范本。

公元前9到前7世纪的晋侯墓地位于山西省侯马附近的天马—曲村。越过黄河,虢国墓地坐落在河南省的三门峡市。这两个墓地都发现了数个世代的贵族及其配偶的墓葬。在一些晋和虢国的墓葬中发现了古青铜器的复制品。我将论述这些铜器是再造的一些尝试。

这些复制品小而粗拙。在考古报告中,它们被有点轻蔑地归类为明器,也就是专为埋葬所制作的小而低等的容器。这种分类很少受到质疑。但值得注意的是,这些被称为明器的复制品模仿了比墓葬年代更加久远的器形,而墓葬中随葬的那些应是用于日常礼仪活动的当代器物都被制成标准尺寸。[5]

曲村的93号墓可以作为一个范例。[6] 该墓未受盗扰,且可能属于晋文侯。其年代为春秋早期,即公元前8世纪晚期或前7世纪初。[7] 与墓地内许多其他的墓葬一样,成套的玉片覆盖在墓主人的脸上。该墓还随葬了许多古代器物,其中包括了一件戈。由于玉的质地非常好,且有许多件是古代的，因此暗示它们的所有者收集且珍藏这些在比他们的时代更加久远的过去所制作出的器物。这一点与青铜器格外相关。

墓内出有全尺寸的各式当代器物，以及一些尺寸很小的所谓的明器。下列容器都是全尺寸，并且可能具有实际的功能：五鼎、六簋、二壶、一盘、一匜以及一甗。复制品的器类有方彝、尊、卣、觯、爵，也有鼎、簋、盘【图6-1】。后三者并不特别注重器型，但前四者明显是古代容器形式的再造品。早在晋侯被埋葬之前，这几类铜器自公元前9世纪早中期的礼仪改革后便不再被使用。

依据约发生于公元前870年的这场改革，我们可以更好地理解这些复制品所具有的功能。此时，用于商和周初的主要器类的数量减少了，而且似乎是逐渐被废弃。大多数的无盖簋、多样的鼎、成套的圆尊及提梁卣，特别是觚、爵、方彝和觥，都已不再制造或使用。流行的器类有半球腹鼎、有盖簋、高大的壶、盘和匜或盉，以及一些较不常见的器类，例如簠和盨。钟也在此时变得普遍，并与青铜礼器埋在一起。[8] 在陕西省扶风庄白发现的窖藏说明了这个变化【图6-2、6-3】。窖藏中属于较早世代的青铜器可见于图6-2的一、二、三排，代表了改革之前的类型。最上面的一排是折方彝、折觥和折罍。它们被定为西周早期的最晚阶段。第二排是属于下一个世代的丰尊、丰卣以及一件爵，均属于西周中期早段。史墙盘和一件爵在第三排，依据盘内的铭文，这些一定是属于穆王或是恭王时期的器物。这篇铭文对我们了解世代的序列来说十分关键，并且，这显然是当时一个极为重要的家族记录。

窖藏中规模最大的器群是㝬组器（参见图6-3），属于礼仪改革后的阶段。这一器群包括了一大组的簋（鼎似乎被省略了）、高大的壶和数套编钟。相似于丰及史墙的爵，这组器群的爵并不太具有典型的时代特征。它们，以及与之一同发现的没有铭文的觚，可能是刻意制成古代青铜器形式的复制品。本文的后半部将对这一窖藏进行更深入的讨论。

庄白窖藏里的折方彝与㝬组器在年代上的相对关系，和93号墓与该墓发现的带有古风的方彝复制品相似。在这两个例子中，礼仪改革后的器物经常与回溯早期形式的器物一同出现。它们的器形使这种关于古代的联想更为明显。两侧延伸出曲折附加把手的晋国器物，与台北故宫

[6-1] 山西侯马附近天马—曲村遗址93号墓所出方彝、尊、盂和鲜复制品的线绘图。公元前8—前7世纪。引自《文物》1995年7期，4—39页，图43：7、6、4、2。

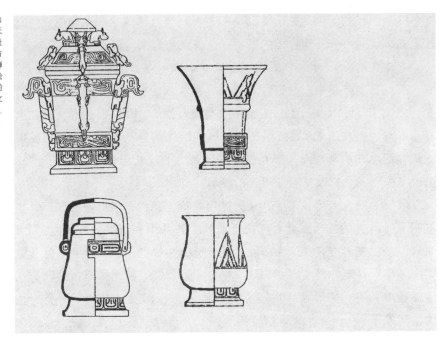

[6-2] 陕西扶风庄白窖藏内属于三个世代的青铜器。
a. 最上面的一排是折器。
b. 第二排，丰器。
c. 第三排，史墙器。
引自陕西省考古研究所、陕西省文物管理委员会《陕西出土商周青铜器》，北京，1980年，第二册，14—26号器。

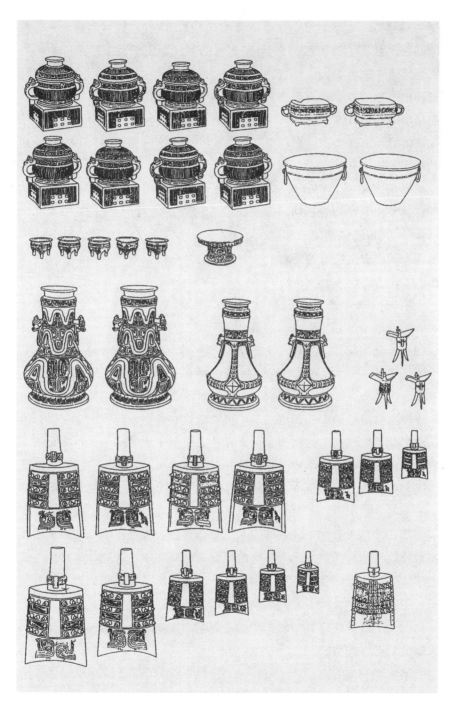

[6-3] 陕西扶风庄白窖藏内属于微伯癲的器物,即癲组器。引自《陕西出土商周青铜器》,第二册,27-74号器。

复古维新

博物院藏的西周早期尊十分相似【图6-4】。这些青铜器都是改革以前的器物，且已不再使用于93号墓晋侯的时代。属于晋侯的圆尊也很有意思。第一眼看上去这件器物做得有些粗糙。但是它不寻常地结合了圆形的上半部及方形的下半部，并且，就其本身来说，它也是对另一种西周早期形式的具体恢复，就像是上海博物馆所藏的一件器物一般。[9] 已提及的另外三件器物，卣、爵和觯，也同样是非常明确地再造过去形式的器物。

93号墓不是发现这种样本的孤例。63号墓，一座时代十分接近的墓葬，发现了相似的系列，即三鼎、二簋和二壶，都是标准的形制和尺寸。[10] 该墓还包括制成模型的一方彝、一觯、一盘及一盉。此外，该墓还有两件非常特别的器物：一件铜方盒及一件铜方座筒形器，两件均由人形足支起。

第三个例子来自三门峡虢国墓地的发现。在这里，复兴发生于2006号墓内。[11] 全尺寸的容器包括三鼎、一甗、四鬲、二簠、一簋、二壶、一盘、一盉。复制品有一方彝和一尊（这两件都有S形的把手，或者，更确切地说是附加物），以及一爵和一觯【图6-5】。这第三座墓葬确认了公元前8和前7世纪时该区域的统治家族不但持续对那些已停止使用的器型感兴趣，也被某一特殊时代的器物，即我们今日可以辨认出的这些复制品的原型所吸引。在这三个例子中的两个里，方彝与一觯、一爵和一尊一同出现。这两例方彝的形式模仿了台北故宫博物院藏器的同类器物（参见图6-4）。特别值得注意的是，这些带有S形附加物的容器是很罕见的。另一个值得注意的现象是，这种模仿以前器物的复制品并不见于晋国墓地的西周早、中期墓葬。这种复制品似乎集中在都城沣镐（今日的西安附近）失陷后建成的墓葬中。此时，周贵族也失去了他们在扶风的礼仪场所。随着这个区域的沦陷，逃亡的贵族们在这里埋下了大量的青铜器，此后便再未回来。前面所提及的，发现于今日庄白的大型器群便是其中的一个地下窖藏。许多贵族就这样失去了他们家族的早期青铜器。

当我们将这三座墓葬结合起来看时，许多问题直接浮现出来。为什么只有相对有限的器物以复制品的形式出现？以及为什么复制品全都伴随着与墓葬时代一致的全尺寸容器？这些当代器物不但在风格上

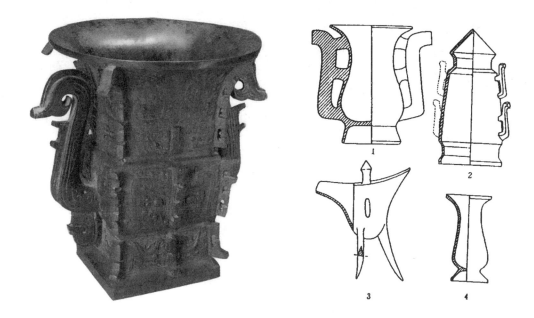

[6-4] 侧边带有S形附加物的礼器尊，高22.6厘米，西周早期，公元前10世纪。台北故宫博物院藏。

[6-5] 出土于三门峡2006号墓的尊、方彝、爵和觯复制品的线绘图。引自《文物》1995年1期，15页，图23。

与复制品不同，而且在礼仪功能上也有一些差异。实际上，复制品似乎不太可能用来装盛酒食，因为它们的尺寸与当代器物有很大的区别，并且，一些器物的器盖无法被取下来（但这并不表示它们具有像香炉那样完全不同的功能，它们主要还是酒食容器）。答案似乎是，复制品可能执行着类似折组器在庄白窖藏中所具有的功能。它们代表着，或是以古代的形貌呈现着，那些在生时拥有这种器物的贵族世代。我们可以对之进行一个文学上的对比，设想它们是对同一家族较早世代的换喻。

在过去，复制品（明器）的使用仅被过度简单地解释为下列两种中的一种。战国时期（公元前475—前221年）的哲学家们，特别是荀子，以死者的需要与生者不同的观点讨论明器的使用。[12] 20世纪的著述者更倾向认为选择使用明器是脱离迷信并朝向某种进步的指示。例如，他们认为古代中国人在为墓葬做准备时，将真实的器物和真实的人替换为明器和随葬俑。[13] 现在，许多证据显示，这两种解释似乎都是带有误解的假设。哲学家们似乎知道复制品，但却未对以生时实际使用的日用器随葬的墓葬提出解释。因此，荀子以及其他学者的那些只基于复制品，却忽视更普遍地被随葬的实际日用器的讨论，导致他们只对葬俗提出了一个不完全的叙述。与之相似，后来的著述者也忽视这个现象。因此，他们的论述也同样未能对所有的葬具提出足够的解释。然而，所有的大型贵族墓葬都有用于生活的实用器。例如，在汉代凿山为藏的大型崖墓中，刘氏家族（公元前206—公元220年）的皇子们除了随葬精美的日用铜、漆器外，也经常随葬一些模型，偶尔也有一些石及陶制的仆从俑。[14] 被称为明器的类别好像逐渐地复杂起来。

晋侯墓内的当代青铜器似乎是山西侯马的铸工所制造的。另一方面，原尺寸的方彝、樽和卣则是西周都城沣镐及其作坊的典型器类。这或许显示出侯马的铸工并没有制作西周早中期青铜器的精巧外形的经验。[15] 然而，由于晋和虢国贵族家族委托制作这种器物的复制品，他们显然十分熟悉这种形式。这是因为他们拥有不想用来随葬的实际样本，或是因为家族之前的世代曾拥有过这些器物，但后来却丢失了。不过，在都城陷落、贵族因逃出渭河流域而失去许多青铜器的时候，晋侯们早已在天马—曲村一带居住了好几个世代，而非刚抵达那里。[16]

因此，将之解释为遗失祖传器物似乎不能完全回答这个问题：他们为什么埋藏这些复制品？这似乎是，假使晋和虢国的贵族拥有它们，也因为古代的器物太过珍贵以至于不能用于埋葬。

但同时可能的是，在公元前8世纪，一个政治纷扰的时代，墓主人致力于再造久远的器物形式，不仅只是单纯地想以之取代贵重物品。在参与葬仪的观众、死者、神灵及生者心中，他们究竟以这些容器实现了什么？答案很可能仅仅在于他们以可视及可触知的形式展示（或宣告）了家族的世系。对这种世系的宣告也可能是向生者与死者声明其权力地位的一种方式。能够拥有这种器类的人，一定来自于可将家族史回溯至首都沦陷以前的那些具有悠久传统的家族。公元前9世纪中期的礼仪变革使这种古代的形式从与之一同出现的当代青铜器中凸显出来。因此，古代的器形便成为古老世系的有效标志。由于这三座墓中的少数复制品或再造品并未形成可供仪式特殊需求使用的完整有效组合，那么它们的形式对达到某些预期目标来说必定是有意义的。[17]

天马—曲村遗址里时代较早的晋墓对我们解释93号墓的发现并没有直接的帮助，但我们可以将出土史墙盘的扶风庄白窖藏视为一个合适的范例。[18] 如前所述，盘内的铭文是一篇非常重要的历史文献。铭文记述了微氏家族著名成员的更替，并与直到穆王时期的周王室历史相并列。其内容明确地记述并评注了各世代的成就。

盘铭的内容以及铭文中的那些世代所拥有的庄白青铜器，与曲村93号墓的器物非常相似。庄白窖藏大部分的青铜器，（庋组器）是该家族于公元前9世纪使用的主器群的大部分（未见于窖藏的鼎可能于都城失陷时被带到东边）。此外，家族还保存了铸有那篇让人印象深刻的铭文、时代较早的盘。家族也同时珍藏了一些属于那些被记录下来的过去世代的不成套青铜器（参见图6-2）。因此，记忆被保持在文字以及那些视觉性强的物质样本中。或许，这些过去的器物不一定必须在实际的仪式宴飨中与庋组器整合在一起（参见图6-3）。但它们可能被陈列在一个架子或祭台上，被家族在世的成员以及死者同时注目着。

这种家族世系的重要性及其在青铜器上的可辨识性，清楚地表现在史墙盘的铭文本身，及其所联系起来的那些世代，其中不仅包括了历代周王，还包括了上述青铜器的拥有者。在世间，以及可能在阴间，举行仪式时，光有文字是不够的。庄白窖藏及晋和虢国的墓葬，为我们了解留存下来的古器物或制成古代形式的再造品在墓葬中的陈列方式，提供了样本。它们提供了一个关于家族过去成员的清晰记录。在这种形式下，实体的容器可能与语言的记述相似。虽然，在一些例子中这些器物并不是具有实际功能的器物组合的一部分，但它们仍属于这个类别。它们似乎被视为是那些具有实际功能的器物组合的相等物，或是必要的补充，并与它们埋在一起。因此我将它们视为再造。

一般性准则

这一节将讨论这一案例所涵盖的既有认识，即关于中国青铜礼器如何在一个广大的时空背景下，成为复兴过去及复制品的主要来源之一。早在任何后来的复兴之前，这些早期墓葬已明确地使用了流行于数个世纪之前的古青铜器形制。它们阐明了这种有意识地复兴过去器物做法的两个特征：对过去及历史详尽的关怀——不论可靠与否，不论经过美化还是杜撰的；以及对于表述这种关怀的坚持，不仅是通过文字，更以物质的方式呈现出来，即青铜礼器。虽然其他文化的人们还未以铜制食器作为将过去的某些方面体现于现在的重要媒介，他们通过有形的范例和文字证据来体现家族谱系、政治势力或道德规范，并以此来声明一个世系的做法，明显地表现在其他自觉的复兴或再造中。[19]

促使商人和周人在他们的铜器铭文中提及家族的特殊事件，是使青铜器与对过去的描述紧密联系在一起的主要原因。通过这种方式，青铜器本身与铸在其上的文字完全地融合在一起。这种情况可能为我在本文开头提出的第一个问题提供了答案：人们到底为什么选择这些铜器？我现在推测它们被选择是因为，通过铭文及铜器可触知的存在，它们似乎在后来的世代与过去的圣贤之间建立起了一个直接的联系，其中想必也包括了周公。

对后来的世代来说，传世文献也提供了一个对商周时期相对完整且清晰的记述。《左传》以及司马迁的《史记》便是十分重要的历史著作。《周礼》、《礼记》和《仪礼》等礼仪文献也是如此，虽然现在看起来这三种文献关于古代的记述并不一定可靠。

除了与已被记录下来的史料以及辉煌的历史事件之间的直接关系，青铜器所具有的物质特性使之具有吸引力并能长久保存。首先，其质地经久耐用，并能在地上或地下持续数百年之久。第二，由于它们在中国古代社会中的作用即使不是必需的，至少也是十分重要的，许多青铜器以预期的高质量制成，也的确吸引了许多目光。通过它们的铭文，青铜器也与最重要的宗教活动之一的供奉祖先联系在一起。而这一活动在当时及后来被视为国事活动的一部分。

不带铭文的晋国及虢国青铜器代表了恢复及复兴的另一种情况。即，若要有效地通过像铜器这种可视的实体将一个已知的过去连结起来，则必须采用特殊的形式。如果它们被重置于不再使用它们的时代里，其效果会更加显著。折组器必定在更晚的戺组器中具有很强的冲击力。它们带有扉棱的精巧外形以及细致的兽面纹，与戺组器平滑的外形及反复的弦纹和瓦纹形成鲜明的对比。同样，曲村93号墓带有扉棱及精美细节的方彝，以及三门峡2006号墓完整度较低的方彝，必定在那些公元前8世纪圆形并带有重复纹饰的全尺寸器群中引人注目。约在公元前870年发生的礼仪改革是造成这一结果的重要的促成因素，这一改革为生产及使用的器类带来了一个明显的断裂。因此，由目前的证据看来，后来的世代是能够辨别并复制过去的形制的。

继这一礼器类型学上的断裂之后的另一个断裂发生于公元前3到前2世纪，主要是在战国晚期和汉代。此时，大部分存留下来的古代青铜器形式因对漆器的重视而被废弃。这一点我已另撰文进行过讨论。[20] 几乎所有的主要青铜器器形都不再被使用。日用漆器（或是以铜或陶仿制漆器的形制）占据了主要地位【图6-6】。这一断裂对后来的铜器复兴所带来的影响来说是不可缺少的，特别是对宋徽宗统治下的宋代（1101—1125）。对宋人来说，当古代的器类被重新发现时，它们便显得引人注目且陌生。

一旦多样化的青铜礼器不再被使用，它们的出土似乎显得十分神奇。并且，与汉代对祥瑞的追求一致，偶然出土的一件古代青铜器通常会被视为吉兆；一件在公元前116年，即武帝统治期间（公元前140—前87年），发现的大鼎的确被这样地解释，并被作为改元的纪念而将年号定为元鼎。[21] 汉以后的人们，包括非常重视青铜器再造的宋人，也同样将青铜器的发现视为吉兆。[22]

由这些更进一步的论点，我们发现以下四个与青铜礼器的复兴及再造有关的特征：

（1）具有持久性及高品质工艺的物质特性。这些特征确保了许多器物得以留存下来，并且，当它们被重新发现时，它们的工艺会受到瞩目。这些器物能够保存下来是由于中国古代以青铜器随葬，而且特别是因为在公元前771年左右，大量的青铜器被迫抛弃于周原。

（2）对过去的广泛理解与青铜器本身为过去所提出的证明之间产生着连结。一些青铜器的长篇铭文为这种理解带来了证据，并与中国知识群体广泛阅读的传世文献相补充。

（3）常规的中断造成类型学、形式及风格上的变化，因而使青铜器得以与被记录下来的历史相对应。这些器形及装饰上的改变使器物可以与世代的序列相配合。因此青铜器可以作为一个可视的系谱。

（4）政治与道德的诉求。不论是在古代或后来的时代，这种系谱被用来作为合法性及道德诉求的支持。因此，青铜礼器的美学特征被广泛地与政治及道德诉求联系在一起。由目前的及后面的例子来看，努力将

[6-6] 西安附近、邻近茂陵的一处遗迹所出铜器的线绘图，公元前2—前1世纪。引自咸阳地区文管会、茂陵博物馆：《陕西茂陵一号无名冢一号丛葬坑的发掘》，《文物》1982年9期，1—17页，图49—57。

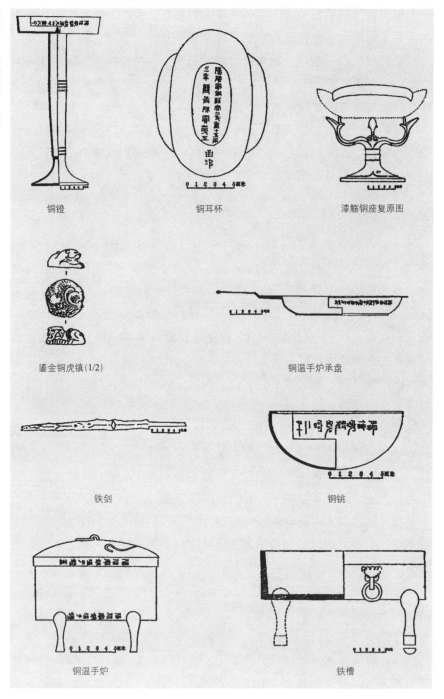

铜镫　　铜耳杯　　漆勺铜座复原图

鎏金铜虎镇(1/2)　　铜温手炉承盘

铁剑　　铜铫

铜温手炉　　铁槽

青铜器用于祖先祭祀的适当情境中，显然对青铜器在维护世系及声明合法性所具有的作用上来说是必要的。

因此我认为第一节开头所提出的第二个问题的答案似乎是，青铜器在适当场合中被重新使用，对它们新的定制者所期望的效果来说是必要的。再造的根本目的是为了支持世系及合法性的诉求。

将这四个准则用于西方对石质建筑的复兴也是可能的。这种传统，如同本文开头所讨论的，是建立在石质建筑及与其相关的加工品上，特别是那些作为建筑装置的石雕与铜雕。

（1）具有持久性及高品质工艺的物质特性是埃及、美索不达米亚及地中海地区石材建筑自新石器时代以来的特征。由于石材主要用于宗教及政治性的建筑，它们的质量很高，通常能维持很长的时间，并且，即使被掩埋，也可能在日后被恢复起来。罗马帝国在欧洲的许多地方（其他的地方则缺少建设）建造了石质建筑。在这些建筑遗迹出现的地方，或是当它们在中世纪及之后的时代被重新发现，它们都被赋予了崇高的地位。

（2）对过去的广泛理解以及石质结构对过去所提出的证明之间存在着连结。这一点是通过重要的宗教和政治人物的资助，以及由流传下来的历史得知的一些变迁来达成的。此外，在更古老的建筑上，特别是罗马建筑，刻有当时皇帝或是其他出资者的名字。地中海地区的古代建筑因此与政治成就及学问联系在一起。

（3）常规的中断造成类型学、形式及风格上的变化，因而使建筑得以与被记录下来的历史相对应。这种中断在地中海世界及欧洲各地建筑的发展序列中发生过数次。例如，哥特式大教堂似乎标志了与过去形式之间的中断。这种发展明显具有重返标准的罗马建筑，甚至是希腊建筑的效果。接着，哥特式样也被重新使用。因此，这种再造涉及了一套可与传说历史相对照的系谱。

（4）政治与道德的诉求。这些再造不但能用来提出历史诉求，同时也适用于政治及道德的诉求。再造与美学以外的事物再一次地产生关联。

在这些例子中，恢复过去形式最显著的作用可能是它们为文明社会提供了一种工具，使人们可以为了十分不同的目的，发展物质的形式及装饰（即过去的视觉特质），特别是为了维护个人、地方以及政治对世系及合法性的主张。

中国青铜器的晚期历史

最后，第三节将简要地依据本文前述的定义讨论青铜器形式后来的复兴。

1. **再造**，主要是为了恢复礼仪而模仿古代的青铜器形式，从而为定制者提供一个卓越的家世。

2. **古物研究**是建立在收集、著录及百科全书式的方法之上。

3. **复古**和重新使用青铜器的形制及装饰，以制造出具有吸引力且醒目的人工制品。

1. 再造

包括研究故宫青铜器的张临生及陈芳妹在内的一些学者，已对宋徽宗（1101—1125年在位）所倡导的古代青铜器的复兴进行了研究。[23]此外，伊佩霞（Patricia Ebrey）在其对宋徽宗及其文化活动的研究中，已分析了关于徽宗青铜器收藏的文献资料。[24]

收集铭刻及铭文拓片在中国已有很长的历史。因此，将带有珍贵文字记录的青铜器纳入这种收藏也是很自然的。一般认为早期的私人收藏促使徽宗将青铜器，特别是那些带有铭文的铜器，放在他的藏书房里。当这种青铜器收藏在12世纪发展起来，知识分子及朝廷官员逐渐认识到上古时代仪式的执行方式与在随后的数个世纪里所声称的执行方式，与他们当时的做法有所不同。的确，正如前面所指出的，秦汉时期在器类上相对突然的变化，有助于与之前使用多样化青铜器的仪式产生联结。

在汉以后的几个世纪里，日用器皿被用于供奉。[25]结果，古代青铜器的形制与后来祭器的差别越来越大。稍微探究一下便能说明这个差异。另一个促成恢复古代青铜器形制的因素是政治。持续受到军事压迫导致宋朝信心低落，这使得知识分子试图通过恢复一个更加可靠并古老的礼仪实践以确定其正统地位。

在他们寻找这种可靠性时，三部礼仪经典，《周礼》、《礼记》和《仪礼》成为重要的基础。公元10世纪在世宗皇帝的鼓励下，曾进行过一次尝试。聂崇义在他的《三礼图》中重建了礼书所记载的周代容器的器类。由于过度依赖器名所传达出的关于器形的暗示，书中的器物图绘与原件相去甚远【图6-7】。早在宋代，官员们便已开始使用这部著作。但由于受过教育的阶层或知识分子开始收集实际出土的器物，分歧的意见便出现了。一些学者显然不同意聂崇义的看法，其中包括了著名的欧阳修（1007—1072）。青铜器收藏似乎是促使宋徽宗下令寻找古代青铜器，以作为当代礼器模范的一个重要因素。官方发布的命令证明了这些目的。[26]

今天能知道的这种再造不多。然而，这种再造比聂崇义书中的木刻图绘或是后来参考了古代器形的供桌供器更加忠实地呈现了古代的形式。许多著名的例子保存在台北故宫及北京故宫的收藏中。[27] 据推测，这些铜器确实使用于仪式之中，但这个观点很难被证实。只有少数的例子能留存到今天，这是因为12世纪宋在金的进攻下仓皇逃亡时，抛弃了大多数的古代及再造青铜器。它们随后被敌人劫掠到北方。如此，对恢复正确的古代器物形制的努力就此白费。

[6-7]《三礼图》中试图表现一件簋的图示，器盖上的龟以双关语的方式将簋表现出来。

迄今，大部分关注的焦点都集中在青铜器的收集和编目，以及徽宗对改革礼制的期望上。此外尚有两个还未充分讨论的重要方面：徽宗对征兆的兴趣，以及他对再创如尧、舜等圣王统治的重视。石慢（Peter Sturman）已对这两者进行了考察，毕嘉珍（Maggie Bickford）提出了更进一步的探讨。[28] 如巴纳（Noel Barnard）所辑录的汉唐期间偶然出土的青铜器所示，这种偶然的发现几乎都被视为征兆，且一般都是吉兆。[29] 青铜器自汉代便被赋予这种角色。这是在它们对礼仪来说已不再重要，以及在征兆和记录征兆对治国来说具有重要性的时候发展而来。徽宗在位期间发现的青铜器，例如1104年于河南商丘附近应天府发现的六件钟，以及许多其他的征兆，都被认为是上天对徽宗统治的支持。[30]

此外，青铜器作为吉兆的地位也同样支持着它们为未来提供典范的作用。这种对未来的作用不仅只是要达到准确。适当的礼器及钟成为迈向再创和谐圣王之治的一步：

朕将荐郊庙，享鬼神，和万邦，与天下共之，岂不美欤！[31]

因此，在徽宗的这项事业中，我们将这里所描述的特征视为一种有意识的再造：那就是对古代器物的形式及它们原来应有功能的彻底关注，并期望这种关注能在另一处产生结果，即得到上天对其统治的认可。

但是，如我们所知，这一努力是失败的。不过，宋代对再造所进行的努力使得古代器物的形式被更广泛地了解，虽然人们对它们本来的用途并不是那么清楚。此外，它们也还有一些明确的后继者。[32] 可能在一些尚未发掘的皇家墓葬中会发现这类器物。在已发掘的万历皇帝（1573—1620年在位）定陵中，便有相当可观的复制玉爵和金爵。[33] 不过，在《大明会典》关于器物摆放在各种祭仪的图示中，显然只有爵合乎古代的形式【图6-8】。其他的器物都是盘，它们经常被赋予各种古代容器的名称。这似乎表示，至少明代的宫廷并没有为祭祀再造古代的器类。

一个重要的改变发生于清代。1748年，乾隆皇帝（1736—1795年

[6-8]《大明会典》(1587年)中的版刻图绘描绘了供器的排列方式。引自1963年的翻印本，1351页。

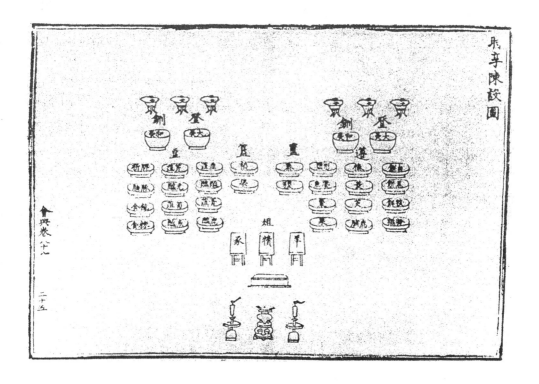

在位）规定供器必须制成古代的形制。从那时起，宫廷开始使用限定数量的精确古物复制品。虽然其形制及装饰确切地依循了周代的例子，但选择以瓷器陈列于国家大祭坛上，以及以木器祭祀祖先的做法与原来使用的器物有很大的差距【图6-9】。[34] 这个改变可能是由两个原因一同促成的。古青铜器收藏再一次与统治者密切地联系在一起。这种收藏的热情可能源于那些刚刚入主中国的统治者，希望通过拥有古代器物以巩固其合法地位。第二个原因则是，满清朝廷需要为自己提供一个适当的系谱，并将之以可见、可知的形式呈献在生者和不可见的神灵、死者面前。[35] 因此，收藏与研究为作为礼器之用的精良古物复制品提供了原型。[36]

[6-9] 仿西周晚期簋形瓷供器，高23.7厘米，在清代被视为簋，并用于大祭台上，乾隆时期，18世纪，台北故宫博物院藏。

2．古物研究

古物研究，一种对古代人工制品的关切，是通过研究来揭示关于古代的信息。这个方面已比前面所述的再造得到更多的关注，因此这里将不再详述相关的细节。这一名称意味着对那些收藏的收集及著录。若缺少了这些工作，则不论是宋代的再造或是后面将讨论的那些更晚的复古都不可能发生。因为在没有实物、青铜器、玉器和书法的情况下，学者要明确掌握古代遗物的特征若非不可能，也将会非常困难。此外，若没有目录或其他著述，关于它们的讯息将无法传布开来。人工制品及文字著述都是古物研究必要的组成部分。它们本身也成为朝廷内宣告地位和施加某些形式的影响，甚至是执行权力的工具。

如前所述，古代器物的收藏助长了宋徽宗再造古代青铜器及礼仪的野心，以了解那些被认为是蕴含于古代的价值，并能由此确保井然的秩序和道德规范。然而，正如我们所见到的，这些收藏只是激励徽宗的因素之一。通过探讨关于正统及权力的问题，知识分子在寻找青铜器上也有着不亚于徽宗的影响力。这些议题的迫切性因来自北方的敌人对宋朝造成的压迫而加强。如皮耶·雷克曼（Pierre Ryckman）所述："（宋）古物研究对寻找精神庇护及道德慰藉来说十分必要。对古物的追求为中国知识分子在他们感到自身文化认同受到威胁时，提供非常需要的安全感。"[37]

伊佩霞及其他学者已深入探讨了徽宗时朝廷的编目事业。此外，台北故宫博物院最近的一个展览也触及了清代乾隆时期朝廷的著作。这些目录主要记录的器物特征是铭文和尺寸；附有图示时，这些目录也描绘了器物的形式及装饰。两部最早的图绘目录是 11 世纪吕大临的《考古图》，和 12 世纪宋徽宗时朝廷所编录的青铜器目录《宣和博古图录》。现存最早的版本似乎是元代的。部分图绘非常准确，并包括了仍能从现今世界各地的收藏中辨识出来的器物。

当这些著作以多种版本的面貌出现于明代时，它们并未成为祭器设计提供正确形制的基准。[38]《三才图会》对宋版《三礼图》中不正确器类的重复，显示出当时根本不在意这种功能的器物是否正确。一些准确的复制品反而是为收藏者制作的铜器，或是玉器。似乎许多这种器物具有欺骗性。其他的则被简单视为是一个特殊的类别，且至少能被一些人认出是较晚的作品。但赝品是一个顾虑，而且一些手册的作者将赝品与为高雅生活获取合适器物的适当方法放在一起讨论。《格古要论》（1388 年）和文震亨（1585—1645）的《长物志》最为著名，此外还有许多其他的著作。[39]

[6-10] 背上带有尊或觯形器的鸟形青铜容器，高31.8厘米，台北故宫博物院藏。器表以金银镶嵌，可能属于明代。尊与鸟的风格不太相同。

"古色"展包含了许多为收藏者制作的杰出复制品。特殊的器形成为这种器物的突出特征。它们通常被制成精巧的形状，而不是典型供器的样子。其中，在背上带有小容器的鸟形器便是明确的例子【图 6-10】。这些青铜器被谨慎地复制成与商代晚期同时的那些制作于南方的动物形青铜器的形式。[40] 此外，许多器物借由镶嵌的方法使之更加引人注目。可能大多数带有镶嵌的器物是专为收藏者所有而非用于礼仪活动。当时的人们认为镶嵌是悠久的中国王朝的开创者夏代的代表。从这些解释，我们可以得到一些结论。这些复制品被制成显眼的器物以吸引目光并填补市场的需求。它们被制成某些固定的形式，可能表示了许多收藏者希望拥有与其他人一样的器物。提供给收藏者的复制品似乎并未制成古代使用的成套礼器群，并且，历史上大多数的收藏者和学者可能并未意识到古代的器物原本制成特定的数目及类型。

有很好的证据可供说明流行于收藏者之间的固定器类。展览中的两幅表现中国文人研究古器物的画中，陈列了非常相似的青铜器。现藏于台北故宫博物院的杜堇（约活动于1465—1509年）《玩古图》中【图6-11】，一张长案斜置于画面中央。放置在案面前端的是一件方鼎、一件器盖被仆从拿起的盉、一件汉式香炉（或称为博山炉），以及一件鬲；此外还有许多器物排在后面。展览中的另一幅画是《鉴古图》【图6-12】，表现了陈列在席子上的青铜器和其他古物。这里再一次出现了方鼎、盉和鬲。两幅画都陈列了两件倒置的瓷碗和一件带有特殊把手的瓷壶。可能其中一位画家受雇模仿另一位画家的作品，或他们都是在一种标准的模式下工作。非常相似的青铜器也见于其他画作中。

这些例子显示了由这些收藏及目录所引发的对古代的兴趣，与前面讨论的那些导致再造的对古代的兴趣不同。陈列与研究显然是重要的。所有者通过与朋友、同僚共赏与讨论而获得地位。对仪式的复制在这里似乎不构成问题。不过，这种收藏可能有一个衍生的结果，即我所认为的"复古"的发展。

3. 复古，作为装饰细节的过去

虽然清以前的古物研究的目的并不是为了古代青铜器类重新使用于重要仪式之中，这些活动却激起了一个全新的美学运动，即是将实际使用的器物，例如香炉和花瓶，制成与以前有很大差别的古代青铜器形式。并且，在这个发展之外的是将青铜器的形式及纹饰更广泛地用于装饰的目的。

这一趋势清楚地表现于陕西耀州所制香炉的发展中。[41] 耀州窑所

[6-11] 杜堇(约1465—1505年)《玩古图》局部,台北故宫博物院藏。

[6-12] 佚名,《鉴古图》,明代,台北故宫博物院藏。

示的发展应在佛教的背景下考察。与香炉一起放置在供桌上的成套花瓶，是佛教活动的必备器具。[42] 在晚唐和五代的敦煌壁画中，这种器物群被描绘在供桌上。[43] 可与之相较的银香炉发现于唐代法门寺的遗迹中。[44] 此外，一件相同的陶香炉也已发现于定州的宋代遗迹。[45] 数件相似的青瓷则被发现于杭州附近的墓葬中。青瓷和白瓷明显都是以银器为原型，并复制了许多见于法门寺香炉的特征。一种由带有大平沿的盆所构成的简化形式，是耀州窑的普遍式样。如耀州窑的发掘者所指出的，在12到13世纪，这种源自银器的形式被一种模仿青铜鼎的形式所取代【图6-13】。圆形的器身和凹入的颈部（相对接近地）依循着一种西周中期的类型。此外，在青瓷器表上的是模制的突起纹饰，这大概是意图模仿青铜器上的浮雕纹饰。

今日我们已无法查出耀州陶工所依循的模型，也同样无法得知宋代晚期、金和元代的铜铸工匠在他们制造许许多多的大小祭台花瓶和香炉时所使用的模型。一些青铜器图录里的图绘显示了这些目录——或是那些取材自它们的手册——一定是素材来源中的一种。例如，在元版《考古图》中的一件铜壶上，我们发现他们将一种汉代圆壶的形式以较窄及简练的形式表达出来。这种汉代的形式是我们通过对包括公元前113年的河北满城刘胜墓在内的考古发掘，已十分了解的一种形式。即使如此，木刻图绘仍保持着原本的水平式条带纹【图6-14】。这种更加窄小的形式是13、14世纪青铜器和陶器的典型特征【图6-15】。[46] 这似乎表明，在某种程度上，版刻图绘很可能被一个或其他作坊所使用。在许多例子中，精巧的铜器纹样经常被误解或视作是波浪纹，或被简单地视为重复的几何母题。它们经常以这种形式排列在铜器，或景德镇的青花瓷，甚至是高丽青瓷上。

最初，对这种与青铜器相关的形式的需求似乎是打算将之用在祭器之上。鼎、簋和樽的形式在整个明代和清代一直被用来作为香炉，并与作为花瓶的壶、觚、樽相搭配。然而，与青铜器相关的形式也同时达到了更加一般化的使用。例如，它们被放置在正式的场所，像是在故宫博物院的主殿上那样。

此外，青铜器原件以及基于古代形式所制作的创新品被使用于更加日常的陈设中，像是故宫博物院的绘画中所描绘的场景【图6-16】。

[6-13] 陕西耀州窑址所出瓷香炉型式演变图。引自《宋代耀州窑址》，图298。

这些后来的创新品具有相当大的影响。因为古代的形式被制成陶瓷器，当然也制成铜器、玉器以及色彩斑斓的珐琅器等各种类型。[47] 但是它们的功能已与原来作为酒食的祭器相去甚远。这里并不是讨论后来数个世纪所流行的将古代青铜器形制制成各种材质器物的地方。然而，对原件细节的关注程度显然与我们已经注意到的模式一致。最仔细制作的器物是宋代晚期、元及清时期的产品。同时，古代的形式被转化为不以原件为本的装饰器物。这些都广泛流行于所有后来的时段中。精细的复制品和华丽的创新品都被放置在带有装饰的器座上陈列于房间里。在这种角色中，它们以雅致的方式与过去联系起来，因此，它们确保了观赏者，即它们的所有者或参观者能够欣赏和赞同古代的价值。

[6-14]（左）中山靖王刘胜墓所出之铜壶线图，公元前2世纪晚期，引自《满城汉墓发掘报告》上册，50页。(右)《考古图》元代刻本中的线图。

[6-15] 一对模仿壶的供桌花瓶，与那些版刻线图中的青铜收藏十分相似（见图6-14），14—15世纪，私人收藏。

结　语

本文已讨论了促使青铜器被重新发现和再次使用的四个特征：具有持久性以及高品质工艺的物质特性；可与过去的世代及文字记录的历史联系在一起的长篇铭文；由于仪式及礼器会随着时间产生变化，青铜器的形式可以与已知的历史相对应；因此，它们可以被用于支持关于世系、合法性及道德的主张。

因此，青铜器被仿制成服务于不同目的的多种形式。本文探讨了三

[6—16] 展示着陈列于房间后部古物的通景画，紫禁城玉粹轩。引自故宫博物院古建管理部《紫禁城宫殿建筑装饰：内檐装修图典》，北京，1995年，图版177。

种与过去相关的不同方法：**再造**是以复兴形式和功能为目的，并由此来维护一个家族世系；**古物研究**，就学术及地位的需要所进行的收藏及相关活动；以及**复古**，作为一种装饰手段，将古代的器形和纹饰放在多样化情境中，从而产生奢华的创新品。

本文大部分的讨论集中在再造的概念上。这里所述的两个主要的例子是晋国和虢国的贵族家族对其世系的声明，以及宋徽宗统治期间对道德依据的主张。在这两个例子中，采用青铜器视觉特征的目的不光是为了仪式的正确执行。这种礼器的再造是一种极为显著的政治事业，不论是在古代还是宋代。古代青铜礼器因此享有卓越的地位，并且这个地位也促进了本文最后所提到的那些更加普遍和更加"世俗的"复古形式。我们对这些形式的熟悉更胜于公元前7世纪或公元12世纪的复制品。但这些基于古代形式的创新，即那些新颖的器物，则是由本文主要关注的一个重大的议题中发展而来的。

（吴晓筠　译）

〔1〕 在欧洲，以及世界上可归属于欧洲文化范围的区域，凡是建筑风格的变化可被划分为罗马式、哥特式或是新古典等名称的，都是这种复兴的例证。

〔2〕 故宫博物院：《古色：十六至十八世纪艺术的仿古风》，台北，2003 年。

〔3〕 当古代器物或复制品被使用或陈列时，他们重塑了部分的舞台设置，人们在其中上演着他们的日常及礼仪生活。因此，这种设置成为了人们为自己创造的故事，甚至是历史的局部片段。关于人们看待及使用过去的讨论，参见：David Lowenthal, *The Past is a Foreign Country,* Cambridge, 1985, Chapter 5.

〔4〕 许多商代容器的形状及装饰风格也暗示出在早期阶段的铜器生产中，回返早期"风格"是具有吸引力的。三道弦纹被认为是对二里岗风格的复兴。

〔5〕 我在这里提出的假设是，当生者使用的成套礼器随着高级贵族的死亡而埋入地下后，这些器物将在阴间继续作为供器使用。也就是说，死者在阴间继续为其祖先提供宴飨。

〔6〕 北京大学考古学系、山西省考古研究所：《天马—曲村遗址北赵晋侯墓地第五次发掘》，《文物》1995 年 7 期，4－39 页。

〔7〕 目前这些墓葬的时代序列以及绝对年代仍有相当大的争议，但 93 号墓和 63 号墓绝对是序列中相对较晚的墓葬。

〔8〕 关于礼容器改革的一般性讨论，参见：Jessica Rawson, "Western Zhou Archaeology," in Michael Loewe and Edward L. Shaughnessy eds., *The Cambridge History of Ancient China from the Origins of Civilization to 221 B.C.,* Cambridge, 1999, Chapter 6, pp.352－449.

〔9〕 中国青铜器全集编辑委员会：《中国美术分类全集·中国青铜器全集·第 5 卷·西周 一》，北京，1996 年，155 号器。

〔10〕 北京大学考古学系、山西省考古研究所：《天马—曲村遗址北赵晋侯墓地第四次发掘》，《文物》1994 年 8 期，4－21 页；《天马—曲村遗址北赵晋侯墓地第三次发掘》，《文物》1994 年 8 期，22－33 转 68 页。

〔11〕 河南省文物考古研究所、三门峡市文物工作队：《上村岭虢国墓地 M2006 的清理》，《文物》1995 年 1 期，4－31 页。

〔12〕 《荀子》第十九篇，英译本可参考：John Knoblock, *Xunzi: A Translation and Study of the Complete Work,* Stanford, 1988, 1990, 1994, vol.3, pp.67-68.

〔13〕 相关讨论参见收录于本书中的《图像的力量——秦始皇的模型宇宙及其影响》一文。

〔14〕 中国社会科学院考古研究所、河北省文物管理处：《满城汉墓发掘报告》，北京，1980 年。

〔15〕 有充分的证据显示侯马铸铜作坊制作各式各样的西周中期青铜器。但是，由我们所知的证据来看，方彝、方尊和觥似乎未被包括在内。在相对较早的晋侯墓中所见的最复杂的器物是似乎非常流行的动物形容器。

〔16〕 在一个半世纪中，许多窖藏被发现于这个区域，见陈全方：《早期周都城岐邑初探》，《文物》1979 年 10 期，44－48 页；丁乙：《周原的建筑遗存和铜器窖藏》，《考古》1982 年 4 期，398－401 转 424 页；吴镇烽：《陕西商周青铜器的出土与研究》，《考古

与文物》1988年5—6期，73—75页。

[17] 关于器形及装饰的效果或功能的讨论，参见：Jessica Rawson, "Late Shang Bronze Design: Meaning and Purpose," in Roderick Whitfield ed., *The Problem of Meaning in Early Chinese Ritual Bronzes, Colloquies on Art and Archaeology in Asia*, no.15 , London, 1992, pp.67-95. 重要的理论讨论，参见：Alfred Gell, *Art and Agency: An Anthropological Theory*, Oxford, 1998.

[18] 窖藏器物的实际年代仍有一些争议。但这些对目前的讨论来说并不重要。无人质疑带有折、丰、史墙及庚等名字的器物在历史序列中是前后相连的。庚组器一般被定为公元前9世纪早中期。北京大学古代文明研究中心：《吉金铸国史——周原出土西周青铜器精粹》，北京，2002年。

[19] 在西方，希腊的陶瓶曾激起许多追随者，其中最特别的是建筑领域的亚当（Adam）以及韦奇伍德（Wedgwood）生产的陶瓷器。然而，作为一个类别，绘瓶从未成为复兴古代形式的主流。

[20] 参见本书中《战国及秦汉时期的礼器变化》一文。

[21] 关于这一点以及汉代以来对这类吉兆发现的一般兴趣的讨论，参见：Lan-ying Tseng（曾蓝莹），"Myth, History and Memory: the Modern Cult of the Simuwu Bronze Vessel," 见《1901—2000中华文化百年论文集》，台北，1999年，718—767页。

[22] 至迟至秦始皇的时代，青铜容器已被视为吉祥的征兆。关于他未能得到所谓的周的九鼎的记载被后来的人们用来暗指他未能得到天命。

[23] 张临生：《国立故宫博物院收藏源流史略》，《故宫学术季刊》13卷第3期，1996年，1—82页；陈芳妹：《宋古器物学的兴起与宋仿古铜器》，《国立台湾大学美术史研究集刊》10期，2001年，37—160页；William Watson, "On Some Categories of Archaism in Chinese Bronze," *Ars Orientalis*, vol.IX, 1973, pp.1-13.

[24] Patricia Ebrey, "The Palace Library and the Collection of Cultural Relics at the Court of Song Huizong (r. 1100-1125)," 该文尚未出版，仅于2003年11月发表于波恩。

[25] 可以宣化辽墓为例，见河北省文物研究所等：《河北宣化辽张文藻壁画墓发掘简报》，《文物》1996年9期，14—46页，彩版6:2。

[26] Robert Harrist, "The Artist as Antiquarian: Li Gonglin's Study of Early Chinese Art," *Artibus Asiae*, vol.55, 1995, pp.237-280.

[27] Wen Fong and James C. Y. Watt, *Possessing the Past, Treasures from the National Palace Museum*, New York, 1996, pls.97, 98. 另外，参见陈芳妹：《再现三代：从故宫宋代仿古铜器说起》，见《千禧年宋代文物大展》，台北，2000年，293—320页。

[28] Peter Sturman, "Cranes above Kaifeng: The Auspicious Image at the Court of Huizong," *Ars Orientalis*, vol.XX, 1990, pp.33-68; Maggie Bickford, "Emperor Huizong and the Aesthetics of Agency," *Archives of Asian Art*, vol.LIII, 2002—2003, pp.71-104.

[29] Noel Barnard, "Records of Discoveries of Bronze Vessels in Literary Sources and Some Pertinent Remarks on Aspects of Chinese Historiography," *Journal of the Institute of*

Chinese Studies of the Chinese University of Hong Kong, vol.VI, no.2, 1973, pp.455-547.

[30] 陈梦家:《宋大晟编钟考述》,《文物》1964 年 2 期, 51－53 页。

[31] 李攸:《宋朝事实》, 卷 14, 上海, 1935 年, 222 页。

[32] 在宋元墓葬的发掘中, 洛阳的赛因赤答忽墓出土了一些似乎被用于供奉的忠实于原物的仿铜陶器。其他的则发现于四川。洛阳市铁路北站编组站联合考古发掘队:《元代赛因赤答忽墓的发掘》,《文物》1996 年 2 期, 22－33 页; 许雅惠:《〈宣和博古图〉的"间接"流传——以元代赛因赤答忽墓出土的陶器与〈绍熙州县释奠仪图〉为例》,《美术史研究集刊》14 期, 2003 年, 1－26 页。

[33] 也可见于一座位于湖北钟祥的明代皇室墓葬, 见湖北省文物考古研究所、荆门市博物馆、钟祥市博物馆:《湖北钟祥明代梁庄王墓发掘简报》,《文物》2003 年 5 期, 4－23 页, 图 7。

[34] 故宫博物院:《乾隆皇帝的文化大业》, 台北, 2002 年, 172 页。

[35] 在展出的铜器中, 具有相当准确性的古代器物复制品是那些分配给国子监的。这似乎表示这些器物应是属于清代的, 因为关于明代制作这种准确且具有机能性的复制品的证据相当的少。见《古色: 十六至十八世纪艺术的仿古风》, II－06、II－07; 张临生:《真赝相糁的国子监周范十器》,《故宫文物月刊》7 卷第 1 期, 1989 年 4 月, 34－55 页。

[36] Margaret Medley, "The 'Illustrated Regulations for the Ceremonial Paraphernalia of the Ch'ing Dynasty' in the Victoria and Albert Museum," *Transactions of the Oriental Ceramic Society,* vol.31, 1957—1959, pp.95-104.

[37] Pierre Ryckmans, *The Chinese Attitude towards the Past, The Forty-seventh George Ernest Morrison Lecture in Ethnology,* Canberra, 1986, p.5.

[38] 参见: Robert Poor, "Notes on the Sung Dynasty Archaeological Catalogs," *Archives of the Chinese Art Society of America,* vol.XVIII-XIX, pp.33-44.

[39] 相关研究参见: Craig Clunas, *Superfluous Things, Material Culture and Social Status in Early Modern China,* Cambridge, 1991.

[40] 《古色: 十六至十八世纪艺术的仿古风》, III－10、III－41。

[41] 陕西省考古研究所、耀州窑博物馆:《宋代耀州窑址》, 北京, 1998 年; 相关讨论, 参见: Jessica Rawson, "The Many Meanings of the Past in China," in Dieter Kuhn and Helga Stahl eds., *Die Gegenwart das Altertumns, Formenn und Funktionen des Altertumsbezugs in den Hochkulturen der Alten Welt,* Heidelberg, 2001, pp.397-421.

[42] 由于与博山炉之间的关系太过复杂而无法在此详述。

[43] Roderick Whitfield and Anne Farrer, *Caves of the Thousand Buddhas, Chinese Art from the Silk Road,* London, 1990, no.16.

[44] 石兴邦:《法门寺地宫珍宝》, 西安, 1989 年。

[45] Idemitsu Museum, *Treasures from the Underground Places, Excavated Treasures from Northern Song Pagodas, Dingzhou, Hebei Province, China,* Tokyo, 1997.

〔46〕关于一件宋代铜器的讨论，见 Rose Kerr, "Metalwork and Song Design: A Bronze Vase Inscribed in 1173," *Oriental Art*, N.S. vol.XXXII, no.2, 1986, pp.161-176; "The Evolution of Bronze Style in the Jin, Yuan and Early Ming Dynasties," *Oriental Art,* N.S. vol.XXVIII, no.2, 1982, pp.146-158.

〔47〕Rose Kerr, *Chinese Ceramics*, *Porcelain of the Qing Dynasty 1644—1911,* London, 1986, figs.19, 44.

07
中国青铜器的传承

在许多被世人珍藏并视之为理所当然的器物当中,鲜有器物能像中国青铜礼器一样持久,特别是带有立耳、圆腹和三足的青铜鼎。约铸于公元前1000年,现藏于上海博物馆的大盂鼎便是这种厚重三足鼎中的一例【图7-1】。最早的青铜食器铸造于公元前1500年,相同形式的铜器至今仍被制成日用器或庙宇供桌上的香炉。20世纪的木刻版画经常描绘立在供桌上的小型圆形三足器。这些器物以及那些装饰皇宫的更加精美的同类器物【图7-2】,是这些古代青铜器的直系后裔。这种跨越三千年的形式延续相当值得注意。在欧洲和北美,只有古典传统的雕塑才能与这种持续性相比拟。[1]

本文将讨论中国青铜器的延续性。那些存放在博物馆里的古代青铜器如何能保存至今是很容易解释的。上千件器物制作于商周时期(约公元前1500—前221年)的数个世纪里。作为一种重要的礼器,它们经常被埋藏起来而不是被熔掉。由于器物是以青铜铸成,它们的器壁较厚,且一般不会在埋藏的情况下严重腐化,因此能有许多青铜器被发掘出来。

然而,单单凭借保存至今的地上或地下青铜器,并不足以说明跨越三四千年的青铜

[7-1] 大盂鼎,西周早期,公元前11世纪,上海博物馆藏。引自《上海博物馆藏青铜器》,上海,1964年,卷一,图版29。

复古维新 | 155

器形制的延续性。古代器物的持续出土引发并维系了一种对青铜器几乎不曾间断的兴趣。在它们被埋藏后的数个世纪里,青铜礼器被重新发现,并引起了关注甚至是敬畏。这些再发现可分为五个主要阶段:汉代至唐代(公元前206—公元750年)、晚唐至宋代(800—1279年)、元代和明代(1280—1644年)、清代(1644—1911年),以及20世纪。当青铜器被重新获得后,它们促进了复制品的制作,并因此维系了古代形式的存续。

[7-2] 仿古代青铜鼎式精美带盖香炉,位于北京故宫御花园,清代,18—19世纪。引自《紫禁城宫殿》,北京,1982年,125页。

从理论上来说,某件青铜器,甚或是许多个别的青铜器可能已经在公元前1世纪时被重新发现、保存于世,并在其后五个阶段中受到珍视。然而,这实际上并未发生。青铜器于商周时期埋入地下,到了汉代(公元前206—公元220年)或是更晚的宋代(960—1279年)才再度被发现。之后,它们又再度消失。这既可能是因为这些收藏在政治动乱中流散了,也可能是因为态度的改变导致社会对青铜器的品评有所改变。[2] 重新出土决定了青铜器在这些较晚阶段中所扮演的角色。即使是在20世纪,一件新近出土的青铜器在我们的眼中经常具有与传承数代的传世品不同的价值,甚至是更大的价值。[3] 一旦重新出土,青铜器便被赋予了在新环境下存在的新的价值含义。因此,我们能够将青铜器原本所处的时期,以及之后的五个时期视为青铜器发展的六个片段。

在检视这些片段时,焦点将不会直接放在生产制作青铜器,或是三千年来复制不同器物的一连串序列上。为了理解青铜器形制的遗留过程,特别是鼎,那些仅在器形或装饰上有些许变化的器物相对来说便不是那么重要。青铜器在特定社会中的角色或地位才是问题所在。虽然较晚的世代并不一定都能正确地理解青铜器过去的角色,但由于人们对它们在过去社会中所具有的功能或价值的推测,青铜器仍然受到重视。本文将简要勾勒中国青铜礼器在商周时期的重要性,并接着论述之后五个时段的特征。我认为,除非我们能意识到青铜器在较晚的历史片段中积累了新的价值和角色,否则我们不可能以它们来理解中国早期的历史。[4]

第一部:约公元前 1500—前 221 年

这一节将勾勒出古代中国青铜器,特别是鼎的主要特征,因为这将与后世对它们的评估有关。

铜一直是鼎的主要材料。在早期阶段,这是一种稀少且贵重的原料,并被用来制作兵器。选择以这种稀有的兵器原料来制作礼器,说明了它们在社会中具有很高的价值。[5]

容器在供奉祖先的献祭仪式中非常重要。食物和酒在正式的宴飨中供奉给祖先,以确保他们能庇荫子孙。青铜器被铸成更早的新石器时代陶器的形式。鼎本身便是一种古老的新石器时代形式,由一个支在三足之上、耐火的盆所构成。

所有类别的青铜器,特别是礼器,都与权威和力量密不可分。只有地位很高的人——王、贵族及官员——才能够得到青铜礼器。我们并不知道铜礼器的获取方式在当时是如何进行管理的。但是王室应该控制了对铸造兵器来说十分重要的作坊。我们从公元前 11 世纪及其后的铜器铭文得知,王有时会将铜料或是子安贝赏赐给他的部属,并且,这些铜料随即被铸成容器,而子安贝则可能作为某种支付青铜器所需款项的形式。青铜器的取得因此成为表现个人与王的关系,以及个人在国内影响力的指标。

在商和早周时期,我们几乎可以确信那些接受了装盛在容器里的供奉的祖先,与生者遵循着相同的等级制度。王的祖先无疑被认为比其他贵族的祖先更具影响力。当铜器生产发展之后,社会等级通过铜器的质量来表现;王室的容器不论在造型、铸造质量、尺寸及数量上都超越了一般贵族。公元前 8 世纪中期之后,当中国被分为数个相互竞争的国家,青铜礼器被用来展示它们拥有者的权力和财富,并给他们的对手留下深刻的印象。

因此，鼎以及其他容器以中国古代最贵重的材料制造；它们被制成比铜器出现更加久远的食器和酒器的形式；它们为王及高级贵族所有；并且，它们的尺寸及制造的质量表现着拥有者在社会等级中的地位。此外，鼎至少还有另外两个与它们之后所具有的价值相关的特征：它们成为长篇纪念铭文的载体，以及它们被用来指示其拥有者的确切等级。

青铜器铭文在公元前11世纪中期周人取得统治权后便十分普遍。周借用了商铸造铜器铭文的习惯，并极大地延伸了这种做法。这或许是因为政治的剧变导致必须以新的封赐物来换取忠诚，并借由展示它们来达到炫耀的目的。

铭文以阴文铸成，通常位于会被酒食覆盖住的青铜容器内部，而不是能够在仪式活动中被观看到的外部。因此我们或许可以推测，这些铭文不仅仅打算供生者及其后代阅读，也可能是给接受酒食供奉的死者阅读的。

大盂鼎内令人印象深刻的铭文记录了一系列王赠予盂的礼物。在礼物前面的是对早期周王成就的歌颂。盂因此公开地将自己与周王室联系在一起，通过这一联系来声明其自身的地位。[6] 这些铭文中的颂词是后来那些依据道德标准为君主统治辩护的文献的雏形。

后来的人们并不怀疑这些铭文的作用。一则著名的释文可见于公元前2世纪的汉代礼仪文献《礼记·祭统第二五》内：

> 铭者，论撰其先祖之有德善，功烈勋劳庆赏声名列于天下，而酌之祭器；自成其名焉，以祀其先祖者也。[7]

除了作为铭文载体，鼎在周代用来指示身份地位，甚至是确定等级的重要性逐渐增加。由于铸有铭文，鼎得到了不同于其作为煮食器的角色。最初埋入墓葬的鼎群是由不同形制的鼎组成。约从公元前850年起，器形和装饰一致、尺寸递减的列鼎开始出现。[8] 仅仅依据墓葬可能不足以使我们或是早期的中国学者了解这些成套、一模一样的三足鼎的功能。然而，在这第一个阶段结束之前，即约公元前3世纪的文献里，记述了列鼎的功能。在对《公羊传》所做的一则评注中，何休云："礼祭，天子九鼎，诸侯七，大夫五，元士三也。"在汉代，这一批注被持有不同观点的学者们仔细研究，其中一些学者认为鼎的数目应与《周礼》的记载一致，即天子应使用十二鼎。[9]

在周的礼仪消失许久之后，这些文献可能使一些关于周鼎功能的理解得以保存下来。汉代的人们可能由他们所继承下来的文献中得到了一些错误的结论。然而，他们绝对相信鼎曾经被用以指示身份地位。汉代时周礼已经衰退，虽然它们尚未完全消失。这可由汉墓中的成套礼器与其他铜器对应下所反映出的地位来证明。在约公元前2世纪中期埋入身着玉衣的中山靖王刘胜及其夫人窦绾的满城汉墓中，除了相对平素的礼器，也发现了用于宴会、带有镶嵌及镀金、极为华丽的酒壶。[10]因此，虽然汉人知道鼎在过去曾以某种方式与身份地位联系在一起，但是在他们的时代里这种做法已不再显著。

第二部：汉代至唐代早期

一个全新的阶段始于这种衰落出现之时，这是因为鼎地位的下降反映了宗教上的改变。两种新的信仰掩盖了早期的祖先祭祀：首先，人们开始相信神仙住所及永生之源是可以触及的；其次，时人开始重视代表上天意志的祥瑞征兆。[11]在这第二个大阶段里，与本文讨论相关的鼎不是新铸的，而是那些重新出土的鼎。这些发现被视为上述祥瑞的例证。

最著名的事件是公元前113年发现的一件青铜鼎，这被汉朝史官司马迁记录于公元前1世纪时编撰的《史记》中。该书用一个长段落描述了这个发现，以及随后向武帝（公元前141—前87年在位）进行的报告。当鼎被运送到首都时，武帝亲自前往审视。此时，一朵黄云及皇帝所猎杀并供奉于祭祀的鹿出现了。这些现象都是祥瑞的不同形式。之后，武帝向其大臣们征询关于发现铜鼎的解释，并把这些事件与他当下所面临的旱涝问题联系在一起。但事实上，那些被史官记录下来的解释，并未能为武帝带来多少建议或希望。取而代之的是官员们开始讨论鼎在带有传奇色彩的过去中所具有的角色，以及它们在汉代所应具有的重要性：

> 闻昔大帝兴神鼎一，一者一统，天地万物所系终也。黄帝作宝鼎三，象天地人也。禹收九牧之金，铸九鼎，皆尝鬺烹上帝鬼神。遭圣则兴，迁于夏商。周德衰，宋之社亡，鼎乃沦伏而不见。[12]

这段文字显示了对于鼎的古老及其祭祀功能的确认。关于它们的铸造及被传说中的圣王所拥有的描述，是由古代的王拥有精巧青铜器这一点上推断而来的。禹铸九鼎的说法似乎是基于周人以鼎为身份的指示物。这种角色被赋予了一个新的延伸，即它们被合法的统治者所拥有，并且，一旦统治者无道便会失去它们，这代表他们失去了上天的认可。如此，铸鼎可以象征统治者的美德，一种古代统治者通过他们的铭文所宣扬美德。在过渡阶段里，公元前6和前5世纪的哲学家们延伸了西周早期关于统治者的合法性的概念。因此，鼎作为礼器的古老特征转变为一个新的角色，即鼎的出土体现了上天的意志。[13]

汉代的学者已可通过主要的礼仪经典，如前述的《周礼》，了解到许多关于使用礼器的信息。这些经典在汉代被一些现在所知的伪书或谶纬文书所增补，据称这些文献在当时是因为差错而从经典中遗落了，因此应作为主要典籍的参考。[14] 许多谶纬文书关心预兆与社会秩序之间的关联。

这些强调鼎是合法性象征的伪历史解释，发展出了一种长期先入为主的想法，即认为鼎的出现是上天认可统治者及其作为的证据。在公元220年汉朝覆亡后分裂统治的世纪里，出现了许多关于鼎奇迹般出现的解释。[15] 这一时期包括图与文在内的符命观念，即那些被统治者视为政治合法性的标志，在道教的鼓励下兴盛了起来。[16] 此时，器物的收集以统治者的名义进行，并依据历代的评注对其进行评判。这一传统一直延续到了唐代（618—906）。雷德侯（Lothar Ledderose）的研究已说明收集作为符命的器物及文献这一活动是如何成为皇室主要艺术收藏的基础。[17]

第三部：晚唐与宋

自8世纪中叶起，一个态度上的转变宣告着青铜器史上第三个阶段的来临。在政治动荡及775年安禄山之乱后所产生的疑虑中，新的人生哲学与在唐代早期占有主导地位的佛教思想背道而驰。韩愈（768—824）因以论证的方法反对佛教并支持传统的古代哲学而闻名，被认为是复兴孔子思想，即所谓的新儒学的先驱。[18] 当然，复兴儒家思想意味着对孔子所处时代的政治及社会结构的关注。周后期因此被韩愈的后继者视为黄金时代。

在此后的几个世纪里，对周后期文献及思想的关注因晚唐时期统治者所面临的政治问题及唐覆灭后五代时期（907—947）的分裂局势而加强。在早期的大扩张后，唐代便逐渐走向衰退。这一政治现状促使政治领袖们进行自省，尤其是那些改革者。革新者，如征引《周礼》以支持其大规模经济改革的王安石（1021—1086），以及与他对立的保守士人，如欧阳修（1007—1072）和司马光（1018—1086），都认为对过去的理解是德政的基础。[19]

书法、绘画和青铜器的收藏，以及对青铜器及铭文的研究必须放在这个背景下检视。通过他们对古代礼仪及历史文献的研究，学者们意识到青铜器在周代所具有的地位，以及它们在后来的时代中所受到的关注。我们在宋代的收藏及评注它们的目录中，见到了人们如何通过对周代的严谨研究来寻找仪式的进行方式、青铜器在这些仪式中的用法，以及收藏可赋予其拥有者正统地位的佐证。换言之，当时的学者同时意识到青铜器在古代的作用，及其在汉和汉以后的数个世纪里作为符命的显著意义。

宋代以徽宗皇帝（1101—1125年在位）的收藏最为可观。他的收藏无疑可与唐太宗（627—649年在位）的收藏并驾齐驱或更胜一筹。尽管在北方边界对抗辽及金的战事失利，可是拥有这种收藏可能被视为是宋对其获有天命这一主张的加强。[20] 在徽宗收藏中，青铜器及相关礼仪文献具有极高的价值。这一点由它们被保存在储存宫廷收藏的保和殿的中央建筑中所体现。[21] 青铜器被描绘、记录于专门的目录里，即《宣和博古图录》。该目录延续了以往的目录，比如吕大临于1092年编纂的《考古图》。

《考古图》也收录了官员收藏的青铜器。此时除了皇室收藏，那些正在持续成长的士大夫阶层所拥有的收藏也同等重要。与宫廷收藏一样，这些规模较小的收藏也加强了它们拥有者的地位。士大夫阶层寻求并衡量这种身份地位的支持，是因为他们来自于更广泛的社会阶层，因而其成就多是依靠自己的努力而非家庭背景。因此，他们与唐代那些拥有土地的世袭贵族官员不同。这里，青铜器作为命符的特性被进一步延伸。

收藏家赵明诚在 12 世纪初金兵入侵前逃亡之际对其夫人所说的话,表明了古代及当代青铜器对其拥有者来说具有礼仪的价值:

> 从众。必不得已,先弃辎重,次衣被,次书册卷轴,次古器,独所谓宗器者,可自负抱,与身俱存亡,勿忘之。[22]

像那些真实的器物,由拓片而知的铭文也被赋予极高的价值。收藏者对铭文拓片近乎非理性的重视可以由赵明诚的夫人李清照在其南迁时徒劳无功地想保留住收藏时所说的话看出。她在关于自己如何不断失去文献、拓片及书法收藏的描述中说道:"所有一二残零不成部帙书册三数种,平平书帙,犹复爱惜如护头目,何愚也耶。"[23]

李清照的文字展现了一种对于拥有的喜与恶的深切体会,而他们以及其他的学者表现出的对拥有那些具有法力的符命的渴望,正逐渐被更多投入于铭文内容的关注所取代。此时,铭文被视作过去为当下提供观念思想及教训的途径。因此,董逌(活动于 1126 年)在其所著宋代最主要的金石学著作之一的《广川书跋》的序言中写道:

> 知识之家与先君相遇,必悉示所藏。祈别真赝,定证源流。若书画题跋,若事干治道,必反复详尽冀助教化,其本礼法可为世范者,必加显异以垂楷模。[24]

器物的收藏同样具有启发性。由于新儒学的目标是通过恢复过去以革新现在,过去的仪式及青铜器在其间所扮演的角色便格外受到关注。我们将大多数不同器物类型名称的建立,以及迈向理解这些器物功能的第一步归功于宋代。希望将这些器物用于宋代仪式的想法刺激了这一研究方向。古代的器物确实被收集再使用,或是作为新铸器的模本。《宋史志·第五十一·礼一》中称:

> 初,议礼局之置也,诏求天下古器,更制尊、爵、鼎、彝之属。[25]

[7-3] 仿古代青铜鼎形式的供器,14—15世纪,大英博物馆藏。
[7-4] 仿古代青铜壶形式的供桌花瓶,13—14世纪,大英博物馆藏。

寻找古代器物以作为新器物基础的做法,带来了一种与现在依然相关的新要素。除了重新使用古代青铜器,复制品也被置于供桌之上。最主要的类型是香炉。它们被制成鼎【图7-3】或称为簋的无足盆,有时被制成称为觯或罍的带有小足的圆形容器。作为花瓶使用的高瓶采用了古代酒器——壶——的形式【图7-4】。因此,通过宋代的学术成果,古代器物的使用渐渐地被忽视了。

不过,复制品的使用却加强了真伪的问题,这是一个早已存在于铭文研究的问题。显然,如果青铜器及其铭文拓片被作为过去的真实资料的来源,并且是皇帝及其要臣身份地位的支撑物,这些贵重的物件必须是可靠的。

第四部:元代及明代

在元代及明代,认真收藏或研究青铜器对朝廷来说并不重要。这一情况与之前的宋代和之后的清代十分不同,可将之视为一个新的阶段。皇帝及其大臣们必定仍握有大量的收藏,但仅有少数文献曾描述过它们。[26] 其中,1562年被抄家的内阁首辅严嵩的古代青铜器的清单,可作为青铜器仍被持续收藏的证据。[27] 我们似乎可以合理地推论,当时的政治并不十分需要关于仪式或是礼器的研究，因此促使宋人讨论青铜器的因素已不复存在。此外，由于权力中心是在北方的北京，或是靠近上海的东南等不常出土古代青铜器的区域，收藏及研究的素材便不如北宋时期临近河南和陕西等古代中心的首都开封来得丰富。

然而，即使朝廷在这几个世纪中似乎未曾引领青铜器及铭文的收藏，一个不断发展的富裕阶层对名声及地位的追求仍为青铜器提供了一个现成的市场。我们在一些作品中见到了收藏书法及古物可达到的效果。其中，许多青铜器、玉器及某些类别的陶瓷器提供了用以支持身份地位的合法性。这种对古物的品评可见于如学者及鉴赏家李日华（1565—1635）所著《紫桃轩杂缀》一类的著作中。[28]

带有古代符命般力量的青铜器也出现在这种作品中。正如这些收藏在宋代强化了那些需要取得合法性，以取代握有土地的传统贵族官僚的新兴士人阶级的地位一般，这一基于财富兴起的新兴阶层也采用以前士大夫所使用的象征物，来达到寻求支持的目的。柯律格（Craig Clunas）的研究已论述了用来指导这一新兴阶层如何选择适当物件以表现品味的著作的发展。[29]

由于古代青铜器、玉器，甚至是绘画、书法的供给难以满足逐渐成长的需求，各种形式的赝品填补了这一空缺。除了那些用于供桌上的铜器，复制古代容器形制的青铜器可能是刻意造假的赝品。【图7-5】所示之兽形铜器是依据《博古图录》中的一件公元前4世纪的铜器复制而成的。[30]

[7-5] 仿古兽形镶嵌铜酒器，可能是刻意制作的赝品。明代，15—16世纪，私人收藏。

对这种镶嵌铜器的追求一方面是因为金银是当时的奢侈品，另一方面，这种爱好被多数古代铜器都曾镶金嵌银这一错误认知所支持。

由于不论是精明或愚昧的人都可能得到赝品，收藏者们便开始意识到这些复制品所带来的问题。因此，自元代以及一些与鉴赏相关的著作（如《格古要论》）的出版以来，如何辨别铜器真伪的问题便十分兴盛。[31]

第五部：清代

　　清代是古代对中国青铜器的观点向我们当代的观点过渡的阶段。在这几个世纪里，对古代青铜器及其铭文的收藏和研究再次复兴，并被一些我们今日仍十分熟悉的有关青铜器的看法所支持。与此同时，收藏的规模以及研究的深度建立起了一种典范，这一典范并成为远东及西方现代收藏的标准。

　　如同宋代，古代青铜器的研究受到了明代覆亡及满族的异族征服等政治剧变的刺激。首先，满族推崇适当的礼仪活动以维护他们在异地的合法性，并加强其与中国历史一脉相承的声明。[32] 与此同时，他们的对手也寻求历史的支持以质疑满族的统治。

　　明晚期以来，第一部关于金石学的著作为汉儒学派的创始者顾炎武（1613—1682）所著。这一学派的目标为恢复那些随着明朝覆亡而失去的古代价值。政治上的纯洁性及正统性再一次地与通过研究青铜器及铭文得到的对于过去的正确理解联系在一起。虽然汉儒学派实际的观点与从过去寻找政治教训的宋代新儒学及汉代的学者不同，他们仍属于同一个传统。

　　更晚的学者，特别是阮元（1764—1849），直接采用宋代的研究。他的一部关于铜器的著作便是仿效了宋代薛尚功辑录铭文的《历代钟鼎彝器款识》。到了18世纪晚期，当阮元成为官员时，研究过去不再只是作为反清的支持，而是作为所有士大夫以及皇帝生活中不可或缺的一部分。

　　大规模的收藏再一次地出现了。随着收藏规模扩大而兴起的是更大部头的目录。这一努力的极致展现为罗列乾隆皇帝（1736—1795年在位）收藏的《西清古鉴》及许多其他的补充资料。这些卷本与皇帝的绘画及书法收藏等量齐观。青铜器也应与这些作品具有相同的价值。我们将皇室收藏视为艺术收藏，但是乾隆皇帝及当时的学者对这些收藏的认知却不仅止于此。它们能够使官员们洞察过去的价值及成就，并使他们可以在现在恪尽职守。我们应该理解，这些目录及目录的许多索引并不是艺术史家的辅助，而是那些意图利用传统的政治家及历史学家的必备工具。

与在明代一样,古代及当代的铜器被陈设于高雅的环境里以显示其所有者的地位及教育。铜器的确被大规模铸造,作为祭器及玩赏之用。然而,由于真正的古代青铜器被积极地研究并确认,对赝品的焦虑并不像明代时那么严重。

第六部:20世纪

尽管这里无法全面地探究20世纪的铜器复兴及研究,论述一两个显著的特点仍是有意义的,因为任何今日的讨论都是清楚地依凭在更早之前看待青铜器的态度之上。

蒋介石部队基于民族主义对皇室收藏所进行的安全措施,已被许多学者认为是对于拥有最重要的艺术品及古物可赋予统治者政治合法性这一观念的延续。[33]青铜器所具有的符命般的价值仍然存在。的确,源于汉代的那些中国古代看待出土物的态度,依然影响着人们对发掘出土物的看法。所有的文物都为国家所有,对它们的解释方式仍然是先入为主的。因为人们通常认为它们能够"古为今用"。通过研究考古发现的遗存,可以寻求支持今日社会及政治政策的训诫。

在中国,清代的收藏及学术传统仍被保持着,特别是对铭文的研究。关于文字及铭文索引的研究在数量上远远超过对中国青铜艺术史的研究。因此,青铜器在宋代的传统下被珍视为过去的文献,而不是作为艺术品。

20世纪以前,西方世界并不了解古代中国的青铜器。中国瓷器得到更多的关注是因为它们自17世纪起便被出口至欧洲,作为日用及陈列之用。对青铜器的理解来自于对收藏中国艺术的理解方式。在这个发展中的一个关键事件是中国艺术品被展示于1935—1936年伦敦皇家学院举办的一个著名展览中。当时展出了皇室的青铜器及绘画收藏,它们的地位由其与其他器物之间摆放位置的关系表现出来。这种通过中国皇室的收藏表达欧洲对中国艺术的兴趣的做法,显示了即便是在欧洲,人们仍不断寻求着这些器物过去的历史。

在本文对古代青铜器史的几个个别时段的简要描述中,我试图展现:

在不同的阶段里，依附在青铜器上的价值受到了前一阶段价值观的影响。汉代将古代铜鼎的发现视为上天认可贤能统治者的证据。有德的或无道的帝王都拥有专属的青铜器。但古代容器上的铭文以及今日所知的晚期文献都强调着上天仅奖赏有德者。因此，对鼎的拥有便被视为是有德的证据。

如果我们要知道汉代的人们对古代青铜器功能的看法是如何形成的，我们必须回顾它们在古代所扮演的角色。与之相似的是，对器物的古代功能及贡献的认知，以及汉代观念的转化促进了更晚的收藏活动。在前述的每一个主要阶段里，学者们吸收了早期的观点，并经常改变他们所继承下来的这些经过累积的理解。即便是在今日，我们对古代青铜器的收藏和研究仍旧是基于许多前述的观点之上。

青铜器被收藏于博物馆内既不是因为我们认可它们的艺术成就，也不是因为我们将它们视为一种可阅读的商周史料。它们存在那里是因为我们继承了一种生成于遥远的过去，并由清代学者所维系下来的一种对青铜器的关注。因此，如果我们想了解它们以及它们的历史，我们必须先评估那些使它们成为我们收藏的较晚近的时间段。我们必须像剥洋葱一般地剥去那些先入为主的预期观念。

在所有晚近的历史中，对青铜礼器所具有的特殊力量的关注，源自于认定它们与当时的政治体制有紧密的关系。首先，它们的铸造是一种政治力的表达；其次，对它们的拥有也是如此。政治的面向是一条持续贯穿青铜器后来发展的线索，直至今日。

此外，中国古代食器的形制在后来的时代里被制成香炉。如此，不但一个新的时代被开创了出来，一种新的、拥有自己生命的器物也就此产生了。[34] 在这些复制品或是衍生品的介绍中，我们进一步拓展了这一讨论，因为这些香炉不仅继承了古代的形式，也继承了与过去的关联。这些关联的层面或结果几乎可见于所有的人工制品，不论是珍贵的艺术品或只是一件普通的茶壶。

中国古代青铜器是一个特殊的例子。但是，它们生命中的片段以及它们所衍生出的新生命，可与世界上所有的人类相比拟。所有的器物都拥有祖先，对于理解它们的角色来说，祖先与它们现在的外观和功能一样重要。如果我们不了解它们的世系传承，我们便不能由一件器物阅读历史。

（吴晓筠　译）

〔1〕关于古典雕塑的遗存与仿制，参见：Francis Hakell and Nicholas Penny, *Taste and the Antique: The Lure of Classical Sculpture, 1500-1900,* New Haven and London, 1981; Phillis Pray Bobor and Ruth Pubenstein, *Renaissance Artists and Antique Sculpture,* London and Oxford, 1986.

〔2〕关于清宫收藏的中国绘画的数次转移，参见：Lothar Ledderose（雷德侯）, "Some Observations on the Imperial Art Collections in China," *Transactions of the Oriental Ceramic Society,* vol.43, 1978-1979, p.41.

〔3〕属于前皇室收藏的青铜器都有一个特殊的印记。Thomas Lawton, "An Imperial Legacy Revisited," *Asian Art,* no.1, 1987-1988, pp.51-79.

〔4〕西方古典雕塑在数个世纪里也有一种类似的多变角色与价值。波尔等学者指出，中世纪的人们将马可·奥勒留（Marcus Aurelius）的骑马肖像视为君士坦丁大帝，因而使之得以免遭破坏，并成为文艺复兴时期及其后纪念伟人及统治者的骑马雕像的原型。见注1，Phillis Pray Bobor and Ruth Pubenstein, *Renaissance Artists and Antique Sculpture.*

〔5〕在较晚的时段里，金银更加贵重，但由于铜是古代青铜礼器的传统材质，铜继续被用于制作复制品。复制品也以陶瓷制成，青铜器的颜色以绿色的釉来模仿。

〔6〕带铭容器是一种珍藏的家族文献，而不是为随葬准备。大型的带铭鼎很少出现在墓葬中。它们被发现于祭祀坑内，或是那些在公元前771年西北民族入侵位于西安附近的都城时埋入地下的窖藏。

〔7〕引自英文译文，参见：James Legge, *The Sacred Books of the East, The Texts of Confucianism, Parts III-IV, The* Li Ki, Oxford, 1885.

〔8〕俞伟超与高明讨论了以成套鼎簋标志身份的起源。参见俞伟超、高明：《周代用鼎制度》，《北京大学学报》1978年1期，84－98页；1978年2期，84－97页；1979年1期，83－96页。

〔9〕Li Xueqin（李学勤）, *Eastern Zhou and Qin Civilization,* New Haven and London, 1985, p.461.

〔10〕中国社会科学院考古研究所、河北省文物管理处：《满城汉墓发掘报告》，北京，1980年，下卷，图版5、6。

〔11〕Wu Hung, "A Sanpan Shan Chariot Ornament and the Xiangrui Design in Western Han Art," *Archives of Asian Art,* vol.37, 1984, pp.38-59.

〔12〕该段文字出自《史记·武帝本纪》，有关英文译文，参见：Noel Barnard, "Records of Discoveries of Bronze Vessels in Literary Sources and Some Pertinent Remarks on Aspects of Chinese Historiography," *Journal of the Institute of Chinese Studies of the Chinese University of Hong Kong 6,* no.2, 1973, p.474.

〔13〕汉代的这些故事源于周代晚期。东周各国的统治者企图通过获得周的九鼎以取得新王朝合法性的描述，将当时的冲突生动地表现出来。最著名的例子是公元前221年统一中国的秦始皇寻找九鼎的故事。他持续不断地寻找青铜鼎以证明其合法性。不论这些

汉代的描述是否真实可靠,《史记》等文献均宣称他始终没有获得悉数的鼎。这种从汉代统治者角度出发的描述明确地认为秦始皇不能被视为合法的统治者。这是因为汉朝是在秦覆亡的混乱中取得政权,所以他们希望强调秦朝的缺失。

〔14〕Anna Seidel(索安), "Kokuhō, Note à propos du terme 'Trésor National' en Chine et au Japon," *Bulletin de l'École Français d'Extreme-Orient*, vol.69, 1981, pp.230-261; "Imperial Treasures and Taoist Sacraments: Taoist Roots in the Apocrypha," in Michel Strickmann ed., *Tantric and Taoist Studies in Honour of R. A. Stein*, Brussels, 1983, vol.2, pp.291-371.

〔15〕同注 12,pp.491-510. 该文总结了历史时期的相关记录。

〔16〕同注 14。

〔17〕同注 2,pp.33-46.

〔18〕Fung Yu-lan(冯友兰), *A History of Chinese Philosophy*, Derk Bodde trans., Princeton, 1983, vol.2, pp.408-413.

〔19〕同上注,vol.2, pp.424-566.

〔20〕孟久丽(Julia Murray)论述了宋高宗以皇室收藏和书法为赠礼,作为 1126 年失去北方首都后复兴王朝的手段。参见:Julia K. Murray, "The Role of Art in the Southern Sung Dynastic Revival," *Bulletin of Sung and Yuan Studies*, vol.18, 1986, pp.41-59.

〔21〕Lothar Ledderose ed., *Palast-Museum Peking: Schätze aus der Verbotenen Stadt*, Berlin, 1985, p.45.

〔22〕该段文字出自李清照《金石录后序》。英文译文,参见:Stephen Owen(宇文所安), *Remembrances: The Experience of the Past in Chinese Literature*, Cambridge, Mass., and London, 1986, p.90.

〔23〕同上注,p.95.

〔24〕董逌的作品及其他相关文献资料,参见:R.C Rudolph, "Preliminary Notes on Sung Archaeology," *Journal of Asian Studies*, vol.22, 1962, pp.169-177.

〔25〕英文译文见:William Watson, "On Some Categories of Archaism," *Ars Orientalis* 9, 1973, pp.1-13.

〔26〕一座发现于四川的明代墓葬提供了随葬古代青铜器的特殊例子见:叶作富:《四川铜梁明张叔珮夫妇墓》,《文物》1989 年 7 期,43–47 页。

〔27〕见(明)佚名,清雍正五年,周石林刊本,《天水冰山录》,收于《知不足斋丛书》。

〔28〕Li Chu-Tsing and James Watt, *The Scholars Studio: Artistic Life in the Late Ming Period*, New York, 1987, p.15.

〔29〕柯律格对与品味相关的文献的讨论,参见:Craig Clunas, *Chinese Furniture*, London, 1988.

〔30〕虽然未见明代关于铜器的新著作,但既有的文献及目录在当时经常被翻印。参阅:Robert Poor, "Notes on the Sung Dynasty Archaeological Catalogs," *Archives of the Chinese Art History Society*, vol.19, 1965, pp.33-44.

〔31〕David Percival trans. and ed., *Chinese Connoisseurship: The* Ke Ku Yao Lun, *The Essential*

Criteria of Antiquities, London, 1971.

〔32〕 Peter Greiner, "Das Hofzeremoniel der Mandschu-Dynastie," in Lothar Ledderose ed., *Palast-Museum Peking: Schätze aus der Verbotenen Stadt,* Berlin, 1985, pp.56-69.

〔33〕 Lothar Ledderose, "Some Observations on the Imperial Art Collections in China," p.33; 同注20. Julia Murray, "The Role of Art in the Southern Sung Dynastic Revival," p.47, n.18.

〔34〕 参见：Igor Kopytoff, "The Cultural Biography of Things: Commoditization as a Process," in Arjun Appadurai ed., *The Social Life of Things: Commodities in Cultural Perspective,* Cambridge, 1988, pp.64-91.

墓葬

08

中国的丧葬模式
——思想与信仰的知识来源[1]

物质材料不仅通过多种方式反映出我们所谓的思想,同时还促进了它的形成。本文将以某些物品的外形与功能为例,说明这些器物如何显示出其所有者看待生死的不同方式。从公元前6000年的新石器时代早期开始,在我们今天称之为中国的地区,人们在墓中随葬了大量盛放酒食的罐、盆和杯,以及兵器、工具,乃至侍卫与仆从。所有这些似乎都是为了死者所设。墓的形状及其随葬品的种类随着时代而变化,根据这些物质遗存的变化方式,我们可以推导出器物制造者与墓葬建造者设定的人世生活与冥世生活的最基本特征。这些通过物质形式表现出来的设定,暗示了一种知识结构,而物质性在该结构中是最基本的组成部分。

上述论点试图支持与扩展"外在符号贮存"(external symbolic storage)这一概念。该术语原本是用来表示语言与文字的,现在还包括人工制品的范畴。本文将通过一些具体例子来说明器物是如何表现出其制造者与使用者的设想与意图。"外在符号贮存"说明人的设想(即思想与信仰)与意图先于器物存在,并且被简要地贮存在器物中,但器物并不是简单地存储它们,而是形成信仰并将其转变成现实这一过程中的基本要素。安迪·克拉克(Andy Clark)最近有关认知过程的研究支持了这种观点。[2]

本文中的大部分讨论都受到莫林·唐纳德(Merlin Donald)的启发。唐纳德区分了三种他称之为"模仿性"(mimetic,仿现实生

[8-1] 壶. 青铜礼器, 商代. 公元前1200年左右. 高29.8厘米. 大英博物馆藏。

活）、"神话性"（mythic）与"理论性"（theoretic）活动及思维模式，并且说明了我们如何从古人遗留下来的器物中了解这些不同的行为类型。上述术语可能过多受到西方哲学观念的影响，[3] 因此作为替代，我们也可以把这三种活动类别称为"表演性"（performative）、"叙事性"（narrative）与"理论性"（theoretic）。

古代中国人通过礼仪程序为他们的祖先献上祭品，这属于第一种类型。为仪式制作的精美青铜礼器【图8-1】使我们能够去考量器物以及与之配套的礼仪活动对传达社会和礼仪关系，以及对支撑这些观念的知识结构所起的作用。在此，器物体现着人们的思想与情感。[4] 完整的墓葬内容配备了与礼仪、战争及日常生活相关的器物，用一种理想化的形式表现墓主等具体人物及他（或她）的经历。至于对表演与叙事的讨论，高夫曼（Goffman）的研究非常重要。高夫曼通过戏剧中每个演员都有其角色来打比方，描绘个人将自身形象融入彼此间相互交流的方式。[5]

最后，宗教礼器与随葬品的变化使我们观察到，关于人生、冥世与宇宙结构的理论是如何与人以及器物相互联系在一起的。器物在这里可以是单个的——例如一件青铜器，也可以是成套的——例如一套礼器，或是一系列器物的组合——例如单个墓葬中的必需品。所有这些器物，个别的或成组的，都有助于形成一种人们可以进行思想与行动的机制。这样发展出的理论就成为由迈克尔·卡雷色斯（Michael Carrithers）挑选出的作为信仰体系机制一部分的范式。[6] 特别是在描述佛教时，卡雷色斯提出，叙述——即有关事件与人生的故事，与范式——即关于一种信仰的理论陈述，二者结合可在一个信仰体系内部提供两种互为补充的观点。然而叙述和范式是互相依赖的，因为特定的叙述暗含了特定的理论框架。同样，由特定个人的墓葬所展示的叙述与社会的理论视角也是相关的。事实上，中国古代墓葬中的器物可以同时用于这两种目的。在这种叙述与理论的关系中，我们也看到了意图与解释间的关系。本文描绘的器物会揭示其制作者的意图，也会展示出那个时期的人们从中得到的形形色色的解释。

本文将充分说明人类社会的一个特征：社会在很大程度上是由成员构建的，这些成员和社会持续存在于辩证关系中，一代人到另一代人不断地修正并改变它的某些或全部所有物，以及习俗与观念。[7] 任何一个社会成员的轻松感与成就感都可能与这些相互作用给予成员们的控制感与聚合感有关。[8] 某个社会的成员们获取这样的聚合感是通过共同分享和发展习俗与信仰，使他们感到属于一个确定的、可靠的并且可以充分了解的传统。传统的持续发展依靠一些共享的根本原则。这些原则可以调适，并通过改变与发展以确保在一个变动的世界中保持连贯性。正如我将在下文中提出的，这种共享经常因为共有的器物种类与物理表征而被关注。

人类活动的另外一个持续的特征是人类解释周围环境的强烈欲望。各种自然物与人造物是这种解读的主题并有助于形成解释。这种解读通常远远超出人类社会和当时当地的局限。世界上各个时期各个地区的民族都显示出一种持续的思维趋势，那就是试图确定各种现象的来源或原因，并把部分原因归结于魔鬼与神灵。就像斯图尔特·格斯（Stewart Guthrie）提出的万物有灵论，以及神、动物、物体与人同性论。自然事件与灾难也是由类似人的力量所导致的，在中国，这包括祖先与其他灵魂，以及神鬼。这样的观念源于一种趋势，即人类对所观察到的现象寻求最好的、最为有用的解释，无论这些现象是自然现象，例如雷雨，还是医学现象，例如身体的疼痛或暴毙。[9]

我们还将观察人们如何利用大量类比，通过已知来解释未知。因此，死后生活被看作与现世生活类似。隐喻，在运用其最基本的含义上，正如莱考夫（Lakoff）与约翰逊（Johnson）描述的，[10] 在这种发展与解释中起到了重要作用。[11] 另外，象征系统是古代中国的特征之一，它们至今仍然是各种人类活动的特征。"象征"在这里表示以一种事物或标志来代表其他事物或不同事物的集合。不过，我们所考虑的不是文字系统中具有任意性的象征，而是在一个拥有多种外观的大范围内来看待符号的象征作用——在这个范围中，器物的丰富程度代表了等级；材料的物理特性（比如玉石）显示了精神价值；以物质材料构成的表现形式描绘出了灵魂的世界。

文字通常被看作是这种象征的范例。在我们这个由文字主导的现实世界中，知识是通过书面文字积累的信息与理论。然而，文字的产生远远晚于人类对自然界的理解，晚于建立在物品交换和社会交流相结合基础上的口头语言及文化。数千年的人类早期文化和当代的许多文化显示，识文断字对于健全的文化生活来说并不是不可或缺的技巧。的确，在过去甚至在今天，所有的孩子在接触书面文字之前，已经接受了他们所处文化的很大部分。我们必须推断文化的许多方面，即使不是大部分，是由社会控制并可以通过不涉及文字的方式传递下去。其他物质符号，特别是人造器物、建筑物与永久或短暂的艺术表现可能引起人们的注意并用作教育的来源、向导或约束。甚至在今天，我们仍通过在自然风景、城市或房屋中的所见或体验来理解自然世界以及我们这个由文化构建的世界。这些物质因素为生活提供了一套完整的指南，当然如果我们想要更好地生活就不得不去理解这套指南。通过社交和教育，我们每个人都会发展出这些解读的方式。符号贮存，特别是以文字、度量衡以及其他有意创造的标记系统形式而存在的符号，仅仅是人类必须解释的大量材料中的一小部分，而且人类创造它们就是为了便于理解与思考。古代物品的物质性和复杂的描绘方式可以有多种解释，本文将关注发展和强化此类释读的方法。

我们将在中国的物质文化中找到高夫曼所描述的各种角色的舞台道具与布景，以及唐纳德的模式所预期的表演与叙事。下文将要说明，人们可以从器物中阅读到这些模式，因为所有人都会有意识地设计他们所使用的器物及其背景，首先便于他们自己理解，其次便于任何旁观者或观众可以同样地解读它们，这其中包括神灵观众。本文将以成组器物而非单个器物作为主题，因为单个器物在大多数情况下只是一个片段，而成组器物提供了在表演中使用的舞台道具和布景。前文已经提到，我将把这些成组器物看成是独立于文本而存在，而不是按照后现代主义取向把其描述为"文本"，尽管这个概念通常为隐喻式的理解。在此我们可以注意到，人们对文本的理解甚至会由对器物与艺术表现的解读来决定。[12]因此，视觉上的线索将帮助我们了解：器物是如何通过中国的墓葬形式使社会与宗教意识得以表述，供人以及神灵等观者去理解与认识。

该讨论的一个重要方面是物理特征的作用，尤其是可见的差异性，它使得在一个文化中的人们可以把视觉的事物和社会、政治、宗教的相互作用联系在一起。多位研究者已经强调了可见的因素而不是语言的因素在理解复杂的实际活动中的作用。从驾驶、飞行或骑自行车的过程[13]到更具文化特性的活动，如纺织[14]和识别器物[15]，如此广泛的研究都强调了物质世界向人们提供详细视觉信息与暗示的方式而不是言辞上的指示。的确，就像米勒（Miller）与布洛克（Bloch）都曾指出的，我们的视觉区别能力远远超过了我们用文字表达这些区别的能力。

我们将探讨表演道具和舞台布景叙述的视觉区别，尽管声音与气味毫无疑问也起到了作用。许多评论家认识到器物和图像广泛用于表现社会或宗教地位，但他们中大部分人论述的是利用视觉元素强化社会结构的一面。似乎很少有人讨论过服饰、建筑或图像等人造物品不仅是对社会或礼仪地位的公开或私下表达，而且对这些地位的创造都是不可或缺的。[16]许多研究者没有注意到，社会将不可避免地拥有某种结构，而该结构必定以物质和视觉手段进行标示和强化。

的确，无论地位或等级体系的划分是悬殊还是相对平等，可能存在一些很好的感知理由，来解释为什么地位或等级体系会从视觉上得到强化甚至由视觉创造出来。因为视觉提供了一个容易辨明和可识别的注意焦点。实际上，我们的感知系统尤其善于识别视觉上的细微差别。这样就能把复杂的观念与这些差别相联系，这些差别变成为密码或暗示，使一个特定社会的成员能够记住并且对本来在视觉上不可辨别的社会、政治或宗教情况做出反应。[17]

视觉材料不仅是本文的主题，而且在最后，当阐述信仰与习俗的文献与墓葬同时存在时，可把这些墓葬的随葬品与文献相比较。我们将会注意到，经典哲学文本所提出的解释与从人工制品中得到的解释并不是同样广泛，甚至远远不能等量齐观。人造物品向我们，正如向其拥有者一样，提示了它们关于精神世界与冥世的观念。在整篇讨论中我们将看到，器物在实际使用中表现功能，在象征性使用上表示等级；我们还将注意到物品的功能、材料、形态与装饰反映出的相关性、类比与隐喻的广泛使用，这使得一个复杂的观念世界能够通过器物、而不只是通过口头或书面的语言创造出来并得到强化。然而在各个阶段中，这一过程都是辩证的，人造物品与试图在观念和物质层面上利用它们的所有者之间存在着一种对话。

西方与中国的冥世观：隐喻与类比

如果我们要理解中国古代丧葬习俗中获得的大量资料（基本上是视觉资料），就得从某个一般性前提出发，采取某种探索性的策略——我们称之为可操作性假说，即基本的假设、类比或隐喻，或是把握其他一切由此展开的结构性原则。我在此采用的假设是：物质遗存表明，中国的墓葬用于为墓主提供其死后继续存在所需的所有物品，这种存在复制或延伸了现世的生活。这一简单的假设使我们能够引出总的结构性概念，即通过类比，把一系列物质上或者认识上的惯常做法从一种情形转换为另一种情形。因此，中国人可能把对死后生活的想法描述成类似于他们对现实生活的看法。墓葬同时是此生与来世生活的表现。这个方法使未知世界通过已知世界得到解释与说明。但这种程序并不能够无限地延伸，而是为某些限制所约束。这些限制很可能包括社会所传授的观念，其中一些可能像莱考夫和约翰逊所讨论过的基本隐喻那样发挥作用。[18] 另一些限制是器物本身以及手工艺传统与社会习俗，后者决定了器物的形态与使用，又同时为其形态与使用情况所决定。

我现在将用类比来证明这个过程，这涉及比较中国与西方世界的冥世观。基督教的天国思想显示，这种观念既有实在的又有隐喻的特质。在文献与图像中，西欧民族把生命描绘成一次旅程，其终点在于到达天堂。而天堂则被描绘成一个类似欧洲伟大君主宫廷的地方，这同样借用文字及视觉的艺术表现（包括器物）来实现。上帝被描写或表现为端坐在宝座之上。未知世界由此通过已知世界得到描绘与解释。在相关的艺术表现中，人们使用黄金和宝石等多种精美材料，通过进一步的视觉类比或隐喻强化了对于天庭的解释。例如黄金本身蕴含一系列的意义，代表了纯净与不可腐蚀。这些附属的隐喻意义，大多源于其物理属性，可能在各个时期都有助于人们对天堂的想象。另外，像《圣经》中对于基督升天或是圣彼得立于天堂大门边手持钥匙的叙述，还有像《天路历程》中描述的普通凡人的故事，都是基于这种认识模式的实际、象征和隐喻因素之上的精心描述。[19] 这样一些隐喻不仅使我们得以在思想上把握未知世界，而且还利用了我们身体上和情感上对权力和永恒欢乐的形象反应：权力是以庄重的形式表达，而永恒和欢乐则以明亮背景上的灿烂色彩来展示。

因此旅程或宫廷的隐喻或类比是创造并展示未知与无形世界的基本方式。它使得每个时期的艺术家、赞助人和观者，都能从这些广泛的象征性和隐喻性的含义中根据他们自己的经历增加或减少其他的因素。因为那些更令人满意的并提炼含义的既成系统，似乎允许个体在清晰的许可范围内对标准体系拥有自己的看法。的确，一个社会的认知与物质规范，总是与该社会的个体成员处于一种辩证关系中，这些个体成员利用、改变并接受它们。不过，对社会成员来说，无论是作为单个个体还是作为群体中的一员，需要遵守特定的主要含义或隐喻，由此来确保一致性，包括他本人观点的一致性以及他与其他成员观点的一致性。这种通过分享认识模式的方法取得的一致性界定了文化。[20]

如果我们现在把视线转向中国，我们同样能够看到已知世界特征向未知世界的转变，可以看到利用特定事件，使用叙述、实际的想象和类比来构建、加强并扩展中国古代的冥世观。[21] 例如，中国人似乎并没有前往天国或是把天国作为遥远目标的观念，他们只想待在他们原有的地方。从新石器时代到现代社会，中国人的墓葬大多设计成死者的居所，以真正的器物或复制品随葬。因为这些墓葬重现了墓主人的生活，它们不仅仅显示出墓主如何理解死亡与冥世，还反映出他们如何看待社会各个方面。这种情况的直接结果是，死者永远是社会的成员，而且就在人们身边。

具体而言，在商代（公元前1200—前1050年）社会，卜辞表明祖先是重要的宗族成员，所有重要的宗族大事都要征询他们的意见，人们以祭祀的方式向他们供奉酒馔。我们没有该时期关于墓葬的文献记载，也没有关于死者对死后生活设想的文献资料。然而，从上层社会墓葬中随葬的青铜礼器来看，死者似乎也需要像生前一样，继续用酒宴来供奉他们的祖先。他们也将继续从事贵族与王室的其他活动，包括战争（因为随葬品中有兵器与战车）、狩猎和仪式——后者由精美的装饰品以及无实际作用、专门用于礼仪的玉制兵器显示出来。这些墓葬在一定程度上是理想化现实的体现；同时它们又以简单和复杂这两种方式利用隐喻。就简单的隐喻而言，玉（像西方的金）提供了纯净与永恒的意象；就更为复杂的隐喻而言，有关生者社会与死者社会的观念是通过与理想的宗族结构相类比发展而成的。

我们将要看到，这些观念并不为当时居住在中国大地上的所有群体所接受。事实上，器物所显示的不同地理区域、不同社会的差别，揭示出这些群体通过具有自身特色的物质文化来建构特别的习俗，或许还包括习俗所支持的观念、意向和解释，以及使之恒久的特定方式。黄河流域居民都喜爱用装饰精美的器物来举行仪式，而长江流域的许多社会群体却有着不同种类的物质文化，在这些文化中，动物形象以及奇特的、想象出来的生物形象占据了重要地位。这些社会群体的器物不仅各自之间有很大的差异，而且与黄河流域的主体文化也大不相同。[22] 如果这些物质文化是如此迥异，那么有可能习俗与信仰也是不同的。另外，本文还将讨论，当使用汉语的群体扩大时，一些有着非常不同观念与习俗的民族就会和传统的中国社会发生密切接触，这样便产生了器物类型、习俗、意向及解释或信仰上的融合。

成套礼器

在黄河流域早期青铜时代的社会中，供奉祖先的绝对重要性已经为青铜器的丰富以及专门用来制作礼器的精湛技艺所证明。人们不仅在现世中使用这些青铜礼器，而且似乎希望在冥世中继续使用它们，因为死者在另外一个世界里也要继续供奉祖先。也就是说，青铜器的数量、质量及其工艺本身就是商人祖先以及怎样对待祖先等观念的重要线索（参见图8-1）。因为礼器是如此重要，所以我将首先给予讨论，随后将进一步讨论器物在墓中相关的位置。另外，对器物类型的论述使我们能够考虑另外两种主要的活动类型：即运用视觉差异来提供社会与礼仪的参照，以及表演在形成和传递思想中的作用。

体现在成套青铜礼器中最为重要的思想是，祖先依然是社会的基本组成部分。社会是按照辈分高低形成等级的，这种等级制度在每次举行祭祀祖先的礼仪时都象征性地得到强化。在这个观念里，社会存在一个世系的来源与结构。[23]这与主张在上帝面前人人平等的西方基督教思想有着极大差别。如果我们要在生者和死者的社会中寻找这种观念确立的过程，那么礼仪本身似乎就是这些观念的缔造者，同时也是其产物。

我们将注意力集中在某类器物类型上的另外一个原因是，可以通过它们去了解所有器物如何提供关于那个时代人们的反应、思考和态度的信息。成套礼器有特别的指导意义，因为它们是复合而非单件的器物，并且在技术和艺术上都极为复杂。[24]这种复杂性是礼仪活动固有的内容，并可以利用来为社会与宗教观念服务。

成千上万的商代与西周青铜礼器遗留了下来，它们中很大一部分来自墓葬发掘。这些墓葬经常聚集在一处，属于一个家族的不同成员，或属于一个相关等级的不同个人的墓葬。因此，我们似乎能够可靠地比较这些墓葬的随葬品。在任何时期，单个的礼器类型和成组的礼器类型似乎都是标准化的，即在都城区域内被普遍利用与认可。这其中包括了商代的今郑州、盘龙城与安阳，西周（约公元前1050—前771年）在今陕西省的许多地区，以及晋、卫与燕等诸侯国。[25]大部分已知的成组礼器是贵族墓中保存下来的，当等级身份较高的墓葬被发现时，我们可以看到更大规模的器物群。因此我们可以认为，礼器根据已知规则制造和使用，尽管其中的很多规则可能相当含蓄且并不清晰。

下面让我们来考虑四套完整或部分完整的礼器。我们将比较安阳18号墓（该墓属于约公元前1200年商代的特权阶层）中的一组器物【图8-2】[26]和地位更高的妇好墓中出土【图8-3】的单一类型的鼎[27]，同时把出土于今宝鸡附近竹园沟遗址的一个约公元前950年的周代贵族7号墓【图8-4a】中的一套器物[28]与今西安市西扶风县窖藏发现的属于稍晚时期（约公元前875年）的贵族微伯痶的一套器物【图8-5】相比较。[29]

安阳18号墓的成套器物包含了全部的容器类型（参见图8-2）。此外，它表明了供奉酒的相对重要性与供奉食物的次要作用。妇好墓出土了大量青铜器，但本文仅展示了盛放食物的三足鼎（参见图8-3）。这些三足鼎可能具有不同的功能，如位于插图底部的小鼎可能用于旅行

[8-2] 河南安阳18号墓出土的商代礼器线绘图。这套器物为当时的高级贵族所有，其规模要小于商王王妃妇好的器物。引自《考古学报》1981年4期，491–518页。

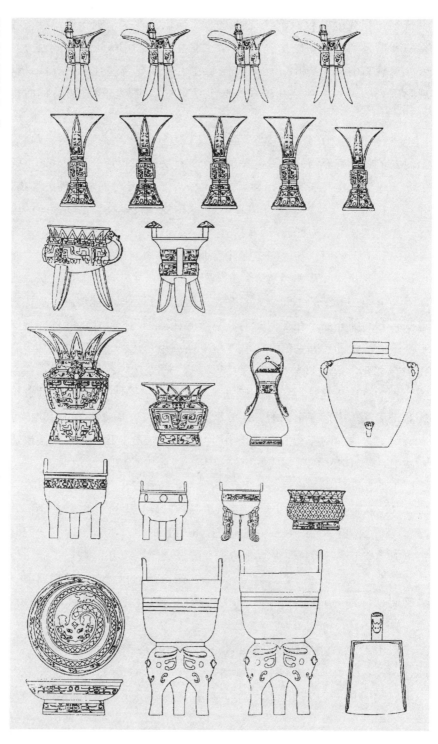

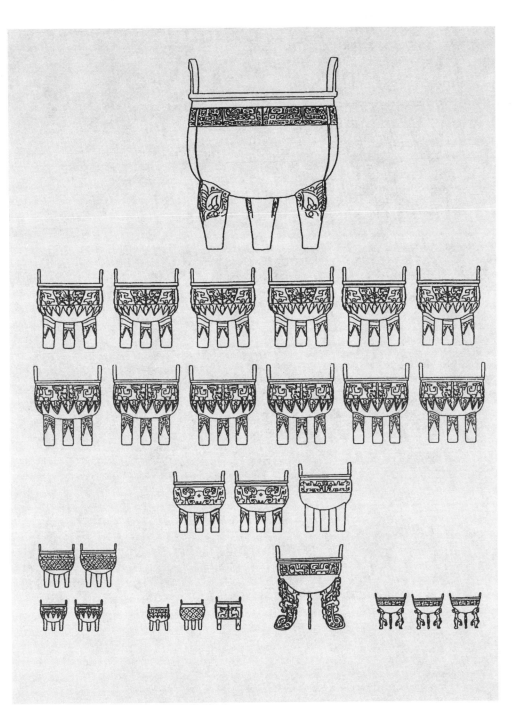

[8-3] 河南安阳妇好墓出土的三足鼎线绘图。妇好为商王王妃,其时代为公元前1200年左右。不同的大小、形制和纹饰表明,这些青铜器具有不同的功能并被用于不同礼仪之中。引自《殷墟妇好墓》。

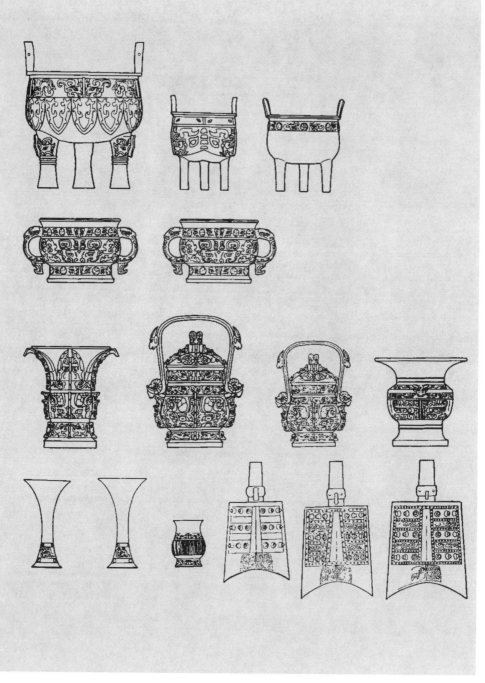

[8-4a] 陕西宝鸡竹园沟7号墓出土的成套青铜礼器和编钟的线绘图,西周早期,约公元前950年。引自《宝鸡渔国墓地》。

[8-4b] 陕西宝鸡竹园沟7号墓的平面图显示了墓葬的主体,其一侧葬有一名女性。该女性随葬的青铜礼器要少于男性墓主。

墓 葬

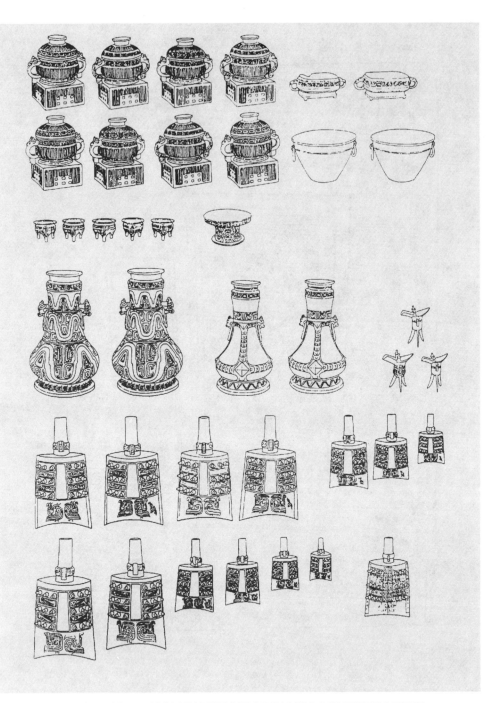

[8-5] 陕西省扶风县一处窖藏出土的青铜礼器和编钟线绘图。器主为微伯痍，其时代为西周后期，公元前9世纪。引自Jessica Rawson, "Ancient Chinese Ritual Bronzes: The Evidence from Tombs and Hoards of the Shang (1500-1050 BC) and Western Zhou (1050-771 BC) Periods," pp.805-823.

或次要的仪式。大量的三足鼎表明，制作一套王室礼器花费的努力与资源是怎样远远超出一套属于某个贵族的礼器。

出土于宝鸡竹园沟7号墓的礼器（参见图8-4a）可以追溯到商代之后的周王朝。如图8-1所示，容器类型与商代的种类相似，但并不完全一致。周代祭祀礼仪的重点显然是放在食物之上。然而，像从安阳18号墓出土的那套礼器一样，这套稍后时期的礼器包括了不同类型的容器，许多饰有精美绝伦的动物纹样。属于微伯疢（参见图8-5）的那套礼器则十分不同。一个非常明显的特点是容器种类多有重复而缺少多样性。此外，器形与装饰似乎没有较早时期的青铜器那么生动。祭祀礼仪与容器铸造似乎已经发生了变化。

我们通过观察逐件器物可以发现，成套青铜器的器形与装饰发生了微小的变化，并在一段时间后表现出明显的改变。我们现在认为这些变化既是审美变化，也表明了制作的时间与其拥有者的变化，以及成套器物功能的改变（参见图8-5），同时还体现出礼仪的新时尚。似乎在过去，人们也同样这么认为。礼器的特别意义在于它们被制作成大规模的成套器物并加以使用，这些成套器物传达了比单个器物更为复杂的视觉信息。

在精确解释任何一种类型的成套器物及其功能时，考虑它们与成套工具的相似性是非常有用的，例如19世纪与20世纪初西方的手工业作坊中用来切割材料的一套刀具【图8-6】。这套刀具在一定程度上是任意组合的。它可以是个人或群体制造的一套完整的工具，也可以是某个手工业者在特定时期内所拥有的一系列刀片。破损或购买新物件可能随意地减少或增加这套刀具的数量，使拥有者能够进行更少或更多种类的加工。因此一套器物是一个功能性的集合，部分地取决于物主的决定以及可能包含的所有变数。每个刀片都有一个特定、明确的横切面，这种横切面对具备一定技术能力的专业人员来说非常熟悉。刀刃变化的细微程度可以通过视觉特征而立即被专业的工匠发现或感知。与此相似，成套礼器在当时很有可能向熟练的操作者传达了类似的信息，这些操作者可能是祭司，也可能是主人或是其家人。同样，一套礼器中器物的数量或类型的变化，或在形状和装饰上的变化，也会通过视觉特征被人们看到或感知。就刀具而言，其外形上的变化可

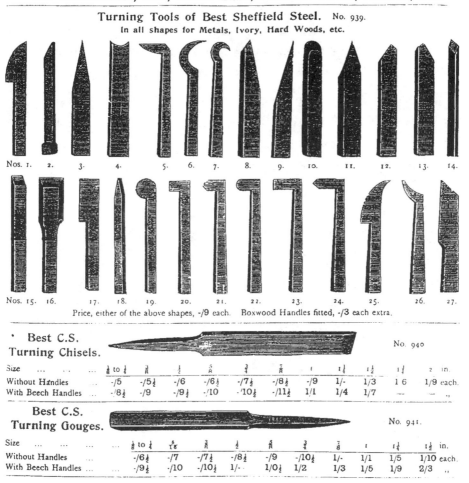

[8-6] 梅尔胡什公司1913年左右制造的一套钢制工具的线图。

以使工匠制造出不同类型的产品，而新的容器类型同样会使供奉酒馔的具体安排出现新的变化。

这个例子说明了所有物品的一个特征，在复杂的成套器物上表现得尤其明显，即人们通过对形状、装饰这些可见特征的比较来估计具体器物的用途。[30] 人们会把单件器物与先前所见到的器物相比较，而成套器物的单件之间也存在相似与差异。我们可以想象，那时的人们会把自己的成套物品与其他人拥有的成套器物进行比较。

一组器物中单件之间的相似与不同在它们处于收藏而非使用状态时表现得非常明显，当这套器物用于祭祀礼仪时则更为显著。尽管我们不是商代的祭司，但是我们可以尝试描述礼器特征，这些特征使当时的祭司得以区分各种器物在礼仪程序中的不同作用及其不同的社会和宗教意义。因此在安阳18号墓出土的那套礼器中（参见图8-2），不同类型盛酒器的相对重要性似乎通过酒器特别是"尊"上的精美浮雕装饰表现出来，在容器"罍"上则缺少这样的装饰。器形较宽的罍似乎用来贮酒，而带有棱角与繁复纹饰并因此显得格外突出的尊则用来饮酒。尊与罍之间的这种区别经常存在。礼仪程序与饮用的实质越接近，容器就越精致。

礼器还标示出社会地位的不同。因此，安阳18号墓拥有二十多件礼器的墓主显然无法与王妃妇好的权力地位相比。妇好随葬了二百多件礼器，如图8-3所示，单是盛食物的圆鼎就有27只。地位似乎由礼器的数量、大小，以及形状和装饰的多样性来显示。易言之，成套礼器的功能特征与艺术性体现在青铜质地与手工艺水平上，这与社会等级相一致。[31]另外，一些礼器，特别是妇好墓中的那些礼器，还有竹园沟7号墓中的礼器（参见图8-4a），它们的形状和装饰反映出对传统设计或是异域题材的引用[32]，几代传承或带有铭文的古物甚至表明它们在早期为他人所有。[33]这一系列的视觉特征还标示出器物主人与某个地区、其他个体或与过去的关系，尽管只有特定的专家、家族成员或宗教礼仪的专职人员才能辨识出这些特征所指示的关系。我们由此可以看到青铜器形状与纹饰如何反映其功能、关系、位置、过去以及祭礼过程。因此青铜礼器曾经在很长一段时间内促进并增强了社会的等级秩序。

我们在把成套器物作为一个由许多部分组成的单件物品来考虑的同时，也可以把它视为一场演出所需的道具。因为在行家看来——无论是礼仪官、物主还是观众，每类礼器由于其独特的外形与纹饰，在与其他礼器的组合中以及在礼仪的一系列活动中，似乎都具有特定的位置。也就是说，礼器的视觉特征包含了它们本身的活动规则。我们之所以提出礼器被赋予了已知角色，是因为在任何时期使用的成套礼器似乎都是标准化的，表明了仪式自身也是模式化的，并可以为此定制和使用成套礼器。

毫无疑问，在某些情况下，容器的形状与装饰明确说明了它们用于何种特定礼仪，例如妇好墓中的鼎便是如此。的确，我们在这里看到了某种被唐纳德称作"模仿性"的思想和行为类型。但是，正如我在上文中提到的，这种思想或行为模式并不先于"神话性"或"叙事性"的思想而存在。相反，一些信仰与意向通过包括器物在内的形体演示来表达，这似乎是新石器时代之后所有礼仪与社会习俗的基本因素，而且直至今日仍然如此。我们可以把由容器包含的系列行为与西方人熟悉的行为相比较，例如在女王出席的典礼上使用的剑或皇冠所包含的特定行为。礼器的类型毫无疑问提供了活动次序的暗示。另外，如果把图8-4a与图8-5所示的两套西周礼器相比较，我们还依然能够看到礼仪演示随时间发展所产生的变化。较晚时期的一套礼器所需行为与所盛食物不可能复制早期的成套礼器。早期组合包含很多不同类型的容器，其中许多为酒器；而晚期的系列包括了许多相同的器型，酒器则很少出现。较晚时期的器物（参见图8-5）笨重且不便移动，但是易于向一定距离外的观众展示。再者，用在青铜编钟（在较早期只被零星地使用）上的大量花费可能改变了礼仪的性质。因此额外的因素增加了对观众的影响。

更多特别类型的器物，例如将妇好墓的27只鼎（参见图8-3）与18号墓的三只鼎（参见图8-2）相对照，在礼仪中需要花费更多力气来移动和使用它们，而且需要更多的食物。即使这些礼器固定不动，它们已经显示了社会等级；当它们在典礼上被移动时，就以更加引人注目的方式表明了所有者的社会等级。另外，装饰和铭文显示了不同的社会关系，例如与前几代的器物主人或与同时代的亲属、同僚的关系，以及与异域的接触。对这些关系的表现都有其特定的位置，并都被组合进入仪式的动作与活动序列之中。对于当时执行典礼的人来说，这些表现在礼仪不同阶段中的位置可能强调了各个阶段的区别。这种强调及其反应毫无疑问既体现在身体上、情感上，同时也体现在知识层面上。[34] 某些表演的片段可能激起了人们的敬仰之情，而另一些片段则可能引发了敬畏。

到目前为止，我所提到的礼仪执行人是指仪式的专职人员及其仆从。所有的礼仪活动都拥有观众，无论是赞助人、亲属与侍从，还是许多宫廷观众。灵魂（特别是祖先的灵魂）可能也包括在观众之中。这些注释与生者明确相关，但是18号墓或妇好墓等较为复杂的墓葬还包括了墓主及其仆人，似乎复制了现世——为冥世提供了包括礼仪专职人员与侍者在内的许多功能。我们可以推测观众通过动作姿态、有节奏的活动，以及特定的礼器类型，了解到供奉者与被供奉者或祖先的地位及相互关系。大约公元前600年的诗歌中提到食物的香气吸引灵魂的注意，可能酒食的气味也在礼仪信息的传达中起到了一定的作用。祭祀仪式通过各种类比涉及与现世甚至与冥世有关的广泛联系，这样的表演可能强化了祭祀中家族世代之间的关系。通过这些方式，祖先的世界以特定的现世观念得到了诠释。

的确，在公元前1050年征服商朝的周王的统治下，这种模式有意识地以一个更加政治化的方式得到重新解释。因为青铜礼器上的铭文包括了政治荣誉、所有者与君王的关系，甚至还包括战争或诉讼案例等有争论性的地方事件。从这些铭文的用词及它们在器腹内（食物之下）的位置可以看出，铭文的内容，即关于器物主人新的荣誉与地位的宣告，似乎是给祖先、社会以及后代观看的。因此礼仪表演及其传达的信息从表现一个家族世代之间的联系延伸到一个半政治化的阐述，其中现世的政治活动，似乎对祖先和生者具有特定意义，并可能对他们产生影响。通过祭祖仪式这样一种共享的活动，灵魂的世界严格地模仿了现实世界。

墓葬结构：商代与西周早期（公元前1200—前800年）的叙事思想

一个完整的墓葬会将许多不同的活动引入讨论。成套器物用于特定类型的表演，墓葬与埋葬妻妾、贵族和马车的陪葬坑则包括了作为宫廷与贵族礼仪生活基本要素的各种活动。精心建造的墓葬呈现出有关生活的长篇叙述中的一个场景。到了大约公元前1200年的商代鼎盛时期，表演与叙事这两个范畴密不可分。相反，它们互相作用并因此而合为一体。另外，一些关于世界的基本假设和解释肯定已经影响到它们，并因此在这些不同的活动中产生并保持了一致性。

个人的故事由今世开始，并且假定要以同样的方式在冥世中继续存在。然而，随葬品组合的选择表现了一种理想化的生活，而只有基本要素才得到强调。在这个意义上，墓葬提供的不是完整的现世生活，而只是选择了真实生活的某些方面，正如巴里·凯普（Barry Kemp）在论及古埃及城市规划的理想化设计时曾提到的，这些规划是：

> ……社会中创造性因素的一个特定方面的证明：即它建构自身环境的能力以及在此之外创造人类社会理想蓝图的能力……如果……我们承认特定的证据指向一种清晰而持久的人类理想，不言而喻，我们认可的是一种意识形态。这并不一定是那种正规的、形式上的构想，或表达出来的意识形态，例如对埃及王权的描述，而是一种体现社会秩序的含蓄的意识形态。[35]

墓葬以一种相似的方式展现了生活中最基本和最美好的事物：即它应该怎样，而不一定是实际上怎样。尽管会有理想的成分，但是把死者在墓葬中获得的事物视为虚构则是有误导性的。相反，我们应该把墓葬中的随葬品和与之相关的活动看作是以最好的物质表现为来世生活提供最完备的设施。就像我们一直以来都把《圣经》故事看成是真实的，把圣徒和圣母的形象看成是逼真而写实的，因此它们也成为真实的。[36]所以人们把商、周、秦、汉时期的墓葬同样看成是为冥世生活准备，这种生活与君王和贵族们的现世生活相似。[37]的确，古代中国的各种活动，所有的人造物品与建筑，似乎都是按照祖先及灵魂世界与人类世界之间互相贯穿的观念而设计的。两者之间可能一直都相互影响、相互关联。

商代与西周的古墓葬随葬了数量众多的珍贵物品：青铜礼器、战车与兵器，贵重的玉雕与骨饰，乐器以及护卫墓主的侍从、武士。这些随葬品表明并决定了一种特定的冥世生活，它完全以真实生活为模型。对青铜礼器、兵器和战车的强调表现出商代和周代国王与贵族的主要活动。与礼器一样，战车和兵器是在现世中已经展示过的特殊道具，在冥世仍是将要再次表演的戏剧道具。尽管这些兵器、马车受到的关注要少于礼器，它们的不断出现显示了它们在实际战争与标志等级这两个方面的重要作用。弓箭、战车部件与装饰物等赠品，的确是礼器中铭文的主题。因此礼仪宴饮把对祖先的崇敬和军事社会对典礼的关注结合起来了。两者增强了器物所有者的地位，这种地位不仅与当时宫廷而且与其祖先都是直接相关的。

　　将所有描述的过程联系起来会归纳成一种普遍的认识：商和西周的冥世生活与现世生活相似，而这种现世生活是由占据政治中心的河南、陕西地区贵族家族内部的关系所构建的。一个按世系顺序排列形成等级制度的家族，为人间世界与神灵世界提供了模板。这种有序的等级制度与西方天国的概念是相同的：天国里有至高无上的君主与作为侍者的天使与圣徒。在这种框架之中，不同的个人无疑能够根据对自身的角色或叙述的判断来精心构建自己的冥世观。虽然墓葬类型通常是标准化的，但仍然存在个人细节的差异。妇好拥有一件巨大的三足鼎（参见图8-3上部），其形态、纹饰与铭文显示出它曾属于妇好之前的某个人。一件通过这种方式流传下来的器物暗示了某种具体的个人关系。宝鸡竹园沟7号墓（参见图8-4b）的墓主有妻妾陪葬；其妾也拥有私人的器物。这些墓葬因此延续了墓主的个性特征与生活经历。

　　墓葬与车马陪葬坑表明了死后的世界中的家族之间，以及家族和个人之间的联系。它们保存了死后生活叙述即将展开的舞台背景的轮廓。毫无疑问，墓葬的物质空间传达了等级与家族权势的信息，这些信息既呈现给身体，也呈现给眼睛和思想。但商代与西周在运用图像来补充这些空间布局方面没有留下多少痕迹。在墓中木梁或棺椁上发现的少数动物形象镶嵌的痕迹似乎表明它们是某种装饰背景。然而，这类景物与我们将要讨论的中国其他地区的情况相比十分有限。中国南方地区对图像的运用使得这种王室与贵族活动舞台背景的缺乏更加明显。

　　最近在大英博物馆举行的"古代中国之谜"展览[38]，强调了商代社会与长江流域的南方各个民族之间的不同。前者将大量资源用于制造为表演（即模仿性的展示）提供道具的青铜礼器，而后者将青铜用于大型人像的铸造，即用于展示叙事的舞台布景。商代与周代早期的主要青铜礼器与这种十分显著的人物形象之间形成了鲜明对比。在南方的大部分区域，商代礼仪并未流行，因为那里没有制造和使用类似商代与周代早期的成套礼器（参见图8-2、8-3）。相反，青铜和玉等贵重材料被用于完全不同的

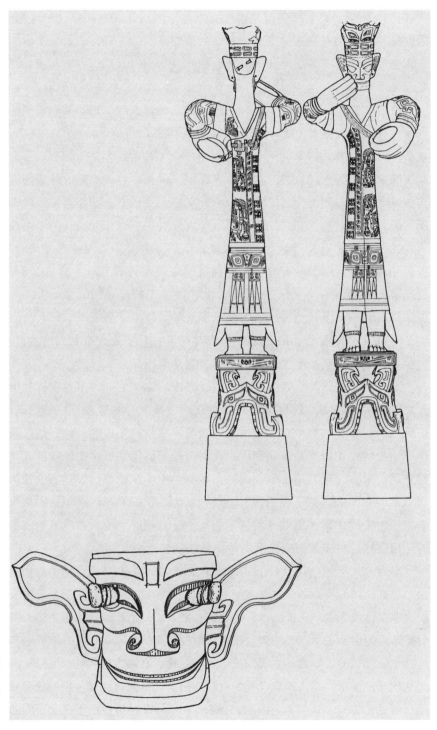

[8-7] 四川广汉出土的青铜立人像的线绘图,约公元前1200—前1000年,高262厘米。引自《文物》1989年5期,1-20页,图6。

[8-8] 四川广汉出土的青铜面具的线绘图,约公元前1200—前1000年,宽134厘米。引自《文物》1989年5期,1-20页,图13。

目的。正如一些专家所指出的，以钟乐为突出特征。[39]大型的人物肖像【图 8-7】[40]、巨大的面具【图 8-8】与栖息着鸟儿的树木显示出不同的叙事方式。如果要为观众所理解的话，叙事的背景一定要被表现出来。这些青铜树与青铜人像为仪式提供了布景，表演者不仅有已知的个人，而且还包括某种无法被看见的灵魂。但是这些并不是虚构的事物，而是制作者的世界中可怕、可畏生灵的真实呈现。上文中已经出现了"舞台布景"与"设施"等术语；我们还可以将寺庙或墓葬描绘成表现宗教或死后世界活动、关系与信仰的地图或图表。[41]

这些从长江西部支流以及长江流域其他地区得到的新发现，向我们展示了多元文化发展各自独有的叙事方式，通过器物描绘出他们自己世界中的动物与奇特生灵。这样的发现挑战了古代中国大一统的观念。商代与周代的等级社会对宴饮、战车及弓箭十分重视，在南方地区则并非如此。他们的世界观非常不同，并以与黄河流域中心统治地区不同的器物特征表现出来。尽管学界对长江流域的研究还处在发展初期，但我们对该地区的深入探索必将证明，历史的中国将这些不同地域的民族融合在一起，尽管这些民族的器物创造并被赋予了完全不同的习俗与信仰。这在公元前 3 世纪到公元前 1 世纪帝国早期黄河流域与南方地区某些混合的器物特征中明显地表现出来。

东周、秦汉墓葬中的叙事

在公元前的最后几个世纪，表演和叙事这两种解释与说明灵魂世界的方法延续了下来。虽然东周（公元前 771—前 221 年）、秦代（公元前 221—前 206 年）与汉代（公元前 206—220 年）墓葬模式的一些变化表明，人们呈现以及（我们必须假定）理解冥世生活的方式发生了重要改变[42]，但是中国古代信仰中的一些根本信条似乎保留了下来。没有迹象表明这个时期死者的冥世生活与他们的现世生活不同。发生改变的似乎是人们对于适用于随葬的"成套器物"的感觉。这样的变化表明该时期出现了新的活动和与之相关的新器物，以及相应的思考方式。这些新的看法与解释似乎是逐渐吸收南方地区描绘不可见神灵世界的做法的结果。另外，生者与死者之间的关系似乎也已改变。直到汉代在公元前3世纪末兴起之前，中国大地上的许多不同地区仍然存在着各式各样的习俗与信仰。

  我将选取三座墓葬来表明自公元前5世纪以来（也可能更早），不同诸侯国的居民感到了扩大墓葬规模的需要。因此距长江不远的曾侯乙墓（公元前433年）被建造成房屋的形式，由多个墓室组成，每个墓室各有功能。棺室供曾侯居住，随葬有曾侯的私人器物；宗教典礼室位于墓葬中央，似乎为公共空间，出土了一套精美的编钟、几套礼器以及许多其他的乐器；军械室出土了马车部件与兵器；还有一个偏室，安葬了13名陪葬女子，她们将在冥世陪伴曾侯并为其演奏。[43] 像更早期的墓葬一样，墓中的主要器物都是生器。除了精美的礼器与一套特别的编钟外，这个墓葬还包括了一些日常生活用具，如大的衣箱、成套的漆杯与供出行使用的盒装餐具。标准的墓葬方式在诠释理想生活方面出现变化，容纳了新的做法与习惯。但是尽管有这些变化，墓葬还是维持了其叙事或舞台布景的功能。

  当墓葬的表现超出了展示生活器物或演出道具的静止场面之后，图画也被包括进来。其中最引人注目的是一只想象中鸟类的巨大青铜塑像，其顶部有鹿角形分支【图8-9】。[44] 尽管青铜鸟是金属制成的并镶嵌了精美宝石，它却模仿了木雕的形式，例如出土于此墓的木雕卧鹿。在此，南方地区对表现灵魂世界中形象的兴趣已经开始被吸收。形象不仅限于雕塑，也包括了绘画，其中有方位性动物的描绘，如象征东方的青龙、西方的白虎和二十八星宿的名字一同出现在一个衣箱上。手持武器的奇异生灵出现在曾侯内棺上描绘的门窗旁，可能是为了防御恶鬼与妖魔【图8-10】。雕塑与画像因此可以表现出那些无法以其他方式展示在墓中的生物。这样的形象似乎被认为非常有效，具有保护墓主的功能；这些生灵的形象如同器具与编钟一样发挥作用。最重要的是，它们是与黄河流域的传统祖先完全不同的神灵。在湖北，与楚国普遍相关的信仰有着特殊的影响力，上述兴趣与信仰正是从这个地区开始与后来汉代的信仰、习俗相融合。

  在20世纪末的今天，我们可能认为这样的形象代表的是某种无法表现的事物。但是在当时，很可能和6、7世纪地中海世界的形象塑造一样[45]，这些雕塑与画像被认为是一种"再现"（representation），被赋

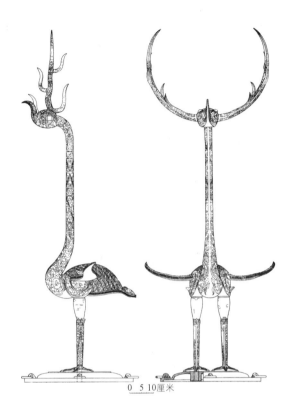

[8-9] 曾侯乙（卒于公元前433年）墓出土的带有鹿角的神鸟的线绘图。高143.5厘米。引自《曾侯乙墓》，卷1，图147。

[8-10] 曾侯乙墓内棺彩绘线图。引自《曾侯乙墓》，卷1，图21。

墓葬 | 197

予了神灵的力量。它们在一定程度上似乎具有载体的功能。虽然缺少文献资料来帮助我们准确地把握这些可能性，但是这些形象的出现及其持续发展，表明了至少是从这个时期起，而且可能从更早（特别是在中国南部）开始，古代中国人已经有了"再现"与"显现"（presentation）的复杂概念。在这个地区，木俑也通常被视为死者的仆人和侍从，正如他们将要供奉给墓主的食物一样，他们的出现无疑是功能性的。

西部秦国的居民选择了另外一条路线，但是朝着同一方向：他们也制作那些不能通过其他方式随葬在墓中的事物的形象。在陕西，居民们偏爱谷仓与炉灶的陶制模型，它们是生活中必不可少的物件。[46]因此，当地社会的兴趣与传统决定了人们选择何种再现与显现。

秦始皇（卒于公元前210年）兵马俑似乎结合了北方传统与南方特征。这些陶俑装备以真正的兵器与战车，延续了周代的军事强权传统，与南方的神灵守卫形成对比。西方学者接受了肯德尔·沃尔特（Kendall Walte）关于具象绘画（按照文艺复兴之后的理解）领域的哲学见解，把这些塑像解释为"虚构"的。[47]但是，这种复制与真实之间或虚构与真实之间的区别，属于西方的哲学世界，并不一定适用于中国。[48]在特定的背景中，兵马俑被他们的制造者和使用者视为是真实的。的确，正如现实生活在过去和现在都是由居住者所建构的，冥世可能也是这样。而且，秦始皇在死后的世界也会需要强大的军队来保卫他，就像他在消灭各诸侯国的战争中需要军队护卫一样。兵马俑是抵御冥界军队的保障，它们与曾侯乙内棺上手持武器的动物形象有着相同的功能。

从秦始皇的角度来看，军队是为战争准备的。从那些制造兵马俑的官吏与工匠的角度来说，军队是另一方面生活的见证，即军事与组织强权。这个世界已被武力征服，现在由一个等级化的官僚体系所控制。要动用真人组成的军队，或是制造兵马俑军队，都需要严密控制的巨大劳动力。在当时，一排排的陶俑肯定以整齐的队列和规模庞大的阵势给观者留下了深刻印象。任何看到这个壮观景象的人都不会质疑秦始皇的权力和力量。这种冲击力可能多是情绪上的，当考虑到如何制造这支军队、它有何种用途，观看者就会产生一定的恐惧感。真实的军队和兵马俑军队中对于盔甲与武器的精心展示，表明了秦始皇严密控制的程度远远超出了现实生活中的战争领域，同样也会征服灵魂的世界。

因此，我们看作是复制品的兵俑、舞伎，以及农庄、房屋的陶制模型，从基本意义上来说，在冥世的叙事中也起到一定作用。现在我们无法准确了解，那个时期的人们如何想象跨越生死的界线。后来的故事叙述了某些特定事件，其中墓俑既是随葬俑，又可以作为现实生活中的人物出现。它们可以从一种状态转换到另外一种状态。可能因为这个原因，中国人很谨慎地对待墓俑，并且从未将它们作为艺术品来收藏。例如，墓俑从未在 11 世纪以来的早期古董收藏图录中出现。我们在此首次提到了文献，但是文献不能描述我们想要知道的那些感觉与功能。然而，在人造器物与布景中，实物使观察者形成不同的解释方式，并由此产生不同的思考方式，这些思考方式可能独立于文献所表达的思想。事实上，这样的思考方式可能无法以文字表述，并从未被记载下来。[49]

中国的观念信仰缺乏统一的文字记录的另外一个原因是由于信仰的多样性，而且可能是无法调和的多样性。正如上文中提到的，秦国统一了中国，并由此将许多不同宗教、信仰、丧葬习俗以及现世与来世的叙事融合在一起。下文将要讨论的第三个墓葬，其中出土的玉衣也将不同地区的器物与信仰融合起来。

汉景帝之子刘胜，在公元前 113 年身着玉衣葬在现今河北满城附近一座山崖上的岩洞墓中【图 8－11】。[50] 这套玉衣经过精心的加工，以两千多片经过细致抛光的斜边玉片制成，玉片由金丝穿过每片边角上的小孔连接在一起。这件玉衣属于一个以串连的玉片和珠子覆盖尸体的悠久传统。这类玉器最初出现在上文所提到的礼制改革之后的西周晚期。对玉的大量使用包括雕琢玉片，用来覆盖在死者的脸部。从公元前 9 世纪到刘胜的时代，这种玉覆面即便随着时代而发展，也并不一定会导致上述盔甲似的玉衣的出现。实际上，在公元前 850 年到前 150 年之间，玉殓葬逐渐衰落。

然而，在汉武帝时代（公元前 140—前 87 年）之前，玉衣开始被大规模制作，数量似乎足够分赐给皇室的多名成员。这些玉衣制作极为精细，相互之间又非常相像，使我们推测该时期似乎存在某种玉衣的模式或原型。事实上，就像兵马俑的制作一样，玉衣可能是在一个皇室手工作坊中由皇室委托制作而成。假设没有大规模、具有高度组织性的作坊，又若不是这些作坊对制造工序十分熟悉，从而能够有计划地监工指导，我

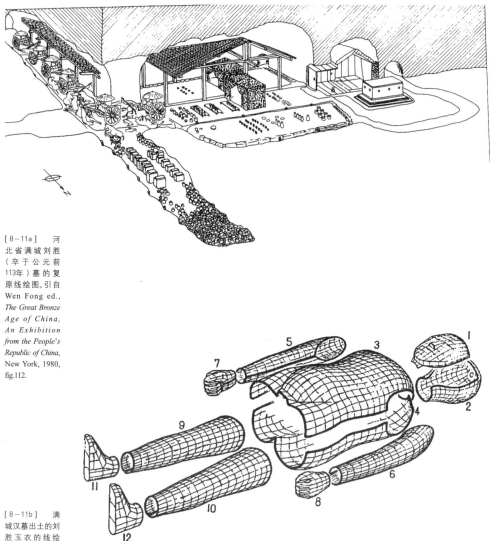

[8-11a] 河北省满城刘胜（卒于公元前113年）墓的复原线绘图。引自 Wen Fong ed., *The Great Bronze Age of China, An Exhibition from the People's Republic of China*, New York, 1980, fig.112。

[8-11b] 满城汉墓出土的刘胜玉衣的线绘图。引自《满城汉墓发掘报告》，卷1，图227。

们就很难理解这些玉衣的产生。这种玉器作坊的前身可能已经在中国东部地区出现，因为在那里已发现了汉代以前或汉代初期大规模的玉殓葬。皇室的作坊可能利用了这种加工技术，并通过大量增加玉片，直到它们完全覆盖身体而制成玉衣，这有可能是受到铁制盔甲的启发。

制造玉衣不仅意味着将大量劳动力用于特定的实际用途，同时暗示出另外一种目的或动机。这样的玉衣被认为可以给其所有者带来特殊的益处。紧密相连的玉片似乎能够形成保护，是防御恶魔与鬼魂的盔甲。我们可以认为这是一种比喻。选定的保护形式可与一套盔甲相比较，然而选择的材料并不是为了抵御人类的力量。人们之所以认为玉更合适，同样可能出于一种比喻——玉的永恒性也许能永远保护穿戴它的人并使其不朽。根据这一点，我们可以把玉衣看作是像兵马俑那样来抵御不可视的力量。

刘胜的石墓本身进一步强化了玉的力量。他的墓室深深地凿入一个山崖内部。玉衣平放在内室的棺中。内室本身处于山体的中心，在一条狭长过道的尽头，以及一个较大的中央墓室之后，由石板搭建而成。内室有独立的石门。墓则用碎石与熔铁密封。刘胜墓的内室里发现了小型的侍从石俑。在举行祭礼的中央墓室里，这种侍从俑是陶土制成的，和其妻窦绾墓中的陶俑一样。因此只有距离刘胜尸体最近的俑才是用最耐久的材料——石头——制作而成。玉衣可能是了解物质与思想含义的关键。玉衣、石俑、石板砌成的内室与山体中心的墓葬可能都具有同一个目的，那就是严格地借助材料的质地来展示刘胜在冥世的生活。而且，无论是从实际还是比喻的意义上来说，这些预防措施都是必要的。如果我们不这样思考，那我们就忘记了视觉信息的力量。正如人们在演讲与写作中可以采用多种方式来详细叙述并解释同一思想，同理，多种视觉形式可以发展起来并一同阐释某个观念。这个墓葬中的不同成分详细表述了可以用来保护墓主人刘胜的方式。山体堡垒的坚固用于给予刘胜永恒的生活，也用于明确划分生者与死者的世界。从汉代（甚至更早）开始，生者就希望同死者保持一定的距离，因为死者可能以鬼魂的形式出现来侵扰生者。所以，我们在此讨论的三座墓葬说明了两种主要的活动与思想。它们都表现出生活的某些不同方面，特别强调了其中最为有利的内容；而且它们还都具有精心制作的防护措施，特别是防御灵魂世界中可能遇到的磨难与危险。另外，我们可以发现，有关保护的适用形式的观点在通过对实物的加工中得以实现，实物因而与思想结合起来。

人们认为神明、甚至魔鬼与灵魂会帮助墓中的死者。刘胜墓及同时代其他墓葬中许多品质精良的器物说明了这一点。其中包括宇宙中吉祥而神秘的动物形象（这里发展了曾侯乙墓中的习俗，参见图 8-9）。这类形象以最好的材料制成，镶嵌有青铜和玉石。它们有时作为灯具的支柱，有时分散出现在山顶形的香炉上。西王母等其他神灵的形象出现在铜镜上或称之为"摇钱树"的奇特青铜合成物上。摇钱树得名于挂满枝头的钱币，而那些小神像也安置在枝条上。[51] 我们通过秦汉时期的文献与物质文化可以得知，居住在遥远东海或西部山区的神明可能炼出了长生不老灵药。如果当时强大的统治者遣使前往这些仙境之地，他们也可能得到灵药并获得永生。正如我们从伟大的史学家司马迁的记载中所知，屡次遣使的尝试最终都失败了。但是他的描述也表明当时人们普遍相信，神灵会受到与它们类似物体的吸引：

  文成（少翁）言曰："上即欲与神通，宫室被服不象神，神物不至。"[52]

灯与香炉、镜子与摇钱树在这里都是象征物，它们通过其象征的特质而将真实事物吸引过来。但是当这些器物被安放在墓中之后，它们会保持原样，继续作为青铜器物存在。它们可能不会变成有着奇异动物栖息其上的山峰。相反，就像更早时期的容器一样，它们可能要继续维持现实生活中的作用，即吸引灵魂与神祇来帮助它们的主人。除了为墓中生活做准备以外，西周晚期、秦代与汉代的人们也在他们的墓中描绘了各式各样的神灵，因为这些神灵将在死后世界中继续发挥作用并协助墓主。

  同更早的墓葬类型一样，这三个不同的例子也说明，随葬品是墓主将其世俗生活延续到冥世的叙事道具。从单个墓葬的随葬品可以看出墓主人认为什么是必要之物，从这样一系列他们优先考虑的事物中我们可以获知他们的想法。考察有着广泛不同甚至差异显著的墓葬确实是一种非常有效的方法。谷仓与军队只是日常生活的简单扩展。奇异动物的形象则隐含了对现世及冥世更为详细的构想。死后世界中存在着善与恶的灵魂，它们比祖先的灵魂更具有威胁性。除非我们认识到这一世界中存在着各种奇怪而且通常十分危险的灵魂，否则我们就不能真正理解这三个较晚时期的墓葬。三个墓中全都备有防御性措施，分别以守护神灵、兵马俑和玉衣的形式出现，这似乎向墓主表明了各种危险性、通向安全的途径，以及可能获得的成功。同时，伴随灵魂世界可怕生物出现的还有吉祥的神灵。不过尽管有精心准备的墓葬，但是很少有文献能够使我们了解中国人是如何形成他们对世界的理解和诠释。[53] 在这一点上，墓葬中展开的叙事与西周晚期以及秦汉时期存留的少量文献中记载的理论有着十分明显的背离。

思想与理论

在本文的讨论中，我们始终都假设除了表演、叙事之外，还有理论上的观点。现在到了考虑这个主要问题某些方面的时候。我们不可能在这里描绘出中国古代经典文献中记录的思想文化的全部历史。这些文献几乎都晚于商以及西周时期的礼仪表演。实际上，大多数文献只是在东周和汉代时才被编纂成现在的样子。这些时期较晚的文献包括了正史、奇闻轶事与主要的哲学作品，大部分都没有虑及本文所讨论的主要问题。汉代编纂而成的综合性文献与这些问题相关，但是我将首先概括前述墓葬习俗中隐含的理论上的意图与解释，其间会提及墓葬中发现的阐述以上观念的文献。

即使是最简单的礼仪与墓葬，也都体现出某种类型的理论。事实上，本文已提出，墓葬遗物与极少数文献都可以表明：商周时期的人们都把他们的世界看作是由按等级顺序排列的世代祖先所主宰。这些观念有可能首先源于商代，默默无闻的周人在从西北方进入黄河流域后，接受了商人的许多习俗与信仰，并按自己的方式进行改造。事实上，《诗经》（编定于约公元前600年，但许多诗歌可以追溯到更早的时期）中周代的早期诗歌从宗族谱系上描绘周人的起源，从而对商人的世系模式给出自己的解释。商人与周人的祖先似乎都非常关注宫廷活动，特别是祭祀的盛宴、宫廷礼仪与军事力量。没有任何文字对上述观念进行过系统阐述，当时的人们似乎认为没有必要这样做。我们只是从人造器物中推断出这些观念，而且事实上，器物可能向其制造者与使用者表达出这些观念的特定形式。

我们从器物与文献可以看出，在公元前771年周朝的都城沦陷后，这种情况在黄河流域保存了下来。在周朝的都城被占领后，周天子与贵族沿着黄河东迁，另外他们也向南扩张到长江流域。与此同时，原先可能起源于中国西部（即陕西省南部或四川）的楚国在湖北地区开始进行改革。它即将成为中国中南部的支配性政权。这两个变化促进使用汉语的精英集团成为长江中游地区的统治力量，曾侯乙墓正是在该地区被发现。这个使用汉语的精英阶层成为主要的中介,南方的宗教观念通过他们得到吸收和采纳,并适应于汉语区域的环境。事实上,在汉代,南方的思想正是通过楚国才得以传播,并融合到黄河流域的主导性汉文化中。通过这种方式,汉代以及后来各个朝代的思想才可以进一步将黄河流域典型的等级和宗谱体系与南方更为多样的信仰结合起来。

早期诗歌的文本形式可以说明上述两种组成元素。这些文献包括我们已提到的《诗经》和楚国的诗集《楚辞》,后者编定于汉代早期,但其中部分属于汉代以前的诗歌。在较早的周代诗歌中,祖先、周人的世系神话、普通人以及英雄的军事冒险活动,占了很大的比例。《楚辞》则表现了一个完全不同的神灵与鬼怪的宇宙,尤其是那些居住在天宫星辰间的神明,驾着龙车在天际遨游。

然而,即使是早在曾侯的时代,从墓葬的实际随葬品也可以清楚地看出,周代的传统思想与南方灵魂世界两者之间的折中与融合就已经开始进行。在曾侯乙墓的后室(此室用于放置兵器与战车部件)中出土一份列有曾侯的官吏同僚们赠送礼物的遣册。[54] 这些礼物本身与较早时期周代墓葬中所表现出的军事内容一致,但墓中的随葬遣册并不是如此。这种遣册可能在更早的时代就已经存在,但从现有证据来看,它们之前似乎没有被放置在墓中随葬。以这种遣册随葬可能不是偶然,而是意在表明曾侯不仅一直拥有着丰厚的资产,而且还拥有许多权贵友人。

这份遣册是南方墓葬中出土的一系列遣册中的首次发现,它们得以存留下来,是由于良好的地下环境保存了竹简。许多楚国的遣册显然是现实世界的官僚检查随葬品所用的,它们常常根据墓葬的实际情况而进行修正。当它们被放置在墓中以后,可能依然有特定的用途。我们可以想象它们将在墓主人死后的世界中发挥作用。在汉代,一些遣册明确注明呈献给冥界官吏。在许多地区人们的观念中,冥吏掌管着灵魂世界,特别是死者的等级。

在中国西北地区发现的公元前 3 世纪的一份墓葬简牍中,我们发现这种冥吏的观念早在汉代之前就已经存在。[55] 这份文献描绘了一个名为丹的生者是如何被错误地召往冥世,又如何重返人世。记录中附带提到,地府中有过去的著名官吏。在南方的某些墓葬中,书写工具——墨、毛笔、研墨用的石砚以及制作竹简的工具都被仔细地放入棺内，这可能也表明，墓主希望自己能够在冥世担任某种官职。[56] 此外，我们还发现了许多其他文献，包括有关法律、医药与巫术的论述，它们在所有者的生前具有重要意义，可能对其死后的世界也有一定作用。[57] 另外，较晚时期的汉墓中还出土了另外一些文书，例如提交给冥吏的买地券[58]，以及写在陶罐上为死者求情的免罪文书，诉求的对象可能也是冥吏。[59] 这些文献没有详细论述理论，它们和墓中所有的物品一样，其功能都是作为墓主人基本生活设施的组成部分，使之能够行动与思考。

在最近的十年中，学者们才从墓葬文献中辨别出冥吏以及与之对应的天官。[60] 公元1世纪左右的汉代文书中提及天帝。天宫如同地府，也是按等级制度来组织的；其中包括了与各个星座相关的神明，以及由神灵担任的天职。这种结构的某些因素在《楚辞》中已经显现出来，天官与冥吏这两个概念可能都是对南方信仰的回应。的确，汉墓的资料提供了对天界与冥世这两个世界相当有序的说明，但在之前的许多个世纪中，这些观念可能只是部分地发展起来。因此，导致这种有序王国的概念发展起来的因素之一可能是人们对于南方流行的众多鬼怪灵魂的恐惧。有关梦、医药与巫术的文献提供了这些恐惧的确凿证据。[61] 另一方面，划分等级的组织方式可能来自于黄河流域流行的以等级与功能为基础的传统秩序。事实上，在上文所描述的北方黄河流域的物质文化与南方的神灵形象结合的同时，中国许多地区不同种类的信仰体系似乎也开始融合起来。

最近学界对于某个奇特神灵形象的讨论支持了上述观点。这个名为"太一"的神灵饰有一件楚国兵器【图8-12】。在楚墓中找到的卜辞揭示了该神灵的力量，它似乎能够消除武器的危险性。汉武帝曾把太一崇拜融入对主要天神与地神的正式国家祭祀中。[62] 这个汉代礼仪宗教中重要神灵的南方起源直到不久前都未曾得到关注。现在我们清楚地得知，这个强有力的汉代皇帝企图寻求庞大帝国内各处神明的帮助与支持，以协助其统治，并保护他远离厄运。由于汉代皇室与南方尤其是和楚国有着密切联系，来自那些地区的信仰被融入宫廷的流行观念。

事实上，东周、秦代与汉代是一个关键时期，在此期间，后来墓葬的随葬品所暗示的多种信仰与理论被纳入到系统的哲学观中。这些通常被称作关联哲学的理论，与孔孟或墨家学派著作中所论述的已经确立的

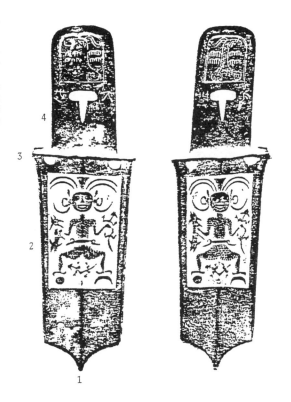

[8-12] 湖北省荆门包山出土的一件戈的两面的拓片。公元前4—前3世纪。高22厘米。引自Li Ling,"An Archaeological Study of *Taiyi* (Grand One) Worship," fig. 4.

社会政治哲学结合起来。[63] 在同一时期，包含上古材料的礼仪著作被编辑成册，成为可资利用的重要礼仪汇编。推动这种融合与汇编工作的动力，是人们在当时的各种信仰与哲学之中寻求一致性的努力。但是这样的文献论述与中国不同地区各族群的习俗信仰并不一定吻合。丧葬习俗与理论著作之间的某些分歧并不仅仅是思想类型上的不同，还是不同领域独立发展的结果。

正如我们在对上述三座墓葬的描述中看到的，不同的族群与文化逐渐融入使用汉语的区域，最后演变成为国家，将新的观念带入被普遍接受的、为祖先支配并由家族忠诚度控制的古代传统。在图像和随葬文书中展开的有关鬼怪与灵魂的讨论，证明了由器物与图像等物质形式所展示的力量。而且，我们可以从时人对墓葬的关注程度上清楚地看到，这种习俗与物质环境所表达的信仰为社会最上层乃至社会底层群体所广泛接受。一方面，文献记录了孔子的思想以及著名的怀疑论者王充等较晚时期哲学家的观念；另一方面是曾侯对神灵守卫的依赖、秦始皇对兵马俑以及刘胜对玉衣的依赖。这两方面之间的分歧表明，在最具理论性的阐释与表演、叙事结构的理解之间存在着鸿沟。也许所有的民族都存在一种较为普遍的情况，即他们生活的各个方面所表现的观念并不一定一致。在准备墓葬的过程中（通常在墓主离世很多年之前就已经开始），首要的需求就是保证舒适的冥世生活。人们希望冥世生活与现世生活的最高标准相一致并因此保持连贯性的愿望，导致了墓葬对跨越生死界线而保持延续性条件的反复强调。

因此，在中国的墓葬中，我们看到的不是一种而是多种的思维模式。考虑到许多文化中，个人信仰常常不同于正统宗教信仰与哲学经典，所以揭示礼仪表演和叙事因素的物质遗存就成为非常重要的信息来源。它们不仅是我们今天的信息来源，同时还指示了其拥有者。这些信息表明了一种多元的物质文化，从而反映出多元的思想文化。我们在这里注意到的显著的地域差别不仅仅是商代这个早期阶段的内容，而且一直持续到很晚的东周和汉代。区域间器物组合的不同，表明了非常不同且独立存在的礼仪与信仰。一方面，礼器在有序仪式中的移动令人印象深刻，因为礼仪中祭祀的顺序与整套礼器中的单件器皿相联系。另一方面，高耸的青铜雕像则可能通过其冷漠、静止的面容来影响观众。身体的体验、感情与思想可能会受到这些物质差别的强烈影响。在这个背景下，我们不应把人造器物全部视为"符号贮存"，而应该更多地将它们看作体现制作者和使用者信仰、希望与恐惧的组成部分。

（彭自昀　译　邓　菲　校）

[1] 本篇选自：Colin Renfrew and Chris Scarre eds., *Cognition and Material Culture: the Archaeology of Symbolic Storage*, Cambridge, 1998, Chapter 10.
[2] 尽管本文讨论的是中国物质文化中的具体问题，但所有类型的物体都包含我们所认为的抽象观念和信仰的创造和发展，这个主要论点可以适用于所有文化。参见：Rolf A. Stein（石泰安），*The World in Miniature: Container Gardens and Dwellings in Far Eastern Religious Thought*, Brooks trans., Stanford, 1990. 克拉克最近对认知的详细论述支持了这种方法。参见：Andy Clark, *Being There:*

Putting Brain, Body, and World Together Again, Cambridge, 1997.

〔3〕 David L. Hall and Roger T. Ames, *Anticipating China: Thinking Through the Narratives of Chinese and Western Culture*, Albany, 1995.

〔4〕 Antonio R. Damasio, *Descartes' Error: Emotion, Reason and the Human Brain*, New York, 1994.

〔5〕 Erving Goffman, *The Presentation of Self in Everyday Life*, Harmondsworth, 1969.

〔6〕 Michael Carrithers, *Why Humans Have Cultures: Explaining Anthropology and Social Diversity*, Oxford, 1992.

〔7〕 同注 1, Renfrew and Scarre eds., *Cognition and Material Culture*.

〔8〕 Robert A. Hinde, *Relationships: A Dialectical Perspective*, Hove, 1997.

〔9〕 Stewart Guthrie, *Faces in the Clouds: A New Theory of Religion*, New York & Oxford, 1993.

〔10〕 George Lakoff and Mark Johnson, *Metaphors We Live By*, Chicago, 1980.

〔11〕 Jessica Rawson, "Ancient Chinese Ritual as Seen in the Material Record," in J. McDermott and J. Laidlaw eds., *States and Court Ritual in China*, Cambridge, 1993, pp.20-49.

〔12〕 在最近的二十年中，将物体视为文本的观念广为流传。然而这种观念给予了文字和语言不恰当的优先性。本文的基本观点是：人工制品多方面的特征是无法用文字或语言表述出来的。事实上，特别是我们对符号与文字的评估与利用，是以我们解释器物与环境的方式为基础。

〔13〕 George A. Miller, Eugene Galanter and Karl H. Pribram, *Plans and the Structure of Behaviour*, New York, 1960, p.87.

〔14〕 Maurice Bloch, "Language, Anthropology and Cognitive Science," *Man* 26, 1991, p.186.

〔15〕 Daniel Miller, *Material Culture and Mass Consumption*, Oxford, 1987.

〔16〕 Colin Renfrew, "Varna and the Emergence of Wealth in Prehistoric Europe," in A. Appadurai ed., *The Social Life of Things*, Cambridge, 1986, pp.141-168.

〔17〕 Mary Carruthers, *The Book of Memory: A Study of Memory in Medieval Culture*, Cambridge, 1990, p.20.

〔18〕 同注 10, Lakoff and Johnson, *Metaphors We Live By*.

〔19〕 Nelson Goodman, *Languages of Art: An Approach to a Theory of Symbols*, Indianapolis, 1976, pp.45-95.

〔20〕 Kimball A. Romney, John P. Boyd, Carmella C. Moor, William H. Batchelder and Timothy J. Brazill, "Culture as Shared Cognitive Representations," *Proceeding of the National Academy of Sciences*, USA 93, 1996, pp.4699-4705.

〔21〕 同注 11，Rawson, "Ancient Chinese Ritual as seen in the Material Record".

〔22〕 Robert W. Bagley（贝格利），"Changjiang Bronzes and Shang Archaeology," in *Proceedings, International Colloquium on Chinese Art History*, 1991, *Antiquities, Part I*, Taipei, 1992, pp.209-255.

〔23〕 同注 3，Hall and Ames, *Anticipating China*.

〔24〕 本文不会去探究文中讨论的中国古代器物所展示的广泛性技术。在这些例子中，公元前 5 世纪曾侯乙墓中的编钟，揭示了铸造技术与音乐振动模式的卓越技艺，参见湖北省博物馆：《曾

侯乙墓》，北京，1989年。我也不会进一步讨论掌握这种技术所需的认识过程。

[25] Jessica Rawson, *Mysteries of Ancient China: Archaeological Finds from the Early Dynasties*, London, 1996.

[26] 中国社会科学院考古研究所：《安阳小屯村北的两座殷代墓》，《考古学报》1981年4期，491—518页。

[27] 中国社会科学院考古研究所：《殷墟妇好墓》，北京，1980年。

[28] 卢连成，胡智生：《宝鸡𢐗国墓地》，北京，1988年。

[29] Jessica Rawson, "Ancient Chinese Ritual Bronzes: The Evidence from Tombs and Hoards of the Shang (c. 1500—1050 BC) and Western Zhou (c. 1050—771 BC) Periods," *Antiquity* 67, 1993, pp.805-823.

[30] Miller, *Material Culture and Mass Consumption*.

[31] Ian Hodder, *Reading the Past: Current Approaches in Interpretation in Archaeology*, Cambridge, 1986; Miller, *Material Culture and Mass Consumption*, pp.118-121.

[32] Krzysztof Pomian, *Collectors and Curiosities, Paris and Venice, 1500－1800*, E. Wiles Portier trans., Cambridge, 1990.

[33] 同注29, Rawson, "Ancient Chinese Ritual Bronzes".

[34] 同注4, Damasio, *Descartes' Error: Emotion, Reason and the Human Brain*.

[35] Barry J. Kemp, *Ancient Egypt: Anatomy of a Civilization*, London & New York, 1989, pp.137-138.

[36] Hans Belting, *Likeness and Presence: A History of the Image before the Era of Art*, E. Jephcott trans., Chicago & London, 1994.

[37] 整篇论文的前提是：构成丧葬模式的主要理论是典型的中国式观念的组成部分，与西方的哲学或宗教思想并不相同。在这种情况下，中国人不可能将随葬品仅仅看作是"再现"（representation）。

[38] 同注25. Rawson, *Mysteries of Ancient China*.

[39] Virginia C. Kane, "The Independent Bronze Industries in the South of China Contemporary with the Shang and Western Chou Dynasties," *Archives of Asian Art* 28, 1974, pp.77-107; Bagley, "Changjiang Bronzes and Shang Archaeology".

[40] Rawson, *Mysteries of Ancient China*, no.22.

[41] 对虚构的广泛讨论可能适合于西方背景，但是不太可能适用于古代中国。参见：Edward R. Tufte, *The Visual Display of Quantitative Information*, Cheshire, 1983; Kendall L. Walton, *Mimesis as Make-believe: On the Foundations of Representational Art*, Cambridge, 1990; Gregory Currie, *The Nature of Fiction*, Cambridge, 1990.

[42] Rawson, *Mysteries of Ancient China*, pp.11-30.

[43] 见湖北省博物馆：《曾侯乙墓》，同注24。

[44] Rawson, *Mysteries of Ancient China*, no.63.

[45] 同注36. Belting, *Likeness and Presence*.

[46] Lothar Ledderose and Adele Schlombs eds., *Jenseits der Grossen Mauer: Der Erste Kaiser von China und Seine Terracotta-Armee*, Munich, 1990, no.25.

[47] Ladislav Kesner, "Likeness of No One: (Re) presenting the First Emperor's Army," *The Art Bulletin*

77(1), 1995, pp.115-132.

[48] Bloch, "Language, Anthropology and Cognitive Science"; Miller, *Material Culture and Mass Consumption*.

[49] 中国科学院考古研究所:《满城汉墓发掘报告》,北京,1980年。

[50] Anna Seidel（索安）, "Traces of Han Religion in Funeral Texts Found in Tombs,"见秋月观暎编:《道教と宗教文化》,东京,1987年,21-57页; Wu Hung（巫鸿）, "Beyond the 'Great Boundary': Funerary Narrative in the Cangshan Tomb," in J. Hay ed., *Boundaries in China*, London, 1994, pp.81-104. 该文的中译文,可见巫鸿:《礼仪中的美术:巫鸿中国古代美术史文编》,郑岩、王睿译,北京,2005年,205-224页。

[51] Rawson, *Mysteries of Ancient China*, nos.87 and 88.

[52] 司马迁:《史记·封禅书》,北京,1959年,卷一二,458页。

[53] 在阐述中国丧葬习俗的众多理论中,包括了关于古代中国人灵魂观的观点。一些学者曾试图从汉代甚至更早时期的文献中获得灵魂及其目的地的系统观念,参见: Yü Ying-shih（余英时）, "O Soul, Come Back! A Study in the Changing Conceptions of the Soul and Afterlife in Pre-Buddhist China," *Harvard Journal of Asian Studies* 47, 1987, pp.363-395。然而,就像我们所描述的另外一些方面,文献叙述以及现代学者对这些叙述的解释很明显与当时的墓葬模式不一致。历史与哲学文献中会随意提及灵魂可以划分为上天的"魂"与入地的"魄",但是并没有证据表明,墓葬的出资者与墓主人会接受这些观念,参见: Ken E. Brashier（白瑞旭）, "Han Thanatology and the Division of 'Souls'," *Early China* 21, 1996, pp.125-158. 在他的论述中,据说灵魂的"魂"将升入天堂,而"魄"则继续留在墓中。然而我们从玉衣（图8-10、8-11b）中可以看到当时人们保存肉体的追求。这种追求是如何与魂魄相关联的呢? 我们所描述的另外一些墓葬也很难以魂魄的划分进行解释。

[54] 见湖北省博物馆:《曾侯乙墓》。

[55] Donald Harper（夏德安）, "Resurrection in Warring States Popular Religion," *Taoist Resources* 5, 1994, pp.13-28.

[56] Rawson, *Mysteries of Ancient China*, nos.69 and 95.

[57] Donald Harper, "A Chinese Demonography of the Third Century BC," *Harvard Journal of Asiatic Studies* 45, 1985, pp.459-498; Harper, "Wang Yen-shou's Nightmare Poem," *Harvard Journal of Asiatic Studies* 47, 1987, pp.239-285.

[58] 见 Anna Seidel, "Traces of Han Religion in Funeral Texts Found in Tombs".

[59] Albert E. Dien, Jeffrey K. Riegel and Nancy T. Price, *Chinese Archaeological Abstracts, vol.3: Eastern Zhou to Han*, Los Angeles, 1985, p.1360.

[60] Anna Seidel, "Traces of Han Religion in Funeral Texts Found in Tombs".

[61] 同注57。

[62] Li Ling（李零）, "An Archaeological Study of *Taiyi* (Grand One) Worship," *Early Medieval China* 2, 1995-1996, pp.1-39.

[63] Angus C. Graham（葛瑞汉）, *Disputers of the Tao: Philosophical Argument in Ancient China*, La Salle, 1989.

09

图像的力量
——秦始皇的模型宇宙及其影响[1]

在过去的四分之三世纪中,唐代精美的釉陶塑像,如骆驼和仆从等,一直为收藏者和博物馆所珍视。它们向来被称赞为出色的雕塑,但在墓葬之中的功能却很少为人留意。本文对秦始皇陵(公元前210年)的讨论将会揭示,墓中的塑像其实只是一个包含各种结构与图像的大型整体中的组成部分。复杂而精巧的秦始皇陵包括真正的人和动物以及缩小的青铜马车、宫殿模型和天体图像,而享有盛名的兵马俑不过是其中一个组成部分。如果我们想了解这些包含了众多组成部分的整体为何而作,我们就必须考虑古代中国人是如何看待各种图像的。似乎在古代中国人的眼中,图像即等同于其所表现的主题。通过使用青铜、陶瓷或绘画等不同材质和手段来创造图像,古代中国人为死去的皇帝再现出一个宇宙。本文将会阐述使这种图像理解方式得以形成的哲学概念,并会运用考古发现和文本材料来释述相关讨论。近年的考古发现迫使人们以新的目光来看待中国墓葬中的模型。在古人眼中,这些图像具有相当大的力量。中国人从来不收集墓俑,因为在他们眼中,这些塑像是属于死者的真实的仆从和士兵。

中国墓葬中的侍者、乐舞及动物(如骆驼)等模型,在今天被人们当作艺术品收藏。它们所具有的艺术性、写实性、生动的气韵、对人物个性的刻画,还有活灵活现的色彩,都为人们所看重。[2] 但其实这些模型并非艺术品,甚至也不是供展示所用。它们偶尔会被认为是陈列于葬礼中供人观看的。然而,单是为了向送葬者进行短时间的展示,似乎解释不了这些作品的精细程度，及其在大型墓葬中的庞大数量。同样，"葬礼展示说"（funeral display）也解释不了为何这些塑像会被如此精心地布置在墓葬整体环境中。[3] 因此，如果这些模型是为位于地下的墓葬而准备的，其目的何在？[4] 它们是否具有我们不能完全理解的功能和力量？在我们观察这些塑像时，这些问题就会被塑像本身所引发——正是它们的逼真度让我们产生了各种问题。而这就是某种力量存在的明证。

大多数人，更确切地说，大多数文化，都是按照人们脑海中明确的概念在不同材质之上——或绘、或刻、或铸——去创造图像；很少纯粹以观赏为目的来进行制作。[5] 另一方面，美学特性也被认为是具有重要功能的图像的基本特质，例如在很多宗教中的神祇形象就是如此。一般来说，艺术上悦人或骇人的图像都会被认为（实际上也能够）对观者施加力量，从而使观者对图像所表现的主题或其持有者产生印象。无生命的图像是如何做到这一点的？这也许是因为在艺术上悦人或骇人的人、物和场景都无可避免地吸引着我们的注意力，因此它们能对我们施加影响。这似乎是一种基本的人性。我们会被自己所见的东西影响。因此，艺术家和工匠会凭借创造具有力量的、可影响我们的图像来引发我们的反应。[6] 进一步说，人们也希望图像能吸引到灵魂或神祇等不可见的存在。

或许由于图像如此有魅力，以致观者通常会混淆图像所表现的主体与图像本身之间的关系。[7] 观者亦因此会把他们对主体的感觉转移到图像上。这种混淆导致了纳喀索斯（Narcissus）[8] 的故事的产生。而且，图像的影响迅速而直接，产生于一瞥之间。的确，我们接受图像的速度是如此之快，因此若我们稍不留意，就会被逼真的图像所欺骗。在西方，这种现象因普林尼（Pliny）记述的故事而著名：宙克西斯（Zeuxis）画技高超，他画的葡萄连鸟儿见了都会飞下来啄食。这个故事同时具有这样的含义：这是一个骗局，并且，图画是，也始终只是图画。[9]

有些图像则具有更大的力量，但这种力量却往往被认为是理所当然的并因此而被忽略。图像，尤其是描绘不可见事物的图像，经常被人们用作理解其所表现主体的工具。例如，绘画和雕塑在表现某种形式的基督或撒旦的同时，亦会因此影响，甚至限制了人们对神祇和魔鬼的看法。我们将会在以下的论述中看到，思维可以决定图像的某些方面，但图像也的确有可能限制思维。

但如果观者发现被选择的表现形式与他们从文本中或亲身经历中获得的观念不一致的话,这些图像就不会具有说服力了。因此即使没人见过撒旦,但多数人都认为中世纪绘画中长有尖角及长尾的黑色怪兽是可信的魔王形象。人们对画像或塑像的依赖并不奇怪。像包括迈克尔·巴克桑德尔(Michael Baxandal)在内的许多研究者所主张的那样,绘画能补语言之不足,向人们提供特定细节。[10] 这是图像一个非常有趣的特征;尽管它们可能"只是"我们所说的一幅画或一座雕塑,结果它们却总是被认为表现了那个我们不能用其他方法见证或理解的世界的某些形迹。对于很多人来说,天堂的概念基本都来自于绘画。这个特征也使得图像能在所有文化中对观者施加强大影响。

在西方,我们也有办法赋予无生命的图像以力量。向图像或塑像祷告和献祭在中世纪基督徒中普遍存在。其形式一般采取涂油礼或在神像中置入小片人或动植物遗骸的方式。在这种情形下,一个与圣物(圣油、鲜血或遗骨等)接触的物理过程被认为是必要的。虽然很多民族都试图以此种方法赋予图像力量,但中国人对此却有着相当不同的着眼点,他们着重于运用类比的方法。[11] 中国人似乎对图像有着一种复杂的态度。这种态度假设,如果一个图像是令人信服的,或者说,是拥有正确的特征的话,那么这些特征就会赋予图像其描述的人或物的力量。[12] 图像和其描绘的内容似乎是如此不可分割,以至于事实上它们已没有区别。我将在本文中探讨一些来自中国的案例。在这些案例中,绘画和模型被等同于其所表现的主体。在这一点上,很明显对任何系统或种类的图像来说,语境都是至关重要的,因为它塑造了观者的期望。本文的主要目的就是要分析中国墓葬中图像的思想背景,并且去探讨墓中图像本身如何被理解成活跃的能动者。

我的论述将从对公元前3世纪或更早墓葬中的陶俑的描述开始【图9-1】。以人物和神灵为题材的绘画和浅浮雕,在公元前3世纪到清代的所有主要墓葬中都占有重要的地位,但却没有得到很好的理解。[13] 这些堆满陶俑,同时绘有或刻有仆从、乐舞、四神等等场景的墓葬,难道仅仅是墓主过去生活的无声纪念?又或者是墓主在冥世的居所,甚至是死后的世界?作为纪念性的事物,它们应该是静默的。

但作为一个冥世的居所,墓葬就会为墓主所居住和使用。但为何一幅绘制或刻画而成的宴饮图会被认为可以提供实际的食物呢【图9-2】?刻在墓中的代表东方的青龙又扮演着什么角色【图9-3】?这些都是根本性的问题,而我将会结合文本和图像,尤其是出自墓葬中的材料,来讨论考古遗存,以期对这些问题做出解释。

秦始皇兵马俑是世界上最广为人知的图像之一,它给我们提供了

[9-1] 西安临潼秦始皇陵1号坑出土兵俑,公元前3世纪晚期。作者拍摄。

[9-2] 河南密县1号墓石刻宴饮线绘图,东汉时期,公元1至2世纪。引自《密县打虎亭汉墓》,北京,1993年,183页,图145。

[9-3] 青龙,拓自四川芦山王晖石棺,东汉时期,公元211年。引自高文、高成刚《中国画像石棺艺术》,西安,1996年,3页。

墓葬 | 215

首要的例子（参见图9-1）。以秦王身份开始登上政治舞台的秦始皇，最终征服了战国时期其余的六国，一统我们今天称之为中国的疆域。其统一大业在公元前221年完成，他本人则卒于公元前210年。他的陵墓，尤其是陵墓中的兵马俑，从三个方面引发了图像在古代中国担任何种角色的问题：非同寻常的塑像规模；铠甲和兵器等元素表现的精确度；以及这些军队被永藏地下的事实。秦始皇以七千多座塑像为自己装备了一支完整的军队。这些塑像都是真人般大小；同时还有显示战阵中各式各样兵种和军衔的制服和头饰；他们在眼睛与胡子等容貌特征上表现各异，显示出丰富多彩的个性；而且他们所持的兵器也是真实的。[14] 所有这些我们今天仍然可以观察到的特征，恰恰也是当时吸引和使观者信服的特征。兵马俑的逼真度和完备性都毋庸置疑。不过，即使是在最初完工之时，秦始皇的臣民及敌人都没有亲见这支军队；它们被埋在地下建筑之中。在这种情况下，这支军队的力量似乎并不在于震慑生者。

兵马俑坑位于呈覆斗形的主陵东侧【图9-4】。主陵西侧另有一较小的陪葬坑，其中出土两辆1/2实物大小的铜马车。它们以其机械部件的精确性而著称。其他的遗物包括马匹骸骨及马夫陶俑；装有鸟兽骸骨——大概是来自皇家园林的猎物——的棺木；至于人骨架，一般认为是被秦始皇的继承者为了铲除王位争夺者而强迫殉葬的皇室成员和后妃。最近的新发现是一个储备多副石质铠甲的兵器库。这些不可能是用来防御真实的敌人的，因为石质的甲片远不能抵御金属武器的攻击。[15] 关于潜在敌人的问题，我们将会在稍后讨论。

约一个世纪之后，伟大的历史学家司马迁描述了他对陵墓内部状况的了解：

> 始皇初即位，穿治骊山，及并天下，天下徒送诣七十余万人，穿三泉，下铜而致椁，宫观百官奇器珍怪徙臧满之。令匠作机弩矢，有所穿近者辄射之。以水银为百川江河大海，机相灌输，上具天文，下具地理，以人鱼膏为烛，度不灭者久之。[16]

我们不知道这段关于陵墓内部情况的叙述是否正确，但这段描述至

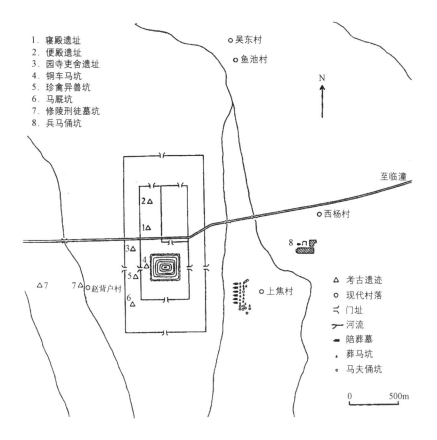

[9-4] 西安临潼秦始皇陵及其周边遗迹平面图，公元前3世纪晚期。引自 L. Ledderose, *Ten Thousand Things: Module and Mass Production in Chinese Art*, p.55.

1. 寝殿遗址
2. 便殿遗址
3. 园寺吏舍遗址
4. 铜车马坑
5. 珍禽异兽坑
6. 马厩坑
7. 修陵刑徒墓坑
8. 兵马俑坑

△ 考古遗迹
○ 现代村落
⊐ 门址
╱ 河流
▬ 陪葬墓
· 葬马坑
○ 马夫俑坑

少表明，在秦始皇死后不到一个世纪的时间内，上层社会依然认为大型墓葬中应配备成套的景观。[17] 继秦墓之后，很多已发掘的汉墓中也展示了大量的图像。其主题多是墓中的生活，包括宴会、百戏、出游、异兽（有时出现在山峦景观中）等，还有日月、四神等图像和玉璧之类的祥瑞之物。[18] 在某些晚期的汉墓中，还表现了西王母等神仙的形象。[19] 显然，在不同的社会阶层、时代和地域中，墓中图像和日用器的数量会有所差异，但只要可能的话，墓主总是能得到几乎涵盖冥世生活所需的一切设施。[20]

假如我们回到对秦始皇陵的讨论上来，我们会发现整个墓葬情景的构成很耐人寻味并且令人费解。军队是真人大小的，但为皇帝本人准备的战车却只有实物的一半大小，我们应该如何看待这一组合？为什么士兵是用陶土烧制而成，但同被陪葬的马匹却是来自皇家马厩的活马？什么样的敌人需要用石质的铠甲来防御？秦始皇为何会喜爱以流动的水银表现河流的世界图景？当日月继续出现在墓内的天空中，这些天体间是何关系？这些明显的不一致性绝对不止出现在秦始皇陵中，它们一直延续了数个世纪。从公元前3世纪（或者更早）起，中国人就表现出在墓中配合使用图画、模型和日用器物的倾向，其结果就是人世的生活场景被完全复制到墓中。[21]

而最重要的问题是，兵马俑到底为何而作？这个问题使所有看到过秦始皇陵的人，包括每年大批的观光者，都感到困惑。我赞成其他学者已经提出的观点，即兵马俑并非无声的象征物，而是一支用于抗击将来——即冥世中——可能会对秦始皇发起攻击的军队。[22]

如果我们想要理解复杂陵墓的建构和装备基于何种思想背景，我们就必须大致回顾秦始皇时期流行的宇宙观。首先，我将简要地描述一些有关的总体性观念。然后，我会根据这些观念，指出当时的人们如何在这些观念下，将拥有实物特征的模型和图画等同于它们所表现和提供的主体。最后，我会提出图像的有效性是人们一直以来重要的追求，而图像的有效性与保证物主无忧生活的强烈愿望是紧密相关的。因为在古代中国，对美好将来的关注胜于一切，甚至到了今天还是如此。

对处在西方图像观念背景之下的我们来说，理解兵马俑的角色和功能等问题尤其迫切。在西方的话语中，图像在某种程度上永远和其所表现的人或物有着明确的区别。而且，我们总有将图像看成劣等的倾向。在柏拉图的《理想国》和《圣经》中，世界被视为从属于某些终极真理之下。进一步来说，绘画，或者说图像，被看成低劣于实物，甚至是远离现实的。西方人受限于这样一个观点，即绘画或雕塑所塑造的图像是另外的、他处的事物，并且绘画和雕塑都不能精确地表现原物，或至少异于原物。在这样的背景下，西方人很容易把兵马俑看作是对秦始皇真实军队的复制。[23] 很多人试图把这些逼真的塑像解释为肖像或对士兵的刻画。而以这种观点来理解，这些兵俑则会被定义为不同于士兵真人的、别处的"他者"。[24]

然而，这种方法忽略了古代中国的一些基本观念。其中有两个与之尤其相关：第一个是相互关联的宇宙观念，其间天、地、人三者是关联的。人们认为，天、地、人（包括生者和逝者），都组织在类似的君主、官吏的等级结构之中。也就是说，在天国中、大地上（包括山川河流），以及在死者的世界中，都存在着等级和职能与人世相似的统治者和官员。

中国人构想的不是一个在天宫中有着超凡神祇的世界，而是一个复杂的各部分相互关联的系统。在该系统中，人世作为天界的模型而与后者紧密相关。[25] 所有的构成部分都同样重要。没有哪一部分会比另一部分优越。因此乍看之下图像并不会低劣于其描述的事物。同样地，这种观点不会使天界显得比人世优越或后者只是前者的从属。相反，这种观点认为这两者是互相关联的。由于这个原因，各种形式的占卜很早就被采用来证实上天的旨意。在各种卜术中，与现在的讨论最为相关的是那些关注自然现象（如月食与风暴）的方法。这种对明显的自然现象的关注，也延伸出对寻常事件（例如鸟的飞行、雾或气的形状）的兴趣。[26] 我们会在下文中看到，在秦汉时期，描绘云雾等现象特征的图像被认为具有原物的力量。[27]

第二组观念则形成了一组关于高度组织化的时空系统的概念（整合在以60年为一轮回的周期中）。至迟从公元前1200年开始，中国人在之后的1000年中构建出一个有规律的、甚至可以说是几何性的框架。此框架糅合天地，并为有关黄道、星座及历法的十二等分的解释奠定了基础。在公元前3世纪前，一个系统的宇宙观已经发展起来。它使人们能以对天体运行的说明作为基础来解读大小事件。各种地图和星表，一般被统称为"图"，被用于表现联结着天地、四季、月份和日期的天文历法体系。[28] 这种高度系统化的排列被认为是宇宙秩序的真正精髓，并被视为预言的工具和吉运的保证。[29]

北极星和星宿是天文历法系统中的基本组成部分，它们因被视作神祇（后来为星神）的居所而被赋予了更深远的意义。这包括了围绕北极星排列的九宫，北极星因位处正中而被认为是主神的居所。[30] 毋庸置疑，通过以建筑和雕塑来表现星宿的构成，并以人间为模本构建天界的做法来源已久。[31] 我们将会看到，一些墓葬就是参照着这一天文历法系统来建造的，并且其布局在某种程度上也与此有关。

这些关于天地关系的概念，在所谓的关联哲学中进一步得到发展。这种哲学表现的是另一种高度组织化的体系。其中"气"，自然能量，以及交替转换的"阴""阳"等概念被认为引发了宇宙中万物一切现象的产生。而五行（金、木、水、火、土五种元素）则提供了循环变化的机制。在这些天文历法系统及关联性思维的体系中，万象相连。种种事物，譬如季节、人体器官乃至色彩，都可以被纳入综合的示意图表中。与其使用天文历法系统的几何式图表，各种各样的关联关系通过对事物详尽而全面的列表来阐述宇宙。与这个全面的、几乎是百科全书式的方法相伴随的，是对类比的明显兴趣。事物凭借相似的特征而具有可比性，在定义上这一切又都可在关联性系统中被联系起来。关联性思维，似乎是使中国人能够将图像及其主体看作具有相同的特征和功能的一个因素。该理解方式的另一基础是早期对自然现象的关注，人们似乎认为它们会为人类活动提供指导。用史华慈（Benjamine Schwartz）的话来说，"关联性宇宙观背后所真正关注的，似乎是要在人和自然现象的相关性中，通过与周期、节奏及自然规律的调和，寻找掌控人类文明及个体命运的手段。"[32] 因此人们致力于将人造的世界作为对天界的比拟。

我们从司马迁的记述中认识到，秦始皇把自己安全地置于一个可以被理解为图谱的宇宙中。他认为自己处于这一空间的中心，是四方宇宙的轴心。四方各有神祇，他们定期会得到祭祀。[33] 根据司马迁的记述，秦始皇本身就是一个五行序列和力量的信奉者。[34] 人间也同样有着特定的神灵排序。如山川和河流在某些情境下被设想成神灵，也因此在宇宙等级制度中获得一席之位。[35] 在一个如此井然有序的宇宙中，人间的君王也有着明确的角色，秦始皇把自己视为超凡的统治者。一位在生前就对自身有着极高认知的帝王似乎怎样都不可能会甘于在死后放弃其原有地位。相反，他应该会期望其力量能永存不朽，而陵墓就是使他在冥世得以延续权威的殿堂。

我们也知道，冥世和天界一样，被认为与人间相似。而通往这些非人间世俗世界的路径，一般是山中的小径或地下的墓葬。至迟在公元前6世纪，向神灵诉求的文书就开始被埋于地下。[36] 这些神灵可能是神仙，譬如在如今山东境内的泰山的山神，又或者是冥吏。从公元前5世纪开始，遣册类文书的存在表明，死者的财产在其入葬时会被详细清点。[37] 在过去数十年间，墓中出土的其他文书也表明，死者在冥世处于和人间极其相似的官员的管理之下。从公元前2世纪开始，就有大量的记述提供了关于冥府官员的等级和职能的详细信息。[38]

戴梅可（Michael Nylan）最近提出进一步的论据。她认为，司马迁忍宫刑之辱（一般的受害者可能早就不堪凌辱而自杀了）而作《史记》，很大程度上也是对其在许多传记中赞颂的古人的致意。这种看待逝去先人群体的方式似乎暗示着，这些逝去的伟人们仍能感知一切，即使他们只是在历史的记叙中存在。[39]

　　在这个发展了超过千年的文化综合观念之下，埋藏在地下的建筑、陶俑以及绘画几乎都是有目的的。他们通过在模型和绘画中表现出逼真可信的宫殿布局或上层社会的日常生活景象来再现人间世界。另一方面，无论是墓葬本身的结构还是墓内以天宫为题的绘画，都把日常生活的场景置于天穹笼罩的山峦之下。墓葬及其中的一切很有可能都旨在吸引观者，而我们可以设想，尤其是根据出土文献去推测，这些观者来自冥世。的确，就正如我将要指出的，考古工作现在已经揭示了一系列关于死后生活的复杂观念。[40]

　　在回到我们探讨的主题——墓中或其他情景之下使用的陶俑和绘画——之前，我们必须首先摒弃一个不时被提出的观点：墓中的模型不过是复制品或替代品；以及随之而来的认为死者没有知觉而不需要真实物品的观念。如果这些观念成立的话，那么秦始皇及其后来者的陵墓中复杂的配置都不过是纪念性的，而陪葬品也不会有更进一步的功能。在这一背景下，假若某物被看作复制品或替代品，则肯定意味着它的功能不如原物。这种观点基于中国古代一些哲学家的看法，即死者是没有知觉。而古代怀疑论者们的观点也常常吸引着西方学者，使之不愿意进一步探索复杂墓葬的含义及其中图像的内涵。他们很多都选择追随孟子（活跃于公元前4世纪）、荀子（活跃于公元前3世纪前期）和较晚的王充（27—100）等思想家的观点——他们均在某种程度上排斥这样的观点，即墓葬布局作为提供、准备冥世生活的角色出现。[41]

　　"明器"是在所有关于随葬模型的讨论中被普遍援用的术语。不同的翻译包括灵器、神器等。尽管"明器"是一个可以被合理地用作指代某些甚至全部随葬品的固有名词，但很明显这些随葬品绝不像一些古代或现代的学者所假设的那样，只被视作不具备实际功用的复制品或替代品。只有少数的随葬品确实是模型或复制品。而很多都是真正的日常生活用品，例如明显具备实用功能的整套衣物。目前我们并不清楚，在公元前 3 世纪,"明器"这一术语是特指那些通常被认为不具备实际功能的随葬模型或绘画,还是包括那些也出现在墓葬中的日常用品。

对我们当前的讨论很重要的一点是,思想家们(我马上会就他们的观点给出概要)似乎并未认识到,或是没有更好地理解,大多数人试图通过随葬模型和图画来提供冥世生活的全景。以下的引文反映出(这些思想家)对墓葬建造缺乏总体的了解,虽然就那些不能享用奢华物品的等级较低的墓葬来说,他们所提供的关于墓葬特征的某些信息可能是正确的。

荀子在其著作的第十九章中,完整地阐释了随葬品不能与生者所用物品相提并论这一观点。[42] 他清楚地表明,逝者需要他们在生前所有的一切物品类别:

> 丧礼者,以生者饰死者也,大象其生以送其死也。故如(事)死如生,如(事)亡如存,终始一也。

在这里荀子显示出他明确地知道随葬品是比拟日用品的。但他同时也认为,墓葬中提供的物件并非日常所用实物:"陶器不成物,薄器不成内。"然而这一信息明显不正确。很多墓葬都随葬有制作精美的青铜器、漆器和陶瓷器。荀子继续论述道:

> 趋舆而藏之,金革辔靷而不入,明不用也。象徙道,又明不用也,是皆所以重哀也。

由此可见,荀子认为墓中的物品并不会被真正使用,但他的同代人则不见得会与他持有相同的见解。他们经常以全套马车作为随葬品。荀子在一段被人频频援引的语句中总结道:"故生器文而不功,明器貌而不用。"

这是有助于我们区分生器与明器的一个显著差异。在荀子看来,为逝者而作的"生器"是因为它们的制作方式(譬如被造得太轻薄)而不具备实际功能。而明器虽具备精确的外表但也并非实用。然而正如上文所提到的,荀子的看法并不能全面反映他那个时代的高等级墓葬的情况。在某些情况之下，"明器"一词可能指代对贵重物品的仿制，譬如仿铜的陶瓷器。在秦汉之前，就有许多墓葬中包含了劣于精美日用器原型的仿制品。但在许多厚葬墓中，并不是所有的随葬品都是如此：它们不仅包括精美的青铜器和漆器，还有金、银、玉等材质的器物。在稍晚的时期，"明器"一词被用于指代模型，诸如随葬于唐代墓葬中的质量上乘的釉陶马与骆驼。[43]但这似乎并非它们原有的用途。举例来说，荀子的著作没有明确提到模型和绘画，在引文中他也没有描述真人殉葬或使用日用器陪葬，而这些却是他那个时代及稍晚时期的普遍现象。[44]荀子肯定知道随葬品中包括一些日用器，但他可能简单地认为，这些物品（在他看来）并不会被使用，因此也就不再属于"生器"了。

正如我们讨论过的，贵族阶层内最高等级成员的墓葬中确实可能会以实物和真人陪葬。[45]就秦汉及其后的皇室而言，高级墓葬都拥有宏大的规模，[46]而属于皇族成员的主墓周围的陪葬墓的增加，似乎暗示着这些被葬于一处的人们共同组成了一个团体。死者生前使用的物品及以模型或绘画形式出现的复制品，被用于各种不同的组合中。因此秦始皇陵中的日用器具组合（包括陶器模型、青铜器模型、绘画甚至真人等）在当时、甚至在之后的贵族墓葬中都十分典型。当时（公元前3世纪）负责建造陵墓的官员是否会将所有或部分这些器具称作"明器"呢？对此我们并不清楚。

此外，大型的墓葬还相当于一座堡垒。兵器被埋藏其中，而墓主若是男性的话，可能还会有兵器随置身旁。墓主似乎要随时准备迎战。[47]当然，秦始皇由著名的兵马俑大军守卫，很多其他墓葬则以石门和巨大沉重并经过精心凿刻的石块封闭。[48]死者似乎对外界怀有很大的恐惧。还有可能死者一旦离开他们的墓穴将会对生者构成威胁。生者为死者在墓中提供所有给养和娱乐，可能就是为了将其留在墓穴之中。所有这些精心的安置都暗示着，当时的人们并不将墓葬和其中的死者视为静默的存在。那种认为死者无知觉无生命的观念是与墓中出土的一系列文献证据相违背的。[49]因为正如上文所述，墓葬中不仅发现了呈送冥吏（其头衔和职能都被标明）的告地策，还有墓葬所在地的买地券（显示土地原属冥吏所有）、镇墓文、冥世游历见闻，甚至多种使生前受过教育的人能在死后担任官职的文书。[50]

早期文献中的讨论似乎以死者不需要奢华墓葬为由来批评厚葬，但它们却都没有对随葬品的丰富性做出解释。更重要的是，它们从来没有提及绘画，尽管这些图像包括了天体、日月和星宿，还有宇宙中的其他特征物譬如代表四方的四神等。但既然在整个知识群体中，对天文观测的关注和兴趣都极大地存在于所有和预言有关的事项中，这些绘画不可能是无足轻重的。所有关于墓中或其他情景之下图像的讨论，都不能忽略这些绘画。[51] 这种情况表明，墓葬具有两个与图像使用相关的特征：首先，墓葬中都使用实物或在精确性上非常接近的模型，以求达到尽可能真实的效果；第二，墓葬中为死后生活所提供的设置，都符合墓主的身份等级。体现在精确度和完整性之上的逼真感，似乎被认为是使模型、绘画及整个墓葬发挥作用的关键。很明显，只有贵族阶层中最尊贵的成员才能拥有完全逼真的布局。随着社会地位的下降，所能配置的日用器、模型和绘画也就渐趋简陋。

如果源于各种传世哲学文献中的对墓葬的理解和解释不是十分可信的话，我们还可以应用其他方法依据本文开头提及的观念来理解墓葬整体情况。我的讨论将会从墓中放置的或综合体现出的表现天文历法系统的图表和星图开始，之后探讨更多的绘画和模型的例子。

对宇宙形状和天体位置的兴趣，被记录于反映了天圆地方概念的图式中。十字四角也是限定天的结构的重要特征【图9—5】。这一广为人知的结构肯定影响了当时的学者从总体上看待宇宙的方式，并且是表明图像如何影响思想（正如后者影响前者一样）的一个例证。这一结构同样是占卜所用图式的基础。[52] 类似的图表在秦汉墓葬中都有发现[53]，而铜镜作为广受青睐的一类随葬品，也经常以同样的指代天地的图像元素作为装饰。其中主要的一类在今天被称为 TLV 铜镜（得名于其上与西方字母相似的图案），在公元前 2 世纪末叶开始流行【图9—6】。[54] 一些早期的铜镜也显示出涉及宇宙观的特征。对墓中铜镜的重视给人这样一个印象：就像我们在登山探险时携带指南针一样，墓主希望把缩小的宇宙带至死后的世界，以确保自身的利益。[55] 这类铜镜上的铭文强化了它们作为吉祥用品的角色。[56]

墓葬结构本身通常也会带有以绘画形式表现的宇宙图式类装饰。自

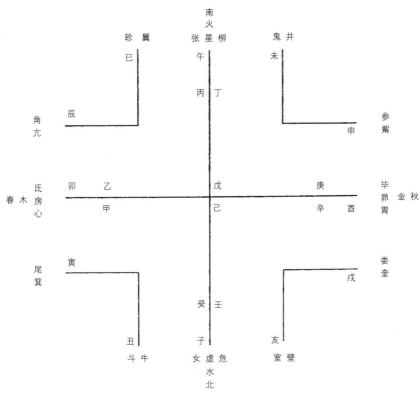

[9-5] 湖北沙市秦简中所绘式图，公元前3世纪。引自M. Kalinowski, "The *Xingde* Texts from Mawangdui," fig.6.

[9-6] TLV铜镜背面拓片，王莽时期，公元9—25年。引自陈佩芬《上海博物馆藏青铜镜》，上海，1987年，图41。

公元前2世纪以来，很多墓葬都在墓顶绘有天象图。如果司马迁关于秦始皇陵的描述可信的话，那么这也会是一个以天象为墓葬装饰的例子。当这些天象图出现在图式中时，有时会被表现在圆周之内。这种形式可见于公元前1世纪位于西安的一座墓葬中【图9-7】。四神图像有时也会被加入其中。虽然这些图像并不是千篇一律的，但为人所熟知的代表东方的青龙、西方的白虎、南方的朱雀以及北方的玄武是墓葬中常见的图像，在规矩镜上亦然。作为符号，这些图像的意图可能是将墓葬及墓主置于宇宙之中，因此它们具有图示的功能，而不是像我们之前猜测的那样，像士兵或仆从的模型般具有

墓葬 | 225

[9-7] 西安西汉壁画墓天顶上天赤道线绘图,以星宿图案环绕日月,公元前1世纪。引自《西安交通大学西汉壁画墓》,西安,1991年,25页。

实用功能。

表现宇宙的方式在之后的若干世纪中得以继续发展。墓葬,尤其是唐墓,以方形主墓室代表大地,同时覆有代表天空的穹窿墓顶。不仅表现天体的绘画变得更加精美,代表生肖的兽首人身像也从汉代开始明显受到了更多关注。写实的生物图像作为生肖符号偶尔会在公元6世纪的墓葬中出现,但更多时候出现的是兽首人身像。[57]它们可能和天象图一起被绘于墓顶。例如,位于北京附近宣化地区的一座12世纪的墓葬【图9-8】中,莲花居于墓顶正中,当中可能曾经悬有一面铜镜。[58]莲花的外围依次是西方黄道十二宫、二十八星宿,最后是中国的十二生肖。另外还有两种安排生肖图像的方式格外引人注意。在相对较晚的墓葬中,它们以壁龛中的兽首人身陶俑的形式出现,环绕在墓主四周。类似的表现形式还出现在装饰精美、覆盖在记述墓主生平的长篇墓志铭上的石刻墓志盖上【图9-9】。[59]在某些墓志盖上,生肖图像围绕着墓主的姓名,似乎要将其置于宇宙的中心。[60]但相对而言,在这些情况下,四方神兽的图像更加常见。

天体、四方神兽以及生肖图像在墓葬中的表现方式并不像在地图和星

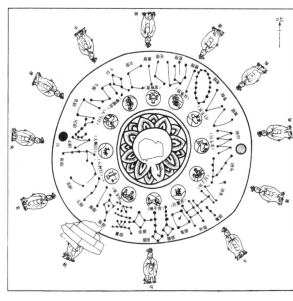

[9-8] 河北宣化辽墓天顶星象线绘图,1117年。中心为莲花图案,当中可能曾悬有一面铜镜。莲花图案之外环绕着一系列包含西方十二星座符号的小圆环,再外围是二十八宿及日月,最外圈则绘有中国十二生肖。引自《文物》1990年10期,图17。

表中那样严谨。然而，在超过一千年或更多的时间内，墓葬似乎被设计成体现出某些图表的特点，并且，可能包含了将墓主置于宇宙之中的意图。这些墓葬内部的符号可能还伴随着地面上与其精心对应的坟丘和其他建筑（大部分现在已经消失）。基于对天文历法系统以及墓葬与墓主之朝向对应关系的关注，我们可以认为，中国人清楚地知道墓葬在宇宙中所扮演的角色。使用符号系统来为逝者提供一个宇宙，是完善冥世生活所需设置的一种途径。

[9-9] 赵公墓志铭盖拓片，出自北京赵公（公元777年）墓志，其中墓主人名号四周环绕有十二生肖动物形象。引自《文物》1992年9期，72页，图4。

如果要整合对墓葬中模型（包括兵马俑和日月图像等）的解释和本文开头所述的宇宙观，我们还必须考虑到写实性图像（以绘画或陶塑的形式出现）会在哪些方面发挥力量和作用。处理这个问题有几种方法。第一种是高度理论化的，并且只能为我们理解中国古代图像观提供一个背景。正如上文所述，自然界中的现象被认为是上天旨意的表现。[61] 这些现象通常被描述为"象"，一个同时意味着"相似"的词，譬如，绘画所刻画的"象"是与其主体相似的。这一同时可以是名词和动词的字眼，有着诸如图像、塑像或赋形等多种含义。薛爱华（Edward Schafer）将此词译为对应物或相似物。[62] 我个人倾向于采用后者来指代模型、绘画及整个墓葬本身，虽然我更经常地使用图像一词。

中国式的宇宙被构想成一个封闭的完全整合的系统。这是一个阴阳力量共存的宇宙，其中万物在一个可通过观察而理解的系统中相互关联。[63] 自然现象的"象"被看作这种观察的途径之一。为了寻求吉运而对世界上的"象"进行的解读为我们带来了《易经》——最重要的预言工具之一，而"象"在其中扮演了主要的角色。此类预言方法是从古代对自然现象（从野生动物的行为到各种特殊现象如日食和月食等）的解读中发展起来的。[64]《易经》把这些现象解读为对世间人事结果的预示。在此系统中，"象"除了作为被解读的对象，还指代解释、建立和理解八卦及六十四卦的技术过程。[65]从以上的简要阐述中我们可以看到,"象"首先是待解读的对象,是预言的主体。因此"象"无可避免地被认为显示了不可抗拒的力量(即上天的旨意)的活动。用裴德生(Willard Peterson)的话来说:"'象'是独立于人类观察意识之外的存在,无论人们是否留意它们。"

作为这一基本含义的延伸,"象"也被应用于可见的天体——诸如日月星宿等——以作为显示天道之自然现象的主要例证。对"象"一词的此类用法可能恰好解释了司马迁及其他人对此词的借用。在《史记》中,司马迁对秦始皇的宏伟宫殿阿房宫有如下描述:"为复道,自阿房渡渭,属之咸阳,以象天极阁道绝汉抵营室也。"[66]我们看到,本来具有很强理论性的"象"在这里被延用至实际情况中。既然"象"可以被解读以辨清吉运或凶兆,那么人们毫无疑问也会期待宫殿和星宿间的关联能够保证吉祥、如意。[67]人们似乎认为,对墓葬(从秦始皇陵至唐墓以及更后期的墓葬)中日月及星宿图像的文学性描述,都可将墓葬转化为生者居处的相似物,换言之,就是"象"。

我们会有这样的一个认识,即,在我们的眼中,墓葬就是对秦始皇陵之上的封土堆的描述中所表现的事物,其中"象"又再次在实际意义上被使用:"树草木以象山。"[68]而在人造图像方面,"象"也在相似的意义上被进一步使用,而这将带给我们对模型(譬如兵马俑)更深入的理解。在怀疑者王充论及土龙和桃木塑像的著作中,我们可以看到这些物品有时也秉承"象"这一名称。和雨一同出现的天龙是"象"。推及陶制的天龙图像也是"象"。它们也和雨联系在一起:

> 董仲舒申《春秋》之雩,设土龙以招雨,其意以云龙相致。《易》曰:"云从龙,风从虎。"以类求之,故设土龙。阴阳从类,云雨自至。[69]

王充在以上的引文中并没有使用"象"一词,但他接着描述了一位楚侯的故事。此人非常喜爱龙的图像,因此他的封地经常享有充沛的雨水。换句话来说,龙的图像若被恰当地使用会具有"真"龙的效果。[70]这种态度亦深深植根于司马迁的著作中。他引用一位方士进谏汉武帝

(公元前140—前87年在位)的话道:"上欲与神通,宫室被服非象神,神物不至。"[71]

因此,"象"似乎可以用来指代种种人造的相似物,例如以建筑形式出现的星宿布局、以坟丘形式出现的对山岳的模仿、以陶制模型塑造的龙的图像,以及礼服上有关神灵的图案纹样。在秦汉时期,建筑、墓葬、模型还有绘画都可能(实际上几乎可以说是一定)被认为具有某些效力,甚至是能动性。而它们所具有的效力很有可能就是其对应物所具有的能力。[72] 我们不知道墓葬中的其他陶模和绘画是否也会被描述为"象",但它们似乎也被包括在上述的"象"的类别内。从汉代晚期纪念性铭文中偶尔对人物转化为"象"的描述可知,冥世可能在当时被理解为充满"象"的世界。[73] 这对理解模型和绘画的制作背景很有帮助,并且在这种理解中某些绘画和模型可能会被认为是"象"或相似物。

模型或绘画等相似物的一个不变的特点是,它们常常在细节上显现出精确性——在秦始皇陵中青铜马车的机械部件或是兵马俑的军衔标志就是最好的例子。而这些细节似乎是保证模型能发挥出和实物相同效力的特征。与表示功能或地位的视觉上的细节标志相比,尺寸和材质则相对不那么重要。在稍晚的时期,不同的特征也被强调,但值得注意的是,兵马俑所持有的兵器十分关键——它们是真正的、曾被使用过的兵器。正如雷德侯首先注意到的,这一特征在建造一支真人大小的军队的过程中至关重要。[74] 在这种情况下,我们可以看到,秦始皇对其在冥世的敌人的恐惧决定了什么会被视为真实,而正是逼真的尺寸使陶制的士兵能够使用真正的兵刃。因此,我们在秦始皇陵内不同的随葬品中看到的所谓矛盾,其实是对一系列不同的重点的强调。士兵可以被制成逼真精细的模型,但当时最有效的兵器无疑是青铜所制。另一方面,马车似乎并没有配合兵俑的尺寸(后者的尺寸是直接由兵器的大小所决定的),但却表现出每一个机械部件的细节。至于马厩中的马匹,则必须是生前曾被使用过的。这可能是因为它们是改良过的品种或受到特别喜爱。珍禽异兽坑中的动物似乎也是这种情况。

如果回顾一下描绘宴会场景的画作,我们会进一步看到相似物的力量,因为它们提供了墓中经常重现的一个成分。在中国社会中,对死者的供奉是如此关键,因此今天我们仍然必须把所有为此而作的努力视为一个至关重要的活动。我们知道在殷人的统治之下，乃至于周代的前七百年中（公元前1200—前500年），为先人亡灵所举行的仪式性宴会中会使用带有精美装饰的青铜器皿。这些青铜器也会被随葬于贵族墓葬中，可能也是为了某些特定的目的。人们似乎认为，死者仍然会用这些器皿在宴会中娱悦其在冥世的亲属。此外，由于死者的子孙们会按节令向墓中的先人供奉食物，因此墓葬中的器皿或许也是使食物得以被先人享用的途径。而即使是在早期，也有可能存在着这样一种观念：和日用器相媲美的随葬品保证了人们渴求的结果——供奉先人——的实现。这一重要活动（在西方有时被认为是祖先崇拜）于此后数世纪中一直延续，但器皿的形状和活动内容则有所变化。在公元前3世纪左右，漆器取代了青铜器。但生者向先人供奉酒食的行为——当然是以将食物供奉在先人牌位前祭坛之上的碗碟中的方式（至少我们假设是如此）——一直延续下来。人们可能认为，通过与随葬器皿的某种呼应，食物就能顺利地为先人接收。

在汉代，墓中可能包括日用的装饰精美的漆食器和酒器，又或者是被装饰为漆器的仿漆陶器，还有绘于甚至刻于画像石上（一种较为昂贵的材质）的宴饮图（参见图9-2）。在我看来，墓葬中表现宴会场景的绘画（其中包括了漆器）和仿漆陶器似乎被认为与真实的漆器有着同样的效力。因为这个原因，我倾向于将绘画视作相似物，因为它也具有所表现事物的特征。同样地，我认为兵马俑既非地位标志也非纪念性的塑像；它们是一支实际意义上的军队的相似物。必要时，它们的兵器便会派上用场。为了让食具和兵俑都具有实际效用，它们似乎就必须在细节的精确度和完整性（如果可能的话）上达到逼真的程度。文献中的记载也支持这一观点。数份出土于湖北高台汉墓的可以追溯至公元前173年的文书，是一位名叫燕的孀居妇人及其两名无名男性奴仆、一名具名的女性成年侍者变更户籍的官方通告。[75] 在此例中，由于墓中出土了两件木俑（第三座可能并不存在，或者已经腐朽），因此和"燕"妇人一同出现在文书中的奴仆都以木俑的形式在墓中出现。

后世对俗文学的研究为我们了解墓葬中的模型世界如何作用提供了大量的证据。如果我从杜德桥（Glen Dudbridge）曾讨论过的10世纪的故事集《广异记》中选取几个例子，我们就可以看到墓葬和墓俑在当时是如何被理解的。其中一个故事是，一名男子被误葬于其岳母王夫人的墓中。当他被发现并获救后，他向众人讲述了岳母在冥世的亲属为欢迎她来到冥世的新家（她的墓葬）所举行的盛大宴会。据他所说，宴会中的仆从全都是墓俑。一位最初毫无戒心的路人帮忙制伏了一队士兵，但他稍后却发现他们也全是墓俑。另一个故事则讲述了一位行人请求主人公助其修补马掌；但这一马匹居然是木质的墓俑，所以马掌是用胶修补的。[76] 马掌修好后，行人就骑马扬长而去。在佛教故事中，一名病妇认捐了数座铜像。在她垂死之际，正是这些刚铸成不久的铜像代表她出面交涉，而不是这些铜像所表现的神祇。[77] 在这些故事中，真实的人物就如同在墓中的情况一样，和模型共存。

某些人也有可能采取了我们今天认为是"魔法"的方式。如果他们从根本上理解为何陶俑会成为冥世的士兵和仆从，那么他们可能设想，封闭墓室这一道最后的仪式或许会导致模型向实际意义上的仆从转化。[78] 然而更有可能的是，由于中国人对宇宙中各方面的关联具有强烈的意识，图像就只有在与其表现的主体以同样的方式发挥效力时，才会被认为是恰当的。换言之，被恰当制作的图像会被假设拥有像原物一样的能力。在此观念中，人们所认为的"发挥效力"实际上起到积极的作用，因为在中国历史的任何时期中，人们都会在建房或筑墓时希望这些建筑可以为他们带来好运。

的确，制作有力量的图像以完善冥世生活的强烈愿望是与对吉运的追求密切相关的。这种肯定图像与其主体具有相似效力的文化传统，同样也支持我们通过观察宇宙和万物间的关联性来寻求对宇宙的理解，并期盼这样的理解能让我们做出最有利的选择。有许多证据可以说明，这种对图像有效性的关注决定了寓意吉祥的图像从秦代开始（甚至更早）直到今日还被用于多种场合之中。吉祥图案的一种明显用途是将其作为驱赶邪灵的图像，譬如新年时贴于门上的门神等。[79] 在门上张贴防卫性图像的传统至少可以追溯到汉代。汉墓中也于墓门上设有铺首，还置有面目狰狞的塑像作为护卫，大概都是为了驱除妖邪。位于山东沂南的一座具有复杂装饰的汉墓为我们提供了有力的佐证【图9–10】。另外，公羊石刻经常出现在公元1至2世纪的墓道两旁。由于"羊"和"祥"谐音，因此穿过饰有公羊图像的墓道被认为能为个人带来好运。

[9-10] 山东沂南东汉墓前室石刻画像局部拓片，公元2—3世纪。该画像石表现了熊类动物形象，某些学者将其辨识为蚩尤。其手持兵器，很可能是墓葬护卫。引自《沂南古画像石墓发掘报告》，南京，1956年，图33。

装饰墓室以保护其免受邪物侵扰并最大化墓主的利益，这种做法导致了对建筑内外的系统装饰。担当防卫职责的塑像被置于门道，并以瓦当的形式出现于屋顶之上。此外，以带有吉祥寓意的绘画或屏风来装饰房间也是习惯性的做法。我们从不同时期墓葬内的图像中都可以发现一些明显意在为墓主提供有利环境的装饰。现存最早的例子来自华南中部一座公元前2世纪墓葬内出土的屏风，其上饰有龙的图像——一种与降雨有关的瑞兽【图9-11】。宫廷诗歌也描述了各种与季节有关的自然现象，这些现象会在适当的时节中被展示于幡帛和帷帐上。

正如我上文所指出的，图像及文字等符号性标记，都可以被整合到整个宇宙图式中。我们应该把秦始皇陵中所有单独的图像和模型以及带有吉祥寓意的绘画置于整个墓葬情景之中来考虑。不论是士兵的塑像还是以水银制成的河流，它们都与整个人间景象融为一体，就如同日月的图像是天界模型中不可或缺的元素一样。而秦始皇则被置于整个模型的中央。同样，当带有吉祥寓意的绘画被展示于特定的时间和场所时，它们也就成为演绎宇宙的图式中的一部分。因此图像和模型实际上具有双重角色：它们首先作为实物的相似物存在，也就是"象"，但这些相似物会因为被置于表现宇宙的图式中而获得额外的意义。

以上是我对墓中图像和包含各种形象的图式做出的大致理解。基于这种理解，我们可以认识到：中国大量的图像实际上都与一个整体性

[9-11] 湖南长沙马王堆軑侯夫人墓出土屏风线绘图,公元前2世纪。一面为云龙,另一面为寓意吉祥的玉璧。引自《长沙马王堆一号汉墓》,北京,1973年,卷1,94页,图89。

的宇宙观相关联,并且人们可以通过这种关系为图像的所有者带来最吉祥、有利的结果。显然秦始皇及其宫廷都了解图像在生活中的力量,并且似乎一直在寻求如何把这种力量延续至死后的世界。这一做法一直存在于其后的两千多年中并不断发展。

(陈谊 陈莘 邓菲 译)

[1] 本文是 2000 年 11 月 6 日在伦敦大学所作克莱顿讲座（Creighton Lecture）的修改稿。我在此感谢多位同事——尤其是鲁惟一（Michael Loewe）和戴梅可（Michael Nylan）——所作的评论。

[2] 写实性是一个取决于文化背景的术语。在西方，此词指对我们在真实生活中观察到的事物的忠实再现。在中国墓葬模式的例子中，"形似"是很重要的。但是在本文讨论的墓葬模式中，"精确度"或许是一个更好的词。因为以真实军队中所需的层级和人数而言，秦始皇的军队在这里被精确地表现出来了。这里的"写实"是通过对铠甲、兵器和军人的徽识的准确描绘达到的，而并非仅仅通过对面部特征的"形似"再现。当"写实"一词在下文再次被使用时，它同样也指再现的精确性。这种精确性是使形象（如侍者或镇墓兽等）具有所需效力的必要属性。

[3] 很多俑像因易碎而不能应用在送葬行列中，尽管它们可能会在封墓前家族成员来查看墓穴之时被展示一番。正如兵马俑的发掘所揭示的那样，像这样真正大型的俑像组合，从未以完整面目展现于世人面前过。汉景帝（公元前 156—前 141 年在位）的阳陵的陪葬坑中数量众多的动物俑像很多可能也是这种情况。

[4] 有学者认为，它们的作用要么是彰显墓主身份，要么是作为死者在冥世可用的仆从和器物的象征，参见：A. E. Dien（丁爱博），"Chinese Beliefs in the Afterlife," in *The Quest for Eternity: Chinese Ceramic Sculptures from the People's Republic of China*, Los Angeles and London, 1987, pp.1-15. 但正如本文所主张的，塑像和图画似乎是死后生活的仆从和器物。

[5] 在 20 世纪的西方，绘画和雕塑被看作是艺术家情感或观点的表达。然而早在数百年前，这类形象一般具有装饰、宗教或说教的功能。因此绘画对观者的影响会随着时代而变化，这部分是因为艺术家宗旨及观者接受方式的改变。

[6] "载体"（agency）是杰尔在其著作中讨论的主题之一，参见：A. Gell, *Art and Agency: An Anthropological Theory*, Oxford, 1998. pp.7-9. 杰尔在书中将艺术品描述为社会性的载体。

[7] 有关的讨论见 H. Belting, *Likeness and Presence: A History of the Image before the Era of Art*, E. Jephcott trans., Chicago, Ill., 1994, pp.1-46; S. V. Webster, *Art and Ritual in Golden Age Spain*, Princeton, 1998, pp.186-187.

[8] 纳喀索斯是希腊神话中的人物，传说他因为在水中看见自己的形象而恋上了它，因渴念郁郁而死。（校者注）

[9] 布列逊（Norman Bryson）曾讨论过此故事，参见：N. Bryson, *Vision and Painting: The Logic of the Gaze*, New Haven, 1983, p.1. 中国的记载中也有类似的故事。

[10] M. Baxandal, *Patterns of Intention: On the Historical Explanation of Pictures*, New Haven and London, 1985, pp.1-3.

[11] 在西方，类比法在我们使用明喻和暗喻时也起到作用。并且该作用也可见于图像，譬如天宫的景象通常被描绘为一个城市。遗栖在空间感中的表现与类比中较为抽象的概念是相关的，而这种相关基于对两种不同类型事物之间联系的理解。

[12] 向图像赋予力量的不同方式可以被看作是感应巫术的种种例子，其中触染（譬如在神像中

置入圣骸或行涂油礼）和形似（譬如中国人对有着与人类形似特征的模型的关注）起着很大的作用。见 R. A. Hinde, "A Biologist Looks at Anthropology," *Man*, new ser., xxvi, 1991, pp.583-608.

〔13〕 如皇太子朱檀（卒于 1379 年）的墓中就包含其生前物品——如私人衣物及绘画等财产，以及包括仆从行列在内的模型。参见：山东省博物馆：《发掘明朱檀墓纪实》，《文物》1972 年 5 期，25－36 页。

〔14〕 L. Ledderose, *Ten Thousand Things: Module and Mass Production in Chinese Art*, Princeton, 2000, Chapter 3. 该书的中译本见雷德侯：《万物：中国艺术中的模件化和规模化生产》，张总等译，北京，2005 年。

〔15〕 见陕西省考古研究所、秦始皇兵马俑博物馆：《秦始皇陵园考古报告》，北京，2000 年，33 页，彩图 10－19。

〔16〕 司马迁著：《史记》，北京，1972 年，卷六，265 页。英译文引自 B. Watson trans., *Records of the Grand Historian: Qin Dynasty*, New York, 1993, p.63.

〔17〕 古文就是如此，因此没有必要将墓中的宫殿或河流描述成再现。使用"宫"或"江河"等词实际上亦将实物和其再现之间的距离缩小了。

〔18〕 这些绘画和模型似乎是广泛的现象而非个别的特征。对墓画的综述，见 J. M. James, *A Guide to the Tomb and Shrine Art of the Han Dynasty 206 B.C.— A.D. 220*, Lewiston and Lampeter, 1996. 对带有特殊的描述墓中生活的铭文的墓葬的专题研究，见 Wu Hung（巫鸿）, "Beyond the 'Great Boundary': Funerary Narrative in the Cangshan Tomb," in J. Hay ed., *Boundaries in China*, London, 1994, pp.81-104.

〔19〕 R. Bagley（贝格利）ed., *Ancient Sichuan: Treasures from a Lost Civilization*, Seattle and Princeton, 2001, nos.97, 108.

〔20〕 本文发展了作者之前开始的对图像的讨论，参见本书收录的《西汉的永恒宫殿——新宇宙观的发展》一文。只有少数人能追求拥有复杂的、多墓室的、具有由真实器物以及由模型和图画提供多种功能的墓葬。然而，最高级的墓葬拥有如此完备的配置的事实使我们能推断出，这大概就是人们最希望拥有的情况。随着社会地位的下降，墓中配置的奢华程度和真实度也会有所降低。不过，即使所需的每类随葬品都只有一两件，人们还是希望自身的等级地位可以得到彰显。

〔21〕 可被看作替代品或仿制品的仿铜陶制品，至少可以追溯到青铜时代早期，一般性的讨论见蔡永华：《随葬明器管窥》，《考古与文物》1986 年 2 期，74－78 页。这一做法一直得以延续。建筑、马车和人物等模型从公元前 4 世纪开始盛行。并且有两个尤其重要的中心：位于西方的秦国，见 L. von Falkenhausen（罗泰）, "Sources of Taoism: Reflections on Archaeological Indicators of Religious Change in Eastern Zhou China," *Taoist Resources* 5, 1994, pp.1-12; 以及位于南方的楚国（罗森）。

〔22〕 同注 14, L. Ledderose, *Ten Thousand Things: Module and Mass Production in Chinese Art*, Chapter 3. 曾布川宽：《陵墓制度和灵魂观》，《文博》1989 年 2 期，34－38 页。

〔23〕对非西方传统的中国方式所涉及的哲学议题的简略讨论，参见：R. Ames（安乐哲），"Meaning as Imaging: Prolegomena to a Confucian Epistemology," in E. Deutsch ed., *Culture and Modernity: East-West Philosophic Perspectives*, Honolulu, 1991, pp.227-244.

〔24〕对于这种主张的看法，见 L. Kesner, "Likeness of No One: (Re) presenting the First Emperor's Army," *Art Bulletin* 77, 1995, pp.115-152.

〔25〕关于这种模型的早期起源，参见商王信奉的保留了俗世等级的祖先崇拜。参见：D. Keightley（吉德炜），"The Shang: China's First Historical Dynasty," in M. Loewe and E. L. Shaughnessy eds., *The Cambridge History of Ancient China, From the Origins of Civilization to 221 B.C.*, Cambridge, 1999, pp.232-291, 详情见 pp.255-256.

〔26〕相关讨论见：A. F. P. Hulsewé, "Watching the Vapours: an Ancient Chinese Technique of Prognostication," *Nachrichten der Deutschen Gesellschaft für Natur und Volkerkunde Ostasiens*, cxxv, 1979, pp.40-47; M. Loewe and C. Blacker eds., *Divination and Oracles*, London and Boston, 1981.

〔27〕正如我们即将看到的那样，表现相似性的图像被称为"象"，而"图"一词（在英文中我将之与 chart 或 diagram 对应）指的则是某种抽象的架构。在稍晚的时期"图"一词则被用于所有类型的图像。2001 年 9 月 2－5 日在巴黎法兰西学院举行的会议曾对"图"、"象"的使用范围进行过专门讨论。

〔28〕相关讨论见：D. Harper（夏德安），"Warring States Natural Philosophy and Occult Thought," in M. Loewe and E. Shaughnessy eds., *The Cambridge History of Ancient China, From the Origins of Civilization to 221 B.C.*, Cambridge, 1999, pp.813-884; M. Kalinowski, "The *Xingde* Texts from Mawangdui," P. Brooks trans., *Early China* 23-24, 1998—1999, pp.125-202.

〔29〕同上注，M. Kalinowski。

〔30〕X. Sun and J. Kistemaker, *The Chinese Sky during the Han: Constellating Stars and Society*, Leiden and New York, 1997, Chapter 6; E. H. Schafer, *Pacing the Void: T'ang Approaches to the Stars*, Berkeley, Los Angeles and London, 1977, Chapter 6.

〔31〕以紫禁城为中心的明清时代的北京城就映射了宇宙的构成。

〔32〕参见：B. I. Schwartz（史华慈），*The World of Thought in Ancient China*, Cambridge and London, 1985, p.355. 对关联性思维的全面讨论，见 A. C. Graham（葛瑞汉），*Yin-yang and the Nature of Correlative Thinking*, Singapore, 1986; *Disputers of the Tao: Philosophical Argument in Ancient China*, La Salle, 1989, p.4.

〔33〕"皇帝明德，经理宇内……"见司马迁：《史记》，卷六，249 页。英译文参见：M. Kern, *The Stele Inscriptions of Ch'in Shih-Huang: Text and Ritual in Early Chinese Representation*, New Haven, 2000, p.39.

〔34〕B. Watson trans., *Records of the Grand Historian of China Translated from the 'Shih chi' of Ssu-ma Ch'ien*, New York, 1961, vol.2, pp.22-23; Watson, *Qin Dynasty*, p.43.

〔35〕同上注，p.16.

〔36〕E. L. Shaughnessy（夏含夷）ed., *New Sources of Early Chinese History: an Introduction to the Reading* of Inscriptions and Manuscripts, Berkeley, 1997, pp.1-14; S. R. Weld, "The Covenant Texts from Houma and Wenxian," in E. L. Shaughnessy ed., New Sources of Early Chinese History: an Introduction to the Reading of Inscriptions and Manuscripts, pp.125-160.

[37] 现存最早的例子来自曾侯乙墓。参见：湖北省博物馆：《曾侯乙墓》，北京，1989年，图452－458。

[38] 例子见 M. C. Poo, In Search of Personal Welfare: A View of Ancient Chinese Religion, Albany, 1998, pp.167-177. 该书的中译本见：蒲慕洲：《追寻一己之福——中国古代的信仰世界》，上海，2007年。

[39] M. Nylan, "Sima Qian: A True Historian?" Early China 23-24, 1998—1999, p.212, n.33. 司马迁可能认为，因生前受尽屈辱而充满怨恨，以致死后仍然不得安宁的先人，会因为他们的故事被昭告天下而感到莫大的快慰。

[40] 我不会在本文中探求永生的观念。不过，在承认死后同样具有某种形式的生命的同时，很多人也在寻求避免死亡的方法，譬如修炼或服食丹药。根据司马迁的描述，秦始皇本人也在寻求永生。见司马迁：《史记》，卷六，274－278页；英译文见 Watson, Qin Dynasty, p.49.

[41] 英译文见：D. C. Lau trans., Mencius, Harmondsworth, 1970; J. Knoblock, Xunzi: a Translation and Study of the Complete Works, 3 vols, Stanford, 1988; A. Forke trans., Lun-heng Philosophical Essays of Wang Ch'ung, 2 vols, New York, 1962.

[42] 以下引文的英文版本，同上注：J. Knoblock, Xunzi: a Translation and Study of the Complete Works, vol.3, pp.67-68.

[43] 在这里引用的荀子的话语和《礼记》中为人所熟知的记述中，"明器"一词似乎主要指容器类物品，而不包括早期的随葬人像模型。一般认为成书于汉代但包含了早期材料的《礼记》，经常因记录了源自儒家的话语而被引用。其中有些论述正好能与这里引用的荀子的话相互印证。另有一段著名的评论显示，相对于具有可活动四肢的外形更精确的木俑，人们可能更倾向于用刍人随葬，参见：J. Legge（理雅各），The Li Ki: Sacred Books of the East, xxvii-xxviii, Oxford, 1885, xxvii, pp.148-150, 172-173. 但即使如此，木俑仍然出现在墓葬中，参见：P. Berger, "Body Doubles: Sculpture for the Afterlife," Orientations, February 1998, pp.46-53, 58. 到了唐代和更晚的时期，陶俑似乎也被纳入"明器"一词的指代范围内，如《广异记》中的故事，有关讨论参见：G. Dudbridge（杜德桥），Religious Experience and Lay Society in Tang China: a Reading of Tai Fu's Kuang-I chi, Cambridge, 1995, p.197. 其中指代仆从俑像的墓葬"明器"一词出现于第119则故事。

[44] 人们的忧虑首先反映在儒家的著作中，过分厚葬可能会导致活人殉葬。同注41. D. C. Lau trans., Mencius, p.52.

[45] 进化论的观点很普遍，因此木俑或陶俑被认为用于替代活人殉葬。然而此观点还没得到证实。首先，大规模的殉葬在俑像被制作之前就已经终止。其次，零星的活人殉葬在数世纪后仍然存在。另外，亲属群体或近臣的墓葬被安排在君主的近旁，本身就说明了陪伴和仆从在冥世

生活中仍然是必需的。对俑像的使用似乎是从地区性的做法发展起来的，并且于稍晚时期获得了合理性。

[46] 中国东部山丘之中的汉墓就形成了此类的团体。其中，单个的墓葬有时埋有主墓墓主以外的人。北洞山西汉墓中就埋有墓主楚王的御厨（作者在与发掘者私下交流时得知）。此墓之发掘简报见《文物》1988年2期，2—18转68页。

[47] 当然，王或贵族身旁随葬的兵器可能仅仅是身份象征。但考虑到墓葬中也经常设有兵器室，王或贵族们可能也希望有兵器近在身侧随时可用。葬于大型多室崖墓中的西汉中山靖王刘胜，其墓室中就发现了大量的兵器，参见：河北省博物馆文物管理处等：《满城汉墓发掘报告》，北京，1980年，卷1，图17。

[48] 在许多个世纪的墓葬中都表现了半掩的门，可能是显示着此门通向冥世的其他空间。

[49] 一份十分具有说服力的文献出自甘肃省的放马滩。其中叙述了一个人死而复生后向众人讲述冥世的存在和其中的官僚制度。参见：D. Harper, "Resurrection in Warring States Popular Religion," *Taoist Resources* 5, 1994, pp.13-28。

[50] 参见 Anna Seidel（索安），"Traces of Han Religion in Funeral Texts Found in Tombs,"见秋月观暎编：《道教と宗教文化》，东京，1987年，21—57页。

[51] 《吕氏春秋》的作者反对厚葬，因为厚葬可能使墓葬招致被盗。参见：J. Riegel, "Do Not Serve the Dead as You Serve the Living: the *Lü shi chunqiu* Treatises on Moderation in Burial," *Early China* 20, 1995, pp.301-330; J. Knoblock and J. Riegel, *The Annals of Lü Buwei: a Complete Translation and Study*, Stanford, 2000, pp.227-233.

[52] 有关讨论同注28，见 M. Kalinowski, "The *Xingde* Texts from Mawangdui," pp.145-154.

[53] 有关沙市秦简之讨论，同上注，p.139；尹湾汉简中的卜书见 pp.143-144.

[54] 对这一器物的开创性讨论，见 M. Loewe, *Ways to Paradise: the Chinese Quest for Immortality*, London, 1979, Chapter 3.

[55] 满城刘胜墓中所出的铜镜，见河北省博物馆文物管理处等：《满城汉墓发掘报告》，卷1，81页，图54。铜镜上铭刻的是一篇祈求永世好运的祷文。

[56] 同注54, M. Loewe, *Ways to Paradise: the Chinese Quest for Immortality*, pp.192-203; 注38，M. C. Poo, *In Search of Personal Welfare: a View of Ancient Chinese Religion*, pp.170-171; C. Schulten, *Ancient Chinese Mirrors and Their Legacies in the Tang (A.D. 618—906), Liao (A. D. 907—1125) and Song (A. D. 960—1279) Periods*, unpublished Ph.D. thesis, University of Oxford, 2000, p.71.

[57] 见山西省太原娄睿（卒于570年）墓，报告发表于《文物》1983年10期，1—23页。

[58] 四瓣花会出现在TLV铜镜的中央表示天顶的位置，在汉墓及其后朝代的墓葬中也有发现。参见《文物》1976年6期，1—17页，图10。另外，它们后来也被应用于佛窟寺庙中。虽然这种情景之下的应用显示出浓厚的宗教色彩，但实际上出现于佛窟穹窿顶上的四瓣花可能与其最初在规矩镜上的应用有一定联系。辽墓中的莲花明显同时是传统宇宙表现模式和佛教传统中的元素。

[59] 赵超：《式、穹窿顶墓室与覆斗形墓志：兼谈古代墓葬中"象天地"的思想》，《文物》1999年5期，77–84页。

[60] 关于岁神塑像所具有角色的讨论，参见：J. C. Ho, "The 12 Calendrical Animals in Tang Tombs," in G. Kuwayama ed., *Ancient Mortuary Traditions of China: Papers on Chinese Ceramic Funerary Sculpture*, Los Angeles, 1991, pp.60-83.

[61] M. E. Lewis（陆威仪）, *Writing and Authority in Early China*, Albany, 1999, pp.252-285; W. Peterson, "Making Connections: Commentary on the Attached Verbalizations of the *Book of Changes*," *Harvard Journal of Asiatic Studies* 42, no.1, 1982, pp.67-116. 重要的有关讨论还可见：D. L. Hall and R. T. Ames, *Anticipating China: Thinking Through the Narratives of Chinese and Western Culture*, Albany, 1995, pp.216-225.

[62] 同注30，E. H. Schafer, *Pacing the Void*: *T'ang Approaches to the Stars*, pp.55-56.

[63] 见 A. C. Graham, *Disputers of the Tao: Philosophical Argument in Ancient China*, pt.4.

[64] 正如陆威仪在解释《易经》中所用术语的来源时指出的那样，有专家曾力指《易经》中较早成文的部分始于出自早期诗集中的"自然图像"，如野鹅的飞行，参见：M. Lewis, *The Book of Songs*, pp.262-263.

[65] 我希望以后的讨论能够对我们现在所熟知的六十四卦从何时开始流行做出说明。

[66] 见司马迁：《史记》，卷六，256页；英译文见 Watson, *Qin Dynasty*, p.56.

[67] 其他使用"象"一词来指代建筑与某个星宿的相关性的例子可见于汉赋，参见王延寿《鲁灵光殿赋》，英译文见：Xiao Tong, *Wen Xuan, or Selections of Refined Literature, ii: Rhapsodies on Sacrifices, Hunting, Travel, Sightseeing, Palaces and Halls, Rivers and Seas*, D. R. Knechtges trans., Princeton, 1987, pp.263-277, 详见 p.269.

[68] 见司马迁：《史记》，卷六，256页；英译文引自 Watson, *Qin Dynasty*, p.64.

[69] 见王充：《论衡》，上海，1974年，245页；英译文见 A. Forke trans., *Lun-heng Philosophical Essays of Wang Ch'ung*, vol.2, p.349.

[70] 更全面的讨论参见：M. Loewe, *Divination, Mythology and Monarchy in Han China*, Cambridge, 1994, pp.142-159.

[71] 见司马迁：《史记》，卷二八，1388页。英译文见 Watson, "*Shih chi*" *of Ssu-ma Ch'ien*, p.43.

[72] 这些宫殿、建筑、墓葬和服饰等都是重要的方面，并且它们的形式和设计可能被着意选择，以期为其所有者获得最大的利益。此处我对"载体"一词的使用遵循杰尔的讨论（在注6中已提及）。

[73] 感谢白瑞旭（Ken Brashier）在私人谈话中向我提供这一信息。

[74] 同注14，L. Ledderose, *Ten Thousand Things: Module and Mass Production in Chinese Art*, p.68. 其中他讨论了兵马俑坑中真实的兵器并且注意到逼真性和有效性之间的联系。

[75] 参见《文物》1993年8期，13–20页。感谢夏德安及鲁惟一为我提供了这条资料和相关意见。相同内容的文本可见 M. C. Poo, *In Search of Personal Welfare: a View of Ancient Chinese Religion*, p.168.

〔76〕见 G. Dudbridge, *Religious Experience*, pp.197, 201, 205.

〔77〕同样参见杜德桥的著作：G. Dudbridge, "Buddhist Images in Action: Five Stories from the Tang," *Cahiers d'Extrême-Asie* 10, 1998, pp.337-391.

〔78〕关于这一观点我需要感谢雷德侯。然而，这也引出了仪式实施的问题，但目前还尚未发现这方面的证据。

〔79〕M. Fong, "Antecedents of Sui-Tang Burial Practices in Shanxi," *Artibus Asiae* 51, 1991, pp.147-198.

10

西汉的永恒宫殿
——新宇宙观的发展

近些年来的两个考古发现,秦始皇(公元前221—前210年在位)兵马俑和汉代(公元前206—公元220年)皇族的玉衣,作为一些重要展览的核心展品在世界各地广受关注。虽然我们惊叹于这些考古发现,却没有对它们提出足够的问题。我们并没有考虑这些特别的考古发现是否与我们通常对古代中国的印象一致。事实上,我将在下文的论述中证明两者并不一致。

本文认为,兵马俑和玉衣反映出在公元前3世纪的后半期,中国古代的丧葬习俗发生了根本性转变。为了评估这一转变的范围,我们需要将兵马俑和玉衣与此前周代描绘死后世界的土坑竖穴墓木椁中的青铜礼器、钟鼎武器,以及死后的礼仪祭祀相比较。虽然在公元前3世纪或在此之前,许多新的推动力在考古发现中表现出来,但是秦汉时期的政治统一似乎成为巩固这一重要变革的关键性时刻。

秦汉时期墓葬的四个特点使我们对该变革的重新审视成为必要。前两个特征我已经提到:首先是秦始皇陵东面陪葬坑内的兵马俑,它们在最初被发现时史无前例。现在我们已经知道,较小规模的陶制兵俑被陪葬在西安的汉代皇陵附近,以及下文中将要谈到的凿山为藏的崖洞墓中。这类陶制兵俑与商周时期黄河流域典型墓葬中表现军事力量的方式有着本质区别。

玉衣最初是作为汉代中山国国王刘胜(卒于公元前113年)及其王妃窦绾的随葬品而为现代的考古学家和学界所知。它们现在被公众了解,则是由于玉衣是创建汉代的刘氏家族所广泛使用的王室丧服中仅有的两个例子。玉衣既可以为王侯及其妃嫔使用,偶尔也为一些品级较低的贵族所使用。[1] 虽然在汉代之前的较长时期,人们也用玉来覆盖死者的身体,但是这种将玉片毫无缝隙地缝制在一起制作玉衣的方式,在刘氏家族掌权以前并没有形成惯例。而且,由于这些玉衣由昂贵的材料制作并且手工极为繁复,它们之间存在的相似性,更不用提统一性,揭示出一种共同的信仰体系和意识形态,同时也反映出共同的工艺传统。

另外一个更为特别的发展是汉代某些小封国的丧葬礼仪官选择因山为陵,并将墓室水平地分凿成相互连接的多室墓,而不是竖穴墓葬。这样的墓葬是对东周时期标准的竖穴土坑木椁墓的本质性背离。事实上,土坑竖穴墓自新石器时期就成为标准的丧葬形式。考虑到人们既然完全可能在黄土层内建造拥有多个墓室的洞穴式墓葬,[2] 那么人们倾向于在多岩石地区建造水平排列墓室的墓葬的做法就更加引人瞩目。

第四个变化最为明显地体现在西汉墓葬的常见青铜器中,比如刘胜墓中陪葬的青铜器【图 10-1】。战国(甚至更早)时期那些为祖先祭祀所精心铸造的大型青铜食器和酒器,似乎在汉墓中被置于次要的地位,甚至在许多情况下被彻底遗弃。取而代之的是酒瓶、盆、灯、香炉和火盆等,它们通常以精美镶嵌或镀金装饰而引人注意,并且不同于以往用于祖先祭祀的青铜器。那些精美装饰的青铜器可能仍用于祭祀,只不过它们并没有被随葬在墓中。但是这本身就是一个重大变化,因为在此之前的战国墓中,传统礼器尤其是鼎和壶通常作为随葬品出现。鼎与壶也出现在汉墓中,但是似乎并没有比其他器物类型更加重要,而且常常显得较为次要。如果墓主要供奉酒馔的话(实际上可能如此),他们使用的肯定是漆器或者陶器,但是我们现在无法从主要墓葬存留下来的随葬品中清晰地辨认它们。[3]

上述四个革新反映出汉代与前代礼仪及丧葬习俗的彻底背离。如果习俗已经改变,那么人们很可能在对待祖先和死者的态度上也发生了重要变化。事实上,本文将提出,西汉的墓葬显示出一种接近于内部爆炸式的现象在该时期发生,它源于许多地区的各种因素,但是却留给我们一种缺少对周代文化理解和考虑的境况。墓葬所体现的有关死后世界的观念,专注于在墓葬空间内创造墓主的微型宇宙,同时强调墓主在冥世

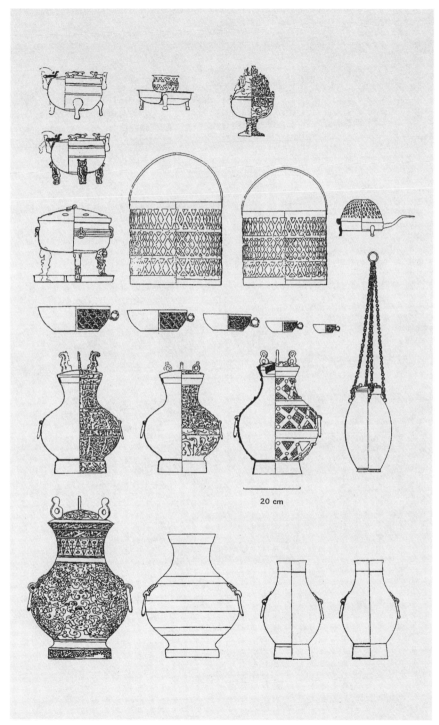

[10-1a] 河北满城中山王刘胜墓中出土的精美铜壶、火盆和香炉线绘图,西汉时期,公元前113年。引自《满城汉墓发掘报告》,卷1,图22—23、26、29、31、32:1—2、34—36、41、44、46。

墓葬 | 243

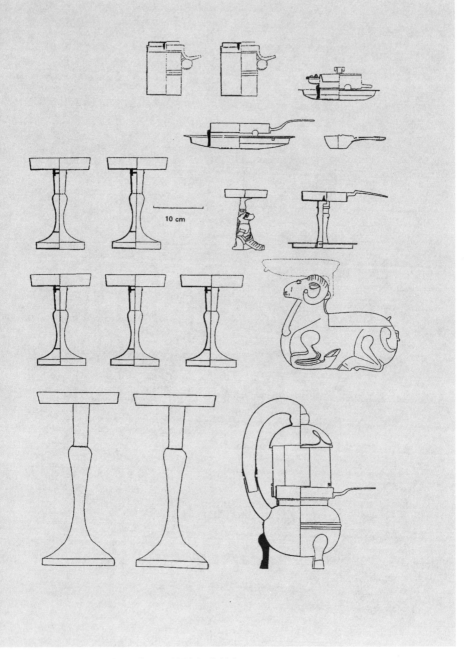

[10-1b] 刘胜墓出土灯具线绘图，西汉时期，公元前113年。引自《满城汉墓发掘报告》，卷1，图47—49。

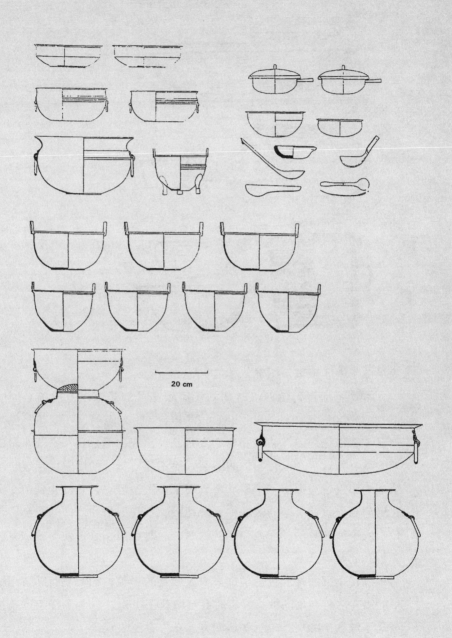

[10-1c] 刘胜墓出土铜壶、火盆、鍪、盛器和长柄勺线绘图,西汉时期,公元前113年。引自《满城汉墓发掘报告》,卷1,图32:3-4、35、37、39、42-45。

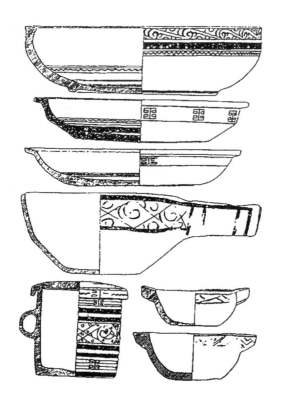

[10-1d] 刘胜墓出土饰有漆器图案陶器的线绘图,西汉时期,公元前113年。引自《满城汉墓发掘报告》,卷1,图87。这类器物似乎至少从汉代起便已用于礼仪祭祀。

等级体系中居于重要位置。

本文将通过讨论西汉时期刘氏家族王侯的陵墓以及此前东周时期(一些新发展于该时期开始出现)的出土文物来阐明这一变革。虽然在公元前 3 世纪之前,某些变革的先兆已经出现,但是我将论证,秦汉时期的统一导致了与以往习俗的断裂,而不是对传统的简单性延续。政治统一为秦汉帝王提供了一个从今天属于中国、但在公元前 4 到前 3 世纪时仍为独立政治小国的区域中系统地吸收各种习俗和信仰的机会。这不仅引发了新的政治、社会和经济秩序,同时也似乎是一种新的宗教或意识形态的展望。

汉代崇拜的神灵包括了许多令人敬畏的形象,它们是商周祭祀所供奉的祖先之外新增的神灵,有时甚至取代了祖先。[4] 为了描绘这些神灵或是争取它们的支持,一些从南方、东方甚至是汉语体系之外的区域中吸收来的物品和装饰元素,为宇宙的新观点提供了物质存在。这些在传统的黄河流域物质文化中新增的元素,似乎并不仅仅是令人眼花缭乱的奢侈品，而是被人们视为具有特殊力量的事物，其价值源于它们与遥远而强大的精神领域的联系。

这一观点的基础是现在我们定义为中国的区域在商（约公元前1500—前1050年）周（约公元前1050—前221年）时期远远没有统一。这两个王朝控制着黄河流域及其分支地区，尤其是渭河流域。在公元前771年周平王东迁之前的时期，许多族群甚至方国在其他区域繁衍生息。尤其在长江流域，存在着高度发展的社会群体。他们并没有寻求霸权，而是聚集在农业繁荣的四川、湖北和江西等地。春秋（公元前770—前465年）和战国（公元前465—前221年）时期，区域间的差异推动了许多方国独特文化的发展。

本文将把黄河流域的文化特性视作古代中国所有早期文献记载的基础。我将要论述的观点说明秦汉时期墓葬的许多特点来源于黄河流域之外的地区，尤其是楚国以及东部地区，而该观点基于一定的前提，即这些区域已经发展出独特的文化，并在许多方面不同于黄河流域的文化。

战国时期，诸侯国之间存在着大量联系，不同区域间相互借鉴各自的习俗。这样的交流是地域间习俗和物质文化多样性的证据。但是，在个人墓葬（尤其是东部某些王侯的墓葬）、不同社会阶层以及不同地域群体的墓葬之间，西汉时期的墓葬以及墓中展现死后世界的图像表现出高度的一致性。这种对于宇宙描绘的一致性反映了统一的意识形态。所以，本文不仅仅要描述新的宗教和物品的特征如何来源于诸多地区，也将强调意识形态上的连贯或一致性可能是政治统一的结果。事实上，秦始皇和汉代的继任者以宗教礼仪和其他习俗加强政治控制的举措毫无疑问是一个非常重要的因素，但是我并不会在本文中展开讨论。

本文将首先描述主要汉墓的基本特征，并涉及秦代以及更早时期的相关材料，然后讨论出土文献及传世文献中反映的思想背景。文中的第二部分将论述新器物类型的来源以及南方、东方以及北方边境的新的墓葬结构。

秦代和西汉帝王陵墓的主要特征

迄今为止，我们掌握的证据尚不够充分讨论秦始皇陵的形制和构造等各种细节。虽然司马迁（公元前145—前86年）在《史记》中描述过该陵墓，但我们仍不能确定秦始皇陵是否如他描述的那样容纳有日月山河。如果他的记载真实地描述了秦始皇陵（而不仅仅是汉代的传统），这当然非常重要。因为如果事实如此的话，那么这可能意味着将墓葬建造成微型世界的尝试早在西汉之前就已经出现（从目前的材料来看它的确存在先例）。我们可以想象，秦始皇陵可能至少像著名的公元前5世纪晚期的湖北曾侯乙墓那样宏伟繁复，或者更加精美。[5] 但是，由于秦始皇陵地处陕西中部，因此，它在地理位置与年代上都更接近一种起源很早的土坑竖穴墓。它可能是一个相当常规的竖穴墓。我们目前并不知道它是否是水平排列墓室的横穴墓的先例，后者在汉代普遍流行。非常有趣的是，虽然我们没有取得关于汉代王陵方位的考古证据[6]，但司马迁描述了汉文帝（公元前180—前157年在位）在西安附近凿山而建的陵墓。[7]

从中国东北部和东部山地发现的大量刘氏家族的大型墓葬中我们得知，凿山而藏的石室墓在当时非常流行。[8] 其中最主要而且令人印象最为深刻的例子是分布在徐州、永城、曲阜的汉代诸侯——楚王、梁王和鲁王的陵墓，它们都位于现今江苏省北部、河南省东部以及山东省南部这个相对有限的范围内。[9] 最为著名的是河北满城中山王刘胜与其妻窦绾的陵墓【图10-2】。[10] 虽然这两座墓葬在规模上要小于其他王陵，但是它们在本文的讨论中非常重要，因为它们的随葬品保存完好，未曾遭到破坏。广州出土的南越王赵眜（公元前137—前122年在位）的墓葬在许多方面似乎都模仿了上述王陵，因而也十分有助于我们了解此类墓葬中陪葬品安放的情况。

徐州地区的主要墓葬位于北洞山、龟山以及狮子山之上【图10-3】。这三座山是位于今徐州市区周围的小型石灰岩丘陵。[11] 所有的墓葬都建有长而笔直的墓道及墓道两侧的耳室。放置棺椁的墓室在墓道后方的中空处，同时还有会客室、舞厅以及其他房间，其中包括厨房、谷仓、储藏室，它们共同构成了完整的宫殿。北洞山汉墓（发掘者推测该墓建于西汉文帝时期）在主要的通道中段又增加了一系列侧室。很明显，建墓者或设计者没有意识到这座小丘并不是完全由坚硬的山石构成，在墓室水平延伸的一侧有大块的泥土（参见图10-3a），因此这里的墓室由石板构建。在属于西汉楚襄王刘注（公元前128—前116年在位）的龟山墓中，刘注与王妃各自独立的墓室由两墓室间的甬道相连（参见图10-3b）。著名的河北满城汉墓的墓室排列相对简化（参见图10-2）。在中山王刘胜崖洞宫殿的最内部，属于墓主人私密空间的内室以垂直的石板构成，因而在一个更大的洞穴中形成了房间。[12] 河南永城梁国墓地的形式则更加复杂，在宽阔的墓道两侧有一排排平行的耳室（参见图10-3c）。[13]

这些宏伟的陵墓对徐州地区以及汉王朝其他地区的较小型墓葬有重要的影响。在江苏地区，汉代多室墓如刘胜墓后室那样由垂直的石板架构而成。这类石板上常刻有宴会、出行、舞蹈、音乐、仪仗、建筑及神灵形象【图10-4】。稍欠精美但是与该形式紧密相关的中小墓葬是河南地区的砖室墓，其中一些由大块的条形砖建造，另外一些则由小型砖构建。后者通常有模仿天穹的拱顶，并装饰有表现上述题材的雕刻、彩绘，或者是模印画像砖。[14] 虽然我们需要区别它们在地域以及年代上的差异，但是这些山石陵墓为较小墓葬提供模型的作用，对我们了解汉代墓葬结构在整个帝国内的发展十分必要。[15] 事实上，墓葬之间的相似性和上文提到的玉衣一样，都说明中国早在汉文帝时期就已经达到了意识形态上的统一。

诸侯王将日用的器物带入了冥世，尤其是酒器、食器和小型的案几。从形状上来看，这些器物大多来源于漆器。当这类器物出现在贵族墓葬中时，通常装饰得十分奢华，并且由金银及镀金的铜器等珍贵材料制作而成。[16] 另外还有装饰精美的青铜器，比如刘胜墓中精巧的酒瓶、灯盏、火盆和香炉等（参见图10-1）。与刘胜墓中发现的帷幕与顶篷一样，用来支撑屏风的动物形配件也是墓室陈设中非常特别的附属品（参见图10-2）。

许多精美的器皿由玉石制成。这些崖洞墓都拥有大量的玉器，不仅包括玉衣和玉制容器，还有许多玉璧、玉兵器、铁制兵器上镶嵌的玉配件、玉饰、玉印章和挂件，甚至有时是玉雕的动物。在这些例子中，人们使用玉石而非漆器或青铜等价值相对较低的材料，表明玉作为材料有着特殊的重要性。另外，一些较小型墓葬则选择了其他方式：绘制而成的璧；画像石或画像砖上的璧；或者如马王堆中那样被描绘在漆器上的璧或木制的璧。[17]

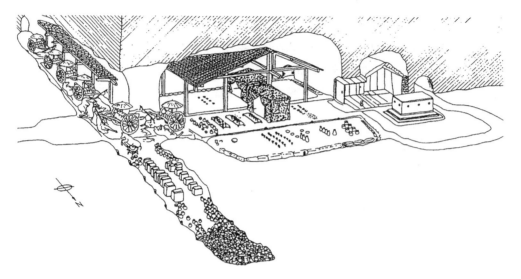

[10-2] 河北满城中山王刘胜墓的复原线绘图。引自 Wen Fong, ed., *The Great Bronze Age of China, An Exhibition from the People's Republic of China*, p.326, fig.112.

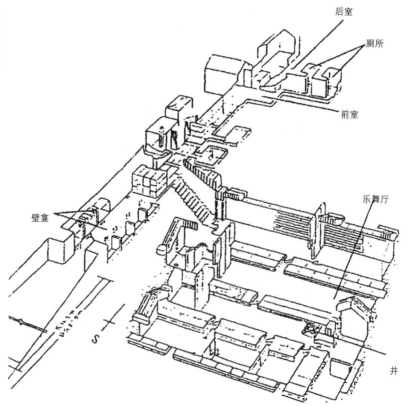

[10-3a] 江苏徐州北洞山崖墓平面图，西汉时期。引自 Li Yinde（李银德），"The Underground Palace of a Chu Prince at Beidongshan," *Orientations* 21, no.10, 1990:10, p.57, fig.1.

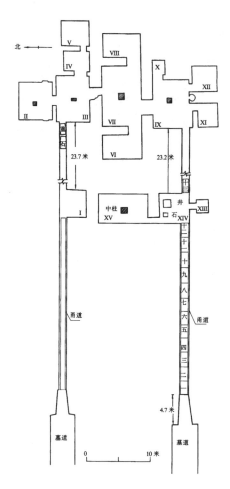

[10-3b] 江苏徐州龟山崖墓平面图。引自《考古》1997年2期,133页,图1。

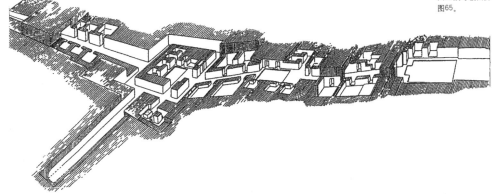

[10-3c] 河南永城西汉梁王墓平面图。引自河南省文物考古所:《永城西汉梁国王陵与寝园》,图65。

墓葬 | 251

[10-4a] 徐州白集东汉画像石墓内部,作者拍摄。

[10-4b] 徐州白集东汉画像石墓立柱及公羊形柱础,作者拍摄。

虽然秦始皇的兵马俑是迄今为止已知的最庞大的人像群,但是所有主要的汉墓也都放入了人形的陶俑或木俑。我们通常将人俑视为真人的替代,但这种想法有时可能具有误导性,因为事实上真人也被殉葬在一些贵族成员的墓葬中。秦始皇由他的妃嫔以及某些亲属陪葬。[18] 通过考古学家对殉人身上图章的考证,一位葬在徐州狮子山的西汉楚王由他的御厨陪葬;毫无疑问,这位楚王不希望宴会有任何的意外和差错,所以带上了他喜爱的厨子。[19] 殉葬御厨的侍从则由陶俑组成,这表明当需要特定个人陪伴诸侯王时,真人会被殉葬,但当需要一些非特殊类型的侍从时,陶制、青铜、玉石及石制的人俑会被放置于墓中【图10-5】。

殉人和不同材质的人俑都属于表现冥世居民的相同系统。我们可以通过以下的两个例子来理解人与模型被同等对待的情况。首先,曾布川宽曾提出,如果秦始皇兵马俑将要面对被秦国杀戮的六国军队,人们似乎认为陶俑的军队是面对鬼魂军队适合的防卫武装。[20] 在这里,陶俑和死去的士兵是相同的。[21] 其次,东汉时期墓葬中的买地券通常以固定的书面形式表明,任何之前葬于此处的人与墓葬中放置的陶俑或木俑一样,都将成为墓主人的仆从。[22] 当陶土或其他材料被用来制作人俑时,我们可以观察出一定的等级排序,青铜与玉石比陶器更为珍贵。因此石制的人像被安放在刘胜墓的内室中(参见图10-5),而陶俑则置于外室。一种系统化的等级体系似乎操控了墓葬内容的各个方面以及墓葬结构（后者我们已在上文论及）。

等级在一定程度上也与人像器物的大小有关，但在某些情况下，相对的尺寸似乎并不重要。刘胜墓出土了几辆与实物大小相当的马车以及微型马车部件；他还拥有石俑、陶俑，以及一些青铜、玉制的微型人像。永城的梁王刘买墓中也安放有微型车马。比大小更为重要的是如何正确地表现马车和人像的各个部位，使它们可以发挥作用。所以刘买墓的微型马车有全套的镀金青铜配件；在秦始皇墓中为实际马车一半大小的模型也拥有完整的部件。[23] 兵马俑的例子更加有趣。虽然它们由陶土制成，因而没有青铜马车与驭手那样珍贵，但是它们与实际人体大小相当，而它们的大小似乎由手持的兵器决定。这些兵器是真正的武器，其中很多从六国征缴而来。雷德侯（Lothar Ledderose）提出，这样的兵器必定需要真人大小的兵俑来使用。[24] 人们可能认为兵器使整个兵俑军队更加有效。

[10-5] 西汉刘胜墓后室石俑.作者拍摄。

乐舞俑和说唱人俑也经常出现在墓中。后期墓葬画像石上所见的宴乐礼仪场景似乎与它们有着相同的作用【图10-6】。这再一次说明，为墓主人提供相应的需求非常关键，而所采用手段方式，无论是陶俑还是画像石，却并不重要。

某些形象可能是《说文解字》中描述的灵媒或巫祝：

> 巫，祝也，女能事无形，以舞降神者也……古者巫咸初作巫。[25]

我们应该将乐舞俑、侍从俑以及雕刻和绘制的场景视为一种为特定时间或季节性礼仪准备宴饮和典礼的方式，而不是简单地将其解释成为墓主人提供舒适与享乐。[26] 早期汉墓中的器物可以证明这个观点。比如，马王堆轪侯夫人（大约卒于公元前186年）墓中的桃木雕像似乎属

墓葬 | **253**

[10-6] 山东沂南表现鱼龙出行的画像石拓片,东汉时期,公元前2世纪晚期,引自《沂南古画像石墓发掘报告》,拓片34。

于桃木仪式,德克·布迪(Derk Bodde)曾援引王充的话来对此进行讨论:

> 沧海之中,有度朔之山。上有大桃木,其屈蟠三千里,其枝间东北曰鬼门,万鬼所出入也。上有二神人,一曰神荼,一曰郁垒,主阅领万鬼。恶害之鬼,执以苇索,而以食虎。于是黄帝乃作礼以时驱之,立大桃人,门户画神荼、郁垒与虎,悬苇索以御凶魅。[27]

白瑞霞(Patricia Berger)指出汉景帝(公元前156—前141年在位)陵墓附近陪葬坑中的部分人俑可能是参与大醮祭典中礼仪搏斗的青年男女的形象。[28]虽然很难断定这些人像在早期汉墓中的功能和作用,但是很明显,许多东汉墓都描绘了典礼仪式的场景,比如沂南画像石墓中刻画的繁复的礼仪仪仗(参见图10-6)。[29]在这种情况下,墓主人被认为不仅仅要遵循日常生活的程序,也要在一年中特定的时间举行相对应的礼仪和典礼。农耕无论任何时节都是必要的,在四川等地的汉墓中,画像砖上刻画的农耕场景似乎满足了这类需求。[30]

在下文中,我将理解这些场景和形象的方式解释为"象",即对不可见的冥世特征的视觉性表达。在灵魂世界中,这样的图像被认为可以将其原型的效果带给它们的所有者或制造者。在现实世界,舞者被认为可以成功地引降神灵。另外,图像是一种实现所期望效果(比如神灵降临)的有效途径。我们可以将其与相似的现象相比较,例如土龙的制作。由于龙的出现与雨紧密相连，当人们渴望降雨时，便通过制作土龙来进行求雨。[31]

建墓者的意图不仅在于创造简单的日常生活，他们也提供了一个宇宙环境。[32] 宇宙中最重要的存在是四神、日月形象、乌鸦、蟾蜍和玉兔等与之相关的生物以及各个星体。晚期汉墓在对宇宙的描绘中加入了西王母、伏羲、女娲、牛郎和织女。永城墓和南越王墓中遗留的残片说明，这些图像曾被绘于墓室的墙壁上。这些绘画的内容很可能与马王堆出土帛画上表现宇宙特征的题材及风格相似【图10-7】。的确，我们可以将马王堆帛画视作为了墓主利益而将宇宙特性具体化的不断尝试。[33]

后期画像石与画像砖上的图像通常是马王堆精美帛画的相似物。洛阳的许多汉墓以及西安地区著名的壁画墓，都在墓室天顶上绘有宇宙图像。[34] 这种为墓主人提供宇宙空间的例子表现在多种墓葬装饰中，例如某些图像显示出墓主人如《楚辞》中描写那般在天空中驾龙车翱翔。[35] 人们将这样的空间提供给墓主人，似乎使他们不用离开墓室就可以共享宇宙。

总之，这些凿山而藏的石室墓以及一些较小的砖石墓葬，都是为冥世准备的完整环境。每座墓都是以墓主人为中心的完整宇宙。[36] 该空间提供给他们各式各样的必需品，大部分为了确保宴饮、休息、出行、

[10-7] 湖南长沙马王堆1号墓出土的帛画线图，汉代，公元前2世纪。引自《长沙马王堆一号汉墓》，卷1，40页，图38。

墓葬 | 255

音乐与礼仪典礼等活动的进行。在秦汉时期之前，黄河流域地区的人们似乎并没有追求这个目标，或者这种做法没有达到如此普遍的程度。这些宏大的汉墓及各式各样的陪葬品似乎暗示，人们应该从遥远的宇宙空间来观看它们，就好像高高在上的神灵向下俯视一个完备的微型世界。虽然在某种程度上我们不能完全掌握当时中国人对于模型的理解，但是模型可能是控制甚至是创造宇宙的必要方式。这一点体现在司马迁的记载中，秦始皇在咸阳建造宫殿，并将宫殿的模型安放在他的陵墓中。[37]

精心准备的墓葬表明，在冥世中还存在着其他参与者。这些参与者包括死者以及他们逝去的亲属，但同时也包括墓壁上描绘的（或者如我们在下文中将要看到的随葬文书中记载的）神灵和鬼怪。它们无疑可以看到墓葬，并与墓葬及其居住者进行互动。我们还可以推断某些神灵使建墓者产生了恐惧。这一点明确地体现在墓中摆放的陶俑军队、玉衣和兵器上。恐惧也促使人们以精心准备的系统来封闭崖洞墓的各个出口通道。该系统由四到六块精确切割的石板相互叠加而成。墓葬和生者的世界被完全隔离。[38]

上述墓葬中所表现的生活与早期黄河流域墓葬中所描绘的内容大不相同。另外，我将在下文中讨论，它们的许多组成部分来源于黄河流域之外的地区，通过中国的政治统一而被集中起来。[39]

文献描绘的世界

在南方的墓葬中，人们通常会在墓主人使用的文书中提供与宇宙相关的文献材料。出土的竹简或帛书包括了《老子》、《孙子兵法》等著名典籍，但是对我们目前讨论更为重要的是几种关于日常活动的文书。其中包括历书、药典、驱除鬼怪及厄运的符咒和咒语、地图和星象图。这些资料显示出墓主或其随从拥有良好的文化修养，并且相信文献中的处方和指示。笔、墨、石砚等书写工具也经常出现在墓中，这说明墓主有可能会在冥世担任官职。

另外，其他种类的文献则是为冥世官吏准备的，其中包括陪葬品遣册、以墓主名义写成的申诉书，即我们所知的镇墓文，还有上文中提到的买地券。这些材料在东汉时期非常典型，但是它们似乎是公元前3

世纪甚至更早之前就已经发展完善的状况的一种延续。李学勤和夏德安（Donald Harper）已讨论的甘肃放马滩文书，通过一个死而复生的人（丹）之口，描述了冥世及其官吏的情况。[40] 根据该报告我们得知，至少部分冥吏由死者同时代所熟知的个人来担任。以上文献所表现的信仰体系与我们所知甚少的商周早期的宗教习俗截然不同。历书、占卜文、符咒和医药处方通常被认为是民间宗教的内容，但是很显然在这个时期社会各个阶层都普遍接受了这些信仰。[41]

这种宗教的宇宙观已经被很多西方学者研究讨论过，尤其是索安（Anna Seidel）、夏德安和陆威仪（Mark Lewis）。[42] 他们论点的主要特征在于指出宇宙的神秘性和丰富性是通过模仿居于帝国中心的宫廷生活的各个方面创造而来的。当然，古代的中国人却从相反的方向来看待这种模式，即人世是对宇宙上苍的模仿。例如，世间拥有帝王和官吏，人们将其视为表达宇宙中各种关系的方式。换言之，人间是宇宙的一个微缩版本。

宇宙被认为处于天帝的统治之下。天帝又称黄帝，有时是黄神或是天神。他拥有军队、信使，管理各种天官，等同于或是远远超过了与他身份相似的人间帝王。[43] 通往天界的入口通常在高山之上，比如齐国界内的泰山。另外，泰山附近一个称作蒿里的地区是冥世的入口。事实上，战国时期齐国东部地区的山岳崇拜在很大程度上奠定了这些信仰。[44] 通过特定的记录，个人的生死可以被查阅，而这些记录由黄帝或天帝的官僚机构（与人类的官僚机构相似）管理制定，并被转送往冥世。我们在上文中已经提到，来自墓葬的考古材料说明从战国时代开始人们就已十分关注冥世官吏的活动。[45] 印章作为许多汉墓的典型物件，可能是为了墓主在面对冥官时可以辨明身份。

冥世在神仙统治之下并被官僚机构管理的观点，与以关联词汇解释宇宙的方式同时并存。[46] 人们认为四帝或是后期的五帝统治着整个宇宙。司马迁称这种观点可以追溯到公元前7世纪秦国的习俗和信仰。每一位天帝都与特定的方向及颜色相对应。黄帝的角色可能部分地源于这种信仰。但是，另一种与黄帝相关的崇拜似乎来源于齐国。虽然汉代文献记载黄帝可以追溯到远古，但他似乎在公元前最后几个世纪才被加入到中国的神话体系中。[47] 与这种观点相关的是阴阳五行的哲学理论。占卜是理解五行的重要辅助工具，[48] 因为上苍、四季和人类的活动都被绑定在一个非常复杂的系统或模式中。[49]

事实上，模式即我们所知的"文"或"纹"，是整个宇宙正确运行的基础。后来所有关于"文"的观点都出自《易经·系辞传》：

> 仰以观于天文，俯以察于地理。[50]

在该对偶句中，"文"是提供大地模板的基本模式。它也被广泛地用来描述自然的模式，例如动物的纹饰。[51]

墓葬及其内容是上述模式的一部分，也是无形世界以有形形态表现的方式。它们在宇宙中有"象"的地位或作用。裴德生（Willard Peterson）讨论《易经》时提出，"象"这个词对理解宇宙如何构建起到了根本性作用。它的某些含义来源于《易经·系辞传》中的用法。裴德生论述如下：

> 六十四卦的每一卦都有特定的名称，其中的大部分是一些指代特定物体与活动的词语，这些特定的物体和活动与预测（象）占卜行动表现出的情形有关。《系辞传》中的"象"，有时可以被解释为英语中的"image"（图像），蕴含了相似性，同时也暗示了一种感知的举动。"象"通常也是动词"观"的对象，这一点支持"象"作为形象的理解。但是，"象"是独立于任何人类观察者的，不管我们是否可以观察到，它就存在于那里。因此，我发现英文单词"figure"（形象）似乎更加接近"象"在《易经》中的含义。一个形象是一种图像或是相似物，但它还是一种形式、形状、图案、构造或模式，也是一种书写符号。"to figure"（使其形象化）是将事物以象征符号或图像的形式表现出来，并使它们得以成型。[52]

司马迁在叙述秦始皇和汉武帝（公元前140—前87年在位）对待宇宙尤其是对待神灵的态度时，提供了"象"在当时如何被理解的例证。通过他在《史记》中对于秦始皇与汉武帝期望和恐惧的记叙，我们知道公元前3至前2世纪的古代中国人希望神灵的"象"、图像或形象可以使神灵降临或造访这些图像的主人。[53]

> 文成言曰:"上即欲与神通,宫室被服非象神,神物不至。"乃作画云气车,各以胜日驾车辟及恶鬼。又作甘泉宫,中为台室,画天、地、太一诸鬼神,而置祭具以致天神。[54]

我们在这里可以看到几个层次的图像或"象"。首先,云纹、天地与太一的画像都是我们在西方的概念中"图画"(picture)的意义。但是,"象"在司马迁及其同时代人的理解中,它们又等同于云、天地、太一本身。其次,马车与宫殿本身也是一种"象",即它们的形式与宇宙的永恒特征相联系。第三种类型的"象"是在人们制造小而精美的青铜马车,以云纹图案装饰它们并将其陪葬在秦始皇陵附近时得以实现的。[55]正如我们上文中观察到的,这些马车只有真实马车一半的大小。它们与宫殿模型为我们描绘了宇宙的特征如何以多种层次、多种比例呈现出来。因此,墓葬是"象"的进一步例证,同时也具有宇宙的永恒特征。

这种"象"的概念可能有助于我们理解人死后魂归何处的难题。墓葬表面上是由世人建造的居所,但是一旦死者被封闭在其中,墓与其主人就似乎与世间彻底隔绝。如果墓葬被认为拥有"象"的特征,那么它其实就是灵魂世界中的居所。

关于灵魂本质的讨论使这个问题更加复杂化。灵魂的概念似乎随着社会等级与区域的不同而发生变化。更进一步说,个人在不同环境下都可能持有不同观点。因此,祭祀时祖先所在的场所可能不同于他们被埋葬的地点。一些学者曾提出,古代中国人相信人拥有两个灵魂:魄在死后停留在墓中,而魂则会飞升上天。[56]人们现在倾向于认为魂魄的情况更加复杂并且会随着时代而变化。[57]从墓葬准备的角度来看,人们似乎认定死者会居住在墓中,但是墓葬作为一个"象",既是无形的神灵世界的一部分,也是建造墓葬的人世的一部分。墓主人在神灵世界的旅程可能只是一种短期的游览,而不是最终上升到天界的进程。升天的概念是后来才逐渐发展起来的。

神灵世界的统一

对目前讨论至关重要的情况是当秦汉的帝王统一并统治他们的疆域

时，他们声称该疆域包含了整个已知的宇宙，因此，正如陆威仪所认为的，这也包含了宇宙中的神灵鬼怪。[58] 的确，如果神灵也作为宇宙必要的组成部分，那么帝王们不断尝试寻找、控制到达神灵世界途径的做法就并不令人惊奇。而且如果没有这样的壮举，来自不同区域的观念和特点也不可能集中并纳入到当时的丧葬习俗中。同时，如果没有共同的意识形态以及共有的技术来制造表现该意识形态的物品，我们也不可能看到汉墓中相似的陪葬品。上文中提到的那些大型的山石陵墓、稍小的墓葬以及玉衣都是思想和实践统一的例证。

秦始皇的雄心壮志最突出的表现就是他对"皇帝"这一称号的选择。使自己的称号等同于传说中伟大帝王的同时，秦王已经将自己与这些帝王们在人间甚至在宇宙中相提并论。

秦始皇以及汉武帝的种种举措，远远超出了这种简单的竞争性声明。他们二人都沉迷于神仙信仰，并且不断试图去控制神灵的力量。司马迁在《秦始皇本纪》和《封禅书》中的记载，为我们提供了有关当时信仰以及这两位帝王探寻神灵世界的材料：

> 及秦并天下，令祠官所常奉天地名山大川鬼神而可得而序也。于是自殽以东，名山五，大川祠二。[59]

在秦汉帝国将不同地区的神灵崇拜纳入皇家礼仪的许多例子中，包括了与齐国山岳有关的八神崇拜，以及与楚国某位战神有关的太一崇拜（太一为北极星神）。[60] 当司马迁描述太一时，他不仅是一位拥有特定力量的神灵，而且已经取得了至高无上的地位。司马迁叙述了谬忌向汉武帝介绍如何祭祀太一：

> 亳人谬忌奏祠太一方，曰："天神贵者太一，太一佐曰五帝。古者天子以春秋祭太一东南郊，用太牢，七日，为坛开八通之鬼道。"[61]

这两位君主不仅考虑到对于仪式以及建筑要给予适当的关注，而且极为关心自身的长生不老。秦始皇与汉武帝四处寻求方士与不死灵药，期望借助方士的力量与神灵相通。"方士"这个词语指代那些有特殊知识，尤其是精通药理的谋士与术士。古代中国人似乎十分重视通过适当的用药来延长寿命。[62]这一点我们可以在秦始皇与汉武帝不断寻求长生不老灵药的活动中看到。[63]易言之，秦汉帝王不断咨询那些掌握秘传知识的术士的意见，而这些知识被认为能够将神灵从蓬莱仙境等地召唤而来。我将在下文中论述，一些遥远的地区可能是这些神奇事物的重要来源。

中国人的世界

虽然我不会进一步论述黄河流域对秦汉时期宗教和礼仪的贡献，但是这个华夏文明传统中心的宗教和信仰为各项活动奠定了基础。商周传统中产生的信仰认为，冥世类似于人世，适当地准备墓葬对墓主及其后代的兴旺十分必要。黄河流域的人们还发展了在墓室中摆设成套礼器的做法。但令人惊讶的是，到秦国统一六国时，以食器、酒器形式出现的供奉祖先的青铜礼器已不再陪葬在墓中，特殊的青铜器型可能已经失去了它们的重要性。西汉时期的文献似乎缺少对当时祭祀祖先仪式的记载。[64]大约在公元前3世纪，来自黄河流域以南及以北地区的新的信仰与习俗逐渐渗透到这个区域，极大地改变了（或许彻底改变）传统礼仪。[65]文献材料似乎完全没有提到或解释这一现象。本文会在后面的部分讨论这些变化。

在我进一步讨论对墓葬建筑和内容有着巨大贡献的三个主要区域（即南方，尤其是楚国；东方，主要是齐鲁；以及现今为内蒙古与欧亚草原地区的北方边境）之前，我首先要简要介绍秦汉帝国偏好楚国习俗的原因。它们对楚文化感兴趣的起因非常简单。公元前4到前3世纪时期，秦国占领了位于现今湖北、湖南等地的大片楚国领土。楚国因此向东迁移，而秦国夺取了它的大部分疆域；通过军事占领，秦国吸收了楚地习俗并开始使用楚地物品。由于楚国进一步向东迁移，现今安徽、江苏部分地区的人们也开始吸收楚国文化。这些东部楚国的习俗后来成为同一地区内汉代封国楚国的传统。汉王朝的创建者高祖刘邦（公元前202—前195年在位）来自现今江苏省徐州地区，也是汉代楚国的领地。[66]因此，刘邦为长安的宫廷带入了来自南部及东部地区的各种信仰。另外，楚文化在其他方面也影响深远。汉代统治者大力推动楚国诗歌的发展;与《楚辞》相似的诗歌形式通过我们所熟悉的"赋",对后来的诗歌起到了重要影响。[67]对于汉代文化做出贡献的南方文学与思想并不只限于楚地,著名文学家司马相如来自于西南地区,而哲学经典《淮南子》也提供了南方传统为汉前期思想做出贡献的证据。

下文将说明,随着秦汉帝国采用东亚不同地区的物品、器型及图案,源于我们所定义的"中国"境内的观念是如何被赋予了视觉形式。我将依次讨论来自边境与境外、楚国及东部沿海地区的物品。

山石陵墓以及中国与边境的联系

以讨论边境的器物类型和装饰题材如何渗透到汉帝国的过程作为开始,似乎有些令人吃惊。但是,在这一时期被大量引入中国并融入中国物质文化的物品证明,人们持续不断地努力获取各种不同来源的物质。早在公元前221年之前的战国时期,一些诸侯国就已经与边境地区建立了广泛的联系。为了总结下文中论述的主要变革,我认为来自西亚的金器在某种程度上刺激了金银在装饰品与器皿上的使用。日常用品中的新器物,比如铜镜、水瓶、火盆、铁铲、长柄勺和香炉,可能来自北方或西北地区;帷幕式的精美华盖和屏风也可能来自同一地区(比如刘胜墓中发现的帷帐(参见图10-2)。最后,许多动物的形象,尤其是在狮子基础上发展起来的猫科动物、搏斗中的动物与狮身鹫首的怪兽,则来源于蒙古、西伯利亚和西亚的不同地区。这些外来的元素引入中国后,在适当的时候转换并融入中国的传统类型,人们甚至用玉石这种中国特有的材料来制作它们。我将在东部对汉墓影响的部分具体讨论这一观点。

追寻汉语地区与西部地区之间交流情况的最好方式是通过使用黄金这一线索。在最初使用青铜的一千年中,古代中国主要地区的居民们并没有开发使用黄金,而是集中以铜和锡来制造礼器、车马器以及兵器。[68]但是,在公元前771年周代的都城镐京陷落之后,人们开始用黄金来制造兵器和马配饰,而秦晋以及更南的曾楚等国则用黄金制作装饰性的薄片。令人惊奇的是,最早使用黄金的例子发现于山东沂水的刘家店子。[69]到公元前6世纪,秦国的武士已经拥有了以异常精美的金柄装饰的铁制兵器。而在同一时期,侯马晋国铸造遗址发现的铸范吸收了伊朗、斯基泰和西伯利亚金器的特征，以有翼的狮身鹫首怪兽、仿狮首的饕餮或虎头、虎及其他猫科动物，或是狮身鹫首的鸟类袭击吞吃其他动物的形式表现。[70] 黄金是公元前6到前5世纪南方墓葬中持续存在的特征，例如河南、湖北地区发现的嵌花薄片。[71]

黄金似乎通过以下几个途径进入以汉语为主要语言的地区。直接穿过北方及西方边境可能是最主要的途径。另外，山东地区的考古材料显示出一条穿越东北边境的路线，这表明中国与南西伯利亚以及高加索地区存在联系。但是，西亚的风格也可能沿着长江的主要支流从陕西途经四川进入湖北，并进一步向南进入云南的滇国。[72]

沿着这些路线进入中国许多地区的其他特征包括对神灵的崇敬，这通常以鹿角形王冠、铜镜、香炉等形式表现。另外，我们从位于河北平山公元前4世纪晚期的中山王陵出土的器物中发现，中国与远东地区在传统金属制造业方面的交流在一个多世纪内不断增强。[73] 出土的陪葬品包括了青铜镶饰的有翼神兽【图10-8a】、一件错金银猛虎食鹿形青铜器【图10-8b】、当地版本的西亚动物搏斗题材、帷帐和屏风的青铜配件【图10-8c】。中山王陵与许多公元前4到前3世纪的墓葬中都出土了金器、镀铜器以及镶嵌有绿松石的器物。这些精美金属器皿的起源可以追寻到西伯利亚、大夏和高加索地区。[74] 在汉代，最奢华的青铜器是有着光亮表面的镀铜器以及镶饰青铜器。这是非常典型的西亚风格而并非古代中国的主要传统。

我们很难解释汉代以及此前的人们如何通过这些吸收而来的精美器物和动物形象去理解那些地区。但是，通往这些地区的路线通常备受人们重视。一些学者提出，汉武帝西征并向西方遣使是受到了寻找这些奇特珍宝所在地的刺激。[75] 郑岩通过分析赋和石刻中的证据，说明了居住在这些地区的非汉人是如何被包括在带来吉运的祥瑞之中。[76] 最著名的例子是《史记》中记载的秦始皇下令铸造的巨大青铜人像。其他例子大多为石质，包括茂陵石雕、大将军霍去病墓上的马踏匈奴石雕，以及现藏于济南的不同寻常的汉代石刻。[77] 石刻中的人像有着睁大的双眼和拉长的面部，似乎说明此人蓄须。相似的人像还出现在某些汉墓的石柱柱饰上。[78] 使用石料可能是由北方和西方传入中国的另一项创新。

[10-8a] 河北平山县中山王墓出土的错银青铜有翼神兽线绘图。公元前4世纪晚期。引自《響墓——战国中山国国王之墓》，图51。

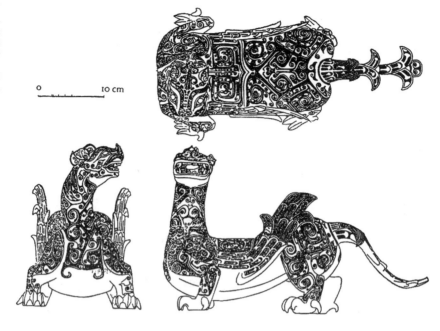

[10-8b] 错金银猛虎食鹿形青铜器线绘图。引自《響墓——战国中山国国王之墓》，图112。

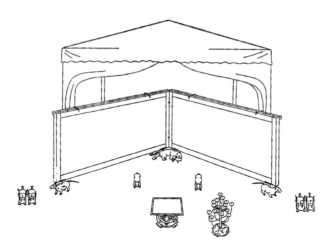

[10-8c] 中山王墓中展示各种精美青铜配件的屏风与帷帐的复原图。引自《譽墓——战国中山国国王之墓》，图125。

当我们把目光转向一些带有较少异域特征的人像时，比如兵马俑，会发现其中似乎包括来自边境地区的征募，比如有些兵俑蓄有络腮胡须而且身材高大（参见图10-23）。为了与冥世的鬼魂军队作战，秦始皇可能找到了那些已经对神灵世界拥有一定经验的个人。因为如果边境地区的居民仅仅是敌人的话，那么他们似乎不太可能被包括在兵俑中或放置在墓葬中。[79] 另外，祁泰履指出《左传》在内的一些文献通常将山岳（或是圣山）与戎人或其他少数民族联系起来，并将戎人描述为山岳的后代。

事实上，人们的确认为神灵的居所位于已知汉地的边缘。[80] 在战国晚期以及秦汉时期，西王母被认为居住在北方或是东北方的某些地区。[81] 拥有长生不老灵药的仙人所居住的蓬莱仙岛也位于东海。[82] 昆仑山的传说源自南方，人们描述其为神灵的居所，比如，昆仑山在著名的南方诗歌《楚辞》和地理志《山海经》中出现。[83] 这些观点都从中心的角度来描绘宇宙，而宇宙四周环绕着通往仙境的特殊区域。《淮南子》描述了这些地区的居住者。[84] 而这样的画面又与《楚辞·招魂》中的内容相符合。[85] 灵魂需要避开那些可怕神灵居住的遥远领地。一些南方的神灵被绘制在著名的楚帛书上。[86] 而北方的神灵则存留在石刻雕像及镀铜、青铜配件甚至某些玉器配件上。

选作墓葬的山陵在某种程度上实现了这些想象中的区域。这些挖空岩石的巨大陵墓似乎是为了获得通往神灵世界的通道。这个推论基于上文中讨论宇宙观时所提出的"象"的概念。为了建造这些陵墓，汉代的人们一定从墓葬的位置、结构以及内容方面考虑其适宜性,而且他们也很可能将这些墓葬与宇宙的相似特征联系在一起。另外,山陵中的宫殿在某种意义上可能就位于神灵居所旁。《史记》中一段被广为引用的文字支持了上述观点。这段话提到西王母可能居住在如徐州或永城墓那样巨大的洞穴般的宫殿中。司马相如的《太一赋》提到,通往神灵世界寻找西王母的旅程要途经山岳、高峰和峡谷。[87]

> 吾乃今目睹西王母飚然白首,载胜而穴处兮,亦幸有三足鸟为之使。[88]

可能出于这个原因,宫殿被建在山陵中与洞穴合为一体。司马相如在《上林赋》中写道:

> 夷嵏筑堂,累台增成,岩突洞房,俛杳眇而无见,仰攀橑而扪天。[89]

刘氏王侯的山石陵墓似乎就是这样的宫殿,通过隧道进入山中,然后创造出一个像西王母宫殿那样可供墓主人永远居住的洞天。但是,在山石中建造宫殿的特殊举动似乎是对中原地区传统墓葬的完全背离。当时的中国人有可能已经听说了西伯利亚、伊朗甚至更西部的地区建造墓穴的做法。[90] 西伯利亚尤其是阿尔泰巴泽雷克地区的墓葬完好地保存了木乃伊般的尸体、服装和木车。这可能由于封土堆下存在大量永久冻结层的原因。这些封土与斯基泰人在高加索地区的墓冢非常相似。[91] 一旦有关这类墓葬的说法传入中国,人们便可能会相信北方边境的人们以特殊的方式保存尸体,使其免受伤害。一些学者提出,封土早在东周之前就已经出现在中国的许多地区。[92] 然而,直到公元前5世纪,更多封土堆才在齐楚等地的大墓上出现。杜朴(Robert Thorp)认为这样的传统来自于北部燕国,而燕国有可能学习了边境地区的墓葬方式。[93]

关于石雕和石墓都来源于西亚并经由中亚、西伯利亚传到中国的观点,如果我们考虑到它们的细节特征,就似乎不那么牵强。这些石像引起人们的特殊兴趣,由于它们有着与西亚雕像相似的巨大眼睛和翅膀。

当墓中出现类似石柱和柱头的特征时，也可以和西亚的例子相比较。[94]例如在中国东部的山东、江苏等地，墓葬包括了一些非常显著的特征，墓中饰以各类柱头的多面立柱可能源于伊朗或高加索地区【图10-9】。[95]有时，这些石柱立于公羊等动物雕像背部（参见图10-4b）。而该传统在波斯波利斯(古波斯帝国都城之一)等西亚地区非常显著。中国某些石室墓的叠涩形天顶，似乎再一次与高加索地区的墓葬结构以及西亚尤其是伊朗的洞窟相一致。[96]这些西汉晚期及东汉时期的墓葬特征说明中国和西方之间的交流频繁而持续。我们似乎有理由认为这种性质的交流在很长一段时期内持续进行着。

的确，其他关于直接复制或借用的痕迹也都十分有趣。东部齐国的一个早期墓葬，通常被视为齐景公（公元前547—前490年在位）的陵墓，尤为繁复且非常具有启示性。主要的椁坑位于方形墓室的中央。椁坑以大石砌边，是斯基泰和西伯利亚墓葬的特征。在椁坑的周围环绕着陪葬坑，其中整齐地陈列着六百多匹殉马【图10-10】，这是斯基泰墓葬的特殊形制，比如出土于高加索科斯特罗姆斯卡亚（Kostromskaja）的墓葬【图10-11】。[97]初次观看此墓时，很难让人相信如此不同寻常的墓葬会受到高加索这样遥远地区的影响。一些山东墓葬的中心椁坑被附属的陪葬坑环绕，似乎也与高加索的墓葬形式相似。[98]这些特殊的墓葬不是崖洞墓的前身，但是它们似乎显示出边界地区的影响已经渗透到齐国的中心地带。这些痕迹进一步证明中国墓葬的形制尤其是山石陵墓是一个持续量变的结果，即战国到东汉的几百年中，北方和西北方的墓葬特征逐渐渗透到山东以及江苏地区。

山东地区方形墓室的主人们佩戴了大量特制的水晶、玛瑙与紫水晶挂件，但是其中并没有玉器。一种较为常见的形状是锥形牛角式的饰品，一端似乎未完成并且十分粗糙，存在小的枝节。这样的挂件在交叉部分为圆形或椭圆形，但又不像普通的玉器那样平滑。这些牛角的形状有可能模仿了西伯利亚和中亚地区的面饰或是马具上的饰品【图10-12】。[99]一种常见的扁平尖头玉挂件似乎是上述异域水晶或玛瑙配饰的中国版本。早期的例子来自山东齐国的临淄商王墓地，晚期的例子则来自于广州南越王墓。[100]这些扁平尖头玉器通常和一类椭圆形饰品一起出现。这类椭圆形饰品将扳指制成扁平挂件，而扳指也可能源于边境地区

[10-9] 江苏昌黎水库发现的带有天井与多面石立柱的汉代画像石墓。引自《文物参考资料》1957年12期,36页。

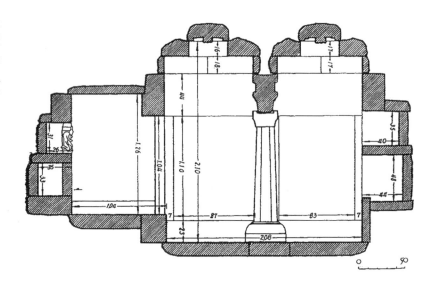

【图 10-13】。

上述观察引出了一个重要的方法论。迄今为止,人们很少认为上文中的特殊玉饰起源于异域,因为我们可以明确地将它们与玉璜或玉璧等古代玉器归为一类。在对这些玉饰的传统讨论中,牛角形配饰和扳指形挂件都被简单地视为中国玉器雕刻发展过程中的一部分。该方法没有考虑事物的起源,而将所有的物品归纳在单一的类型中,因而忽略了上述物件的来源。这些来源又显示出文化的融合。当我们转而讨论青铜时,我们可以发现相似的情形也发生在青铜器上。只不过在此忽视的是青铜器的变化,因为青铜礼器的类型通常被认为最为重要。

我们需要分析某些青铜礼器如何从占优势地位逐渐演变到完全消失。我现在将要介绍的青铜器很少包括在祭祀祖先的礼器中。因此在对青铜器历史的任何介绍中,我们都可以看到那些著名青铜器器型的数量从公元前 5 世纪到前 3 世纪持续衰落。但是这种观察所忽略的是:新的器型在更长的时期内逐渐形成。虽然许多新器型被正确地视为非礼器类型,[101] 但它们的功用却通常被分散讨论。遗憾的是,有关新的礼仪是否形成的问题仍未解决,而且我们对于这些有趣的片段也还没有足够的记录和研究。[102]

事实上,早在公元前 3 世纪之前,不晚于公元前 7 至前 6 世纪,人们已经开始常规性地制作并随葬新的器型。带有链式把手的方形或圆形火盆

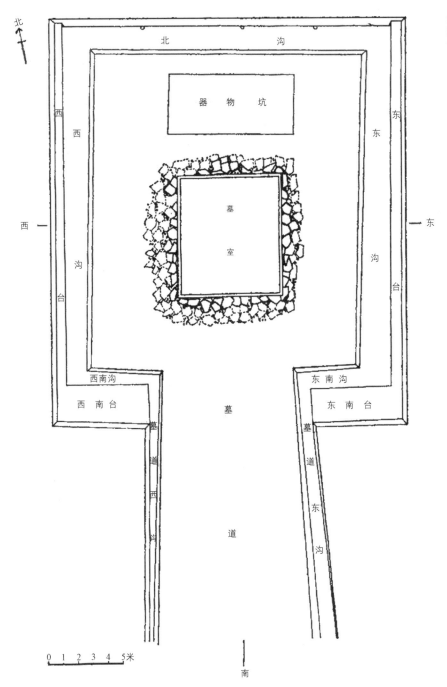

[10-10] 山东临淄河崖头齐景公墓墓室平面图。引自《文物》1984年9期,14页,图2。

墓葬 | 269

[10–11] 高加索科斯特罗姆斯基泰人墓葬的平面图和剖面图。引自 *Scythians and Greeks*, p.29, fig.128.

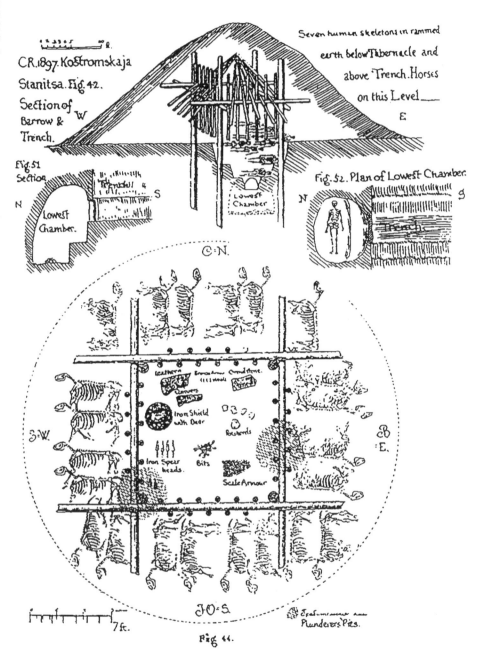

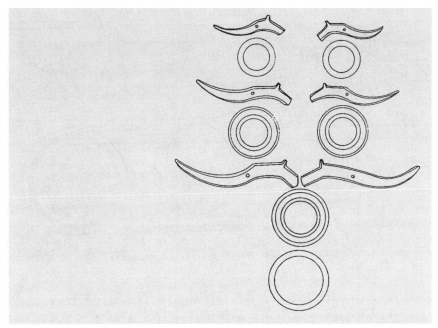

[10-12] 山东淄博朗家庄出土的圆形与牛角形水晶挂饰,公元前6—前5世纪。引自《考古学报》1977年1期,图15。

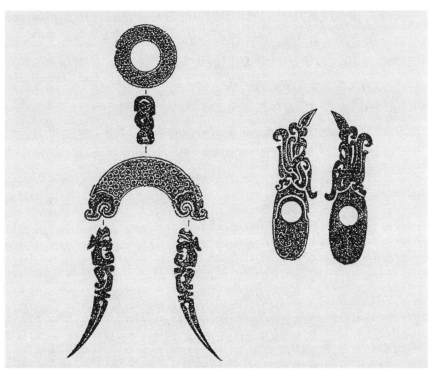

[10-13] 南越王墓出土的配饰拓片。左:两个下部的元素来源于牛角形器物,最初发现于山东公元前5—前4世纪墓葬出土的水晶饰品上,长11.2厘米。右:平滑的拇指形配饰,长11.6厘米,汉代,公元前2世纪。引自《西汉南越王墓》,247页,图168,245页,图166:4。

墓葬

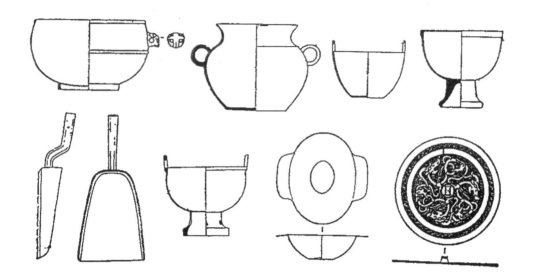

[10-14a] 山西太原晋国墓出土的一组各类青铜器与其他器物线绘图。公元前5世纪。引自《太原晋国赵卿墓》，图65。

[10-14b] 北京延庆军都山出土铜釜。公元前7—前6世纪。引自 Traders and Raiders, fig.22:1。

是最早也是最为显著的器型。它们有可能源于楚国或是边境地区。[103] 现今太原地区发现的公元前5世纪的晋国墓中出土了其他的新器型，其中有带有铁链的火盆并伴有铁铲、广口的小高脚杯、带有环状把手的圆底大锅、耳杯以及铜镜【图10-14】。我们不清楚人们如何使用这些物品，或者它们是否伴随礼器出现。最为特别的器物是大型的铜甗，它似乎暗示着一种常规使用器皿之外的习俗【图10-15】。[104] 公元前3世纪晚期临淄商王村的齐国墓中出土了长颈瓶、注水器、银质与铜质的耳杯，以及各式的灯具【图10-16】。这些都显示出该类器物的发展。

许多器型似乎都与边境地区有着特殊的联系。其中较为明显的是广口小高脚杯（参见图10-14），中国的"豆"可能是它最初的器型来源，但是这种器型也出现在中原地区或更为偏远的地区。这表明在疆域内外存在器型的交流。[105] 相似的青铜器可以在诸侯国周边以及西伯利亚地区发现，比如阿尔泰巴泽雷克墓葬出土了类似的器皿。[106] 一些造型奇特的器型显然通过边境传入中国。公元前6至前5世纪的特殊器皿还包括了各式扁平并带有铁链手柄的长颈瓶。[107]

其他物品也有可能来源于西北地区。临淄

商王墓中出土了一件在细长瓶颈顶端饰有叶饰的长颈瓶【图10-17】。这种饰以叶瓣的表面似乎与西亚阿契美尼德王朝和安息（帕提亚）银碗的锻压花纹相似。这个造型奇特的瓶子有可能是与秦国文化相联系的蒜头壶的原型。[108] 它们通常与带有环状把手的圆底大锅一起使用，即今天所知的鍪。鍪似乎也是基于西部与西北部器型的基础上发展而来，或者有可能来自四川地区。这种锅以三个圈足支撑置于火或其他热源上。上述两种器型的例子都可以在更遥远的南方地区，比如南越王墓中找到。[109] 该墓也出土了有着锻压叶饰、盖子边缘饰以花环的盒子。与此相关的器物在相隔遥远的云南及山东齐国等地都有发现。所有这些物品都是对安息银器较为接近的复制，玉制的角状环也可能是对西亚金属或硬石器物的模仿。[110]

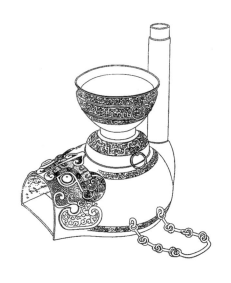

[10-15] 山西太原晋国墓出土的铜甗线绘图，公元前5世纪，引自《太原晋国赵卿墓》，图65。

我们不应该将这样的器物简单地视为异域的珍宝。它们似乎属于一套新的习俗，并暗示着新的目标。银质盒子可以用来盛放药物。[111] 叶瓣饰的长颈瓶、长柄勺甚至是盒子都有可能放置药品、麻醉药或是某种使人兴奋的饮品。它们可能从北部边界被引入中国。巴泽雷克的考古发现显示出阿尔泰地区的居民们使用大麻的种子，将其铺在锅内滚烫的石头上来制作使人迷醉的雾气。另外，人们还发现了盖有毡子的长竿，正如希罗多德笔下的斯基泰人那样，当时的阿尔泰人可能在这样的竿子下吸入雾气。[112] 上文中曾提出，这类大锅早在公元前6到前5世纪就已经在中国出现（参见图10-14）。晋国墓及中山王陵都出土了钩状的圆形配件，它们有可能是发散式绳索上圆形顶篷的零件【图10-18】。因此，这两个地区的人们都有可能采用了吸入致幻雾气设备的配件。[113]

在刘胜墓中发现的青铜棱角配件有可能用于支撑顶篷的方形架构，说明了汉代皇室成员也可能落座于帷帐或典礼所用的华盖下。[114] 屏风也属于这类的日常用具。中山王陵出土的一件早期的屏风（参见图10-8c）安装了镶嵌精美的青铜支架，上面绘有猛虎食鹿的场景（参见

[10—16a] 山东临淄商王出土器物线绘图，公元前3世纪。引自《临淄商王墓地》，图10—15。

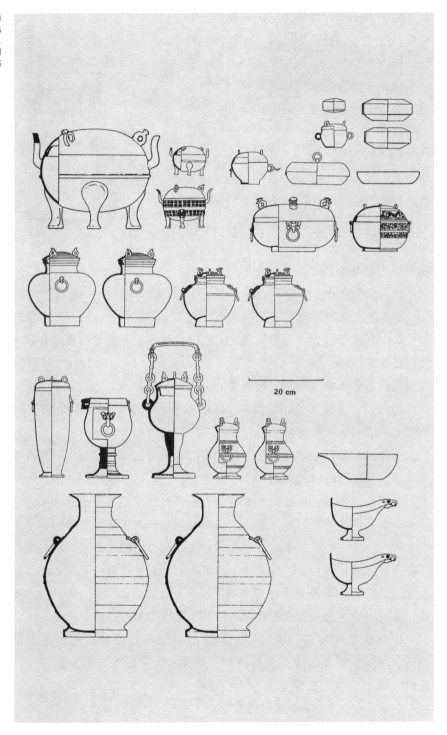

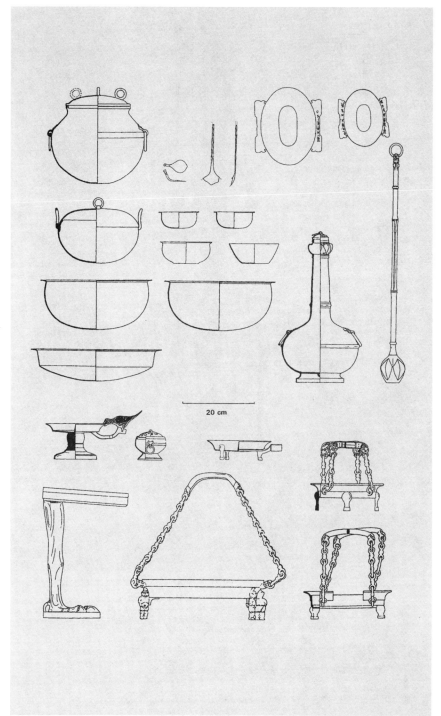

[10–16b] 山东临淄商王出土器物线绘图。公元前3世纪。引自《临淄商王墓地》，图14–18、22–26。

[10-17] 南越王墓出土蒜头壶与山东临淄商王墓地齐国墓中的带盖长颈水瓶相比。引自《西汉南越王墓》，288页，图201:2；《临淄商王墓地》，26页，图16。

[10-18] 山西太原晋国墓地出土帷帐的青铜配件线图，公元前5世纪。引自《太原晋国赵卿墓》，图71。

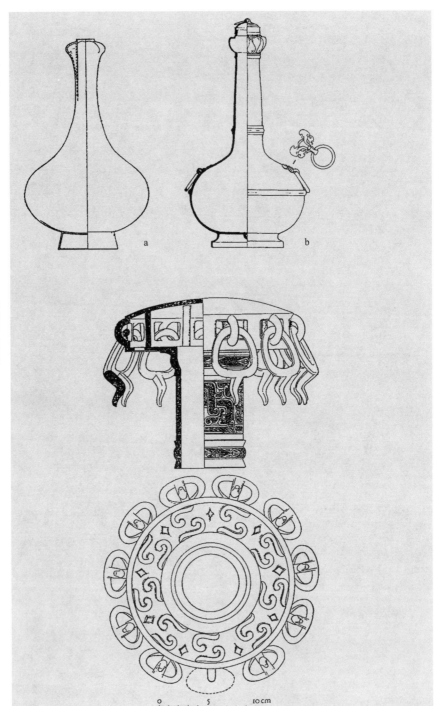

图10-8b）。[115] 屏风旁还发现了一对长有双翼的猫科动物雕像（参见图10-8a）。另一件广州南越王墓出土的较晚期的屏风则饰以奇特的青铜神兽。[116] 虽然这两种器物类型——顶篷和屏风——有可能在周代就已经开始使用，但是它们也可以被视为中国与边境地区交流联系的产物。它们都适用于以车马为主要交通工具的群体。

公元前4世纪时，灯具这种从未在中国出现过的金属制品忽然变得流行起来。我们似乎又增加了一类与内陆大草原、西伯利亚甚至更西的地区具有密切联系的器物类型。中山王陵中的例子尤为精美，其中的一盏灯具展示了一人手握多蛇的形象，似乎在某种程度上暗示此人具有神奇的力量。[117] 楚国的望山也出土了另外一种有趣的灯具，表现了人骑骆驼的场景。骆驼是生活在边境地区的动物，肯定未曾生活在楚国地区。[118] 骆驼在稍后时期作为汉代器物上一系列象征方位的动物之一，比如它出现在窦绾墓出土的博山炉上。[119] 骆驼代替象征北方的玄武被列入方位性动物，在这里它似乎与神灵世界取得了特定联系。因此，早期的灯具以骆驼的形象作为支座，可能已经不再是外来的物品，而是作为一种与超自然力量相关的事物。这样的形象再一次说明神灵与超自然的世界可能属于边境地区。

神灵在晚期的陶制灯具上也表现为仙人栖息在树形灯架上。[120] 这类陶灯似乎很少有青铜器原型。另外一种灯具的顶部饰有象征太阳的三足乌，有时也有象征月亮的蟾蜍和玉兔【图10-19】。"日"和"月"这两个汉字组合在一起为"明"字，蕴含光明光亮之意，而光明又通常与神灵相通有关。[121] 同时，镜子也是光亮的来源。这里我们可以清楚地看到人们是如何将光明作为死后世界必需品的。[122] "明"的概念（明或是

[10-19] 河南济源出土的鸟形陶灯模型，高27.8厘米，鸟立于灯座立柱上，柱头为野兔，柱基为蟾蜍。鸟与太阳相关，而蟾蜍与野兔指代月亮。日月两字合并为"明"，光亮之意。引自The Empress Palace, Treasures from the Han, Singapore, 1980, p.72.

神明）在古代中国有着悠久的历史，而在此期间人们只是间断性地使用铜镜。铜镜最初似乎源于外来的器物种类。公元前6世纪以来，它们再一次通过模仿西伯利亚地区的实物模型开始在中国发展成为流行的器物类型。像金器一样，铜镜经由北部中原地区一直传播到长江流域的湖北、湖南地区。这些铜镜，尤其是有TLV字母式样的规矩镜，似乎与神灵世界存在密切联系。[123]

虽然古代中国人采用了铜镜、叶瓣饰的金属盒以及灯具等外来器物的类型，但是人们将其置于特殊的背景中，并赋予它们中国式的功能和内涵。当我们考虑那些源于西亚并在中国广泛运用的动物题材时，我们可以看到中国人将本土特征加诸外来物品上的另外一种形式。狮子作为西亚人最为钟爱的动物题材，在中国存在若干不同版本的解读。我们已经在中山王陵出土的屏风上看到了错金银猛虎食鹿形青铜配件（参见图10-8b）。该配件表现出人们对西亚动物搏斗场景的运用。东亚的工匠们似乎用猛虎取代了美索不达米亚地区青铜铸造、石雕、印章及其他器物上更为常见的狮子。狮子在伊朗和西伯利亚南部的工艺品上也十分普遍。[124] 可能由于狮子在中国不为人知，所以它通常被塑造为老虎和熊的形象。

我认为狮子可能是某种熊类题材的原型，因为颈毛是狮子与熊的形象都存在的特征。【图10-20】左边是亚述的象牙狮头雕塑，右边则是【图10-21】中雕版上熊头的画像。两种动物都有小而圆的耳朵、突出的颈毛以及宽阔的下颌。但是，虽然熊头的形状似乎起源于域外，熊却与中国本土信仰取得了联系，比如熊与黄帝联系在一起。[125] 镀铜器等其他材料上熊的图像经常被作为器皿的圈足，比如刘胜墓出土器物的例子（参见图10-1）。[126] 它们还被描绘在许多奇特的场景中。我将在文中的最后部分谈到其中的部分场景（参见图10-34）。狮子在这些新的形式中不仅改变了金属制品的设计，同时

[10-20]
a.伊拉克尼姆鲁德古城出土的象牙雕狮首线绘图。公元前9—前8世纪。引自J.E. Curtis and J.E. Reade, *Art and Empire, Treasures from Assyria in the British Museum*, London, 1995, no.96, 20b.
b.熊头的细部，也可见于图10-21。由Mélanie Steiner绘制。

[10-21] 上图 江苏徐州狮子山西汉墓出土金带扣薄片图案，长13.4厘米。引自《中国文物精华》，北京，1997年，图87，带扣装饰上的生物由拉长的有角野兽组成，该野兽与下图显示的生物相似，它正在被熊和狼攻击。下图 西伯利亚南部巴泽雷克发现的木刻动物图。引自 *Frozen Tombs of Siberia. The Pazyryk Burials of Iron-Age Horsemen*, pl.140a, 由Melanie Steiner绘制。

也出乎意料地改变了玉器雕刻，而这些内容都将在下文中进一步讨论（参见图10-32）。

凶猛的猫科动物、熊以及鹿出现在精美的腰带形饰物上，它们似乎从内蒙古草原和南西伯利亚的原型的基础上发展而来。[127] 葬于徐州狮子山的楚王拥有一对相当华丽的金带扣。这对金带扣在某些方面似乎模仿了巴泽雷克地区游牧民族的木刻装饰（参见图10-21）。[128] 带扣上刻有狼和熊袭击一只形状似鹿的生物（鹿角上饰有鸟头）[129]的场景。[130] 这种长角上饰以鸟头的生物在蒙古、西伯利亚与中国交界的地区以多种形式出现。南越王墓出土的当卢（马前额饰物）是一个非常特别的例子。饰物上刻有相似的生物，但是该生物却并没有长角【图10-22】。[131] 放大的鹿头占据着饰物的上部，并继续延伸盘旋到下部。金带扣与马饰都吸收了巴泽雷克地区原型上的木刻条纹。多角的表面在镀铜后会折射光线，使得器物

[10-22] 南越王墓出土的刻有野兽的镀铜当卢线绘图。引自《西汉南越王墓》，96页，图64:4。

墓葬 | **279**

闪闪发光。这样精美的金带扣和马饰通常为诸侯王以及南越国国王使用。上述较为明显的例子显示出，统一的帝国在全国范围内形成奢侈品的统一需求。在战国早期，这样的奢侈品会更加频繁地出现于特定区域，比如中山王陵中异常华丽的西亚题材的错金银青铜配件似乎只出现在这一个地区（参见图10-8）。我们将在下文中看到，楚国的某些传统也像上述金带扣一样作为庞大区域中央集权化的结果并以同样的方式广泛传播。

南方与楚国

如果汉代皇族是由于与北部的交流而选择带有水平通道的山陵作为他们的墓葬的话，那么他们建造多室墓而各个墓室各司其职的习惯则来源于楚国。公元前5世纪晚期以来，主要的南方墓葬都由多个墓室组成，每一个墓室都致力于单独的功能或各有不同的侧重。公元前5世纪晚期的曾侯乙墓包括四个墓室：其中一个作为典礼仪式的厅堂；另一个是为墓主人娱乐建造的私人空间，并以内棺作为其宫室；还有一个是为仆从设置的空间；最后是放置武器和车马的储藏室。与曾侯乙墓相比更小的多室墓版本出现在湖北和湖南地区，这些墓葬属于身份较低的楚国士族。[132] 汉人或之前的秦人有可能引入了楚地的这种概念，将墓葬作为一系列有着不同功能单个墓室的组合。

负责装备这些墓葬的官员也可能遵循了楚地的风俗。当黄河流域的人们在墓中放入礼仪或战争所用的青铜器和玉器时，楚人则偏好在墓中放置生活用具，其中漆制的食器、酒器、盒子以及家具尤为常见。秦汉帝国进一步继承了这一传统。许多楚地的器皿和家具类型在该时期由各类材料制作，从精美的银器到普通的陶器。陶制的器物通常装饰以漆器的图案（参见图10-1d）。[133] 几种器物类型，尤其是原先漆制的圆形器皿，即我们所知的樽和卮，很明显吸收了楚地的传统。[134] 与来自西方和北方地区的鋬和长颈瓶一样，这些圆形器皿也被排除在传统的礼器类型之外。它们通常在汉墓中以镀铜甚至是玉器的形式出现。

南部传统的另一个侧重点是现世与冥世中的音乐和舞蹈。[135] 公元前

5世纪的曾侯乙墓出土了大量乐器，其中包括那套著名的编钟。[136]一些较小的楚墓中也陪葬有许多乐器。徐州的大墓也发现了陶制的乐俑（可能真正的乐器已经遗失）。[137]刘胜墓和南越王墓中的乐器包括几套编钟和弦乐器，比如琴上饰有山岳与动物图案的镀铜把手。我们不应该单独考虑舞蹈和音乐，因为它们可能与上文中器皿所展现的宴饮场景一同进行（参见图10-6）。这样的舞蹈可能是为了召唤神灵加入墓主的欢宴。

对引降神灵的宴饮和习俗至关重要的是各式各样的侍者和仆从。楚文化似乎产生了陪葬人俑可以在冥世转化为仆从的想法。这进一步刺激了各类墓俑的制造。[138]早在秦汉统一之前，黄河流域的部分地区已经开始使用陶土制作的模型和人像。比如，秦人制作陶土的谷仓，而一些较小的乐俑则出现在山东的战国晚期墓中。[139]但是这些例子都远远没有信阳、包山和马山的公元前4到前3世纪楚墓中出土的木俑那样制作精细、造型优美。[140]楚国的墓俑通常为木刻，而且身着丝制的衣物，但是有时它们的服装由工匠手绘而成。一些墓俑甚至拥有以关节连接的、可以自由活动的四肢。这说明可以活动与响应主人召唤的能力对它们来说十分重要。根据它们角色的重要性，单个墓中的墓俑通常以大小来排列。它们的服装和饰品进一步显示出它们的地位。这样的排序似乎在汉代发展为以尺寸和材质对墓俑进行等级排列的传统。[141]

这种通过服装和兵器细节表现出的对等级和功能的关注，似乎是秦始皇兵马俑以及后期的小型汉代陶俑的特色。[142]秦汉时期的兵俑复制了每类士兵所拥有的正确的服装和造型【图10-23】。那些徐州龟山和北洞山楚王墓中的陶俑也被仔细地绘以服装和完全不同的发型。它们在整体造型和绘制服装的仔细程度上与木俑十分相似。[143]另外，许多秦汉的陶制侍者人像拥有同时代的木质对应物，它们似乎在一定程度上复制了这些木俑。[144]

在运用大批兵俑保卫秦始皇以及汉代王侯的例子中，我们需要考虑到楚文化更深层次的贡献。那就是恐惧。曾布川宽在讨论兵马俑功能时谈到这个内容。我们可以通过曾侯乙墓内棺上描绘的持有兵器的生物推断出南方的人们惧怕神灵、恶魔和所有陌生而有害的事物。这些生灵手持着当时战士使用的长戟。人们似乎出于保护墓主人的目的而将它们绘在内棺上。[145]在相对较晚的楚墓中，鹿角环绕的木雕似乎也有卫戍的

[10-23] 西安临潼秦始皇陵东陪葬坑出土兵俑，公元前3世纪晚期。引自陕西省考古研究所编，《秦始皇陵兵马俑坑》，北京，1988年，卷2，图24-25。

作用。[146] 因此，这种源自南方、创造超自然生灵形象的概念似乎传入了中原地区。人们征召这些生灵对抗邪恶的力量从而保卫墓主人。在黄河流域，陶俑的军队似乎是对这种保护需求的回应。更多传统的楚国习俗在南方延续。例如，湖南马王堆轪侯夫人墓内棺的最外层上绘有一系列吞蛇的奇特生物。[147]

瑞兽的形象也来源于南方。作为方位性动物的四神最初出现在曾侯乙墓盛放衣物的衣箱上，另外还有射日的后羿等传说中的人物。[148] 这些图像后来演变为汉墓中刻画的四神动物、西王母之类的神灵以及其他一些被认为是吉祥征兆的瑞兽。画在屋顶之上的美丽禽鸟也被认为是祥瑞。[149] 但是，我将在下文中提出，这类生物应该被视为呈现出整个宇宙。虽然东部地区也做出了相应的贡献，但是绘画和诗歌中对整个宇宙进行描绘和展现的概念似乎是楚文化最为广泛而深远的传统。我将在文章的最后部分继续讨论动物与山水这一题材。

齐国及东方对玉的热衷

虽然人们通常认为汉代帝王的直系亲属在中国东部建立藩国是为了控制政治不稳定的区域，但是刘氏家族的王侯们偏爱东部，也由于那里有与神灵世界相通的圣山以及大量的玉石资源。浙江和江苏地区发现的大约公元前3500年到前2500年的良渚文化表明人们在墓葬中陪葬大量的玉璧和其他玉器。汉代人有可能无意中发现了这些玉器。正如他们发掘古代青铜器那样，他们希望而且也确实将这样的发现作为一种吉兆。[150] 新石器时代的玉器被放置在汉代的墓葬中（比如玉琮成为刘胜玉衣的组成部分）。这显示出汉代的诸侯王们通过特定方式成为古代器物的主人。他们墓中出土的精美玉器甚至可能是对新石器时代玉器的重新加工。但是，在尸体上下堆积玉器的风俗在汉代之前就已经开始。安徽省长丰杨公发现的公元前3世纪的楚墓、山东省临淄商王村齐墓以及山东省曲阜的鲁国墓葬都陪葬有丰富的玉璧收藏。[151] 从部分墓葬的情况看，选择玉器可能在一定程度上将这种珍贵材质的特性（尤其是永久性）增加到宇宙的图像或图示中。[152] 另外，对恶魔和鬼怪的恐惧也似乎刺激了玉器保护功能的使用。

人们似乎着迷般地将玉器放置在刘氏王侯的尸体旁。某些棺椁比如满城汉墓窦绾的木椁不仅以玉璧装饰并且以玉片连接。[153] 这种玉片分散的例子曾出现在徐州地区被盗的墓葬中。玉衣上紧密缝制的玉片是汉代人对于死后的恐惧和顾虑最重要的例证。这样的玉衣一定花费了大量的原料，同时需要相当长的时间来制作。但是当时的人们可能为皇室成员制作出成百上千件玉衣。上文中提出，这种昂贵葬服的统一性是帝国高度组织化和集权化的表现。玉衣像外衣一样紧紧地包裹在尸体周围。玉衣的外形和功能看起来似乎与成套的配饰、玉片以及之前使用的玉石和玛瑙完全不同。古代中国人似乎认为疾病和堕落都缘于鬼怪以及其他邪恶力量对个人的伤害。这些紧密包裹身体的玉片暗示着某种保护，因为它们作为一种持久性的材质很难被刺穿，即使连鬼怪也无法穿透。

如果这些玉片是为了抵抗邪恶的力量，那么徐州和永城墓中出土

（对页）[10-26a] 伊朗波斯波利斯发现的狮首浮雕，阿契美尼德王朝，公元前5世纪。作者拍摄。

玉戟的斧状刀刃似乎也拥有同样的功能。[154] 玉剑和玉戟等玉制兵器与真实的武器有一定差别，但它们都等同于那些武器。帕斯卡·博伊尔（Pascal Boyer）提出的宗教和超自然力量相关的概念通常以违反直觉与真实结合的方式而受到学界的关注，并在该方式下表明其超自然力量。[155] 虽然玉衣有着保护性服装的形式，甚至盔甲和玉制兵器也出于防御目的，但是普通的铁器和青铜刀剑的进攻都可以使它们变得粉碎。尽管如此，它们仍有可能完美地适用于与死后世界中鬼魂的战斗。同样令人惊叹的是，精美的玉器通常表现为异域的造型，比如那些来自西亚的角状环或是楚国漆器类型。这里材料的质量似乎也增加了器物的价值。

某些源于西北地区动物造型的题材也在玉器设计上具有深远的影响。一件非常罕见的例子是广州南越王墓出土的透孔玉璧。该玉璧展示了一条有猫科动物特征的龙正在对抗一只体形较小的凤凰般的鸟类【图10-24】。这条龙或虎似乎是玉器工匠将狮子的形象描绘为东亚地区所熟悉的猫科动物的变形。玉器上的猫科动物似乎占据了方位性动物的位置，并与一只代表特定意义的凤凰相对。两者间的对抗并无问题，但是对抗从来没有出现在表示方位的动物之间。这件玉器似乎是西亚动物搏斗图的中国版本。[156] 在新的背景环境下，这些好斗的生物采用当地的特征并与方位性动物同化。这样激烈的对抗也可以被视作陆威仪所描绘的战国及汉代宫廷动物搏斗表演的对应物。[157] 这些卷曲华丽的刻划是南方漆器上流畅的线条向玉器转变的产物或变革[158]，但上面这个例子在该时期并不常见。

[10-24] 广州南越王墓出土镂刻龙凤玉璧拓片，汉代，公元前2世纪。引自《西汉南越王墓》，图134。

[10-25] 山东曲阜出土的边缘上刻有虎头图案的玉璧拓片，战国晚期，直径19.9厘米。引自《曲阜鲁国故城》，图116。

通过西伯利亚南部及内蒙古地区传入中原的西亚图案在玉器设计上也有重要的影响，例如在刘胜墓与东部沿海战国晚期的墓葬中，玉璧边缘通常可见动物的头像【图10-25】。这些玉璧在刘胜墓和南越王墓中被置于尸体旁作为玉衣的组成部分，因此也被学者认为具有特殊力量。

玉璧边缘的动物头像源于狮首的题材。它的原型可以在伊朗波斯波利斯的石雕上看到【图10-26a】。当狮首在中国艺术品上作为虎头再次出现时，它有四个显著的特征：眼睛周围环绕的褶皱皮肤、口鼻上的线条、头部边缘的领状毛发以及向后弯折的耳朵。早在公元前6世纪，这些狮首的特征已经出现在侯马铸造遗址遗存的铸范与装饰模型的虎头上。许多这样的铸范残片上刻有很小的虎纹图像。[159] 同样的动物头像也出现在西伯利亚地区，比如阿尔泰巴泽雷克墓葬中木制薄板上刻有不同形式的动物【图10-26b】。

与此同时，中国的玉器雕刻也吸收了狮首与虎头的图像。正如图10-26b（4）所显示的，这种形式是狮子后弯耳部的原有设计被演化成卷纹的版本。战国时期中山国的玉器在不同类型的薄板上展示了这种头像。动物身体的两侧在方形薄板上都得以表现【图10-27a】。另一块

[10-26b] 西伯利亚阿尔泰巴泽雷克地区发现的一组浮雕线绘图，由Mélanie Steiner绘制。图案描绘了阿契美尼德狮子后弯的耳部逐渐转换成为狮首后延伸的卷纹。

  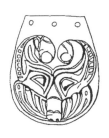 

(1) 波斯波利斯发现的狮首雕刻。

(2) 狮首雕刻，表现出斜挑的眼睛，嘴部周围的褶皱，以及巨大的向后弯折的耳朵。

(3) 耳朵向内弯折的动物头部雕刻。

(4) 动物头部雕刻，耳部转变为两个单独特征：延长的螺旋形，狭窄的两侧或耳部与卷纹脱离。

图片来自: *Frozen Tombs of Siberia. The Pazyryk Burials of Iron-Age Horsemen*, p.267, fig.135, pls.116e, 104f, and 115d.

[10-27] 曲阜鲁国墓与中山墓出土的刻画奇异生物的玉器,战国时期,公元前4—前3世纪。
a.中山王墓出土玉牌。玉牌上动物展示出两个身体的视觉效果,也可以作为解读图d中卷纹的新的方式。
b.同样的动物头部置于玉器中心,身体分布在头部两侧形成拱形。
c.相似的动物排列为拱形,身体上的线条表现得更为波动。
d~e.曲阜出土的两块玉璧的边缘部分,表现了相似的猫科动物头部置于中心,身体在头部两侧延伸,线条表现出交错感。
引自《䨻墓——战国中山国国王之墓》,234页,图101:16,226页,图98:2,224页,图96:3,《曲阜鲁国故城》,168页,图116,162页,图109。

玉器上的头部采用了弯拱形式,而且远远大于两侧较小的身体【图10-27b】,身体似乎与双翼纠缠在一起。这类题材从战国时代开始被玉璧采用。早期的例子出现在曲阜的鲁国墓和商王的齐墓中,稍微晚期的例子则出现在刘氏家族墓中【图10-27d~e】。这种源自边境地区的设计与表现冥世的最宝贵而又灵验的材质的结合,说明当时的人们重视本质上"外来"的题材。

来自西伯利亚或蒙古的装饰图案做出了进一步贡献。上文中提到的金或镀铜材质的繁复的薄片（参见图10-21）似乎刺激了在玉面内外装饰动物的设计，并表现出栩栩如生的浮雕效果。这样的图案在剑饰和兵器的配饰上尤为流行。狮子山楚王墓中出土的梯形饰物是一件相当精美的例子【图10-28】。饰物上的主要题材是一条带有猛虎特征的龙。它虽然被雕刻在透孔玉面上，但与玉面内外抽象的装饰元素相交织呈现竖直站立的形态。这种有棱纹与尾部条纹的龙以及其他似虎的龙，在玉璧上通常以动物搏斗的场景出现（参见图10-24）。这也可能是玉器工匠模仿金或镀铜薄片上凸纹的结果（参见图10-21）。

玉器上的小型动物是另一组被外来狮子题材影响的类型。像其他的玉器一样，它们可能源于边境地区。徐州狮子山的楚王墓中出土了一件非常有趣的玉雕猫科动物：虎或豹【图10-29a】。通过初步的观察，这件玉雕显示出两个重要特征：该动物位于平面上，颈后绘有一个圆环。同样的特征也出现在江苏盱眙一件特别的金制猫科动物身上【图10-29b】。两只动物似乎都模仿了著名的西亚铜度量衡上的图像特征，比如【图10-30】中苏萨的阿契美尼德王朝的例子所显示的。这样的度量衡很可能随着商人旅行向东传播。同时，西亚或伊朗的狮子也被中亚地区加以修改后采用，比如我们可以看到相关的生物出现在阿姆河流域出土的象牙刀鞘上【图10-31】。图10-31与狮子山出土金带扣上的野兽都有雕刻精美的条纹和水滴形圆环，似乎复制了阿契美尼德的度量衡上以波动曲线表现的肌肉。在适当的时机，中国人将这些猫科动

[10-28] 江苏徐州狮子山楚王墓出土刀鞘形饰品上的梯形龙虎图案，汉代，公元前2世纪。引自 *Connoisseur*, 1995, Autumn, p.35，由Melanie Steiner绘制。

[10–29a] 江苏徐州狮子山出土的西汉时期猫科动物形石雕线绘图，长23.5厘米，由Mélanie Steiner绘制。

[10–29b] 卧虎造型黄金度量衡。引自 *Treasures, 300 Best Excavated Antiques from China,* Beijing, 1992, no.269. 该度量衡上刻有数字6，说明可能属于一系列度量衡。以上两图中的猫科动物都匍匐在平地，脑后铸有环状把手，与图10–30中的阿契美尼德王朝度量衡有相似特征。由Mélanie Steiner绘制。

[10–30] 伊朗阿契美尼德王朝时期卧虎造型的青铜度量衡，高30厘米，公元前6—前5世纪，巴黎卢浮宫藏。

[10-31] 阿姆河流域出土的刻有狮子擒鹿图案的象牙刀鞘,公元前6—前5世纪,高27.7厘米。引自 *Oxus. 2000 Jahre Kunst am Oxus Fluss in Mittleasien Neue Funde aus der Sowjetrepublik Tadschikistan*, no.5.

[10-32] 西汉时期虎形玉雕,宽5厘米,私人收藏。

墓 葬 | 289

物从原来的基础上移开，并将它们刻画成可以自由移动的生物。这类玉器雕刻通常成套地制作【图10–32】，例如陕西汉元帝（公元前48—前33年在位）陵附近出土了一组非常精美的玉器。[160]

石头似乎稍劣于玉器，而且也更容易获得，因此人们用它们来制作更庞大的物体。另外，正如玉器可能比漆器更加持久和有效，石质的棺椁和墓葬似乎也比木漆棺椁更有效力。因此，地下墓室表现整个宇宙与以组成宇宙的材质来创造宇宙的这两种形式设定了墓葬的功能和内涵。汉人在丧葬与礼仪方面对玉器的钟爱可能在中国文化价值观中永恒地推进了这种精美的半透明材质。

神灵风景与其他绘画

[10–33] 刘胜墓铜错金博山炉线绘图，公元前113年。引自《满城汉墓发掘报告》，卷1，64页。

到目前为止，我们已经讨论了墓葬及其内容如何为墓主人提供一个完整的宇宙。有些宏伟的陵墓可能只保存有较小的宇宙图像。上文中的山石陵墓可能在建成后被覆以彩绘，比如河南永城和广州南越王墓中遗留的残片暗示了图画的痕迹。另外，我们还发现了许多拥有丰富图像的画像石或画像砖墓。这种在墓中展示各式图像的传统可能来源于楚国，虽然这种理解也可能源于有机原料在中国其他地区的不均衡分布。[161]

描绘神灵世界最著名的画像出现在湖南马王堆1号墓的軑侯夫人棺椁上。这种绘画设计属于南方棺椁彩画的传统，也出现在曾侯乙墓中。軑侯夫人的外层内棺为黑色，绘有一些正在吞蛇的鬼怪般的奇特生物。中层内棺为红色，表现了龙以及其他瑞兽的不同场景。这些生物和玉器上的动物一样，融合了典型的楚国特色与"异域"特征。棺盖上绘制的虎龙争斗图似乎是西伯利亚与西亚动物搏斗场景中国版的进一步例证。在中层内棺的侧面，一匹跳跃的骏马以阿尔泰巴泽雷克地区常见的或是后期在中国边境地区镀铜装饰上的扭曲形象出现。[162] 这种形象与南越王墓出土的当卢上装饰的动物纹紧密相连（参见图10－22）。[163] 内棺另一侧描绘的直线形卷纹目前已被考古学家考证为云纹或云气纹。[164] 它的直线性尖角形纹样似乎处于公元前3世纪楚国漆器上竖直交叉的图形以及公元前2到前1世纪典型的金属、陶器及漆器物品上更为流动的卷纹之间。虽然这类题材始于楚国的典型图案，但它之所以长期存在与发展是由于它可以被进一步开发成为新的形式。[165] 这些卷纹也可以被塑造成装饰配件上立体的山体，更加引人瞩目的是博山炉上山丘的形状。在刘胜墓出土的一件异常精美的香炉上，这种卷纹形线条出现在器物周边并且被刻画在香炉顶盖上高耸的峭壁之间【图10－33】。一组造型奇特的野兽作为其他元素来自于北方及南方的边境地区。另外，香炉上的场景与内蒙古地区出土的"动物风格"薄板十分相似。

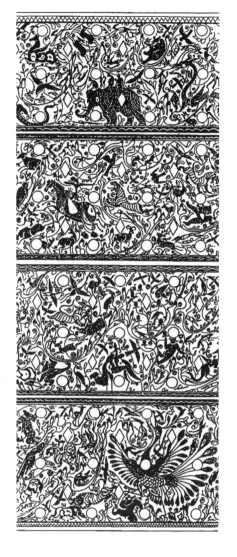

[10－34] 河北定县122号墓出土的镶嵌有金银宝石的管状青铜车马配件，高26.6厘米，西汉时期，公元前1世纪。引自《中华人民共和国出土文物选》，北京，1976年，图66。

描绘这些场景的汉代文物中最引人入胜的例子是嵌有金银宝石的铜管。[166] 这件河北定县皇室成员墓出土的镶嵌铜车马配件【图10－34】已经被学界广泛讨论。巫鸿将铜管上的动物视作祥瑞，即那些被认为是吉兆的生物。[167] 虽然当这些生物被单独发现或进献给帝王时被解释为祥瑞，但是一个包括许多这类生物的场景很可能更接近于"赋"等诗歌体裁中流露出的宇宙性。[168]《楚辞》和汉赋不仅记述了各地风景，同时也描绘了由神灵及瑞兽组成的宇宙：

> 其山则盘纡茀郁，隆崇嵂崒；岑岩参差，日月蔽亏；交错纠纷……锡碧金银，红色炫耀，照烂龙鳞……其北则有阴林巨树……其上则有赤剥蠷蝚，螹雏孔鸾，腾远射干。其下则有白虎玄豹……[169]

这些诗歌有时被视为典雅的辞藻，但是它们与礼仪和政治颂歌有更多的相似之处。这些诗歌很可能再现了信仰的痕迹：由兴奋剂和酒精刺激而成的梦境和幻境为被诗歌及其景象所吸引的人们创造出神灵的世界。[170]当时的中国人似乎认为梦境中的各种事件和形象以及在恍惚中对神灵和奇异生物的思考，不论好坏都可以被带入他们的生活。

装饰在这些铜管上的景物包括许多奇特的实体，比如带翼的骏马以及猛虎袭击其他野兽等。鹿、熊和鸟也都被如实地表现出来。另外，刻画最为精细的是龙、在马背上向后射击的骑手、大象、骆驼以及一只可能为孔雀的羽毛状禽鸟。这些生物不是与异域有关，便是从西部或南部地区的器物上借鉴而来。搏斗中的动物、鹿和飞马可以在欧亚草原、南部西伯利亚、伊朗以及美索不达米亚地区发现。射手转身向后射击在西亚非常少见，但是在中亚阿姆河流域出土的精美象牙器物上可以看到类似的图案。[171]其他如上文所述，熊是汉人非同寻常的创新，狮子的鬃毛被转换为熊颈部的一圈领状毛发。[172]

博山炉（参见图10-33）提供了神灵世界坐落于海中仙山上的清晰表现。这些香炉似乎创造出一旦接近便会消失的蓬莱仙岛。[173]岛上仙人种植了长生不老的仙草。青铜管与博山炉上的场景都说明了汉人如何利用南部及东部的信仰习俗，并利用边境地区的奇特动物进一步加工这些信仰和习俗。

与上文中的墓葬和宫殿模型一样，西汉工艺品上描绘的风景与《楚辞·远游》等记述风景的诗赋都传达出神仙穿云游弋时所观察到的世间景象。国家的统一似乎在整个帝国的范围内引起了对宇宙及其间事物的关注。

结 论

宏伟的墓葬和微缩的风景有着相似的目的：即实现宇宙的潜能，并出于刘氏集团的利益将这些潜能表现出来。宇宙的各个方面，比如生者的宫殿与死者的墓葬，都属于单一的连续统一体。为了给宇宙概念以具体的视觉形式，造墓者和工匠采用了源于帝国控制的各个区域内以及周边地区的信仰、习俗、工艺品以及题材。庞大而充足的部署作为帝国巩固政权的措施有序进行。事实上，没有帝国的统一，人们绝不可能展现出这些对宇宙栩栩如生的描绘。对南部和东部的征服、与边境地区的紧密联系给汉代帝国的中心地区带入了新的器物和题材。而新的器物通常被视为属于神灵等超自然生物。这些超自然生物虽然神秘，但它们并不属于异域或帝国之外的世界。它们是帝王们试图去掌控与开发的伟大宇宙的一部分。

秦汉帝国巩固了在皇室强烈支持之下新的信仰和新的器物类型占据中国人宇宙观中心位置的整个过程。这一过程可以追溯到若干世纪之前。其结果是许多传统的器物和信仰逐渐退出历史舞台。令人尤为惊奇的是，新型成套器物的统一有可能作为新的礼仪用品取代了战国时期统治者们更加多元的随葬品。

学界长久以来并没有充分认识和讨论这种变革，因为由汉代以来学者创立的礼器和玉器的古代分类系统忽略了上述变革。宋代或后来的学者也仅仅因为许多器物不属于周代传统的主要类型，而没有注意或深入讨论这些器物。由于这个原因，人们几乎忽视了中国古代文化中最深刻而重要的变革。但是，这种变革是根本性的，并且可以引发更多讨论。它引导我们去考虑周代的部分信仰是否在这种剧变中存留了下来。如果上述信仰习俗的遗留存在疑问，那么我们便需要对占据汉代后期重要地位的复古传统重新进行评价。

此外，抛开所谓古代传统的回归，神灵世界和冥世的观念在中国社会各个层面保存了礼仪信仰的基本元素。虽然这类信仰通常被视为民间宗教，但这种说法似乎并不正确。从汉代到清代精英阶层的墓葬都显示出忠于上述信仰体系的延续性。事实上，社会各个阶层的人们似乎都信奉两种或多种宗教信仰：祖先崇拜和多神崇拜在墓葬中也都体现为对死后世界繁复的准备。当然，对于单一或其他信仰系统的强调在不同时期和地区都有所不同。在佛教传入中国后，以及道教正式确立之后，信仰体系又进一步复杂化。尽管后期仍有许多变化，本文所讨论的这一发展为表现中国文化持久特征的多条平行信仰体系做出了根本性贡献。

（邓　菲　译）

〔1〕关于一些已知玉衣的分析，见《考古》1981年1期，51—58页；《文物》1989年10期，60—67页。已出土墓葬中刘氏家族成员身份的列表，见《文物》1992年2期，37—43页。一个极为特殊的例子是南越王墓，不同于此类玉衣只限于刘氏家族成员及其直系亲属的推测，该墓的墓主人赵胡以玉衣陪葬。参见：广州市文物管理委员会：《西汉南越王墓》，2卷，北京，1991年。

〔2〕底部有附带分割洞穴的竖井墓出现于陕西地区。该类型的秦墓，参阅《考古与文物》1981年1期，12—38页。虽然这类墓葬可能有助于大型水平结构多室墓的发展，但是它们最初在陕西地区没有推动这样发展的情况说明，主要是东部和中原地区的山石陵墓为此后以水平中轴展开、铺以石板和烧制泥砖的汉代墓葬提供了榜样。

〔3〕对祖先祭祀性质的进一步考虑已经超出了本文的范围。战国墓冢旁的建筑及秦始皇陵说明了当时的人们在墓地附近的区域向墓主献祭。但是这并不能告诉我们墓主祭祀的情况。东汉时期的发展似乎揭示，人们不得不构想出敬奉祭品的形式并运用到实践中。对于汉代后期祭祀习俗的评论，参阅：B. J. Mansvelt Beck, *The Treatises of Later Han: Their Author, Sources, Contents and Place in Chinese Historiography*, Leiden, 1990, pp.105-108.

〔4〕我们对祖先祭祀以及其他神灵关注之间平衡的考虑并不充分。蒲慕洲对该问题的讨论做出了重要贡献，参见：M. C. Poo, *In Search of Personal Welfare: a View of Ancient Chinese Religion*, Albany, 1998, pp.167-177. 该书的中译本见：蒲慕洲：《追寻一己之福——中国古代的信仰世界》，上海，2007年。蒲慕洲有力地论证了神灵信仰在古代中国的作用。然而，他一方面承认这些信仰受到上层阶级的支持，但另一方面又似乎很急切地说明这些信仰在某种程度上属于通俗或大众。另外，他倾向于认为在商代、西周、东周和汉代之间存在许多延续性，而这却不是考古证据所能支持的。

〔5〕曾侯乙墓的相关材料，参阅：湖北省博物馆：《曾侯乙墓》，2卷，北京，1989年。

〔6〕基于文献证据上对汉代皇陵的讨论，参阅：Michael Loewe（鲁惟一），"The Imperial Tombs of the Former Han Dynasty and Their Shrines," *T'oung Pao* 78, 1992, pp.302-340；Michael Loewe, "The Imperial Way of Death in Han China," in I. J. McDermott ed., *Court and State Ritual*, Cambridge, 1999, pp.81-111.

〔7〕Wu Hung（巫鸿），*Monumentality in Early Chinese Art and Architecture*, Stanford, 1995, p.166.

〔8〕虽然一些学者已经对崖洞墓投入了大量的关注，见上注，Wu Hung, *Monumentality*, pp.127-142，但是这些墓葬在推动社会各阶层普遍接受的全新墓葬结构中所起的重要作用一直未被论及。这个发

展对中国的丧葬习俗有着不可估量的重要意义,尤其是推动了水平甬道两侧墓室的排列。

〔9〕关于徐州地区的发掘,见注11;永城地区的发掘,参阅:河南省文物考古研究所:《永城西汉梁国王陵与寝园》,郑州,1996年;有关曲阜的发现,见《文物》1972年5期,39—44转54页及封底。

〔10〕关于满城汉墓,见中国社会科学院考古研究所、河北省文物管理处:《满城汉墓发掘报告》,2卷,北京,1980年。

〔11〕关于龟山汉墓,见《考古学报》1985年1期,119—137页;北洞山报告,见《文物》1988年2期,2—18页;狮子山报告,参见《考古》1986年12期,1—16页,以及 *Connoisseur*, Autumn 1995, pp.16-37;《文物》1998年8期,4—33页。

〔12〕巫鸿在讨论满城汉墓时注意到,石板在大小和用途上仿造了巨大的木枋,而北洞山汉墓中屋顶盖上的石板也是同理。参阅 Wu Hung, "The Prince of Jade Revisited: The Material Symbolism of Jade as Preserved in Mancheng Tombs," in Rosemary Scott ed., *Chinese Jades, Colloquies on Art & Archaeology in Asia*, no.18, London, 1997, pp.147-169. 该文的中译文见巫鸿:《礼仪中的美术:巫鸿中国古代美术史文编》,郑岩、王睿译,北京,2005年,123—142页。

〔13〕见注9中的永城报告,图64、65。

〔14〕关于汉代装饰墓,参阅:Käte Finsterbusch, *Verzeichnis und Motivindex der Han-Darstellungen*, 2 vols, Wiesbaden, 1966, 1971; Jean M. James, *A Guide to the Tomb and Shrine Art of the Han Dynasty 206 B.C.—A.D.220*, Lewiston, 1996;信立祥:《汉画像石的分区与分期研究》,见俞伟超编:《考古类型学的理论与实际》,北京,1989年,234—306页。进一步的讨论,参见 Jessica Rawson, "Eternal Mansions: The Tomb of the King of Nan Yue and Those of the Imperial Princes in Eastern China". 德文译文收录在1998—1999年法兰克福展览的图册中。

〔15〕相关墓葬类型的调查,见蒲慕洲:《墓葬与生死:中国古代宗教之生死》,台北,1993年;李如森:《汉代丧葬制度》,吉林,1995年。

〔16〕事实上,一些漆器或仿漆陶器已经取代青铜礼器变得流行起来。见注10,中国社会科学院考古研究所、河北省文物管理处:《满城汉墓发掘报告》,卷2,79、84—94页,以及租借给纽约大都会博物馆的几件器物。Peter C. Sturman(石慢), "Celestial Journeys: Mediations on (and in) Han Dynasty Painted Pots at the Metropolitan Museum of Art," *Orientations* 19, no.5, 1988, pp.54-67, fig.4;Michèle Pirazzoli-t'Serstevens(毕梅雪), "The Art of Dining in the Han Period: Food Vessels from Tomb No.1 at Mawangdui," *Food and Foodways*, 1991:4, pp.209-219.

〔17〕马王堆1号墓中,第二层内棺有描绘过的玉璧、屏风以及著名的帛画。该墓还出土了木制的璧,参见:湖南省博物馆:《长沙马王堆一号汉墓》,卷2,北京,1973年,彩图224。

〔18〕王学理编:《秦始皇陵研究》,上海,1994年,114—118页。

〔19〕此观点源于笔者与该墓考古工作者的讨论。

〔20〕曾布川宽:《陵墓制度和灵魂观》,《文博》1989年2期,34—38页。

〔21〕战争中大量士兵被屠,这不仅被记录在历史文献中,也可以通过长平之战地点附近的考古发现来证明,参见《文物》1996年6期,33—40页。

〔22〕祁泰履讨论此观点,参见 Terry F. Kleeman, "Land Contracts and Related Documents," 见《牧尾

良海博士頌壽記念論集》,东京,1984年,1—34页。祁泰履提出所有墓葬的准备都是灵验的。

[23] 《文物》1983年7期,17—21页;《文物》1991年1期,1—19页。

[24] 该观点由雷德侯于1998年3月1日到4月5日在华盛顿国家美术馆举办的第47届美国梅隆(Andrew W. Mellon)基金会讲座上提出,演讲题目为"万物:中国艺术中的模件化和规模化生产"。

[25] 许慎:《说文解字》,上海,1981年,201页。英文原文摘自 Lothar von Falkenhausen(罗泰), "Reflections on the Political Role of Spirit Mediums in Early China: The Wu Officials in the Zhou Li," *Early China* 20, 1995, pp.279-300; Susan Erickson, "Twirling Their Long Sleeves, They Dance Again and Again... Jade Plaque Sleeve Dancers of the Western Han Dynasty," *Ars Orientalis* 24, 1994, pp.39-63.

[26] 有关此类墓葬画像石典型场景的综述,可见注14, Käte Finsterbusch, *Verzeichnis und Motivindex der Han-Darstellungen*. 我同意下列学者的观点,把一些描绘的场景和人群看成是礼仪的准备。参见 Patricia Berger, *Rites and Festivities in the Art of Eastern Han China: Shandong and Kiangsu Provinces*, unpublished Ph.D. dissertation, University of California, 1980; Wu Hung, "Beyond the 'Great Boundary': Funerary Narrative in the Cangshan Tomb," in John Hay ed., *Boundaries in China*, London, 1994, pp.81-104; Lydia Thompson(唐琪), *The Yi'nan Tomb: Narrative and Ritual in Pictorial Art of the Eastern Han (25—220 C.E.) China*, unpublished Ph.D. dissertation, New York University, 1998. 最后这本著作更强调画像石是对实际葬礼仪式的描绘。

[27] Derk Bodde, *Festivals in Classical China: New Year and Other Annual Observances During the Han Dynasty, 206 BC—AD 220*, Princeton and Hong Kong, 1975, p.128. 布迪使用"再现"一词在这里可能并不合适,因为古代中国人似乎将表现神灵形象的事物视为神灵本身。关于实际的人像,参见注17, 湖南省博物馆:《长沙马王堆一号汉墓》,卷1,100页。

[28] Patricia Berger, "Body Doubles: Sculpture for the Afterlife," *Orientations* 29, no.2, 1998, pp.46-53; Michael Loewe, "The Chüeh-ti Games: a Re-enactment of the Battle between Ch'ih-yu and Hsüan-yüan?" in *Divination, Mythology and Monarchy in Han China*, Cambridge, 1994, pp.236-248.

[29] 曾昭燏、蒋宝庚、黎忠义:《沂南古画像石墓发掘报告》,南京,1956年。

[30] 见注14, Käte Finsterbusch, *Verzeichnis und Motivindex der Han-Darstellungen*, pls.3:10, 5:20.

[31] Michael Loewe, "The Cult of the Dragon and the Invocation for Rain," in *Divination, Mythology and Monarchy in Han China*, Cambridge, 1994, pp.142-159, 145.

[32] Lydia Thompson, *The Yi'nan Tomb: Narrative and Ritual in Pictorial Art of the Eastern Han (25—220 C.E.) China*, pp.163-184. 唐琪讨论了东汉墓中以中轴形式出现的立柱,亦见 John Major, *Heaven and Earth in Early Han Thought*, Albany, 1993, p.47.

[33] 有关这幅帛画的解释存在许多争论,主要参阅 Michael Loewe, *Ways to Paradise, The Chinese Quest for Immortality*, London, 1979; Anna Seidel, "Traces of Han Religion in Funeral Texts Found in Tombs," 见秋月观暎编:《道教と宗教文化》,东京,1987年,21—57页;Wu Hung, "Art in a Ritual Context: Rethinking Mawangdui," *Early China* 17, 1992, pp.111-114. 该文中译文见巫鸿:《礼仪中的美术:巫鸿中国古代美术史文编》,郑岩、王睿译,北京,2005年,101—122页。

[34] 参阅黄明兰、郭引强:《洛阳汉墓壁画》,北京,1996年;陕西省考古研究所:《西安交通大学

西汉壁画墓》，西安，1991年。

[35] 参考倪克鲁（Lukas Nickel）1997年1月在伦敦大学亚非学院的报告："Changes in Mortuary Architecture and Painting in Northern Henan at the Time of Wang Mang." 另外参见《考古》1991年8期，713–721页。

[36] 试比较郝大维（David L. Hall）和安乐哲（Roger T. Ames）对宇宙描述的讨论，见 David L. Hall and Roger T. Ames, *Anticipating China: Thinking Through the Narratives of Chinese and Western Culture*, Albany, 1995.

[37] Burton Watson（华兹生）, *Records of the Grand Historian, Qin Dynasty*, Hong Kong and New York, 1993, pp.45, 63.

[38] 有关生者世界与墓葬的清晰划分，见巫鸿的讨论：Wu Hung, "Beyond the 'Great Boundary'," pp.81-104. 该文的中译文见巫鸿：《礼仪中的美术：巫鸿中国古代美术史文编》，郑岩、王睿译，北京，2005年，205–224页。

[39] Robert Bagley（贝格利）, "Changjiang Bronzes and Shang Archaeology," *Proceedings, International Colloquium on Chinese Art History*, 1991, *Antiquities, Part I*, Taipei, 1992, pp.209-255; Jessica Rawson, "Overturning Assumptions: Art and Culture in Ancient China," *Apollo* 145, no.42, 1997, pp.3-9.

[40] 李学勤：《放马滩简中的志怪故事》，《文物》1990年4期，43–47页；Donald Harper, "Resurrection in Warring States Popular Religion," *Taoist Resources* 5, no.2, 1994, pp.13-28.

[41] 虽然许多学者论述了汉代的知识和哲学思想，但汉代的宗教内容较少被论及。最近的论述见 M. C. Poo, *In Search of Personal Welfare: a View of Ancient Chinese Religion*, 同注4。

[42] 参阅英文著作：Anna Seidel, "Traces of Han Religion"; Mark Lewis（陆威仪）, *Sanctioned Violence in Early China*, Albany, 1990; Mark Lewis, *Writing and Authority in Early China*, Albany, 1999; K. E. Brashier, "Han Thanatology and the Division of 'Souls'," *Early China* 21, 1996, pp.12-158. 这些著作集中讨论了天庭与冥界神灵的作用，同时指出人死后前往极乐世界的观点在汉代早期还未出现。

[43] 关于神灵世界以人世为蓝本的证据，参阅吴荣曾：《镇墓文中所见到的东汉道巫关系》，《文物》1982年3期，56–63页；另外见上注，Anna Seidel, "Traces of Han Religion"; Mark Lewis, *Sanctioned Violence in Early China*, pp.170-212.

[44] 虽然这个题目甚少被论及，但是齐国的山岳崇拜有可能来源于更遥远的北方，即西伯利亚的山岳崇拜，那里的冰冻墓葬完整保存了死者的身体。而这些完好保存尸体的神奇故事可能流传到中国北方地区。参见：Terry F. Kleeman, "Mountain Deities in China: The Domestication of the Mountain God and the Subjugation of the Margins," *Journal of the American Oriental Society* 114, no.2, 1994, p.228. 祁泰履谈到《左传》中的部分内容将山岳与异域人群联系起来。我也将在下文中涉及齐国与游牧民族的文化交流。

[45] 有关包山和望山战国墓地的资料，参见：湖北省荆沙铁路考古队：《包山楚墓》，2卷，北京，1991年；湖北省文物考古研究所：《江陵望山沙冢楚墓》，北京，1996年；以及同一区域的汉代墓葬，尤其是凤凰山汉墓，见《考古学报》1993年4期，455–513页。

[46] Michael Loewe, *Chinese Ideas of Life and Death: Faith, Myth and Reason in the Han Period (206 BC – AD 220)*, London, 1982, pp.127-143.

[47] 《史记》的第一章开始就提到黄帝，参见：William H. Nienhauser ed., *Ssu-ma Ch'ien, The Grand*

Scribe's Records, vol.1, *the Memoirs of pre-Han China,* Taipei, 1994; Mark Lewis, *Sanctioned Violence in Early China,* pp.168, 187, 201, 308, n.60; Mark Csikszentmihalyi, *Emulating the Yellow Emperor: The Theory and Practice of Huanglao,180－144 B.C.E.,* unpublished Ph.D. dissertation, Stanford University, 1994, Chapter 2.

[48] 同注4，M. C. Poo, *In Search of Personal Welfare: a View of Ancient Chinese Religion,* pp.44-48; Michael Loewe, "The Oracles of the Clouds and the Winds," in *Divination,* pp.191-213.

[49] 关于该哲学观发展的概述，参见：Denis Twitchett（杜希德）and Michael Loewe, *The Cambridge History of China,* vol.1, *The Ch'in and Han Empires 221 BC － AD 220,* Cambridge, 1986, pp.661-665, 690-692; A. C. Graham（葛瑞汉）, *Disputers of the Tao, Philosophical Argument in Ancient China,* La Salle, 1989, part IV. 很显然，真实的葬俗明显背离了当时的丧葬仪式标准。尽管朝廷明令薄葬，但人们却很少在这方面真正执行。参见：Jeffrey Riegl, "Do Not Serve the Dead as You Serve the Living: the *Lüshi Chunqiu* Treatises on Moderation In Burial," *Early China* 20, 1995, pp.301-330. 如果我们想要充分了解上述不同，我们有必要对早期中国知识生活的不同部分进行重新评估。另外值得注意的一点是，汉代丧葬似乎并没有显示出与皇室礼仪改革相同步的变化，参见：Michael Loewe, "Changes in Qin and Han China: The Religious and Intellectual Background," *Studies in Chinese History,* no.4，1994，pp.7-45.

[50] Richard John Lynn（林理彰）, *The Classic of Changes, A New Translation of the* I Ching *as Interpreted by Wang Bi,* New York, 1994, p.51. 《易经》中这几句话的力量可以通过《昭明文选》序中萧统的引语体现："易曰：观乎天文以察时变，观乎人文以化成天下。"原文引自：David Knechtges（康达维）trans., *Wen Xuan or Selections of Refined Literature,* vol.1, *Rhapsodies on Metropolises and Capitals,* by Xiao Tong, Princeton, 1982, p.73.

[51] "纹"这个词在欧洲的汉学著作中很少被论及，在中国也没有引起广泛注意。相关评论，参阅：Tse-tsung Chow（周策纵）, "Ancient Chinese Views on Literature, the *Tao* and Their Relationship," *Chinese Literature: Essays, Articles and Reviews* 1, 1979, pp.3-29; William G. Boltz（鲍则岳）, *The Origin and Early Development of the Chinese Writing System,* New Haven, 1994, pp.134-138. 同时参考罗泰文章，他接受魏莱（Arthur Waley）的观点，把"纹"作为祖先品德的别称，并与其作为纹饰的意义明显区别开来。见 Lothar von Falkenhausen, "The Concept of *Wen* in the Ancient Chinese Ancestral Cult," *Chinese Literature: Essays, Articles, Reviews* 18, 1996, pp.1-22. 我还要感谢鲍则岳介绍我阅读柯马丁（Martin Kern）即将发表的文章 "Ritual, Music, and the Written Text: Historical Treatment of *wen* in Early China"，另外，关于动物图案的议论，见注50，Richard John Lynn, *The Classic of Changes,* p.77.

[52] Willard J. Peterson, "Making Connections: 'Commentary on the Attached Verbalizations' of the *Book of Changes,*" *Harvard Journal of Asiatic Studies* 42, no.1, 1982, pp.80-81.

[53] 有关古代中国思想中运用类比的讨论，见注36，David L. Hall and Roger T. Ames, *Anticipating China.*

[54] Burton Watson trans., *Records of the Grand Historian of China, translated from the* Shi ji *of Ssu-ma Ch'ien,* New York, 1961, vol.2, p.42; 或见司马迁：《史记》，北京，1959年，卷二八，1388页。

[55] 有关精心装饰的礼仪用青铜车马的讨论，参见 Kiyohiko Munakata（宗像清彦）ed., *Sacred*

Mountains in Chinese Art, Urbana-Champaign, 1991, pp.23-24. 秦始皇装饰精美的铜车马说明了它们也可能有相似的功能，同注 23。

[56] Yü Ying-shih（余英时）, "'O Soul, Come Back!' A Study in the Changing Conceptions of the Soul and Afterlife in Pre-Buddhist China," *Harvard Journal of Asiatic Studies* 47, no.2, 1987, pp.363-395; Michael Loewe, *Ways to Paradise*.

[57] K. E. Brashier, "Han Thanatology and the Division of 'Souls'".

[58] Mark Lewis, "The Feng and Shan Sacrifices of Emperor Wu of the Han," in J. McDermott, ed., *Court and State Ritual*, Chapter 3.

[59] Watson, *Records*, vol.2, p.28; 或见《史记》，卷二八，1371 页。

[60] 参阅李零的英文文章：Li Ling, "An Archaeological Study of *Taiyi* (Grand One) Worship," *Early Medieval China* 2, 1995−1996, pp.1-19; Donald Harper, "Warring States National Philosophy and Occult Thought," in Michael Loewe and Edward Shaughnessy eds., *Cambridge History of Ancient China*, Cambridge, 1999, pp.813-884.

[61] Watson, *Records*, vol.2, p.40;《史记》，卷二八，1386 页。

[62] 病痛被认为是由邪恶事物尤其是鬼怪导致的。因此，医药与控制神灵世界也紧密相连，见注 4，蒲慕洲，《追寻一己之福》，第 3、4 章；Donald Harper, "A Chinese Demonography of the Third Century B.C.," *Harvard Journal of Asiatic Studies* 43, 1985, pp.459-498.

[63] 李零：《中国方术考》，北京，1993 年。

[64] 有关研究说明大部分祭祀仪式在陵墓上或是陵墓旁边的享殿中举行，见 Michael Loewe, "The Imperial Tombs". 汉代人曾试图在礼仪典籍中描述周礼。另外，东汉时期的文献还讨论了先祠中牌位的使用，同注 3，pp.105-108.

[65] 当然，学者对青铜器的详细研究已经注意到传统青铜礼器的消失和秦代特殊器型蒜头壶及鍪的出现。参阅林巳奈夫：《春秋战国时代青铜器纹样的研究》，东京，1989 年。然而，学界并没有充分讨论可能是宗教取向的彻底改变导致了上述变化。在对汉代的研究中，神灵崇拜似乎被视为一个独立的现象，与早期的祭祀礼仪并没有联系。但是，祖先崇拜的衰落与黄帝、西王母等神像的兴起，这两者在一定程度上有可能是相关的。礼仪祭祀似乎仍在继续，但多以日常器皿的形式来表现（见图 10−1d）。

[66] 有关汉代徐州地区的文献和考古材料，参阅：王中文编：《两汉文化研究》，北京，1996 年。

[67] David Knechtges, "The Emperor and Literature: Emperor Wu of the Han," in Frederick P. Brandauer and Chun-Chieh Huang eds., *Imperial Rulership and Cultural Change in Traditional China*, Seattle and London, 1994, pp.51-76.

[68] 贝格利注意到了西亚与中国金银器传统间的对比。Robert Bagley, *Shang Ritual Bronzes in the Arthur M. Sackler Collections*, Cambridge MA., 1987, vol.1, pp.15-17. 有关黄金如何作为古代中国王国与边境地区复杂交流的一部分引入中国，参见 Esther Jacobson, "Beyond the Frontier, A Reconsideration of Cultural Interchange Between China and the Early Nomads," *Early China* 13, 1988, pp.201-240.

[69] Jenny So, *Eastern Zhou Ritual Bronzes from the Arthur M. Sackler Collection*, vol. III, Washington, 1995, pp.19-20.

[70] 侯马市考古发掘委员会：《侯马铸铜遗址》，2卷，北京，1993年。青铜铸范包括许多表现猛禽、狮身鹫首怪兽和猫科动物脸部的例子，后者在狮首基础上发展为猛虎或饕餮的特征。许多铸范残片显示了虎纹的痕迹。青铜铸范的某些细节可能源于金器工艺。关于以上两点的讨论，见 Jessica Rawson, *Chinese Jade from the Neolithic to the Qing*, London, 1995, pp.60-69.

[71] 春秋时期墓葬中使用薄金板的习惯可能由伊朗、高加索取道中亚与西伯利亚进入中国。有关中国出土的薄金板，见河南省文物研究所：《淅川下寺春秋楚墓》，北京，1991年，73-76页；同注5，《曾侯乙墓》，卷2，图149；《考古学报》1988年4期，455-502页，图11-15。

[72] 虽然这个现象目前还没有被学者们充分讨论，但我们需要进一步考虑这条路线。有关证据由云南地区滇人制造的青铜器所展现，其中包括了最有代表性的动物搏斗图，可能来源于西北边境地区。

[73] 有关中山王陵的参考资料，参见：河北省文物研究所：《響墓——战国中山国国王之墓》，2卷，北京，1995年。

[74] 同上注，彩图17-18。

[75] Wu Hung, *Monumentality*, pp.126-142. 巫鸿将某些特征解释为源自印度地区的佛教建筑。就目前的证据来看，这似乎不太可能；作为动物图像来源的西伯利亚和西亚地区很可能是这些石室墓或山石陵墓的源头。

[76] 参见郑岩的英文文章：Zheng Yan, "Barbarian Images in Han Period Art," *Orientations* 29, no.6, 1998, pp.50-59.

[77] Watson, *Qin Dynasty*, p.45. 有关山东石刻艺术博物馆内精美的石雕胡人像，见上注，图1；其他则发表于王鲁豫，《中国雕塑史册：汉晋南北朝墓前石雕艺术》，卷3，北京，1992年。

[78] Aileen Lau ed., *The Spirit of the Han, Ceramics for the After-Life*, Singapore, 1991, no.7.

[79] 另外山东苍山汉墓中描述画像内容的题记也提到一个胡人，参阅 Wu Hung, "Beyond the 'Great Boundary'," p.93.

[80] 郑岩提出这些异族人的居住地可能被认为处在已知世界与神灵世界之间，见 Zheng Yan, "Barbarian Images in Han Period Art," p.53.

[81] 有关西王母早期传说的讨论，参阅 Thomas E. Smith, "Ritual and the Shaping of Narrative: The Legend of the Han Emperor Wu," unpublished Ph.D. dissertation, University of Michigan, 1992, pp.54-69; Riccardo Fracasso, "Holy Mothers of Ancient China: A New Approach to Hsi-wang-mu Problem," *T'oung Pao* 74, 1988, pp.1-46.

[82] 《史记》中记载了秦始皇追寻不死仙药的例子。见 Watson, *Qin Dynasty*, pp.53, 56-57.

[83] 同注55, pp.12-20. 宗像清彦提出楚国金器、铜器以及后期漆器上的动物搏斗图可能源自南方。但这似乎不太可能。这些图案和物品可能从内陆大草原取道北部、东部及西部进入中国到达齐楚地区。秦汉从楚国漆器的图案中学习到了云气纹。云纹也可以被解读为山川的形状。关于它的重要性还未充分讨论。

[84] John S. Major, *Heaven and Earth in Early Han Thought, Chapters Three, Four, and Five of the Huainanzi*, Albany, 1994, pp.141-216.

[85] David Hawkes, *Ch'u Tz'u, The Songs of the South*, Harmondsworth, 1985, pp.219-231.

[86] 有关楚帛书，参阅 Noel Barnard（巴纳德）ed., *Early Chinese Art and its Possible Influence in the Pacific*

Basin, vol.1, *Chu and the Silk Manuscript*, New York, 1972；李零：《中国方术考》，第三章；饶宗颐、曾宪通：《楚帛书》，香港，1985 年。

[87] 在汉代前期或汉代之前，人们并不认为西王母居住在昆仑山，而是汉地以北的地区。事实上，昆仑山的观点与楚国传统有关，而西王母可能来源于齐国，见 Thomas E. Smith, "Ritual and the Shaping of Narrative," pp.54-64.

[88] Watson, *Records*, vol.2, p.335；《史记》，卷一一七，3060 页。

[89] Watson, *Records*, vol.2, p.312；《史记》，卷一一七，3026 页。

[90] 墓葬打开后尸体保存完整的说法也可能来自于西伯利亚，由于那里的冻土可以保存有机体；或者是现今的中亚地区，那里炙热的沙地有同样的效果。

[91] 有关山岳与这些特殊区域相联系的讨论，同注 44。

[92] 韩国河：《论中国古代坟丘墓的产生与发展》，《文博》1998 年 2 期，32－41 转 45 页。

[93] Robert L. Thorp, *The Mortuary Art and Architecture of Early Imperial China*, unpublished Ph.D. dissertation, University of Kansas, 1979, pp.42-46.

[94] 傅天仇：《中国美术全集：雕塑编 2，秦汉雕塑》，北京，1985 年，图 87－88、93。羊尤其是公羊的雕塑最初也可能来源于西亚，同上书，图 86。关于这些雕像的历史，西方学者曾进行过讨论，参阅 Ann Paludan, *The Chinese Spirit Road: The Classical Tradition of Stone Tomb Statuary*, New Haven, 1991. 这种雕像在中国受到青睐的原因可能是因为"羊"与"祥"的谐音。

[95] 关于柱头的类型，见王鲁豫：《中国雕塑史册：汉晋南北朝墓前石雕艺术》，20－23 页。

[96] Ellis H. Minns, *Scythians and Greeks. A Survey of Ancient History and Archaeology on the North Coast of the Euxine from the Danube to the Caucusus*, Cambridge, 1913, p.196.

[97] 这座齐墓的考古报告并不详尽，其中葬有马匹的陪葬坑内容没有提供明确的说明，《文物》1984 年 9 期，14－19 页。有关高加索地区的墓葬，同上注，pp.224-227. 关于高加索封土堆的讨论，见 M. I. Artamonov, *Treasures from the Scythians Tombs in the Heritage Museum, Leningrad*, Tamara Talbot Rice trans., London, 1969.

[98] 关于山东临淄和临沂地区的三个大墓，参考《文物》1984 年 9 期，14－19 页；《考古学报》1977 年 1 期，73－104 页；山东省兖石铁路文物考古队：《临沂凤凰岭东周墓》，济南，1987 年。

[99] 《考古学报》1977 年 1 期，73－104 页。比较几个太原晋墓，参阅：山西省考古研究所、太原市文管会：《太原晋国赵卿墓》，北京，1996 年，158 页，图 85。我在此感谢 Goger Moorey 和 John Curtis，他们提出牛角形硬石的挂件可能来源于波斯波利斯石雕上描绘的马具配饰。参见：P. R. S. Moorey, "The Iranian Contribution to Achaemenid Material Culture," *Iran* 23, 1985, fig.5.

[100] 淄博市博物馆编：《临淄商王墓地》，济南，1997 年，58 页，图 47：4。有关南越王墓相关的玉佩饰，见注 1，广州市文物管理委员会：《西汉南越王墓》，卷 2，图 116：3、4。与金贴花一样，对于动物角的这种兴趣在较长时间内有几种不同表现形式。动物角在战国早期乃至更早出现，用作护卫雕像的组成部分。这种鹿角动物尤其见于楚国，但更早时也可能出现于河南黄国墓，在此发现了一个基座。有角兽再见于汉代辟邪，以小型玉雕和大型石雕形式出现。和下文将要讨论的狮子一样，许多想象中的力量巨大的动物被赋予角，后来雕刻在石头或者玉上。这个观察中出人意料的一点在于，南方似乎和北方边缘地区一样，热衷于动物角的保护力量。这种兴趣有可能是通过东部沿海传到南方的，或者是从西方沿长江而下传来

的。同样，南方地区和内陆大草原地区对金贴花有着同样的兴趣。在曾侯乙墓出土了这种金贴花，见注 5，湖北省博物馆：《曾侯乙墓》。

〔101〕所以前言部分提出楚墓显示出南方人从大量使用复杂的青铜礼器到使用日常器皿的转变。这种转变也体现在楚国及其他国家漆器的发展上。参见：Alain Thote（杜德兰），"Innovations techniques et diversification des commandes: l'artisanat du laque en Chine aux V-IV siècles avant J.-C.," *Arts Asiatiques* 45, 1990, pp.76-89.

〔102〕关于铭文中所显示出的变化，参见：Lothar von Falkenhausen, "Sources of Taoism: Reflections on Archaeological Indicators of Religious Changes in Eastern Zhou China," *Taoist Resources* 5, 1994, pp.1-12.

〔103〕所以图 10-14 显示了新郑地区出土的大型火盆。这类方形容器在形式上而非功能上接近于虢季子盘一类的青铜器。参阅：Ma Chengyuan（马承源），*Ancient Chinese Bronzes*, Oxford, 1986, pp.142-143.

〔104〕铜甗通常出现在汉墓中，见刘胜墓出土的青铜器，图 1。

〔105〕关于"豆"这类器型的讨论，参阅：Jenny F. So and Emma C. Bunker, *Traders and Raiders on China's Northern Frontier*, Seattle and London, 1995, pp.108-109. 该书作者将这类器物的起源归属于中国，但其最早的形式似乎在边境地区更为典型。事实上，双方面的交流早在西周时期就已经开始，欧亚草原地区许多常见的器物和图案都来源于中国。由于周代早期与边境地区存在紧密的联系，所以以上交流似乎相当容易。

〔106〕有关中亚与蒙古地区铜炉种类的讨论，参见：Miklos Erdy, "Hun and Xiong-nu Type Cauldron Finds Throughout Eurasia," *Eurasian Studies Yearbook* 67, 1995, pp.5-94.

〔107〕《考古学报》1991 年 4 期，449-495 页，图 15：5。

〔108〕相关秦墓，见《考古与文物》1981 年 1 期，12-35 页；《文物》1980 年 9 期，15-24 页。

〔109〕《考古》1992 年 3 期，280-282 页，彩图 3:5；广州市文物管理委员会：《西汉南越王墓》，卷 1，280 页，图 205。后者展示了放置于炉火上的铁架。这些三脚立足让人联想到希腊罗马的对应物。铜炉可能发展于四川地区，见《文物》1985 年 5 期，17-22 页，图 21；23-40 页，图 21。

〔110〕关于盒子的讨论，参见：Michèle Pirazzoli-t'Serstevens, "Pour une archéologie des échanges. Apports étrangers en Chine-transmission, réception, assimilation," *Arts Asiatiques* 49, 1994, pp.21-23. 商王墓地也出土了可能从北方传入中国的裂纹器皿，见淄博市博物馆编：《临淄商王墓地》，图 15-16。它们可能与饮酒和药品有关。

〔111〕刘胜墓的某些陪葬品可能有医药学目的，见注 10，卷 1，图 51、81。

〔112〕参见：S. I. Rudenko, *Frozen Tombs of Siberia. The Pazyryk Burials of Iron-Age Horsemen*, M. W. Thompson trans., London, 1970, p.284. 该文谈到希罗多德描述吸气仪式的内容。

〔113〕有关帐篷的铜配件，见注 99，山西省考古研究所、太原市文管会：《太原晋国赵卿墓》，134 页，图 71。相似的配件在中山王陵也有发现，见注 73，282 页，图 127。

〔114〕关于满城汉墓的陪葬品，见注 10，卷 2，彩图 21-22、24，图 17-18、29-30 及 177-178。所有的刘氏家族墓及其之前在山东的墓葬都包括了长柄勺。这似乎说明了以长柄勺来盛舀美味饮品是宫廷生活的重要方面。长颈酒瓶的高超工艺也显示出饮酒的重要性。铜镜最初源于

西伯利亚，而后出现在晋国等中北部国家，但同时在楚国也非常流行。铜镜似乎被用于特殊仪式中，而不是单纯地作为梳妆用品。有关南越王墓出土的精美嵌饰铜镜，见广州市文物管理委员会：《西汉南越王墓》，卷2，彩图22。这面镜子似乎模仿了山东出土的铜镜，见《文物》1972年5期，彩图1。

〔115〕同注73，279页，图125。

〔116〕马王堆的漆制屏风上饰有龙和线状玉璧的题材，龙与璧都是吉祥甚至是神奇的事物。见注17，卷1，94页。

〔117〕参见：Jessica Rawson, *Mysteries of Ancient China, New Discoveries from the Early Dynasties*, London, 1996, no.74.

〔118〕见注45，湖北省文物考古研究所：《江陵望山沙冢楚墓》，彩图5。

〔119〕同注10，卷2，彩图22。

〔120〕同注117, no.97；关于汉代或汉代之后灯具在典礼上的使用，见Thomas E. Smith, "Ritual and the Shaping of Narrative," p.91.

〔121〕孙机：《汉代物质文化资料图说》，北京，1991年，351－357页，以及孙机：《中国圣火：中国古文物与东西文化交流中的若干问题》，辽宁，1996年。

〔122〕参见：K. E. Brashier, "Longevity like Metal and Stone: The Role of the Mirror in Han Burials," *T'oung Pao* 81, 1995, pp.201-229. 镜子上的铭文提到光明与神灵世界的内容。

〔123〕铜镜研究是一个十分宽泛的题目，参见：Michael Loewe, *Ways to Paradise*, Chapter 3.

〔124〕许多猛虎和带翼野兽的石雕都源于西亚的狮类雕像，见王鲁豫：《中国雕塑史册：汉晋南北朝墓前石雕艺术》，50－60页。

〔125〕Mark Lewis, *Sanctioned Violence*, pp.190-191.

〔126〕另外将璧、把手与熊的题材相比较，见注10，满城汉墓，卷1，图62：1，以及广州市文物管理委员会：《西汉南越王墓》，卷1，图66：11、12。

〔127〕孙机：《先秦、汉、晋腰带用金银带扣》，《文物》1994年1期，50－64页。

〔128〕现今新疆地区出土的薄金板和嵌花装饰是巴泽雷克木饰与上述金带扣的中间状态，见《文物》1981年1期，18－22页，图8。

〔129〕鹿角上带有鸟头的形象也出现在山东滕县，见《考古学报》1991年4期，449－495页，图5：6。另外，可以将其与金质的立体雕像相比较，见《文物》1983年12期，23－24页，图4：1。人们对鹿角的兴趣可能也源自边境地区并渗透到中国的许多区域，其中在楚国最为流行，见注100。

〔130〕其他一些与熊的图像相关的题材，见广州市文物管理委员会：《西汉南越王墓》，卷2，图52；见注10，满城汉墓，卷2，图50：1。

〔131〕相关的物品尚未发表，但可以在永城墓地中找到，见《文物》1998年8期，37－43页。

〔132〕比如湖北江陵天星观的楚墓，见《考古学报》1982年1期，71－116页。

〔133〕有关后来陶器模仿漆器的例子，见Peter C. Sturman, "Celestial Journeys"；有关南方墓葬中发现的漆器器皿，参考《文物》1978年8期，12－31页。在许多北方墓葬中，这些漆器由彩绘陶器代替，比如满城刘胜墓中的例子，见注10，卷1，129－133页。

〔134〕参见：Jessica Rawson, "Chu Influences on the Development of Han Bronze Vessels," *Arts Asiatiques*

44, 1989, pp.84-99; Suning Sun-Bailey, "Gained in Translation," *Orientations* 22, 1991:7, pp.25-27.

﹝135﹞ Michael Loewe, "Changes in Qin and Han China".

﹝136﹞ 这种对音乐的兴趣很早就在东部地区出现，比如山东沂水地区的刘家店子，见《文物》1984年9期，1－13页。

﹝137﹞ *China-Verborgene Schätze. Grabfunde der Han-Dynastie*, Leoben, 1998, pp.63-65.

﹝138﹞ 长治地区发现的一个汉代之前的墓葬同时陪葬了木俑和人殉，见《考古学报》1984年4期，503－529页，图10。墓中发现的鹿角似乎暗示了这种传统可能源于楚国或是中国东部。

﹝139﹞ 作者在另一篇文章中详细讨论了这些乐俑，参见 Jessica Rawson, "Commanding the Spirits. Control through Bronze and Jade," *Orientations* 29, 1998:2, pp.33-45. 山东发现的乐俑可能源自楚国习俗，因为有证据说明甚至在更早的时候人们就对楚地木俑有所了解，见《文物》1993年3期，1－6页，彩图。

﹝140﹞ 河南省文物研究所：《信阳楚墓》，北京，1986年，图39－40、79；另外见注45，《包山楚墓》，卷1，图169－170；湖北省荆州地区博物馆：《江陵马山一号楚墓》，北京，1985年，图66。杜德兰1996年12月在大英博物馆研讨会上提交的一篇未发表论文中谈到楚墓木俑的作用。关于注重功能的讨论，另外参见笔者1997年4月在东方陶瓷学会上发言的文章，Jessica Rawson, "Thinking in Pictures: Tomb Figures in the Chinese View of the Afterlife"; Patricia Berger, "Body Doubles: Sculpture for the Afterlife," pp.46-53.

﹝141﹞ 参见．E. Renbo, *The Quest For Eternity, Chinese Ceramic Sculptures from the People's Republic of China*, Los Angeles and London, 1987, p.15, note 9. 该书讨论了孔子的言论。至此为止，孔子关于"俑"的说法并未被充分理解和讨论，人殉是否包括在墓俑的范围也没有被认可。另外参见 Jessica Rawson, "Thinking in Pictures: Tomb Figures in the Chinese View of the Afterlife".

﹝142﹞ 有关楚国使用木俑的传统对秦汉时期影响的讨论，见 Jessica Rawson, "Thinking in Pictures".

﹝143﹞ 试比较徐州北洞山的陶俑，见《文物》1988年2期，2－18页，彩图68；与湖北江陵凤凰山的木俑，见《考古学报》1993年4期，455－512页，图30－31。

﹝144﹞ 比较山东地区发现的木俑，见《文物》1980年12期，7－16页，图20，与山西地区的陶俑，见《文物》1981年11期，24－29页，图7。

﹝145﹞ 同注5，《曾侯乙墓》，卷1，36页，图21；39页，图22。

﹝146﹞ 同注20。

﹝147﹞ 同注17，卷1，图17。

﹝148﹞ 同注5，卷2，图121、123。

﹝149﹞ 徐州博物馆：《徐州汉画像石》，北京，1995年，10、16、26、73、89页。

﹝150﹞ Noel Barnard, "Records of Discoveries of Bronze Vessels in Literary Sources and Some Pertinent Remarks on Aspects of Chinese Historiography," *Journal of the Institute of Chinese Studies of Chinese University of Hong Kong* 6, no.2, 1973, pp.455-546.

﹝151﹞ 有关这些放置玉璧的墓葬，见《考古学辑刊》1982年2期，47－59页；山东省文物考古研究所：《曲阜鲁国故城》，济南，1982年，129页；淄博市博物馆编：《临淄商王墓地》，12页，图7。

﹝152﹞ 有关意义与内涵增加器物特性的讨论，参阅 Jessica Rawson, *Chinese Jade from the Neolithic to the Qing*, pp.13-20.

[153] 使用多层玉器的传统，比如满城刘胜墓以及广州南越王墓中以丝制绳索相连的例子，进一步发展出了两种做法：一种是描绘带有拉直对角绳纹的玉璧，另一种是创造了刻有镂空龙纹的玉璧，以及描绘如马王堆汉墓中那样缠绕玉璧的龙纹图像（图 10 - 7）。

[154] *Chinese Jade: Selected Articles from Orientations 1983—1996*, Hong Kong, 1997；中国玉器全集编辑委员会编：《中国玉器全集》，河北，1993 年，图 190。

[155] 参见：Pascal Boyer, *The Naturalness of Religious Ideas: A Cognitive Theory of Religion*, Berkeley, 1994.

[156] 相关的例子出现在湖南马王堆轪侯夫人内棺的中间部分。该例子已经被多位学者讨论，见注 163。有关虎龙形象的中亚源头，参见《文物》1981 年 1 期，18 - 22 页，彩图 18:3。

[157] Mark Lewis, *Sanctioned Violence*, Chapters 4 and 5.

[158] 该图可以与马王堆内棺上龙虎相斗的场景比较，同注 17，卷 1，图 22。

[159] 见注 70，《侯马铸铜遗址》，卷 1，192 页，图 97；253 页，图 140：4。

[160] 这些玉器有不同的分期。参见：Jessica Rawson, *Chinese Jade from the Neolithic to the Qing*, p.351.

[161] 这种发展可以通过曾侯乙墓来预见。同注 5，卷 1，图 216 - 217。

[162] Jenny So and Emma C. Bunker, *Traders and Raiders on China's Northern Frontier*, no.78.

[163] 参见：Jenny So, "The Waning of the Bronze Age: The Western Han Period (206 B.C.—A.D. 8)," in Wen Fong ed., *The Great Bronze Age of China, An Exhibition from the People's Republic of China*, New York, 1980, pp.323-327；杜正胜：《欧亚草原动物纹饰与中国古代北方民族之考察》，见《中央研究院历史语言研究所辑刊 64》，1993 年 2 期，231 - 408 页。两篇文章都注意到欧亚草原及西伯利亚地区的装饰图案对轪侯夫人漆制内棺的影响。

[164] 这种较为传统的设计不一定被确定为吉祥意义上的卷云纹。参见：Michael Loewe, "The Oracles of the Clouds and the Winds," pp.193-194.

[165] 大量的例子在扬州发现，见《文物》1980 年 3 期，1 - 10 页；以及《文物》1988 年 2 期，19 - 43 页。

[166] 这些风景可能存在两种先例，而且两者并不接近。第一种是青铜器上刻画的风景背景下的人兽图案，参见《考古学报》1988 年 2 期，189 - 232 页；另外一种初级的风景图案来自于欧亚草原地区，参阅：Esther Jacobson, "Mountains and Nomads: A Reconsideration of the Origins of Chinese Landscape Representation," *Bulletin of the Museum of Far East Antiquities* 57, 1985, pp.133-180.

[167] Wu Hung, "A Sanpan Shan Chariot Ornament and the Xiangrui Design in Western Han Art," *Archives of Asian Art* 37, 1984, pp.38-59. 该文中译文可见巫鸿：《礼仪中的美术：巫鸿中国古代美术史文编》，郑岩、王睿译，北京，2005 年，143 - 166 页。

[168] J. P. Diény, *Aux origins de la poésie classique en Chine étude sur la poésie lyrique à l'époque des Han*, Leiden, 1968; Knechtges, "The Emperor and Literature"; Michele Pirazzoli-t'Serstevens, *The Han Civilization of China*, Oxford, 1982, pp.102-106.

[169] Watson, *Records*, vol.2, pp.302-304；《史记》，卷一一七，3004 页。

[170] Donald Harper, "Wang Yen-shou's Nightmare Poem," *Harvard Journal of Asiatic Studies* 47, 1987, pp.293-283.

〔171〕参见：*Oxus, 2000 Jahre Kunst am Oxus—Fluss in Mittelasien. Neue Funde aus der Sowjetrepublik Tadschikistan*, Zurich, 1989, no.22.

〔172〕关于熊形立足，见徐州石桥报告，《文物》1984 年 11 期，22－40 页，图 62：3－4。另外参见：DeWoskin, *Doctors, Diviners, and Magicians of Ancient China: Biographies of Fang-shih*, New York, 1983, 该书的前言部分讨论了使用熊皮作为方相士面具的内容；另外，同注 27, pp.77-78.

〔173〕有关博山炉的讨论，参见：Susan Erickson, "Boshanlu—Mountain Censers of the Western Han Period: A Typological and Iconographic Analysis," *Archives of Asian Art* 45, 1992, pp.6-28；同注 55, Kiyohiko Munakata ed., *Sacred Mountains in Chinese Art*, pp.20-34. 这两位作者以及其他许多学者都认为博山炉可能表现了"地柱"或"世界主轴"，把它作为人类世界与神灵世界的联结点。但是，我认为博山炉由奇特生物托起的复杂形式似乎说明了山岭从大海中升起，而博山炉本身代表了蓬莱仙岛。

11

作为艺术、装饰与图案之源的宇宙观体系[1]

导　言

本文旨在探讨通称为"关联宇宙观"（correlative cosmology）的哲学观念与艺术品及绘画的联系，尤其是与那些在墓葬里发现的作品之间的联系。本书中的其他文章关注的是关联宇宙观的主题以及该领域的新研究。本文将论述的是，对哲学问题的一些新理解如何能够让我们进一步认识到，早期中国以物化的方式表现宇宙是十分重要的。

迄今为止，早期中国物质文化，尤其是本文探讨的那些方面，如礼器、墓葬、山水画及花鸟画传统等，常常与当时的哲学观分开来进行讨论。[2] 因此，这些物质证据作为理解思维和宗教观念的材料，一直为人所忽视。[3] 此外，这些多样化的材料通常都被单独考虑与研究，而它们在时间长河里的多样发展却一直未被整合起来。

尤其值得注意的是，中国古代物质文化的变化，很少被当成重大的思想和信仰断裂的证据。然而，礼器、墓葬结构与装饰的主要创新，是中国古代宗教活动的重要附属物，并很可能伴随新的宗教信仰与习俗的引入而产生。因此，本文要提出的第一个论点是：公元前3世纪对于新礼器类型与新墓葬形制的选择，应该参照哲学观念的重要变化，特别是"关联宇宙观"的出现这个角度来进行研究。[4]

本文讨论的中心——宇宙，由"道"（宇宙的基本法则）维持，由"气"（字面上是"呼吸"、"空气"的意思，然而被视为能量）、"阴"和

"阳"提供能源与变化,由五行——金、木、水、火、土的交替来实现转换与变化。作为本文讨论基础的观点是:宇宙并不是由神祇或魂灵创造并赋予活力的,"阴"、"阳"等力量也从未被视为人格化的神祇。[5] 因此,我以"系统宇宙"(systematic cosmos)一词来涵盖这种几何化时空结构的观念,而该结构具有以下基本组成部分:天体、山川与河流、四季、万物——尤其是走兽、鸟类和植物。这个宇宙是一个统一的、综合的整体,所有的部分都是相互关联的。如果其中一部分受到了影响,比如季节发生了变化,那么其他相关的特征将会回应这个变化,也将同样受到影响。

如果我们顺着"公元前3世纪同时发生的思想与物质变化是有关联的"这种假设思考下去,那么我们应该根据新的宇宙观的发展,来考察新的礼器类型与墓葬装饰。事实上,从公元前2世纪起,墓葬装饰的主题已经表明,它们源自于宇宙的主要特征。本文的最主要论点由此产生:从汉代(公元前206—公元220年)直到现代,中国的主要艺术与装饰系统,是建立在公认的对宇宙的理解,即关联宇宙观之上的。

因此,本文认为,那些通常被看成是独立的艺术和装饰种类,比如山水画、花鸟画、龙袍、建筑和瓷器上的花卉涡卷图案等,如果把它们看成是一个和宇宙观体系密切相关的整体视觉符号系统,就能得到更好的理解。实际上,由于这个宇宙的所有部分都被认为是相互关联的,那么这种整体性也是理所当然的。然而,正如我们在下文中将要看到的,古代与中世纪地中海世界的视觉系统也表现出了同样强烈的整体性。[6]

本文将主要以对墓葬材料的讨论为基础。然而,本文也将参考6世纪至12世纪的相关文献,它们描述了大部分业已失传的绘画作品。这些文献材料广泛论及了绘画作品的主题,有时还提到了这些绘画可能达到的效果。我之所以采用这些文献材料,是因为本文讨论的其中一方面观点就是,墓葬与建筑的装饰是为了达到某种效果或产生某种结果。因此,本文也将涉及图像的使用。

本文的第一部分将表明,宇宙观的变化是如何与墓葬和礼器的变革相吻合的。本文的第二部分"宇宙的理论与图像的作用"将通过与地中海世界的对比,指出手工艺品、绘画与思想观念相联系的部分原因所在,并且通过如此对比,表明中国宇宙观的独特之处。在这个背景下,我们还将讨论西方仅仅将图像视为原型复制品的观念。本文的第三部分将表明，宇宙的观念是如何与墓葬里观察到的情况，与文献参考中记录的壁画、屏风画和卷轴画上的主题相一致的。该部分包括以下小节：宇宙的格局；天；地；山水与四季；人类社会与宇宙的联结，这一点通常被称为关联宇宙观。在此，我们也将论及一些中国诗词与绘画中常见的类比和暗喻，这些类比和暗喻建立在宇宙各部分相互关联的基础之上。

本文的第四部分将会论述，对于祥瑞的表现，是如何与以下观点相吻合的：在一个整体的宇宙之中，所有的现象都是上天回应的一部分，所有的现象都必须被仔细观察。本文认为，描绘祥瑞、吉兆，是为了创造吉祥的空间。

祖先祭祀以及新宇宙观的发展

鉴于对"宇宙"看法的转变与本文相关，本文有必要首先对公元前3世纪以前人们对于宇宙和超自然力量的看法进行概述。吉德炜（David Keightley）和普鸣对公元前12世纪起的甲骨文文献与青铜器铭文有部分研究，他们认为，在当时统治着黄河中部地区的商（约公元前1300—前1050年）人所设想的宇宙中，被称为"帝"的神祇具有控制世间万物的能力[7]，还能影响人的生命。从伟大的"上帝"，到"帝"，再到次要一点的与山川河流、风、四方相关的"神"，宇宙里存在着无数的神祇。而祖先则显然是人类世界与神灵世界之间的中介。精美的青铜器及其铭文符合一个公认的观点：复杂礼仪中的献祭宴饮，其动机来自商周贵族们的愿望，他们希望确保自己的祖先能恰如其分地尽责，确保万千神灵赐福于后代。

西周（约公元前1050—前771年）与商的观念之间有一个重要区别。在约公元前1050年征服了商的周人，将他们的注意力转向了"天"，把"天"视为首要的超自然力。然而，周人继承了商人的祖先崇拜体系，力求祖先为他们进行干预。同样地，神灵们依然是宇宙中无所不在的特征。[8]从《诗经》这本部分成书于约公元前600年的、中国最早的诗歌总集里，我们可以知道，人们力图引降神灵共享宴饮。[9]夏德安（Donald Harper）、王爱和（Aihe Wang）和普鸣都描述过战国时期在理解超自然力量方面十分重要的、有时是相互矛盾的变化，以及促生这些新观点的诸多不同视角。[10] 陆威仪（Mark Lewis）阐明了可能导致某些新视角的社会变化背景。[11]

两个突出的关注点出现了。[12] 其一是宇宙的产生以及神灵对它的控制，尤其是对"太一"的关注，还有对人类与神灵在向宇宙施加影响力时所起的相对作用的关注。[13] 其二是越来越强调系统化的宇宙。[14] 在公元前4至前1世纪的争论中，将祖先视为力量的观点逐渐衰落，而君主、圣人与神灵的角色、地位被放在一起考量。[15] 然而，尽管大部分主要的思想家都参与了这些争论，对系统宇宙的认知仍被作为这些讨论的基础。[16]

尽管系统宇宙作为主导理论出现，但如果我们要认识古代墓葬的诸多功能，仍需要进一步探讨这种对神灵的关注。"神"和"仙"这两种类型的存在与此相关。有些人认为，人有可能通过修炼、节食和其他种种手段成仙。司马迁（活跃于约公元前145—前86年）的《史记》和班固（公元32—92年）的《汉书》这两本史书描述了宫廷庆典中包含的无数神仙。[17] 能够遇到神仙的地点以地理术语表示出来。比如，书中认为神仙主宰了山川河流。地理文献《山海经》描述了许多居住着奇异与超自然动物的地区。此外，西方的昆仑与东海的仙岛这两个特别的地区被直接与神仙联系起来。[18] 从秦始皇（公元前221—前210年在位）与汉武帝（公元前140—前87年在位）着迷于寻找"不死"仙方的记载中，可以看出这些思想已经为人所接受。[19] 通过达到不死，人们期望能成为神灵，用稍后的术语来说，就是成仙。

虽然神灵仍然为此后所有时期所持续关注，然而到公元前1世纪，他们不再被认为能够控制宇宙。道、气、阴、阳此时被广泛接受为宇宙的基本组成元素，五行则保证了它的变化与更替。[20]

这种新视角和礼器类型与墓葬结构上明显可见的变化正好吻合。至西汉时期，继承自商周的传统青铜器类型在礼仪中似乎已经让位于漆器。[21] 在两个世纪间，我们观察到如下趋势：诸如鼎、簋和豆等传统青铜礼器类型越来越少被使用。这种转变表明，使用传统青铜礼器的古代仪式已经过时。[22] 新的青铜器类型比如香炉，就可能与沟通神仙的仪式相关。

如西汉晚期的博山炉似乎描绘了被认为是仙人居所的东海仙岛。[23] 同样，铜镜上的铭文讲述了仙人们的生活。[24]

与此同时，食物和酒被放在漆器里，尤其是圆樽、卮、漆耳杯和平盘中。[25] 选择漆器作为向死者供奉酒馔的主要器皿，暗示了以下几点：礼仪陈列（无论在生前还是在冥世）不再是最重要的，因为这些器皿不仅小，而且样式重复。[26] 死者的日常饮食需要看来变成了首要目的。[27] 这些漆器出现在墓葬里，很可能就是冥世生活中的食器。它们也被用作生前的礼器。著名的马王堆帛画的下半部分就表现了放置在供桌上的漆耳杯【图11-1】。[28]

这些被用于供奉的新器型必须与新的墓葬类型一起考虑。在中国中原北部的大部分地区，从新石器时代到战国晚期，主要的墓葬类型是竖穴墓。商周时期，最奢华的墓葬里有着多重套棺。这些随葬品可能明确地反映了财富与地位。由于整套器物都被深埋于地下，有一种可能的假说就是：这些地位的标志不仅向生者表达，也向死者的群体表达。[29] 只有一种普遍的理论可以适用于从新石器时代到今天中国境内的绝大多数墓葬，那就是中国人自始至终相信死后的生活与生前相似。

尽管竖穴墓和套棺在汉代继续使用，[30] 然而从战国后期起，在一些地区，棺椁的结构发展成能为冥世生活的不同功能（比如烹调和宴饮）提供独立的空间。[31] 这种类型的墓葬在南方尤其流行，它们很可能是启发人们发明西汉新型多室墓的因素之一。这些多室墓位于东部，即今山东、河北及河南东部一带。[32]

[11-1] 湖南长沙马王堆1号墓出土的彩绘帛画，汉代，公元前2世纪。引自《长沙马王堆一号汉墓》，北京，1973年，卷1，图83。

最奢华的例子是为皇族王侯们建造的墓葬。这些刘姓家族的成员作为诸侯国的国君统治东部属国,并被葬于山东、江苏、河南东部与河北等省的山陵里。[33] 他们那些凿山而藏的冥世宫殿,看来可以确保成为不会随着时间推移腐朽的、装饰精美的永久居所。[34] 今天的山东和江苏境内也埋葬了丰富的新石器时期玉器,因此,若它们偶尔被发现,便为刘姓家族成员的陪葬玉衣提供了材料。[35] 从墓葬里发现的文字材料中我们得知,中国人认为尸体的腐坏是由恶鬼的攻击造成的。玉衣那种类似于铁制盔甲的构造,恰好符合它用于抵御恶鬼伤害墓主的观念。[36]

河北满城刘胜(卒于公元前113年)墓是这些墓葬里最有名的一座。[37] 然而,江苏徐州的楚王墓有着更庞大的、在当时无疑更为宏伟的结构。这些墓葬水平凿入山体,形成一系列和现实生活中的房屋同样大小的墓室。[38] 从一些零散证据中我们也得知,这些墓由绘画装饰,并随葬有王侯个人的奇珍异宝。在他们以下的社会阶层,有些地区发现了一些规模较小但设计相似的墓葬,就如同等比例缩小一般。它们同样饰有彩绘,以及代替生前财物的模型。在中原的不同地区,这类墓葬与当地的条件和信仰相适应。

墓中发现的文字材料也向我们提供了一些关于冥世生活的可能性假设。[39] 有些墓里提供了大量文书,表明墓主人很可能打算在死后使用这些文书。此外,这些文书的内容很能说明问题。除了对付恶鬼的咒诵之外,其他文书还包括医药信息与饮食指导;有的文书指导炼"气"的方法,这被认为是能助人成仙的程序。[40]

我们还能从墓葬中描绘墓主人享受神仙陪伴的生活画面里看到成仙的欲望。洛阳一处王莽时期(公元9—25年)的墓里表现了墓主人正乘龙车在天上出行【图11-2】。[41] 山东苍山的东汉墓里有一段铭文表明,墓主人将与玉女一起宴饮。[42]

普鸣认为,这些要像仙人一样生活、或要获得神仙般力量的需求,正是通常与其对立的观念,即我们所说的关联宇宙观得以成功的关键。[43] 因为公元前4至前1世纪一些思想家提出的神灵是宇宙运行的基本要素以及人能成仙的说法遭到了强烈质疑。尽管这个争论从未被最终解决,然而到了公元前1世纪,认为宇宙运行无需一个原初推动力的观念已经占据

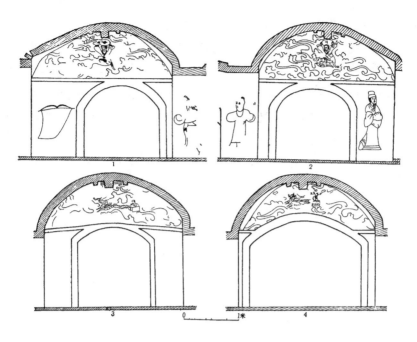

[11-2] 河南洛阳一处墓葬的墓室内景,王莽时期,公元1世纪。引自《考古》1991年8期,721页,图10。

1.东壁 2.西壁 3.南壁 4.北壁

了统治地位。[44]可是,神仙观念一直停留在某些人的脑海里,并最终融入系统宇宙,但并没有主导它。[45]神灵出现在宇宙之中,便不可避免地被描绘为其居民。然而,当对于关联宇宙或系统宇宙的兴趣逐渐增强时,宇宙的特征便越来越多地被展示在墓里,而且几乎可以肯定地说,也展现在生者居住的建筑里。这样的呈现反之也似乎强化了上层人士思想中的抽象哲学概念。

宇宙的理论与图像的作用

在所有的理论,尤其是那些描绘宇宙中一个基本上不可见的系统的宗教理论之中,有两个条件反复出现。第一,构成理论的基本观念很可能可以通过某些人类经验得到解释。第二,如果这些理论及其解释具有广泛影响,则该影响在很大程度上依赖于这些理论及其解释如何能够以视觉的方式有效呈现出来。此外,这些理论、它们的核心原则以及其视觉化表现,必须明确关联,否则这三方面将不会相互加强,反而会相互削弱。现在，我们要思考两种类型的理论：一，宇宙是由神祇创造的。这种观点是古代与中世纪地中海地区人们认同的观点。二，宇宙是在一个有序的几何框架内，由相互平衡与更替的各种力量组成一个系统。这是中国人自公元前3世纪起对于宇宙的普遍理解。第一组理论的逻辑来自人们熟悉的人类权力与社会关系。第二组理论的条理性来自对空间、时间、自然界秩序与起伏变化的观察。

这些不同的宇宙观念被表现在图表【图11-3】或图像中，表现在临时性或永久性建筑物如庙宇、宫殿上，表现在涉及面具、服饰与表演的礼仪之中。又或者，宇宙的各种力量会以文字叙述或形象描绘所记录的预兆和奇迹显示自己。通过将这些力量可视化，人们就能探索它们所反映的宇宙，与其沟通，并试图控制它们。[46]

我们首先将考察古代与中世纪地中海地区关于宇宙本质的理论，以及这些理论的表现方式。[47] 无论是观看古埃及神庙还是阅读《创世记》，我们都能找到这样的描述：宇宙中的神祇具有人类般的特征。[48] 古埃及人将他们的天神拟人化了：哈托尔、巴特、荷鲁斯。地神也是如此：奥西里斯、阿克尔、普塔和塔特嫩。空气本身也被拟人化了，比如阿蒙、阿蒙妮。[49] 埃及的宏伟神庙中常见这些神祇的具象化的人形雕塑。尽管《创世记》中的上帝没有肖像，然而他也具有人类的特征。他的劳动日以"天"编排，他被描述为在第七天休息。

古埃及人、古希腊人以及中世纪基督徒等等的理论之间，固然有着

[11-3] 曾侯乙墓出土衣箱上的纹饰。引自《曾侯乙墓》，北京，1989年，图216。

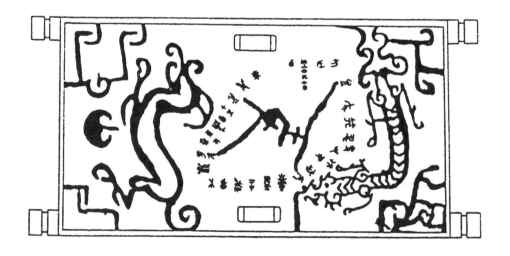

深刻的区别,[50] 然而在许多不同地区、不同时期的人们都想象神祇掌握着人类般的力量,能驱使太阳、统治大海、引导四季。而且,宇宙的运行受到各种关系的影响,一是神祇之间的关系,二是神祇与人类之间的关系。社会关系是神祇的权威和影响力的一部分。这样的例子包括基督教的圣父与圣子、贞女的圣母角色、将信徒形容为上帝的儿女等等。法国夏特尔大教堂的南入口通过多种雕像,表现了一个广泛的社会领域:基督与十二使徒、大卫王与犹太王、圣徒与殉教者、先知、众先祖、宣信者,以及拟人化的各种美德。[51] 这种以社会结构来配置宇宙的倾向,很早就导致了对人类品质的寓意化想象,比如以人类形式表现的"美德"与"爱"。

在这种方式下构想的宇宙,以社会关系的角色和规则作为其基本的结构或体系。如果这样的社会体系中的一部分在一个文本或一套图像中被描绘出来,那么其他部分也可以依此想象出来。个人基于对其所属特定社会的理解以及该社会赋予神和人的特定角色,便可预知神与人的职责与行为。因此,并非所有细节都需要详细地说明。在几个世纪里,社会成员们可以通过他们自己对于社会关系的理解,延伸与发展他们对于神的概念。[52]

与这种社会体系相适应,建筑成为人与神相遇的场所,就好像它是人与人见面的场所一样。无论是阿布·辛贝勒神庙、巴特侬神庙,还是夏特尔大教堂,在这些建筑里,绘画或雕塑形象立于基座之上,被三角山墙、梁、拱、柱所环绕。这样的环境决定了信众距离图像的远近,以及他们可以从何种角度观看图像。类似的安排不断重复于古代地中海世界及其中世纪与近现代的建筑上。[53] 无论我们观察的是古埃及古希腊的神庙、古罗马的凯旋门,还是夏特尔等哥特式大教堂的立面,抑或是大英博物馆等古典复兴建筑,我们都能找到同样的画像、雕像与建筑装饰的结合。[54] 这就是地中海地区与其后西方世界装饰的基础。[55] 这些例子支持了我们先前的观点,即人物形象及其建筑环境,不可避免地与宇宙运行的基本理论相吻合,而这种理论是以类似于人类的神祇间的相互关系来表达的。

中国的情况很不一样。商代和西周的人们可能曾经认为宇宙部分地依靠了神祇的力量。然而即使在那时,商周也并未以人的形象表现神祇。他们似乎并未创造出他们可以与之互动的——无论是个人直接交流还是通过祭司之类的中介——神人同形的形象。事实上，他们最重要的中介即祖先的魂灵，是看不见的，而商周人似乎也不打算使之可见。与它们进行物质的、可见的沟通的主要途径就是以精美食器与酒器供奉的礼仪宴会。[56]

秦始皇和汉武帝都试图控制大量其他神灵，这是从他们已经征服或希望统治的地区的人民和统治者那里继承而来的。他们并没有一个制造图像的重要传统可供依赖。[57]秦汉时期的人们不描绘神灵，而是通常在被描述为具备了有序宇宙之五种颜色的祭坛上向它们献祭。[58]此处所使用的不是人物雕塑或绘画，而是一个系统化的几何结构。这与我们先前的观点是一致的，即把世界视为系统宇宙的主导性观点，比对特定神灵的关注更为重要。[59]

事实上，正如本文接下来将要论述的，宇宙是统一的，它的各部分是平衡的，其规则不受神祇干预，这种理论被证实非常可靠。在这样一个体系里，与近似人类的神祇间的互动并不是、也不可能是获取宇宙恩惠的主要途径。相反，在公元前3至前2世纪，人们更多地关注于宇宙的模式，并试图与之相符合。哲学文献敦促圣人和统治者观察这些模式，并在行动上遵从。与这种做法相适应的有形做法则似乎是以宇宙作为建筑和墓葬的模式。看来，中国人以这种方式来表达与追求他们和宇宙的沟通。跟所有人一样，中国人也想保证自己有个美好的前景。

在对宇宙的表现中有几个特征是固定不变的。宇宙被按照标准的方式描绘和复制，这包括一个基本的几何形式。这个几何形式或结构必须被标记出来。地支与天干被用来划分一个圆，并标出圆的十二等分与六十等分【图11-4】。宇宙里的位置与方向是首要的关注点，而依靠这种图表就能计算出来。中国人也将模型、图示等图像放置在宇宙图表之中，做成精致的微型宇宙，以模拟宇宙的特征。这些模型的有效性似乎是建立在组成微型宇宙的图像和模型的精确性之上的。此外，宇宙包含了一系列系统化关联的实体，这是一条最基本的观念，我们将在以下例子里看到这点。

我们将谈到两种不同的环境：为冥世准备的墓葬，以及为生者准备的建筑。我们可以推测，图像在这两种环境中有着些微不同的功能。从

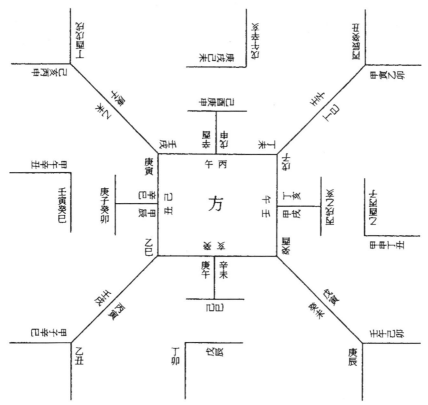

[11-4] 江苏尹湾出土的一块木板上表现宇宙的几何图表,公元前1世纪。引自 Marc Kalinowski, "The *Xingde* Texts from Mawangdui," trans. Phyllis Brooks, *Early China* 23-24, 1998—1999, p. 144, fig. 10.

司马迁对秦始皇统治的叙述中我们知道,建筑或墓葬模仿部分或整个宇宙是典型的做法。这包括今西安附近的阿房宫,它的结构有如星宿,[60]因此为皇帝提供了一个像神仙居所一样的住处;咸阳宫殿通过复制那些被征服国家的宫殿群创造了一个秦始皇统治下的政治体系的缩影。然而,最为重要的微型宇宙是骊山的秦始皇陵:

> 九月,葬始皇骊山。……宫观百官奇器珍怪徙臧满之。……上具天文,下具地理。[61]

如此设计的一个陵墓,也成为一个宇宙。[62]汉语的一个特殊点就是,不需要像西方概念里那样区分"原物"和"复制品",因此,没有人会问那是一个宇宙还是一个宇宙的复制品。这类模型实际上被视为一个宇宙,而并非仅仅是一个复制品,这点认知至关重要。

没有比兵马俑更令人吃惊的例子了。他们恰好符合了这个假设,即微型宇宙具有真实宏观宇宙的功能和作用,而不仅仅是一个复制品。这些著名的塑像如同真人般大小,呈现出许多细节,他们的军事能力由此突显出来。我们不能认为兵马俑设置在那里是为了震慑敌对国家之用,因为这些士兵被埋在视线以外的地下,从未完整地被生者看见过。最有说服力的细节是,提供给士兵们握在手中的是真实的武器。今天我们对这些武器能做出的唯一解释就是,它们使得士兵们可以在冥世为秦始皇战斗并保卫他。[63] 毕竟秦始皇曾经杀戮六国军队,那些军队有可能在阴间等待着他的到来。

在下一个部分,我将讨论支持以下观点的考古学证据,即图像与模型是墓葬的必要组成部分,它们使墓葬成为一个为冥世准备的宇宙。如果没有这个假设,所有时期的墓葬建筑与装饰均难以解释。此外,从汉代以后、唐(618—906)与宋(960—1279)的许多故事中我们得知,至少那些受过教育的公众常常将墓葬壁画和模型视为冥世的实用组成部分。这种对于功用的关注或可以解释为对于细节的特殊关注,不仅仅是兵马俑的细节,还有更晚的墓葬中侍从与乐师的细节。此外,文献也证明了当时的人们认为墓俑本身具有侍从的功能,并不是依靠某种巫术转换为侍从。[64]

在生者使用的建筑里通过图像创造的微型宇宙可能具有一定的差别。何况在我们探讨的整个时期内,人们也许从许多不同的视角看待这些微型宇宙。然而,下文将涉及的文献证据为我们提供了例证,证明人们如何理所当然地认为图像能如它们所表现的事物本身那样起作用。

关联宇宙观与物质文化

许多记述提到龙的画像及其唤雨的能力,在中国人的想象里,雨会伴随"真"龙而降。早在东汉,怀疑论者王充就说,龙的画像能够制造或带来雨水:

> 楚叶公好龙,墙壁盂尊皆画龙象,真龙闻而下之。夫龙与云雨同气,故能感动,以类相从。叶公以为画致真龙,今独何以不致云雨?[65]

王充接着评论说，叶公之国一定雨水丰沛。[66]正如这段引文所表明的，龙和雨水之间的这种联系就是关联宇宙的其中一个方面。因为雨和龙属于同一类，所以公元2世纪的哲学文献《淮南子》曰："物类相动，本标相应。"[67]"真"龙和雨水的关联在此处被延伸为画上的龙和"真"雨的关联。

在11世纪早期文献、著于西蜀（今四川省）的《益州名画录》里，黄休复记述了画家曹弗兴的成就，以及他所画的龙图结束了旱灾的故事。[68]某些类型的画像能被用来达到想象中事物的效果，而一个图像的功效是由宇宙整体的关联结构所决定的。所以，宇宙的部分或完整模型或者图像的其中一个功用就是要保证宇宙能按人们的需要来给予回应。要使之发生，画像与模型必须被正确地制作出来，也就是要有一定的准确性，而且似乎要被正确地放置或是正确地摆放朝向。[69]

西方的雕塑与绘画向信众表现他们能与之交流的神祇。[70]而在中国，图像提供了整个宇宙的方方面面。当这些图像展示在墓葬之中时，它们符合如下观点，即图像本身能使墓主人获得带有合适侍从与舒适条件的良好的冥世生活。生者似乎格外重视那些能够提供实物功效的图像。本文的下一个部分将描述这些图像是如何按照宇宙格局而安排的，它们的主题何以是宇宙的主要特征。这些图像由此支持了前述观点，即中国人着手创造微型宇宙以资展示，并由此获得宇宙的种种赐福。

宇宙的格局

宇宙的几何结构很容易以一个图表描述，这本身可能也是导致宇宙特定构成（参见图11-4）的一个基本条件。事实上我们发现，"四方"这个基本命题是非常古老的。[71]宇宙及其组成部分可以被几何化地表现出来的这种假设，在战国与汉代致使一个正方形细化为5到9个小正方形组成的格子。[72]天与地都被认为是如此划分的。这在《诗经》（约公元前600年）的编纂中被较早地提及，后来在《尚书》（约公元前3世纪）的较晚章节《禹贡》里出现了"九州"，传说中的禹帝步测了它们。[73]由于地对应天，而各封国的宫殿标志着地上的统治，因而天被认为具有（住着神祇的）相似的宫殿，也安排在类似的格子里。这些宇宙的几何模式后来影响了正式的建筑、城市规划以及墓葬，保证四方四向的对称性以及5格和9格成为所有图案的基本规制。

不仅如此，汉代关于理想化建筑"明堂"的记述证明了一个广泛的假设，即一个几何化组织的微型宇宙可以反映宏观宇宙，并能为国家利益所用。在公元前3世纪的文献《吕氏春秋》里，统治者被描述为根据季节在不同的房间或建筑的不同部分中居住。在稍晚时期的文献《白虎通》里，明堂被更为全面地描述出来，并被表现为皇帝与天地交流的场所。[74]

> 天子立明堂者，所以通神灵，感天地，正四时，出教化，宗有德，重有道，显有能，褒有行者也。……
>
> 上圆法天，下方法地，八窗象八风，四闼法四时，九室法九州岛，十二坐法十二月，三十六户法三十六雨，七十二牖法七十二风。[75]

汉赋里关于宫苑的内容描述了其他的人造微型宇宙，其中最著名的是司马相如（公元前179—前117年）描写的上林苑。植物、动物，甚至气候，均整体符合于地上世界，标示出宇宙的四方。[76] 王延寿（活跃于公元163年）的《鲁灵光殿赋》描述了一座宇宙式的建筑，并在他对于"三间四表，八维九隅"的记录中强调了宇宙的几何模式。[77]

近年来的一些考古发掘出土了许多汉代表现几何化宇宙的"图"。包括图11-4和图11-5在内的许多例子，是用于占卜或作为符箓的，它们实际上是具有功用的图像。[78]湖南长沙马王堆3号墓里发掘出的九宫图【图11-5】就是一个被用于指导天上事件与人间行为的微观宇宙模型。[79]该图不仅完全几何化，其九部分数字

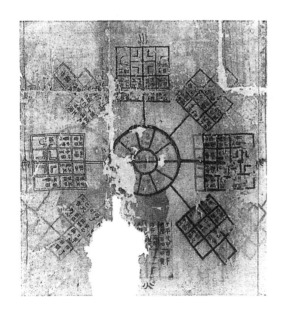

[11-5] 湖南长沙马王堆出土的九宫图，公元前2世纪。引自傅举有、陈松长《马王堆汉墓文物》，长沙，1992年，132-134页。

与已有的九宫相符合，而且诸如风伯和雷公这样的神灵也被安置其中。[80]

在战国（公元前475—前221年）、秦（公元前221—前206年）、汉时期，最基本的"图"就是式图【图11-6】。[81] 该图不仅早已从铜镜上与六博棋盘上为人所熟知，与此相同的设置还出现在一些近期出土的占卜文献上。一份湖北沙市出土的公元前3世纪秦简上有着直线在图中央十字交叉的图案，按汉代文献《淮南子》的说法，该十字撑起天空（参见图11-6）。它的四角则是方勾。边上的汉字标明的是四方、五行、地支、天干、二十八宿，以及一天的二十八等分。

该图的另一个版本更为图像化，即所谓的TLV铜镜（因为镜上的标记看起来很像西方字母），或称为规矩镜，时间是从公元前1世纪到公元1世纪【图11-7】。[82] 几何化的框架结构变成了将图像嵌入方框而形成的微观世界。

铜镜厚重的圆边构成了天，正方形的大地在中间。在此，式图里

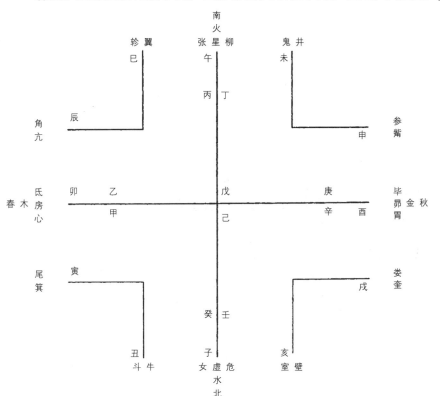

[11-6] 湖北沙市秦简所绘式图，公元前3世纪。引自Marc Kalinowski, "The *Xingde* Texts from Mawangdui," p.139, fig.6.

[11-7] 具有TLV纹样的铜镜背面拓片，王莽时期，公元9—25年。引自陈佩芬《上海博物馆藏青铜镜》，上海，1987年，41页。

的方勾明显可见。T 与 L 标示着十字交叉的直线的位置。正方形外围的八对圆形凸饰可能是擎天的一对对柱子，而在正方形框架内部的圆形凸饰分隔了代表十二地支的字符。东方青龙、西方白虎、南方朱雀和北方玄武这四个四方神兽与其他一些奇异动物一道填满了整个几何化结构中的空间。这并不太像是一个诸如符箓之类的占卜用具。[83] 铜镜有时被悬挂在专门制造的漆木架里，位于死者的头部上方。从这个位置来看，我们可以推测铜镜具有重要的作用。[84] 镜上的铭文同样传递着信息，保证其主人美好的未来生活。公元前 2 世纪晚期墓葬中的大量 TLV 铜镜反映了人们对宇宙几何模式的兴趣不断增长。

从公元 6 世纪起普及的墓志铭盖则是另一种装饰化的宇宙图表。这些石头平面为正方形，形状像截顶方锥体，盖在刻有死者头衔与生平的正方形石板上。盖子中心处以粗体字书有墓主人的头衔与姓名。就如 6 世纪早期洛阳的一个清晰的例子所示【图 11-8】，四方神兽通常围绕着这些名衔。赵超认为，这种安排将墓主人置于一个微型宇宙中央，而这类墓志铭盖说明，宇宙中个体的明确方位能通过这种方式在图表中标示出来。[85]

秦始皇本人的陵墓就是图式如何能够成为更复杂模型之基础的一个例证。[86] 陵墓的正方形平面本身就是大地的象征。但是，它不像墓

[11-8] 尔朱袭（卒于公元522年）墓志铭盖拓片。引自《中国画像石全集》，郑州，2000年，卷8，45页。

志铭盖那样是一个将墓主的头衔与姓名象征性地放在中间的装饰化图表,而是由图表及附属图像还有其内外的模型等等构造了一个将皇帝置于中心的、为冥世生活准备的世界。前文引用司马迁的那段话表明,秦始皇陵内部被认为是由天体和大地上的河流所装饰,后者以水银做成。

[11-9] 西安一处墓葬顶部描绘的天体,西汉时期,公元前1世纪。引自《西安交通大学西汉壁画墓》,25页。

西汉时期的墓葬设计非常复杂。但从公元前1世纪某个时期开始,在中原部分地区,尤其是洛阳,墓顶被建成拱顶,其后做成了穹窿,以表现在正方形或长方形平面之上的天空。宇宙模式看来被普遍应用于主墓室,而这并未包含多室墓中的所有空间。[87]

接下来,我们将以三座墓葬体现多个世纪之中的形制改变,即西安一座西汉晚期的墓葬【图11-9】,甘肃酒泉一座公元4至5世纪的墓葬【图11-10a】,以及河北曲阳的王处直(卒于公元923年)墓【图11-11、11-12、11-13】。[88] 因为证据很充足,挑选也就不可避免。然而,在一千多年里反复运用标准形式,似乎强化了如何建造墓葬的实际做法。每个世纪、每个朝代,复制宇宙的墓葬装饰痕迹都十分明显。

四方神兽和西王母及东王公的图像,明显是为墓葬指示方位的。而从6世纪起,以动物为代表的多种划分时空的形式——有时称为生肖——得到应用。西安西汉墓的墓顶出现了四神(参见图11-9)。我们在酒泉墓中找到了西王母与东王公(参见图11-10b、c)。王处直墓里处理时空的方法则是在天顶下的墙壁上环绕着配以相应动物的十二生肖人物形象(参见图11-12)。在浙江一个年代相近的墓里,这些生肖动物与四方神兽相结合,越发强调了这种几何式布局。[89]

当几何化的时空结构被认为是这些组合的基础,下面将要讨论的装

[11–10] 甘肃酒泉丁家闸5号墓的主墓室及四面壁画示意图，公元4—5世纪。引自《酒泉十六国墓壁画》，北京，1989年。
a. 墓室全景。
b. 绘有东王公的东壁。
c. 绘有西王母的西壁。
d. 绘有天上仙人与鹿的南壁。
e. 绘有山脉之上天空之中的天马的北壁。

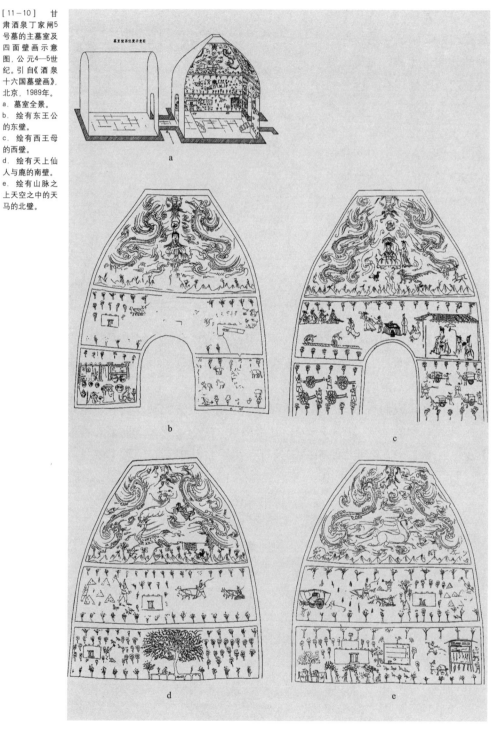

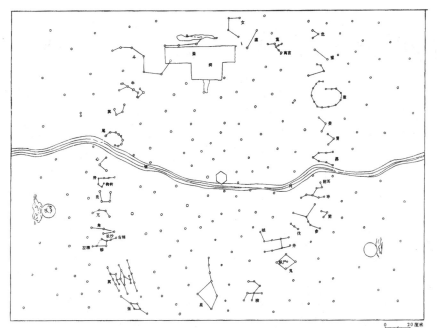

[11-11] 王处直墓的墓顶,绘有星辰,月亮行经的星宿,日、月以及银河。引自《五代王处直墓》,图8。

[11-12] 藩镇将领王处直(卒于923年)墓前室,后壁绘有山水屏风。引自《五代王处直墓》,图版13∶2。

[11–13] 王处直墓的前室西壁，表现出饰有花卉的屏风。引自《五代王处直墓》，彩色图版6。

饰的作用就可以得到解释。

宇宙的特点

宇宙的图像被放置在格子内、图表里、对称排列的墓葬和建筑中，其最重要的方面就是天体、山川、河流，以及世界上的种种现象，也就是我们所知的"万物"，尤其是植物、鸟兽和昆虫。所有这些都出现在宇宙模型里，所有这些也都为艺术与装饰传统提供了主题。在此，我将逐一审视天体、山川，以及滋生万物的四季。事实上，尤其在汉代，其他主题也包括在内，比如统治者、政治家，以及西王母之类的某些神祇的代表性形象等等。这些人物主题依次引发了其他艺术传统，不过本文囿于篇幅，对此不作探讨。

天：天体

宇宙被分为天与地。在天上，日月无疑占统治地位。从《诗经》时代一直到随后的战国与汉代的文献,都提到日月是天体现象中最基本最主要的。司马迁引述说,日月在祭坛上接受供奉。[90] 如《礼记》所言:"故天秉阳,垂日星。"[91] 我们知道,从至少公元前 5 世纪起,星辰就是人们关注的内容之一。现存墓葬中最早的例子是公元前 5 世纪晚期湖北随县曾侯乙墓中的一件衣箱（参见图 11-3）。其左右为青龙白虎,这是最早反映青龙白虎的图像之一。[92] 中央是北斗七星,四周是月亮行经的二十八宿。日月星辰出现在许多墓顶上。洛阳的汉代壁画墓广为人知,另外一个上文提到过的西汉晚期的例子则是在西安（参见图 11-9）。[93]

尽管并非所有汉代以后的主要贵族墓都有对天的描绘,且其中不少或许已遭损毁,然而仍然有充足的证据表明自汉代起,许多墓里已经使用了关于星辰的图画,甚至是星象图【图 11-14】。在汉代以后,尤其从公元 6 世纪起,具备一定复杂性的星象图出现在墓顶上；10 世纪时则出现了一些最为完整的星象图。一个详细的例子可见于王处直墓的前室（参见图 11-12）。[94] 日、月、星辰与银河装饰着拱顶,它们与四周墙壁上的生肖相结合,将前室转化为几何化的时空图表,同时也就是对于天的描绘（参见图 11-11）。[95]

虽然只有极少数这个时期的建筑留存在地面上,但是我们从早期关于绘画的文献参考,比如公元 9 世纪的《历代名画记》中,得知当时制作了许多星象、星宿的图画、图表和地图。[96] 其中一些被形容为壁画,这可以支持本文关于图像将它们所装饰的空间转化为微型宇宙的观点。在其后若干世纪中,星座可能被赋予了人物形象。然而当它们出现在宋徽宗（1101—1125 年在位）的绘画收藏目录《宣和画谱》中时,从列出的标题里我们不清楚这些绘画是类似于王处直墓墓顶那样的图式、地图,还是与该墓中的那些生肖人物一样的形象。[97]

然而,如著名的马王堆帛画所示,更为普遍的还是日、月本身的图像（参见图 11-1）。[98] 许多东汉墓以石刻表现日月（参见图 11-14）。日月图像在公元 6 世纪以来的屏风画上尤为多见,如甘肃天水的石棺床【图 11-15】。此处,两个圆盘出现在石棺床三扇石板的当中一扇上,而当权者、统治者与神祇常被表现于类似的图像之前,以表明他们的权力范围之所至。[99] 这些中国早期的屏风传承甚广,达于朝鲜和日

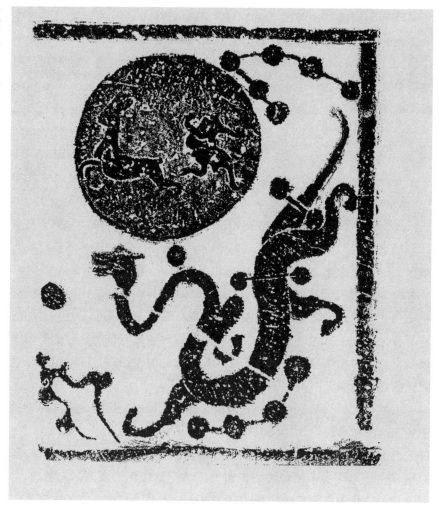

[11—14] 河南南阳画像石拓片，图上可见月亮和龙为星宿所环绕。东汉时期，公元1—2世纪。引自《南阳两汉画像石》，北京，1990年，270页。

本。在日本，至今天皇在某些仪式上仍然就座于日月图像前。

大地：山川

正如战国和汉代文献所描述的，地与天相平衡。《礼记》说："地秉阴，窍于山川。"[100] "山川"这个词在后来的文献里代指大地的最基本特征。

山通常地、也许是不可避免地被尊崇为天与地的联结。古代历史文

[11-15] 甘肃天水石棺床围屏上的图像,隋代,公元7世纪早期。引自《考古》1992年1期,46-54页,图2,3。

献《左传》(约成书于公元前5至前3世纪)简洁地指出了这点:"山岳则配天。"[101]表示方位的五岳从属于上文已经概述的系统宇宙。就像对星辰的认识一样,对山的兴趣始于古代,当时可能完全是地方性的传统,其后山岳就被纳入了方位模式。[102]无论是在甲骨文等早期文献里,还是在后来司马迁的记叙中,都有许多证据表明,各种不同的山岳崇拜在许多世纪里流行。它们之中有一些作为方位性主题的内容而被细致地安排,其他的则被纳入由秦始皇和汉武帝掌控的全国性崇拜之中。在悠久的历史时期里,更多的山岳崇拜出现,并包含于其他宗教体系之中,其中大部分是道教的,不过也包括佛教的因素。[103]

在千百年里,人们对神山一直怀有强烈的兴趣,因为不仅山峰包含在系统宇宙观的模式中,而且山岳还与人们对于神仙的深厚兴趣,对于寻找他们，甚至控制他们、成为他们中一员的努力联系在一起。山峰如此高耸，更有云雾缭绕，使人们注意到气以及成仙所必要的修炼的观念。至迟自秦始皇与汉武帝时代起，东海仙岛上的山岳便开始闻名。文献与绘画中还不断提到西方的雄伟山脉昆仑，它是著名的神仙西王母的居住地。

以山为陵，或在黄河流域平原上取山之形做成人工封土，或在中国东部石灰岩山体上凿开巨大的岩洞用于皇室家族成员的冥世生活，这些都能代替、类比那些或可遇到仙人的山岳。整座山体充当永恒居所，不仅仅服务于刘氏家族王侯，也服务于唐代帝王。其他朝代的皇陵则建于黄河平原之上，具有人造的山陵。

联结天地、同时又是神仙所居之山的最佳图画之一位于甘肃酒泉一处墓葬内（参见图11-10）。环绕主墓室的一系列山脉将天地分隔开来，一座山峰上坐着西王母，对面墙上的则是东王公（参见图11-10b、c）。从缭绕的云气中升起的是鹿、马与神灵或仙人的形象（参见图11-10d、e）。因此，山被表现为宇宙的首要组成部分，具有分隔或连接天地的显著作用，也因为连接着神仙世界而受到尊崇。

在王处直墓中，画在分隔前室与后室的墙壁上的一块屏风反映了山川风景是如何融入宇宙的图像化描绘之中的。屏风展示了群山，河流蜿蜒于山岬之间（参见图11-12）。这幅场景对绘于其上方墓顶的天象作了补充。考虑到本文提出的观点，即墓葬里的图像不仅使它们与宇宙相一致，更提供了它们所描绘的事物；具体来说，这幅风景画也许是死者的通道，攀过如许山川，最终在后室中找到永恒的、花园般的天堂乐土。

山川风景，通常与水相伴，成为绘画中最重要的主题；它也与书法一道，构成了后世中国最主要的艺术传统。[104] 山岳也出现在装饰里，尤其表现在海上，象征着仙岛。它们也常被绘于四季之中，而四季则是大地的另外一个主要特征。

山水与四季

早期形容山水的文献常常提及四季。上文提到过的《礼记》内引孔子所言:"天地不合,万物不生。"[105]哲学文献《管子》中说道:"是故阴阳者,天地之大理也,四时者,阴阳之大经也。"[106]在许多战国与汉代文献中,四季被赋予恒定的地位,或如上述,与阴阳相提并论,或与五行、天体、日夜交替相伴。

季节的正常更替对于保证丰收来说最为基本。商代甲骨文表明,在古代中国,这是一个主要的关注点。[107]自汉代起,墓葬里描绘了一年四季的各个方面:一场丰收,或是夏季树上和植物上的果实。它们被表现在壁画里、石刻上,或者是动物和井、粮仓、猪圈等农庄建筑的模型上。到了公元4至5世纪的甘肃酒泉墓里,果园的题材非常流行(参见图11-10d、e)。[108]

更加精致的带有花、鸟、兽的山水画面出现在6世纪及其后的墓葬里。这关系到我们如何理解现在被称为"花鸟画"的类型如何从表现四季的传统之中产生出来。这些后来的墓葬里常常包括屏风画,它表现墓主人处于山水之中,环绕着他的动植物是自然界的一部分,而不是食物和生存之必需品。有两个变化可能促使了这种远离日常农作的进程。第一可能是中国北方出现了外族统治者,而他们的生活方式包括在户外狩猎与宴饮。[109]第二是佛教中普遍应用花卉为主题图案。[110]绘制王处直墓的工匠们在屏风上画的是牡丹和其他春夏花卉,他们不是通过丰收与谷物、而是四季花卉来表现四季(参见图11-13)。屏风上也表现了虫和鸟。花、鸟、蝶和其他昆虫符合《吕氏春秋》和汉代文献中关于体现春夏大自然的繁忙景象的说法。[111]我们之所以知道我们对于这些繁茂花卉用于表现季节的判断是正确的,是因为相似的植物出现在11世纪辽庆陵对夏季的表现上【图11-16】。[112]在那里,四幅巨大的四季壁画围绕着中央墓室,以类似的花卉、树木、鸟兽表现出山水风景。

支持性的证据来自上文提到过的绘画文献。《益州名画录》里提到,10世纪的艺术家黄筌曾以四时花鸟绘满了四川蜀国八卦殿里的所有墙壁。[113]11世纪的郭若虚在其对著名画家的记述中,提供了无数用来代表四时之物的四季风景画、花鸟画,有时是虫、兽画的例子。[114]《宣和画谱》甚至在花鸟画一类谱录里将每位画家名下的画按季节顺序排列。所以,虽然在当今,我们习以为常地将"花鸟"视为一个独立的绘画类型,然而这些图像符合一种观点:墓葬与建筑中的花鸟画的首要目的是

[11-16] 庆陵四季山水壁画线绘图,辽代,11世纪。引自田村实造《慶陵の壁画：絵画、彫飾、陶磁》,图38。

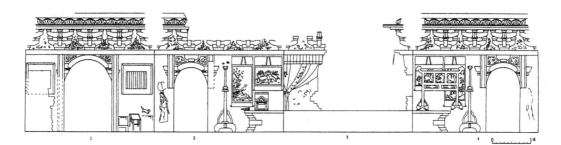

[11–17] 河南洛阳邙山宋墓，12世纪早期。内景可见绘有花鸟的屏风与卷轴画。引自《文物》1992年12月，37–51页，图11。

表现宇宙的各个方面，即四季所产生的万物。

庆陵展示的是户外的自然风光，而后期的墓葬则常常更多地描绘建筑的内部。这为我们提供了便利，得以知道现实生活中的房屋为了确保获得春夏花卉之益处，是如何装饰的。洛阳邙山宋墓就是一个例子，立轴画与屏风被表现在墓壁上描绘的其他家具背景之中【图11–17】。一些辽金墓则采用绘制的花瓶。11世纪墓葬中如此丰富的花卉图像表明，花鸟画在日常生活中广泛流行。[115]

花鸟画和装饰一直常被当作一个独立的门类，与山水画相区分。然而实际上，这两种类别都是从我们先前所说的系统宇宙中产生的。我认为，当花鸟题材被应用于室内，比如王处直墓的前室时，它与星辰、日月、生肖人物、山水屏风一同构成了宇宙。

关联宇宙观与人类社会

天地的秩序总被视为与人类社会紧密相连。周人最早提出了上天为统治提供合法性的观念。战国时期，关于上天是如何辨认出圣贤之人、圣明君主、正直之士的讨论迅速发展起来。不过，统治者不遵循正确规则的后果总是更容易被指出：

> 逆天暴物，则日月薄蚀，五星失行，四时干乖，昼冥宵光，山崩川涸，冬雷夏霜。[116]

由于对圣人与明君之定义的寻求变得更为迫切，人们就寻找具体的、有形的标志。他们在服饰与财物的节制中找到了这些，如《左传》

墓葬 | **333**

里提到的桓公：

> 衮、冕、黻、珽、带、裳、幅、舄、衡、紞、纮、綖，昭其度也。藻、率、鞞、鞛、鞶、厉、游、缨，昭其数也。火、龙、黼、黻，昭其文也。五色比象，昭其物也。[117]

公元前 3 世纪时，这种关注被赋予了和关联体系相一致的系统化形式。

《吕氏春秋》是最早强调使服饰和手工艺品与宇宙模式相一致的重要性的文献之一。它写道，孟春之月：

> 天子居青阳左个，乘鸾辂，驾苍龙，载青旗，衣青衣，服青玉，食麦与羊，其器疏以达。[118]

在《吕氏春秋》之后，《礼记·月令》和《白虎通》同样注意统治者如何着装，采用何种装饰与车马具。这表明，衣冠仪仗的风格与颜色在礼仪表演中成为了实现宇宙结构的方式。

早期文献并非总是明确地指示要穿何种服饰。事实上，在汉明帝统治期间（公元 58—75 年），绣在长袍上的图案引起了激烈的争论。皇帝要求他的龙袍上要有十二种纹章，由此引发了争议，因为《礼记》上说是五章，《周礼》上说是九章，两个数字都与前述的宇宙结构联系紧密。虽然我们不知道这些纹章是怎样的形式，然而我们看到，那些与之联系的数字都是时间与空间的基本划分，非常重要。《续汉书》以及稍后范晔（398—445）指出，十二章包括"日、月、星辰、山、龙、华虫、宗彝、藻、火、粉米、黼、黻"。[119] 从这些叙述中明显可以看出，纹章的内容与天、地以及联结天地的山岳等现象相关。另外，《后汉书》也列出了冠饰，其中有些也相似地指向宇宙的特征，比如"通天冠"和"高山冠"。

在墓葬里，人们的服饰与等级的排序反映在一系列情形下，数量让人尤为关注。有些墓里、尤其是汉墓里显示的马车数量，几乎肯定表现了等级。皇族王侯的墓里也许保存有生前所使用的车马器，而在品级较低的墓里，这些车马则以画像石或壁画的形式出现。[120] 表现宾客向墓主人致敬的画面是另一种反映地位的方式，这包括河南密县两座具有大量装饰的墓里那些带着礼物的个人，以及更晚时期的山东沂南汉墓里的跪像。[121] 在公元 6 到 8 世纪的壁画墓里，列队站立或骑马的侍从们同样体现了地位，架上成排的武器也是如此。在相对低调的墓葬，比如王处直墓中，在通往主墓室的一个侧龛里放置的官帽表明了墓主的身份等级。[122] 在所有这些情况下，表现等级是宇宙秩序的一部分。

数量与等级是关联宇宙观的基本构成之一，其他方面则通过把人类与自然界关联起来而构造。与上文所述对于花鸟的关注相一致，我们发现，花鸟据称曾在早期中国历史上对服饰起过重要作用。蔡涵墨（Charles Hartman）提出："《左传》在记载公元前 525 年时说到，传说中的君主'少皞'以鸟类命名政府官员。"[123] 一些文献记录说，鸟类可能曾被作为纹章用以标示官阶。在公元 7 世纪一场关于官卿的服章的讨论中，杨炯（650—约 694）认为鹰可以辨祥刑之职。[124]

天、地、人的密切关联也反映在其他相关词汇里。许多类比都用来联系人类与自然界。许多战国时期的文献里都有山与圣人的类比。这种联想来自于将山作为圣贤的背景。其中一个例子出自王处直墓，他的墓志铭及志盖被放在绘有山水风景的屏风的正前方（参见图 11 - 12）。王处直其人通过其墓志铭与头衔而表现在此处，而他的地位则通过与其身后山岳的对比而进一步得到提升。

其他常用的与花鸟相关的类比源自古代诗歌汇编《诗经》与《楚辞》。[125] 其中许多例子都将人间的事物和品质与对自然界的描述相类比。[126] 这种类比和暗喻中最多的一种就是四季花鸟。牡丹作为繁盛、饱满的夏季花卉被选作类比等级之高贵与财产之富足。梅花开于冬春之交，以其时令性的角色而被用来象征文人和官员面对困难时的品德。[127] 同理，庆陵里明显出现在秋冬场景中的松树是智慧与长寿的象征。[128] 正如蔡涵墨和毕嘉珍（Maggie Bickford）所指出的，这些类比在文学作品的网络之中发展起来并被不断复杂化，这些作品采纳了天、地、人紧密相连的观点。

这些类比影响巨大，正是因为它们采用了由普遍接受的宇宙观赋予价值和重要性的那些自然现象。而且，它们由一系列关联所支持，而这些关联的基础则是宇宙是一个完整的整体。类比大大丰富了星辰、山川、动物、花鸟等以上探讨过的所有要素的意义与联想。[129] 这个密集的意义系统是保证它们几百年来作为绘画与装饰的主题而持续发展的条件之一。

预兆与吉祥

与前述天象、地象这些固定的种类相伴，还有更多无常而多样的宇宙特征可以表现出来，如彩云、彗星与流星、不期而遇的行星会合、有翼的异兽，或者是自然界的模式里不同寻常的颜色或变异。龙大概是这些现象中最为重要的，本文先前就提到过若干世纪以来它通过其画像所发挥的威力。这些出乎意料的现象都要被仔细观察和记录下来，由此方能识别天意。古代中国人发展出了不同流派的理论，解释上天所作回应的征兆，即当时所称的"祥瑞"或"瑞应"。

《汉书》记载的一首宫廷诗里描写了一匹表示上天认可的天马。[130] 东汉山东武梁祠的屋顶石板上也有瑞应之图。[131] 许多汉代及其后的墓里出现了其他异兽。如果像本文先前所提出的，墓室提供了它所描绘的事物，那么，只有当这些异兽被认为是祥瑞时，它们才会被包含进来。许多动物都有长角，大概是因为长角暗示了它们驱赶恶鬼的能力。[132]

吉兆被描绘在前述酒泉墓里那些栩栩如生的图像中。酒泉墓中的天马和鹿是引人瞩目的例子，它们出现在地上缭绕的云气之中，由此可以判断出，它们来自天上（图11-10d、e）。[133] 祥云也出现在前述的其他许多墓里。西安西汉墓里的一个蓝线图案或许表现了吉祥的云气（图11-9），在酒泉墓里它们还有着形象的红色勾边。云和动物自然而然地被结合在装饰之中。[134]

瑞兽中最明显的一个例子是鹤。云鹤图案出现在许多墓顶绘画中，如前述王处直墓的墙壁上部（参见图11-13）。这些例子肯定不是年代最早的。相似的设计出现在8世纪早期永泰公主墓的墓室顶部。[135] 甚至在西安西汉晚期墓的墓顶上也能辨别出它们，尽管本文所附的图样没有将其复制出来。[136] 仙鹤也出现在唐墓的花园背景中。其他例子可见于北京附近的宣化辽墓里【图11-18】。[137]

[11-18] 河北宣化张匡正(卒于1058年)之墓,后室西壁绘有鹤、竹与可能是梅花的花卉。引自《宣化辽墓》,北京,2001年,图版15。

这些优雅的鸟儿也被描绘在卷轴画与屏风上，作为对瑞应的记录，比如据传为宋徽宗（1101—1125年在位）所作的《瑞鹤图》。这幅名作记录了宫殿建筑之上的瑞鹤。如果我们根据本文的观点，认为绘画具有它所描绘的主题的功用，那么这幅画就像真的鹤一样，具有带来吉祥的作用。[138] 如此永久保存之后，某一次的现象就能被反复使用了。

11至12世纪河南登封墓中的云鹤图正符合本文此处提出的观点，即在墓葬和建筑中通过描绘事物的图像以期在未来获得好的结果；在该例中指的则是在冥世的未来【图11-19a】。两幅鹤图【图11-19b】与一幅孔雀图伴随着另外两幅人物画。其中一幅描绘一名牵牛人正向瀑布前悬崖上坐着的世外高人走去。另一幅画的是牵牛人腾空而起，像是被一股强风所承托【图11-19c】。我们不清楚这两者中究竟谁代表墓主人，但其传达的信息很明显：在远离世俗的山水之间适时地冥想，这样的际遇将使墓主人与神仙相遇，或者最终成仙。[139] 从汉代文献和铜镜铭文里我们知道，仙人能够乘风而去。[140] 这个墓也使人想到酒泉墓里那个乘风而起的人物形象（参见图11-10d）。擅道者通常被统称为道士，他们立志成仙，并且通过遵循一整套修行和饮食的方法而升空成仙。在此情景下，仙鹤可能是用于鼓励并实现其他两幅画中所希望与许诺的结果。在这里我们看到，对成仙的关注仍然以这种方式与来自系统宇宙某些方面的图像结合在一起。

对美好前景的寻求同样体现于文字之中。表示吉祥祝愿的汉字从汉代或更早时便出现在檐头瓦当上。这也有不少是文字游戏。美好的祝愿能被嵌入图案中，而这要依赖于观者对文字游戏的理解。如白谦慎所言，它有两种主要表现方式。[141] 一种是谐音，比如念作"蝠"的"蝙蝠"图案用于装饰长袍和瓷器，以保证同样念作"福"的"幸福"。[142] 白谦慎讨论过几个汉代的例子，包括一枚刻成三只山羊形状的印章。这个图案可以读作"三羊"，白谦慎将其解释为与成语"三阳交泰"相关，同音字"羊"此处指代的是"阳"这种本原或力量。[143]

人们喜用的谐音都与自然界动物相关，它发展了前文说过的、已经在四季绘画和装饰中建立起来的那些种类。[144] 还有一种文字游戏，譬如表现为描绘动物、花卉或花鸟的组合，其联想复杂，通常依赖于长久的文学传统。蔡涵墨在对金雉的讨论中提供了一则优美的例子，并描述

[11-19] 河南登封一处墓葬的墓室内景，宋金时期，12世纪。中间三幅为花鸟画，而两侧两幅描绘了两位男子相会在山水之间的景象。其他绘画则以颇为不同的比例表现了侍从。引自《文物》1994年10期，4-9页，图3。
a. 壁画。
b. 鹤竹图。
c. 一位男子乘风而起，仿佛成仙。

了为雉鸡与坚贞不渝的关联提供依据的文献。[145] 因此，对吉兆与吉祥意象的兴趣为绘画与图案的主题发展又增添了新的层次。

结　　论

本文所证明的中心假设是，古代中国人的思想框架与其物质的、人造的世界之间可以建立起紧密的联系。该观点是通过对一系列领域的讨论发展而来的。首先，思想与物质之间的联系通过对比以下两种观念而得到论证，其中一种相信宇宙由神灵和祖先控制，通过以精美的青铜器献祭而与之沟通，另一种则相信宇宙是系统化的或相互关联的，墓葬和建筑里的模型与图像表现了其框架。视觉世界里的这种变化是与公元前4世纪起关联宇宙观的发展相吻合的。这种转变对于所有汉代及汉代以后的物质文化起着主要作用。

支持这种宇宙观的思想的力量，通过对汉代及其以后墓葬中一些反复出现的图像主题的研究而得到证实。这些图像主题包括天体、山川、河流与四季花鸟。它们在墓葬里保存了下来，而建筑里的绘画则只能从公元6到12世纪记述画家作品的文献中得知。无论如何，这些文献强化了以下观点，即宇宙的框架在决定某些主要的绘画传统主题上有着相当的重要性。宇宙观的作用还进一步体现在文献描述为显示天意的动物和现象上，比如龙、带角兽、云雾、灵芝等。

本文采用了以下观点：至少到北宋早期，为生者和死者所采用的壁画和屏风画是模仿宇宙的计划的一部分，并由此创造出与宇宙相一致的吉祥空间。对保持适合的图像的关注，早在秦代便已开始，并持续到12世纪。就像公元前3世纪的《吕氏春秋》描述了每月适宜的旌旗与用品一样，在很久以后的明代（1368—1644），文震亨列出了每月和每年各个节日所适宜的绘画主题。[146]

绘画的主题同样提供了类比和暗喻。皇帝经常出现在绘龙的屏风前，以强调他的权力。[147] 人们认为图像创造了吉祥场景，而不仅仅是描摹原物，是宇宙观的力量的又一例证。与此相似，在相同的图像基础上发展起来的类比同样符合如下观点，即选择主题的基础是此处描述的关联宇宙观。

关注关联宇宙观的更进一步例子是相同的图像在多种装饰上的广泛发展。在建筑装饰方面，这些主题作为常见图案，汇编在宋代的建筑手册《营造法式》里【图11-20】；在服制方面，它们出现在皇帝、官员和宗教人物的长袍上。在这两方面我们可以找到相同的常用主题，如颜色、天体、[148]四方神兽、各种类型的瑞兽，以及四季花鸟。[149]山岳也出现在图表和字符中，它们或者是方位性的圣山，或者是波涛汹涌的大海之上的仙岛仙山。

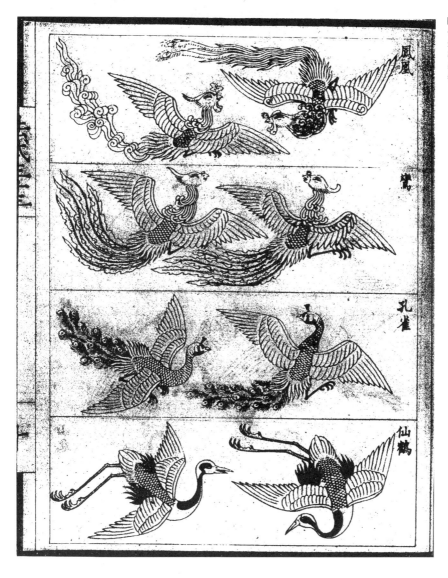

[11-20a] 宋代建筑手册《营造法式》的近代摹本，可见花卉装饰及各种动物。

墓葬 | 341

[11-20b] 宋代建筑手册《营造法式》的近代摹本,可见花卉装饰及各种动物。

如果这样来看,那些我们称为"装饰"的图案,就可以被视为可见的符号,它们在长时期内被用于表现支撑古代与中古中国人理解世界的观念体系。比如,服章上的日、鸟、波涛和群山等各种图案并不是随机组合的构图,而是精心设计的图样,以使他们的拥有者与作为一个整体的宇宙关联起来。同一个主题可以表现在精致的绘画上,或是华丽长袍的刺绣上,又或是作为青彩相对粗略地绘于瓷器上。因此,绘画、纺织品与装饰性瓷器同属一个统一体。当然,在不同的媒介与独立的背景之下,同一个主题自然会产生不同的处理方式、程度以及独特的联想。[150]事实上,"鹤"这个主题是一个主要的例子,它说明了被认为是"艺术"的绘画和被认为是"装饰"的刺绣如何同属于一个整体视觉传统。[151]

古代中国所体现的这些特征,也同样适用于古代与中世纪的地中海世界。在那里,神祇的雕像以及惯常安置这些雕像的建筑都为圣餐杯、圣骨匣等礼仪用品以及布道坛、教堂长凳这些中世纪教堂里的宗教装饰提供了范例。[152]同样地,在后来的若干世纪中,各种各样的形象主题与造型装饰了世俗的建筑、家具和手工艺品,比如烛台和咖啡壶。[153]我们把这些细节叫做"装饰",并且漠视它们。然而,装饰与重要的宗教和政治作品的一致性,似乎是一个自我维持的视觉系统的必要条件;也许用中国的术语来说,也是维持一个和谐社会的必要条件。

在地中海世界,这种一致性也是由高度统一、系统化的、与思想体系相联系的一整套主题图案提供的。无论是在地中海地区还是在中国,艺术与装饰中相互关联的主题,都与社会的架构方式、表现方式,以及人们所居住的宇宙构成为一个整体。这种中国与地中海地区之间的相似性进一步支持了本文提出的观点。

(陈莘 译)

〔1〕本文首段提到的"本书"指的是本文的原发表地:*Bulletin of the Museum of Far Eastern Antiquities,* no.72, Stockholm, 2000. 作者对罗伯特·哈密士(Robert Hamish)、雷德侯(Lothar Ledderose)、孟久丽(Julia Murray)和普鸣(Michael Puett)的意见表示感谢。

〔2〕将"中国"和"中国人"这些术语用于指代汉以前的时期,并非十分合适。在本讨论中,这些术语用以指代那些统治阶层的书面语言为汉语的地区。

〔3〕索安(Anna Seidel)著有一篇利用墓葬里的文献材料并涉及手工艺品的开拓性论文,参见:Anna Seidel, "Traces of Han Religion in Funeral Texts Found in Tombs,"见秋月观暎编:《道教と宗教文化》,东京,1987年,21—57页。

〔4〕导致关联宇宙观的各种不同源流已经在本文导言部分由其他作者完整地讨论过了。

〔5〕普鸣描述了战国时期人们将宇宙的起源归结于某个神祇或灵魂的尝试,参见: Michael Puett,

To Become a God: Cosmology, Sacrifice and Self—Divinization in Early China, Cambridge, 2002, pp.160-170. 世界是由盘古变形而来的这种说法，不仅出现于关联宇宙观之后，而且从未对本文所描述的总体结构产生深刻的影响。关于古代创世故事之不同起源的综述，见 Anne Birrell（白安妮）, *Chinese Mythology: An Introduction*, Baltimore and London, 1993, pp.29-33.

[6] 有一种假设认为，所有文化的视觉系统都与该文化对宇宙的种种设想紧密相关，并因此与其宗教和哲学观念相联系。本文对此暂不作更多讨论。

[7] 我给出了相对保守的时间，主要提及有文献记载的时期。参见：David Keightley, *The Ancestral Landscape: Time, Space, and Community in Late Shang China (ca. 1200—1045 B.C.)*, Berkeley, 2000; "Shamanism, Death, and the Ancestors: Religious Mediation in Neolithic and Shang China (ca. 5000—1000 B.C.)," *Asiatische Studien* 52.3, 1998, pp.763-831; "The Religious Commitment: Shang Theology and the Genesis of Chinese Political Culture," *History of Religions* 17.3/4, Feb-May 1978, pp.211-225; 另外见注 5，Michael Puett, *To Become a God*, pp.40-54.

[8] Michael Puett, *To Become a God*, pp.54-79.

[9] Arthur Waley, *The Book of Songs*, London, 1937, pp. 207-211.

[10] Michael Puett, *To Become a God,* Chapter 2. 另外参阅：Donald Harper, "Warring States Natural Philosophy and Occult Thought," in Michael Loewe and Edward L. Shaughnessy eds., *The Cambridge History of Ancient China, From the Origins of Civilization to 221 B.C.*, pp.813-884; Aihe Wang, *Cosmology and Political Culture in Early China*, Cambridge, 2000.

[11] Mark Lewis, *Sanctioned Violence in Early China*, Albany, 1990.

[12] 除了上文提及的资料以外，还可参见：Sarah Queen, *From Chronicle to Canon: The Hermeneutics of the Spring and Autumn Annals, According to Tung Chung-shu*, Cambridge, 1996; John Henderson, *The Development and Decline of Chinese Cosmology*, New York, 1984; A. C. Graham, *Disputers of the Tao: Philosophical Argument in Ancient China*, La Salle, Illinois, 1989, pt.4; John S. Major, *Heaven and Earth in Early Han Thought: Chapters Three, Four, and Five of the Huainanzi*, Albany, 1993; 见注 10，Donald Harper, "Warring States Natural Philosophy and Occult Thought".

[13] 近来郭店竹简的发现为阐明太一的作用提供了重要的材料，见 Michael Puett, *To Become a God*, pp.160-161.

[14] 其他类型的证据证明，神灵的观念与系统宇宙观同时存在，如近来战国和汉代墓葬中出土的、提供日书中历法信息的文书中所示。参见：Mu-chou Poo, *In Search of Personal Welfare: A View of Ancient Chinese Religion*, Albany, 1998, pp.84-92. 该书的中译本见：蒲慕洲：《追寻一己之福——中国古代的信仰世界》，上海，2007 年。

[15] 情况有可能是，中国大地上不同地区之间越来越多的相互交流，使那些并非统治阶级祖先的神灵也增加了重要性。由此看来有必要考虑这些神灵如何被纳入到宇宙的视角之中。例如见参关于太一的讨论，参见：Li Ling（李零）, "An Archaeological Study of *Taiyi* (Grand One) Worship," *Early Medieval China* 2, 1995—1996, pp.1-39. 李零所引用的最近的考古证据表明，太一是一位流行于中国南方的神祇，被朝廷纳入了星辰之神的官方系统。

［16］这个争论本身说明，许多概念是共享的。"神灵可能控制宇宙"这一观点本身暗示了"他们可能没有控制宇宙"。由此看来，系统宇宙是讨论的基础。亦可参见：Nathan Sivin, "The Myth of the Naturalists," in *Medicine, Philosophy and Religion in Ancient China,* Aldershot, 1995, Section 4.

［17］Burton Watson（华兹生）trans., *Records of the Grand Historian of China Translated from the Shih chi of Ssu-ma Ch'ien,* New York and London, 1961, vol.2, pp.28-31. 另外见：班固：《汉书》，北京，1970 年，《郊祀志》，卷二五。

［18］《淮南子》是关于昆仑的重要来源，见注 12，John S. Major, *Heaven and Earth in Early Han Thought,* pp.150-161. 对蓬莱的兴趣很可能起源于山东本地的关注，而后更加广泛地被汉语世界所采用，见注 17，Burton Watson trans., *Records of the Grand Historian of China,* vol.2, p.39.

［19］关于封禅祭祀，见 Burton Watson trans., *Records of the Grand Historian of China,* vol.2, pp.13-69. 关于秦始皇的生平，见 Burton Watson trans., *Records of the Grand Historian: Qin Dynasty*, Hong Kong and New York, 1993, pp.35-83.

［20］这些术语和观点，在现存的大部分所谓"经典"，如《易经》、《左传》、《荀子》、《管子》，以及《吕氏春秋》、《淮南子》、《白虎通》和董仲舒的《春秋繁露》等秦汉文献中相当普遍。然而需要注意的是，《荀子》里的《五行》很可能指的是五种德行。

［21］参见本书收录的另一篇文章《战国及秦汉时期的礼器变化》，该文描述了遗址及其内容，详细讨论了此处概括的观点。

［22］在最高等级的墓葬里，青铜器也被用作炉灶上的圆形炊器，有关满城刘胜墓报告，见河北省博物馆文物管理处等：《满城汉墓发掘报告》，北京，1980 年，卷 1，54—58 页。

［23］Susan Erickson, "Boshanlu—Mountain Censers of the Western Han Period: A Typological and Iconological Analysis," *Archives of Asian Art* 45, 1992, pp.6-28.

［24］Michael Loewe（鲁惟一），*Ways to Paradise: The Chinese Quest for Immortality,* London, 1979, pp.198-201.

［25］这些漆器样式曾被青铜器和玉器所复制，见注 21。

［26］关于西汉时期供有漆器的南方墓葬，参见：Margarete Prüch, *Die Lacke der Westlichen Han—Zeit* (206 v.—6 n. Ch.), Frankfurt, 1997. 有些墓里提供的并非实物，而是画像。这两者无疑与地上祭祀结合在一起，确保了永恒的食物供应。

［27］对漆器的强调似乎表明了以下趋势，即接受了楚国的风俗和做法，也许还包括了来自盛产漆树、有着众多漆器作坊的四川地区的产品。关于汉代手工艺品来源于哪些地区的探讨，参见本书收录的《西汉的永恒宫殿——新宇宙观的发展》一文。

［28］罕见地表现供奉场景的山东东汉画像石上，也描绘了漆器，或者是由其他材料制作、但采用了漆器形制的器具。对这些例子的描述与讨论，同注 21，尤其是图 3。

［29］较后期编纂的文献材料比如《礼记》提出，棺椁的数量即是等级的标志，参见：James Legge（理雅各），*The Sacred Books of China. The Texts of Confucianism: The Li Ki*; Max Müller ed., *The Sacred Books of the East,* vols.xxvii-xxviii, Oxford, 1885, xxvii, pp.158-159.

［30］以西安墓葬为例，见韩保全、程林泉、韩国河编：《西安龙首原汉墓》，西安，1999 年。

[31] 关于南方墓葬的讨论，见 Wu Hung（巫鸿），"The Art and Architecture of the Warring States Period," in Loewe and Shaughnessy eds., *The Cambridge History of Ancient China*, pp.651-744.

[32] 许多地区在西汉时期继续使用竖穴墓，而贵族们，尤其是刘氏家族，看来很早就采纳了新的墓葬形制，并建立起一种时尚，随即传遍社会。其他促使汉墓设计创新的因素很可能来自发展于统一前秦国地区的某些墓葬方式。罗泰特别着重于秦的贡献，参如：Lothar von Falkenhausen, "Mortuary Behavior in Pre-Imperial Qin: A Religious Interpretation," in John Lagerwey ed., *Chinese Religion and Society*, Hong Kong, 2004, vol.1, pp.109-172. 罗泰尤为强调的是地下墓穴，这固然对中国东部有着一定影响，然而这显然决不是促成创造出具有不同功能的多室墓的主要因素。秦对其后墓葬的最重要贡献就是使用了谷仓和炉灶的陶制模型，并且借鉴了汉语世界以西地区的种种做法。另见 Robert L. Thorp（杜朴），"The Mortuary Art and Architecture of Early Imperial China," unpublished doctoral dissertation, University of Kansas, 1979, p.44.

[33] 这些墓葬资料中只有少数已发表。参见：《考古学报》1997年2期，36—46页；《文物》1988年2期，2—18转68页；《考古》1986年12期，1—16页；《文物》1998年8期，4—33页。

[34] 关于这些墓葬的讨论与参考文献，见注27。

[35] 迄今大部出土玉衣均出自刘氏家族成员墓或朝中重要成员墓。由于司马迁记录了几百人，故而原先很可能有大量凿山而建、向墓主人提供玉衣的墓葬。根据《汉书》、《后汉书》得出的刘氏家族成员表，见 Cheng-sheng Lin（林政昇），"Han Burial Jades: the Role of Jade in Han Dynasty Tombs (206 BC—AD 220)," unpublished doctoral dissertation, University of Oxford, 2002, vol.2, Appendix 2.

[36] James Lin, "Jade Suits and Iron Armour," *East Asia Journal: Studies in Material Culture* 1.2, 2003, pp.20-43.

[37] 见河北省博物馆文物管理处等：《满城汉墓发掘报告》。

[38] 墓中包括厕所，这是表明该墓是用于居住的证据之一。见 Li Yinde, "The Underground Palace of a Chu Prince at Beidongshan," *Orientations* 21, no. 10, October 1990, p.57, fig.1.

[39] 见注3引用的索安的文章，以及 Mu-chou Poo, *In Search of Personal Welfare*, Chapter 4.

[40] 从医学角度探讨，见 Donald Harper, "Warring States Natural Philosophy and Occult Thought," pp.874-883. 从哲学角度，见 Michael Puett, *To Become a God*, pp.109-121.

[41] 《考古》1991年8期，713—721页。

[42] Wu Hung, "Beyond the 'Great Boundary': Funerary Narratives in the Cangshan Tomb," in John Hay ed., *Boundaries in China*, London, 1994, pp.81-104, esp.96-97.

[43] 这是普鸣的研究中最主要的贡献之一，见 Michael Puett, *To Become a God*, pp.287-323.

[44] 普鸣认为，在汉代哲学家的思想中，神灵不再具有独立性，而是遵循宇宙而移动。见 *To Become a God*, pp.283-284.

[45] 参阅：K. E. Brashier, "The Spirit Lord of Baishi Mountain: Feeding the Deities or Heeding the *Yinyang*?" *Early China* 26-27, 2001—2002, pp.159-231.

[46] 同样的问题也出现在现代世界，例如在涉及基于科学理论的信息的时候。参阅：Edward Tufte,

Envisioning Information, Cheshire, 1990.

〔47〕此处我使用"视觉系统"(visual system)一词，因为我的讨论中包含了人物雕塑与绘画，虽然它们传统上通称为"艺术"，然而实际上，人物图像与它们的建筑背景形成的是一个整体化的构成。

〔48〕关于具有人类特征的神祇持续存在的讨论，见 Robert Hinde, *Why Gods Persist: A Scientific Approach to Religion,* London and New York, 1998, Chapter 6.

〔49〕Byron Shafer ed., *Religion in Ancient Egypt: Gods, Myths, and Personal Practice,* Ithaca and London, 1991, pp.33-35.

〔50〕对于由反映这些关系的图像所唤起的情感的讨论，见 David Freedberg, *The Power of Images: Studies in the History and Theory of Response,* Chicago and London, 1989, pp.166-171. 如此情感证明了人类具有通过神祇的图像而与之沟通的能力。

〔51〕Brigitte Kurmann-Schwarz and Peter Kurmann, *Chartres, La cathédrale,* Thomas de Kayser trans., Auxerre, 2001, pp.358-359.

〔52〕许多世纪以来，基督教在此处已经提到的社会结构上加入了侍从和军队。神祇的作用与性格通过以语言和图像描绘神祇及其信徒的方式明确表达出来。神祇的个人传说也有助于形成复杂的象征符号，从雅典娜的盾牌到基督的十字架均如此。这种显而易见来自于普遍经验的方法为地中海周围许多地区提供了一套共享的系统，而这样做的其中一个好处就是一个已有的系统能被采纳而套用到一个新的宗教，或者是同一宗教内的新的教派上去。此外，这种与神祇构成关联的简单方式可以进一步繁衍发展，使得同一社会里的不同信众群体可以对基本架构加以改编，以适应他们自己的需要。

〔53〕神庙里以人物形象与建筑特征进行装饰的手法被推广到宫殿中，又从最高等级的贵族传递到社会底层，它们不仅装饰了建筑，还装饰了欧洲大部分地区其他种类的手工艺品。

〔54〕草叶纹图案最初应用于这些建筑之上，随即被采用于装饰珠宝、宗教用具、皇冠和礼服。对于草叶纹的研究，参见：Alois Riegl, *Problems of Style: Foundations for a History of Ornament,* Evelyn Kain trans., Princeton, 1992.

〔55〕Jessica Rawson, *Chinese Ornament: the Lotus and the Dragon,* London, 1984. 该书说明了伊斯兰世界和后来西欧所谓的写实花卉图案归根结底是如何来自中国的。

〔56〕青铜容器里的供奉只献给祖先。

〔57〕与商和西周同时期的神灵或祖先的图像存在于那些制造了四川广汉三星堆青铜器的人群之中。参见：Robert Bagley(贝格利) ed., *Ancient Sichuan: Treasures from a Lost Civilization,* Seattle and Princeton, 2001, pp.59-151.

〔58〕Mu-chou Poo, *In Search of Personal Welfare,* pp.103-121. 他描述了对原初宇宙各方面的官方崇拜和向一系列神灵献祭的结合。司马迁的《史记·封禅书》多次提到根据五方系统供奉五色祭品的情况。关于五帝的祭坛，见 Burton Watson trans., *Records of the Grand Historian of China,* vol.2, p.35.

〔59〕汉代以后人们绘制神灵，由此发展出的描绘神灵的技巧支持了描绘佛道二教众神的悠久传统。

然而，其最主要的推动力是伴随着佛教的传入而来自我们所说的"中国"以外的地区，因而本文不作讨论。

〔60〕Burton Watson trans., *Records of the Grand Historian: Qin Dynasty*, pp.45, 56.

〔61〕《史记》，北京，1969 年，卷 1，265 页。Burton Watson trans., *Records of the Grand Historian: Qin Dynasty*, p.63. 该英文翻译已经经过修正，去掉了原文不存在的，如"复制品"（replica）这类的用词。

〔62〕近几十年来大量的发掘已经展示出，整个陵区的作用是为皇帝创造与提供一个完整的冥世世界。最新发现的是一处行政官署，见《文物》2003 年 3 期，4—31 页。

〔63〕这些重要的观察是由雷德侯首先提出的，参见：Lothar Ledderose, *Ten Thousand Things, Module and Mass Production in Chinese Art*, Princeton, 2000, Chapter 3. 此外，司马迁的《史记》里说得很明白，图像会成为它所描绘的物体。例如，司马迁将秦始皇陵的地上陵冢描述为山。见 Burton Watson trans., *Records of the Grand Historian: Qin Dynasty*, p.64. 在这段话里，关键词是"象"，见 Willard Peterson（裴德生），"Making Connections: 'Commentary on the Attached Verbalizations' of the *Book of Changes*," *Harvard Journal of Asiatic Studies* 42.1, 1982, pp.67-116. 对于这个词与墓葬中绘画和模型之关联的完整讨论，参见本书收录的《图像的力量——秦始皇的模型宇宙及其影响》一文。对于汉代以后墓葬中图像的讨论，见 Jessica Rawson, "Creating Universe: Cultural Exchange as Seen in Tombs in Northern China between the Han and Tang Periods," in Wu Hung ed., *Between Han and Tang: Cultural and Artistic Interactions in a Transformative Period*, Beijing, 2001, pp.113-149. 正如上文所述，图像的一个重要方面就是它们应该像所描绘的物体一般发挥功效。司马迁记述了一则方士少翁对汉武帝的建议，说是如果武帝想要吸引神灵，应该将神灵的图像饰于衣服上。见 Burton Watson trans., *Records of the Grand Historian of China*, vol.2, pp.41-42.

〔64〕Glen Dudbridge（杜德桥），*Religious Experience and Lay Society in T'ang Society: A Reading of Tai Fu's Kuang-I chi*, Cambridge, 1995, appendix, nos. 4, 11, 119, 138, 158, 159, 161, 169.

〔65〕Alfred Forke, *Lun-heng, Philosophical Essays of Wang Ch'ung*, New York, 1962, vol.2, p.352.

〔66〕Michael Loewe, *Divination, Mythology and Monarchy in Han China*, Cambridge, 1994, Chapter 7.

〔67〕Kiyohiko Munakata（宗像清彦），"The Concepts of *Lei* and *Kan-lei* in Early Chinese Art Theory," in Susan Bush and Christian Murck eds., *Theories of the Arts in China*, Princeton, 1983, pp.105-131.

〔68〕黄休复：《益州名画录》，见于安澜编：《画史丛书》，上海，1963 年，25—26 页。

〔69〕写实的图像并不局限于墓葬里，在生者的绘画中也大受推崇，屡屡论及。10 世纪的西蜀画家黄筌常常被提及。他画的鹤是如此栩栩如生，以至于真的鹤也飞来观看。据说，他画的雉鸡还多次被老鹰扑袭。见上注，黄休复：《益州名画录》，册 6，13—14 页。图像的力量还延伸到超自然领域。蜀王梦遇魂灵，魂灵让他驻其足，于是王命人作此魂灵的绘像，像上画着残足，以修补之。魂灵即入王之梦谢过。王受惊，忙命人将画像毁去。见黄休复：《益州名画录》，册 6，卷 2，19 页。

〔70〕图像对所有民族都有着强大的影响力。它使抽象、不可见的存在成为可见的，从而使人类得

以与之沟通的方法之一。在古代地中海地区人民及其继承者的庙宇里，神人同形的图像被尊崇为人神沟通之地。就如一些学者论证的那样，许多情况下人并不区分神及其图像。关于该讨论的主要著作为：Hans Belting, *Likeness and Presence: A History of the Image before the Era of Art*, E. Jephcott trans., Chicago and London, 1994; Susan Verdi Webster, *Art and Ritual in Golden-Age Spain: Sevillian Confraternities and the Processional Sculpture of Holy Week*, Princeton, 1998, pp.186-187. 图像里的神被认为是有效的，然而，无论是古代哲学家们，尤其是柏拉图，抑或是基督教神学家们，都反复抨击这个观点。

[71] 世界的景象包括了四方，这可能是甲骨文中所反映的商代宇宙观的一方面，见 Aihe Wang, *Cosmology and Political Culture in Early China*, Chapter 2. 商向四方之风献祭的祭仪也有所记载，见胡厚宣：《甲骨文四方风名考证》，见《甲骨学商史论丛初集》，成都，1944年，369—381页。四方的概念在战国时代得到详尽阐述，后来又加入了"中央"，成为完整的五方。早在商代，以十天干与十二地支划分时空的方法已存在。关于将十二地支转化为星座，以及它们的表现形式的相关讨论，参见：Judy Chungwa Ho, "The Twelve Calendrical Animals in Tang tombs," in George Kuwayama ed., *Ancient Mortuary Traditions of China: Papers on Chinese Ceramic Funerary Sculptures*, Los Angeles, 1991, pp.60-83.

[72] John Major, "The Five Phases, Magic Squares and Schematic Cosmography," in Henry Rosemont ed., *Explorations in Early Chinese Cosmology, Journal of the American Academy of Religion*, Thematic Studies, 50/2, 1984, pp.133-166.

[73] 在关于空间的概念上，我借鉴了陆威仪即将出版的新书中的观点。关于提及《诗经》和《尚书》，我则吸收了柯马丁的观点。参见：Martin Kern, *The Stele Inscriptions of Ch'in Shih-huang: Text and Ritual in Early Chinese Imperial Representation*, American Oriental Series, vol.85, New Haven, 2000, pp.79, 116-118.

[74] 宇宙的地图、图表可以使万物都能被明确标识，其后图表被引申至标示更为抽象的概念，比如反映人的品质。事实上，《管子》(成书于汉代，然而含有早期的材料) 认为明君的行为能被几何化地定位于人类行为的图表之中："举发以礼，时礼必得。和好不基，贵贱无司，事变日至。此居于图东方方外。" 参见：W. Allen Rickett, *Guanzi: Political, Economic, and Philosophical Essays from Early China, A Study and Translation*, Princeton, 1985, 1998, vol.1, pp.176-177.

[75] 引自《白虎通·辟雍篇》。见 Tjan Tjoe Som (曾珠森), *Po Hu T'ung: the Comprehensive Discussions in the White Tiger Hall*, Leiden, 1952, p.488.

[76] David Knechtges (康达维) trans., *Wenxuan, or Selections of Refined Literature by Xiao Tong*, Princeton, 1987, vol.2, pp.74-114; Lothar Ledderose, "The Earthly Paradise: Religious Elements in Chinese Landscape Art," in Susan Bush and Christian Murck eds., *Theories of the Arts in China*, Princeton, 1983, pp.165-183. 该文为讨论展现了部分宇宙的苑囿园林提供了基础。

[77] David Knechtges trans., *Wenxuan, or Selections of Refined Literature by Xiao Tong*, vol.2, p.269.

[78] 李零：《中国方术考》，北京，2001年，卷1，89—176页。该书讨论了一系列广泛材料，包括所谓的式图、楚帛书，以及若干文献记录。

[79] 见《文物》2000 年 3 期，75—84 页，图 3—4。明堂当然已不再是皇家宫殿的典范。然而，北京紫禁城的布局为日坛于东，月坛于西，天坛于南，地坛于北，这反映出后期宇宙化图表再次被选用，以恰如其分地确定皇帝的位置。

[80] Donald Harper, "Warring States Natural Philosophy and Occult Thought," p.851.

[81] 同上注，p.837. 另外参见：Marc Kalinowski, "The Xingde Texts from Mawangdui," Phyllis Brooks trans., *Early China* 23-24, 1998—1999, pp.125-202.

[82] Michael Loewe, *Ways to Paradise*, pp.83-84, 192-203.

[83] 对照参见：Schuyler Cammann, "The 'TLV' Pattern on Cosmic Mirrors of the Han Dynasty," *Journal of the American Oriental Society* 68, 1948, pp.159-167; Michael Loewe, *Ways to Paradise*, pp.60-85. 还有一种相当不同的说法，见 Lan-ying Tseng（曾蓝莹），"Picturing Heaven: Image and Knowledge in Han China," unpublished doctoral thesis, Harvard University, 2001, Chapter 1.

[84] 例如江苏扬州平山养殖场 1 号墓，见《文物》1987 年 1 期，26—36 页。

[85] 赵超：《式、穹窿顶墓室与覆斗形墓志——兼谈古代墓葬中"象天地"的思想》，《文物》1999 年 5 期，72—82 页。

[86] 见本书收录笔者《图像的力量——秦始皇的模型宇宙及其影响》一文，该文讨论了墓葬模仿宇宙的作用，以及"图"的含义。

[87] 河南密县两处汉墓是发展完备的东汉墓的范例，见河南省文物研究所：《密县打虎亭汉墓》，北京，1993 年。在 2 号墓里，天空以莲花图案和绘制的仿木结构相交替来体现，敦煌也以此表示天顶。

[88] 陕西省考古研究所等：《西安交通大学西汉壁画墓》，西安，1991 年；《文物》1979 年 6 期，1—17 页；河北省文物研究所，保定市文物管理处：《五代王处直墓》，北京，1998 年。

[89]《文物》2002 年 2 期，4—34 页。Judy Chungwa Ho, "The Twelve Calendrical Animals in Tang tombs"；谢明良：《出土文物所见中国十二支兽的形态变迁：北朝至五代》，《故宫学术季刊》3.3 期，1985—1986 年，59—105 页。

[90] Burton Watson trans., *Records of the Grand Historian of China*, vol.2, p.29.

[91] James Legge, *The Li Ki*, *The Sacred Books of the East*, xxvii, p.381.

[92] 一个更为早期的例子是河南濮阳一处新石器时代墓葬中以贝壳摆成的一对动物，见《考古》1989 年 12 期，1057—1066 页。

[93] 黄明兰、郭引强：《洛阳汉墓壁画》，北京，1996 年；陕西省考古研究所等：《西安交通大学西汉壁画墓》，25 页。相关的北魏墓葬，见《文物》1974 年 12 期，56—60 页。唐墓资料参见中国社会科学院考古研究所主编：《中国古代天文文物图集》，北京，1980 年，图 59。

[94] 见河北省文物研究所，保定市文物管理处：《五代王处直墓》。

[95] 另一个以四方神兽和生肖伴随对天体的描绘的例子是浙江吴越国王钱元瓘夫人（卒于 939 年）之墓，见《文物》2000 年 2 期，4—34 页，图 27。

[96] 张彦远：《历代名画记》，秦仲文、黄苗子注，北京，1963 年，卷 3，73—78 页。

[97]《宣和画谱》，见于安澜编：《画史丛书》，上海，1963 年，册 2，卷 1，9 页，以及卷 2，15，

17页。

［98］湖南省博物馆等：《长沙马王堆一号汉墓》，北京，1973年，卷1，图38。

［99］参见山西太原晋祠（公元1087年）里的一尊女神像，可见中国美术全集编辑委员会编：《中国美术全集：雕塑编，卷五：五代宋雕塑》，北京，1988年，图85。

［100］James Legge, *The Li Ki, The Sacred Books of the East*, xxvii, p.381.

［101］《左传》庄公二十二年。引自：James Legge, *The Chinese Classics: Volume V, The Ch'un Tsew with The Tso Chuen,* Taipei reprint, no date, p.103.

［102］司马迁在《史记·封禅书》中讨论了许多不同的山岳，其中包括一些方位性的山川，这说明了人们对山的兴趣的来源的多样化。见 Burton Watson trans., *Records of the Grand Historian of China,* vol.2, pp.28-29.

［103］James Robson, "The Polymorphous Space of the Southern Marchmont [Nanyue], An Introduction to Nanyue's Religious History and Preliminary Notes on Buddhist-Daoist Interaction," *Cahiers d'Extrême-Asie* 8, 1995, pp.221-264.

［104］关于山水画的基础，更详细的讨论参见收录在本书中《中国山水画的缘起——来自考古材料的证明》一文。

［105］James Legge, *The Li Ki, The Sacred Books of the East*, xxvii, p.265.

［106］W. Allen Rickett, *Guanzi: Political, Economic, and Philosophical Essays from Early China*, vol.2, p.111.

［107］David Keightley, *The Ancestral Landscape: Time, Space, and Community in Late Shang China (ca. 1200—1045 B.C.)*, pp.9-16.

［108］有关综述，见《文物》1979年6期，1—17页。

［109］例子见于6世纪袄教徒墓中，《文物》2001年1期，4—26页。另见：《文物》2000年7期，85—94页；《文物》2001年7期，40—51页。

［110］关于花卉图案的讨论，参见：Ellen Laing, "The Development of Flower Depiction and the Origin of the Bird-and-Flower-Genre in Chinese Art," *Bulletin of the Museum of Far Eastern Antiquities* 64, 1992, pp.180-223; "A Survey of Liao Dynasty Bird-and-Flower Painting," *Journal of Sung and Yuan Studies* 24, 1994, pp.57-99. 在许多情况下，原本在汉代仅仅简单以人物场面表示的训诫故事，被提供了山脉、植物、树木等背景。见 Eugene Wang（汪悦进），"Coffins and Confucianism — The Northern Wei Sarcophagus in the Minneapolis Institute of Arts," *Orientations,* June 1999, pp.56-64. 唐墓则要为墓主人确保一处室外空间以享受四季，如西安韦浩墓（葬于708年），见陕西省考古研究所：《陕西新出土唐墓壁画》，重庆，1998年，68—73页。

［111］John Knoblock and Jeffrey Riegel, *The Annals of Lü Buwei: A Complete Translation and Study*, Stanford, 2000, Books 1-3, pp.59-115; W. Allen Rickett, *Guanzi: Political, Economic, and Philosophical Essays from Early China*, vol.2, pp.111-112; Roel Sterckx（胡思德）, *The Animal and the Daemon in Early China,* Albany, 2002, p.65. 此文中胡思德在《诗经》里找到了一个更早的

出处。

〔112〕田村実造:《慶陵の壁画:絵画、彫飾、陶磁》,京都,1977 年,图 38。

〔113〕小川裕充:《壁画中的"时间"及其方向性》,《艺术学》1988 年 4 期,275—299 页;刘道醇:《圣朝名画评》,见《艺术鉴赏选珍五辑》,台北,1974 年,卷 3:2;黄休复:《益州名画录》,见于安澜编:《画史丛书》,上海,1963 年,册 6,卷 1,13—16 页。

〔114〕郭若虚:《图画见闻志》,见于安澜编:《画史丛书》,上海,1963 年。其中,关于四季山水画,见卷 2,12、23 页,卷 3,36、37、38、51、52、54、56 页;关于四季花鸟画,见卷 2,20、21、24、29、57、60、66 页。部分参考条目来自于"山川"而非"山水"。

〔115〕辽金时期的刺绣织物准确复制了与屏风画和墓葬装饰上所见相同的图案组合。见 Feng Zhao, *Treasures in Silk*, Hong Kong, 1999, no.05.01.

〔116〕Griet Vankeerberghen, *The Huainanzi and Liu An's Claim to Moral Authority*, Albany, 2001, p.112.

〔117〕James Legge, *The Chinese Classics: Volume V, The Ch'un Tsew with The Tso Chuen*, p.40.

〔118〕John Knoblock and Jeffrey Riegel, *The Annals of Lü Buwei*, p.61.

〔119〕B. J. Mansvelt Beck, *The Treatises of the Later Han: Their Authors, Sources, Contents and Place in Chinese Historiography*, Leiden, 1990, p.235.

〔120〕关于墓葬中车马器的实物以及复制品,参见《西汉的永恒宫殿——新宇宙观的发展》一文;河北省博物馆文物管理处等:《满城汉墓发掘报告》,册 1,图 126; Wu Hung, "Where Are They Going? Where Did They Come From?—Hearse and 'Soul-carriage' in Han dynasty Tomb Art," *Orientations*, June 1998, pp.22-31.

〔121〕河南省文物研究所:《密县打虎亭汉墓》,43—49 页;信立祥:《汉代画像石综合研究》,北京,2000 年,249—252 页;南京博物院、山东省文物管理处编:《沂南古画像石墓发掘报告》,南京,1956 年。

〔122〕河北省文物研究所、保定市文物管理处:《五代王处直墓》,彩色图版 18。

〔123〕Charles Hartman, "Literary and Visual Interactions in Lo Chih-ch'uan's *Crows in Old Trees*," *Metropolitan Museum Journal* 28, 1993, pp.129-167.

〔124〕Charles Hartman, "Chinese Hawks, an Untitled Portrait," unpublished paper presented to the meeting of the Association for Asian Studies, March 25th 1994.

〔125〕Pauline Yu, *The Reading of Imagery in the Chinese Poetic Tradition*, Princeton, 1987, Chapter 2.

〔126〕Stephen Owen(宇文所安),*Traditional Chinese Poetry and Poetics: Omen of the World*, Madison, 1985; Kiyohiko Munakata, "Concepts of *Lei* and *Kan-lei* in Early Chinese Art Theory," pp.105-131; Haun Saussy(苏源熙),*The Problem of the Chinese Aesthetic*, Stanford, 1993.

〔127〕奠基之作参见:Maggie Bickford, *Ink Plum: The Making of a Chinese Scholar Painting Genre*, Cambridge, 1996.

〔128〕Charles Hartman, "Literary and Visual Interactions in Lo Chih-ch'uan's *Crows in Old Trees*". 该文提供了关于使用树和鸟的类比的丰富信息。

〔129〕政治意味受到了高度关注,然而大部分联想仅仅寓意吉祥。参见:James Cahill(高居翰),

Three Alternative Histories of Chinese Painting, St. Louis, 1988, pp.29-31; Alfreda Murck（姜斐德）, *Poetry and Painting in Song China, the Subtle Art of Dissent,* Cambridge, 2000.

〔130〕Martin Kern, *Die Hymnen der chinesischen Staatsopfer: Literatur und Ritual in der politischen Repräsentation von der Han-Zeit bis zu den Sechs Dynastien,* Sinologica Coloniensia, vol.19, Stuttgart, 1997, p.235.

〔131〕Wu Hung, *The Wu Liang Shrine: The Ideology of Early Chinese Art,* Stanford, 1989, pp.233-245.

〔132〕王儒林、李陈广编：《南阳汉画像石》，北京，1990 年，215 页。

〔133〕此外，注意酒泉墓中云彩之间出现的仙人形象，见《文物》1979 年 6 期，图 3：1。其服饰类似于乐师或舞者，这表明飘荡在空中的人物可能是实现长生不老的人类。

〔134〕Wu Hung, "The Sanpan Shan Chariot Ornament and the Xiangrui Design in Western Han Art," *Archives of Asian Art* 37, 1984, pp.38-59.

〔135〕《文物》1964 年 1 期，7—33 页，图 9。

〔136〕陕西省考古研究所等：《西安交通大学西汉壁画墓》，彩色图版 1、2。自西汉晚期起，历史上就有着不少关于仙鹤作用的记录。近来，秦始皇陵附近一处墓葬里发现了青铜器上鹤的形象，见《考古》2000 年 7 期，12—14 页，图 5：1。

〔137〕河北省文物研究所：《宣化辽墓壁画》，北京，2001 年，12、15、16、31、33 页。

〔138〕Peter Sturman, "Cranes above Kaifeng: The Auspicious Image at the Court of Huizong," *Ars Orientalis* 20, 1990, pp.33-68.

〔139〕这两个人物之中哪位指代墓主人尚不甚明确。这些场景可能描绘了几个故事里的某一个，而这些故事暗示着那头牛象征从喧嚣繁重的官场生涯隐逸而出，寻觅超然的状态。

〔140〕Michael Loewe, *Ways to Paradise: The Chinese Quest for Immortality,* pp.83-84, 192-203.

〔141〕Qianshen Bai（白谦慎）, "Image as Word: A Study of Rebus Play in Song Painting (960—1279)," *Metropolitan Museum Journal* 34, 1999, pp.57-72.

〔142〕Louise Cort and Jan Stuart with a contribution from Laurence Chi-sing Tan, *Joined Colours: Decoration and Meaning in Chinese Porcelain. Ceramics from Collectors in the Min Chiu Society, Hong Kong,* Washington and Hong Kong, 1993, front cover.

〔143〕毕嘉珍以大量的材料分析，说明此处指"三阳开泰"。见 Maggie Bickford, "Three Rams and Three Friends: The Working Lives of Chinese Auspicious Motifs," *Asia Major,* third series, vol.12, pt.1, 1999, pp.127-159.

〔144〕例子参见：Terese Tse Bartholomew, "Botanical Puns in Chinese Art from the Collection of the Asian Art Museum of San Francisco," *Orientations,* September 1985, pp.18-34.

〔145〕早在汉代，雉鸡即以两个特性闻名：其一，不为食所诱；其二，难以圈饲以拘其行。在汉代文学作品中，这些品性被用来等同于官员的正直、忠诚、不屈。由此到唐的数个世纪里，这种忠诚被进一步解释为对婚姻的忠贞。蔡涵墨以台北故宫博物院所藏的一幅宋代佚名画家的作品证明了这个主题的长久生命力。该画作的主题结合了"喜"的标准象征———一对喜鹊，以及"婚姻忠贞"的象征———一对雉鸡；而它们都位于一棵代表长寿的松树之下。如此

作品很有可能曾是婚礼或类似场合的一件礼物。参见：Charles Hartman, "Literary and Visual Interactions in Lo Chih-ch'uan's *Crows in Old Trees*," pp.146-149. 画作见 148 页。

﹝146﹞Craig Clunas（柯律格）, *Pictures and Visuality in Early Modern China,* London, 1997, pp.57-58.

﹝147﹞Wu Hung, *The Double Screen: Medium and Representation in Chinese Painting,* London, 1996, pp.1-14.

﹝148﹞Beverley Jackson and David Hughes, *Ladder to the Clouds: Intrigue and Tradition in Chinese Rank*, Berkeley, 1999, pp.139-142.

﹝149﹞关于长袍上所绘之鹤，见《文物》1978 年 4 期，1—13 页，图 2。另外参见：Stephen Little, *Taoism and the Arts of China,* Chicago, 2000, no.51. 关于银质细颈瓶，参考《文物》2000 年 8 期，4—20 页。

﹝150﹞只要对首先促进了视觉系统发展的宇宙的设想保持完整不变，这个视觉世界就会保持不变。但是，由于国际贸易将外国手工制品带入许多地区，而与多种不同社会的交流使人们质疑他们长久持有的观念，就如 20 世纪所见，无论是中国还是西方，视觉系统都受到了破坏。若我们疑惑为何视觉系统会崩溃，我们似应探究宇宙观系统的坍溃，并注意宇宙观系统是如何在所谓"现代性"的力量面前屈服的。新的系统运作起来并影响图案，这些系统中首要的是来自工程、生物与计算机科学的、关于科学的暗喻。参见：Philip Steadman, *The Evolution of Designs: Biological Analogy in Architecture and the Applied Arts,* Cambridge, 1979.

﹝151﹞毕嘉珍可以说是从另一端讨论了这个问题。她赞同的观点是"三友图"应首先被视为精英阶层的主题。见注 127，Maggie Bickford, *Ink Plum: The Making of a Chinese Scholar Painting Genre.*

﹝152﹞Ernst Gombrich, *The Sense of Order: A Study in the Psychology of Decorative Art,* Oxford, 1979, pp.176-179.

﹝153﹞Michael Snodin and Maurice Howard, *Ornament: A Social History Since 1450,* New Haven and London, 1996, pp.59, 88. 该书介绍了使用建筑样式的家用金属制品。

12

中国山水画的缘起
——来自考古材料的证明

导　言

　　山水风景——巨大的峭壁与山石间狭长的裂缝，水流顺延山体喷薄而出——是中国绘画中最基本的题材【图 12-1】。[1] 本文首先提出的问题是：人们为什么会选择这些题材？我将在下文中主要论述这些题材在秦代以及汉代的发展。文中也会论及秦汉时期的现象如何奠定了后来中国传统的某些方面。[2] 山水画过去是、现在仍是中国文化深厚的传统之一，它的审美价值和社会意义随着时代的发展而不断变化，但本文并不会讨论这些变化。

　　我的主要观点是汉代以来中国人理解宇宙的方式决定了他们选择山水作为绘画的主题。本文的大部分篇幅将论述中国人如何看待宇宙以及这些观点的美学价值。我会涉及有关宇宙观的各种理论，而不只是简单地将山水的图像及模型视为对部分宇宙的表现，后者已经被大多数学者提及。[3] 对宇宙观进行整体的研究（而不是讨论山水在宇宙中的角色）十分重要。我认为它应该优先于其他因素，即那些有时被视为山水画起源的主要因素：汉代以来诗歌中流露出的对自然的召唤，或是以山岳象征正直高洁的贤士。本文并不会讨论山水与道教相互联系这一较大的问题，因为这些联系在山水成为特定题材以后才发展起来。我也不会去考虑早期山水画的具体绘画特征。[4] 苏立文（Michael Sullivan）及其他学者都已对该方面进行了详细的论述。[5] 虽然上述内容都是山水画起源的重要因素，但它们都首先取决于与宇宙全面理解相关的题材选择。[6]

我首先要以一例重要的早期存世山水画——五代义武军节度使王处直墓中的装饰屏风【图12-2】来开始本文的讨论。[7]这幅画引起人们极大的关注，不仅仅因为它是一幅设置为屏风的完整山水画，同时也因为它处于最初的背景环境中，即一个为冥世提供永久居所的墓室之中。[8]在古代中国，生与死是统一的连续体。因此墓葬不仅呈现了死后世界，也表现出对日常生活的解释与说明。

王处直卒于公元923年，而后被葬在现今河北省曲阳县。该墓为双室墓，前室两侧各有一耳室【图12-3】。不同寻常的是，前后墓室由一面绘有山水的墙壁隔开。盗墓者打破墙壁从一室爬向另一室时，毁坏了部分壁画。山水画上较宽的棕色边缘显示出木制框架的存在，表明这幅屏风作为家具的同时也是一幅风景画。虽然画面并不完整，我们仍能够看到溪水间隔开两岸嶙峋的山石，引导观者的视线转向宽阔的湖面及远处的小洲。

这幅屏风的位置非常特别。它被作为立体的屏障置于前后墓室之间。在建筑中，一般只有绕开屏风才能够进入内室。令人惊讶的是，在王处直墓中这条通道却被截断。[9]然而，正如我将在下文中详细描述的，当时的人们认为墓葬可以为死者提供墓室中所描绘的一切，因此一个相似的立式屏风很可能会出现在墓主人死后的居所中。

这幅屏风还有另外一个功能：它是位于其前方的墓志铭及墓志石盖的背景装饰【图12-2a、12-4】。墓志石盖为梯形金字塔式，四周刻有四神图像，环绕着处于中心位置的墓主人名号。同时，这个铭文石盖以代表方位的神兽围绕着王处直，并位于山水屏风的前方，似乎有意将墓主人置于一个小型宇宙的中心。[10]现世生活中，帝王、高僧和士人在接见低位者时，通常会在屏风之前设座。两座汉代墓葬（公元前2世纪）中保存有屏风的遗迹，其中一例我会在下文中详细介绍（参见图12-15），其他汉墓也绘有相似的图像。[11]以山水风景、祥龙或日月图案装饰的屏风本身并不是用于观赏的绘画，而是如其他学者所提出的，它们可能是微型的宇宙，可将其作为背景去观察置身其中的个体。而促成上述关系产生的方式将是构成本文的主要问题之一。

前室后壁上的山水风景作为墓主人背景的功能，又被房间的整体装饰赋予宇宙的特征。墓顶上彩绘的日月、星象及银河的图像将墓室转化

[12−1] 郭熙(约1000—1090),《早春图》,附有款识及年代(1072年),绢本设色,台北故宫博物院藏。

[12-2a] 王处直墓前室。

[12-2b] 王处直墓前室后壁上的山水屏风画。引自河北省文物研究所:《五代王处直墓》,彩版13:2。

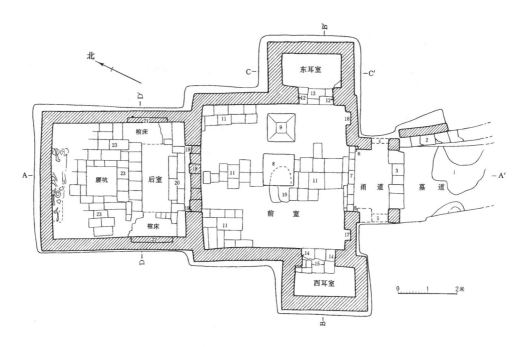
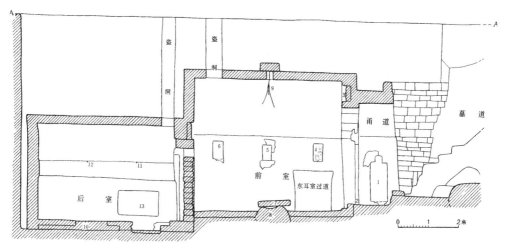

[12-3] 王处直墓室平面与剖面图。引自《五代王处直墓》，图31：1、2。

墓葬 | 359

[12-4] 王处直墓志石盖。引自《五代王处直墓》，彩图60。

为小型宇宙【图12-5】。[12] 天顶下方有一系列小型的壁龛，每个龛内都展示了一个伴有动物的石刻人物雕像（部分已遗失），即所谓的生肖人物形象【图12-6】。[13] 各壁龛之间为绘有白鹤与祥云的天空。[14] 以星象、生肖动物以及云鹤等题材装饰墓室有着悠久的历史。这些题材似乎试图将死者的居所转化为一个确保宇宙永恒性的独特空间。在这种情况下，屏风上的山水风景是该宇宙的组成部分。

墓室的设计者并未将这个空间内可能发生的事件弃之不顾，前室和耳室的壁画为死者的日常生活提供了良好的环境。墓室墙壁上绘有蝶鸟围绕花草的屏风【图12-7】。大部分植株为牡丹，牡丹花自唐代以来蕴含富贵丰足之意。[15] 考古发掘人员推测另外一些花卉为月季。[16] 这些花草鸟虫呈现出春夏之景。例如公元前3世纪的《吕氏春秋》曾指出，特定的花鸟是春夏来临的标志。其他文献又在此基础上加入了特定的昆虫。[17] 描绘四季的画面在生活中常出现在墙壁或屏风上，这些季节性绘画被人们沿用至今。[18] 墓中的画屏可能通过强调春夏之际来确保墓主人享受到这些美景。毕竟，如果人们可以选择春天，又有谁会去挑选冬天呢？另外，我们可以根据墓中其他的屏风进一步加深讨论。这

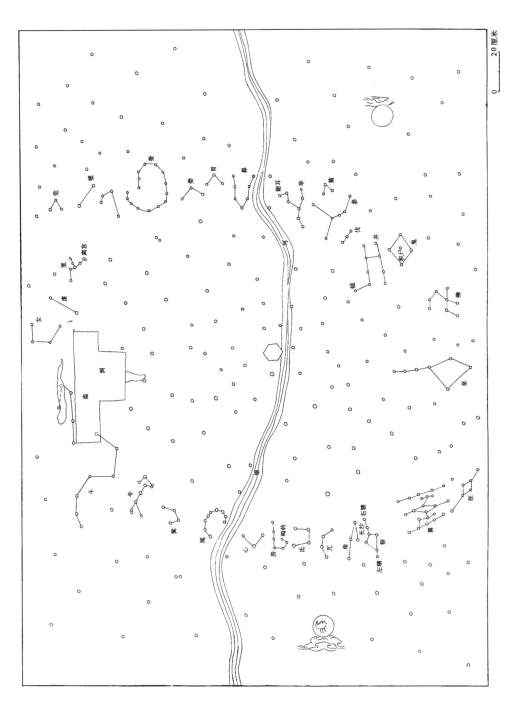

[12-5] 王处直墓天顶上的日月星象以及银河的线绘图。引自《五代王处直墓》，图8。

[12-6] 王处直墓前室后壁线绘图，展示了山水屏风上方龛内的生肖动物。引自《五代王处直墓》，图7。

[12-7] 王处直墓前室西壁的线绘图。引自《五代王处直墓》，图5。

些屏风上绘有男女侍者的形象。正如6到10世纪的神怪故事中经常提到的，以墓俑或绘画形式出现在墓中的侍者，在某些情况下拥有与真人侍者相同的功能。同时期的传奇故事说明了墓俑和绘画具有一定的能动性，能够像真实的主体一样发挥作用。[19] 同样，绘有花卉的屏风也可能为墓主人提供春夏的景致。

此外，设计者还通过在耳室绘制与等级地位相关的必要饰物，进一步确保墓主的利益。一侧耳室绘有王处直的私人物品【图12-8】。其中包括一顶官帽，可能是王处直拥有官阶的标志。早期的墓中通常保存有标明墓主名号的印章，这使墓主人在死后的世界中能够得到相应的地位。另外，镜盒（镜子通常有避邪功用）、长颈水瓶、银盒以及镶银漆器也出现在画面中的箱子上。箱子后面是另外一幅山水风景，似乎进一步暗示了墓主人的身份地位。另一侧为王处直妻妾准备的耳室陈设了一件极为相似的家具。箱子上也放有她的私人用品，箱子后面绘有牡丹花卉。两个耳室中可能都曾摆设实际物品，但都已被盗。这些物品代表了其所有者以及他们期望在死后世界中达到或保持的地位。因此，前室在提供宇宙空间的同时，还确保了高官厚禄的永久繁荣。

屏风之后的墓室对应为住宅的内室部分。它也以壁画及大型木框中绘画的形式装饰起来。不幸的是，后室内大部分墓壁装饰都已损毁。与入口处的大型山水屏风相比较，它们或许表现了更为私密的场景。侧面墙壁上绘有假山、竹林和鸟雀等题材【图12-9】。后壁上则画有牡丹、山石以及其他花草。如前室中的图像那样，这些壁画很可能将它们所描绘的事物———一座花园———提供给墓主人。[20] 另外，掀起的帷帐下还显露出一组精美的石刻侍女像与一组正在演奏的女乐师浮雕，她们提供了生活中的娱乐。

这种前堂后寝的安排在中国古代上千年的墓葬传统中十分常见。但是，园林的设置只盛行于公元5到6世纪。[21] 在唐墓中，屏风上表现的花园通常以身姿优美的仕女作为主题。这些仕女形象直至10世纪才逐渐消失。花鸟题材在辽（907—1125）人统治的北方地区也十分流行。[22] 辽地附近的曲阳墓可能就是取材于此。[23] 在屏风上绘制风景的传统大致确立于唐代（618—906），例如【图12-10】中陕西一座唐墓所展示的山水画。

[12-8] 王处直墓前室耳室，山水屏风前支架上表现了官帽及其他物品。引自《五代王处直墓》，彩图18。

[12-9] 后室东墙上的山石花鸟图以及帷帐下的侍女图。引自《五代王处直墓》，图18。

[12-10] 陕西富平县唐墓屏风上的两扇山水图细部。引自《考古与文物》1997年4期，8—11页，封底。

王处直的屏风画由于其多方面的功能而显得格外有趣。屏风为墓主的官职提供了背景环境，如同其墓志铭以及墓志石盖上铭刻的官衔所反映的内容。但是，通过星象和十二生肖图像，山水屏风又被置于一个更大的宇宙结构中。这幅山水画似乎不仅仅出于审美欣赏的目的，同时也为死者个人建立了永久的物质环境，并将所描绘的形象——实现。与官阶相关的服装和印章也拥有相似的效果。

　　这幅屏风还可能拥有更深层次的功能：它可以为前堂后寝间提供一个间接的过渡。诗人陶渊明（365—427）的《桃花源记》似乎可以对应这种观点。这篇诗歌描述了山石裂缝间狭窄的通道将渔人带入一个田园诗画般的世界。[24] 王处直的屏风似乎也暗示着死者通过屏风上山石间的通道可以到达隐秘花园中永恒的乐土。

　　我将这幅屏风作为早期大型山水风景画的范例，类似的山水画还包括台北故宫博物院收藏的郭熙的《早春图》（参见图 12-1）。这类绘画现在通常装裱为立轴画，但学者们普遍认为它们过去曾被用来装饰屏风。第二个重要的风景画类型——书画手卷——也在此时出现。虽然本文并不会介绍这些小型绘画的细节问题，但是它们也与目前讨论的题目紧密相关。[25] 许多绘画使观者置身于复杂的风景中，因为它们往往通过叙述时间、地域或方位的形式来提供路径，让观者可以随着画卷的打开畅游其中。[26]

宇宙的概念

　　在中国人的宇宙观中，正如太阳、月亮和星辰是天空的特征一样，山岳是大地的一部分。宇宙被视为整体的观念在本质上刺激了山石作为模型、绘画和装饰艺术的主题。

　　虽然许多有关宇宙的概念可能在汉代之前就已经产生，但是与我们研究相关的观点出现在公元前 4 到前 3 世纪战国晚期的文献中，并在汉代得到完善。表现宇宙的系统化方式以及这些观念取得的重要地位，是更为广泛的礼仪和丧葬变革的一部分。[27] 而宇宙的显著特征是明显的系统化和几何式结构。虽然这个宇宙被描述为单一的系统，但实际上，理论家对该宇宙的论述源于许多地区和多个思想学派的观点，并将它们塑造成明显的统一体。

在某些文献中，天空被坐标线分割为四个部分，这四个部分传统上称作"四维"，又被进一步细分。其他在几何图式中的排列或分布也被展示为四个方向，并分别以四种神兽标示出来：青龙、白虎、朱雀和玄武。空间和时间同时被划分为十二个部分，而这些部分最初被定位为十二"地支"。它们至少在商代（公元前1200—前1050年）后期就已经开始被人们接受。地支又与另外十个"天干"两两组合起来，组成了六十个循环。虽然那些我们所熟悉的生肖动物出现在战国晚期的文献中，但是直到公元5、6世纪它们才开始被频繁表现出来，有时代替地支，有时与它们一起出现。这些对时空的划分是庞大宇宙图式的基本组成部分。[28]

我们可以在公元前2世纪末到公元1世纪汉代中期的规矩镜上找到这种结构的图式，这类铜镜被西方学者称为"TLV铜镜"。铜镜背面的圆形代表天空，中间的方形指代大地【图12-11】。镜子厚重的边界内有尖角形的几何图案。贴近圆圈内缘的V字形为钩状，它和T字形以及L字形标示出天边以及地缘相交之点，西方学者正是根据这些罗马字母形图案来命名这类铜镜。中心方框之外的四对圆形凸饰可能指代撑起天空的支柱。代表大地的方框又包含了十二个表明时辰或月份的圆形突起，每一个都以地支命名。王处直墓中的方形墓室被十二生肖动物环绕，以表示大地；而圆形墓顶又暗示了天空的穹窿。

层层叠加在几何框架内的是各种天体。太阳和月亮被不可避免地表现在其中。由于通过二十八星宿可以观察到月亮的运行，因此它们一直被视为月亮的居所。它们至少在公元前5世纪的时候就已经出现。天空通过分

[12-11] TLV铜镜背面，汉代，公元前1—公元1世纪，作者拍摄。

墓 葬

成五个或者九个等份被赋予了另外一种空间维度。另外，当时的人们普遍认为上天存在一种与人间社会相似的体系，所以天空又被视为宫殿。[29]

文献记述了天界的各种神灵，但他们决不是宇宙的主要原动力。相反，古代中国人以"道"来理解宇宙。他们认为"气"作为一种能量，与阴阳的互动导致了四季与宇宙中各种自然现象，即"万物"的产生。依据这个理论，阴阳是天地万物的基本组织原则，而四季则是阴阳的主要表现形式。[30]"五行"中的金木水火土代表了中国观念中的五种宇宙相位，它们在自然转化和改变的过程中起到了重要作用。阴阳、四季、时间与空间以及五方五行引发了关联性思维中对各种自然现象的系统叙述。汉代早期的文献将这种关联性的思维方式运用到天地以及人间事务中。[31]对于模式的关注意味着人们密切观察自然现象尤其是历法周期和星象移动。人间事务与这些现象紧密相关。另外一些不规律的自然现象，比如干旱、风暴、流星以及奇特生灵的出现都被视为征兆，人们可以通过它们预见到系统内扰乱社会或者威胁个体安全的波动。[32]因此人们将天庭与人间事务联系起来，并认为上天导致人间事务偏离正常周期。

目前我们已经注意到整个宇宙在没有神灵干涉的情况下系统地运行（少数例子除外）。与上天相对应，人们对于大地也提供了各种描述。在汉代，大地被表现为半几何体的形式。上文中提到的大地被视作正方形，如同天空被细分成九个方形，它有时也被指定为九州或九块陆地。大地的两个恒定特征是由四季产生的万物和山岳，后者实际上形成了天地之间的连接。

山岳被设置在方位性的几何图形中，成为最突出的陆地标志。在我们称之为中原的区域内，五座圣山最为重要，即东岳泰山、西岳华山、北岳恒山、南岳衡山及中岳嵩山。这种正式的、方位性的山岳群体的系统化可以追溯到多个世纪之前的山川崇拜和信仰。[33]对山岳持续不断的礼仪祭祀体现出地方宗教和习俗的痕迹。古代诗歌《诗经》曾将山岳比喻为连结上天的中介：

嵩高维岳，峻极于天。[34]

大量战国及汉代的文献还提到"山岳则配天"。[35]为了进一步规范这些与山岳相关的理论，汉代人将山川吸收到官僚体制的系统中。司马迁的《史记》（成书于公元前1世纪）在描述山岳时注意到它们以各种官阶排列。[36] 这种对山岳进行官职任命的做法表明了给予古代地标以可识别性等级的需要，而它们原有的重要性可能已经逐渐消失。

另外一个相当独立的传统似乎将山岳的神力与羽化升仙联系起来。西方的昆仑与东海的仙岛——这两个特殊的区域在文献、模型和绘画中反复出现。众所周知，昆仑被视为汉代十分推崇的神灵西王母的居所，一直以来它的宗教祭祀与升仙联系紧密。[37] 同时昆仑的方位特征也十分关键，它所在的西方是太阳落山的方向。而在太阳升起的东方，蓬莱、方丈与瀛洲三个仙岛的神山上生长着可以使人长生不老的仙草。[38] 秦始皇（公元前221—前210年在位）和汉武帝（公元前140—前87年在位）都曾派人寻访仙岛却一无所获，两人都沉迷于对长生不老的追求。[39] 我们需要注意神仙在当时并不被认为是宇宙运作的主要力量。

关于山岳的其他概念和知识在汉代之后迅速发展。被称为道教的宗教性团体认为人们可以在山中偶遇神秘的"洞天"（形容道教仙府的特殊词汇）。[40] 同时这个观念由上文中提到的陶渊明的《桃花源记》奠定了坚实的文学基础。穿过山石间缝隙发现神仙洞府的观念是中国古代文学与绘画中反复出现的主题。但是将仙境设定为另外的空间似乎并不正确。它应该处于宇宙之中，能够被人们发现，同时存在可以探寻的正确途径。王处直墓后室园林的场景可能就表现了这种形式的仙境。[41]

上述的多种因素将宇宙观及神灵崇拜方面的功能加诸于山岳之上。这似乎说明任何单一的来源都无法完全解释山岳在中国文化中的重要地位。这里集合了不同地区的传统。这些传统不仅仅在公元前3至前2世纪，也在之后漫长的时间里为我们提供了有关山岳的丰富却并不统一的观点。[42]

中国人对宇宙以及山川在其中位置的描述，可以与古代地中海地区平行存在但完全不同的观点进行比较。在地中海地区，各种各样的神祇被认为是宇宙的原动力。他们强大而有力，创造天空和大地，在天空中布局星辰，还可以创造人类。他们也决定了太阳和月亮运行的轨迹、季节的变化、潮涨潮落以及大地的丰饶。当然在不同地区和不同时期，这些神灵有着不同的特性与作用。但是，古代埃及、美索不达米亚、古希腊和古罗马等地区的人们都发展了神灵拥有人类外貌特征的观念。另外，天地万物以及宇宙的运作都是这些神灵产生的结果，但在许多例子中，他们不只是以单个神灵而是以群体的形式出现。他们之间的互动、关系、情感与战争影响着彼此，也影响着自然现象和人类的生活。[43]

如果地中海地区的神祇与人类非常相似，那么人类似乎在一定程度上可以影响他们。人们向他们祈祷，并塑造他们的神像。神灵表现得与人类越接近，人们就越容易想象与神灵的互动。有证据表明，在一些古代社会、甚至在中世纪及其后的一段时间内，人们并不总是去区别图像与神灵本身。因此，这些形象如何被正确制作与表现显得至关重要。[44] 在神殿或教堂等属于神灵的建筑中，人类可能通过面对神像而接触到真正的神祇。因此，信徒们可以在建筑的环境中与神灵接触或相遇。这个结合不仅决定了后来被称作"艺术"的基本特征，同时也决定了西方各类装饰图案的特性。[45]

地中海地区模仿人类间相互关系的宇宙观不同于中国抽象的宇宙系统。在汉代及以后，该系统被认为是宇宙赖以运转的基础。中国人试图在现象中寻求对宇宙的理解，而不是通过不同类型的叙述达到对神灵活动的社会性理解。不同于地中海人寻求神人之间的相互关系，古代中国人通过观察、占卜以及将自身置于更广阔的时空系统中来对宇宙进行探索。人们为了确保该系统的利益必须正确地置身其中。有关位置的问题在狭义上涉及空间定位，在广义上还包括了社会背景中的位置以及对正确时间的遵循，比如什么适用于特定的季节和场合。图表式的信息、地图和图示是获得这些位置必要的工具，对此我们将在下文中具体讨论。

图像、地图与定位

在我们考虑山岳风景如何根植于中国艺术经典之前，还需要进一步审视其他观点。这些观点包括人们如何构想与宇宙相关的方位，以及"再现"（representation）和"图像"（image）在中文词汇中有何内涵。

拥有高度几何化结构并能够清晰运作的宇宙似乎要求一种与有序时空的对应。我们可以在流传的文献与出土的汉代图式中找到相关证据。公元前3世纪的《吕氏春秋》，与遵照《吕氏春秋》形式记录月份训令的《礼记·月令》，说明了人们可能通过对统治者如何言行、如何穿戴、在哪里居住以及每年各个月份中应该如何饮食做出清晰指示，进而确保人间事务的规则。[46] 这些记录与湖南长沙马王堆3号墓出土的公元前2世纪的占卜图表相吻合。[47] 文献与图表都表明，时空中的位置至关重要。通过这个观察我们还可以推断，根据一系列时间表格在空间中定位个体尤其是统治者的方法，是人们与宇宙达成一致性的重要条件。

虽然大多数存世的图表都高度简化，我们将在下面的内容中讨论实际的山水风景及其模型与图像。因此，我们需要理解真实的山水与图像之间是否存在区别，同时需要考虑两者是否可以相互替换。这种替换的可能性对我们目前的论证非常必要。

近年来，尤其在郝大维 (David Hall) 与安乐哲 (Roger Ames) 相关论著的影响下，有关中国人如何理解图像的观点成为热门话题。[48] 对于现代西方人来说，图像与实物之间的区分非常明确，但在大多数的例子中，早期中国并不存在两者间的区别。人们通过绘画与制作模型将被模仿的事物创造并呈现给其所有者。关于这种观点的讨论通常围绕着"象"这个词语展开。[49] 在汉代，这个词语常被用来形容上天所表现的宇宙的永恒特征或是模型与绘画。实际上，不同语境下"象"的意义以及连续使用似乎将永恒图像的概念与具体形象紧密联系起来。《史记》等汉代文献显示出图像或"象"在那个时代具有与其模仿的实物一样的功能和效力。[50] 图像的这种实际功效在秦始皇陵以及之后的墓葬中清晰可见。秦始皇陵陪葬坑中密集排列的兵马俑并不是一支军队的静态展现；它们可以像真正的军队一样发挥功效，在死后的世界中战斗并守卫秦始皇。虽然我们现在似乎很难理解这样的观点，但是关于图像与被描绘实物同化性的看法曾经并仍然存在于世界各个地区。[51]

图像与实物的同化性也出现在许多其他的例子中，比如，墓室内部天顶上日月星辰的图像为秦始皇、士族阶层成员或是王处直提供了宇宙结构。另外，在古代汉语的使用中，人们通常不去区分图像与被描绘的实物。[52] 从早期社会直至现阶段，图像在中国人观念中拥有与实物相同的特征，并可以像实物一样发挥效用。汉末文学家王充尽管是著名的怀疑论者，但当他写到土龙可以招雨时也是这一观点主要的拥护者。[53]

如今仍在新年时张贴的门神画像依然被认为可以避邪驱魔。[54] 门神像属于中国各个历史时期吉祥图案广泛类型中的一种。四季的图画、龙等祥瑞动物、天宫楼阁以及与福禄相关的双关语都被认为可以为其所有者带来好运。这过去是、现在仍是图像最重要的功能。

鉴于文章刚刚讨论了神仙画像在中国的传统中并不是在宇宙中起到重要作用的题材,我们需要在下文中进一步论述其他题材的图像与绘画。我们可以发现中国人将大地的模型、地图与图像制作成整体,其中包括了山岳等显著特征。人们可能认为,当这样的图像被正确绘制时,它们将会非常灵验。[55]

如同上文所述,图像与模型并不是用于观赏,而是功能性的。它们发挥作用的方式是通过将主要角色置于模型或图画中,从而达到处于真实风景中的效果。通过这种方法,人们可以利用图像化的风景去达到特定的目标,或获得权威与力量的结合。只有当主要角色被正确地放置在与东岳泰山等圣山相关的图像中时,这种效能才得以实现。

我下面将描述三种不同的类型:首先,真实山水中的题字碑铭为特定地点提供了在宇宙中的具体环境,以及它们与主角的关联。题铭为特殊的个体在既定联系中设置了所属的位置。第二,园林与墓葬内立体的模型使人们可以进入山水风景。而这些模型又进一步演化成盆景与微型园林等小型模型。第三,墓室壁画使墓主人身处山水之间。我们也可以在佛教石窟寺中找到相似的图像。第三种类型逐渐发展成为将主要角色置于风景中的屏风画,但是此处的风景指代山水的特殊内涵,而非真实的山水。

对风景的掌控

历史上的君主将自己永久地置于山岳中的首个尝试可以在秦始皇巡游全国的过程中发现。司马迁记述了该过程以及山石上遗留的题刻。通过这种方式,秦始皇永久性地在疆域中标明了自己的位置。[56]

政治军事活动可能是这一举动的主要动机之一。公元前3世纪晚期诸侯国间的对立和统一,似乎在某种程度上刺激了秦始皇在其领土范围内表明所有权的决心。另外,军事与行政的需要可能也导致了人们对山川及其居住者的关注。我们有充足的文献依据证明公元前3世纪的知识阶层意识到他们周边多样化的地理环境。刘安(公元前179—前122年)编撰的《淮南子》以及《山海经》等其他重要的汉代文献提供了地理学说明。[57] 其中的较长篇幅概括了有关方位、距离、自然特征以及各个位置间关系的具体信息。《淮南子》、《山海经》和上述观念一致，都强调对山川的描述。从这些描述中可以明显看出，宇宙不仅包含我们所称的自然界，同时也涵盖了超自然领域。在作者的眼中，两者间并不存在差别。除此之外，当时的人们很可能将我们今天所认为的神秘场所与奇特生物视为比一般自然现象更危险或更吉祥的征兆。

军事行动需要地图。目前保存的最早的地图可追溯到公元前3到前2世纪。[58]《史记》与《后汉书》也曾提到地图被用作军事用途。[59] 军事战略的考虑可能引发同一块领地作为不同用途开发。后来用于风景画的术语最初似乎与地图使用有关。雷德侯在讨论风景画作为独立风格类型的发展时指出："由于'山川'这个词与'地形'和'土地'相联系，它可能指代那些像绘画一样的地图。据记载，秦代画家烈裔描绘了五岳、四渎与列土。这似乎表明，地图的绘制可能是风景画的前身。"[60] 地图不可避免地与山水图像和模型发生了紧密联系，因为它们都试图通过参照已知的地形特征去定位或去创造图像。

人们通常认为秦始皇开创了在山石上铭刻文字的传统。但是非常清楚的一点是，他既不是出于军事需要，也不是出于无私的科学考察的目的来关注山川。他似乎希望将自身刻画在这些早期的巡游中。《尚书》写于秦始皇统一六国的一百多年之前，它提到传说中的舜帝接受尧帝的禅让，然后向四座圣山（通常被称为岳）进献祭祀。[61] 另外，《尚书》还谈到大禹划定九州的传说。秦始皇因此命名了大禹举行礼仪祭祀的地点。他通过具体化传说中大禹祭祀的所在地，并将其记录于文献，进一步宣扬了他继承尧舜以来山川风景的正统性。[62]

秦始皇的举动发展成了延续至今的传统，历代君主与领袖都喜欢将他们的名衔题刻在山岳之上，这些题字使观者立即产生特定的联想。[63] 它们有可能仅仅只是名字或是一段较长的文字。泰山等五岳上的许多石刻有时将某些地点命名为"天门"或"通天桥"，借此强调山是天地间的重要连接。[64]

汉武帝采用了其他方式特殊化山水风景。他在泰山上举行盛大的封禅仪式，并带去了各式各样的瑞兽和瑞禽。[65] 该仪式将泰山转化为上天降临祥瑞的场所，而瑞兽的出现则是得到上天认可的标志。像秦始皇一样，汉武帝也通过山川自然来确保自己的伟业。

关于这类转换的第三个例子出现在现今山东莱州的云峰山。山上存留的石刻为公元510年到任的官员郑道昭所题。下方的石刻记述他与道友同登山峰的经过：[66]

> 辟志访□游，云峻期登涉，拂衣出州□，缓步入烟域，苔替□径□，聚星路逼，霞□□友，凤驾缘虚，披衿接九贤……

山石的上部刻有多位神仙的名号："安期子驾龙栖蓬莱之山；浮丘子驾鸿栖月桂之山；赤松子驾月栖玄莆之山；羡门子驾日栖昆仑之山。"这些石刻似乎通过四方山岳与日月星辰的参照将云峰山置于更广阔的时空宇宙中。

在上述例子中，主要角色与自然之间毋庸置疑有着紧密联系。因为人们能够进入山岳并在其上题刻文字，或者通过对上天及神灵的特殊参照，个体可以由山岳环绕并融入风景之中。后来参观这些地点的游客也可以通过他们所看到的石刻来确认过去的事件。

作为墓葬与园林的模型

山岳可以游览，也可以被带入宫廷。所有的君王大臣都被埋葬在人工土丘或是真正的山陵之中。公元前5世纪以来，主要的墓葬上都覆以封土。有研究指出这种习俗可能源于西伯利亚或中亚地区。[67]虽然我们无法了解这种做法最初的目的，但是大约在公元前3到前2世纪时，山岳下的墓葬很明显地等同于山中的居所。例如司马迁就以这种方式描述了秦始皇陵的封土。[68]秦始皇陵周围环绕着一整套陪葬系统，提供了军队、兵器库、战车、异兽、乐俑、仆从以及朝廷官员。《史记》中一段著名的文字提到，墓中有亭台楼阁、日月山河。[69]墓葬系统在该时期既是宇宙的图像，而根据图像与所表现实物相同的观点，作为这样的地图或模型，它又是死后世界中真实的宇宙。

我们知道墓丘与山岳相似，是因为大多数帝王都被埋葬在都城附近的山陵中，而汉朝的藩王们则被葬在中国东部地区石灰岩丘陵中的宛如宫殿般的巨大多室墓内。[70]在汉代之后的时期中，尤其是唐代，山岳被帝王征用为死后的居所。现在称为"昭陵"的九嵕山是唐太宗（公元627—649年在位）的陵墓所在【图12-12】。他在死后仍如生前般被众多嫔妃朝臣环绕。整座山陵与宫廷内的等级制度、皇室家族关系相对应。刻有名号生平的碑石取代那些可能用于地中海地区的人像，竖立在山陵之上。等级以时空关系表现出来。后来的朝代又重新采用在黄河平原上修建人工丘陵的方法。

墓葬被大规模地保存了下来，而秦汉帝王的园林只能通过史书、汉赋或诗词等文献材料留名于世。[71]高耸的山峰与险峻的岩壁是这一时期墓葬与园林的共同特征。许多专家认为园林是宇宙的微缩模型："园林作为宇宙曼陀罗的象征性特点，也明显表现在园林各个组成部分的有序排列中。人们根据异兽的发现地将它们放置在园林的各个部分。植物也依据同样的原则被种植在花园中。甚至据说园林北部的河流可以冻结，而南部的河水则是终年不结冰的。"[72]所有的园林可能呈现出各个方位的山岳，或是像昆仑山、东海仙山等特殊山体。公元前104年，汉武帝在建章宫大殿后修建了一个象征东海仙岛的湖泊。湖心岛上稀有的植物与奇珍异宝增加了湖心小洲与东海仙岛的相似性。[73]这个例子可能是后来绘有东海仙岛屏风画的前身。

这样的园林和湖泊有时也作为宗教仪式的场所，但是它们自身似乎被看作是拥有原物特性的场所。换言之，它们等同于仙岛，人们期望它们可以提供仙岛的特征。像坟丘与墓室绘画一样，园林内的山水也有重要的功能。它们可以使帝王与神仙在园中相会。在这种情况下，园林不仅是一个供人观赏的乐园，而且是一个可以居住的宇宙。

虽然皇家园林是包含山岳的宇宙的最明显例证，建筑似乎也可以表现高耸的山峰。例如王延寿所著诗赋的开篇将鲁灵光殿与昆仑山上高耸入云的山峰相比。[74]宫廷典礼的参与者可以通过进入大殿与山岳产生联系。[75]

多位专家讨论了汉代以后的较小模型。这些模型与大型园林一样等同于真实的山岳。石泰安论著中提到的公元9世纪的故事描述了相似的观点：

[12-12] 唐太宗昭陵。作者拍摄。

玄解将还东海，亟请于上，上未之许。过宫中刻木作海上三山，彩绘华丽，间以珠玉。上因元日，与玄解观之，指蓬莱曰："若非上仙，无由得及此境。"玄解笑曰："三岛咫尺，谁曰难及？臣虽无能，试为陛下一游，以探物象妍丑。"即踊体于空中，渐觉微小，俄而入于金银阙内，左右连声呼之，竟不复有所见。[76]

　　这类模型因其与园林的联系而在此论及，它实际上属于由汉代博山炉开启的悠久传统。[77]许多博山炉表现为从海中升起，因此可能代表了蓬莱仙岛。后来盆景中的微缩园林以及由大小山石装饰的园林继承了这一传统，不过表现得更为世俗化。[78]这些与仙岛相关的园林解释了王处直墓后室内园林图像的功能。

墓葬与石窟寺

　　现存最早的山岳图像出现在墓葬中。这类图像一般处于三种环境中。第一种最先被学者提出，即珍奇有翼瑞兽出现的场景。青铜镶嵌的图案中可以找到该类型微小的例子【图12-13】，[79]而较大例子则出现在墓室内部的墙壁上。[80]在这些例子中，我们很难清晰区分云纹与山峦。[81]这些平面的图像存在着立体的对应物，比如上文中提到的博山炉。另外，西汉大将军霍去病的墓上也塑有大型的石雕瑞兽。[82]在第二种环境中，山岳暗示了西王母的圣地，而西王母以端坐山顶的形象出现【图12-14】。在第三种环境中，一系列山岭通常作为面容可怖的胡人或非汉人的居所。如果墓主人想前往西王母的仙境，就必须穿过他们的领地。[83]上述三种场景是描绘或模型化墓主人死后世界系列图像的一部分，宴会、农耕和巡猎场景也都包括在其中。

　　墓室壁画非常重要，不是因为它们作为平面图像可以被人们观赏，而是因为它们为墓主人提供了特定的环境。墓主人不会去观看这些图像，而是将它们视为宇宙的组成部分。这种墓葬装饰结构与墓主人之间的功能性关系，由汉代以后墓室结构的改变而加强。后期的墓葬以相对较少的墓室取代了汉代的多室墓，同时比以往更加清晰地表现了宇宙。主要的墓室自东汉以来通常为拱顶，并绘有日月星辰及银河的图像。圆

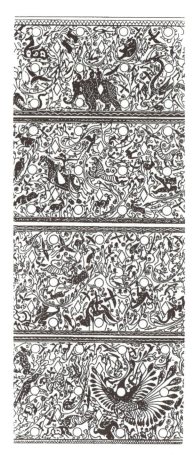

[12–13] 河北定县122号墓出土的青铜马车配件上的瑞兽风景图与卷云纹线图，青铜车马配件高26.6厘米，西汉时期，公元前1世纪左右。引自《中华人民共和国出土文物选》，北京，1976年，图66。

[12–14] 甘肃酒泉丁家闸5号墓墓顶描绘的西王母端坐山峰之上的场景，公元4—5世纪。引自《酒泉十六国墓壁画》，北京，1989年。

形拱顶代表天空，而方形的墓室则表现大地。位于甘肃酒泉的一座公元4到5世纪的壁画墓中，象征天空的拱顶边缘绘有一圈山岳的图像（参见图12–14）。[84] 这些山岳是天空与大地以及墓壁下层绘画所表现的人世生活的连接。西王母端坐于山峰之上，而天马、神鹿与仙人在云间游弋。墓室结构与绘制图像的结合为墓主人提供了宇宙天地的各个方面。墓室壁画也存在一些晚期的对应物，我们将会在下文中谈到。

与上述图像相似的例子出现在甘肃敦煌莫高窟的249号窟中。[85] 石窟的墙壁与天顶之间描绘了同样的分界线，并以一排山脉分隔开这两个区域。天空中画有风神与雷神，而他们也曾出现在汉代画像石上。与墓中表现的人世生活不同，石窟墙壁的下方绘有正在为信徒讲经布道的佛教人物。此处，佛教的宇宙得以呈现。佛教寺庙中人物在其宇宙中的位置也非常重要。在墓葬与石窟寺中，主要人物都被安放在宇宙正中，其中山岳标识出天地之间的界限。墙壁上的图画因此有助于个人在宇宙中定位。

屏风画中山岳的类比

宫殿、住宅及寺庙中的屏风画有着相似而又独特的功能。屏风画上描绘的山石已经不再是实体的再现。位于屏风前方的主要人物受益于山川的特殊内涵。虽然许多学者讨论了山水画的世俗性特征，但是山岳早在山水画世俗化之前就已经出现在屏风上。

现存最早的屏风画出土于湖南长沙马王堆1号墓（公元前2世纪）。[86] 屏风上绘有一条栩栩如生的飞龙，它的出现被认为可以带来吉运【图12-15】。女墓主坐在屏风前接受供奉，她似乎并不是屏风画上祥龙的主要观者。侍者及亲属可以看到她位于祥龙的背景之前，屏风因此为女主人设置了一个吉祥的环境。

巫鸿曾提出，屏风通过设定界限将屏风前的人物置于与屏风上主题相关的明确空间内。[87] 如酒泉墓壁上的彩画一样，屏风画也为位于前方的人物创造了特定的区域（参见图12-14）。屏风上的绘画因此也与位于画前的人物产生了某种特殊联系。屏风与绘画的这种空间性功能可以与文中第一部分谈到的宇宙图像和图标相联系。许多屏风画出现在汉唐时期的墓葬中，但存世的6世纪屏风画大多被刻画在石棺床上，而棺床正是人们安放墓主尸体的地方。

其中几个异域风格的石棺床表现了6世纪时期居住在中国的袄教徒。最为特别的例子出现在西安新近出土的安伽（卒于公元579年）墓中。[88] 墓中的屏风画描绘了墓主人在山水间的生活场景，同时包括了一些以山石为背景的狩猎图【图12-16】。[89] 这些屏风画环绕着墓主人安伽的尸体并为他提供了死后的世界。另一幅甘肃天水出土的屏风虽然也描绘了冥世的场景，但更接近于中国的传统风格。[90] 米歇尔·班

[12-15] 湖南长沙马王堆轪侯夫人墓出土屏风上的云龙与玉璧图案。公元前2世纪。引自《长沙马王堆一号汉墓》，卷1，94页，图89。

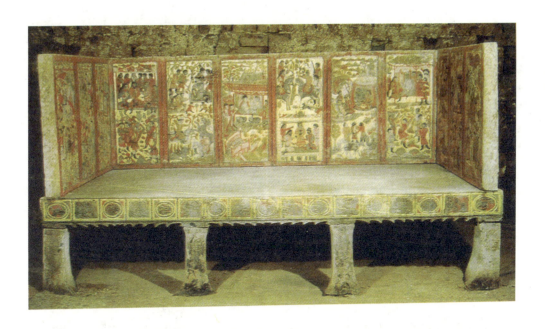

[12-16] 安伽墓石棺床屏风与局部图。引自《文物》2001年1期，4—26页，图13。

布林（Michelle Bambling）观察到天水石棺床上屏风的位置似乎与墓室真实的朝向一致。另外，屏风上从右到左呈现的风景也与春季到秋季的顺序相对应。[91] 换言之，宇宙以图像的形式展现出来，这使墓主人由屏风上四季、日月永恒循环的世界所环绕。日月的位置对我们下面的讨论至关重要，因为它们反映出屏风画不仅表现了地点，也同时呈现出时间与季节特征。墓主人由此被置于时间与空间的中心。

如上所述，墓葬提供了死后世界的宇宙，而石窟寺的壁画则创造了另外的宇宙空间，即佛教净土。在甘肃敦煌莫高窟中，绘有佛祖生平、现在佛与未来佛神迹的屏风围绕着佛祖与其胁侍的塑像【图12-17】。[92] 这些图像同西安及天水墓中的屏风画一样，与位于它们前方的塑像紧密相关。场景的内容是描述性的，大多表现了佛经教义，并由此展现出一个与佛经相对应的宇宙。在大部分的例子中，这类场景都处于山水之间。另外，主要的佛像与菩萨像也都被安放在山水画前，风景为塑像提供了与山岳的联系【图12-18】。但是，这种联系并不是指代方位性的五岳，而是侧重表现发生在山水中的神迹。

在这个交汇点上，我们可以看到山水风景表现与象征意义之间的互换。佛教背景的屏风画所显示的山水与人物实际上是特定山岳中事件的呈现；它们因此与6世纪墓葬中的屏风画非常相似（参见图12-16）。当主要的佛像或菩萨像被安放在屏风前而不是风景中时，塑像与山水以及其中所绘故事紧密相关（参见图12-18）。同样，皇宫内帝王宝座周围的屏风也提供了山水与皇帝之间的关联。

许多早期的传世山水画，比如11世纪晚期郭熙的《早春图》，很可能被用于宫殿场景的装饰（参见图12-1）。[93] 小川裕充以及斯科特（Scarlett Jang）在对11世纪北宋翰林院玉堂的重建中进一步显示出屏风之前宝座的位置。同时，这幅屏风又位于一面画有海中仙岛的墙壁之前。[94] 宫殿的名称"玉堂"也是类比的一部分。它指代了同名的宫殿：正如西王母居住在昆仑山上，玉堂是神仙的居所。通过这样的类比，翰林院玉堂中的学士们获得了与仙人的联系。当皇帝亲临玉堂时，他并不是一个观者；他也会出现在双层的背景之前，即由屏风画以及整个殿堂所提供的闭合空间。另外，这类宫殿中的山水画可能并不是孤立存在。它们是覆盖立体空间的组成部分，并延伸到其他的分间中。[95]

[12-17] 甘肃敦煌千佛洞112窟中山水屏风前的菩萨塑像,唐代,公元8—9世纪。引自《敦煌石窟艺术》,南京,2000年,卷57,112窟。

[12-18] 甘肃安西榆林窟中描绘的水月观音,西夏时期,13世纪。引自《甘肃安西榆林窟》,成都,1999年,12页。

这些图像可能通过绘画及其指代的事物来呈现整个宇宙,进而将帝王象征性地置于该宇宙中。[96] 山水与帝王由此联系起来。

指代和类比在这个例子以及其他案例中表现出多样性。首先,山岳作为天地间连接,与帝王作为上苍与帝国之间连接存在着相似性。其次,山岳的高耸崇峻似乎也是帝王地位的重要写照。另外,玉堂中东海仙岛的图像暗示了帝王会被这些吉祥的岛屿佑护。

当山被用作类比或指代时,它们与西方意义上暗喻的概念十分接近。文学理论家一直为是否可以将中国对自然现象的偏好称作暗喻而争论不休。最早的诗歌合集《诗经》(约公元前600年)提供了自然现象与人类品质相对应的各种类比的基础。有学者提出,这些早期的比喻并不是对花鸟山水的暗喻运用,而是一种对中国类型学理论的探索。[97] 因此少女的美丽与野花的娇艳相联系,因为花与少女似乎属于相关类型。同样,人们将圣贤、君主与山岳相比,因为山的高耸险峻可以用来说明圣贤、神佛与帝王崇高的品格或地位(参见图12-18)。[98]

这种类比也出现在山西太古净信寺的壁画上。壁画将圣贤及其身后的屏风一起呈现在山水风景中【图12-19】。当然,画家也可以简单地

[12-19] 山西太古净信寺壁画中位于山水屏风前的圣贤,清代,17—18世纪。引自《山西寺观壁画》,北京,1997年,彩版357。

将圣贤描绘在山水间,但是,以屏风环绕着圣贤还有另外一层深意,即精神权威。人们将圣贤及屏风置于山水间而不是建筑或朝堂中,进一步增加了它们的内涵,体现出一种与世俗生活的隔离,而这种隔离又与人性的灵与纯相关。山水屏风画不仅提供了场景,与真实的山水风景相比,它还涵盖了多种层次的意义。

人们由于山水画特殊的含义开始越来越多地使用它们,但这些并没有完全取代墓室壁画为死后世界提供山川宇宙的功能。我们有许多来自10世纪之后墓葬的材料,说明屏风画为墓主人提供山水风景。一个十分重要的例子出现在现今内蒙古赤峰的元代(1279—1368)壁画墓中。墓室内部的天顶上绘有日月、瑞鹤及祥云的图案,天顶下方为侍者在案几边为墓主人备食的场景。案几之间的屏风上画有园林与山水风光,描绘了墓主人在户外的生活场景【图12-20】。这幅屏风将室外的世界也包括在墓室内部,它们似乎使墓主人在死后仍然能够徜徉于山水之间。上述屏风画与王处直墓后室描绘的山石园林图相似,它们在一定程度上继承了安伽墓中的习俗和传统(参见图12-16)。[99] 而这座赤峰壁画墓也证实了山水画即使在13到14世纪时仍有着提供风景的功能。

中国山水画的传统在许多方面都十分显著。这些绘画不是对自然界简单的审美回应。因为如果没有公元前3到前2世纪时期中国宇宙观特殊结构的流行以及对早期山岳崇拜的同化,这些山水画也许不可能出现。关于山岳连接天地、"山岳则配天"的观点也是山水画兴起的必要条件。而墓中的山水图像等同于真实山岳的观念一直延续到元代之后(参见图12-20)。

虽然并不明显,但是这些古代的观念仍然持续影响着后期的绘画传统。山岳继续作为崇高品格与地位的象征物,在诗歌和绘画中被大量采用。另外,它们也被视为与神灵世界相通,或是受神灵教化的场所。当山石被绘于屏风上时,它们又与位于屏风前方的人物发生联系。在这些背景下,位于山石屏风前方主要人物的位置无疑是人们获得所期望的各种联系的必要条件。因此,中国早期的山水画并不是一种视窗形图像,而是为那些位于画面前方人物利益服务的宇宙图像的组成部分。

(邓　菲 译)

[12–20] 内蒙古赤峰元墓中的彩画。引自《文物》1992年2期,24—27页,图3。

〔1〕我在此感谢柯律格(Craig Clunas)、韩文彬(Robert Harrist)、雷德侯(Lothar Ledderose)以及孟久丽(Julia Murray)为本文提出的意见。同时,我与普鸣(Michael Puett)、毕嘉珍(Maggie Bickford)的谈话也使本文受益颇深。

〔2〕在本文中,我将现在我们称之为中国的区域描述为那个时代使用汉语并因此凸显出文化统一性的社会群体。很明显,当时存在着对宇宙山水概念一系列多样化的运用。我虽然使用"山水画"这个普遍意义的概念对中国绘画的主要类型进行描述,但我们不能忽视山水画这种类型在历史中曾被赋予了各种不同内涵。塞莉亚(Celia Carrington Reily)讨论了将山水画配置在社会甚至是政治背景的例子,参见:Celia Carrington Reily, "Tung Ch'i-ch'ang's life," in Wai-kam Ho and Judith G. Smith eds., *The Century of Tung Ch'i-ch'ang 1555—1636,* Seattle and London, 1992, vol.2, pp.385-457; Craig Clunas, "Artist and Subject in Ming Dynasty China," *Proceedings of the British Academy* 105, 2000, pp.43-72.

〔3〕Lothar Ledderose, "The Earthly Paradise: Religious Elements in Chinese Landscape Art," in Susan Bush and Christian Murck eds., *Theories of the Arts in China,* Princeton, 1983, pp.165-183. 该文提供了从描述宇宙现象方面讨论山水画起源的基础。雷德侯学习石泰安(Rolf Stein)的方法,集中于宇宙的一个特定方面(比如山川),而不是讨论整个宇宙,见 Rolf Stein, *The World in Miniature: Container Gardens and Dwellings in Far Eastern Religious Thought,* Phyllis Brookes trans., Stanford, 1990. 涉及山岳神圣性的概念出现在后期的许多例子中,比如对圣山的朝圣,参见:James Cahill(高居翰),"Huang Shan Paintings as Pilgrimage Pictures," in Susan Naquin and Chun-fang Yu eds., *Pilgrims and Sacred Sites in China,* Berkeley, 1992, pp.246-292.

〔4〕学者通常认可总体宇宙观的内容,但并没有深入研究。其他因素却被放置在最显著的位置,比如

参阅 Wen Fong（方闻）, *Beyond Representation, Chinese Painting and Calligraphy, 8th—14th century*, New Haven and London, 1992, p.71.

﹝5﹞ Michael Sullivan, *The Birth of Landscape Painting in China*, Berkeley, 1962. 汉代以后的学者和画家关于绘画技巧方面所做的评论经常被后人引用，但是正如其前辈一样，他们似乎将全部注意力集中在主要的圣山以及山水的宇宙性方面，参见：Susan Bush and Hsio-yen Shih, *Early Chinese Texts on Painting*, Cambridge, 1985, pp.32-39.

﹝6﹞ 有关山水画起源不同的观点，参见：Martin Powers（包华石）, "When is a Landscape like a Body?," in Wen-hsin Yeh ed., *Landscape, Culture and Power in Chinese Society*, China Research Monograph no.49, Berkeley, 1998, pp.1-22.

﹝7﹞ 有关该墓的考古报告，见河北省文物研究所、保定市文物管理处：《五代王处直墓》，北京，1998年。另外，山水画的道教内涵也值得探讨。虽然这是一个非常重要的题目，但我并不会在本文中论及该题目。

﹝8﹞ 关于墓为居所功能的讨论，参考收录在本书中《图像的力量——秦始皇的模型宇宙及其影响》一文。

﹝9﹞ 其他一些多室墓中也出现了相似的屏障。这幅屏风画可能表明，当时其他的墓葬可能包含有以易毁材料制作的屏风。

﹝10﹞ 有关墓志铭为小型宇宙的讨论，见赵超：《式、穹窿顶墓室与覆斗形墓志：兼谈古代墓葬中"象天地"的思想》，《文物》1995年5期，77—84页。

﹝11﹞ 关于第二幅屏风可见广州南越王墓中的配件遗存，参阅：广州市文物管理委员会等：《西汉南越王墓》，北京，1991年，卷2，彩版28、29。

﹝12﹞ 许多学者讨论了日月星辰与秦始皇陵的联系，参见：Burton Watson（华兹生）, *Records of the Grand Historian, Qin Dynasty*, Hong Kong and New York, 1993, p.63. 另外，各种天体图像也出现在汉代壁画墓以及精美的北魏壁画墓中，见陕西省考古研究所等：《西安交通大学西汉壁画墓》，西安，1991年，25页；以及《文物》1974年12期，56－60页。

﹝13﹞ 有关十二生肖图像的讨论，参阅：Judy Chuangwa Ho, "The Twelve Calendrical Animals in Tang Tombs," in George Kuwayama ed., *Ancient Mortuary Traditions of China, Papers on Chinese Ceramic Funerary Sculpture*, Los Angeles, 1991, pp.60-83.

﹝14﹞ 仙鹤与祥云也曾在公元8世纪早期的永泰公主墓中出现，见《文物》1964年1期，7—33页，图9。

﹝15﹞ 关于牡丹花的文献记载，见李树桐：《唐人喜爱牡丹考》，《大陆杂志》39卷，1969年7月，42－66页。

﹝16﹞ 由于古代中国人发现月季可以在一年中的大部分时节开放，所以人们似乎认为月季代表了"永恒的春日"。

﹝17﹞ John Knoblock and Jeffrey Riegel, *The Annals of Lü Buwei, A Complete Translation and Study*, Stanford, 2000, Books 1-3, pp.59-115.

﹝18﹞ 例如，柯律格在论著中讨论了明代画家文徵明的作品，见 Craig Clunas, *Pictures and Visuality in Early Modern China*, Princeton, 1997, pp.57-58.

〔19〕有关杜德桥对唐宋传奇的讨论，参见：Glen Dudbridge, *Religious Experience and Lay Society in T'ang China, A Reading of Tai Fu's Kuang-I chi*, Cambridge, 1995, Appendix, nos.4,11,119, 138,158,159,161,169. 另外，关于画像中人物变成真人的故事，参见：Wu Hung（巫鸿），*The Double Screen: Medium and Representation in Chinese Painting*, Chicago, 1996, p.104.

〔20〕有关园林为极乐世界的讨论，见注 3，Lothar Ledderose, "The Earthly Paradise: Religious Elements in Chinese Landscape Art".

〔21〕见梁庄爱伦对花鸟画起源的讨论：Ellen Johnston Laing, "The Development of Flower Depiction and the Origin of the Bird-and-Flower Genre in Chinese Art," *Bulletin of the Museum of Far Eastern Antiquities* 64, 1992, pp.180-223; "A Survey of Liao Dynasty Bird-and-Flower Painting," *Journal of Sung and Yuan Studies* 24, 1994, pp.57-99.

〔22〕同上，"A Survey of Liao Dynasty Bird-and-Flower Painting".

〔23〕见《文物》1979 年 6 期,22－32 页,以及河北省文物研究所:《宣化辽墓壁画》,北京,2001 年。

〔24〕Stephen Owen（宇文所安），*An Anthology of Chinese Literature, Beginnings to 1911*, New York and London, 1996, pp.309-310.

〔25〕手卷与本文的主题——立轴画卷一样，也有制图的特性。手卷的这一特性则是通过小型绘画来源于叙述性文字而产生。孝子故事或佛祖生平是主要的例子。这些故事中的事件都发生在特定的场所。正如文字被水平地书写在较长的帛书上或墙壁上，系列图画也采用了相同的方式。参见：Julia Murray, "Buddhism and Early Narrative Illustration in China," *Archives of Asian Art* 48, 1995, pp.17-31. 洛阳出土的公元 6 世纪石棺上的孝子图像也有类似的例子，见 Eugene Wang（汪悦进），"Coffins and Confucianism: The Northern Wei Sarcophagus in the Minneapolis Institute of Arts," *Orientations*, June 1999, pp.56-64. 在此，不同的时间或故事被设置在小型山水风景中。如同刻有铭文的山岳一样，长方形图形标志出的铭文进一步引导观者思考。另外一个例子是刻有祥瑞动物的石棺，它的左侧画有小幅的山水风景，参见《考古》1980 年 3 期，229－241 页；俞伟超主编：《中国画像石全集》，济南、郑州，2000 年，图 56。可能由于石棺的侧面类似卷轴，图像也呈现出横向的顺序。另一方面，这两种形式有可能相互关联。通过在棺椁上刻画图像，墓主被赋予了画面景象中的内容。许多晚期的绘画也有同样的地形特点，比如现藏于美国堪萨斯州纳尔逊博物馆的沈周（1427—1509）的《吴中胜览图卷》，见 Kiyohiko Munakata（宗像清彦），*Sacred Mountains in Chinese Art*, Urbana and Chicago, 1990, no.11; Craig Clunas, *Pictures and Visuality*, pp.80-82.

〔26〕人们经常引用相传由著名画家顾恺之（公元 345—406 年）所著的画论来讨论与手卷相关的绘画技法。顾恺之绘制了道教宗师张道陵与弟子在云台山的局部画面。他的作品似乎可以视为特殊地形学的入门："作紫石如坚云者五六枚，夹冈乘其间而上，使势蜿蝉如龙，因抱峰直顿而上。下作积冈，使王之蓬蓬然凝而上。次复一峰是石，东邻向者峙峭峰，西连西向之丹崖，下据绝磵。"英译文引自：Susan Bush and Hsio-yen Shih eds., *Early Chinese Texts on Painting*, pp.34-35；Kiyohiko Munakata, *Sacred Mountains in Chinese Art*, pp.37-40. 公元 4、5 世纪时期的画家宗炳也曾将绘画描述为游览圣山的重要方式，这一传统流传至今。我的观点还

受益于柯律格有关绘画与地图关系方面的观察与讨论，见 Craig Clunas, *Pictures and Visuality*, p.83. 有关神游方面的讨论，可见米芾（1051—1107年）的例子，参阅：John Hay, *Kernels of Energy, Bones of Earth: The Rock in Chinese Art*, New York, 1985. 另外，公元7、8世纪时期王维（699—761）与卢鸿（713—742）的画作也以地形方式描绘风景，见注4，Wen Fong, *Beyond Representation*, p.73; Robert Harrist, *Painting and Private Life in Eleventh-Century China: Mountain Villa by Li Gonglin*, Princeton, 1998.

[27] 关于本文中宇宙概念形成的重要讨论，参见：Michael Puett, *To Become a God, Cosmology, Sacrifice and Self-Divinization in Early China*, Cambridge, Mass., 2000. 普鸣考虑了关联性宇宙观及其相关概念逐渐形成的过程，并讨论了该宇宙观取得优势地位的时期。另外，伴随这些新的哲学思想而来的还有丧葬以及礼仪的巨大变革，参见收录在本书的《西汉的永恒宫殿——新宇宙观的发展》与《战国及秦汉时期的礼器变化》二篇文章。这个时期的哲学思想、信仰、礼仪及丧葬方面与之前的时代相比发生了巨大变化，因此艺术品与图像传统也出现了重要改变。

[28] 有关宇宙观的讨论，参见：John Major, "The Five Phases, Magic Squares and Schematic Cosmography," in Henry Rosemont ed., *Explorations in Early Chinese Cosmology, Journal of the American Academy of Religion, Thematic Studies*, 50/2, Chicago, 1984, pp.133-166; A. C. Graham（葛瑞汉）, *Yin-yang and the Nature of Correlative Thinking*, Singapore, 1986; A. C. Graham, *Disputers of the Tao: Philosophical Argument in Ancient China*, La Salle, Illinois, 1989; John Major, *Heaven and Earth in Early Han Thought, Chapters Three, Four, and Five of the Huainanzi*, Albany, 1993; Donald Harper（夏德安）, "Warring States Natural Philosophy and Occult Thought," in Michael Loewe and Edward Shaughnessy eds., *The Cambridge History of Ancient China, From the Origins of Civilization to 221 B.C.*, Cambridge, 1999, pp.813-884; Aihe Wang（王爱和）, *Cosmology and Political Cultural in Early China*, Cambridge, 2000.

[29] Sun Xiaochun and Jacob Kistemaker, *The Chinese Sky During the Han, Constellating Stars and Society*, Leiden, 1997, Chapter 5.

[30] W. Allen Rickett, *Guanzi: Political, Economic, and Philosophical Essays from Early China, a Study and Translation*, Princeton, 1985, 1998, vol.2, p.111.

[31] Marc Kalinowski, "The *Xingde* Texts from Mawangdui," Phyllis Brooks trans., *Early China* 23-24, 1998—1999, pp.125-202; *Cosmologie et divination dans La Chine ancienne, Le Compendium des cinq agents*, Paris, 1991.

[32] 例如，参见：A. F. P. Hulsewé, "Watching the Vapours: an Ancient Chinese Technique of Prognostication," *Nachrichten der Deutschen Gesellschaft für Natur-und Volkerkunde Ostasiens*, cxxv, 1979, pp.40-49; Michael Loewe, *Divination, Mythology and Monarchy in Han China*, Cambridge, 1994, Chapter 9.

[33] 有关商代的卜辞文献记录，参见：David Keightley（吉德炜）, *The Ancestral Landscape: Time, Space, and Community in Late Shang China*, Berkeley, 2000, pp.113-116. 有关汉代晚期山岳祭祀的讨论，见 Burton Watson trans., *Records of the Grand Historian of China Translated from the Shi ji of Ssu-ma Ch'ien*, New York and London, 1961, vol.2, p.16.

[34]《诗经》，毛诗259，英译文引自：Arthur Waley（魏莱）, *The Book of Songs*, New York, 1937, p.133.

[35]《左传》,"庄公二十二年",英译文引自: James Legge (理雅各), *The Chinese Classics, Volume V, The Ch'un T'sew with The Tso Chuen,* Taopei reprint, no date, p.103.

[36] 见注 33. Burton Watson, *Records of the Grand Historian of China,* vol.2, p.28.

[37] Riccardo Francasso, "Holy Mothers of Ancient China: a New Approach to the His-wang-mu Problem," *T'oung Pao* 74, 1988, pp.1-46; Wu Hung, "Mapping Early Taoist Art: The Visual Culture of Wudoumi Dao," in Stephen Little, *Taoism and the Arts of China,* Berkeley, 2000, pp.77-93.

[38] 这些神山在公元前 3 世纪的文献中就已经出现。列子也曾经讨论这些山岳,引自: Wolfgang Bauer, *China and the Search for Happiness: Recurring Themes in Four Thousand Years of Chinese Cultural History,* Michael Shaw trans., New York, 1976, p.97; Kiyohiko Munakata, *Scared Mountains,* pp.3-34.

[39] 见注 12. Burton Watson trans., *Records of the Grand Historian: Qin Dynasty,* p.49.

[40] 见注 37. Stephen Little, *Taoism and the Arts of China,* p.17; Franciscus Verellen, "The Beyond Within: Grotto-Heavens (Dongtian) in Taoist Ritual and Cosmology," *Cahiers d'Extrême Asie* 8, 1995, pp.265-290.

[41] 见注 3. Lothar Ledderose, "The Earthly Paradise: Religious Elements in Chinese Landscape Art".

[42] 有关例子参见: James Robson, "The Polymorphous Space of the Southern Marchmont [Nanyue]: An Introduction to Nanyue's Religious History and Preliminary Notes on Buddhist-Daoist Interaction," *Cahiers d'Extrême-asie* 8, 1995, pp.221-264.

[43] 杰弗里·洛伊德(Geoffrey E. R. Lloyd)提出,命运三女神通过纺织来决定人类命运的概念是在社会学的范畴内解读宇宙。参见: Geoffrey E. R. Lloyd, *Polarity and Analogy: Two Types of Argumentation in Early Greek Thought,* Cambridge, 1966, pp.192-194.

[44] 洛伊德还提出人类善于利用相似性,试图通过操纵与特定事物相似的物体而去控制或影响这些事物。Geoffrey E. R. Lloyd, *Polarity and Analogy: Two Types of Argumentation in Early Greek Thought,* p.178. 交感巫术存在于上述解读之上,见 Robert A. Hinde, "A Biologist Looks at Anthropology," *Man* 26, 1991, pp.583-608.

[45] 有关西方艺术与建筑的讨论经常试图区分开人物图像与其框架,这导致很难定义那些源于建筑装饰的图案系统。我们似乎应该将两种题材和框架作为同样事物的不同部分。在这种情况下,源于建筑的装饰系统便可以被视为西方艺术独有的特征而不是普遍类型。

[46] 同注 17。

[47] 见注 28. Aihe Wang, *Cosmology and Political Culture in Early China,* p.121, fig.3.4.

[48] David L. Hall and Roger T. Ames, *Anticipating China, Thinking Through the Narratives of Chinese and Western Culture,* Albany, 1995, pp.216-225; Craig Clunas, *Pictures and Visuality,* pp.102-111.

[49] Willard Peterson (裴德生), "Making Connections: 'Commentary on the Attached Verbalizations' of the *Book of Changes,*" *Harvard Journal of Asiatic Studies* 42, 1982, pp.67-116.

[50] 参考收录在本书中《图像的力量——秦始皇的模型宇宙及其影响》一文。

[51] 有关该讨论的主要著作,参见: Hans Belting, *Likeness and Presence: A History of the Image before the Era of Art,* E. Jephcott trans., Chicago and London, 1994; Susan Verdi Webster, *Art and Ritual in Golden-*

Age Spain: Sevillian Confraternities and the Processional Sculpture of Holy Week, Princeton, 1998, pp.186-187.

[52] 古代中国人的这种特点体现在司马迁对秦始皇陵的描述中，见《史记》，北京，1969年，卷一，265页；英译文见注12，Burton Watson, *Qin Dynasty*, p.63.

[53] 见注32，Michael Loewe, *Divination, Mythology and Monarchy in Han China*, Chapter 7.

[54] Mary H. Fong, "The Iconography of the Popular Gods of Happiness, Emoluments, and Longevity (Fu Lu Shou)," *Artibus Asiae* 44, no.2, 1993, pp.159-199.

[55] 例如，绘制线图作为标志山岳的图表被认为非常有效，见注37，Stephen Little, *Taoism*, no.137.

[56] Martin Kern, *The Stele Inscriptions of Ch'in Shih-huang: Text and Ritual in Early Chinese Imperial Representation*, American Oriental Series, vol.85, New Haven, 2000.

[57] John Major, *Heaven and Earth*, pp.158-159; Anne Birrell trans., *The Classic of Mountains and Seas*, London, 1999.

[58] Ancient Map Research Team of the Chinese Academy of Surveying and Mapping, *China in Ancient and Modern Maps*, 1998, pp.20-27.

[59] 有关地图与制图的各种轶闻，例如荆轲刺秦故事中涉及地图的内容。秦始皇如此迫切地渴望得到地图而使其陷入危险境地，见注12，Burton Watson, *Qin Dynasty*, pp.174-175. 另外见《后汉书》中的故事，马援（公元前14—公元49年）以大米建造了疆域领土的模型，模拟山河地貌。他还以手指标记出帝王军队前行的路线等，见《后汉书》，北京，1971年，卷二四，834页。

[60] Lothar Ledderose, "Subject Matter in Early Chinese Painting Criticism," *Oriental Art* 19, 1973, pp.69-83.

[61] Terry Kleeman (祁泰履), "Mountain Deities in China: The Domestication of the Mountain God and the Subjugation of the Margins," *Journal of the American Oriental Society* 114, no.2, 1994, pp.226-238.

[62] 同注56，Martin Kern, *The Stele Inscriptions of Ch'in Shih-huang*, pp.114-116.

[63] 韩文彬曾指出在山峰上题词似乎完成了山向神仙净土的转换，参见：Robert Harrist, "Writing, Landscape, and Representation in Sixth-Century China: Reading Cloud Peak Mountain".

[64] Edouard Chavannes (沙畹), *Le T'ai Chan, Essai de Monographie d'un Culte Chinois*, Paris, 1910.

[65] 见注33，Burton Watson, *Records of the Grand Historian*, vol.2, p.59.

[66] Robert Harrist, "Writing, Landscape, and Representation in Sixth-Century China: Reading Cloud Peak Mountain".

[67] Robert L. Thorp (杜朴), *The Mortuary Art and Architecture of Early Imperia China*, unpublished doctoral dissertation, University of Kansas, 1979, p.44.

[68] 见注12，Burton Watson, *Qin Dynasty*, p.64.

[69] 同上注，p.63.

[70] 在汉王朝四百多年的历史中，大量刘氏皇族成员埋葬于山陵之中。这说明了汉代皇室对崖洞

墓需求的严格性。另外，许多刘氏家族成员的墓中还出土了成套的玉衣，这些习俗显示出汉代与汉代之前丧葬传统的巨大改变，参见收录在本书的《西汉的永恒宫殿——新宇宙观的发展》一文。

[71] 有关西汉园林最著名的词赋是司马相如所作的《上林赋》，英译文见注33，Burton Watson, *Records of the Grand Historian*, vol.2, pp.308-319.

[72] 见注3，Lothar Ledderose, "The Earthly Paradise: Religious Elements in Chinese Landscape Art," p.166.

[73] 同上注，pp.168-169.

[74] David Knechtges（康达维）trans., Wenxuan, *or Selections of Refined Literature by Xiao Tong*, Princeton, 1987, vol.2, pp.265-266.

[75] "明堂"是建筑对宇宙更显著的类比，陆威仪（Mark Lewis）已经全面讨论过相关内容。根据汉代文献，明堂的结构由格子形空间组成，每个空间是为了帝王在每年不同月份的居住设计。陆威仪的研究仍在进一步发展。有关对明堂的讨论，另外参见：William E. Soothill, *The Hall of Light: A Study of Chinese Kinship,* London, 1951.

[76] 苏鹗：《杜阳杂编》，原文引自：Rolf Stein, *The World in Miniature*, pp.52-53.

[77] Susan Erickson, "Boshanlu—Mountain Censers of the Western Han Period: A Typological and Iconological Analysis," *Archives of Asian Art* 45, 1992, pp.6-28.

[78] 指代仙人楼阁的建筑经常出现在绘画与园林中，比如紫禁城内的后花园。

[79] 其中最著名的是巫鸿讨论过的铜车饰，参见，Wu Hung, "The Sanpan Shan Chariot Ornament and the Xiangrui Design in Western Han Art," *Archives of Asian Art* 37, 1984, pp.38-59.

[80] 有关东汉画像石墓中许多例子，见山东省博物馆：《山东汉画像石选集》，济南，1982年，图136、537；李林、康英兰、赵力光著：《陕北汉代画像石》，西安，1995年，80－81、194、226－227页。

[81] 楚国漆器图案通常也存在同样情况，见藤壬生：《楚漆器研究》，香港，1991年，图87，其中瑞兽与云纹合并在一起。另外见Max Loehr(罗樾), "The Fate of Ornament in Chinese Art," *Archives of Asian Art* 21, 1967—1968, pp.8-19.

[82] Ann Paludan, *The Chinese Spirit Road: The Classical Tradition of Stone Tomb Statuary*, New Haven and London, 1991, pp.15-27.

[83] 曾昭燏、蒋宝庚、黎忠义：《沂南古画像石墓发掘报告》，南京，1956年，拓片1。

[84] 见《文物》1979年6期，1－17页。

[85] 《中国石窟寺：敦煌莫高窟》，东京，1981年，卷1，98－100号。

[86] 湖南省博物馆等：《长沙马王堆一号汉墓》，北京，1973年，卷1，94页，图89。

[87] 见注19，Wu Hung, *The Double Screen: Medium and Representation in Chinese Painting*, pp.1-28. 巫鸿除了在书中提出屏风画创造和划分空间的重要功能，还提供了有关该观点的有趣案例。

[88] 《文物》2001年1期，4－26页。

[89] 总体上，汉代壁画墓与画像石墓通常表现墓主人室内的生活场景。6世纪左右，更多的山水图像出现在墓中，见《文物》2001年7期，40－51页。

〔90〕《考古》1992年1期，46—52页。

〔91〕Annette Juliano and Judith Lerner, *Monks and Merchants: Silk Road Treasures From Northwest China, Gansu and Ningxia, 4th—7th Century,* New York, 2001, pp.304-309.

〔92〕赵青兰：《莫高窟吐蕃时期洞窟龛内屏风画研究》，《敦煌研究》1994年3期，49—61页。

〔93〕虽然《早春图》等传世山水画很可能为卷轴或屏风，但是据记载郭熙也曾经在墙壁上作画，见注5。Susan Bush and Hsio-yen Shih, *Early Chinese Texts on Painting,* p.122.

〔94〕Scarlett Jang, "Realm of the Immortals: Paintings Decorating the Jade Hall of the Northern Song," *Ars Orientalis* 22, 1992, pp.81-96.

〔95〕这样复杂的形制似乎与全真教宗师冯道真的墓室结构相似，见《文物》1962年10期，34—46页。冯道真于1265年葬于山西大同。墓的北壁绘有一幅精美的山水风景画，并向两侧延伸至东西壁，山水画环绕冯道真的棺椁，使其置于山水之间。另外，瑞鹤的图案伴随山水风景出现。而瑞鹤与竹林也同样出现在玉堂中。

〔96〕在山石前表现佛祖与神像似乎相当普遍，见《文物》2001年10期，19—38页，图25。

〔97〕有关讨论，参见：Pauline Yu, *The Reading of Imagery in the Chinese Poetic Tradition,* Princeton, 1987; Kiyohiko Munakata, "Concepts of *Lei* and *Kan-lei* in Early Chinese Art Theory," in Susan Bush and Christian Murck eds., *Theories of the Arts in China,* pp.105-131; Stephen Bokenkamp,"Chinese Metaphor Again: Reading—And Understanding—Imagery in Chinese Poetic Tradition," *Journal of the American Oriental Society* 109, no.2, 1989, pp.211-221. 关于比喻的各种观点都可以被接受，但中国的指代与西方的暗喻似乎并不完全相同。暗喻的用法在后来的文学中才逐渐出现，见Haun Saussy (苏源熙), *The Problem of a Chinese Aesthetic,* Stanford, 1993.

〔98〕傅汉思分析了孟浩然（公元689—740年）的诗词，其中流露出相似的类比，参见：Hans Frankel, "The Contemplation of the Past in T'ang Poetry," in Arthur F. Wright and Denis Twitchett eds., *Perspectives on the T'ang,* New Haven and London, 1973, pp.345-365.

〔99〕另外一些与之紧密相关的例子显示出山水画功能的持续使用。四川发现的两座12世纪墓葬在墓室后壁刻有山水图像，见《考古》1985年3期，383—402页。这两座保存完好的墓室描绘了海中仙岛的景象。

中西交通

13

红玛瑙珠、动物塑像和带有异域风格的器物
——公元前1000—前650年前后周及其封国与亚洲内陆的交流迹象

导　言

出土于西安市长安县张家坡西周2号墓的一件精致车器十分引人瞩目【图13-1】。其纹饰表明，在公元前10到前9世纪，伊朗高原和统治现今中国北方地区的强大周王朝之间可能存在交流【图13-2a】[1]。这件中间饰以螺旋角动物形象的小饰件[2]，将一种著名的礼器纹饰和公

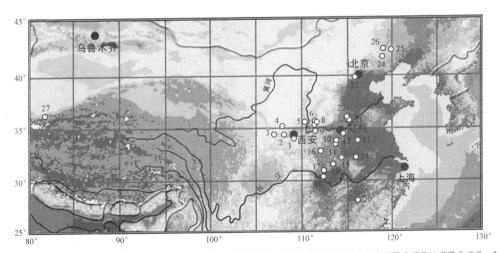

[13-1] 文中考古遗址分布图：1.张家坡 2.周原(杨家村) 3.宝鸡(茹家庄，纸坊头，竹园沟) 強国 4.灵台，潶国 5.梁带村，芮国 6.天马—曲村，晋国 7.闻喜，晋国 8.横水，倗国 9.三门峡(上村岭)，虢国 10.平顶山，应国 11.叶县(旧县)，许国 12.新郑 13.长子口 14.侯古堆 15.信阳 16.淅川，楚国 17.郭店 18.九店 19.随县，曾国 20.新干 21.浚县(辛村) 22.安阳 23.房山(琉璃河)，燕国 24.南山根 25.大甸子 26.夏家店 27.流水。

中西交通 | **397**

[13-2a] 陕西张家坡2号墓出土的青铜车器（此件为四件中的一件），高9厘米，西周。引自《张家坡西周墓地》，212页，图160:6。

[13-2b] 铜环形马具，高13.2厘米，约公元前1000—前700年。引自P.R.S. Moorey, Emma C. Bunker, Edith Porada, and Glen Markoe, *Ancient Bronzes, Ceramics and Seals*, no. 169, 由Ann Searinght绘制。

[13-2c] 单五父壶，西周晚期，高59.6厘米，出土于陕西眉县杨家村窖藏。引自《文物》2003年6期，图28。

元前 1000 至公元前 600 年间在今伊朗卢里斯坦制作的精致饰件联系起来【图 13 – 2b】。[3] 这种纹饰见于最近在陕西眉县一个主要青铜器窖藏出土的一件铜壶上【图 13 – 2c】。从其铭文来看，眉县的这件壶和藏于台北故宫博物院带有同样纹饰的著名的颂壶一样，都属于西周晚期。[4] 这两件壶是一系列源远流长的类似器物的前身，所有这些器物都以其器身上交织的图案而引人注目（参见图 13 – 47、13 – 52a、13 – 53b）。[5] 和那件车器一样，这件壶上的纹饰焦点是一条带有螺旋角的双身龙。两个逗号形浮雕和龙的双身相互交织着。这是在所有装饰于西周礼器器身上的主体纹饰中，唯一以交织形式构成的纹饰。但正因为如此，这一孤例的出现至今仍未得到圆满的解释。[6]

在伊朗卢里斯坦高原上出土的一件青铜环形铜挽具可能是那件奇特的西周车器以及与之相关的青铜壶上的交织纹样的源头。[7] 这两个例子中的双身龙和卢里斯坦饰件上山羊或是绵羊的羊角非常相似，羊头则位于饰件上部的中央（参见图 13 – 2b）。[8] 在西周的车器上，巨大羊角变成了双身（参见图 13 – 2a、c）。在伊朗饰件羊角弧圈之中，有两个长着小角的魔鬼似的奇怪动物，和西周车器上龙的双身环绕之中的小怪兽（参见图 13 – 2a）非常相似。这件车器上的老虎图案与卢里斯坦饰件上的老虎相似，这种图案见于伊朗许多其他类似的饰品上，但却不见于中国的饰物。壶的铸造者简化了图案，把外缘的老虎改成了缠绕于壶两面的龙。壶上的两个逗号形浮雕部分被没来由地加入了动物头像以表现更多的动物形象，似乎表现了一种尚未被中国工匠完全吸收的图案的遗留。

这样的比较可能看似牵强。而如果不是考虑到这件车器和壶上的交织图案所属的更大背景，这种比较所依靠的远距离交流似乎也不可能。这两件文物都属于古代中国权力中心的周代贵族墓葬和礼器发生重大变化的时期。在公元前 1000 年到公元前 650 年间，周代贵族在死后以穿有玉石的鲜艳红色玛瑙（carneltian）串珠为装饰品，而这些红玛瑙珠的源头几乎肯定是在西亚。周贵族还从亚洲内陆人群那里引进了新的器类，以及用生动的写实动物形象装饰兵器、车马器乃至容器。而红玛瑙珠可能正是通过这些人群之手传到中国的。这些串饰对于界定这些变化在中国发生的时间段及区域等方面起到了主要的作用，同时也是本文的主要讨论对象。

在渭河和黄河流域盆地（参见图13-1）几个主要考古遗址的贵族墓中，墓主人佩戴着由许多红玛瑙珠与玉饰、料珠以及玉珠一起穿成的复杂饰品。在公元前10世纪的墓葬中，串饰上还包括有子安贝，例如，天马—曲村6214号墓出土的一组串饰即是如此【图13-3】。而在周代早期统治达到高峰的公元前10世纪之前，则很少发现红玛瑙珠。到公元前7世纪，鲜艳的红玛瑙珠又变得少见，在这一时期及以后的墓葬中，一般只有少量发现，或甚至仅以单粒的形式出现。

珠玉佩饰光彩照人，肯定令佩戴者焕然一新。我们不知道在它们被大量随葬于周代贵族的墓葬之前，是否墓主人生前也曾佩戴它们。在周代传统的葬俗中，对死者进行近乎俗艳的装扮是前所

[13-3] 一组由悬挂在玉牌上的红玛瑙珠、玉珠及绿松石珠组成的串饰。出土于山西天马—曲村晋国墓地6214号墓。引自《天马—曲村》，卷4，彩版21。

未有的新做法。周代宗教礼仪核心中的这一主要变化令人意外，至今很少有人注意。在此需要讨论的墓葬包括埋葬于周王朝主要中心的长安县及其西面周原的墓葬，公元前11世纪晚期及公元前10世纪早期和中期小诸侯国燕国和强国的墓葬，以及公元前10世纪晚期到公元前7世纪晋国、芮国、倗国、虢国和应国的墓葬。在西北取代周王室故地的秦国墓葬表明，秦国贵族也采用了一些此前流行的奇特器物和兵器。这些材料需要我们重新审视建造这些墓葬的社会，并考察礼仪用品的这种变化是如何发生的，以及为何发生。我们必须注意中国和亚洲内陆以及穿越亚洲内陆的交流。

和亚洲内陆的相互交流一直是渭河和黄河流域汉语社会的一个基本特征。有足够的证据表明，在商代甚至商代以前，中国人经由草原地带吸收了多种形式的刀、铜镜和马车，这些物品为往西直至高加索山的地区所共同使用。甚至铸铜本身也几乎肯定受到了西北地区齐家文化的刺激，它借

鉴了从更西面区域发展而成的制造刀和铜镜的技术。这些技术来自于新疆和南西伯利亚接壤的草原地带的早期使用青铜器的文化。[9]

在新石器时代之后的时期，我们至少可以依据发现于汉语地区的四种人工制品及装饰品的组合，将汉语民族与位于更西及更北地区的人群之间的交流分为四个主要阶段：

1. 商代晚期与西周早期（约公元前 1300—前 1000 年），以铜镜、刀和马车的借鉴为标志。[10] 到这个时期末，写实动物的突出特征被融合进了礼器纹饰，可能是和北面及西面人群相互交流的结果。[11] 商周时期的小型玉雕动物图案也可以看成是这种交流的产物。在西周早期，这些写实动物以更为夸张的形式持续得到使用，如同我们在燕国和强国青铜器上所看到的（参见图 13-28、13-30）。

2. 西周早期后段至东周早期，即公元前 1000 年至公元前 650 年。这是红玛瑙珠时期。与其一道，动物形象和交织图案装饰用于兵器、车马器和容器之上，同时引入了新的铜器类型、金器和铁器。在这一阶段，所使用的青铜礼器类型发生了一个主要变化，称之为"礼制革命"或"礼仪改制"。[12]

3. 春秋战国时期，即公元前 650 年至公元前 250 年。这一时期见证了外来人群逐渐融入了以汉语为主的国家体系之中。该时期的特点表现在马赛克料珠（或因其上饰有蜻蜓眼状的圆圈图案而将之称为蜻蜓眼料珠）的使用以及青铜器上的镶嵌，另外还大量使用了黄金、鹿角动物形象、属于草原文化的挽具如马镳等。[13]

4. 从公元前 221 年到公元 220 年的秦汉时期。这一时期和亚洲内陆的物品交换频繁，导致了对于黄金、动物和人物雕塑、灯具、香炉、边陲兵器以及腰带装饰的兴趣。一个相关的新现象是产生了凿山为藏的墓室、新形式的石墓和砖室墓，包括东汉的穹顶墓和圆顶墓，它们让人联想到安息帝国的砖结构建筑。[14]

本文集中讨论第二个时期。首先全面审视用来随葬的珠玉串饰，并在按时间顺序交代上述墓葬时，探讨动物形象和交织纹样在兵器、车马器及青铜器上的使用，以及新器类、金器和铁器的引入。尽管我们的讨论涵盖了较广泛地分布于中国的大量墓葬，但它们几乎都因红玛瑙珠和料珠的使用而联系在了一起。贝壳，尤其是子安贝，也起了重要作用。

[13-4a] 陕西宝鸡纸坊头一座西周早期墓出土的叶形青铜坠饰,长3.8厘米,公元前11—前10世纪。引自《文物》2007年8期,30页,图7。

[13-4c] 陕西韩城梁带村26号墓带出土的青铜棺环,春秋早期,公元前8—前7世纪。引自《芮国金玉选粹 陕西韩城春秋宝藏》,器94。

[13-4b] 北京琉璃河202号墓出土的青铜鱼,长6.5厘米,西周早期,公元前10世纪。引自《琉璃河西周燕国墓地1973—1977》,图版94.1、2。

它们在早期的串珠饰件中十分流行。发掘者并非总是认识到贝壳也属于串饰,但它们仍然被记录于考古报告(参见图13-3)。[15] 有时候还有尖叶形青铜小坠饰【图13-4a】。[16] 在后来的墓中这种坠饰为所谓的玉蚕所取代(参见图13-7a)。青铜鱼也是常见的随葬品,可能用作棺椁和墓壁的挂件【图13-4b】。[17] 常见的双龙青铜环用于系绳以将棺椁放入墓中【图13-4c】。[18] 整个区域都使用圆盘形盾饰和称作"泡"的带饰。[19] 这些相对而言不太显眼的物件一般受到忽视,也没有被联系起来看待,更没有和红玛瑙珠的引入关联起来,但它们却表现了一个共同的文化在现今中国北方和西方的这个弧形区域内传播开来。[20]

红玛瑙珠和葬服的发展

一些最引人瞩目的珠玉串饰最近被发现于位于黄河沿岸的两个遗址中。时代较早的一个位于陕西绛县横水，这是小诸侯国倗国的墓地。它位于更加著名的晋国的势力范围之内，后者的主要墓地则是在天马—曲村。[21] 第二个是陕西韩城的梁带村，靠近黄河。其墓地年代为公元前8到前7世纪，属于小诸侯国芮国。这个地区发现的文物和天马—曲村的文物也有着密切关联。

在梁带村的大型墓地中，只有27、26和19号墓三座墓葬以简报及图版的形式予以发表。[22] 27号和26号墓成对，前者是芮国一位统治者的墓葬，后者属于一位女性，可能是其配偶。两人的颈部都悬挂着由长串红玛瑙珠连接着七件玉璜组成的串饰【图13-5】。玉璜本身已十分夺目，但更令人惊奇的是大量的鲜红玛瑙珠。男性墓主所戴项饰上的玛瑙珠要比其配偶所佩戴的串珠更大。这些珠子均以半透明的、鲜亮的、接近橘黄色的红玛瑙制成短圆管状。在别的饰件，尤其是女性的串饰中，还有另外两种样式的红玛瑙珠。它们呈相对细长的筒状，最为重要的则是算珠形串珠，即中间稍粗，两头逐渐变细。后一种串珠有时候长达3.5厘米。从发掘者的报告来看，显然还发现了更长的串珠，系于悬挂在墓壁的织物之上。[23]

26号墓女墓主颈上所佩戴的一组长串饰系于一块梯形牌上，其中带有较多的算珠形串珠【图13-6】。这种类型的串饰在一系列不同的遗址里都有发现，尤其是在天马—曲村晋国墓地的女性墓葬——包括晋侯配偶的墓葬（参见图13-3），以及最近报道的横水遗址中（参见图13-43）。只是在最近10年左右的时间里，这类饰件才被较为完整地复原出来。

梁带村26号墓的华丽的胸前佩饰上有小圆片形的玉制串珠[24]、长方形玉串珠、算珠形料珠和红玛瑙珠（参见图13-6）。其中红玛瑙珠大小不一，尽

【13-5】陕西韩城梁带村27号墓出土的串饰。全器以七件玉璜和红玛瑙珠组成，全长105厘米，春秋早期，公元前8—前7世纪。引自《芮国金玉选粹：陕西韩城春秋宝藏》，器11。

[13-6] 陕西韩城梁带村26号墓出土的串饰。全器由悬挂在方形玉版上的红玛瑙珠、玉珠和料珠构成，全长97厘米，春秋早期，公元前8—前7世纪。引自《芮国金玉选粹，陕西韩城春秋宝藏》，器10。

管其直径大约相等，但显然不是相配的串珠。看起来其中的许多是旧的串珠，重新穿起来，因为不少串珠被切去破损部分，几乎所有的边缘都有磨损。少数一些非常不对称，似乎其中一端已破损，使得最粗处不再在中间了。许多串珠是鲜艳的半透明橘红色，但并非全部如此。另一些是深红色的。

饰件上的料珠包括细圆筒形和粗短算珠形两种。料珠一般不是中国的特产，其从公元前1000年左右开始流行，似乎和红玛瑙珠的时间吻合。对于料珠的爱好可能是从伊朗甚或更远的西方经由亚洲内陆传过来的。这几种形状的串珠，尤其是算珠形短小串珠，大量出现在更早时期的西亚（参见图13-15d）。[25] 在26号墓中，和小玉雕一道用于装饰玉握件和妇女腕饰的是红玛瑙珠而非料珠【图13-7a】。由玉和红玛瑙珠组成的一种近似领口形状的项饰形成了另一种组合，其中以玉牌为主，串珠相对而言并不重要。一些玉牌还是镂空的【图13-8】。

墓主人可能还盖有布覆面，以玉石缝于覆面上表示眼睛、口鼻等面部特征【图13-9】。[26] 在天马—曲村的晋国墓葬中发现了更为精致的覆面（参见图13-20、13-48）。[27] 覆面和精致的红玛瑙饰品的同时出现是随葬品的一种重要组合，需要进行更深入的讨论。

这种包括大量红玛瑙——其中一些为算珠形——的成串串珠的豪华样式流行时间相对较短，而且限于周的北方封国。大部分由系挂在梯形牌上的玉璜、坠饰所组成的精致串饰属于西周晚期和春秋早期。它们出土于周王畿、晋国、虢国，以及小封国芮国和倗国的高级墓葬中。一个较晚的例子是位于河南南部叶县的一座公元前6世纪的墓葬。在其陪葬的串饰中，玉饰要比小料珠和红玛瑙珠突出得多【图13-10】。[28]

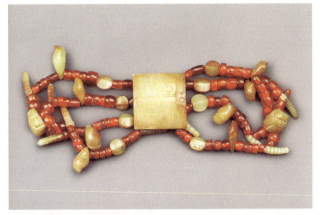

[13-7a] 陕西韩城梁带村26号墓出土的腕饰。全器由红玛瑙珠间以玉蚕、玉贝和圆形玉珠组成，春秋早期，公元前8—前7世纪。引自《芮国金玉选粹：陕西韩城春秋宝藏》，器41。

[13-7b] 陕西韩城梁带村26号墓出土的玉贝，长2.3厘米，春秋早期，公元前8—前7世纪。引自《芮国金玉选粹：陕西韩城春秋宝藏》，器40。

[13-8] 陕西韩城梁带村26号墓出土的项饰。全器由玉牌（部分带有镂空）及红玛瑙珠组成，春秋早期，公元前8—前7世纪。引自《文物》2008年1期，10页，图16。

中西交通 | **405**

[13-9] 陕西韩城梁带村26号墓玉器分布情况,春秋早期,公元前8—前7世纪。引自《芮国金玉选粹:陕西韩城春秋宝藏》,28页,图8。

[13-10] 河南叶县旧县出土的一组项饰及一组由玉璜及红玛瑙珠组成的串饰的线绘图,东周,公元前6—前5世纪。引自《文物》2007年9期,31、32页,图54、55。

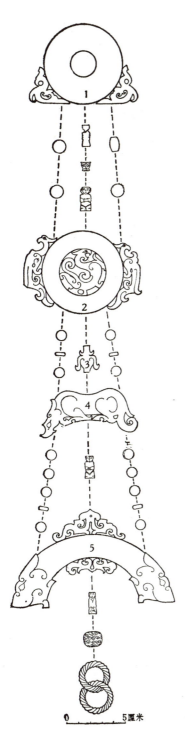

在串珠和玉饰流行的300年间，共有三种主要的系挂方式：一为两串平行串珠，其间以一系列玉璜相连（参见图13-5）；二为华丽的多串串珠挂件，挂于一块梯形玉牌上，玉牌则悬于颈项（参见图13-6）；三为项饰，以玉佩间夹少量红玛瑙珠做成（参见图13-8）。后一种样式在晚期的墓葬中尤其常见，而且通常是单独出现的。这类例子见于虢国和应国墓葬中，图13-10所示是叶县公元前6世纪墓葬中出土的晚期样式。[29] 少量的红玛瑙珠仍可见于春秋晚期、战国时期乃至汉代的数座墓葬中，其中包括在河南固始侯古堆发现的几件引人瞩目的单粒红玛瑙珠【图13-11】。[30]

[13-11] 河南固始侯古堆1号墓出土的两件红玛瑙珠，东周时期，公元前6—前5世纪。引自《固始侯古堆一号墓》，图版53：2。

如果我们考察红玛瑙及陶珠、料珠的历史，就能明显地发现，到公元前5世纪，它们变得十分稀少，另一种类型的串珠即蜻蜓眼或是马赛克料珠代之成为具有外来风格的物件。[31] 那些仍在使用的红玛瑙珠可能是更早的时期传下来的。由串珠和玉佩混合组成的佩饰的最后阶段是战国、秦汉时期的规整挂件和胸饰。这些佩饰以玉为主，只以少数串珠作为分隔。至迟从公元前4世纪开始，这些佩饰即成为显贵的必要饰品。[32] 广州的南越王墓中出土的这种饰件是最为完整的例子【图13-12】。

[13-12] 广州南越王墓出土珠玉胸饰线绘复原图，汉代，公元前2世纪。引自《西汉南越王墓》，卷1, 200页，图130。

中西交通 | **407**

串珠的来源

红玛瑙之所以受人瞩目,是因为在西周早中期之前,在古代中国的中心区域,这种鲜艳的红色串珠鲜为人知。至今仅发现了两例:一是在内蒙古大甸子发现的一些短圆柱形串珠,夹杂着少数玉饰(属于公元前2000—前1300年),二是在商王嫔妃妇好(约公元前1200年)的墓中出土的少量红玛瑙珠。[33] 这些早期的例子有着后来很少见的圆形轮廓,其切面类似于甜饼圈。在新疆发现的一件属于公元前2000年早期的项饰也使用这样的串珠,可能表明它们也是来源于西亚或者中亚。[34] 除此以外,最早使用红玛瑙珠的封国是发现于北京房山的燕国遗址和宝鸡竹园沟和茹家庄的强国墓地。前者可能是更早的遗址,在此发现了一串红玛瑙珠,其下部另有一圈串珠,由绿松石、红玛瑙和玉石组成(参见图 13–26p)。[35] 后来的串饰似乎用类似颜色的料珠代替了绿松石。燕国墓葬中出土的青铜器表明其年代属于西周早期,即公元前 11 到前 10 世纪。

宝鸡竹园沟的墓葬属于同一时期,许多随葬品表明了和北方以及西方的联系。茹家庄的墓葬略晚一些,是下文讨论的关键之一。这些墓葬包括一座埋葬一名男性和一名女性的双室墓,以及旁边的一座埋葬着一名女性(可能是其夫人)的墓葬【图 13–13】。三座墓中都葬有红玛瑙珠串饰,其中一些显然是刻意以红玛瑙珠和管状蓝色料珠相互间隔的,另一些则和玉石相连。

在这个早期阶段,无论是宝鸡的串饰还是更早的房山串饰似乎都不是像几十年之后的那样精心组成的。[36] 然而在论证红玛瑙珠——尤其是算珠形串珠——是从域外引进到中国的观点时,它们是一个重要的环节。因为这两个遗址位于周人势力范围的边缘,它们有可能属于域外物品进入的地区。而这些物品一旦被周的封国接受,就出现在其墓葬之中。

红玛瑙珠相对较短的流行时间也表明,它们可能来自于周封国的边界之外,或是模仿域外的样式而来的。假使红玛瑙珠得到广泛的使用并且受人喜爱,它可能会流行更长的时间,而且也许不那么大量地集中使

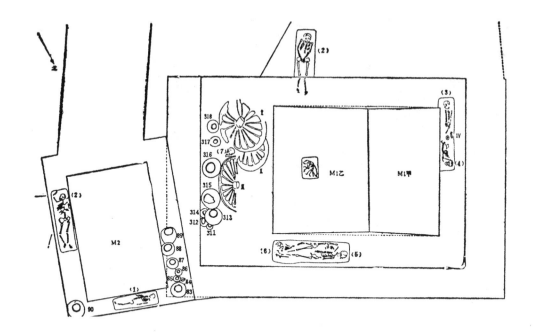

[13-13] 发现于陕西宝鸡茹家庄的强伯及其妻、妾墓,西周早中期,公元前10世纪。引自《宝鸡强国墓地》,卷1,272页,图187。

用。算珠形红玛瑙珠似乎特别珍贵,这从其在梁带村墓葬中的使用方式中可以看出来(参见图13-6)。随着时间的推移这种串珠变得不那么常见,而短圆筒形串珠则变得更为普遍。红玛瑙珠的另一个特征是,它们中的大部分都有磨损痕迹。许多因此而被截去或是留有破裂痕迹。如上文所述,少数串珠的一端被截去,也许是为了除去受损部分。因此,经常发现一些不对称的串珠。此外,制作这些串珠的材料通常是高品质的,许多是相当透明的橘红色。当红玛瑙加热时,即变成这种颜色。这种算珠形、经热加工处理的串珠的起源地似乎是印度次大陆,在那里的印度河流域文明遗址中发现了这类串珠。

在著名的印度河文明遗址摩亨佐·达罗出土的红玛瑙珠长达10厘米以上。最为有名的例子是一条串珠腰带【图13-14】。[37] 有学者认为,在两河流域遗址乌尔的王室墓地里发现的红玛瑙珠也可能主要出自于印度次大陆【图13-15a】。印度次大陆和西亚遗留下来的红玛瑙珠经常经过热加工。在公元前3000年的两河流域,红玛瑙珠用来和金饰相配,甚至更经常的是和天青石相配。[38] 连金饰也模仿长红玛瑙珠,做成算珠形,这暗示了红玛瑙珠被视为一种固定的模式【图13-15b】。其算珠形的形状有利于为长串珠钻孔,工匠可从两头起钻。因为

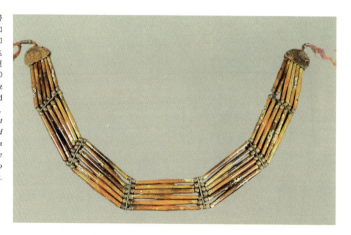

[13-14] 带有红玛瑙珠和铜饰的腰带,印度摩亨佐·达罗出土,长107厘米。公元前3000年。引自Aruz Joan and Ronald Wallenfels, *Art of the First Cities, The Third Millennium B. C. from the Mediterranean to the Indus*, no. 279.

[13-15a] 位于美索不达米亚乌尔的皇家墓地出土的一组红玛瑙珠。公元前3000年。英国大英博物馆藏。

中间粗,两头钻的孔较易连通。当然,金串珠不存在这样的局限。另一方面,天青石显然太易碎,如果要钻孔到红玛瑙珠的长度,肯定会破裂【图13-15c】。但是古代伊拉克人对蓝色串珠的青睐可能使得天青石和绿松石珠一道,成为后来的料珠的原型。在古代乌尔的城市遗址里也发现了大量的料珠(彩釉陶珠)【图13-15d】。因为料珠和红玛瑙一样,都不为商人和早期周人(公元前13—前12世纪)所使用,似乎有可能,其从公元前1000年左右开始流行是受了两河流域以及中亚和亚洲内陆的刺激。

虽然有可能并非所有在中国北方发现的红玛瑙珠都起源于西亚,但是使用红玛瑙珠的想法似乎可能是边疆地区的民族从更西面借鉴而来的。实际上,从乌尔晚期遗址中发现的红玛瑙珠开始,追溯其在亚洲的

[13-15b] 位于美索不达米亚乌尔的皇家墓地出土的红玛瑙珠和金珠,公元前3000年,英国大英博物馆藏。

[13-15c] 位于美索不达米亚乌尔皇家墓地出土的一批天青石珠,公元前3000年,英国大英博物馆藏。

[13-15d] 美索不达米亚乌尔城附近一处公元前2000年初期遗址出土的料珠,英国大英博物馆藏。

[13-15e] 美索不达米亚乌尔一处巴比伦遗址出土的一组含有红玛瑙珠的珠子,公元前2000年后期,英国大英博物馆藏。

流传,是有可能的。乌尔的这些晚期遗址属于公元前1000年,出土了红玛瑙珠、算珠形料珠和之前曾大量使用的天青石珠【图13-15e】。看起来在墓葬中幸存下来的早期串珠可能为人们重新发现,并以新的方式组合后重新使用。这样的串珠似乎也在西亚许多地区流传。在像以色列拉克西这样的遗址中,一组可能是由较早的串珠混合起来的集合体似乎是从不同的地方搜集来,然后组合在一起的【图13-16】。从这些例证(参见图13-15e、13-16)我们可以推测,在整个西亚存在串珠交易,使得后来的居民可以从不同的渠道搜集串珠。高加索的马里克遗址属于公元前2000年后期,其发现【图13-17】说明了红玛瑙珠传入中亚的情况。[39] 在伊朗、大夏和越过高加索山的哈萨克斯坦,也发现了属于公元前1000年、带有红玛瑙的串珠首饰的痕迹。[40]

然而,我们并不知道对红色和蓝色串珠的喜好是从什么路径传入中国的。中国人对于红玛瑙珠的使用并非照搬其较远的邻邦的用法。首先,周人似乎并不使用天青石珠。取代它的是料珠,通常是绿松石的颜色,而非天青石的颜色。不过,料珠缩短了的锥面模仿的是天青石串珠的形状(参见图13-15c)。然而,在中国的串珠佩饰中,料珠远没有蓝色串珠在两河流域串珠佩饰中那样重要。而且,中国的贵族并没有按照草原和西亚的方式,把红玛瑙或者料珠和贵金属组合起来。再者,中国的贵族以本地特有的方式利用串珠,将它们和玉雕穿在一起,然后佩戴在死者的身体上,同时死者头上也会盖上玉覆面。

[13-16] 以色列拉克西遗址出土的一组含有红玛瑙珠的珠子,公元前2000年前期,英国大英博物馆藏。

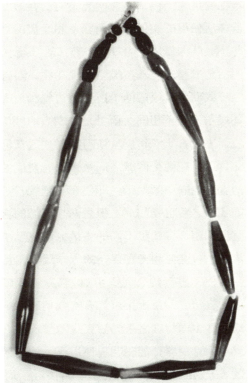

[13-17] 高加索马里克遗址出土的红玛瑙珠,公元前2000年后期。引自 Ezat O Negahban, *Marlik, the Complete Excavation Report*, pl. 60, no. 222.

中西交通

虽然中国人肯定是以独特的方式在自己的环境中使用红玛瑙珠,但用长串串珠组合制作丧葬服饰和玉佩缝于织物上作为死者覆面的做法是新的变化。这种在中国礼仪习俗方面的新取向表明,礼仪传统发生了来自于中国主要中心地区之外某种突然而显著的入侵。

边疆地区:中心和周边的问题

一篇讨论从中国周边区域、甚至从更远地区引入物品的论文,需要描述一下我们区分这些地区、并把物品归于它们的方式。这一方法基于一种观点,即我们不应期望欧亚大陆所有地区都独立地发明了在其区域内发现的所有文化制品。直至大约10年以前,独立发明一直是考古学研究的一个主题。[41] 但就算珠形红玛瑙珠而言,独立发明似乎不太可能。因为这样的解释似乎是说,所有的人群都可能遵循相似的发展道路,做出相似的选择。这种看法依赖于一种观点,即认为文化发展近似于生物进化。由于这是明显不对的,最安全的做法可能是假设两个不同群体所使用的类似物品是联系和交流的结果,这种可能性和同为相似却并不关联的发展的可能性一样大。实际上最近以来,学者们认识到了发明冶金术和发展玉石雕刻的挑战性,因而联系的作用得到强调。[42]

我们所讨论的两个区域即边疆和亚洲内陆以及黄河流域,其自然和环境条件大不相同。前者是个庞大的区域,拥有大片草原地区,适于放牧而不适宜于农耕。从新石器时代起黄河流域就已支撑着精耕细作的农业。但是在两个区域之间从来没有明确的分界。不同的人群不断出入于两者之间的中间地带,即使在秦朝统一了北方的防御体系,建造了所谓的长城之后也是如此。但是两个区域的自然和环境差异依然存在,甚至有所加剧,导致了不同的生活方式以及不同的物质文化。然而,相互交流是不可避免和一直存在的,导致了相互之间的借鉴。

为了界定约公元前1000至公元前650年间的中国,我使用一个简单的方法,即将出土过带有在我们现今视为汉字铭文的青铜器的地区看成是在中国管辖之下的。在少数情况下,例如在今辽宁省偶然发现的西周早期青铜器可能表明,使用汉语的诸侯国燕国短暂地扩张到了北方地区。[43] 在北方地区发现了非常接近于周代核心地带的青铜器,它们和其他显然与周代主流文化并不关联的人工制品一道出现。内蒙古发现的一些属于公元前9至前8世纪的遗址也是如此。我们看到的可能是非汉语人群对于周领土内铸造的青铜器的借鉴或者是盗用。[44]

青铜礼器和不同葬俗的使用也提供了一个基础,我们可以由此认识我们能够相当明确称之为中国人的群体。尽管在所有时期,周领土上的地区性差异都比较明显,但有一套传统是人们广泛接受的。这包括共同的墓葬形式,即1个、2个或者更多的棺椁层层相套,安放于一个竖井墓穴的底部。一些墓葬有一到两个可供出入的斜坡墓道。在相当不同的墓葬形式——包括所谓的洞室墓和积石墓——出现的时候,表明中国以外地区的习俗渗透了进来。

为祭祀祖先准备的成套青铜礼器是另一个界定中国文化的基础。这一商代习俗为周王朝所采用,也为渴望成为周王朝一部分的所有宗族和小国所采用。这些或大或小的成套青铜器群是中国所有贵族墓葬的基本组成部分。一套青铜礼器的组合方式也会时常发生变化。显然存在个人和宗族偏好以及地区性差异。至迟从商代晚期开始,一些北方和边界地区的因素也开始出现。尽管有这样的变化,但以部分或者整套青铜礼器陪葬的做法作为中国习俗的标志性特征贯穿整个时期。[45] 这样的成套青铜礼器没有出现在邻近的辽宁和内蒙古地区,也没有出现在甘肃的最西部。实际上,是人工制品组合方式的不同使考古学家得以区分不同人群所生活的地区,尽管现有的证据并不足以让我们确定这些人群的民族和语言属性。

关于汉语区域周边人群的文化的讨论已持续了半个多世纪。考古学家们接受威廉·沃森(William Watson)和林沄的说法,经常把这个地区称为"北方地带"。[46] 就本文而言,内蒙古的遗址提供了相当有用的参照点。[47] 这个广大的地区包括了不同的民族,他们在公元前8世纪以前从事农业和畜牧业。从公元前8世纪起,马背上的牧人成为关键的战斗力量,标志着一种完全游牧的生活方式的发展。对于北方地带的文化与亚洲内陆的文化之间的确切关系,至今还没有得到很好的了解。北方地带诸文化的最早源头之一是鄂尔多斯地区的朱开沟。[48] 在下一阶段具有代表性的李家崖、魏营子和围坊三期遗址群中,发现了饰有生动的动物头像或铃球的曲刃小刀、镜子和管銎斧。将写实的动物头像和铃球铸造在刀或者车马器上被看成是标志性特征。[49]

如果这些人群在很早的时期就能够铸造青铜器，并以生动的动物头像装饰它们，那么他们有可能已经形成复杂社会，尽管目前只发现了少量的遗迹。本文认为亚洲内陆和中亚地区的人群拥有自身的社会体系和价值观念，通过其习俗表达出来，但因所使用的材料易腐烂而很少留下和中国交流的证据。红玛瑙珠是一系列相互交流的具体例证，这样的相互交流使得这些周边地区的人群和周人及其盟邦处于联系之中。

早在红玛瑙珠进入中国之前，商人即明确和北方地带的人群打起了交道。在一些北方的遗址里，商元素甚至和周边的一些特征交合在了一起。一个具有这种特征的例证是山西灵石旌介出土的一件青铜簋【图13-18】。簋表面饰以后来称之为饕餮的常见兽面纹以及龙形纹，两者都是典型的商代纹饰。从这些搭配来看，并没有写实的动物形象。然而，在簋的底部有一个以浅浮雕线条刻画的逼真的马或驴的形象。这一形象和典型的商代礼器纹样并不相符，可能是受到当地边境品味的激发所致。很久之后在红玛瑙珠流行的几个世纪，同样出现了类似的组合，例如一件西周中期的盉即如此，器盖上饰有逼真的野猪形象【图13-19】。

除了某些兵器类型以外，铜镜、对于写实动物的兴趣以及另外几个特征都是具有代表性的周边人群特征。较早使用黄金似乎是北方地带的特征。乌恩将其归于和商代安阳时期同时的李家崖文化。[50]事实上，黄金一直是在汉语地区的周边流行，直至公元前8世纪才被引入中国，为拥有大量红玛瑙珠的贵族所青睐。[51]中国人借鉴的辐轮车以及石砌墓葬也是位于周边的人群的标志性特征。[52]从公元前8世纪开始，铁器也在西北地区得到利用，并由此进入中国。

总体而言，考古学证据使我们得以辨认出两个培育不同文化的地区：即汉语地区和北方地带，后者包括亚洲内陆、中亚和西亚的广阔腹地。许多学者注意到了这两个区域之间的相互影响，但是其中的大部分都注重强调中国传统的强势以及周边人群的次要性。最近对于青铜铭文的研究表明，周及其封国在抵御来自于远在其控制之外地区的军队时，遇到了阻力。[53]而且，我们不应忽视另外两个重要的事实。首先，周人自身可能就是外来者，后来从西北进入了渭河流域。吴晓

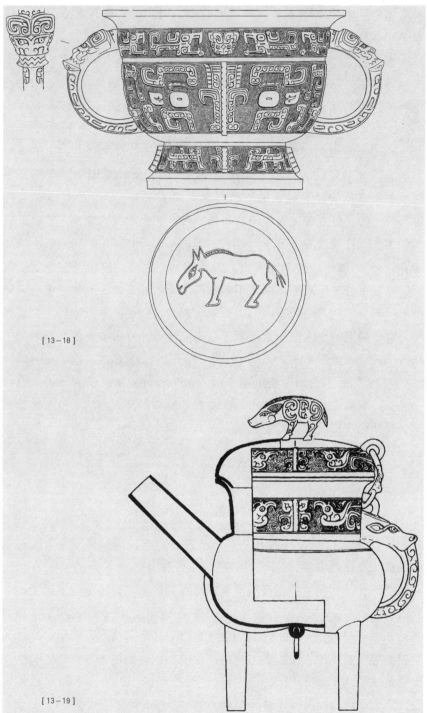

[13-18] 器底带有马形图像的青铜簋，山西灵石旌介1号墓出土，商代晚期，约公元前1200年。引自《灵石旌介商墓》，30页，图29。

[13-19] 器盖带有野猪塑像的青铜盉，天马—曲村6384号墓出土，高25.6厘米，西周早中期，公元前10世纪。引自《天马—曲村》，卷2，501页，图698。

中西交通 | 417

筼提出，从大量随葬车及马匹可以看出，周代贵族极其看重马车，这表明比起商代来说，周代高级贵族和亚洲内陆这种运输方式的联系要紧密得多。[54] 周代青铜铭文也经常提及马车用于赠礼的情况。大量出土饰件表明，周人非常乐于将外来元素融入其马车装饰。[55] 他们也许还以来自周边地区的人们为其照看马匹和车，也可能把这些人编入了军队。

其次，周边人群很可能也和周人居住在一起。在历史上居于今中国北方广大地区的居民不可能同出一源。周代贵族墓地中的洞室墓表明，外来者具有相对较高的地位（参见图 13-36）。[56] 陈芳妹和其他学者都认为，外来者可能嫁入了贵族家族，如晋国统治家族。她以此来解释下文所要描述的十分不同寻常的器皿，认为其属于晋国家庭中的外来女性。[57] 然而，外来元素进入的范围如此之广，仅仅以某个统治家族，或甚至许多家族的联姻是不能解释所发生的一切。似乎更有可能的是，具有不同习俗的不同人群普遍地混合在一起。在青铜器、兵器和车马器上铸造的小人像似乎代表了汉语居民中的外来者，他们通常处于从属地位（参见图 13-24e、13-39、13-46）。偶尔在玉器上也有这样的刻画。[58] 而当使用珍贵的玉料时，似乎有可能所描绘的个人被看成是具有特殊地位。然而，红玛瑙珠流行的时期正是人物形象用于装饰马车、兵器和容器的主要时期，这一事实表明在这个时期，中国人明确意识到外来者居于他们中间。

变化的迹象

从公元前 11 世纪中期建立其统治开始，周人即加强了商人所建立的与周边地区的联系，这从新的马车和兵器类型中可以看出来。但是，葬服的改变是在稍晚的周代统治盛期出现的革新。红玛瑙珠不是重大变化的唯一迹象。和串珠及玉饰制成的复杂葬服相伴的，还有用于覆盖面部的玉片或是特定形状的玉饰【图 13-20、13-48】。一些相对较早的玉覆面相当简单，仅由少数玉片组成，例如出自周王朝中心地带的张家坡墓地或者更东面的横水遗址的例子即是如此。而另外一些则比较复杂，特别是出自西周晚期晋国墓葬的例子，饰有许多玉片。

[13-20] 天马—曲村62号墓出土的玉覆面上的玉件,西周晚期至春秋早期,公元前8世纪。引自《文物》1994年8期,11页,图19。

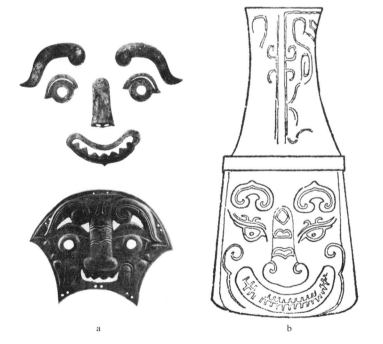

a　　　　　b

[13-21a] 青铜马冠饰。上:河南浚县辛村19号墓出土。下:陕西张家坡2号车马坑出土,西周中晚期。引自《浚县辛村》,图版43。

[13-21b] 带有与图13-21a相似的面部纹饰的车器,陕西宝鸡茹家庄3号车马坑出土,长20.5厘米,西周早中期,公元前10世纪。引自《宝鸡𢎛国墓地》,卷1,406页,图274:1。

中西交通 | **419**

有证据表明，玉覆面和串珠装饰在使用汉语的主要区域的北面十分普遍。王睦（Mayke Wagner）和赫曼·帕辛格（Hermann Parzinger）将内蒙古夏家店 11 号墓定于公元前 11 世纪。墓主面部覆有以圆形铜片表示面部特征的覆面，头上和身上还以串珠为饰。[59] 在时代更晚的内蒙古山戎墓葬里，发现了缝在粗麻布上的青铜圆片。[60] 由于红玛瑙饰品可能从北面和西面引入，周边地区这种对于覆面的兴趣似乎也可能激发了中国人的新做法。只不过他们采用的材料是玉而非青铜。

青铜马冠饰的出现进一步支持了这种看法，尤其是在浚县和张家坡发现的青铜马冠饰。有些马冠饰为完整的个体【图 13-21a 下】，但辛村出土的马冠饰由单独的部件构成，就像玉覆面一样【图 13-21a 上】。出土于张家坡的马冠饰的鼻子形状和图 13-20 玉石面部盖饰中的鼻子形状非常相似（参见图 13-21a 下）。和玉覆面一样，青铜马冠饰可能也是缝系于织物或皮革之上。青铜马冠饰的一些特征与一些被认为是出自于南方青铜业的人面形饰相似。这种人面形饰在汉水附近的城固县和更南的江西新干均有发现。[61] 根据这样的联系，马冠饰和玉覆面有可能都出自南方。但从另一方面说，两者也可能最终都源于北方或是西北方。马和车最可能和北方联系在一起，而不是和南方。此外，浚县墓葬中出土的兵器是属于北方的类型。[62] 强国的车器上也有非常相似的面饰，其年代比玉覆面出现的时间早，这也表明，玉覆面的前身可能和北方有着联系【图 13-21b】。[63]

除了这些非常奇怪的丧葬装饰之外，墓葬结构本身有时也融入了非中国的元素。尤其是在晋国，那里的一些墓葬筑有复杂的石基【图 13-22a】。它由大量差不多大小的粗糙石头砌成网格状地基。[64] 从新石器时代起，以石块围成并以石板覆盖的石室墓就是周边地区的特征。[65] 由此又分化出了大量使用小石头的许多不同类型墓葬。和晋国墓葬最相关的例子是内蒙古宁城南山根以及类似遗址发现的墓基【图 13-22b】。[66]

周人墓葬中的兵器、车马器和容器与亚洲内陆联系的迹象表现在动物形的器柄、器足，以及装饰在某些容器肩部的小动物形象上（参见图 13-24a、13-46）。[67] 青铜器的一个新装饰特征也在这一时期出现，即交织图案（参见图 13-2b）。这本是亚洲内陆物质文化的一

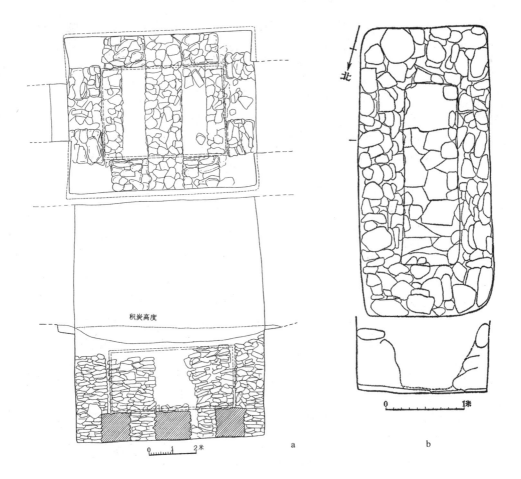

个共同特征,在那里编织的绳子和皮革肯定是日常生活的必需品。这也可明显见于北方边疆地区兵器的器柄上【图 13-23】。这种编织的形式显然吸引了中国工匠,致使在公元前 10 世纪,玉器和小型青铜器开始使用交织图案;在公元前 9 世纪后期到公元前 8 世纪,礼器上也开始使用这类图案。最初用于容器上的交织图案仅限于器柄和器盖(参见图 13-47),这种图案有时也被自由地运用于勺子这类小物件上。[68] 十分特别的是,这种装饰出现在西周的一些壶上(参见图 13-2b),因此,如前文所提到的,一种以伊朗青铜器(参见图 13-2c)为基础的特殊车马器设计(参见图 13-2a)可能表明了这种装饰图案的来源。

在引进这些装饰图案的同时,礼器类型也发生了大大小小的变化。

[13-22a] 天马—曲村93号墓石墓基,春秋早期,公元前8世纪。引自《文物》1995年7期,24页,图33。

[13-22b] 内蒙古宁城南山根4号墓石墓基,公元前8—前7世纪。引自《考古学报》1975年1期,134页,图17。

中西交通 | **421**

几种不常见的礼器在短时间内流行,包括通常带有轮子的铜盒、带流鼎、足部带有小盘的鼎、细腰大口杯、带盖小圆壶,以及环柄椭圆形器。此外还引入了阶形柄勺。其他的变化,例如形制相同的成套鼎和簋的引入,加强了成套标准青铜礼器的整体性。

梁带村出土的青铜器带有一些这样的特征。26号墓的一件盉上有一个猫科动物塑像【图13-24a】,让人联想到草原地区的动物,以及图13-19中所示天马—曲村出土的一件盉上的形象。在已发表的三座梁带村墓葬中,所出土的大多数实际大小的青铜礼器和公元前8世纪主要的礼器类型相似,但在埋葬女性的26号墓中发现了一批不常见的微型礼器,其中最引人注目的是一件长方形镂空青铜座架【图13-24b】。它可能本是用来装饰早已腐朽而消失的有机物做成的长方形盒子的,其装饰由交织的龙形图案组成,四足为虎形足,虎爪下面装有小轮。出自天马—曲村和山西闻喜晋墓的一些铜盒式器也带有轮子。[69] 另一件小高足器则让人联想到草原地区青铜鍑的祖形,而不是周人的礼器【图13-24c】。[70] 一件少见的带流盆形器似乎属于那些从未成为成套礼器的必要部分的器类【图13-24d】。[71] 一件环柄椭圆形器皿类似于一件锻造而非铸造的器皿,表明其源头也在中国之外。[72] 此外,将一件复古式样的小方鼎接铸于另一件形制相同的方鼎内的做法,模仿了亚洲内陆将一个器皿置于另一个之内的做法【图13-24e】。[73] 这一器皿的四足为跪着的人形。

[13-23] 内蒙古宁城南山根出土的带有编织纹柄的青铜刀,长23.8厘米。乌恩:《北方草原考古学文化研究:青铜器时代至早期铁器时代》,189页,图87:1。

a

b

[13-24] 陕西韩城梁带村26号墓出土的青铜器,春秋时期,公元前8—前7世纪。引自《芮国金玉选粹:陕西韩城春秋宝藏》,器88、90、92、93、91。
a. 器盖带有蹲伏状虎的青铜盉,高20.8厘米。
b. 带有虎形器足的镂空青铜盒,虎爪带有小轮,长13.8厘米。
c. 微型青铜簋形器,高6.6厘米。
d. 带流青铜器,高10.3厘米。
e. 两件铸在一起的套方鼎,外鼎由跪姿的人形足承托着,高10.4厘米。

[13-25] 陕西韩城梁带村27号墓出土的仿古青铜卣，高25.4厘米，春秋时期，公元前8—前7世纪。引自《芮国金玉选粹：陕西韩城春秋宝藏》，器98。

梁带村的墓葬里还有模仿很久以前的器类的复制品。最为奇特的是，27号墓中的器皿按原样大小精确复制了商代晚期和西周早期的青铜器型【图13-25】。在晋国和虢国墓葬中更常见的则是模仿流行于礼制改革之前的早期器类的小型复制品，这些器物并没有实用的价值。对于这些复制品以物质形式再造一个家族谱系的方式，笔者已在别处有所讨论。[74] 然而，它们在我们所讨论的墓葬中持续出现，则是把出现红玛瑙珠的墓葬联系起来的另一个特征。

如果我们考察中国北方属于三个时段和主要地理范畴的遗址，就能够在时间和空间上确定这些趋势的发展。最早的一组遗址由北京房山的燕国墓葬以及宝鸡的강国墓葬组成。这两个地区都发现了最早的红玛瑙和绿松石或料珠组合的饰件。这两个诸侯国比较邻近于北方地带，有可能比较容易吸收外来的物品和习俗。如果我们把公元前1000年左右红玛瑙珠的最早出现作为出发点，下一个阶段的标志就是其广泛用于周朝中心地区即都城长安和周原的葬服上（约公元前950—前800年）。不过，更为引人瞩目的例证来自于天马—曲村的晋国墓葬（约公元前950—前700年）以及邻近小国芮国和佣国的墓葬。显而易见，晋国和北方地带的联系比起周代中心地区要更为紧密。

最后，位于三门峡的虢国和平顶山一带的应国对于红玛瑙珠和玉饰的使用则有限得多。它们的礼仪习俗也更为传统，和晋国相比，更少使用不常见的青铜器及动物形配饰。我们能够把已经注意到的一些趋势追溯到公元前6世纪以及西面的秦国。更晚的形式也见于南方楚国边缘，如河南叶县一带。下文将会讨论这些遗址。

房山和宝鸡：燕国和弳国

除了红玛瑙珠外，在燕国和弳国的墓葬里还发现了独特的北方兵器类型，而且类似的兵器在西至甘肃的墓葬里都有发现【图 13－26】。这表明，上述区域与北方地带有着联系。

燕国和周王室相关，其建立者是召公，传统上称之为太保，亦为幼年成王的摄政王。20 世纪 80 年代在北京南面房山发掘出了一座随葬带铭青铜器的大型墓葬。铭文记载克（可能是太保之子）封于燕，这可能是由于他和太保的关系而获得的特权。[75] 其他铭文表明，燕国和召公与周王室关系密切。

弳国的情况则全然不同。现存历史记载都未提及该封国及其统治者。其名称仅仅因经常出现在宝鸡出土的青铜器铭文中而为世人所知。从使用红玛瑙珠的角度看，最重要的墓葬形成了一个墓群，其中弳伯和其妾被埋葬在其妻邢姬（或是井姬）的墓旁（参见图 13－13）。这两座墓葬似乎属于公元前 10 世纪，无疑是在礼制改革之前。在附近纸坊头和竹园沟发现的墓葬更早一些，但也属于同一家族，它们表现出和北京琉璃河遗址的发现存在某种联系。[76]

在房山遗址中，作为本研究中心的红玛瑙珠主要出现在 251 号墓中。该墓还包括了房山遗址出土的最为著名的铭文青铜器之一，即伯矩鬲。串珠的线绘图表明，其中有若干独特的算珠形串饰【图 13－27】。伯矩鬲和 53 号墓中出土的攸簋都证明，燕国的青铜器注重写实描绘【图 13－28】。在伯矩鬲上取代更晦涩饕餮纹的著名装饰是带水牛角的兽面，器盖上还有一个小的立体水牛头【图 13－28a】。攸簋的三足是十分写实的虎形，它们呈罕见的坐立状，各坐在自己的后腿之上【图 13－28b】。这两件青铜器都很罕见，其写实主义特征和弳国的早期容器相似。安阳出土的一些晚商青铜器也具有相似特征。

和随葬串珠以及动物装饰青铜器的墓葬同样令人惊异的还有一个大型车马坑，即 202CH 号墓。它所属的主墓已被盗墓者洗劫一空。[77] 车马坑葬有排成一排的 12 匹马，还有一些其他的马和六七辆车放置在一起。其中出土的几件车饰和草原文化有关联，尤其是一些弧形衡末饰，

[13-26] 强国及其西面遗址和燕国遗址出土的兵器和珠串饰比较。

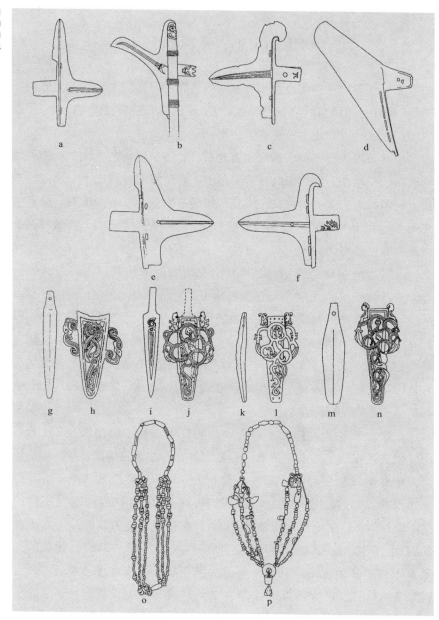

a、b. 甘肃灵台白草坡出土的两件戟。引自《考古学报》1977年2期，115页，图13:1、13:3。
c、d. 北京昌平白浮出土的两件戟。引自《考古》1976年4期，252页，图7.6、7.8。
e. 陕西泾阳高家堡出土的戟。引自《高家堡戈国墓地》，105页，图88:3。
f. 北京房山琉璃河出土的戟。引自《琉璃河西周燕国墓地1973—1977》，203页，图119:1。
g~j. 陕西宝鸡竹园沟出土的青铜短剑及剑鞘。引自《宝鸡强国墓地》，1988年，卷2，彩版14:1；甘肃灵台白草坡出土的青铜短剑及剑鞘。引自《考古学报》1977年2期，115页，图14:4。
k~n. 北京房山琉璃河出土的青铜短剑及剑鞘。引自《琉璃河西周燕国墓地1973—1977》，201页，图117:1、3，202页，图118:1、3。
o. 陕西宝鸡茹家庄1号墓出土的珠串饰。引自《宝鸡强国墓地》，卷2，彩版25:2。
p. 北京房山琉璃河出土的珠串饰，由Ann Searight根据《琉璃河西周燕国墓1973—1977》，彩版48:2所绘。

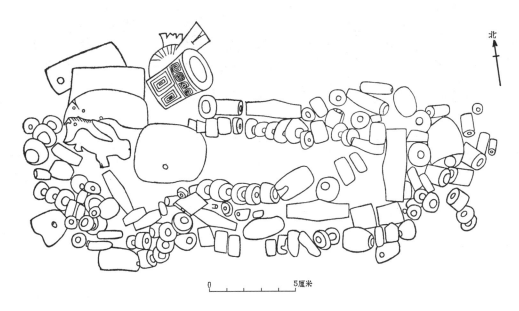

[13-27] 北京房山琉璃河251号墓出土的珠串饰,西周早期,公元前10世纪。引自《琉璃河西周燕国墓地1973—1977》,35页,图24。

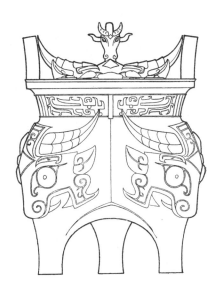

[13-28a] 北京房山琉璃河251号墓出土的伯矩鬲,高22.8厘米,西周早期,公元前10世纪。引自《琉璃河西周燕国墓地1973—1977》,157页,图94。

[13-28b] 北京房山琉璃河251号墓出土的攸簋,高28.5厘米,西周早期,公元前10世纪。引自《琉璃河西周燕国墓地1973—1977》,133页,图86。

中西交通 | **427**

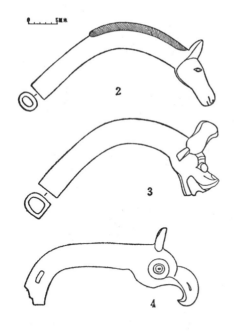

[13-29] 北京房山琉璃河202号墓附属车马坑内出土的车器，西周早期，公元前10世纪。引自《琉璃河西周燕国墓地1973—1977》，219页，图132:2,3,4。

其中一件制成马首的形状【图13-29】。草原文化的一个突出特征是其马镳呈尖锥状，仿佛是做成角的形状。在中亚和亚洲内陆的许多遗址都出土了这样的器物实例，包括新疆流水。[78]邻近的墓葬里还出土了一粒算珠形串珠以及一些小青铜鱼，后者也见于我们所讨论的许多墓葬。

因此我们在房山的一个主要贵族墓葬群中见到了周代最早使用红玛瑙珠的情况。与此同时，还发现了其他形式的草原器物，包括兵器和车马器。主要的礼器类型也表明，商代晚期和周代早期吸纳了北方地带的写实动物装饰。在此所发现的非同寻常的车马坑表明，和安阳时期一样，吸收新特征的人们负责了马车的管理。

在強国的早期墓葬里，我们能看到完全类似于在房山观察到的现象。纸坊头一座墓葬中的青铜器和竹园沟7号墓的青铜器也吸纳了写实动物装饰。在纸坊头出土的一件簋上，水牛和虎头显得尤为突出【图13-30a】。而在7号墓出土的一对卣和尊上，公羊头则是引人注目的装饰【图13-30b】。和燕国墓葬一样，竹园沟几座西周早期墓葬都发现有刀，刀鞘为镂空装饰，尽管其图案和房山的不一样；此外还葬有见于北方和西方的十字戟（参见图13-26）。管銎斧则是北方地带的特征。[79]几座早期墓葬如13号、14号墓中都有少量见于茹家庄大型串饰上的珠饰。[80]

根据上面这些例证来看，在竹园沟三座主要墓葬里发现更为奇特的工艺品就不令人吃惊了。三座墓葬都出有串珠、玉饰和贝壳，而且数量大大超过以前的墓葬。不过，尽管考古学家们试图重新编组这些串珠，其结果却不一定正确。串珠中包括大量料珠和红玛瑙珠，再次暗示了它们和西亚的多重联系。子安贝的普遍存在表明，也应该把它们看成是串饰的一部分。在此还发现了青铜鱼。[81]

和竹园沟的其他男性墓葬一样，茹家庄主要的男性墓葬強伯墓里也

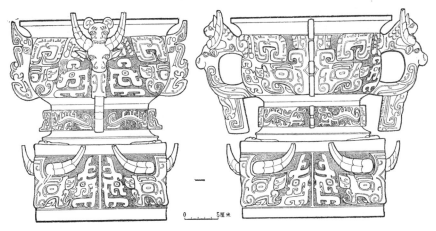

[13-30a] 陕西宝鸡纸坊头一座墓葬出土的渔伯簋,高31厘米,西周早期,公元前11—前10世纪。引自《宝鸡渔国墓地》,卷1,27页,图19。

[13-30b] 陕西宝鸡竹园沟7号墓出土的伯各卣,高31厘米,西周早期,公元前11—前10世纪。引自《宝鸡渔国墓地》,卷1,105页,图82。

[13-31] 陕西宝鸡茹家庄1号墓甲室出土的成套鼎簋，高31厘米，西周早期，公元前11—前10世纪。引自《宝鸡强国墓地》，卷1，280页，图192:1、2. Jessica Rawson, "Western Zhou Archaeology," in M. Loewe and E. Shaughnessy eds., *The Cambridge History of Ancient China, from the Origins of Civilization to 221 BC*, p. 420, fig. 6.20, 由Ann Searight绘制。

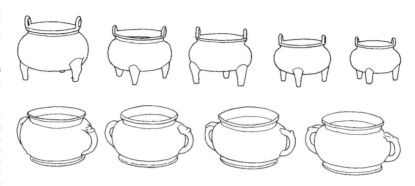

葬有短剑和镂空装饰的剑鞘。所有的男性墓葬里都有标准的礼器，此外还有一些非常罕见的器物，包括环耳圆鼎。[82]墓葬中有三类器物显示出受到中国以外地区的影响，而且它们都被用于礼制改革所确定的成套礼器之上。在妾墓中，出现了最早的配套鼎和簋【图13-31】。在礼制改革之后，这样的配套器皿成为标准的礼器（参见图13-42、13-51）。强伯墓中有一套豆，其足为镂空的格状，这种纹饰在北方地带的剑鞘和兵器上特别普遍【图13-32】。后来的豆把这种镂空装饰固化下来，但采用了新的图案。一件曲线优美的高壶便是件混合物，它似乎引出了礼制改革后所用的大壶，如同图13-2c所示。[83]

在我们关于亚洲内陆对于中国主流文化的影响的讨论中，最重要的发现之一是2号墓即夫人墓中出土的一件装饰着平行瓦纹的铜杯【图13-33a】。该器器形与内蒙古南山根出土的一件杯相近，但却和中国的其他青铜器不同【图13-33b】。[84]出自宝鸡的这件器物的特别意义不在于其看似独特的形状，而在于其平行的瓦纹装饰。西周中期到后期饰以瓦纹的青铜器的起源很少引起注意。饰以瓦纹装饰的最重要的礼器类型是带盖簋，这种礼器类型在礼制改革之后占据了主要地位。事实上，这类簋在西周早期后半段和西周中期（公元前10世纪）即已出现，远在礼制改革之前，因此并不是礼制改革的结果。其出现较早，尤其是出现于周中心地带和晋国墓葬中，十分令人费解【图13-33c】。在这样的情形下，它和源自商代的主要礼器类型全然不符。[85]在一些簋上，表面的直棱纹似乎说明，它源自于当时的陶器。[86]然而更为常见的是深凹的瓦纹。以现有证据来看，它最早出现在茹家庄的墓葬中。

在西亚的很长时间里,从公元前3000年的乌尔直到波斯的阿契美尼德王朝时期,瓦纹都是贵金属锻造器皿、特别是金银器皿上的典型纹饰。[87] 似乎有可能,对于瓦纹簋的兴趣一方面似乎是因为对源于陶器的形状的关注,另一方面可能是因为受到了锻造金属瓦纹器皿的启发。最早引入的瓦纹器皿可能和酒杯相关,如同图13-33a所示一样。

其他器物也表明区域之间存在着联系。乍看之下,在强伯及其妾墓中出土的几件动物形容器似乎和南方有关,因为那里出土了较多商代的

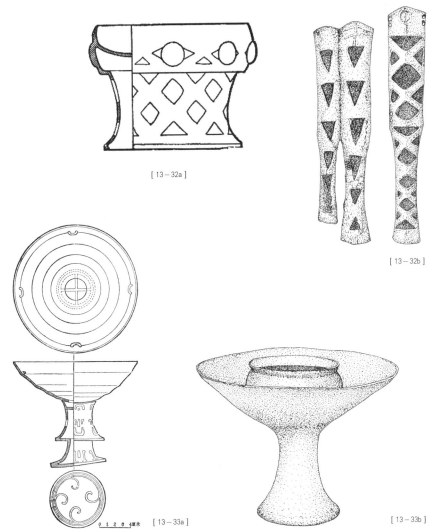

[13-32a] 陕西宝鸡茹家庄1号墓乙室出土的镂空圈足豆,高9厘米,西周早期,公元前11—前10世纪,引自《宝鸡弓鱼国墓地》,卷1,285页,图196:3。

[13-32b] 内蒙古宁城南山根出土的青铜剑鞘,公元前8—前7世纪,引自《考古学报》1973年1期,图版7:6,7。另参见 Eurasia Antiqua, vol. 4, 1998, p. 54, fig. 114:18, 19。

[13-33a] 陕西宝鸡茹家庄2号墓出土的瓦纹青铜杯,高31厘米,西周早期,公元前11—前10世纪,引自《宝鸡弓鱼国墓地》,卷1,374页,图256。

[13-33b] 内蒙古宁城南山根出土的青铜高足杯,高21.6厘米,公元前8—前7世纪,引自《考古学报》1973年1期,图版4:2。另参见 Eurasia Antiqua, vol. 4, 1998, p. 53, fig. 113:7.

中西交通 | 431

[13-33c] 山西绛县横水出土的瓦纹簋,高22厘米,西周中期,公元前10世纪。引自《文物》2006年8期,封面。

动物形容器【图13—34】。然而,2号墓出土的动物形器器盖上的小动物轮廓,从各方面看都带有草原的特征。[88]与这些墓葬中发现的许多铜器一样,1号墓乙室出土的青铜象尊上的环柄也是北方的典型特征,而非周代主流的特征。[89]除了动物形器外,茹家庄墓葬中还出土了一批写实的小型动物玉雕,特别是鹿、虎和兔。一件车器的出土证明这类形象与周边地区有着密切关联。饰件上铸以人形,其文身或是服饰上饰以两只回首望尾的鹿。这种姿势在玉雕上广为采用【图13—35】。这件铜车器上的人物可能表现了一位外来的车马专家,其衣着装饰着未见于其他材料的典型北方地带动物形象。鹿回首望尾的姿势早已被普遍地认为是北方地带、西伯利亚及其以西地区的典型特征。[90]

  强国出土的材料对于我们理解中心地区的发展提供了有益的背景。我们可以看到,强国和燕国贵族拥有同样的兵器、饰珠,并且同样对动物装饰感兴趣,这表明,在从甘肃和宝鸡直到东北方向北京房山的一个弧形地带,人们有着一些共同的偏好。其次,尽管墓主使用周人的全套礼器,但是他们仍保留了一系列自己的地方传统。此外,茹家庄墓葬表明,周边地区的一些做法和周人的主流传统融合在一起。我们已经注意到的包括成套礼器、瓦纹器、动物形象,特别是回首望尾的鹿和其他动物形象,当然还有珠玉组成的串饰。在这两个诸侯国中,我们都看到了以复杂串饰覆盖死者身体的第一步。同王室相比,外来习俗在这些远离

[13-34] 陕西宝鸡茹家庄2号墓出土的动物形尊,长37厘米,西周早中期,公元前10世纪。其器盖带有一蹲伏的小型猫科动物。引自《中国青铜器全集·第6卷·西周二》,器172。

[13-35] 车軏饰,器身上的人形披挂着长发并穿着带有鹿纹的上衣。出土于陕西宝鸡茹家庄1号车马坑,高13厘米,西周早中期,公元前10世纪。引自《中国青铜器全集·第6卷·西周二》,器180。

中西交通 | **433**

王室的地区也许更容易得到吸收。不过，一旦这些串珠装饰为人所知，它们就会被广泛地采用。

周代中心地区

下面我们转向今西安附近靠近周王朝权力中心的地区，分析这里的墓地、张家坡的一处窖藏[91]、周都城沣镐附近的长安[92]，以及西安西面位于扶风县和岐山县的周原的一些墓葬和窖藏。[93]周原似乎是周代贵族的礼仪中心。

张家坡遗址中得到最全面发掘的是邢（井）叔家族墓地。这一墓地共发现了三座主要墓葬和多座小型墓葬，其中一些墓主的身份为随葬青铜器铭文所确定。但仅从墓葬的分布我们也可以看出，外来因素业已渗透进了周代的权力中心。发掘者发现了21座洞室墓，罗泰对此也进行了讨论。他们都认为这些墓葬属于一个非周族的人群【图13-36】。洞室墓在竖穴墓道底部的一侧有一个小墓室，墓室与墓道之间通常被隔开。这类墓葬是新疆和亚洲内陆的特征，而非汉语中心地区的特征。[94]不过，带有这些习俗的人群可以埋葬在此地，一定是获得了相对较高的地位。

然而尽管存在这些外族墓葬，异域风格的串饰以及少见的以动物形象装饰的器物却不是主要出自洞室墓，而是出自汉语区的典型高级贵族墓葬。对于串珠以及相伴玉饰的发掘和报道并不全面，不过在58号墓发现的一串串饰和晋国典型的男性随葬串饰形式一致。216号墓的一套串饰上的大量玉蚕十分值得注意【图13-37】。这个特征也出现在晋国以及和晋国相关地区的许多墓葬中（参见图13-7a）。[95]这里也发现了相对简单的玉覆面。[96]

玉饰件原先可能和串珠组成套件，许多带有草原文化的特征，尤其是鹿和野猪的玉雕。[97]一件材质不同而且大得多的精美器物，即立体的青铜动物形器，表现出草原文化对于立体动物形象的特有兴趣【图13-38】。这件发现于163号墓的鹿形动物背上驮着一只鸟、一只虎和一个回首龙形动物，胸前也有一个回首龙形动物。尽管是出于想象，但是侧面轮廓的使用和动物回转的头部都是草原的特征。正如罗泰注意到的，这

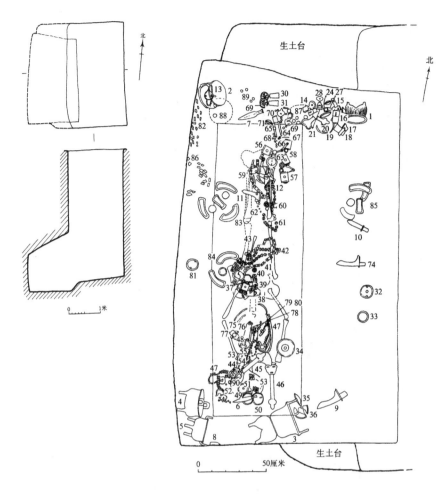

[13-36] 张家坡183号洞室墓,西周早中期,公元前10世纪。引自《张家坡西周墓地》,68,69页,图57,58。

个鹿形动物具有带翼的痕迹,也明确说明我们应该在北方和西方寻找这种铸造的源头。[98]在此我们看到,中国的铸造者如何借鉴了周边地区的想法和做法,但是通过消除动物写实特征的做法,以自身的青铜铸造习惯进行绝佳的阐释,由此将它们转化为自己的创造。

我们也应该把一件奇特的鼎放在和立体动物(无论是真实的还是想象的)同样的背景下来考虑。这个鼎出土于周原的一个主要窖藏,其下方有一个开有小门、类似炉的隔室【图13-39】。[99]它和晋国地区出土的一些器物较为相似。内蒙古的南山根也发现了一件类似的器物。[100]其上独立的动物饰件和张家坡的鹿形动物上的一样,再次表明它引入了北方的刻画动物轮廓的特征。同样,回转的头部也是这种联系的结果,在内蒙古南山根也发现了

[13-37] 由红玛瑙、料珠与玉蚕交错构成的串饰，西周早中期，公元前10世纪。引自《张家坡西周墓地》，彩版15。

[13-38] 背上带有小动物的动物形尊，出土于陕西长安张家坡163号墓，高38厘米，西周早中期，公元前10世纪。引自《中国青铜器全集·第5卷·西周一》，器166。

[13-39] 陕西周原扶风庄白窖藏出土的带有加热隔层的温热器（刖人守门方鼎），高17厘米，西周中晚期，公元前9世纪。引自《中国青铜器全集·第5卷·西周一》，器13。

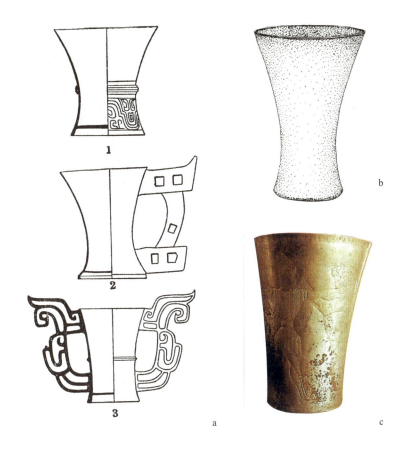

[13-40a] 张家坡一处窖藏出土的三件铜杯,各高13.6、13.3、12.2厘米,西周晚期,公元前8世纪。引自《长安张家坡西周铜器群》,23页,图14:1、2、3。

[13-40b] 内蒙古宁城南山根出土的铜杯,夏家店上层文化,公元前8—前7世纪。引自《考古学报》1973年2期,图版4,图1;另参见 *Eurasia Antiqua*, vol. 4, 1998, p. 53, fig. 13:6。

[13-40c] 高加索马里克遗址出土的银杯,公元前2000年后期。引自Ezat O Negahban, *Marlik, the Complete Excavation Report*, colour pl. 20, no. 19.

类似的器物。[101] 从早期的这种动物轮廓刻画滋生出了一个在器物上附加较大动物形手柄的悠久传统,在东周早期尤其盛行(参见图13-53)。隔室门边一个小小的人物居于十分次要的位置,就像在晋国地区发现的一些青铜器上的形象一样(参见图13-46)。

另外两种短期存在的器皿可能也源自西方或者亚洲内陆。两者都是酒杯,主要发现于西周晚期礼制改革之后的墓葬和青铜器窖藏。其一为矮杯,在长安的一个窖藏里出土了许多件【图13-40a】,它似乎是以伊朗世界的金杯和银杯为模型的。这种器物的原型发现于高加索地区的马里克【图13-40b】。该器形也见于南山根的青铜器【图13-40c】。[102] 考虑到和西方的这种联系十分明显,我们有必要了解一个不太明显的例子,即一种碗形杯,它通常饰有瓦纹,足部略微向外张开,并带有阶形的长柄【图13-41a】。[103] 其瓦纹表现了与锻造金属器的关系,手柄的

[13-41a] 带有阶形柄的铜杯或勺,出土于陕西扶风五郡西村窖藏,高5.8厘米,西周晚期,公元前9—前8世纪。引自《文物》2007年8期,图22:3。

[13-41b] 高加索马里克遗址出土的银杯,公元前2000年后期。引自 Ezat O Negahban, *Marlik, the Complete Excavation Report*, pl. 22, no. 16.

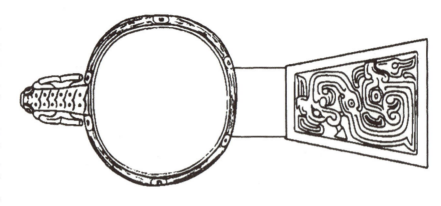

a

b

阶形近似于西亚的一种常见形状，特别是使用于陶器上。不过，在马里克也发现了金属器的例子【图 13-41b】。在西亚的例子上面，阶形出现在嘴上，而不是手柄上。也许是由于交流中介的错误理解，因而阶形出现在中国器物的手柄上。手柄上的深弧形特征更适用于锻造金属和陶器，却和铸造青铜器并不十分协调。这种长柄勺似的酒杯在中国应用的时间很短，说明它从未被完全纳入礼仪体系。

张家坡的大部分墓葬都早于礼制改革，而且遭到严重洗劫，因此不能帮助我们理解串珠葬服饰件和青铜器使用的变化之间的关系。但是，位于周都城西面的周原墓葬则并非如此。强家村的一座墓葬出土了一套礼制改革之后的典型礼器，还有精美的串珠和玉饰【图 13-42】。一般来说，珠玉混合组佩饰出现于中国中心地区的时间较晚。因此我们看

[13-42] 陕西扶风强家村出土的一套铜礼器，西周晚期，公元前9—前8世纪。引自 Jessica Rawson, "Western Zhou Archaeology," fig. 6.26. 由Ann Searight绘制。

中西交通 | **439**

到，在周边地区，串饰可以追溯到礼制改革之前的墓葬中，而在更为中心的地区，则通常出现在礼制改革之后。[104]

晋国、芮国和倗国

虽然晋国邻近黄河，距周朝都城不远，但它和域外的联系似乎多得多，尽管这种联系要比燕国和彊国稍晚一些。晋国的主要墓地位于天马—曲村，次要墓地则位于闻喜。此外，和晋国相关的小诸侯国芮国的墓地发现于梁带村（参见图13-5~9、13-49），倗国的墓地发现于绛县横水。

[13-43] 山西横水绛县墓葬出土的两组由红玛瑙珠和玉饰组成的串饰，西周早中期，公元前10—前9世纪。引自《文物》2006年8期，图21、23。

如果要确定晋国采用源于边疆地区的串珠、器物类型和动物形象的年代，我们需要分析天马—曲村和横水的早期墓葬。它们可能属于公元前950年左右。在两个墓地都发现了完整的成套玉饰和串饰（参见图13-3、13-43），而且包括不同类型的串饰：配有璜的珠串饰、

[13-44] 山西天马—曲村8号墓、113号墓及114号墓出土的动物形尊的线绘图。西周早中期，公元前10—前9世纪。
a. 兔形尊，高20.4厘米。引自《文物》1994年1期，21页，图28。
b. 野猪形尊，高39厘米。引自《文物》2001年8期，17页，图29。
c. 鸟形尊，高30.5厘米。引自《文物》2001年8期，10页，图14。

挂在梯形玉牌上的长串串珠，以及玉牌和串珠相间的项链【图13-43】。天马—曲村发现的串饰不如横水出土的复原得好，但在邹衡等撰写的发掘报告中有详细描述。[105] 子安贝在这些饰件中的大量使用可能表明其年代较早。[106] 在后来的饰件中，贝壳似乎较少见。如前所述，在梁带村出土的串饰中，贝饰为玉饰所取代（参见图13-7）。我们在此提到的早期墓葬中的大部分青铜器属于西周早期至中期。但其中突出的瓦纹簋预示了礼制改革所带来的重大变化（参见图13-33c）。

天马—曲村晋侯墓地的发掘解答了许多问题，却也提出了许多问题。[107] 通常成对的大型墓葬被确定为公元前10世纪后期以及公元前9和前8世纪晋侯及其配偶的墓葬，但其具体的年代及排序却引起了诸多争论。只有少数墓葬属于礼制改革之前的时期，这包括成对的113号和114号墓，其中出土了少量玉饰和串珠。但这两座墓葬提供了另外两个重要的证据，即动物形和鸟形器以及模仿陶器器形的青铜器。和强国的器物一样，这一时期铸造的动物形青铜器可能只是对于北方和西方影响的一种反应【图13-44】。而且，晋国墓葬中的野猪、鹿和回首鸟形都是草原地区流行的装饰。[108]

仿陶器器形的青铜器包括一件齐家文化类型的壶和一件三足瓮，两件均出自113号墓【图13-45a、b】。两种器形都和北方密切相关，其

 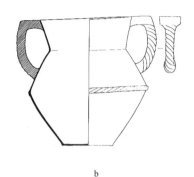 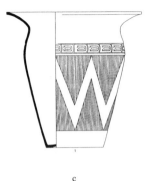

a　　　　　　　　　　　　b　　　　　　　　　　　　c

[13-45]
a. 仿齐家文化陶器器形的青铜容器,高14.5厘米,出土于山西天马-曲村113号墓,西周,公元前10—前9世纪。引自《文物》2001年8期,15页,图21:4。
b. 模仿陶器三足瓮器形的青铜容器,高10.5厘米,出土于山西天马-曲村113号墓,西周,公元前10—前9世纪。引自《文物》2001年8期,15页,图21:3。
c. 陕西扶风五郡西村窖藏出土的一件模仿陶斝器形的青铜斝,高31厘米,西周晚期,公元前9世纪。引自《文物》2007年8期,图23:1。

中壶与今甘肃和西北相关,三足瓮则和北方、东北方有关。齐家文化类型的陶罐也见于竹园沟的弓国1号墓。陶制三足瓮在一些周墓、弓国墓以及闻喜的晋国墓中都有发现。这些类型的器皿最早可追溯到更北的地区,它们在更早的时期在此广泛使用。[109]另一种陶罐有时也与三足瓮并用,它同时也被复制成了青铜器【图13-45c】。[110]这种提高陶器器形地位的做法也表明,受到中国之外熟悉这些器形的人们的影响,在晋国和周中心区发展出了新的偏好。

除了动物形器外,一些容器的器足或器盖也呈动物形。这其中包括一些非常特别的器物,尤其是见于梁带村的方形盒(参见图13-23b)。这类盒或有轮,或有人形足。63号墓出土的一件方座筒形器和31号墓出土的圆盉都以人形足为支撑【图13-46】。鸟、熊和虎多用来装饰器盖和手柄。这些器物形制明显具有地方色彩,而且除了盉以外,其使用主要限于和北方、西方具有密切联系的地区。在东周时期,动物形装饰得到更为广泛使用,并得到进一步发展(参见图13-53)。

这些墓葬常常还包括青铜器的微型复制品,似乎是为了再造一个家族所拥有的更为古老的青铜器。[111]其中的许多墓葬属于礼制改革之前的时期,有些甚至属于公元前771年平王东迁之后。主要的成套青铜礼器并不总是得到完好保存。在一些礼制改革之后制作的器物上,我们见到了如8号墓出土的一件壶上的交织纹饰【图13-47】。

墓葬中出土了极具代表性的串珠饰件。它们与以小玉饰表现面部特征的覆面同时出现。这些小玉饰原先可能缝缀于织物之上【图13-48】。至于时代较早的弓国和燕国的墓葬中是否曾使用过这类覆面、而后又丢失了,则不得而知。

[13–46] 山西天马—曲村31号墓及63号墓出土的三件带有人形足及鸟兽形立饰的青铜器,各高23.1、9.3、34.6厘米,两周之际,公元前8世纪。引自Jessica Rawson, "Western Zhou Archaeology," fig. 6.28,由Ann Searight绘制。

[13–47] 山西天马—曲村8号墓出土的青铜壶及其器盖上交织纹的拓片,高68.8厘米,两周之际,公元前8世纪。引自《晋国奇珍:陕西晋侯墓群出土文物精品》,96—97页。

　　8号墓中还包括一套黄金饰件,而在梁带村27号墓还发现了更为丰富的黄金饰件【图13–49】。黄金饰件和玉饰以及串珠一样,都是高贵地位的象征。因为它们不见于闻喜晋墓中,即使这些墓葬出土了非同

中西交通 | **443**

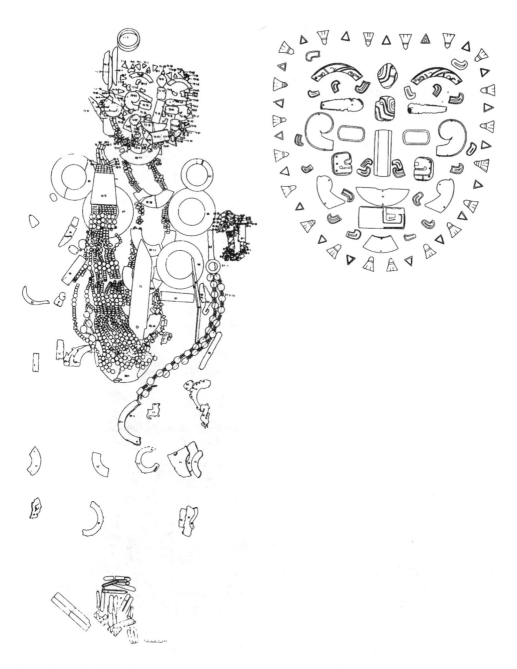

[13-48] 山西天马—曲村31号墓出土的串饰和玉覆面,两周之际,公元前8世纪。引自《文物》1994年8期,24页,图3、7。

[13-49] 陕西韩城梁带村27号墓出土的金器,春秋时期,公元前8世纪。
a.一件玉短剑的剑鞘,长18.7厘米。
b.一对镂空三角形饰,高8.7厘米。
c.六件一组的金腰带饰,宽6.6厘米。
d.七件一组的圆形金泡。
引自《芮国金玉选粹·陕西韩城春秋宝藏》,器62、63、65、71。

寻常的方形青铜器。[112] 在同一遗址中出土的动物形附加物以及一件虎形青铜器都表明了这些封国和草原的联系。

位于中央位置的地方封国：
虢国和应国

晋国及其周边小国和北方的联系显然十分密切,而虢国和应国则更明确地属于核心的中国传统。上村岭虢国墓地的发掘经历了两个阶段。[113] 所有墓葬都属于礼制改革之后,而且其中大部分属于春秋而非西周时期。在第二阶段发掘的2001号、2012号和2011号三座墓葬中,出土了大量与玉饰相配的红玛瑙珠和料珠。[114] 前两座墓葬中的墓主佩戴连缀着玉璜的长串串珠饰件。2012号和2011号墓还有较短的领口形项饰,由玉牌和较少的红玛瑙珠组成【图13-50】。事实上,2011号墓也出土了三件这样的饰件。在更早发掘的虢国墓葬中也发现了类似的项饰。[115] 在应国墓葬

中西交通 | **445**

[13-50] 河南三门峡虢国墓地2001、2012号墓出土的红玛瑙珠、玉佩组合项饰,春秋早期,公元前8世纪。引自《三门峡虢国墓地》,卷1,150、271页,图119、196。

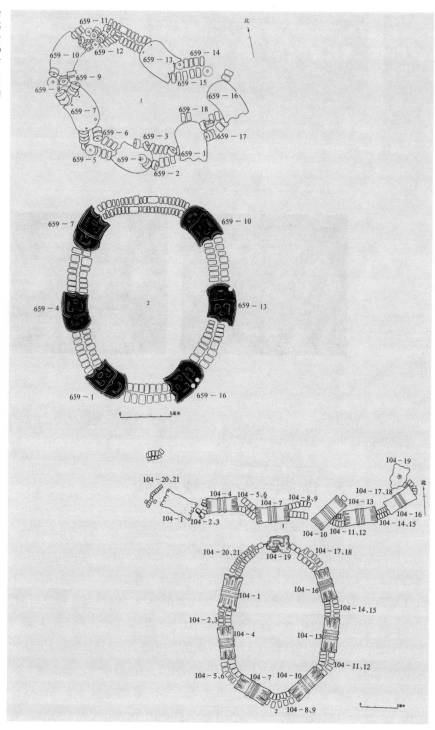

中，项饰也是最为常见的装饰品。[116] 实际上，和晋国墓葬相比，虢国和应国墓葬中大串红玛瑙珠较为少见，说明这些地区更难获得红玛瑙珠。或者情况也许是，即使获得了这类串珠，也不愿埋进墓葬。2001 号墓和晋国地区的墓葬一样，随葬有一组完整的玉覆面，但其他墓葬似乎没有采用这样完整的做法。[117]

与梁带村所出黄金饰件相似的器物亦见于三门峡的 2001 号墓，尽管一把铁刀的手柄是玉柄而不是一些遗址所见的金柄。[118] 和晋国的青铜器不同，三门峡的青铜礼器更为传统。较为常见的是革新之后的礼器，主要器型包括鼎、簋、壶、豆、盉和盘【图 13-51】。也出现了少数奇怪的器型，包括 2001 号墓出土的一件灯泡形小罐（梁姬罐），相似器物也见于梁带村 26 号墓。[119] 不过，虢国礼器的标准特征中也突出地表现了大量周边地区的特征，后者亦见于更北地区的墓葬中所出土的青铜器。应国出土的器物和虢国的标准礼器组合大致相同。[120] 两国墓葬中都出土了前期礼器的小型复制品，和晋国墓葬中发现的相似。其中的多件器物似乎是东周初期典型的器型。[121] 此外，在强国墓、周墓、晋国墓及周围小国墓中发现的小青铜鱼，也见于虢国和应国墓葬。[122]

两个后续发展的例子

我们能够从公元前 6 世纪两个十分不同的遗址追踪上述趋势后来的发展，它们是位于甘肃出土的两座秦国贵族墓葬和河南叶县楚国势力范围内的一座墓葬（参见图 13-10）。秦国的两座墓葬均已被盗，但在 98LD2 号墓耳室中发现的串珠和玉饰表明，墓主也拥有这些装饰。[123] 两座墓葬中出土的青铜器和前述虢国以及应国墓相当不同。

秦国青铜器表明，晋国非同寻常的青铜器继续得到使用，它在和北方地带联系密切的地区具有典型性。在 98LD2 号女性墓中发现了一只带轮盒，其上栖息着鸟和动物形象。两座墓葬中的盉和壶都大量装饰着写实动物形象，这和处于黄河流域腹地的虢国以及应国的同类器型十分不同【图 13-52】。这个发现再次表明，周边地区对于汉语边缘地带的强烈影响持续存在，而到中原中心地带，这种影响就减弱了。

叶县墓葬出土了上文所述由串珠和玉饰所组成的串饰的晚期形

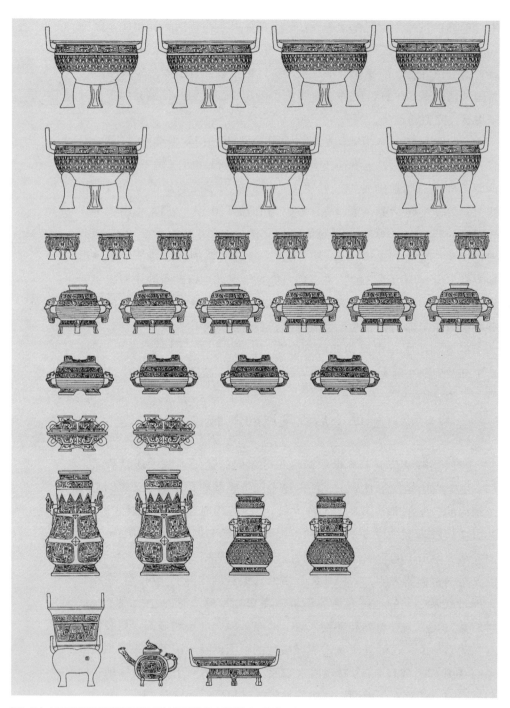

[13-51] 河南三门峡虢国墓地2001号墓出土的主要青铜礼器,春秋早期,公元前8世纪。由Ann Searight根据《三门峡虢国墓地》,卷1,33-70页绘制。

式。[124] 一件玉牌和串珠相间的项饰仍然清晰可见，但串珠的数量似乎大大减少（参见图 13-10），不过这也可能是发掘时复原不准确所致。其他饰件似乎是玉璜和串珠组成的串饰的后裔。墓中还有一组覆面。这些玉饰意味着见于其他东周墓葬（尤其是洛阳墓葬）的晚期形式的覆面和装饰得到采用。大型串珠变得十分罕见，但偶尔出现的串珠饰件表明它们备受珍视（参见图 13-11）。在叶县墓的珠玉串饰中，玉饰占了主要地位，串珠不过是间饰而已。

虽然出土的完整珠玉串饰很少，但从楚国绘画中人物形象佩戴的坠饰可以了解后来的发展。最好和最完整的例子发现于西汉南越王墓，其中的胸饰保留了来自西周的传统（参见图 13-12）。之所以选择胸饰，可能是有意恢复西周的习俗。也或者是，发掘者在发掘西周至西汉之间的墓葬时，未能完全复原他们所发现的珠玉串饰。[125]

如果我们分析一下铜器装饰中的动物纹在秦国的影响（参见图 13-52），我们会看到在像叶县墓葬以及淅川下寺的主要墓葬中，动物形象发展到了下一个阶段。支撑着像鼎一类的器物的动物形象转变成了复杂并且相当抽象、变形的形态。在盗扰严重的叶县墓葬中没有发现大壶，但淅川下寺出土的巨型壶说明，草原的动物形象影响了这类主要器型的外观。巨型的回首龙形成了壶耳，相似的动物支撑着圈足【图 13-53a】。所有公元前 7 世纪后期和公元前 6 世纪的壶都装饰有这样的巨型动物【图 13-53b】。它们的前身可以追溯到公元前 9 和前 8 世纪的晋国（参见图 13-46），甚至是周中心区青铜器上的动物装饰（参见图 13-38、13-39）。

结论：礼制改革

新郑出土的公元前 6 世纪的莲鹤方壶（参见图 13-53b）和本文开头所论眉县铜壶（参见图 13-2b）上的图案基本一样，只不过新郑方壶上的交织龙纹图案更为精细，因此也更为复杂，但交织图案中央的兽首引人注目，让人想到其起源的问题。这个图案以及动物形的器柄和器足都是红玛瑙珠时期发展出来的特征，这可能是受到了来自于中国以外的刺激。同样，淅川下寺铜壶（参见图 13-53a）上对于皮革绑缚形成的模仿也是游牧地区典型的特征。在汉语地区，这类模仿出现于更早的

[13—52] 甘肃礼县园顶山秦墓98LD2号墓出土的壶、盉、簠，各高32.8、32、21.4厘米，春秋时期，公元前7世纪。这三件器物均以小动物的形象作为器足以及器盖和器身上的装饰。引自《文物》2005年2期，9、10、12页，图6、7、9。

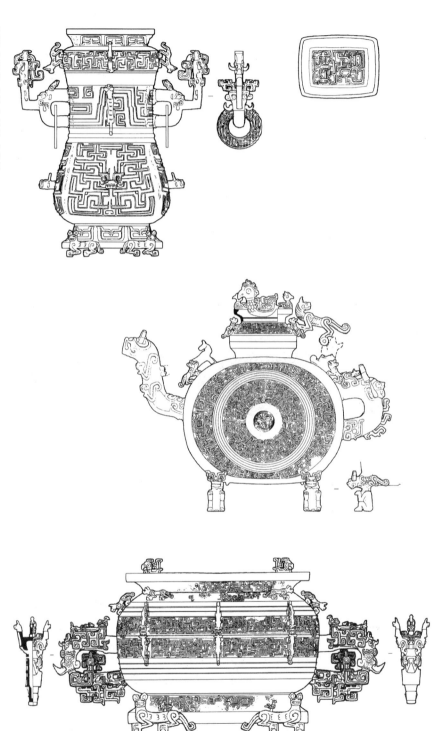

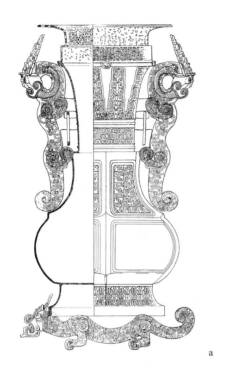 

[13-53a] 河南淅川下寺1号墓出土的青铜壶,高79厘米,春秋时期,公元前6世纪。引自《淅川下寺春秋楚墓》,73页,图63。

[13-53b] 河南新郑李家楼青铜器窖藏出土的青铜壶,高118厘米,东周,公元前7—前6世纪。该器器身上的纹饰是由图13-2b所示纹饰发展而来。此外,大型的兽形足和柄是在图13-38、13-46和13-52所示兽形的基础上夸张化的结果。引自《中国青铜器全集·第7卷·东周一》,器22。

时期,但这种做法似乎在不同情形下被人们一再采用。

我们很难不得出这样的结论,即边疆地带对于西周末期的礼器变化产生了重大的影响。所有这些礼器的变化都被归入了礼制改革。这是一个重大事件,正如我在别处所阐述的那样,不仅涉及大量礼器类型的转变,还不可避免地涉及整个礼仪程序的发展。在这次革新中,从商代继承下来的大多数酒器被废弃,只有我们在此描述的大壶得以留用,其尺寸要远远大于商代和西周早期的壶。成套的鼎和簋成为标准的礼器,与之相配的是镂空圈足豆和水器盘和匜,其中一些经常带有动物形状的附加装饰。这样重大的变化肯定得到王室以及当时礼仪主持者的支持。

然而本文的讨论表明,上述变化发生在一个十分繁荣的时期,当时中国与周边地区似乎保持着密切联系。实际上,对一些礼器组合如配套的鼎和簋,以及一些装饰图案,尤其是平行瓦纹和豆的镂空足,令人满意的解释是它们借鉴了周王朝统治区域之外的特征。与此同时,在东西走向的渭河和黄河流域一带,周王朝的核心地区似乎没有采用其中一些最有意思的借鉴,只是在晋国和秦国,这些外来特征才最为引人瞩目。虢国和应国似乎也倾向于采用较为简单的外来特征。

下面的假说可能解释这样的现象。和周边地区人群的接触与联系是许多新特征和红玛瑙珠一道进入中国的主要途径。以红玛瑙珠为随葬品的事实表明，外来特征并非进入周朝礼仪中心的障碍。与此相一致，在这里所说的礼制改革中，王室及其礼仪主持者确定了可接受的礼器的核心范围，吸收了一些新的类型和纹饰。另一方面，在某个时期，外来革新所带来的多种器物类型进入周朝主要权力中心地区的情况停止了。因此礼制改革似乎同时吸收并中国化了许多外来创新，却也拒斥了其他一些创新。虽然革新过的成套礼器成为之后至少两个世纪里稳定的礼器类型，在明确的框架范围内进一步的革新仍是可能的。这包括加大壶突出的手柄和动物形足（参见图13-53b）。新郑出土的壶盖上栖息的动物，也是一些西周器盖上的动物的翻版（参见图13-38、13-46）。

随着我们加深对于红玛瑙珠及其来源的了解，现在我们可以看到，公元前10至前7世纪是一个非常值得注意的时期。在这一时期内，汉语地区的各国向周边地区的新观念敞开了大门，并且愿意将这些观念引入对他们来说最为重要的礼仪活动的核心之中。

（黄　洋　译　吴晓筠　校）

[1] 这项研究在过去三年里受惠于里德基金（Reed Foundation），尤其使我得以访问梁带村遗址。在本文的写作过程中，感谢西安秦始皇兵马俑博物馆曹玮教授在2006年帮助我安排了梁带村之行，陕西省考古研究所的焦南峰教授协助我于2007年10月在西安再次考察了这批文物。北京科技大学梅建军教授陪同我访问了梁带村，并对本文提出了有益的意见。韩文彬（Robert Harrist）教授一如既往，为本文提出的意见令人欢欣鼓舞。狄宇宙（Nicola di Cosmo）教授也给予了必要的指导。我还感谢王睦（Mayke Wagner）博士所提出的意见。另外，在红玛瑙珠项链的研究中，我从多米尼克·科隆（Dominique Collon）那里获得了许多新的想法。大英博物馆古代西亚文物部的保罗·克林斯（Paul Collins）为我寻找西亚类似的串珠提供了很大帮助。乔依娜·赫尔曼（Georgina Herrmann）慷慨地让我分享了她在尼姆鲁德象牙制品研究中所获得的

发现。

〔2〕 螺旋角经常出现在西周晚期青铜器器柄的兽首之上。它似乎和甘肃发现的玉器上两个类似裸体人形的头饰密切相关。见甘肃省博物馆文物队：《甘肃灵台白草坡西周墓》，《考古学报》1977 年 2 期，99－130 页，图 14：1－2。正如 2008 年 3 月 11 日我在东方陶瓷学会（Oriental Ceramic Society）宣读的一篇论文中所讨论的（该文即将刊载于英文杂志 *Transactions*），这些形象一个可能的前身是卢里斯坦青铜器上的人物头饰，参见：P.R.S. Moorey, Emma C. Bunker, Edith Porada, and Glen Markoe, *Ancient Bronzes, Ceramics and Seals: The Nashi M. Heeramaneck Collection of Ancient Near Eastern, Central Asiatic & European Art*, Los Angeles, 1981, nos.250, 254, 262.

〔3〕 至于卢里斯坦青铜器的年代以及使用它们的社会性质，仍有诸多争论。

〔4〕 眉县窖藏发掘报告，参见：陕西省考古研究所、宝鸡市考古工作队、眉县文化馆杨家村联合考古队：《陕西眉县杨家村西周青铜器窖藏发掘简报》，《文物》2003 年 6 期，4－42 页。颂壶参见：National Palace Museum, *Shang and Chou Bronze Wine Vessels*, Taipei, 1989, pp.166-169.

〔5〕 这种纹饰一直沿用到东周时期，见下文图 13－53b。

〔6〕 交织图案更常见于器柄和器盖之上，见下文图 13－47。

〔7〕 另一个同样令人惊异的例子见 Alain Thote（杜德兰），"Au-delà du monde connu: représenter les dieux," *Arts Asiatiques*, vol.61, 2006, fig.16. 这件器物表明了公元前 6 世纪和西亚的联系。

〔8〕 这在近东是非常古老的图案。参见：Joan Aruz and Ronald Wallenfels, *Art of the First Cities: The Third Millennium B. C. from the Mediterranean to the Indus*, New York, New Haven & London, 2003, no.245.

〔9〕 Mei Jianjun, *Copper and Bronze Mettalurgy in Late Prehistoric Xinjiang, Its Cultural Context and Relationship with Neighbouring Regions*, BAR International Series 865, Oxford, 2000; C. Debaine-Francfort, *Du Néolithique à l'Age du Bronze en Chine du Nord-Ouest. La Culture de Qijia et ses connexions*, Paris, 1995.

〔10〕 有关马车起源的讨论，参见：Magdalene von Dewall, *Pferd and Wagen in Frühen China*, Bonn, 1964; William Watson, *Cultural Frontiers in Ancient East Asia*, Edinburgh, 1971; Stuart Piggott, *Waggon, Chariot and Carriage, Symbol and Status in the History of Transport,* London, 1992; Edward L. Shaughnessy, "Historical Perspectives on the Introduction of the Chariot into China," *Harvard Journal of Asiatic Studies*, vol.48.1, 1988, pp.189-237. 自从这些研究出版之后，几乎所有学者都接受中国古代的马车起源于亚洲内陆，这样的马车也使用于往西直至高加索山的地区。大卫·安东尼（David Anthony）最近以非同寻常的方法研究了牛车和马车的问题，参见：David W. Anthony, *The Horse, the Wheel and Language*: *How Bronze-Age Riders from the Steppes Shaped the Modern World*, Princeton and Oxford, 2007. 妇好墓出土文物是商代使用周边地区的刀和铜镜的例子，见中国社会科学院考古研究

所：《殷墟妇好墓》，北京，1980 年，图 66、68：4、5。

〔11〕 一般认为，在青铜器的肩部或器表装饰生动的动物形饰是周人的做法。然而，目前在安阳发现的陶范证明，这些青铜器首先出现在商朝晚期并沿用到周朝。李永迪等对于陶范的研究提供了无可辩驳的证据，说明中国和内陆亚洲的相互交流问题必须全盘进行重新考虑。不过，他们更为关注的是这些风格特征的年代，而不是其可能起源于北方边疆地区的问题。见李永迪、岳占伟、刘煜：《从孝民屯东南地出土陶范谈对殷墟青铜器的几点新认识》，《考古》2007 年 3 期，52-63 页。

〔12〕 笔者将使用青铜礼器类型的变化描述为"礼制革命"，参见本书中的《西周青铜铸造技术革命及其对各地铸造业的影响》一文。罗泰采纳了这一观念，但把用于祖先祭祀的青铜器类型的显著变化改称为"礼仪改制"，参阅：Lothar von Falkenhausen, *Chinese Society in the Age of Confucius (1000—250 BC) The Archaeological Evidence*, Los Angeles, 2006.

〔13〕 关于这些材料的例证，见湖北省博物馆：《曾侯乙墓》，北京，1989 年，卷 2，彩图 16、17、18、20。

〔14〕 笔者对其中的一些问题进行了初步探讨，见本书中《西汉的永恒宫殿——新宇宙观的发展》一文。关于汉代借鉴香炉形状造出博山炉的讨论，另外见本书中的《中国的博山炉——由来、影响及其含义》一文。

〔15〕 一个早期的例子是北京附近的琉璃河遗址，见北京市文物研究所、北京大学考古系：《1995 年琉璃河遗址墓葬区发掘简报》，《文物》1996 年 6 期，19-20 页，图 6、7。它表明这些饰件可能起源于北方，它们也大量见于强国墓葬。在梁带村等后来的遗址中，贝壳为玉刻贝壳所取代。见蔡庆良、孙秉君：《芮国金玉选粹：陕西韩城春秋宝藏》，西安，2007 年，器 40 和本文图 13-7b。

〔16〕 这些小坠饰出现在陕西西部的墓葬中，例如宝鸡竹园沟 7 号墓，见卢连成、胡智生：《宝鸡強国墓地》，北京，1988 年，卷 2，图 55：5；以及宝鸡纸坊头，见宝鸡市考古研究所：《陕西宝鸡纸坊头西周早期墓葬清理简报》，《文物》2007 年 8 期，28-47 页，图 7。这些坠饰及其替代物（即小而直的所谓玉蚕）可能是中国人对于西亚坠饰的改造，后者直接挂于许多西亚各地采用的串珠项链上，同注 8，Joan Aruz and Ronald Wallenfels, *Art of the First Cities: The Third Millennium B. C. from the Mediterranean to the Indus*, no.168d；Ezat O Negahban, *Marlik, the Complete Excavation Report*, Philadelphia, 1996, pl.49, no.158. 另外，这类西亚坠饰常常呈叶形，见 *Art of the First Cities: The Third Millennium B. C. from the Mediterranean to the Indus*, 73d.

〔17〕 直到最近学者们才辨认出，这些青铜鱼是挂在包裹棺材的织物或线绳上，或是挂在墓壁上的。在一些墓葬，特别是更早墓葬里发现的大量玉鱼可能起到了类似作用。关于周朝中心地区的墓葬，见中国社会科学院考古研究所：《张家坡西周墓地》，北京，1999 年，图版 159；关于燕国墓葬，见北京市文物研究所：《琉璃河西周燕国墓地 1973—1977》，北京，1995 年，彩图 94：1、2；关于強国墓葬，见《宝鸡強国墓

地》,卷2,图版204:3。

[18] 尤见最近在陕西韩城梁带村的发现,参阅:陕西省考古研究所、渭南市文物保护考古研究所、韩城市文物旅游局:《陕西韩城梁带村遗址 M19 发掘简报》,《考古与文物》2007 年 2 期,3 – 14 页,图 17;陕西省考古研究所、渭南市文物保护考古研究所、韩城市文物旅游局:《陕西韩城梁带村遗址 M27 发掘简报》,《考古与文物》2007 年 6 期,3 – 22 页,图 21:6。

[19] 关于发现的泡,见《琉璃河西周燕国墓地 1973—1977》,211 页,图 127;《宝鸡强国墓地》,卷 1,80 页,图 64:5;134 页,图 105:7;183 页,图 137:5;《张家坡西周墓地》,316 页,图 240;北京大学考古学系商周组、山西省考古研究所:《天马 — 曲村 1980—1989》,北京,2000 年,卷 4,图 127;《芮国金玉选粹:陕西韩城春秋宝藏》,器 70、71,以及本文图 13 – 49d。

[20] 属于北方地带典型类型的几种不同兵器在我们讨论的几个墓葬里都有发现。例如一件卷曲的 C 形兵器,见《张家坡西周墓地》,图 115 和《芮国金玉选粹:陕西韩城春秋宝藏》,器 103。在甘肃灵台白草坡的一座西周早期墓葬里的发现证实了和边疆地区的联系,见《考古学报》1977 年 2 期,114 – 115 页,图 12:3、13:4。

[21] 山西省考古研究所、运城市文物工作队、绛县文化局:《山西绛县横水西周墓地》,《考古》2006 年 7 期,16 – 21 页;山西省考古研究所、运城市文物工作队、绛县文化局:《山西绛县横水西周墓发掘简报》,《文物》2006 年 8 期,4 – 18 页。

[22] 报告见《考古与文物》2007 年 2 期以及 2007 年 6 期;陕西省考古研究所、渭南市文物保护考古研究所、韩城市文物旅游局:《陕西韩城梁带村遗址 M26 发掘简报》,《文物》2008 年 1 期,4 – 21 页。有关发现的图示,见《芮国金玉选粹:陕西韩城春秋宝藏》。

[23] 笔者在与孙秉君的讨论中得知。

[24] 这些圆形串珠的中部有一道凸脊,类似于西亚地区,同注 8,no.167;和高加索地区使用的中间有凸脊的圆形金串珠,见注 16,Ezat O Negahban, *Marlik, the Complete Excavation Report*, pl. 60, no.160. 上述描述基于笔者的实地考察。

[25] 《宝鸡强国墓地》,卷 1,646 – 650 页提供了强国墓葬出土料珠的一些分析数据。

[26] 由于完整的发掘报告尚未出版,目前尚难确认有多少玉饰被用来覆盖面部器官。

[27] 北京大学考古系、山西省考古研究所:《天马 — 曲村遗址北赵晋侯墓地第二次发掘》,《文物》1994 年 1 期,4 – 28 页,图 33;山西省考古研究所、北京大学考古系:《天马 — 曲村遗址北赵晋侯墓地第四次发掘》,《文物》1994 年 8 期,4 – 21 页,图 12;北京大学考古系、山西省考古研究所:《天马 — 曲村遗址北赵晋侯墓地第五次发掘》,《文物》1995 年 7 期,4 – 39 页,图 17。还有大量其他例证。

[28] 平顶山市文物管理局、叶县文化局:《河南叶县旧县四号春秋墓发掘简报》,《文物》2007 年 9 期,4 – 37 页,图 41、42、48。如同所有复原一样,图示例证的准确性也需要讨论。

〔29〕试比较在曲阜鲁国墓地发现的一个例证。见山东省文物考古研究所、山东省博物馆济宁地区文物组、曲阜县文管会：《曲阜鲁国故城》，济南，1982年，图102：1。

〔30〕随葬单粒或者少量红玛瑙珠的晚期墓葬包括宝鸡益门一座非同寻常的墓葬，见宝鸡市考古工作队：《宝鸡市益门村二号春秋墓发掘简报》，《文物》1993年10期，1－14页；信阳黄国的两座墓葬，见河南信阳地区文管会、光山县文管会：《春秋早期黄君孟夫妇墓发掘报告》，《考古》1984年4期，302－332页；浙江绍兴的306号墓，见浙江省文物管理委员会、浙江省文物考古所、绍兴地区文化局、绍兴市文管会：《绍兴306号战国墓发掘简报》，《文物》1984年1期，10－26页，图5：5、7；淅川下寺的多座墓葬，见河南省文物研究所、河南省丹江库区考古发掘队、淅川县博物馆：《淅川下寺春秋楚墓》，北京，1991年，图40、86：2、4；相关论述，参见：Alain Thote, "Intercultural Contacts and Exchanges Illustrated by a Sixth Century B. C. Cemetery in Henan," *Chinese Studies*, vol.15.1, 1997, pp.263-289, figs.5, 6. 湖北枣阳郭家庙17号墓，见襄樊市考古队、湖北省文物考古研究所、湖北孝襄高速公路考古队：《枣阳郭家庙曾国墓地》，北京，2005年，图26：1、2。其中的红玛瑙珠带有圆形凸脊，颇似很早的大甸子和妇好墓的那种，见下文中注释33；晚期的红玛瑙珠遗留发现于广西的一座汉墓，见广西合浦县博物馆：《广西合浦县母猪岭汉墓的发掘》，《考古》2007年2期，19－38页，图8：4、5。河南固始侯古堆的1号墓出土了一些最为精美的红玛瑙珠，见河南省文物考古研究所：《固始侯古堆一号墓》，郑州，2004年，彩图53，下文图13－11。

〔31〕马赛克料珠经常发现于楚系墓葬之中，如湖北荆门郭店楚墓，见湖北省荆门市博物馆：《荆门郭店一号楚墓》，《文物》1997年7期，43页，图20；江陵九店墓地，见湖北省文物考古研究所：《江陵九店东周墓》，北京，1995年，图版6：3－6；以及随县曾侯乙墓，见《曾侯乙墓》，卷2，彩版20：3、4。另见于随县2号墓，参阅：湖北省博物馆、随州市博物馆：《湖北随州擂鼓墩二号墓发掘报告》，《文物》1985年1期，28页，图32；和发现于洛阳的墓葬，见洛阳市文物工作队：《洛阳市西工区C1M3943战国墓》，《文物》1999年8期，11页，图28、29。

〔32〕河南信阳一座楚墓出土的木俑身上画着佩戴的珠玉佩饰，参见：河南省文物研究所：《信阳楚墓》，北京，1986年，115页。

〔33〕中国社会科学院考古研究所：《大甸子——夏家店下层文化遗址与墓地发掘报告》，北京，1996年，图19；《殷墟妇好墓》，彩图36。

〔34〕*The Silk Road Treasures from Xinjiang, Exhibition held at the Hong Kong Heritage Museum, 2005—2006*, Hong Kong, 2005, no.21：2.

〔35〕《琉璃河西周燕国墓地 1973—1977》，彩版48：2。

〔36〕在此我们同样不确定图示珠串复原是否准确。

〔37〕同注 8, no.279.

〔38〕C. L. Wooley, *Ur Excavations, volume II, The Royal Cemetery*, 2 vols, London &

Philadelphia, 1934, pls.131-134; 另外一本著作，同注 8, p.112. 这两本书都阐明了不同的串珠组合。

〔39〕 有关高加索马里克遗址的发掘，见注 16。在这里出土了大量串饰，其发掘报告均清楚图示。这个遗址的年代为公元前 2000 年末，证明在公元前 3000 年的乌尔遗址里发现的串珠样式经久不衰。马里克有可能代表了两河流域和内陆亚洲交流的中间环节。

〔40〕 同注 8，p.249, fig.30.

〔41〕 独立发明说的主要鼓吹者是柯林·伦福儒，参见：Colin Renfrew, *Before Civilisation, the Radiocarbon Revolution and Prehistoric Europe*, Harmondsworth, 1990.

〔42〕 关于铸造技术的讨论，见注 9。Mei Jianjun, *Copper and Bronze Mettalurgy in Late Prehistoric Xinjiang, Its Cultural Context and Relationship with Neighbouring Regions*. 中国新石器时代为玉器时代的说法表明，玉雕为大量新石器时代人群相互借鉴。实际上相似的盘曲动物雕塑出现在相隔遥远的不同遗址里，说明了相互交流而非独立发明的理论。

〔43〕 李峰讨论了辽宁发现的燕国青铜器。参见：Li Feng, *Landscape and Power in Early China: The Crisis and Fall of the Western Zhou, 1045—771 BC*, Cambridge, 2006, pp.338-339.

〔44〕 辽宁省昭乌达盟文物工作站、中国科学院考古研究所东北工作队：《宁城南山根的石椁墓》，《考古学报》1973 年 2 期，27－39 页；项春松、李义：《宁城小黑石沟石椁墓调查清理报告》，《文物》1995 年 5 期，4－22 页。

〔45〕 笔者已另文论述了成套器物的标志性作用，见本书中《西周青铜铸造技术革命及其对各地铸造业的影响》一文。

〔46〕 同注 10，William Watson, *Cultural Frontiers in Ancient East Asia*, p.60; Lin Yun, "A Re-examination of the Relationship between Bronzes of the Shang Culture and of the Northern Zone," in K. C. Chang ed., *Studies of Shang Archaeology: Selected Papers from the International Conference on Shang Civilization*, New Haven, 1986, pp.237-273; 宫本一夫：《中国古代北疆史の考古学的研究》，福冈，2000 年。英文论著中对这一地区的最新讨论，参见：Nicola di Cosmo, *Ancient China and Its Enemies: the Rise of Nomadic Power in East Asian History*, Cambridge, 2002; Louisa F Huber, "Qijia and Erlitou: The Question of Contact with Distant Cultures," *Early China*, vol.20, 1996, pp.17-67. 另一种主要以文献为依据的解释见于 Jaroslav Průšek, *Chinese Statelets and the Northern Barbarians in the Period 1400—300 B.C.*, Dordrecht, 1971.

〔47〕 通常认为这些遗址属于夏家店文化，但在一些学者看来，这一概念早已过时。

〔48〕 乌恩：《北方草原考古学文化研究：青铜器时代至早期铁器时代》，北京，2007 年，61－93 页。

〔49〕 Nicola di Cosmo, *Ancient China and its Enemies: the Rise of Nomadic Power in East Asian*

History, pp. 49-54.

[50] 同注 48, 142-173 页。

[51] 白黎璠:《夏商西周金器研究》,《中原文物》2006 年 5 期, 39-49 转 93 页。该文对于今日中国境内使用黄金地区的情况进行了整体论述, 但在公元前 8 世纪以前, 这些地区处于商周统治的主要区域之外。安阳发现的黄金可能是臣服于商代的周边人群带来的。

[52] William Watson, *Cultural Frontiers in Ancient East Asia*, pp.63-66, 125-136.

[53] 同注 43, pp.141-192.

[54] 为作者与吴晓筠的个人交流中得知。

[55] 《琉璃河西周燕国墓地 1973—1977》, 240 页, 图 146: 1。图中所示的马镳可以和新疆流水出土的例子直接相比, 参见: Wu Xinhua, Mayke Wagner, Jochen Görsdorf, Pavel Tarasov, Ailijiang Aisha, and Mei Jianjun, "Das protoskythische Gräberfeld Liushui im Kunlun-Gebirge, NW-China," *Eurasia Antiqua*, vol.12, 2006, p.185, fig.19; 中国社会科学院考古研究所新疆队:《新疆于田县流水青铜时代墓地》,《考古》2006 年 7 期, 31-38 页。

[56] Lothar von Falkenhausen, *Chinese Society in the Age of Confucius (1000—250 BC) The Archaeological Evidence*, pp.205-207.

[57] 陈芳妹:《晋侯墓地青铜器所见性别研究的新线索》, 见《晋侯墓地出土青铜器国际学术研讨会论文集》, 上海, 2002 年, 157-196 页。

[58] 玉雕人像的图示, 见山西省文物局、北京大学考古文博院、山西省考古研究所:《晋国奇珍: 陕西晋侯墓群出土文物精品》, 上海, 2002 年, 182-183 页。

[59] Mayke Wagner and Hermann Parzinger, "Bemerkungen sur inneren Gliederung der spätbronzezeitlichen Kulture Oberes Xiajiadian und deren Bedeutung für die südsibirische Kulturentwicklung," *Eurasia Antiqua*, vol.4, 1998, pp.42-43.

[60] 靳枫毅:《军都山山戎文化墓地葬制与主要器物特征》,《辽海文物学刊》1991 年 1 期, 65 页, 图 5。

[61] 关于陕西城固县及新干的人面饰之相关性的讨论, 参见: Robert Bagley, "An Early Bronze Age Tomb in Jiangxi Province," *Orientations*, vol.24, no.7, 1993, pp.20-36. 考虑到在北京琉璃河的燕国也发现了这类面饰, 参阅: 中国社会科学院考古研究所、北京市文物研究所琉璃河考古队:《北京琉璃河 1193 号大墓发掘简报》,《考古》1990 年 1 期, 20-31 页, 图 9。这类面饰和北方的关联也不是不可能的。

[62] 郭宝钧:《浚县辛村》, 北京, 1964 年, 图 22、23。此处也包括泡的情况, 见图 25: 1。

[63] 《宝鸡强国墓地》, 卷 1, 406 页。

[64] 晋国墓地 93 号墓的发掘报告, 见《文物》1995 年 7 期, 4-39 页。另外, 参见: Jay Xu, "The Cemetery of the Western Zhou Lords of Jin," *Artibus Asiae*, vol.56, 1996, pp.193-231. 其中也谈到了晋国墓地的墓葬形式。

[65] 童恩正早就注意到了边缘的这种特征。参阅：童恩正：《试论我国从东北至西南的边地半月形文化传播带》，见《文物与考古论集》，北京，1986年，17-42页。

[66] 有关南山根遗址，见《考古学报》1973年2期，28页，图2；及中国科学院考古研究所内蒙古工作队：《宁城县南山根遗址发掘报告》，《考古学报》1975年1期，134页，图17。这种墓葬结构在晋文化区仍被持续使用了好几个世纪，见李有成：《定襄县中霍村东周墓发掘报告》，《文物》1997年5期，5页，图3；11页，图12。

[67] 汪涛在《两周之际的青铜器艺术——以晋侯墓地出土青铜器为例》一文中汇集了许多这样的器物，该文收录于《晋侯墓地出土青铜器国际学术研讨会论文集》，上海，2002年，384-410页。

[68] 除了这些外来的装饰成分外，还有另外一个，即盾式或心形的图案。它首先出现在强国，作为饕餮纹的耳部装饰见于车器（图13-21b）和宝鸡茹家庄1号墓乙室出土的鎣（这类礼器和盉密切相关）上，见《宝鸡强国墓地》，卷1，305页，图213。初看起来，这一特征似乎无关紧要。然而，如果察觉到该动物的耳朵由两个卷形图案组成，它们的结合部位呈尖凸形。我们需要对这种偏离典型饕餮兽角形式的做法进行解释。在西亚尼姆鲁德出土的残留象牙饰件提供了和这种心形图案相关的例子，参见：Georgina Herrmann, Helena Coffey, and Stuart Laidlaw, *The Published Ivories from Fort Shalmaneser, Nimrud, a Scanned Archive of Photographs*, London, 2004, pp.86-87. 这些图案仅仅是埃及新王国时期和两河流域发展出来的许多种成对卷形图案的一小部分，它们用于装饰建筑和小型工艺品。一些西周中期常见于车器，有时也见于礼器的卷曲纹和波浪纹似乎也可能是从西亚的卷形图案中发展而来的。

[69] 侯毅：《从晋侯墓铜器看晋文化的形成与发展》，见《晋侯墓地出土青铜器国际学术研讨会论文集》，上海，2002年，127-129页。该文介绍了现存的轮足或人形（动物形）足青铜盒的情况。另外见出土于秦国的例证，甘肃省文物考古研究所、礼县博物馆：《礼县圆顶山春秋秦墓》，《文物》2002年2期，4-30页，图18。

[70] 有关流行于亚洲内陆的铜鍑在中国的仿制情况，见李朝远：《新见秦式青铜鍑研究》，《文物》2004年1期，83-92页；刘莉：《铜鍑考》，《考古与文物》1987年3期，60-65页。亦见 Jenny So and Emma C. Bunker, *Traders and Raiders on China's Northern Frontier*, Washington, 1995, no.20.

[71] 带流器见于张家坡152号墓，见《张家坡西周墓地》，图3。这类器型沿用至战国晚期。其中许多显然和晋国有关联，在闻喜上郭村墓地多有发现，见朱华：《闻喜上郭村古墓群试掘》，《三晋考古》第1辑，1994年，102页，图7。侯马上马村14号墓发现的一件动物形器盖突出了和草原地区的联系，见《中国青铜器全集·第8卷·东周二》，图13。

[72] 有关这类椭圆形钵的类型学分析，见林巳奈夫：《春秋戰國時代青銅器の研究：殷周青銅器綜覽三》，东京，1988年，80-83页。

[73] 这类古风形式的使用在西周晚期和东周早期的墓葬中比较典型，参见收录在本书中

《复古维新——以中国青铜器为例》一文。这成为将不同的墓葬群，尤其是我们所讨论的晚期墓葬群联系起来的特征。一件器皿固定于另一个器皿之内的做法反映了和宁城南山根一件器皿的关联，见《考古学报》1973 年 2 期，图 4：2。

[74] 同上注，《复古维新——以中国青铜器为例》。

[75] 同注 43，pp.335-336；《考古》1990 年 1 期，20 - 31 页。

[76] 《宝鸡強国墓地》；另见《文物》2007 年 8 期，28 - 47 页。

[77] 《琉璃河西周燕国墓地 1973—1977》，20 - 21 页。

[78] 见注 55。

[79] 《宝鸡強国墓地》，卷 2，彩版 13。

[80] 《宝鸡強国墓地》，卷 2，图版 38、90、138；另见《文物》2007 年 8 期，31 页，图 13。

[81] 《宝鸡強国墓地》，卷 2，图 32：3。

[82] 《宝鸡強国墓地》，卷 2，图 159：2。

[83] 《宝鸡強国墓地》，卷 2，图 160：2，另见 Jenny So and Emma C. Bunker, *Traders and Raiders on China's Northern Frontier*, no.19。

[84] 《考古学报》1973 年 2 期，图 4：2。

[85] 《文物》2006 年 8 期，4 - 18 页。

[86] 笔者已在别处讨论过这个问题。参见：Jessica Rawson, *Western Zhou Ritual Bronzes from the Arthur M. Sackler Collections*, Cambridge, Mass., 1990, vol.2, nos.56, 116。

[87] 从公元前 3000 年起，西亚地区就使用带有凹槽纹或瓦纹的金银器，同注 8, nos.67, a, b。

[88] 动物形状器皿——包括主要在南方发现的商代器皿和我们在此讨论的強国和晋国器皿，器盖上通常都有小动物形象。这一特征尚未得到充分的讨论。这类小动物通常非常类似于草原地区的动物形象。此外，动物形象的组合，例如湖南衡阳出土的背驮老虎的公牛，似乎比较特别，参见：Robert Bagley, *Shang Ritual Bronzes in the Arthur M. Sackler Collections*, Cambridge Mass. and Washington, 1987, fig.74.2. 笔者认为，一个可能性是，这样的组合来自北方、西方和四川的岩画（或者类似图画形式），后者描绘一个接着一个的动物。因此，更远的动物要小些。在把这样的图画移植到雕塑或者浮雕上时，即把一个动物放到了另一个上面。在来自内陆大草原的刀柄上，也有一个动物驮着另一个动物的装饰。

[89] 关于环柄的讨论，见《考古学报》1973 年 2 期，彩图 4：3。与此相似，秦国青铜器也有这类环柄，见甘肃省文物考古研究所、礼县博物馆：《甘肃礼县圆顶山 98LDM2、2000LDM4 春秋秦墓》，《文物》2005 年 2 期，封面。

[90] 根据这样的认识，我们似乎也应该接受，甚至连商代的这类玉雕也表明了和内陆地区的联系，见《殷墟妇好墓》，彩图 30：4、31：2。

[91] 见《张家坡西周墓地》以及注 43, p.252。二者都讨论了张家坡墓葬的年代顺序。

[92] 中国社会科学院考古研究所：《长安张家坡西周铜器群》，北京，1965 年。

[93] 周原扶风文管会：《陕西省强家村一号西周墓》，《文博》1987 年 4 期，5 - 20 页。

[94] Lothar von Falkenhausen, *Chinese Society in the Age of Confucius (1000—250 BC) The Archaeological Evidence*, pp.205-210; 梁星彭：《张家坡西周洞室墓渊源与族属探讨》，《考古》1996 年 5 期，68－76 页。

[95] 《芮国金玉选粹：陕西韩城春秋宝藏》，器 39、41。

[96] 《张家坡西周墓地》，255－257 页，图 192－195。

[97] 《张家坡西周墓地》，283－284 页，图 215、216。这些和内陆草原地区有关的玉雕的持续存在类似于从复制红山玉饰而发展出来的卷龙形象的长期存在。

[98] 这一看法见于罗泰在展览图录中对此器物的说明。参见：Yang Xiaoneng（杨晓能）ed., *The Golden Age of Chinese Archaeology, Celebrated Discoveries from the People's Republic of China*, New Haven & London, 1999, pp.234-235, no.77.

[99] 同注 67，图 13－7 和 13－8 示举了不同的鼎。

[100] 《文物》1995 年 5 期，7 页，图 5：1。

[101] 《文物》1995 年 5 期，19 页，图 25：1。

[102] 在河南长子口的一座西周早期墓葬中发现了这种器形的早期形式，见河南省文物考古研究所、周口市文化局：《鹿邑太清宫长子口墓》，郑州，2000 年。

[103] 宝鸡市考古队、扶风县博物馆：《陕西扶风县新发现一批西周青铜器》，《考古与文物》2007 年 4 期，8 页，图 21；宝鸡市考古研究所、扶风县博物馆：《陕西扶风五郡西村西周青铜器窖藏发掘简报》，《文物》2007 年 8 期，11 页，图 16、17。

[104] 在渭河沿岸的周朝中心地区相对较少发现这类玉饰和串珠饰件。刘云辉在《周原玉器》一书中所做的复原未必正确。参见：刘云辉：《周原玉器》，台北，1996 年。另外，进一步的考古发掘使得考古学家对于这种串饰的拼织有了更好的了解。

[105] 见《天马—曲村 1980—1989》。

[106] 贝壳也出现在琉璃河的早期遗址中，见《文物》1996 年 6 期，图 6、7。这也表明这些饰件的使用起源于北方。弭国墓葬中发现了大量贝壳。而在后来如梁带村的一些墓葬中，贝壳已为玉饰所代替。见《芮国金玉选粹：陕西韩城春秋宝藏》，器 40，及本文图 13－7b。

[107] 许杰讨论了关于墓葬年代排序的一些问题，见注 64。

[108] 尽管铸造工匠把鸟塑造成孔雀形象，但它看起来是内陆大草原地区典型的猛禽的改造。

[109] 同注 57。

[110] 在天马—曲村 6121 号墓发现了一件锯齿纹陶罐的青铜翻版，见《天马—曲村 1980—1989》，卷 4，图 212。

[111] 见本书中收录的《复古维新——以中国青铜器为例》一文。

[112] Lothar von Falkenhausen, "Forerunners of the Houma Bronze Styles: The Shangguo Sequences," *National Palace Museum Research Quarterly*, vol.23.1, 2005, pp.111-174.

[113] 第一阶段发掘的报告，见中国科学院考古研究所：《上村岭虢国墓地》，北京，1959 年。

[114] 河南省文物考古研究所、三门峡市文物工作队：《三门峡虢国墓》，北京，1999 年。

〔115〕《上村岭虢国墓地》,图24、25。这些墓葬中还出土了青铜鱼和棺环。

〔116〕河南省文物考古研究所、平顶山文物管理局:《河南平顶山应国墓地八号墓发掘简报》,《华夏考古》2007年1期,20—49页,图18。

〔117〕《三门峡虢国墓》,卷1,172—173页,图133、134。洛阳和楚地后来的墓葬中仍继续使用这种覆面,见中国科学院考古研究所:《洛阳中州路(西工段)》,北京,1959年,图62:2、78:2、81:1;洛阳市文物工作队:《洛阳中州路东周墓发掘简报》,《文物》2006年3期,35页,图54。另见上文所述叶县墓葬,《文物》2007年9期,4—37页。

〔118〕《三门峡虢国墓》,卷2,彩图12收录的黄金部件类似于梁带村的发现。

〔119〕《三门峡虢国墓》,卷2,彩图27:3。《芮国金玉选粹:陕西韩城春秋宝藏》,器89。

〔120〕河南省文物研究所、平顶山市文物管理委员会:《平顶山市北滍村两周墓地一号墓发掘简报》,《华夏考古》1988年1期,30—43页;河南省文物研究所:《平顶山应国墓地九十五号墓的发掘》,《华夏考古》1992年3期,92—103页;《华夏考古》2007年1期,20—49页。

〔121〕《三门峡虢国墓》,卷2,图19和20;《华夏考古》2007年1期,图9:2—10。

〔122〕《三门峡虢国墓》,卷2,图130;《华夏考古》2007年1期,图14:24。

〔123〕《文物》2002年2期,4—30页;2005年2期,4—27页。

〔124〕《文物》2007年9期,4—37页。

〔125〕山东出土了一些不同类型的水晶串珠坠饰。见山东省博物馆:《临淄郎家庄一号东周殉人墓》,《考古学报》1977年1期,73—104页。

14

中国的博山炉
——由来、影响及其含义

导　　言

在中国，所有种类的香炉都有着各自不寻常的历史。[1] 相比之下，在中亚、西亚乃至欧洲，从古代到中世纪，一直都有燃点香料和药草（就是我们所说的薰香）的传统。但我们不清楚，早期的中国，也就是商代（约公元前1500—前1050年）和周代（约公元前1050—前221年）的朝堂之上，是否也会缭绕着焚香带来的烟雾。我们目前还未识别出此阶段明确用于薰香的容器，但也不能排除使用露天火堆焚香的可能性。然而很明显，在东周晚期，至迟从公元前3世纪开始，一股燃点香料以产生香气的新风气出现了。证据是一件小型的高足带盖杯形器【图14-1】。其饰有镂空龙纹的器盖，从其稍后的汉代衍生物看来，应该是属于香炉的一个部件。这件器物出土于公元前3世纪的山东临淄商王墓中。[2] 一些相似的器物也曾被发现过。

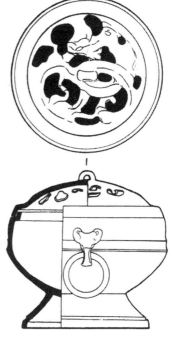

[14-1] 带镂空器盖的青铜香炉，高8.2厘米，山东临淄商王墓出土，战国晚期。引自《临淄商王墓地》，30页，图22.2。

中西交通

这些香炉可能有其原型。在公元前5至前4世纪的楚墓,或楚国邻近地区的墓葬中发现的镂空青铜杯,看起来很像是用于盛放点燃的香料的。但我们除了这种形式的器具外,并无更强有力的证据。[3] 如果这些器具是用于燃香的,那么它们应该属于其他似乎和西伯利亚一带有着关联的楚习俗的一部分。薰香,或者实际上,致幻药的来源,可以追溯到巴泽雷克的阿尔泰遗址。[4] 希罗多德关于斯基泰人的这方面评论经常被引用。在楚文化的各种特征中,金制的钱币和器皿等金器,还有对失蜡法的短暂的兴趣,也显示了楚人与西北方的接触和联系。[5]

这些耐人寻味的问题几乎未被深究过。在这里提及它们,是为了支持本文所提出的论点:中国香炉或香薰器皿中最为华丽的形式——西汉时期(公元前206—公元8年)的博山炉,其原型来自于西亚并经由西伯利亚或中亚传入汉语区域。[6] 我将指出,这些博山炉都属于一个独特的背景,并以此来证明我的假设——这种类型的香炉的源头存在于来自西亚的例子中。博山炉的使用背景同时有着物质层面上及意识层面上的内容。在物质层面,我们将参看其他在汉代贵族阶层中盛行的,并且明显来源于汉语世界之外的器物。换句话说,汉代人不仅愿意使用外来的奢侈品,并且还有能力重塑以及改造它们;博山炉可能就是这种对舶来品的改造结果之一。博山炉的使用背景还具备意识层面。在此层面上,汉代人把这种明显是外来的器物样式,吸收到了他们关于山在宇宙中的角色和神仙力量的观念之中,这点我们将在下文的论述中看到。有关汉代与其近邻远交之间的交流接触,是毕梅雪(Michèle Pirazzoli)的主要研究课题。[7] 我以这篇文章感谢她在这方面研究中所做出的巨大贡献。

最负盛名也是目前最早的一例博山炉,是出自河北满城的公元前113年的中山王刘胜墓的铜错金博山炉【图14-2】。[8] 带有镂孔的陡峭起伏的山峦构成了炉盖并且为其带来了现在的名称——博山炉。一开始时这类香炉并不是被如此描述的;博山炉一词从公元5世纪才开始流行。最早有关博山炉的文献资料已被苏珊·埃里克森(Susan Erickson)整理分析过,她关于此论题的大量论文构成了本文论述的基础。[9] 西汉香炉上的铭文则自名为熏炉。

刘胜墓出土的博山炉,香料被放于炉盘内,其末端饰有精美的流云形涡卷纹。这些涡卷形纹可能是象征着山峦底部的拍岸浪涛。第三种装

[14-2a] 鎏金青铜香炉,高26厘米,河北满城中山王刘胜墓出土,西汉,公元前2世纪。引自《中国青铜器全集》,北京,1998年,图129。

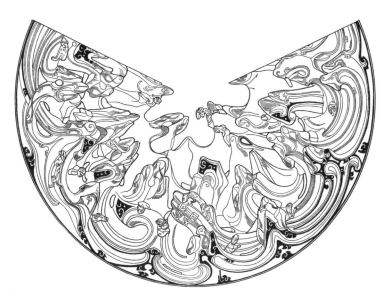

[14-2b] 鎏金青铜香炉盖上的装饰,河北满城中山王刘胜墓出土。

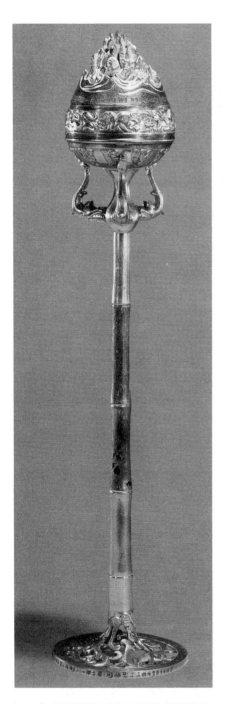

[14-3] 竹节状支座之上的镀金青铜香炉,高58厘米,陕西咸阳茂陵区出土,西汉,公元前2世纪,引自《中国青铜器全集》,图130。

饰元素是透雕的盘龙炉座。看起来似乎是以蛟龙把山峦顶托出水面。这种外形结构可能暗示着这样的香炉试图表现东海之上的仙岛。[10] 这些仙岛分别被称为蓬莱、瀛洲和方丈,时人认为它们是神仙培育长生不老药的地方。据说一旦人们乘船靠近它们,它们就会消失于海面之下。因此以蛟龙承托从波涛中升起的山峦就为这些岛屿为何能够奇迹般出现或消失提供了视觉上的解释。

另外两个香炉尤其有趣。最令人印象深刻的是一件出土于茂陵附近、被定为公元前137年的铜镀金香炉【图14-3】。除了引人注目的表面之外,其纤细的竹节状支座是它最值得留意的特征。竹节似乎是从龙颚中吐出,龙的身躯则构成了透雕的炉座。三条龙的头部和覆满鳞片的躯体从竹节状座柄中延伸出来,承托着炉盘的底部。[11] 第二件是出自刘胜妻子窦绾的墓中【图14-4】。在这座香炉上,我们可以看到一种更加不可思议的对山岳状炉体的承托方式。炉盘承托在一人形塑像的手上,而后者则骑坐于龟背之上。龟伏于一件浅平盘内,盘上的装饰可能暗示着水波或其他更为神秘的生物。[12]

这种奇异的生灵形象也经常被替换为立于龟背上的鸟,就像出土于河北阳原和山西朔县的较少受到关注的香炉上的造型一样。[13] 龟的形象再次把我们的注意力拉到了山从海中升起的可能性上。很多现存的香炉上也有栖于山峰之上小鸟的形象。分别出自阳原和湖南永州的两座香炉就属于此类型。它们都为奇异的生物所承托,立于一个被动物环绕的圆锥形底座

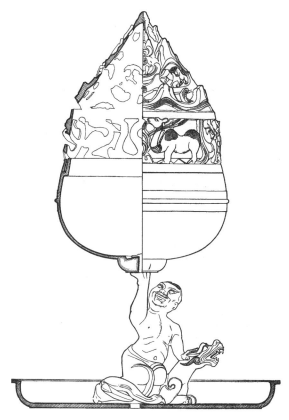

[14-4a] 底部置骑鳖人像的青铜香炉线绘图,高32.3厘米,河北满城窦绾墓出土,西汉,公元前2世纪。引自《满城汉墓发掘报告》,256页,图170。

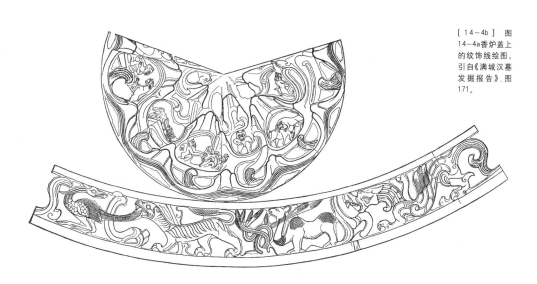

[14-4b] 图14-4a香炉盖上的纹饰线绘图。引自《满城汉墓发掘报告》,图171。

[14-5] 青铜香炉,高27厘米,湖北罗州出土,东汉,公元1—2世纪。引自黄冈市博物馆:《罗州城与汉墓》,北京,2000年,111页,图75。

之上【图14-5】。[14]

博山炉形态的源头

这些博山炉在汉武帝（公元前140—前87年在位）的统治时期较为突然地出现。它们与有着透雕穹窿形盖的早期香炉一起被使用,譬如窦绾墓中的情况就是如此。除此之外,拟山的形态稍后还被广泛地表现在墓葬中的青铜器和仿铜陶器上。[15]一种圆柱状酒器的器盖就被塑造成与之十分相似的山峦造型,而这种酒器基本上源于一种名为"樽"的漆器。[16]我这里所提出的假设是,这些在器物形态上相对突然并且影响深远的变化,是被西亚和中亚香炉上表现的模型所推动的。这样的造型在中国关于山峦的种种信仰中被认可和采纳,这已经在上文简要地提到过了。

正如上文所述,当香炉在较晚时期的中心地区出现时,它们已在西亚被广泛使用了。带盖的香炉首先被亚述人使用,其后是阿契美尼德人。它们被表现在尼尼微和波斯波利斯宫殿的石浮雕之上。[17]其中，来自波斯波利斯的一件阿契美尼德浮雕表现出阿契美尼德王和一位觐见者【图14-6】。两座高高的香炉出现在同一侧并且位于王座之前（这种画面布局也可能显示它们其实是位于王座的两侧）。它们具有纤细的长柄，长柄以上是饰有水平棱纹的呈圆锥形的顶部【图14-7a】。阿契美尼德式的香炉似乎在地域上有着非常广泛的分布。土耳其就曾经发现过一件银质的、具有阶梯状圆锥形顶端的阿契美尼德式香炉，并且很可能是出自一座吕底亚人的墓葬中【图14-7b】。[18]其铭文表明它是女神阿尔忒弥斯的财产。环绕其柄部的精美水平棱纹正与石刻上的阿契美尼德式香炉互相呼应。残存的链子本来是用于连接炉盖和座柄的。这些香炉的特征——圆锥体的造型，链子以及栖于圆锥形炉体顶端的小型雄鸡造像——似乎都为中国铜匠所借鉴。

银质香炉和表现在浮雕之中的香炉，其实都属于同一个传统；此传统从伊朗延伸到埃及，甚至进一步西传至希腊、伊特鲁里亚和罗马，东达斯基泰和印度次大陆西北部的部分地区。它们被沿用了数百年。在来

[14-6] 波斯波利斯国库内的石浮雕，公元前6—前5世纪，图为阿尔塔薛西斯一世接见众皇室成员的场景，其王座前设置两件香炉。华盛顿弗利尔美术馆和阿瑟·赛克勒博物馆藏。Ernst Herzfeld捐赠。

中西交通 | **469**

[14-7a] 波斯波利斯国库石雕上的两件香炉线图,由Mélanie Steiner绘制。

[14-7b] 银香炉,高28.8厘米,传土耳其吕底亚墓葬出土,属阿契美尼德型,公元前6—前5世纪。引自Iknur Özgen and Jean Özturk, *Heritage Recovered, The Lydian Treasure*, no. 71.

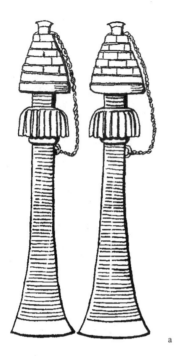

a

b

[14-8a] 青铜香炉,高约30厘米,约旦乌姆·乌德赫那地区出土。顶盖配以活链。引自Lutfi A. Khalil, "A Bronze Caryatid Censer from Amman," fig.1. 由Mélanie Steiner绘制。

[14-8b] 青铜香炉,曼尼尔藏品。引自Antonio Invernizzi, "Near-Eastern Incense-Burners and Pyraeums (I Millennium B.C.–I Millennium A.D.)," fig.11. 由Mélanie Steiner绘制。

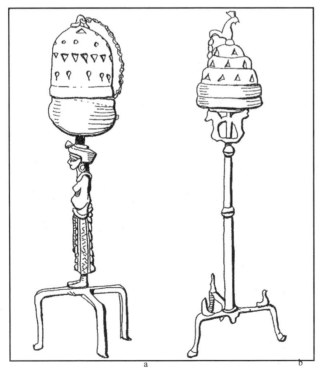

a b

自更遥远的西方的例子中，有一座由立人像头部上之细小支柱所承托的香炉【图 14－8a】。这可能就是影响到窦绾墓中的青铜器的那类香炉（参见图 14－4a）。这个来自约旦乌姆·乌德赫那地区的香炉，像阿契美尼德式香炉一样，远早于中国的青铜器和陶瓷器。[19] 另一座和中国早期博山炉有关的来自西方的香炉发现于土耳其，现藏于曼尼尔藏品中【图 14－8b】。这座约公元前 4 到前 2 世纪期间的香炉，有着阿契美尼德式的梯级状炉盖，但炉顶则是兽而非鸟。它用以支撑炉盘的细高座柄和小巧支托，有可能是出自茂陵附近的汉代香炉的原型（参见图 14－3）。但在中国的版本里，座柄被转化成竹枝，而对炉盘的承托则被表现为龙。曼尼尔藏品中的香炉是承托于三足架之上的，就像来自约旦的青铜香炉一样。

因此，西亚的香炉传统提供了以下特征。它们似乎被融合于某些（虽然不是全部）中国例子中。而其中最重要的是可以被重新解释为山峦形象的圆锥形炉盖。炉盖顶端站立的小型雄鸡造像和将炉体两个主要部分连接起来的链子，也是在中国式香炉中一再被重现的特征。香炉往

[14-9] 织品图案中的香炉，被放置于人像中间的地板上。出土于西伯利亚南部阿尔泰山中的巴泽雷克墓葬。引自Iknur Özgen and Jean Özturk, *Heritage Recovered, The Lydian Treasure*, p. 117, fig. 152.

往都带有高足,但这部分也可被替换成雕像或柄状的承托架。

在中国和伊朗及其他西亚青铜器之间,至少有一件中间物流传至今。一幅来自巴泽雷克的编织物清楚地显示出,一件密切相关的香炉被放置于地上并位于人物之间【图14-9】。[20] 就像我们以下会看到的,位于阿尔泰山的墓葬保存了大量的材料,它们暗示着伊朗和中亚的器物被带到东方,并随之被中国的工匠们和他们的游牧邻居们所复制。而且,在公元前4到前3世纪,巴泽雷克木刻上所见到的动物主题,的确也出现在中心地区的青铜器和玉器上。[21]

秦汉时期的舶来品

大量证据表明,在公元前3至前1世纪,中亚和西亚的典型风尚和器物种类被今天我们称之为中国的区域内的人群所吸收应用。[22] 刘胜墓和第二任广州南越王(卒于公元前122年)的墓葬,都包含有能作为和西方接触的明确证据的器物。广州南越王墓中出土的一只玉角杯和一只带有圈状凸纹装饰的银盒就是明显的例子。[23] 另一件相似的银器出自山东。[24] 上文已提到过的商王墓,发现了饰有精美金珠纹的金质垂饰(或是耳环),这是一种西方的技术,明显源于中国之外。刘胜本人也拥有一对奇异的青铜猫,与埃及的塔沃里特女神塑像的中亚形象相似。[25] 很多高级墓葬中都包含有带饰和相似的装饰物,其上都饰有带有西北边陲风格的动物纹样。[26] 广州南越王墓中出土的方形带扣似乎是在本地制作,但采用了鄂尔多斯及更西地区的典型纹样。[27] 其他公元前2世纪的高级墓葬则发现了更多更大型或更华丽的金质或镀金带饰,表现出与阿尔泰、南西伯利亚和中亚相似的动物主题。[28]

动物与山峦的场景

这些牌饰以及其他饰物和器皿反映出汉代人对外来奢侈品的采用及改造。上文提及的牌饰与博山炉有着另一层的直接相关性。因为如果我们观察窦绾墓出土的青铜香炉上细致的表面纹饰,我们就会找到动物与人物主题的场景,它和发现于今天中国北方及内蒙古的带饰上

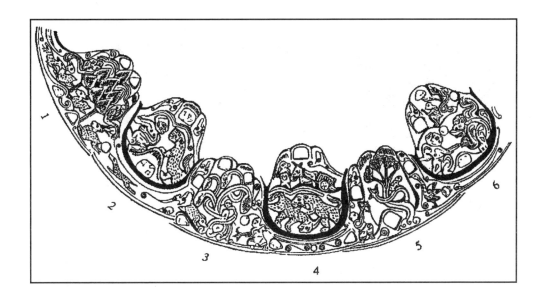

[14-10a] 华盛顿弗利尔美术馆藏一件镀金和镶宝石博山炉上的纹饰。引自Susan Erickson, "The Freer Gallery of Art Boshanlu, Answers to A.G. Wenley's Questions," fig. 1a.

的纹样十分相似（参见图 14-4b）。香炉盖上的场景从左至右分别表现了：一人面对猛兽；一人引车；一人与猛兽搏斗；某种生物的正面全裸形象；一狮一虎围攻一头类似牛的动物；还有一头类似猫的动物在悬崖间攀爬。相似的主题也可在其他博山炉【图 14-10a】上见到，并且可以和西亚流行的主题图案以及来自我所说的"边境地区"（虽然对关注汉语世界周边区域的人们来说，这些地区可能是他们所谓的中心）的青铜器纹饰相呼应。尤其是，人兽搏斗、人引车还有动物搏斗等场景，也可以在过去25年来中原以西、以北地区出土的鄂尔多斯牌饰中找到【图 14-10b】。[29]

出自窦绾墓中的香炉，决不是唯——件具有这类装饰的器物。收藏于华盛顿弗利尔美术馆的一座精美的以珠宝为饰的香炉，其质量就可和上文讨论的皇家博山炉相媲美，并且带有同样类型主题纹饰。[30] 除此之外还有很多其他的器物，不论是在中国出土的还是现存于西方藏品中的，都表现了同样的主题。

动物搏斗的场景，就像香炉本身，可以追溯到西亚地区。这一主题有着古老的源头。它们早在公元前3000年就在美索不达米亚产生，然后为阿契美尼德帝国及其后来者广泛沿用。[31] 例如，土耳其吕底亚地区发现的雪花石的香炉可以追溯到阿契美尼德帝国【图 14-11】。这件器物带

中西交通 | **473**

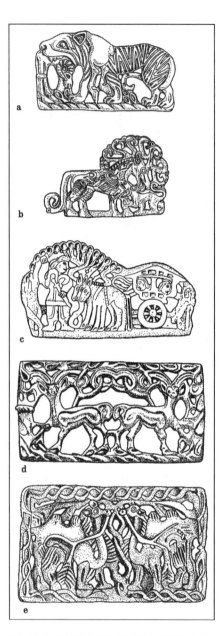

[14-10b] 各款鄂尔多斯地区青铜牌饰上的动物场景，与部分香炉造型相似，如前文的图14-4。
a. 虎食长角兽像。
b. 长鸟头形角的马与其他兽类。
c. 由车、马和人组成的场景。
d. 一对树下的野羊。
e. 一对野骆驼。
引自《鄂尔多斯市青铜器》，北京，1986年，图45. 3, 46. 4, 61: 3, 64. 1, 64. 4（按原文顺序排列）。

有刻画的动物纹饰，其中包括在香炉上所见到的动物搏斗类纹饰。其他来自吕底亚墓葬和伊朗的阿契美尼德遗址以及俄罗斯南部的金属制品上都有同样的装饰风格。其中一件来自吕底亚地区出土的器物，带有博山炉上可见的人兽搏斗主题装饰。并且正如苏立文（Michael Sullivan）多年前提出的那样，古代近东可能也提供了这些动物出没于山峦之间场景的例子。[32] 在他的讨论中，苏立文引用了现存于大英博物馆的伊拉克尼姆罗德古城出土的碗作为例证。

含 义

至此我们的讨论已经表明，对薰香和带有圆锥形器盖的香炉的使用，有可能都是从西方传入中国的，尽管传入的时间有所不同。但如果圆锥形炉盖确是外来的，那么其具体的器型和其含义——被汉代人表现为山峦——则几乎毫无疑问地完全本地化了。[33] 在汉代人把这种器型和他们的意识形态与宇宙观体系融合起来前，汉语世界似乎并没有接受圆锥形的器盖并将其转化成山峰形状。像苏珊·埃里克森继石泰安（Rolf Stein）和雷德侯（Lothar Ledderose）之后对香炉的研究指出，高耸山峦式的器型很可能起到微观宇宙一般的作用。[34] 对园林、墓葬和器物中表现的微缩宇宙景观的关注已经体现在许多大型的建筑项目中。其中最重要的是秦始皇宏伟的陵寝。相似的证据也可以在试图复制四方山川河流的皇家园林中找到。[35]

[14-11] 银牌上的动物造型,阿契美尼德时代,公元前6—前5世纪。出土于吕底亚墓葬,可能与图14-7b中的银香炉同期。引自Iknur Özgen and Jean Özturk, *Heritage Recovered, The Lydian Treasure*, no. 78.

  我曾经在其他文章中提出,汉代时有两种主要的趣味在起作用。第一种是对人们所说的系统宇宙的重视。系统宇宙的一个突出的特点就是所谓的关联宇宙观,它把系列的事件和现象都在以四或五为基数的组合中关联起来。而更重要的是道的内在结构所提供的解释。这种解释认为气、阴阳以及五行的力量导致了事物的更替和变化。这一体系背后的模式或设计是一个以天圆地方为基础的有序的几何式宇宙。天与地的这种特点在某种程度上是与该几何式体系相呼应的。与此同时五座圣山被认为是标记了大地的不同方位。将重要的山岳看作神灵所在地的观念可能已经长久存在。但汉代时这些山岳被纳入皇家的控制之中并且被赋予了在几何式宇宙系统中明确的角色。[36]

  另一种传统则似乎把"仙"的形象和一些独特的山岳联系起来了。在汉代,有两个特殊的区域是非常重要的:被视为西王母居所的西方昆仑,以及上文已经提到过的东海仙岛——蓬莱、瀛洲和方丈——之上的山峰。司马迁著名的《史记》在记述秦始皇遣使探寻仙岛和汉武帝寻求不死灵药的事件时提到了这些岛屿。[37]

  有人提出,博山炉可能表现了一座最重要的圣山,而我则会回到这样一个观点上来:岛屿上的山峦从海中升起的形象似乎对应的是东海上的仙山。如果此观点成立,在香炉中焚香可能会唤起向仙岛上的神仙寻求沟通

中西交通 | 475

的渴求。[38] 这样的联系可能解释了博山炉相对突然的出现。因为即使秦始皇的确曾遣使到这些岛屿，但很有可能只是在汉武帝的统治时期内，也就是《史记》成书的时期，这些观念才得到正式的阐述。文本的记述和香炉的创造之间在时间上的巧合显示出，当时人们是如何热切地关注可能寻找到神仙的地点。由于几乎没有关于仙岛的具体证据，我们可以推测，香炉被发展出来以满足当时信奉者的要求，把不可见的景象具体地表现出来。为此汉代人似乎转向了那些更易获取的来自边境的器物，同时这些器物也为这些相对较新的观念提供了新式词汇。

在汉武帝统治期间，远赴西方的军事考察队伍毫无疑问开启了汉代与中亚人的接触。[39] 同时，匈奴的入侵也使外来的物品唾手可得。在匈奴和已经提到过的巴泽雷克的墓葬中，除了发现有中国的器物，同时也出土了显示这些人群和更西面的国家（甚至远至美索不达米亚）紧密联系的物品。[40] 在中国的汉代时期，这些来自边境地区的人们经常在雕像和墓葬中的浮雕上被描绘成戴尖头帽的形象，这种形象在波斯波利斯浮雕上的所谓萨卡人或斯基泰人身上亦可见。[41] 有时这些外国人装束的人像也被应用于灯座之上，这或许表明，灯具像博山炉一样，也与西方存在着联系【图 14-12】。[42] 汉赋中亦有对外国人的描写，这些文字描述了当时人对他们所知的世界——无论是怪异的还是美好的——的认识。

[14-12] 手托青铜灯，戴尖顶帽的人像线图，高23.4厘米，汉代，公元前2—前1世纪，之前由伦敦古董商Eskenazi收藏。由Mélanie Steiner绘制。

把我们所说的中国看成一个有着不连续边界的国家，而此边界之外是一个"异"国，这是一种现代的思维方式。但对当时使用汉语的人们来说，他们看到的似乎是一个以他们为中心向四周扩张的世界。来自远方的人们和那些来自中国疆域以外的物品，不过是同一个世界中的一部分。若其提供的材料和器物被秦人和汉人欣赏，后者便会采用这些器物。如果需要的话，秦人和汉人更会按照他们的目的对这些器物加以改造。被中亚、蒙古和西伯利亚人所珍视的带饰，最终成为中国等级体系中地位的标志。它们因此被完全吸纳融合。当宇宙中的山岳在皇家礼仪和宇宙观体系中获得崇高地位之时，圆锥形的香炉便变成了博山炉。

关于中外交流的许多问题仍然有待探讨。但毫无疑问，在对每种来自中亚和西亚事物的借鉴中，我们都可以看到汉代将它们纳入完全的本土化的情形。[43]这类问题持续受到关注却未被解决。汉代似乎发展出了凿山为藏并且水平设置多个墓室的葬式。这种独特的新葬式与阿契美尼德的墓葬有着相似之处。[44]然而在更西边的吕底亚人们采用的却是与早期汉墓极其相似的埋于土丘以下的石板墓【图14-13】。[45]在大型的高级墓葬中，譬如江苏省徐州的北洞山汉墓，汉代人甚至仿效了吕底亚所见的石板墓顶。而在较低的社会阶层中，这些石板则被中国人仿制成大型的条形砖【图14-14】。这些相似之处仅是巧合，只是两条各不相干的演变之路吗？在西亚物品的传入和采用中表现出的紧密联系说明它们并非巧合。那么这就构成了一个可以深入探讨的题目。因此，毕梅雪在她对舶来品的研究中向我们介绍的丰富主题也仍然有待进一步讨论。

[14-13] 土耳其出土的双室石板墓线图，公元前6—前5世纪。引自Iknur Özgen and Jean Öztürk, *Heritage Recovered, The Lydian Treasure*, pp. 48-49。由Mélanie Steiner绘制。

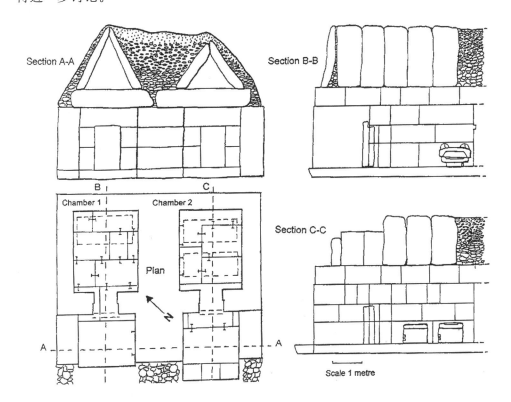

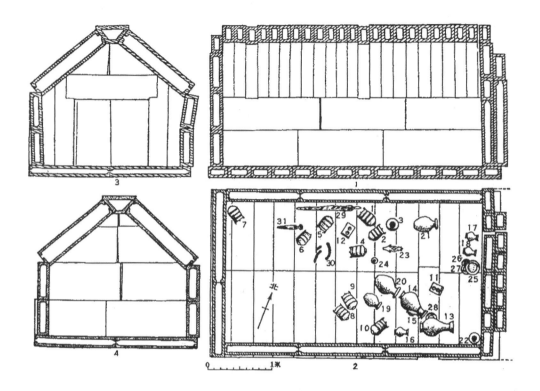

[14-14] 河南郑州砖室墓线图,西汉,公元前1世纪。引自郑州市博物馆:《郑州新通桥汉代画像空心砖墓》,《文物》1972年10期,41页,图1。

(陈 谊 译)

〔1〕 我所使用的"中国"一词,指的是使用汉语的精英阶层所控制的地区。另外,秦汉时期那些被并入地方政府直接管辖下的地区,也可被视为"中国"。除这两种情况之外,对边界的定义仍然十分困难。的确,虽然本文的讨论经常表明,中国和其边界或更远地区的人们之间在某种程度上有着界线,但实际上边界地区的情况有其不确定性。而且,非汉语人群可能比我们想象的更深入地渗透到我们所认为的边界之内,并且因此把外来的物品带入中国的中心地区。

〔2〕 发掘报告见淄博市博物馆:《临淄商王墓地》,济南,1997年。一件有着相似外形但年代稍晚的香炉也在山东淄博临淄被发现,见山东淄博博物馆:《西汉齐王墓随葬器物坑》,《考古学报》1985年2期,240页,图16:1。另外可以将这件香炉与出自窦绾

墓的香炉对比，参见中国科学院考古研究所等：《满城汉墓发掘报告》，北京，1980 年，258 页，图 172：1。

〔3〕本文作者讨论过此问题，参见：Jessica Rawson, "Chu Influences on the Development of Han Bronze Vessels," *Arts Asiatiques*, vol.XLIV, 1989, pp.84-99.

〔4〕茹丹科（Rudenko）描述了大麻种子的发现以及使用热石在釜内制造迷香的事实，并且他提到了希罗多德关于斯基泰人相似行为的评论。参见：Sergei I. Rudenko, *Frozen Tombs of Siberia: The Pazyryk Burials of Iron-Age Horsemen*, M.W. Thompson trans., London, 1970.

〔5〕学界目前还未充分研究这一题目。然而，在公元前 433 年邻近楚国的曾侯乙墓中所展示出的金器、鹿形造像和失蜡法的使用（一种在汉文化习俗圈之外被广泛使用的技术，大概经由中亚传入），显示了物质与技术的结合。这种结合是从更西及更北的地区沿长江的巨大支流或其他类似的路径传入中国腹地的，见湖北省博物馆：《曾侯乙墓》，北京，1989 年，卷 2，彩色图版 17、18，图版 69、83、142、143，还有罗森的讨论，参见本书中收录的《西汉的永恒宫殿——新宇宙观的发展》一文。金器的存在为源自西亚经由新疆抵达中国的器物的转变提供了一个有力例子，见来自新疆阿拉沟的金器。参阅：新疆文物考古研究所：《1996 年新疆吐鲁番交河古城沟西墓地》，《考古》1997 年 9 期，46－54 页，图版 7：1。这件金器与被认为属于斯基泰人所有的阿契美尼德型器物相似，参见：Ellen D. Reeder, *Scythian Gold: Treasures from Ancient Ukraine*, New York, 1999, p.320, no.168.

〔6〕我们鲜有关于被选择的传播路径的证据。然而在巴泽雷克的发现（见注 4，Sergei I. Rudenko, *Frozen Tombs of Siberia: The Pazyryk Burials of Iron-Age Horsemen*）的确提供了一个定点，表明了在被阿尔泰居民占领的西亚地区中同样流行的图案和习俗。两千多年来，数条进入中国西部的路线被商人、侵略者或单纯的迁徙人群所采用。梅建军对数条早期路线提出了一些最新的证据，见 Mei Jianjun（梅建军），"Cultural Interaction between China and Central Asia during the Bronze Age," *Proceedings of the British Academy*, 2003, vol.121, pp.1-39. 技术和形式的转移中最显著的一项，见于商代对战车的运用，参见：Edward Shaughnessy（夏含夷），"Historical Perspectives on the Introduction of the Chariot into China," *Harvard Journal of Asiatic Studies*, 1988, vol.48, 1, pp.189-237; Lu Liangcheng（卢连成），"Chariot and Horse Burials in Ancient China," *Antiquity*, vol.67, 1993, pp.824-838.

〔7〕参见：Michèle Pirazzoli-T'Serstevens, "Pour une archélogie des échanges. Apports étrangers en Chine-transmission, reception, assimilation," *Arts Asiatique*, vol.XLIX, 1994, pp.21-33.

〔8〕见注 2，《满城汉墓发掘报告》。

〔9〕Susan N. Erickson, "Boshanlu—Mountain Censers of the Western Han Period: A Typological and Iconological Analysis," *Archives of Asian Art*, vol.XLV, 1994, pp.6-28.

〔10〕亦见：Michèle Pirazzoli-T'Serstevens, *La Chine des Han*, Fribourg, 1982, p.114.

〔11〕咸阳地区文管会、茂陵博物馆:《陕西茂陵无名冢一号丛葬坑发掘》,《文物》1982年9期,1—17页。

〔12〕美国堪萨斯城的纳尔逊·阿特金斯艺术博物馆有与之相似的一座香炉。参见:Kiyohiko Munakata(宗像清彦), *Sacred Mountains in Chinese Art*, Urbana-Champaign, 1991, p.72, no.17.

〔13〕河北省文物研究所:《河北阳原县北关汉墓发掘简报》,《考古》1990年4期,326页,图7;平朔考古队:《山西朔县秦汉墓发掘简报》,《文物》1987年6期,19页,图46:1.

〔14〕湖南省文物考古研究所、永州市芝山区文物管理会:《湖南永州市鹞子岭二号西汉墓》,《考古》2001年4期,52页,图10。

〔15〕同注12, pp.78-81, nos.21-26.

〔16〕同上注, pp.83-89, nos.27-35.

〔17〕关于西亚和中亚香炉的更广泛的讨论,参见:Antonio Invernizzi, "Near-Eastern Incense-Burners and Pyraeums (I Millennium B.C. — I Millennium A.D.)," *Journal of Western Asian Studies Al-Rāfidān*, vol.XVIII, 1997, pp.241-261; Bernard Goldman, "Persian Domed Turibula," *Studica Iranica*, vol.20-IPPI, 2, 1991, pp.179-188.

〔18〕对可能出自吕底亚的银器和墓葬的描述,参见:Iknur Özgen and Jean Özturk, *Heritage Recovered: The Lydian Treasure*, Istanbul, 1996.

〔19〕对这座香炉及其修复的讨论,见 Lutfi A. Khalil, "A Bronze Caryatid Censer from Amman," *Levant*, vol.XVIII, 1986, pp.103-110.

〔20〕对这类香炉的表现还出现在小型的随身物件中,譬如圆柱形的印章,同注18, p.117, fig.153.

〔21〕见注5, 图21、22、25、26、27。

〔22〕关于借鉴西方的大致讨论,同上注,罗森:《西汉的永恒宫殿——新宇宙观的发展》。另外,可与李零的文章对比。参见:李零:《论中国的有翼神兽》,《中国学术》卷5,1, 2001年, 62—134页。

〔23〕广州市文物管理委员会等:《西汉南越王墓》,北京,1991年,卷2,彩图15、23。参见:Michèle Pirazzoli-T'Serstevens, "Ateliers, Patronage et Collections princières en Chine à l'Époque Han," *Comptes rendus de l'Académie des Inscriptions et Belles-lettres*, Avril-Juin 1990, pp.521-536.

〔24〕山东淄博物馆:《西汉齐王墓随葬器物坑》,《考古学报》1985年2期,223—266页,图版14:1.

〔25〕见《满城汉墓发掘报告》,卷2,图版54:1. 与古埃及雕像的对比,参见:Jessica Rawson, "Strange Creatures," *Oriental Art*, vol.XLIV, 1998, pp.44-47.

〔26〕孙机曾举例说明了外来带饰在相当一段时期内的影响。见孙机:《先秦、汉、晋腰带用金银带扣》,《文物》1994年1期,50—64页。

〔27〕见《西汉南越王墓》,卷2,图版96:1, 134:3、4. 最近对西安一座青铜工匠的墓

葬的发掘显示了西伯利亚式的图案，包括带角（角端以鸟头为饰）的动物。这些图案在战国时期被成功仿制于后来成为汉代疆域的地区内，见陕西省考古研究所：《西安北郊战国铸铜工匠墓发掘简报》，《文物》2003 年 9 期，4—14 页。

〔28〕 对来自徐州狮子山汉墓中的复杂牌饰和它们与来自巴泽雷克器物的联系的讨论，见本书中的《西汉的永恒宫殿——新宇宙观的发展》一文。

〔29〕 汉语世界与边境乃至更西地区人群的关系是很难解读的。雅各布森曾经就近邻的文化的发达程度有过一些有趣的见解，参见：Esther Jacobson, "Mountains and Nomads: A Reconsideration of the Origins of Chinese Landscape Representation," *Bulletin of the Museum of Far Eastern Antiquities*, vol.57, 1985, pp.133-180; Esther Jacobson, "Beyond the Frontier: A Reconsideration of Cultural Interchange between China and the Early Nomads," *Early China*, vol.13, 1988, pp.201-240.

〔30〕 来自弗利尔美术馆的例子（参见：A.G. Wenley, "The Question of the Po-Shan-Hsiang-Lu," *Archives of the Chinese Art Society of America*, 1947. vol.II, pp.5-12, fig.1-4) 和其他有可比性的带有相似动物主题装饰的器物，图见注 12, p.29, fig.83, 34; pp.73-74, nos.18, 19. 更进一步的例子和关于弗利尔所藏香炉年代的讨论，参见：Susan Erickson, "The Freer Gallery of Art Boshanlu, Answers to A.G. Wenley's Questions," *Oriental Art*, vol. XLII, 4, 1996, pp.27-38.

〔31〕 Henri Frankfort, *The Art and Architecture of the Ancient Orient*, Harmondsworth, 1979, p.41, fig.33; p.330, fig.393.

〔32〕 Michael Sullivan, *The Birth of Landscape Painting in China*, London, 1962, p.131.

〔33〕 对博山炉的开创性研究和其与山峦的关系，参见：Rolf Stein, *Le Monde en petit, Jardins en miniature et Habitations dans la Pensée religieuse d'Extrême-Orient*, Paris, 1987, 2001, pp.50-57; Lothar Ledderose, "The Earthly Paradise: Religious Elements in Chinese Landscape Art," in Susan Bush and Christian Murck eds., *Theories of the Art in China*, Princeton, 1983, pp.165-183.

〔34〕 埃里克森分析了多种可能的解读，同注 9, pp.14-20.

〔35〕 对这一题目的开创性的讨论，见注 33, Lothar Ledderose, "The Earthly Paradise: Religious Elements in Chinese Landscape Art."

〔36〕 参见本书中收录的《作为艺术、装饰与图案之源的宇宙观体系》一文。

〔37〕 Burton Watson（华兹生） trans., *Records of the Grand Historian-Qin Dynasty*, New York, 1993, p.49.

〔38〕 同注 10, p.187.

〔39〕 关于与西亚的接触，见司马迁在《史记》中关于巴特里亚的阐述，《史记》，北京，1969 年，卷 10, 3157 页。英译文见注 37, p.264.

〔40〕 Sergei I. Rudenko, *Die Kultur der Hsiungnu und die Hügelgräber von Noin Ula*, Bonn, 1969. 另外见注 4。

〔41〕关于这些人像的全面调查，见邢义田：《古代中国及欧亚文献，图像与考古资料中的"胡人"外貌》，《美术史研究集刊》，2000年，卷9，15－100页。

〔42〕有关一座以戴相似的尖头帽的人像承托灯盘的陶瓷灯具，参见：《汉代文物大展》，台北，1999年，器86。

〔43〕其他的例子有被汉人借用的西亚带翼兽形象，见李零：《论中国的有翼神兽》，《中国学术》卷5，1，2001年，62－134页。

〔44〕见本书中的《西汉的永恒宫殿——新宇宙观的发展》一文，图10－2、3a、b、c。

〔45〕构成吕底亚墓葬墓室顶部的石板似乎引发了人们对石板和大型的平整的条形砖的使用，如洛阳的西汉壁画墓，见洛阳市第二文物工作队：《洛阳汉墓壁画》，北京，1996年。

装饰系统

15

万历皇帝画像的载体作用[1]

以万历为年号的明神宗（1573—1620年在位）的陵墓是迄今唯一被发掘的明代帝陵。[2] 本文将借助该墓中出土的龙袍和其他物品来讨论万历皇帝的画像。同时，我也将从多方面探讨阿尔弗雷德·杰尔（Alfred Gell）所提出的载体概念。

在这幅画像中【图15-1】，明神宗似乎将我们的注意力锁定在他的视线之内。自椭圆形的脸向外注视的目光越过观者，落在我们无法望及的景物上。这却又是唯一表露其个性的地方。除此之外，皇帝被包裹在甚至可以说是被嵌入黄色的、绣有团龙的帝王袍服中，这便是我们所熟知的衮服。龙袍的下裳，御带之下，是两行六个章纹。从上至下分别为：宗彝、藻、火、粉米、黼、黻。在此之外，还饰有另外六个章纹。日、月出现在龙衮的左右肩上；星辰的章纹通常可在龙袍背面找到；而另外三种图案，山、龙、华虫也一般出现在龙袍的背面，在观者的视线之外。这些章纹图案在史料中有所记载。例如，公元前3世纪的《书经》中写到：

> 臣作朕股肱耳目。予欲左右有民。汝翼。予欲宣力四方。汝为。予欲观古人之象，日、月、星辰、山、龙、华虫，作会；宗彝、藻、火、粉米、黼、黻，絺绣以五采，彰施于五色，作服。汝明。[3]

虽然这个文献据传较为久远，但是它的成文应不早于汉代（公元前

[15-1] 佚名,万历皇帝朝服图,台北故宫博物院藏。

206—公元220年）。因此，我们很难了解汉以前的龙袍上是否使用了相似的图案。

在宝座的周围和人像的背面为一幅繁复的织锦；一面绘有荷花图案，而另一面是云纹图案。地毯上，同样的云纹与珍宝纹交错出现。[4] 下文中将要谈到，这类纹饰在中国传统中被用来确保吉祥如意。因此，对于具有一定背景知识的观者，这些装饰图纹本身就是某种载体。然而，赋予它们寓意的是谁？其目的又是什么？我将在下文对这类图纹进行深入探讨。

明神宗的画像和与其类似的绘画都是祭祀用的物品。这一类的绘画被用于葬仪中，更多的是用于祖先过世之后，为其献食和供饮的日常祭祀上。[5] 在宋代（960—1279）之前，祭祀祖先这种中国人最根本的礼仪形式，是在写有死者姓名的牌位前进行的。这类祭典，伴随着音乐供奉备好的酒食，被认为具有招请逝者灵魂降临到牌位上的功能。宋代以来，塑像和绘画开始出现，并和牌位起到相似的作用。一旦奉上供品，人们便相信逝者的灵魂将会降临到画像中。柯律格（Craig Clunas）提出："祖先无时无刻不显现在子孙身边，而没有比画像这种形式表现更为深刻的。"[6] 这是一种相互作用的关系。为了回馈长久以来子孙们对家族中亡者所尽的孝道和持续的供奉，人们在逝去的祖先身上寄托了福佑生者的期望。另外，这类画像也为其他场合制作。[7]

用于祭祀的画像必须逼真；龙袍、御带、冕则需要完全正确，否则这幅画就无法再现皇帝。也因此，这种画的用途受到宋代新儒教哲学家的批评，如果特征表现得不正确，子孙的供奉将无法送达自己的祖先。[8] 虽然这些画像每幅看来都很相似，但其细微的地方会无可置疑地得到加倍的关注。不仅在于其面孔的准确性，正确的服装、头饰和其他贴身用品，尤其是象征等级的御带，都极为重要。此般细节正是观者所注意的，如果他们考虑到这些人的经历。

在这当中，艺术家并不起显著作用，因为画像的工艺流程已被制度化，在私人与官方的画坊中进行。任何一幅画的创作都有多名工匠参与。正如司美茵（Jan Stuart）所探讨的，在许多非宫廷画坊中，画像的总轮廓在其被订购之前大都已经准备完毕。当有家族要求订制肖像时，画坊一定会询问画中人年龄、官职和适合他的恰当服装。[9] 这些不同细节的绘制,如面孔、服装的刺绣和头饰,几乎可以肯定是由若干工匠所完成。宫廷的画坊中也采用同样的工序。

这些绘画确实是技艺高超的作品。杰尔的表述是,绘画技艺的精妙令人觉得它富有"魔力"。然而,观者绝不会认为赋予其魔力的是一个或一群艺术家。对于被皇帝或其亲属委托绘制画像的官员们,至为关键的是在既定工序内确保画像的准确性;对于将在特定场合见到这类画像的家族成员和祭祀人员,画像的作用是让逝者(在此便是皇帝)显现。没有任何一位观者会由此联想到绘画的工匠。

如果杰尔设立的几个公式适用于这种情况,我们可以设立几个类似的公式。我们若首先以西方的观点来看这幅画像,即它是由一位或多位艺术家对主题进行的描绘,我们会发现:皇帝这个主题,依杰尔的观点是一个原型,将其所承载的含义强加于艺术家,艺术家则把这幅画作为带给观者寓意的引导物。其公式为:

原型 A → 艺术家 A → 引导物 A → 承受者 P

而不是以艺术家作为最初的载体[10]:

艺术家 A → 原型 A → 引导物 A → 承受者 P

然而,另一种公式或许更适合中国的概念。这就是画像作为的引导物 A,将祖先也就是这里所说的万历皇帝作为载体,使其作为原型 A 直接在作为承受者的子孙身上产生作用。这个排序是:

引导物 A → 原型 A → 子孙/承受者 P

正如上面所提到的,这种关系是相互的。引导物 A 让子孙 P 通过对先人的祭祀在原型 A 上赋予寓意。这个公式就成了:

子孙 P → 引导物 A → 原型 A

虽然目前这些公式在讨论中缺乏变通性，却也能让我们设想出一幅中国祖先画像可能引起的多种效能形式。然而这几种不同的公式也表明，杰尔概念中的载体也随着问题本身的变化而改变。在西方，艺术家、赞助人各自有着清楚的、明确的身份。至少从文艺复兴时期开始，探讨艺术家自身作为主体便是可行的。从那时开始，观者对艺术家所扮演的角色就应该有所了解。但对于中国的祖先画像，情况大不相同。艺术家在观者眼中没有任何意义。作为表现主题的皇帝才被认为是具有传载作用的。这比文艺复兴时期和之后的西洋画主题更有效果。[11] 无论杰尔在他的载体研究中多么不愿意涉及文化差异，这些区别源于两个区域的人们对文化所做出的不同假设。

对于杰尔而言，中国的祖先画像非常适合他所探讨的主题。中国人认为艺术的范畴限于书法和源于书法的绘画，而祖先画像从未被当作艺术作品来欣赏。而西方人则常将这种人物像归类于艺术的一种，在画展中经常可以见到。祖先画像有一定的社会因素，对杰尔无疑会有极大的吸引力。

杰尔其实是以社会关系的方式代替美学来探讨艺术作品。他将艺术品放入与观者之间的关系，仿佛是其社会中的一份子，正如万历皇帝对于当时的人们。皇帝的画像影响着他的社会角色。画像使子孙与作为他们祖先的皇帝形成一种接触。另外如先前所述，皇帝具有显现的能力，尤其是当子孙瞻仰他的画像时。实际上，子孙通过期待画像的灵验赋予其以能力，但他们以为此能力来自于皇帝本人。[12] 换句话说，正如帕斯卡·博伊尔（Pascal Boyer）的文章中所解释的，对载体的归属所产生的不同理解，与观者对因果的认知有密切的关系。[13] 我们将在后面讨论画中地毯的图案时重新探讨这个问题。

通过突出作品的社会功能，杰尔使美学服务于社会。同时，他忽略了其他形式的分析，包括对文化、象征寓意和肖像的关注。另外，杰尔低估了图像和语言的类比。取而代之的是对技术的重视和它所具有的魔力。这些构成了他探讨的关键部分。杰尔认为，作品所包含的错综复杂的工艺是不允许被别人诠释的，因此使得观者猜想，作品本身拥有魔法般的力量，或是由此创作而成的。他在特罗布里恩德岛（Trobriand Island）居民的木舟尖上见到这种魔法般的性质。在这些木舟尖上，无法轻易解读的奇特形式及色彩的产生方式，被解释成所谓的魔法。[14]

画像本身的外在特性是非常重要的。杰尔对传统西方艺术史的研究方法和表述方式的恐惧,令他拒绝相信画像里有任何美学上的效应。那么,我们如何能够不把龙袍和地毯上的鲜艳色彩视为用来刺激视觉感官和情感反应?这些我们称之为美学情趣。杰尔避开最显然的对于形式、图案、线条和色彩的情趣而转向技术。如果让他来研究本文探讨的这幅皇帝画像,他或许会指向那些让观者动心的独特制作手法,其目的为了让子孙着迷并加深逝去的皇帝对他们生活的控制。但是杰尔不会停留在视觉感官上,而是探讨其制作的工艺。按托马斯(Nicholas Thomas)的话来说,他的论点是:"艺术品运用一种技术从而达到某种目的,最主要的是将承受者放入载体所制定的关系框架中。"[15]

然而,观看这种人物画像的中国士人阶层对绘画艺术是十分熟悉的,尤其深谙书法。所有的皇帝都是书法家,有的还可作画,他们不太可能不了解画像是如何制作的。为中国宫廷制作这些画像的画坊是宫廷中复杂官僚机构的一部分,这一点,皇帝在某种程度上是一定知晓的。确实,在所有的社会中,工匠和技工,甚至那些从事神秘宗教事务的人,除非在一些极特殊的情况下,否则不会完全不被同僚所了解。再有,在大多数的社会里,被广泛采用的艺术和工艺虽然通常是偶然发展而来的,但在岁月中幸存下来,因此,主流社会至少对它们的特点和品质是了解的。[16]

从这方面看来,杰尔对技术的重视需要作些调整。他对此的执著似乎是为了回避一个复杂的问题:我们为何能在几乎所有工艺领域里找到刺激我们视觉感官的作品?许多人会说,几乎所有类型的杰出作品都会使行外人着迷。然而,只在一些特定的社会中,人们才有意识地去关注作品的制作过程。我们也许可以转向另一种解释。如赛米尔·泽基(Semir Zeki)提出的,感官心理学家或许会说,我们不断地在周围的世界中寻求信息。[17] 信息愈丰富、阐释愈清晰,我们的关注会愈深入。材质、色彩、线条和形式的复杂性,提供给我们比简单的元素要更为丰富的信息资源。杰尔所强调的技术在此显得偏执。他完全可以通过感官和认知科学来达到同样的目的。

杰尔对技术的兴趣或许可以追溯到他写作的时代和他所研究的范围。从20世纪70年代到90年代,艺术品生产的技术成为学者和研究物质文化的学生们探讨的焦点。相对于主观且容易让人产生歧义的真实性和美学的探讨，陶瓷的釉质、青铜铸造的磨具和雕塑的工艺是坚实的讨论基础。[18] 事实上，中国和杰尔所研究的社会，例如新西兰的毛利人，是很不一样的。在中国，制作陶瓷和绘画的作坊庞大并且分工明细。在严格的监督下，大多进行商品化的生产。相比太平洋地区，那里精湛的工艺品被认为是具有魔力的，而中国作坊的成品却并非如此。因此，在中国这个范畴内强调技术，其实是在关注这么一个大规模、高技能制作器物和绘画的环境中，作坊具体强调哪些工艺。无论是因为工艺的魔力或是色彩的卓越，作品的视觉效果都会锁定观者并操控他们的反应。下文将阐述一个复杂的问题，那就是：这些观者通过以上的接触能从艺术品中得出什么结论？

为了远离视觉特质的研究，杰尔执著于诱导的概念。依照他的解释，诱导涉及引起视觉吸引的推理。对诱导的关注就是对因果关系的关注。在这里，我们借用赛米尔·泽基提出的关于寻求信息和阐述的论点。如果按照杰尔所说的，人们用超自然的原因解释作品，那么他们也会用同样的艺术品和呈现的方式来提供有关超自然的信息。这是用另外一种方式来表达杰尔对自己论点中心思想的偏执，也就是当我们寻求信息时，人类的倾向性会使我们把看到的加以解释，并相信一切出现在眼前的事物都有它的原因。就万历皇帝的画像而言，如果要探询原因，更合适的解释是观者对画像有一种期待，希望通过供奉画像中的皇帝为自己祈福。

杰尔在他的《艺术和载体》中没有以任何的理论方式来探讨，这种期望和诱导是在怎样的环境中发展的，正是因为他想将文化的条件放置一边。杰尔并不关注被我视为关键的问题。就万历皇帝的画像来说，观者的期待是基于家族和祖先在家族中角色的观念，供奉死者的信仰，以及皇帝在宇宙中位置的观念。只要这些思想观念包含了让画像产生作用的社会和制度框架，而不是只有文字上的象征寓意和肖像性，杰尔也就满意了。他首先关注的是将艺术品从依赖特定文化的讨论中抽离开来，并在社会关系中寻找一个比独立现象更为基本的支配性理论框架。如果杰尔看到中国的祖先画像，他也许会强调皇帝和子孙或臣民之间的社会关系，而不是有关死后的生活或将祭品供奉给死者等概念。我将证实后两者才是巩固上述观念的论点。杰尔也许会认为后两个观点独立于社会关系。然而,画像的制作和接受是完全依赖于这些紧密相关的思想观念,不仅仅是社会体制。

还有另一层观念,有关龙袍和地毯上的装饰图案。龙纹、宇宙的符号、云纹和珍宝纹都被认为具有吉祥效应。这曾经是,如今也还是中国美学思维中的载体。中国人至今还认为许多带有动物和花卉的装饰图案,可以给穿着绣有这些纹饰的服装和居住在饰有这些图案的建筑、家具和器具空间中的人带来吉运。

至少从汉代开始,用龙和字符等图案装饰的服装、工艺品和建筑都被赋予了寓意,以确保生活在其中的人们有好的结果。这个观念直接阐明了杰尔的结论。我们可以从一位怀疑论者王充(2世纪)对布龙阵降雨作法的记叙中,来探讨这些思想的起源。[19]在中国,龙始终与云和雨相关,有萌发孕育的能力。降雨时人们期待看到龙的出现。反之,如果需要求雨,土龙能带来雨水,因为两者必然同时出现。当然,王充对许多宗教信仰和习俗都不认同,但是他却相信带有龙的图案,如果摆放妥当,定能有效地求雨。

这里产生一个倒置:结果被转换为原因。雨带来龙,以至于龙和龙的图案成为载体而导致降雨。同样,当皇帝享有吉运时,色彩斑斓的鸟或高壮丰硕的谷穗会随之出现。与土龙一样,皇帝龙袍上吉祥的图案和章纹承载了确保皇帝拥有吉祥的寓意。另一种公式可以设定为:龙袍作为引导物A,在皇帝的原型A上具有载体作用。而皇帝这个原型也成为载体,将寓意附加在那些订制画像和供奉祖先时使用画像的人身上,也就是又回到子孙身上。

万历皇帝的陵寝能让我们从一个新的角度来审视这个问题。万历皇帝于1621年葬在都城北边的皇家陵园。[20]与他合葬的有孝端皇后和万历皇帝长子的生母,生前为皇贵妃的孝靖皇后。皇帝与孝端皇后于1620年先后去世。皇贵妃,也就是年号为泰昌的光宗皇帝朱常洛的母亲,死于1611年。泰昌皇帝为了确保母亲的名号被认可,将她与万历皇帝合葬。[21]这种安葬方式是对传统意义上皇后和皇帝母亲名分的正式认同。未被认同并无法与皇帝合葬的是其他受皇帝宠爱的妃嫔,包括享有圣宠的郑贵妃。[22]这个陵寝所反映出的完全不是皇帝的个人倾向。

[15-2] 明代万历皇帝定陵（1621年）出土的黄绸龙袍。

它的作用在于以一个隆重的方式在继承皇位的体制里呈现出皇帝本人和宫廷中两位最重要的女人的位置。[23]

皇帝的服饰作为丧葬规制中的一部分和他一同入葬。墓中存有一系列引人注目的龙袍，用于朝中大典和日常事宜。与之相配的是皇帝的玉带、帝后的发冠，以及大量的玉器和嵌玉包金的发簪。我们或许可以将这些解释为皇帝和他的两位皇后下葬时所使用的精美物件，但一个葬礼是绝对用不了 61 件龙袍的。

墓中的随葬品比第一眼看上去有意思得多。庞大地宫中摆放的柜子里并不只是几件给死者的龙袍，而是 177 匹精美的织锦。这些匹料几乎都是按照朝服的标准规格织成的，但未被裁剪缝制成衣。我们可以猜测皇帝死后需要一整套适合其上朝和祭祀用的龙袍，而考虑到更远的未来，新龙袍可以从备好的匹料中裁制、更换。[24]

一件类似于画像中绣有龙纹和传统章纹的明黄色龙袍尤为突出【图 15-2】。这是墓中出土的五件画像中看到的官服之一，用于主要的祭祀场合，如祭天和祭地。这件官服有团龙和十二徽章。两件龙袍都具有转变功能，除了用于上朝，也用于皇帝祭祀时所穿。转变确实是所有服饰、工艺品和建筑的巨大贡献。这里，它们将赤裸的死者变成一

装饰系统 | **493**

位皇帝,将空荡荡的墓室变成宫中的厅堂,将整个地下陵寝变成死后的宫殿。至于龙袍,色彩、龙纹和图徽,是这个转变过程的关键,让皇帝在生前和死后都能产生一定的作用。皇帝生前穿着的便服和两位皇后的服装也都一起被放入了墓中。

如果我们以杰尔的观点总结上述几种载体形式,或许会得到以下的解读。在这里,龙袍是引导物 A,穿着龙袍的皇帝是载体,将寓意附加在观者或承受者 P 身上。祭祀天地时,承受者当中包括神灵。如此,杰尔对制造技术所产生的兴趣,我会用强烈的美学特征作为替代的理解方式。这种美学特征并不是作用于工匠和观者之间,而是在皇帝和朝廷以及皇帝和神灵之间。这些视觉特征促使皇帝作为载体将寓意附加在参与该过程的人身上。这样看来,其实有两个载体:皇帝借由龙袍所得到的载体作用,和龙袍本身作为载体在皇帝这个承受者身上发挥的作用。

墓是个特别的环境,并能引申出许多关于工艺品在人类社会里起作用的兴趣点。以现代人的观点,先前所提到的墓室仅仅是一个带有许多个房间的地下室,容纳三位 17 世纪的人在里面安息。同他们一起埋葬的有令人惊奇的衣物和一整套的工艺品,包括精美的玉器、瓷器以及锡制品。另外还有随葬的几百个木俑和骑马俑服务于这三位墓主人。

自秦始皇(公元前 221—前 210 年在位)以来,中国的皇家和贵族墓葬都放有墓主人的日常生活用品和模型。这些模型有时令评论家觉得中国人并不真的相信墓葬为墓主人提供了一个完整的死后世界。另一方面,万历皇帝墓中的龙袍却提出了相反的解释。61 件龙袍似乎足以为死后提供一个完整的生活,而成匹的织锦更是为皇帝的未来准备适宜的装束。龙袍已为各种特定的正式场合装饰并剪裁完毕。将它们放入墓中的主要意图似乎是为了确保死后的各种仪式能够恰当地进行。另一方面,仆人的表现形式则较为一般,如果数量足够,应能继续在皇帝死后提供服务。在这类墓葬中,特殊的器物制作精细,而日常用品则是以模型代替的。

中国一些著名的儒学家,特别是战国时期的思想家荀子和前面提到的汉代的持怀疑论者王充,在目睹过整个葬礼过程后,指出一些令他们感到矛盾的地方。[25] 这使他们和其追随者对厚葬的效应表示质疑。一些后代的学者追随了他们的思想。与这些观点相矛盾的是,大量的出土材料表明在各个时期大多数中国人相信死后的生活是当下生活的延续。为确保并满足死后生活的需求，墓中摆满了日常生活的必备品，以模型、图画的形式出现，甚至是真实的器具。服饰也在过去几十年诸多重要墓葬的发掘中保存下来。[26] 前文提到的将画像作为对死者供奉的中心，表明生死的延续，通过在墓中配备必需品以及对画像进行供奉使死者得以持续显现。

一种特别形式的载体在此产生作用。墓——无论是配备了真实器物或是以日常器物为原型的模型，都是为死后的生活提供必要条件。它们具有杰尔所说的载体能力，为墓主人提供一个虽然在一定程度上不同，但与生前相似并更加长远的死后生活。墓作为载体，并不是来自于它与技术或者与工艺品及艺术品的接触。确切地说是来自工艺品本身能力的表现。

这种能力似乎存在于几个层面。首先，所有的工艺品提供了一种生活方式。龙袍保证皇帝在日常生活中有适宜的装束，更重要的是让皇帝能主持特定的仪式。器具则用于准备特定的菜肴。它们一方面允许一些活动的进行，但同时也阻止了其他活动发生的可能性。换句话说，这些物品决定行动和过程。这种状况下，工艺品直接影响并决定个体行为。[27] 同时，这些物品确保良好的效应。龙袍上的图案和瓷器上的装饰都有吉祥的用意。例如，其中一位女性的外衣上饰有百子图案，具有多子多孙的寓意。这种装饰的功效同样用于生前和死后的生活。在这个意义上，工艺品对宇宙的运行具有整体性的影响。这些物品让我们对一个难以了解的领域即死后的生活进行思考，并为其提供必需品。它们实际上是用来促使人们思考并影响这个未知世界的工具。

然而在这样一个墓中的工艺品，不可能抛开一个复杂的思想框架，为如此多样的结果承载寓意。正如我们之前探讨过的，它们的功效取决于观者的期望。如果我们想进一步了解画像和拥有大量精美龙袍的墓室，将其放置于更加复杂的社会模式中来考虑，会比杰尔文章中提供的单一世界更有助于我们的理解。像杰尔那样将艺术品放入一个不仅有关日常社会，同时也包含复杂的宗教和政治制度的环境中论述，有混淆载体分类的风险。取而代之，我认为应将世界划分为三个层次，或者说是三个世界，各由三方面组成：物质表现、社会结构和一套信仰基础。在这个复杂的结构中,更能使祭祀画像作为载体的信仰根源明朗化。

第一层我们可以称之为日常的世界。每个人作为个体的日常生活在任何一个社会中都有物质的方面,当个人居住在建筑结构中,享用特定的食物,并穿着特定的服装。这个人也不可避免地具有社会关系,一群与他共度时光的人和一套日常生活中需要的信仰。万历皇帝或许可以被看作在他的皇宫,也就是我们现在所说的紫禁城,过着日常生活,穿着随葬在墓中的那类便服。作为个体,而非皇帝,他的社会关系里特别包括了郑贵妃。他的信仰里包含关于每天的存在以及吉兆等简单概念,还有处于日常生活外围较为复杂的有关皇帝的政治角色、他的祖先、死后的世界和宇宙等思考。虽然人们试图将日常生活视为"自然的",但它其实如同掌控着我们生活的那些体制一般,由人为构造而成。[28]

在任何一个综合的社会中,甚至可以说所有的社会中,都存在着制度的世界,也就是本文所说的第二层。这一层同样可以被看成由三个主要部分组成。首先,一个体制有其特定的组织结构和填充这些位置的人物,也就是皇帝、大臣和地方官。它也有一个社会结构,当中的每个角色都相互关联并与社会中的群体相联系。继而,这个制度由一整套的信仰所巩固。在这个例子中,万历皇帝填充了制度的主要角色,他的皇后和继位皇帝的母亲也占据这组角色的其他位置。在这个制度组成中,皇帝具有另外一种社会角色,比如说与其臣属的关系;这种社会关系和他作为个体在日常生活中的社会关系十分不同。他也具有一套关于皇帝作为宇宙中心的信仰,这是他与宫廷和明代社会中多数人所共同相信的。当皇帝生前在朝廷议政穿戴上述的龙袍时,对于臣子而言,他即体现了这些信仰。[29]龙袍上的吉祥图案则是这些信仰的外在表现。

第三个层面是我们此处最为关心的。我将这个层面定为概念世界。中国人自古以来的各种仪式和墓葬都属于这个范畴,包括万历皇帝的画像和他的陵墓。回过头看,所谓的概念世界就是被我们称之为艺术的中心思想。许多关于宗教建筑、绘画和表演等观念的表现形式都属于这个层面。多个世纪以来,在地球的许多角落,人们为了宗教和政治活动以高超技艺制作的艺术作品,其中大多涉及超自然能力。在这个层面上也同样有参与者与非参与者的社会关系。最重要的是,我们探讨过的画像和墓葬都建立在信仰基础上。这些信仰包含了对祖先供奉的连带效应以及墓葬给皇帝提供死后世界的可能性等观念。因此，第三个层面也如同前面两个层面，有物质的表现、一系列的社会关系和一套信仰。我试图把这个讨论划分为三个层面是有些刻意，因为它们同时存在，并在人们的头脑中和认知中相互作用。这同样适用于那些明代宫廷中负责制作用于祭祀的画像和建造陵墓的官员。所有的这些观念和信仰都会影响明代官员的期望，并决定了他们对万历皇帝画像和陵墓的回应。

只有当我们暂时将这三个世界看作是一个社会中不同层面的活动，其中的参与者或许抱有不同的关注，才能辨认出发挥作用的各种载体。在提出艺术品带有寓意的同时，杰尔将这三个层面混为一体。技术和生产，被杰尔视为锁定观者或承受者的重要工具，属于第一层面的日常世界。在一些社会中，尤其杰尔所研究的社会中，意识形态的信仰渗透进这些活动，并使它们不可避免地与第三层面相连。经过精雕细琢的独木舟被赋予战船的地位，甚至在第二层面的战争制度里拥有魔力。制作战船的人会逐渐淡出。但在中国，制作陶瓷和画像的工艺师不会如此轻易地被看作具有魔法。万历皇帝画像的委托和绘制没有什么神秘之处。然而在人们祭拜祖先时瞻仰画像后，观者再也不仅仅是处于制度的世界，而是转移到了概念的世界之中。这里，观者与祖先之间的关系、通过供奉表现出孝道的内涵以及祖先显现的观念都是至关重要的。在这一刻，画像制作的重要性也同样减退。因此，画像的载体作用是由一套信仰所支撑的，如同以娴熟、精确的手法将颜料渲染。

地毯、墓中龙袍的实物和画中的龙袍，其装饰图案背后也有一整套的信仰。为了确保良好的效应而使用吉祥图案作为装饰，例如在地毯上所看到的，可被视为日常的信仰。这是长时间以来从制度层面转移至日常，甚至大众化的世界。然而，龙袍实物上的龙纹和古代纹饰当然属于皇帝实施自己皇权的制度世界。但当这些龙袍被绘于画像上，并被放置于墓中，完全不同的另一种信仰起了作用。这是有关死后世界的信仰。宫中所使用的龙袍、地毯和放置在墓中的龙袍，两方面的物品所承载的寓意各自依托于不同的信仰。当然，第三层的概念世界里可以说是包含了这三种信仰。这些信仰在何种程度上影响着观者又是因人而异，因官职而异，并且根据人们自己的经验而被增加或减少，融合或者分开。

杰尔没有采取这种方式，一部分因为他宣称对肖像和象征性感到不知所措。若被问到，他完全有可能会淡化龙纹在龙袍上的作用。但这些并不是孤立的关于符号的例子，它们归属于一组庞大的装饰图案系统，这一系统以人们对吉兆的信仰作为基础。也就是说，特定的生物比如龙，它的出现代表着吉祥的时刻，那么这种祥瑞的状态能通过在袍子上装饰龙纹而达到。这种纹饰系统不是一本图像学字典，而是一套被中国人在许多世纪中视为信仰基础的物质表现。

杰尔的方法论中缺乏的是对符号系统或者图像系统的理解，对传统绘画和雕刻的理解，即这些图像并非是孤立的系统。它们由错综复杂且不被质疑的其他习惯和信仰体系维系着，并与其整合为一体。虽然杰尔对功效的关注意味着他在某种程度上对思想背景的认可，但是他并没有予以重视。然而，如果我们想了解工艺品和绘画是如何将我们与处于不同社会里的先人联系在一起的，就必须认识到这正是由于信仰体系有锁定观者的能力，并让他们期望从一幅画中看见一位皇帝，从墓葬中看到宫殿。画师和雕刻师的技艺则是将这些信仰从观者的潜意识中提升到大脑前端的工具。杰尔使用"魔力"作为表述是正确的，但他忽略了一些对此魔力具有贡献的重要成分。他所高度赞赏和研究的技艺，只有处在一套信仰体系和一个从直觉上认同这些概念的社会当中，才会具有"魔力"。

（蒋奇栖　曾庆盈　译）

〔1〕在本文当中，作者所选用的英文单词"Agency"具有多重含义。它所要表述的是载体后面所承载的寓意。而这样含义递增的词汇，单单选用中文中的一个名词是无法表达清楚的。译者在每个出现这个词汇的句子中，为了中文的语句通畅，换用"载体"、"承载"和"寓意"这三个词汇。特此加注。

〔2〕陵墓的发掘报告，参见：中国社会科学院考古研究所、定陵博物馆、北京市文物工作

队:《定陵》,北京, 1990 年。

〔3〕 J. Volmer, *Ruling from the Dragon Throne: Costume of the Qing Dynasty (1644—1911)*, Berkeley and Toronto, 2002, p.112.

〔4〕 灵芝、元宝、灵璧石等几种图案被视为具有吉祥寓言,可以被用在八宝或其他不同的组合中。参见: Wang Qingzheng(汪庆正), *A Dictionary of Chinese Ceramics*, Singapore, 2002, p.254.

〔5〕 祖先画像其他方面的讨论,参见: J. Stuart and E.S. Rawski, *Worshipping the Ancestors: Chinese Commemorative Portraits*, Washington D.C., 2001.

〔6〕 C. Clunas, "'Not One Hair Different…': Wen Zhengming on Imaging the Dead in Ming Funerary Portraiture," in R. Shepherd and R. Maniura eds., *Presence: The Inherence of the Prototype within Images and Other Objects*, Aldershot, 2006, pp.31-46.

〔7〕 肖像在宋代几种宗教信仰中的用法,参见: P. Ebrey(伊佩霞), "Portrait Sculpture in Imperial Ancestral Rites in Song China," *T'oung Pao* 83, 1997, pp.42-92.

〔8〕 M. Siggstedt(史美德), "Forms of Fate: An Investigation of the Relationship between Formal Portraiture, Especially Ancestral Portraits, and Physiogonomy (*xingshu*) in China," in *International Colloquium on Chinese Art History 1991*, Taipei, 1991, vol.2, pp.717-748. 另外见注 6。

〔9〕 同注 5,pp.93-115.

〔10〕 A. Gell, *Art and Agency: An Anthropological Theory*, Oxford, 1998, Chapter 4.

〔11〕 针对西方绘画和雕塑中载体作用的主要探讨,参见: D. Freedberg, *The Power of Images: Studies in the History and Theory of Response*, Chicago, 1989.

〔12〕 然而"agency"一词的这种使用方法只限于杰尔,不同于其他人在这个词汇里加入更深的目的性。参见: A. Gardner ed., *Agency Uncovered: Archaeological Perspectives on Social Agency, Power and Being Human*, London, 2004, pp.1-15.

〔13〕 P. Boyer, *The Naturalness of Religious Ideas: A Cognitive Theory of Religion*, Berkeley, 1994; P. Boyer, *Religion Explained: the Human Instincts that Fashion Gods, Spirits and Ancestors*, London, 2001.

〔14〕 同注 10,p.17.

〔15〕 C. Pinney and N. Thomas eds., *Beyond Aesthetics: Art and the Technologies of Enchantment*, Oxford, 2001, p.5.

〔16〕 北美洲大陆西北地区原住民的绘画和雕刻,参见: B. Mclennan and K. Duffek, *The Transforming Image: Painted Arts of Northwest Coast First Nations*, Vancouver, Toronto, and Seattle, 2000.

〔17〕 Semir Zeki, "Art and the Brain," *Journal of Consciousness Studies, Controversies in Sciences and the Humanities* 6, 1999:6, pp.76-96.

〔18〕 关于中国陶土和釉的研究,自 1982 年 11 月在上海举办的第一届国际古陶瓷会议上开始受到关注。凯瑟(B. Keyser)在文章中将侯马铸造的精美绝伦的青铜器模具作

为案例，参见：B. Keyser, "Decor Replication in Two Late Chou *Chien*," *Ars Orientalis* 11, 1979, pp.127-162; R. Bagley and Institute of Archaeology of Shan Xi Province,eds., *The Art of the Houma Foundry*, Princeton, 1996. 关于西方的雕塑工艺，参见：J. Montague, *Roman Baroque Sculpture: the Industry of Art,* New Haven, 1989.

[19] 对土龙模型与其唤雨作用的讨论最早见于汉代，参见：M. Loewe（鲁惟一）, *Divination, Mythology and Monarchy in Han China*, Cambridge, 1994, Chapter 7. 白谦慎认为在瓦当上刻纹饰确保吉祥的做法可以追溯到战国晚期，大约公元前4到前3世纪。参见：Qianshen Bai, "Image as Word: A Study of Rebus Play in Song Painting (960—1279), " *Metropolitan Museum Journal* 34, 1999, pp.57-72.

[20] 见注2。

[21] 同上注，6-8页。

[22] Ray Huang（黄仁宇）, *1587, A Year of No Significance: The Ming Dynasty in Decline*, New Haven, 1981, pp.30-33.

[23] 同上注，pp.125-129.

[24] 同注2, 43-150页。另见：王岩：《万历帝后的衣橱》，台北，1996年。

[25] 译文见：J. Knoblock trans., *Xunzi: A Translation and Study of the Complete Works*, 3 vols, Stanford, 1988; A. Forke trans., *Lun-heng Philosophical Essays of Wang Ch'ung*, New York, 1962.

[26] 参见：江西省文物考古研究所：《南昌明代宁靖王夫人吴氏墓发掘简报》，《文物》2003年2期，19-34页。

[27] 关于古代中国青铜礼器对于行为的约束和决定的探讨，参见：J. Rawson, "Late Shang Bronze Design: Meaning and Purpose," in Roderick Whitfield ed., *The Problem of Meaning in Early Chinese Ritual Bronzes, Colloquies on Art and Archaeology in Asia*, 15, London, 1992, pp.67-95. 关于这个主题在更长的时间跨度内的讨论，详见本书收录的《中国的丧葬模式——思想与信仰的知识来源》一文。

[28] 关于文化的构架，参见：Philip Chase, "Symbolism as Reference and Symbolism as Culture," in R. Dunbar, C. Knight and C. Power eds., *The Evolution of Culture: An Interdisciplinary View*, Edinburgh, 1999, pp.34-49.

[29] 当一个普通人穿戴上能将其转变成神灵或统治者的龙袍或面具，这种复杂甚至有些相抵触的作用被描述为具有自相矛盾的特性。参见：M. Blackmun Visona, R. Poynor, H. M. Cole and M. D. Harris, *A History of Art in Africa*, London, 2000, pp.336-337.

16

装饰系统
——中国的花鸟图像[1]

欧亚是世界上最悠久的两种装饰体系——欧洲古典和中国装饰两大传统——的发源地。欧洲和远东所使用的视觉图案和图案的组织规则，各自发展成独特的系统。这两种持久而灵活的系统，包含了服装、器物和建筑上的装饰，当中又有平面和立体图案，以及处于主要装饰内的图像，种类千变万化。[2] 然而，这两种传统的来源却完全不同。西方装饰系统的基础，是希腊和罗马建筑的视觉及结构语言，而中国装饰系统则主要从鸟兽、花卉图像发展而成。西方的建筑结构原理，造就了装饰图像的组织规则，而中国的语言则提供了联系图像的各种方式。

要了解西方和中国的装饰系统，我们必须视它们为表现人类活动空间的根本途径。在建筑空间里，装饰可能包括墙壁饰面、家具和其他物品。栖息于室内或室外空间的人们，特别是社会名流，又会把每天更换的衣服和随身物品带入空间。事实上，对于建立和居住在这种环境的人来说，精心布置的空间几乎相当于第二层礼服。[3] 它不单是个人身份形成的产物，更是一种明确的身份象征。

位于英国约克郡的诺斯特尔修道院（Nostell Priory），恰好反映出利用装饰来表现空间的西方传统【图 16－1】。[4] 该建筑里的房间清楚地表现了西方古典建筑装饰与进口墙纸上中国花鸟的显著不同。[5] 我选择这个例子的原因，不单是为了描述两种系统之间的对比；同时，我希望表明观者对某种装饰的理解基于情况与环境。约克郡房子里的中国式墙纸带给主人维氏（Winn）的意义，跟中国观众所理解的，显然会有很大

[16-1] 英国约克郡诺斯特尔修道院，由詹姆斯·佩恩设计，罗伯特·亚当加工，1736—1765年。

[16-2] 英国约克郡诺斯特尔修道院的宴会厅，于1740年代由詹姆斯·佩恩设计，装饰则由罗伯特·亚当于1772年完成。

的区别。

诺斯特尔修道院的设计师是詹姆斯·佩恩(James Paine),他自 1736 年起在该处任职达三十年。后来罗伯特·亚当(Robert Adam)于 1765 年受聘完成房屋的内部设计,为房间增添装饰。维氏第四和第五任准男爵是这些大规模计划背后的策划人,当中充分地表现出他们的个人喜好。第四任准男爵罗兰德·维恩(Rowland Winn),曾于 1725 至 1727 年间遍游欧洲大陆,房屋的外观和宴会厅及其古典装饰,恰恰反映了他的游历【图 16-1 和 16-2】。与他同名的儿子,第五任准男爵,把目光转向当时新颖的建筑师亚当。在亚当的监工下,中国式墙纸和齐本德尔(Chippendale)家具被引入室内的设计【图 16-3】。

詹姆斯·佩恩于 18 世纪 40 年代后期设计的宴会厅(参见图 16-2),布局为古典式,四面墙壁均有框架和线脚组成的构图,后经亚当于 1772 年以洛可可风格加以修饰。[6] 房间里的门和壁炉不仅被加上外框,同时壁炉上更设有"随想式"的古罗马装饰,而门上则挂着由安东尼奥·祖奇(Antonio Zucchi)所画的圆形绘画,内容寓意悠闲。房间的两端挂

[16-3] 英国约克郡诺斯特尔修道院的客房。墙纸来自中国,绿漆家具则为齐本德尔制造。床上的挂帷帷属爱德华风格。

有维氏家族成员的肖像,展现在两个设有三角楣饰的画框内。画框的顶部可见维氏徽章和象征其家族的鹰。墙上所有框架的设计元素,均来自古典建筑中的典型线脚、立柱和柱头形式。墙上的装饰板由亚当设计,框中的图像是从古典涡卷纹和烛台状演变而成。壁炉架由雕成女像的立柱所承托。雕带和齿状装饰围绕着檐板和天花板。檐板带有酒神的藤蔓和兽人的面具等,而天花板中央的圆壁龛则描绘耕作女神和丰收的情景。房间里的餐桌、椅子、柜台和枝状烛台,也带有线脚和涡卷纹的古典装饰,不过只有柜台和椅子是原有的。建筑装饰、图画和家具互相配合,形成一种连贯的视觉效果。将房间中的一部分作为可分割的个体,例如把画从画框或房间移去,并不符合逻辑。[7]

用石膏造的相关建筑装饰,覆盖着客房的檐板和天花板,但不同的是此房间的墙壁自 1771 年起就贴上从中国进口的墙纸(参见图 16-3)。墙纸的图像是一系列开花的高枝灌木,当中有牡丹、梅花,以及栖息于树上的各种小鸟。这种图像大概可称为"百鸟图"。卧室中涂有绿色油漆的中国式家具,由汤玛斯·齐本德尔(Thomas Chippendale)于 1771 年提供。房间里的瓷器均来自中国,主要为 17、18 世纪的作品。与宴会厅的情况一样,卧室中的家具以及墙壁上的修饰物,同样属于房间装饰的一部分。去掉其中任何之一,都会破坏原本布局的完整性。对于房子的 18 世纪主人来说,卧室的设计体现了当时的时尚潮流,虽然他们不大可能知道墙纸和瓷器上的花鸟装饰在中国原有的含义。

若我们想象上述房间尚未装饰的状态,那它们只是空壳而已。古典和中国式元素的加入,引起了一种深层的变化:装饰改变了空白的墙壁以及家具和陶瓷的表面,把它们变成维氏家族成员曾经拥有的独特空间和财产。这两个房间同时反映和确认了第四和第五任准男爵的身份和人生经历。它们代表着维氏对自身和其家族的世界地位所持有的寄望。

由佩恩设计的宴会厅(参见图 16-2)及房屋外貌(参见图 16-1),充分表现古典式的装饰系统。该系统包含的元素源自希腊和罗马建筑,并加入了不同种类的花环、花纹,以及重要的人物造像。[8] 后者可见于宴会厅天花板上的绘画、门上圆框内的图像,以至维氏兄弟的肖像。这些都属于室内装饰的一部分。

在 18 世纪美术学院兴起之前,人们一般并没有把人物画和雕塑从其他上流社会的装饰品中分割出来。[9] 以诺斯特尔为例,人物画和雕塑完全融入建筑装饰中,跟一只盒子或一件花瓶没有不同。[10] 作为装饰的人物雕像种类繁多,重要性不一,从附带于柱头的小型人像,到位于宗教建筑中央的圣像。无论是教堂或诺斯特尔的宴会厅,装饰是组织和引导注意力到图像的基本元素。例如,宴会厅的装饰就使得观众的注意力集中在维氏兄弟的肖像画身上。

最重要的是,建筑构件加上人物雕像,可以形成两种解释空间的基本模式。首先,它们组成了评估一个房间的方法。这是因为建筑构件的组织规则中,隐含着构件的排序,构成了宴会厅墙壁各部分的关系。例如设计师使用较窄的壁脚板或柱脚,增加墙裙以及檐板以下部分的高度。类似对垂直排序的关注,同样见于诺斯特尔房屋的正面。这种对视觉排序的重视,影响着建筑物各部分之间的关系,即使它们属于罗马式以至新古典式等不同风格,它也可让处于房间里的人识别出当中构件的相对重要性和用途。同时,人们又能通过视觉上的排序,对相关的建筑物做出比较。这种比较可能是社会、政治、宗教机构的工具,用来强化阶级的组织结构。

第二,建筑构件的排序规则同时也决定了图像的组织方法。建筑构件使描绘相关情景的图画能有系统地被放置在房间里,例如宴会厅内同一系列的绘画就被挂在门上。另外,建筑构件时而强调一幅作品,如壁炉上描绘虚构建筑的绘画,时而是一对作品,如维氏兄弟的肖像。画框、花环、圆壁龛等物,影响观者判断不同图像的相对重要性。因此,观者必然会依赖建筑构件去寻求不同图像的相对重要性以及原有意义。这些图像,以及用于不同时代的符号,同样依靠西方装饰系统的组织能力去解释它们的内容。[11]

中国的建筑结构对装饰系统的形成几乎没有起过任何作用。[12] 中国最显著的装饰系统包含鸟兽、草虫的图案,特别是花卉和水果。[13] 结合这些图案的惯例和规则,至少表面上是根据自然景色的形象。但是,以下的讨论将表明,这些构图的实际依据是赞助人和工匠所希望表达的吉祥寓意。中国的装饰图案经常跟文字上的寓意、故事、双关语、谜语有着密切的关系。这些图像组成具有连贯意味的单元,正如个别意思的单字能与其他字组成句子一样。在中国装饰系统中,这些单元通常表达祈福的意愿。因此,中国跟西方古典系统的区别不单在于局部构件,而是在于连结这些构件的基本模式。不过,这两种系统同样有足够的灵活性去包容外来元素:西方的建筑图形和叶形涡卷纹随佛教进入中国。另一方面,18世纪的中国式墙纸以及更早的纺织品和陶瓷,把中国的花鸟图案带至伊朗、土耳其和欧洲。[14]这两种系统因容纳了外来元素而有所改变,但这种改变并非根本性的。

由于输入和运用中国图案到西方的人不谙中文,所以他们并不知道这些图案含有强烈的文字和语言元素。在西方的典型中国式墙纸上,常可见到竹、梅、牡丹、喜鹊、雉鸡等图像。对于墙纸的中国生产者来说,每一种图像都有特定的意思。竹弯而不折,象征柔中带刚的儒家君子;梅花不畏严寒,代表高洁、坚强的品格。[15]牡丹花大而艳丽,是富贵的象征,在公元7世纪晚期深受武则天与唐代宫廷的喜爱。文献对雉鸡的贞节和坚定个性有所提及,因此它是忠诚的象征。[16]喜鹊名字中有"喜"字,代表喜庆吉祥,而一对喜鹊更有"双喜"的含义。

在欧洲广受欢迎的中国式墙纸,内容模仿沈铨(1682—1760)《松梅双鹤图》【图16-4】这一类型的18世纪中国绘画。鹤是情义、长寿和隐逸的象征,而"鹤"又和"合"谐音。[17]《松梅双鹤图》的右方画有松树和梅花,鹤的左方有果实累累的天竹。天竹、松、梅合称"岁寒三友",寓意刚直、坚忍不拔的高尚情操。同时,由于"竹"和"祝"谐音,所以这三种植物也表示万事吉祥。[18]类似《松梅双鹤图》的绘画多悬挂于大宅、宫殿内,来增加房间或亭内装饰设计的吉祥意象。

更复杂的装饰,可见于盒子、纺织品和悬挂物等物品。通过不同图案的组合,物品上的装饰能带出多项视觉和文字上的双关。[19]北京故宫博物院收藏的一只八角漆盒就含有特别复杂的双关语意【图16-5】。盒上的葫芦图案嵌有"大吉"两字。葫芦本身跟长生不老和多子多孙的追求有关。由于"瓶"和"平"谐音,因此葫芦和题字也象征"平安大吉"。同样由于谐音的关系,盒子本身跟盒盖上的梅花图案组成"和和美美"。天竹与代表君子和长寿的松树寓意"万年常青"。"竹"意味"祝福",而松树则表示延年益寿。上文已提及,天竹和梅花、松树组成代表毅力的"岁寒三友"。碗里的金鱼寓意"金玉满堂"。"鱼"是"余"的谐音,而碗下的磬则与"庆"谐音,两者一起表示"吉庆

[16—4] 沈铨,《松梅双鹤图》,1759年,绢本设色,191×98.3厘米,北京故宫博物院藏。

[16-5] 百宝嵌吉庆有余八方漆盒。盒盖装饰图案包括：插着松枝、梅花和天竹的葫芦形花瓶，水果（葡萄、石榴和苹果），水仙一盆，金鱼和石磬。18世纪，苏州制造，镀金漆器，镶嵌象牙、珊瑚、水晶、绿松石、玉、琥珀、珍珠及其他宝石。12.5×39.2×39.2厘米，北京故宫博物院藏。

有余"。在盒盖一旁的水果也带有各种寓意。青色的苹果代表"清平五福"；种子众多的葡萄和石榴表示子孙万代。至于水仙则象征早春和青春常驻。

从以上两个例子可以看到吉祥图案寓意的主要来源。最直接的来源是动植物本身的自然特征；例如竹的柔软韧性；葫芦的繁茂藤蔓、石榴的多子，同样用来祈求多子多孙；松、石、山岁龄长久，代表老年荣华，甚至长生不老。但最丰富的寓意来源，应是中国语言的单音词结构以及大量谐音、近音、同音异义词所组成的各种双关寓意。同时，神话故事，例如西王母瑶池所植，食后长生不老的仙桃，也是寓意的重要来源。事实上，人们对长生不老的渴望是经久不衰的题材，如东海蓬莱仙岛就是常见的图案。由于以上装饰系统是开放式的，因此它可以容纳新的图案和寓意，而且图案组合的变化更是近乎无尽。

"再现"（representation）这个概念在装饰系统中的作用，与本文的讨论息息相关。花鸟图案本身是再现图像，即使化作各类装饰图案，仍然可以被辨认出来。此外，各式各样的图画可见于宫殿或宅院内，配合着室内的家具陈设。如北京紫禁城长春宫内的小室【图16-6】，就摆放着一个设有吉祥植物图画和镶嵌的屏风，作为帘帐后窄炕的背景。室内的雕刻、丝绸和灯笼也饰有动植物图案。这些物品上的图案配合着屏风上的装饰，加强了房间的整体性。这种一致的房间设计跟西方的做法并不一样。在西方的装饰系统里，人物塑像或绘画的内容与它们的建筑构件框架之间有明确的界定。在中国的装饰系统里，各种图像与家具、服装、器皿等物品上的装饰享有共同的主题。如长春宫内设有"大吉"二字的灯笼，便用文字去告诉观者如何理解房间的整体设计。

花鸟图案可同时作为中国绘画的题材和装饰系统的基础，这两者之间的关联所引发的问题，很少被明确地讨论过。毕嘉珍的突破性研究中论及花鸟图案的双重发展，但花鸟画作为装饰系统不可缺少的部分，至今仍有待更深入的探讨。[20]一般而言，花鸟画自发展为一种绘画题材后，便被看作一门独立的画派类别。它有别于八角盒、陶瓷和服装等物品上的装饰，纵使两者享有共同的视觉语言。然而，在早期社会里，绘画一般置于墙壁和屏风上，作为房间装饰的一部分。正如诺斯特尔修道院里画框中的绘画一样，不同的图像在房间整体环境的形成中起到了一定的作用。在中国，这类绘画包括11世纪翰林院御座厅堂内的壁画。根据文献记载，厅堂中有一幅引人注目的屏风，描绘了位于东海的仙岛。[21]屏风两旁的走廊墙壁画有鹤和竹。鹤是长寿与和谐的象征，它的存在丰富了绘画的内容。

在中国，壁画、屏风和装饰板上的图像，与家具、盒子、储物箱、器皿等物品的融合，在社会上广泛流行。河北省曲阳县出土的10世纪古墓，正是这种组合难得的例子【图16-7】。[22]墓主人王处直生前是义武军节度使，卒于923年。此墓的大幅屏风式山水壁画尤为著名。壁画前设有墓志铭和铭盖，展示着墓主人的生平，就像墓主在生时坐在类似屏风前接见客人一样。[23]

墓内余下的空间也十分具启发性。主墓室的壁画依据屏风形式，每一屏绘有一株高大的开花植物，其他描绘小鸟、石头、昆虫等【图16-8】。这些植株的品种包括牡丹、蔷薇和牵牛花，均表示对富贵及春夏常存的祈望【图16-9】。根据文献记载，花鸟画开始流行于8世纪，而王处直墓的屏风壁画就经常被看成花鸟画派的重要例证。但同样重要

[16-6] 北京紫禁城长春宫内炕。吉祥花卉屏风组成炕的背景，四周设有木雕和织物。18世纪或19世纪初。引自 The Illustrated Catalogue of the Architecture and Decoration of the Imperial Palace: Interior Design, Beijing, 1995, no. 233.

[16-7] 王处直墓前室内观,可见北壁山水屏风前的墓志铭和铭盖。其余墓壁上的屏风描绘各式花卉,见图16-8和16-9。引自《五代王处直墓》,彩图13:2。

[16-8] 王处直墓前室西壁壁画线图,可见屏风壁画描绘的开花灌木、石头和小鸟。屏风之上为垂幔和横梁的图像,其上方则是带有屋檐的壁龛。壁龛原本放置了生肖人物像(部分仍存),而壁龛之间有云鹤图案。引自《五代王处直墓》,图5。

装饰系统 | **511**

[16-9] 王处直墓前室西壁屏风描绘的花鸟（局部）。引自《五代王处直墓》，彩图8:1。

的是，这些屏风壁画不单是独立的绘画作品，它们更是墓室装饰的一部分，为墓主人的灵魂提供吉祥的环境。

方形主墓室的墙壁下段为屏风壁画，上方则描绘带有花纹的横梁及两行垂幔。横梁以上又有十二个画有屋顶的壁龛，各放置了人物和生肖动物的浮雕。[24] 壁龛之间有云和双鹤图案。代表长生不老的鹤和生肖造像，在布满星座和银河图像的圆形屋顶下形成一条边界线。换言之，墓中的鹤、生肖和天象等装饰，把日常世界伸延到宇宙的极限。整个布局像是为了把宇宙空间赋予给死后的墓主人。屏风壁画一方面令人联想到摆放在富裕家庭中的真实屏风（参见图16-6）；同时，墓里的图像也具有更深远的寓意，那就是确保墓主人能享有永恒的夏天和富裕的死后生活。无论是以上哪一种解释，都必须考虑到空间的整体布局，而不应该把屏风壁画的内容独立来看。

布满装饰的墓室不仅仅代表王处直寄望死后能永远安处的环境。以当时的理解而言，墓本身和其中所有平面和立体元素，都是这个环境的真实成分。同时，墓室不单是物质的表现，更反映并建立了墓主人的社会及政治地位。它与当时的知识形态相结合，表现出当时普及的思想观念，如墓中的图像会在死后的世界里成为实际的物品供死者享用。最后，这些物品，包括屏风、横梁和生肖壁龛等，不单存在于死后的世界里，它们更会帮助墓主安享其死后的生活。

花鸟屏风是王处直墓中布局不可缺少的部分。花鸟屏风在10世纪的使用是经过几百年的发展而成，并与一个相当不同的文学语言传统有关。同时，屏风的使用方式，必须遵从两个额外的条件，那就是图像的吉祥功效，以及同样的图案作为图画、服装或其他物品的装饰，能组成有利于主人及观者的完整环境。

中国的装饰系统并非一直以来只包含鸟兽花卉的构图。一个更远古的系统曾出现于公元前1500年到前3世纪，内容以青铜器、漆器和织物上的图案为主。[25] 虽然这些物品的构图肯定部分带有吉祥寓意，但这些寓意并未在当时获得广泛使用。花鸟装饰系统的形成，是基于几项重大的政治和社会变革，包括公元前3世纪秦统一中国，以及公元3世纪汉代的瓦解。政治、社会、文化的动荡，造成以上所提及的种种环境因素。

装饰系统很少出现如此重大的改变。延续性和一贯性，而非彻底的改变，才是装饰系统发展的正常规律。在任何地区、任何成熟的社会里，现有的图案选择通常是固定的，它或许经常被修改，但很少会被完全抛弃。事实上，这种稳定性多数是基于生产技术、工匠的训练，以及赞助人对延续和发展现有惯例的理性需求。在对延续性需求的背后，永远是社会、政治和意识形态的因素。国家和宗教机构比工艺技术更有力地决定了上层社会的建筑、服饰和物品的生产方式及修饰。因此，当装饰系统发生重大的转变时，原因不只与潮流有关，更重要的是以上提及的政治、社会和意识形态的革命。的确，装饰系统其中一个特征是，若没有重大政治和宗教以至社会的改变，很难引入新的系统或对现有的系统做根本性的调整。

花鸟装饰系统所包含的图案，主要从中亚甚至中亚以西的地区，经过两至三个阶段引入中国。首先出现的是鸟兽图案。虽然不同类型的动物图案早就大量出现在先秦时期的装饰中，但总体来说它们的造型并不写实。一直到公元前3至前1世纪秦汉领土扩张，写实的鸟兽图案才开始出现【图16-10】。[26] 它们多被包含在涡卷纹的纹饰中，而涡卷纹的形成又可以追溯到西方莨苕纹和棕榈叶图案，足以证明写实的鸟兽造型与中亚的密切关系。[27] 这些早期的卷纹，后来在中国发展成为云卷纹和山水的形态，作为动物图案的背景。这跟早期在青铜器和纺织品上没有这种构图的动物图案有很大的区别【图16-11】。

植物图案出现在汉朝灭亡后，特别是佛教传入中国之际，相对来说较晚。梁庄爱伦曾指出，佛教对提高花卉和花卉图案的地位起到了重要的作用。[28] 相传佛祖诞生时，天降花雨。中国佛教绘画的宝库——敦煌就有一些描绘花雨情景的早期例子【图16-12】。当中的花朵造型，由4世纪的星形小点演变成5世纪盛开的模样，从天而降。

许多重要的佛教供养人是通古斯或土耳其人。他们从北方进入中国，并引入了更多自然写实的图像，这些图像可清楚地见于4至6世纪非汉人的贵族古墓装饰。如山西大同附近的一座5世纪墓，就描绘有墓主人坐在室外帐篷下的情景，这跟以前汉墓的图像很不一样【图16-13】。[29] 又如位于西安的6世纪粟特人安伽墓，墓中可见附有帐篷的狩猎场景、动物和花卉石刻，在贴金的背景下散发浓厚的中亚风味【图16-14】。[30] 这些形状较窄的石板，以屏风状围绕着安置墓主人的石榻。这种奇异的布局，和之前提及的8至10世纪屏风装饰有一定的关系。

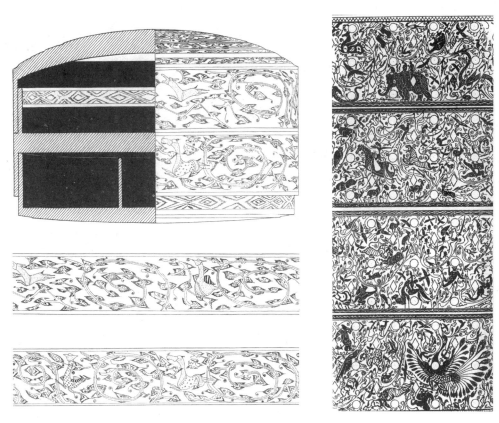

[16–10] 湖北省荆州高台秦汉6号墓出土的针刻纹漆圆奁线图，公元前2世纪，高14.6厘米，腹径22.9厘米。引自荆州博物馆：《荆州高台秦汉墓》，北京，2000年，图145:1, 4。

[16–11] 河北定县122号墓出土的青铜马车配件装饰线图，西汉时期，公元前2—前1世纪。图案中代表山丘和云的波浪形涡卷纹，应为中国工匠对外来叶形涡卷纹的一种演绎。引自《中华人民共和国出土文物展览》，北京，1973年，彩图85。

  虽然以上很多图案的来源都可以追溯到中亚，但在中国这些图案结合了以动植物喻人的古老文学传统。成书于约公元前600年的《诗经》，就曾广泛使用动植物来描述女性的美和男性的才干。[31] 其他早期的文学作品，例如据传为孔子的著作，也延续了这方面的传统。因此，安伽墓石棺床上的图像除了对粟特人有特别的意义外，这类装饰在纯粹中国人的环境下获得新的解释，并被赋予文学性的解读。文学典故和语意双关很早就开始被用作激发个别解读的手法。如3世纪陶渊明就在诗文中戏用"菊"字所含的不同意思。"菊"是"酒"的近音，而"酒"又是"九"（吉祥数字）和"久"的谐音。[32] 以菊花为题材的诗词及较晚的图画，都让读者或观者联想到这些典故。

[16-12] 壁龛内的文殊菩萨像,四周饰有开着小白花的植物。甘肃省敦煌莫高窟275窟,公元4—5世纪。引自《中国石窟: 敦煌莫高窟》,东京,1981年,卷1,彩图12。

[16-13] 山西省大同出土的房形石椁壁画线图,描绘墓主人坐在树旁的帐篷下,以及持花的侍者,5世纪。图片引自《文物》2001年7期,40—51页,图6、7。

[16-14] 西安粟特人安伽墓石棺床上的一幅屏风画(局部),公元6世纪。引自《西安北周安伽墓》。

装饰系统 | **517**

通过双关来表达吉祥寓意的图案和文字，历史更为悠久，如秦汉时期就已经有刻有吉祥词语的瓦当。[33] 这只是当时广泛追求吉运的一个较小例子。如上文提及，对吉祥效应的祈望，是花鸟装饰系统的基本条件之一。这当中又包含两大原则。首先，形成于公元前几百年的宇宙观，认为人可以通过各种征兆去理解宇宙。这些征兆包括任何不同寻常的现象，如地震、流星等，或奇兽异物的出现，如龙、灵芝和多穗粒的谷物。通过征兆，上天显示众人所渴求的天命，并对统治者和世事做出回应。第二个重要原则是，祥瑞和吉祥效应相互关联，而以后者为主题的图画和样式，更可以确保吉祥效应发生的可能性。因此，社会上出现了重复制造各种吉祥图像的现象。这些图像包括与长寿、和谐有关的鹤和代表富贵荣华的牡丹等。[34]

花鸟装饰系统另外的基本条件，是运用图像和装饰图案不断增加的组合，来形成完整的吉祥环境。其中的要素是通过图案获得现实中见到鹤或牡丹的那种吉祥效应。这一观念在公元前 3 世纪已经形成。那时候流传下来最著名的文化遗产——秦始皇（公元前 221—前 210 年在位）陵，就展示了图像如何根据特定的意图，改变空间和创造新的环境。根据记载，秦始皇墓内有塔和宫殿的模型，以及江河和星辰的图像。但是，这些元素与出土的兵马俑一样，不仅仅是图像，它们共同的用途是为墓主人在死后的世界里提供宇宙空间、疆土以及军队。[35]

位于密县的一个建于公元 1 至 2 世纪的汉墓，表现了图像如何和装饰有图案的表面结合【图 16-15】。[36] 墓壁上所描绘的仆人和家具图画，应是供墓主人死后享用的。图画四周的"云卷纹"大概是象征宇宙本源，生死必需的"气"。根据文献记载，人们把像密县墓中那样的建筑模型和图像，视为具备真实建筑物、宇宙、军队等物的功能。

除了墓葬中的设计外，以上图像的运用也见于现世的生活空间中。例如，秦始皇把所有被其征服国家的宫殿，建成模型设于他在咸阳的宫殿附近。[37] 汉武帝（公元前 140—前 87 年在位）开辟上林苑，将当时汉人所理解的宇宙景观带入一个有限的空间。[38] 这两项工程都给予它们的创造者一种对不可视的事物理性但又私密的支配感。秦始皇的宫殿模型和汉武帝的上林苑，能让观者感受遥远的地方；但它们又设于皇帝生活区域的附近，能具象地让皇帝对控制国家疆土感到安心。在中国以

[16-15] 河南省密县打虎亭1号墓东侧室。墓壁上描绘日常家居场景，四周画有云卷纹。东汉时期，公元2世纪。引自《密县打虎亭汉墓》，彩图30。

及西方,许多图像的运用是为了让它们的主人或观者接触到平常无法看到的事物,并由此对该事物产生支配感,即使这可能只是一种幻想。

在诺斯特尔修道院的宴会厅里(参见图16-2),壁炉上的"随想式"的罗马式装饰赋予房间里的人一种尊贵、威严的气势。在18世纪英国,所有与古典时期有关的事物都会产生这种效果。宴会厅里的建筑构件把注意力集中到罗马式装饰,以及更重要的维氏兄弟肖像之上,从而把维氏与古典时期的光辉成就联系在一起。同样地,王处直墓内的横梁、壁龛、鹤图像等装饰,加上屏风壁画的花鸟内容(参见图16-8),决定了空间的解读。长春宫内的屏风(参见图16-9)也受益于四周的装饰;如上文所述,灯笼上的文字十分明确地指引观者如何观看屏风和周围带有图案的丝绸和丝带。

中国的花鸟装饰传统至今仍是一种很强的装饰系统。这是因为它跟西方古典装饰系统一样,把我们通常划分开的装饰与图像相结合,形成在建筑、家具、器皿和服装上的复杂构图。无论是中国还是西方的系统,一个图像所含的信息与装饰本身的系统性都有密切的关系。同时,这些系统是开放式的,因此可以被人修改去迎合不同的环境与情况的需要。除此之外,中国装饰系统也十分灵活,因为它可以包含大量不同的含义。另外,这两种系统还有一个共同的特征:它们提供有关房间主人世界观的各种线索。装饰图案以及潜在的系统,不仅仅是潮流与趣味的被动记录。由于中国和西方的装饰系统以不同的方式流露出各种信息,它们更能为观者提供线索和指引,使他们了解当遇上如长春宫或诺斯特尔宴会厅等空间时所需要注意的事项。

因此,装饰系统可以被看成知识传授的一种。中国的花鸟设计通过文学和民间传统,带出历史悠久的典故。同时,这些图案不单提供了含有意味明确并且非常复杂的视觉构图,它们的存在也为主人确保了富贵荣华的生活。西方的装饰系统同样有效,不过它的效用来自它传达社会、政治、宗教阶级等重要信息的卓越能力。同时,西方的有序建筑系统所包含的图像,能解释并且确保特定时代的知识和意识形态的基本价值。就诺斯特尔修道院而言,它体现了古典时期的价值。

(陆于平 译)

〔1〕本文曾发表于 2004 年 11 月 4 日伦敦大学亚非学院克拉克讲座 (Clark Lecture)。现为修订版本。韩文彬 (Robert Harrist)、雷德侯 (Lothar Ledderose) 和姜斐德 (Alfreda Murck) 为本文提出了宝贵意见，谨致谢忱。

〔2〕"系统"这一词汇的使用，包含两个条件。首先是一组元素，无论是抽象图案或图像；其次是结合各种元素的方式。因此，以"系统"为题材能把注意力从个别图像及图案，转移到较复杂的元素组合。一般研究装饰的方法，是以追溯一个图案的演变作为基础。最经典的例子是李格尔的 *Stilfragen*，英文版本见 A. Riegl, *Problems of Style: Foundation for a History of Ornament*, E. Kain trans., Princeton, 1992. 这种以图案为基础的研究方式亦影响到贡布里希，参见 E. H. Gombrich, *The Sense of Order: A Study in the Psychology of Decorative Art*, Oxford, 1979. 另外，有很多著作探讨个别图案和它们不同风格的表现，如 P. Thornton, *Form and Decoration: Innovation in the Decorative Arts, 1470—1870*, London, 1998.

〔3〕不少研究尝试通过个别器物、衣服或首饰来描述装饰，如 J. Trilling, *The Language of Ornament*, London, 2001. 但是，这种区分往往是虚假的，因为人不单以实用作为组织生活环境的原则，他亦倾向利用环境来反映他的社会地位和思想定位。在这些广泛的组织层面里，建筑物、器物和服饰具有一定的一致性，甚至是被刻意搭配的。若非如此，皮埃尔·布迪厄 (Pierre Bourdieu) 的结论则不可能成立。参见：P. Bourdieu, *A Social Critique of the Judgment of Taste*, London, 1986 (译自 *La Distinction. Critique Sociale du Judgement*, Paris, 1979).

〔4〕G. Jackson-Stops, *Nostell Priory, Yorkshire*, London, 1978.

〔5〕更多中国式墙纸的例子，参见：L. Hoskins ed., *The Papered Wall: The History, Patterns and Techniques of Wallpaper*, London, 1994, pls.62-67.

〔6〕古典建筑作为西方装饰的基础，参见：J. Summerson, *The Classical Language of Ornament*, London, 1963; B. Brolin, *Architectural Ornament: Banishment and Return*, New York and London, 2000; J. Onians, *Bearers of Meaning: The Classical Orders in Antiquity, the Middle Ages, and the Renaissance*, Princeton, 1988; K. Bloomer, *The Nature of Ornament: Rhythm and Metamorphosis in Architecture*, New York and London, 2000. 这些著作完全以西方建筑的角度来探讨装饰。

〔7〕建筑元素的明显内容和绘画的再现内容，这两者之间的对比，是目前普遍将装饰和图像分隔的主要原因。相对之下，这种对比在东亚并不显著。

〔8〕关于这种花纹，见注 1。

〔9〕从 15、16 世纪开始就有人尝试提高绘画和雕塑相对于其他视觉艺术的地位，但是经过几百年后才成功。参见：M. Belozerskaya, *Luxury Arts of the Renaissance*, London, 2005, pp.75-76.

〔10〕同此见解者，见 C. Marconi, "Kosmos: The Imagery of the Archaic Greek Temple," *Res*, vol.45, Spring 2004, pp.211-224; 同上注，pp.31-32.

〔11〕装饰的社会重要性已获得普遍认可。参见：M. Snodin and M. Howard, *Ornament: A Social History Since 1450*, New Haven and London, 1996.

〔12〕在某些情况下，如墓室的设计（图16-7和16-8），可以看到建筑元素的运用。但这些元素是图像的一部分，用来表现建筑物的形象。它们并没有如诺斯特尔修道院的古典建筑结构一样，被解构成为框架。另一方面，在中国，建筑元素被运用到作为棺椁或圣物匣的建筑模型上，则较接近西方建筑构件的用途。但这些相对罕见的例子实属例外，而并非装饰系统的一部分。

〔13〕梁庄爱伦（E. Johnston Laing）对花鸟装饰研究做出了重要的贡献，见：E. Laing, "A Survey of Liao Bird and Flower Painting," *Journal of Song Yuan Studies*, vol.24, 1994, pp.57-99; "The Development of Flower Depiction and the Origin of the Bird-and-Flower Genre in Chinese Art," *Bulletin of the Museum of Far Eastern Antiquities*, vol.64, 1992, pp.180-223; "Auspicious Motifs in Ninth-to-Thirteenth-Century Tombs," *Ars Orientalis*, vol.33, 2003, pp.33-75. 以上文章讨论花鸟画多于花鸟装饰。同时，文章亦没有仔细探讨两者之间的密切关系。

〔14〕有关图案在欧亚的互换，见 Jessica Rawson, *Chinese Ornament: the Lotus and the Dragon*, London, 1984.

〔15〕关于梅花不同形态的意义，见 Maggie Bickford（毕嘉珍），*Ink Plum: The Making of a Chinese Scholar-Painting Genre*, Cambridge, 1996; *Bones of Jade and Souls of Ice: The Flowering Plum in Chinese Art,* New Haven, 1985.

〔16〕有关雉鸡以及其他在中国古典文学中出现的动植物寓意，参见：C. Hartman, "Literary and Visual Interactions in Lo Chih-ch'uan's 'Crows in Old Trees'," *Metropolitan Museum Journal*, vol.28, 1993, pp.129-167.

〔17〕双关语的讨论，见：Qianshen Bai（白谦慎）, "Image as Word: A Study of Rebus Play in Song Painting (960—1279)," *Metropolitan Museum Journal*, vol.34, 1999, pp.57-72.

〔18〕在中国，用文字意思来组织图像，是创造吉祥装饰的基本方法之一。对这题目有较清晰描述的著作，参见：野崎诚近，《吉祥図案解題：支那风俗の一研究》，东京，1940年；中文版较广为人知，野崎诚近，《中国吉祥图案：中国风俗研究之一》，台北，1980年。

〔19〕不少展览以立体器物来描述图案的各种寓意，如 L.A. Cort and J. Stuart, exh. cat., *Joined Colors: Decoration and Meaning in Chinese Porcelain. Ceramics from Collectors in the Min Chiu Society,* Hong Kong, Washington, 1993; exh. cat., *Jixiang-Auspicious Motifs in Chinese Art. Special Exhibition in Honor of the 30th Anniversary of the Toyokan Gallery of Oriental Art and Antiquities,* Tokyo, 1998; S. Pierson, exh. cat., *Design as Signs: Decoration and Chinese Ceramics,* London, 2001. 更多有关具有字面意义的图案，参见：Wang Qingzheng（汪庆正）, *A Dictionary of Chinese Ceramics*, Singapore, 2002, pp.243-260.

〔20〕例如，毕嘉珍探讨了文人画与装饰织锦共享的题材，但是有关绘画和房间家具的连

贯性，则有待更深入的研究。参见 M. Bickford, "Textiles as Texts: Emending the Song Literary Record with the Material Evidence of Huang Sheng's Tomb," in *Chinese Textiles*, Percival David Foundation Colloquies on Art and Archaeology, vol.19, 1997.

〔21〕 见 S. Jang, "Realm of the Immortals: Paintings Decorating the Jade Hall of the Northern Song," *Ars Orientalis*, vol.22, 1992, pp.81-96. 该文章内容多参考小川裕充：《院中の名画—董羽・巨然・燕肅から郭熙まで》，见《鈴木敬先生還曆記念中國繪画史論集》，东京，1981年，23—85页。

〔22〕 此墓的描述，见河北省文物研究所：《五代王处直墓》，北京，1998年。

〔23〕 有关屏风及其用途，较有新意的著作是 Wu Hung（巫鸿），*The Double Screen: Medium and Representation in Chinese Painting*, London, 1996.

〔24〕 虽然建筑构件是墓室房间图像的基本要素，但是无论是在以上或其他环境中，它们并没有如西方的柱子、三角墙和框缘等构件，成为装饰系统的一部分。

〔25〕 关于中国装饰的不同分类，较早的文章参见 Max Loehr（罗樾），"The Fate of Ornament in Chinese Art," *Archives of Asian Art*, vol.21, 1967—1968, pp.8-19.

〔26〕 有关动物图案分类的概论，见 Jessica Rawson, "Strange Beast in Han and Post-Han Imagery," in A. Juliano and L. Lerner eds., *Nomads, Traders and Holy Men Along China's Silk Road: Papers Presented to a Symposium held at Asia Society in New York, November 9-10, 2001. Silk Road Studies VII*, Turnhout 2002, pp.23-32.

〔27〕 这方面的研究仍然不足。但是，波纹中包含类似叶片附属物的涡卷纹，可见于战国和汉代的漆器、铜镜以及墓葬装饰。这表明中亚图案获得广泛运用。铜镜的例子，见郭玉海：《故宫藏镜》，北京，1996年，32、33、41、46和53页。

〔28〕 同注 12, E. Laing, "The Development of Flower Depiction and the Origin of the Bird-and-Flower Genre in Chinese Art," pp.182-183.

〔29〕《文物》2001年7期，40—51页。

〔30〕 陕西省考古研究所：《西安北周安伽墓》，北京，2003年。

〔31〕 A. Waley（魏莱），*The Book of Songs*, London, 1937, pp.78, 85, 106, 128 and 196.《诗经》也包括对后世诗词尤为重要的哀歌。哀歌在视觉上的表现，有别于吉祥图案。

〔32〕 S. Owen（宇文所安）, trans. and ed., *An Anthology of Chinese Poetry: Beginnings to 1911*, New York, 1996, pp.315-316.

〔33〕 同注 12，见 Johnston Laing, "Auspicious Motifs in Ninth-to-Thirteenth-Century Tombs," p.47.

〔34〕 以汉代为例，见 M. Loewe（鲁惟一）, *Divination, Mythology and Monarchy in Han China*, Cambridge, 1994. 这方面较具影响力的研究，参见：P. Sturman（石慢），"Cranes above Kaifeng: The Auspicious Image at the Court of Huizong," *Ars Orientalis*, vol.20, 1990, pp.33-68. 建立在这基础上的研究，见 M. Bickford, "Emperor Huizong and the Aesthetics of Agency," *Archives of Asian Art*, vol.53, 2002—2003, pp.71-104.

〔35〕参见本书中收录的《图像的力量——秦始皇的模型宇宙及其影响》一文。

〔36〕河南省文物研究所:《密县打虎亭汉墓》,北京,1993 年。

〔37〕B. Watson trans., *Records of the Grand Historian by Sima Qian, Qin Dynasty*, Hong Kong and New York, 1993, p.45.

〔38〕L. Ledderose, "The Earthly Paradise: Religious Elements in Chinese Landscape Art," in S. Bush and C. Murck eds., *Theories of the Arts in China*, Princeton, 1983, pp.165-183.

17

"盛世华章展"综述

　　任何展览都是一次展示、一次演出，较之历史作品和哲学讨论，它与戏剧更具可比性。虽然有人可能反对看起来轻松的分析方式，但这一方式使我们考虑展览中陈列的艺术品在原生状态下应该扮演什么角色。展览陈列与原生状态会有所不同吗？在"盛世华章展"中，我们可以看到三位清代皇帝在复杂的演出中亲自使用过的绘画、服装、瓷器、漆器和陈设品。这三位皇帝——康熙（1662—1722年在位）、雍正（1723—1735年在位）、乾隆（1736—1795年在位）善于扮演多重角色。为了适应他们统治者身份的不同环境，无论是在北京还是在承德，在佛寺还是在坛庙【图17-1】，在木兰围场还是在江南，他们都需要呈现不同的面貌。这些伟大的清朝皇帝是满族人，作为汉文化新的接受者，他们必须以不同姿态来满足不同背景的臣民的需要。

　　的确，所有统治者，可能也包括社会上所有的普通成员，都不得不扮演不同、而且不总是兼容的角色。如同在其他文章中讨论过的那样，人们在资源和文化的有限范围内，会有意设计自身的环境和物品。[1]这些环境和物品不仅能被设计者所理解，其预期的观众，包括鬼神，也同样应该具备解读它们的能力。这尤其体现在清代皇陵和寺庙的精心设计上。以陵寝为例，无论在地面建筑的安排还是在地下陵寝的构造和内容上，康、雍、乾三帝都遵循着中国皇家传统。清东、西陵显然是明十三陵的延续。它们的观众是朝廷和幽冥世界的各方人士，同时必须假设环境、陈设和陵寝内容一定要放在被大众认同和贯彻已久的中国丧葬习俗

[17-1]《雍正祭先农坛图卷》局部,清雍正年间,绢本设色,纵61.8厘米,横467.8厘米,北京故宫博物院藏。

的框架内加以理解。另一方面,清代很多寺庙都采取藏传佛教的模式。此时,典礼仪式所依据的是完全不同的一套信仰、习俗和设想。它们的建筑结构、绘画和形象归属于西藏及其附近藏区信奉的喇嘛教,并由在那些地区发展得最完满的信仰所支持。以上两个有着强烈反差的方面尤其引人注目,因为它们涉及的环境和物品源于两种截然不同且毫无关联的信仰系统和物质文化传统。相同的方式可以用来形容皇帝在北京皇宫、木兰围场,还有他们的书法诗文中表现出的不同侧面。皇帝针对不同的观众扮演不同的角色,同时需要不同的信仰和习俗来支撑不同的舞台和道具。

这个展览致力于阐释康、雍、乾三帝所扮演的角色和他们演绎这些角色时所处的背景环境。该展共分十一个部分,在选择每一部分展品时都基于这些考虑。正是这个刻意选定的主题使该展有别于展示故宫博物院藏品的其他展览。作为一个艺术品宝库,故宫博物院的绘画、陶瓷和玉器精品曾于1985年赴柏林参加"故宫博物院——紫禁城珍品展"。皇帝的性格和生活方式在1996年巴黎展中得到更加详尽的展示。除此之外,2004年在凡尔赛举办了专门表现康熙帝的展览。2002和2004年又在爱丁堡和芝加哥分别组织了乾隆展。

正如韩书瑞(Susan Naquin)在关于故宫展览的一篇充满创意的文章

中指出的，其他展览题材也逐渐涌现出来，其中包括宫廷生活中藏传佛教的重要性，以及西方人，尤其是耶稣会士，所起的作用。这些耶稣会士创立了一种融合西洋透视、光影效果与中国题材和构图的宫廷绘画风格。[2] 当人们认识到满族统治者的历史成就和清代艺术的卓越品质时，很少有人注意到艺术是如何竭力为政治和理念服务的。或者应该说，即使他们注意到了这种现象，服务的方式并没有得以清晰阐释。于2005年11月12日至2006年4月17日在英国皇家艺术学院举办的这个展览展示了清盛世的艺术精品，同时力图解析和对比展品所呈现出的皇帝的不同角色。

如同来自故宫博物院的许多其他展览那样，宫廷绘画为该展提供了框架。它们组成了展览的大部分内容，并表现出主题：皇宫与朝廷、典礼、佛教、清朝之领土、与西方人的交流、皇帝的特殊兴趣以及宫廷装饰中吉祥意象所起的作用。

清代以前很少有类似的绘画流传至今。从唐宋开始，大型绘画作品的主要功能之一是装饰墙壁，尤其是装饰宫殿中君临天下的宝座之后的屏风。这类绘画作为重要的背景环境，如同舞台上的幕布。蓬莱仙岛、高山、瑞兽，特别是龙和鹤，是典型的题材。清代，尤其在定制屏风方面，延续了这一传统做法。屏心的材质不仅仅是绘画，还可能是雕漆、珐琅和百宝嵌。皇帝不仅在这些背景前出现，他们还希望永远留住他们曾参与的事件及其吉祥背景，从而使他们的权力在臣民和朝贡者叩拜之后还能得以展示。那些表现皇帝木兰秋狝和在宫中接见使团的绘画不是简单的宫廷记录，更是权力的延续。

接近展览尾声的一个展厅专门用于展示文人画，它们与鲜艳的宫廷作品形成了反差。17世纪的画僧髡残（1612—1692）、朱耷（约1626—1705）【图17-2】与石涛（1630—1724）都属于反清势力。即便那些支持清廷的文人，创作时也采取了独立超然的绘画模式。无论被哪位画家采用，这种创作类型总是可以视为对宫廷生活的颠覆。陈列这些绘画的展厅有着不同的背景环境，不是宫廷中的楼台，而是一座幽静的花园。

在自我表达方面，皇帝也认同文人的价值观。他们收藏文人画，自己也是出色的书法家。在康熙帝收藏的文房四宝当中，一件瓷笔筒表现了他对文人文化的兴趣【图17-3】。它有着净素的背景，似乎是

[17-2] 朱耷,《秋树八哥图轴》,1703年,纸本墨笔,纵149.5厘米,横70厘米,北京故宫博物院藏。

a   b

在模仿水墨画。它同时是书法和意象的结合。绘于其上的竹子的主题与君子、清廉紧密相连。但当我们发现笔筒与水墨画的联系时，我们也看到了一个角色的表达，即皇帝已完全成为中国传统文人，习惯于统治整个国家。

这时，值得注意的是，中国的鉴赏家总把文人画和与之密不可分的书法认为是值得讨论和品评的，在某种意义上讲，就如同西方今天对艺术的看法一样。至于对所有其他类型的绘画，以及装饰艺术的很多例子，他们主要从其具备不同的功能这一方面加以关注和评价，但它们是不能与文人绘画相提并论的。本次展览不会过多探讨艺术的不同概念，无论如何相关概念因时因地而异。今天，我们倾向于用"艺术"博物馆中的"艺术"标准来看待所有艺术品，但这与"艺术"和"功能"现有的区分方式无关。这篇讨论把高品质的绘画和器物看成是18世纪中国各个层面的艺术品，它们有助于阐释皇帝各种形式的自我表达。

在对皇帝众多的描绘中还有写实类的绘画，即肖像。与前朝统治者相比，康、雍、乾三帝的肖像更多地绘制于背景环境之中。这些肖像当然包括朝服像，在皇帝百年之后，这类画像前通常会摆放供果。本次展览序幕厅中就陈列着这类肖像。它们从雍正朝起悬挂在皇宫以北景山的寿皇殿内。在这类绘画中，皇帝身着具有鲜明特色的清代朝服。但在其他方面，这些大型挂轴延续了汉族传统。皇帝也在其他环境中被加以表现，如书房中的学者形象、古装像和与孩子们共享天伦之乐的画像等。这些绘画与前朝相比，拓宽了皇家肖像画的范围，并强调了皇帝为了个

[17-3a] 墨彩竹子诗句笔筒局部,清康熙年间,高14.2厘米,北京故宫博物院藏。
[17-3b] 墨彩竹子诗句笔筒局部,高凤翰书法,"西"、"园"二印章。

体而描绘自己的需求。

有些肖像是受了如意馆中供职的耶稣会士的启发。整个展览中最引人注目的绘画之一是郎世宁（1688—1766）所绘的《乾隆大阅图》【图17-4】。君王骑马像是西方艺术家钟爱的题材。但在中国，情况有所不同。甚至连著名的"昭陵六骏"石刻中都没有表现骑手。因此，郎世宁作品的这一题材和他的绘画技巧向清廷引进了一种新的方法。可能同样有创新意味，但处于另一种精神层面之上，并针对另外一批观众的绘画是乾隆被表现成文殊菩萨的佛装像。【图17-5】中的这幅绘画是表现乾隆僧人、菩萨和世界统治者多重身份的至少八幅存世作品中的一幅；僧袍和僧帽表明他是一位僧人；莲座上的宝剑和佛经是文殊菩萨的特征；主人公周围主要神祇和僧众的聚集表明他对世界的统治。

本次展览中，雍正帝在不同姿态的自我展现方面提供了充满想象和异乎寻常的例子。一组皇帝轻松而严肃地扮演不同角色的册页诠释着展览从更多元的角度探讨的主题。【图17-6】中的这一开表现雍正身着道装降伏深渊中的蛟龙。这可能是这组以怪诞风格和有趣信息著称的册页中最具戏剧性的一开。其他几开表现皇帝装扮成著名书家米芾在石上题字；装扮成汉代传奇人物东方朔在窃取仙桃。同时为了体现他对多民族国家的统治，他被描绘成西藏喇嘛、蒙古贵族和准噶尔射手。他甚至还头戴假发，扮演起欧洲猎虎者的角色。同样充满创意的是一组表现雍正如何度过十二个月的挂轴。在想象中，皇帝担当起各种中国传统角色，如正月上元节观看子嗣们放炮；五月端午节参与赛龙舟；三月上巳节与词臣们在曲水流觞修禊赛诗。后者直接对应着4世纪王羲之在《兰亭集序》中记述的"兰亭宴集"。通过这种方式，雍正帝把自己与其领土的前世今生紧紧联系在一起。

展览中最杰出的绘画作品之一，是雍正帝以中西合璧方式自我表现的例子，即郎世宁的《嵩献英芝图》【图17-7】。这幅创作于1724年的作品乍看好似一幅花鸟画。但是，它结合了中国题材和西方表现方式。松的粗壮枝干、岩石上的戏剧化阴影和画面整体的光影对比均来自西方构图。白鹰本身带有双重意义：它一方面代表了皇帝的权威；另一方面，它象征着君权天授和胜任统治。在这里我们看到了中国祥瑞的表现。宇宙中万物莫大于天，天体的运转，以及奇花、异石、瑞兽的出现

[17-4] 郎世宁,《乾隆大阅图》,1739年或1758年,绢本墨笔设色,纵322.5厘米,横232厘米,北京故宫博物院藏。

[17-5]《乾隆普宁寺佛装像》,约1758年,绢本设色,纵108厘米,横63厘米,北京故宫博物院藏。

[17-6]《雍正行乐图册》(十四开)之"浪中降龙",清雍正年间,绢本设色,纵34.9厘米,横31厘米,北京故宫博物院藏。

[17-7] 郎世宁,《嵩献英芝图》,1724年,绢本设色,纵242.3厘米,横157.1厘米,北京故宫博物院。

被解释为预示上苍意愿的征兆。这类吉兆经常热切而忠实地以绘画方式加以记录。相关形象被认为具备原物的特征。如果白鹰的显现预示着上天的赞许，一幅类似的绘画也起着相同的作用。因此，再现祥瑞的绘画和器物被大量用于装饰社会各阶层的建筑、服装和物品。

仙鹤比白鹰更易于被认作是来自上苍的征兆。展览中的好几幅绘画作品都通过群鹤现身的方式来表现上苍对皇帝的认同。詹姆斯·考克斯（James Cox）制作的钟表也体现了对仙鹤的关注【图 17-8】。如同《嵩献英芝图》，这件钟表也是一件中西合璧的作品。但与熟知这类作品的象征意义和功效的郎世宁不同，考克斯似乎没有意识到仙鹤的作用或它的雅致。的确，这件钟表作品很容易被认为刻画的是鸵鸟。但其喙中的灵芝是它试图表现中国题材的明证。鞍上的两只桃也是长寿的象征，因为它们原本生长在西王母的蟠桃园。考克斯为中国宫廷制作过许多钟表。他经常选择西方人认为对中国观众具有吸引力的题材。但关于这件钟表，考克斯很显然没能完全理解他面对观众的文化背景。

这些吉祥的象征在各个时期的绘画和装饰艺术品中都很突出。20 世

[17-8] 铜镀金仙鹤驮亭钟，詹姆斯·考克斯制作，18世纪，高40厘米，北京故宫博物院藏。

[17-9] 百宝嵌吉庆有余八方漆盒，苏州，18世纪，高12.5厘米，长、宽各39.2厘米，北京故宫博物院藏。

纪的评论者同考克斯一样，往往把这类作品仅仅看作是装饰品。这一展览基于石慢（Peter Sturman）和毕嘉珍（Maggie Bickford）的研究成果，表现了清帝如何不遗余力地将花鸟意象用至其极。[3] 这类意象的吉祥内涵积蓄了几个世纪，它们基于记叙、诗歌和双关。没有一件作品不在传达它的信息。【图17-9】中的八方盒就带有很多美好的祝愿，是献给乾隆帝八十寿辰的礼物。盒上多子的石榴和葡萄表示子孙兴旺。松、梅与天竹使人想起岁寒三友。盒子中心的花瓶刻有"大吉"二字，瓶谐音为"平"。其他图案也蕴含着许多美好的祝愿。

最后一个展厅集中展示了吉祥意象。其中心展品为一组结合了吉祥造型和词汇的如意。如意两头的装饰形状很像传递不朽力量的灵芝。灵芝也出现在图17-7《嵩献英芝图》中，它已成为一类如意的主题，被认为可以使其持有者万事顺遂。

正是出于这个原因，雍正帝在【图17-10】中位于画面的中心，手持一柄如意。画面中这一场合的吉祥特质也被盛开的玉兰、桃树和画面前景中的牡丹加以强调。这些一起出现的植物意味着"玉堂富贵"。这幅绘画似乎还在歌颂坐在黄垫之上的皇帝和他旁边坐在红垫之上的男孩之

[17-10]《雍正观花图》,绢本墨笔设色,纵204.1厘米,横106.6厘米,北京故宫博物院藏。

间的关系。这个男孩很可能就是将成为统治中国的乾隆帝弘历。这幅画可能创作于雍正秘密决定传位于皇四子弘历之时，但更可能是1736年弘历登基之后命人创作的。若后一种假设成立，对这幅画的吉祥解读是在确认雍正的决定，并预示和保证乾隆统治能够如其心意。

乾隆帝非常喜爱如意。如意经常成套进献，通常每套的数目是吉祥数字九。故宫博物院2003—2004年不同寻常的如意展使"盛世华章展"的策展人想到，该展应该为乾隆帝珍爱的这些非凡的珍玩留一个中心位置。其中一套雕有花卉和植物的木如意有着上文提及的双关、谐音等功能的图案。虽然其他如意的材质和图案各异，但也通过使用材质（金或玉）、题材、隐喻等种种手段，与如意这种形式一起表达各种内涵。

就像乾隆帝在图17-10中占据了一个关键位置，把其父皇、他和清廷的吉祥形象用至极致那样，在收藏各类古玩时，他也把自己放到了另一个世界中，即中国古典文化的中心位置。乾隆帝遵循了皇室收藏的悠久传统，但他是其中最为投入的一个。古铜器和玉器是与中国历史上的黄金时代——伟大的夏、商、周的直接联系。书画的大量收藏是皇权合法性的象征——图表和文字的延续。但乾隆帝比前代藏家更为痴迷，他是一位认真的批评家，撰写文物评论，经常在瓷器、玉器，尤其是绘画上留下题跋。这一程序的基本组成部分就是表现皇帝亲自品评书画作品的印鉴。这些印鉴表明御览、品质、著录和收藏地。只有当他年过古稀和耄耋之年时，才开始使用歌颂自己成就的印章，如【图17-11】中的"古稀天子之宝"和"八徵耄念之宝"。它们被钤盖在纸本和绢本的最为重要的作品之上。通过题跋和印章，乾隆帝把自己融入了作品。这是向自己和后代展示他作为中国文化的守护者和传承者的间接而生动的方式。乾隆帝也通过他命人编写的皇家收藏著录亲近过去，但还是印章和题跋使他显而易见地融入了中国文化本身。

来自和阗的一座玉山把乾隆帝的多重角色融为一体【图17-12】。没有他在新疆的军事胜利，是不可能找到这块巨型软玉，并把它运至北京的。它的形状使它与中国世界的组成部分——山——产生了各种联系。雕刻的题材"会昌九老"指的是唐代诗人白居易（772—846）与朋友之间的文人雅集。在此，文人的价值与玉石的价值紧密相连，因为玉石从中国古代起就被认为具有君子的特质。

[17-11]"古稀天子之宝",1780年,与"八徵耄念之宝",1790年,高11厘米,北京故宫博物院藏。

[17-12] 会昌九老玉山,1787年,高114.5厘米,宽90厘米,北京故宫博物院藏。

很显然，无论一个展览，如"盛世华章展"，如何努力表现历史人物的角色和背景，它都不可能准确无误地达到这一目的。确实如此，展览不可能把即使是一个背景下的所有必需部分都聚集在一起，但更重要的是，它也不可能复制表演者或观众。除此之外，不同群体的臣民和廷臣可能会以各种不同方式来解读君王的角色和姿态。虽然今天我们难以探知这些各异的解读，但我们可以把这场演出视为由故宫博物院和皇家艺术学院共同组织的表演，而我们自己就是观众。在这场演出中，我们再次瞥见了皇帝在争取和行使权力时的角色和背景。与其说这是复原，不如说是在追溯这些陈列在此的作品是如何用高超的艺术水平来支持这些杰出的统治者的。这些夺目而细腻的绘画、瓷器和织绣把北方的满族领袖转变成为汉、蒙、藏民族的统治者。促成这一转变的不仅是背景环境，还有佛教典仪、儒家经典和书法技巧的掌握。就像这些绘画、瓷器和漆器在短时间内把皇家艺术学院变成了一座小型宫殿，它们在其时代，当君王面临命令和掌控人民、往昔和未来的挑战时，也是促成君王转变的组成部分。

（收录于《盛世华章：中国 1662—1795》，紫禁城出版社，2008 年）

[1] 参见本书收录的《中国的丧葬模式——思想与信仰的知识来源》一文。

[2] Susan Naquin, "The Forbidden City Goes Abroad: Qing History and the Foreign Exhibitions of the Palace Museum, 1974—2004," *T'oung Pao* 90, 2004, pp.341-397.

[3] Maggie Bickford, "Emperor Huizong and the Aesthetics of Agency," *Archives of Asian Art* 53, 2002—2003, pp.71-104; Peter Sturman, "Cranes above Kaifeng: The Auspicious Image at the Court of Huizong," *Ars Orientalis* 20, 1990, pp.33-68.

文章出处

青铜器

1. 装饰纹样与地域——汉中青铜器的个案

   "Ornament and Territory: The Case of the Bronzes from Hanzhong," forthcoming in Cao Wei ed., *Hanzhong chutu Shangdai qingtongqi*, 4 vols., Chengdu: Sichuan chubanshe, Ba Shu chubanshe, 2006—2011.

2. 是政治家，还是野蛮人？——从青铜器看西周

   "Statesmen or Barbarians, the Western Zhou as Seen Through Their Bronzes," British Academy Albert Reckitt Archaeological Lecture, 19th October 1989, *Proceedings of the British Academy*, LXXV, 1989, pp.71-95.

3. 西周青铜铸造技术革命及其对各地铸造业的影响

   "A Bronze-casting Revolution in the Western Zhou and Its Impact on Provincial Industries," in R. Maddin ed., *The Beginnings of the Use of Metals and Alloys, Papers from the Second International Conference on the Beginnings of the Use of Metals and Alloys,* **Zhengzhou, China,** 21-26 October 1986, Boston: Massachusetts Institute of Technology, 1988, pp.228-238.

4. 战国及秦汉时期的礼器变化

   "Ritual Vessel Changes in the Warring States, Qin and Han Periods," in *Regional Culture, Religion and Arts before the Seventh Century, Papers from the Third International Conference on Sinology, History Section*, Taipei: Institute of History & Philology, Academia Sinica, 2002, pp.1-57.

复古维新

5. 古代纹饰的复兴与过去的呈现——来自商周青铜器的例子

   "Reviving Ancient Ornament and the Presence of the Past: Examples from Shang and Zhou Bronze Vessels," in Wu Hung ed., *Reinventing the Past: Archaism and Antiquarianism in Chinese Art and Visual Culture*, Chicago: Art Media Resources, 2010, pp.47-76.

6．复古维新——以中国青铜器为例

"Novelties in Antiquarian Revivals: The Case of the Chinese Ritual Bronzes," *The National Palace Museum Research Quarterly*, vol.22, no.1, Autumn, 2004, pp.1-34.

7．中国青铜器的传承

"The Ancestry of Chinese Bronzes," in Steven Lubar and W. David Kingery eds., *History from Things: Essays on Material Culture*, Washington, Smithsonian Institution Press, 1993, pp.51-73.

墓　葬

8．中国的丧葬模式——思想与信仰的知识来源

"Chinese Burial Patterns: Sources of Information on Thought and Belief," in Chris Scarre and Colin Renfrew eds., *Cognition and Culture: the Archaeology of Symbolic Storage*, Cambridge: McDonald Institute for Archaeological Research, 1998, pp.107-133.

9．图像的力量——秦始皇的模型宇宙及其影响

"The Power of Images: The Model Universe of the First Emperor and Its Legacy," *Historical Research*, vol.75, no.188, May 2002, pp.123-154.

10．西汉的永恒宫殿——新宇宙观的发展

"The Eternal Palaces of the Western Han: A New View of the Universe," *Artibus Asiae*, vol. LIX, 1/2, 1999, pp.5-58.

11．作为艺术、装饰与图案之源的宇宙观体系

"Cosmological Systems as Sources of Art, Ornament and Design," *Bulletin of the Museum of Far Eastern Antiquities*, vol.72, 2000, pp.133-189.

12．中国山水画的缘起——来自考古材料的证明

"The Origins of Chinese Mountain Painting: Evidence from Archaeology," *Proceedings of the British Academy*, vol.117, 2002, pp.1-48.

中西交通

13．红玛瑙珠、动物塑像和带有异域风格的器物——公元前 1000—前 650 年前后周及其封国与亚洲内陆的交流迹象

"Carnelian Beads, Animal Figures and Exotic Vessels: Traces of Contact between the Chinese States and Inner Asia, c.1000—650BC," *Archäeologie in China*, vol.1, Bridging Eurasia, 2010, pp.1-42.

14．中国的博山炉——由来、影响及其含义

"The Chinese Hill Censer, boshanlu: A Note on Origins, Influences and Meanings," *Ars Asiatiques, Volume en homage á Madame Michéle Pirazzoli t'Serstevens*, vol.61, 2006, pp.75-86.

装饰系统

15．万历皇帝画像的载体作用

"A Portrait of the Wanli Emperor: Art Ritual and Agency," in Robin Osborn and Jeremy Tanner eds., *Arts' Agency*, Oxford: Blackwells, 2007, pp.95-113.

16．装饰系统——中国的花鸟图像

"Ornament as System: Chinese Bird-and-Flower Designs," *The Burlington Magazine*, June 2006, pp.380-389.

17．"盛世华章展"综述

"China: The Three Emperors, 1662—1795: An Exhibition from the Palace Museum, Beijing," *Orientations*, vol. 36, no.8, 2005, pp.46-55.

杰西卡·罗森学术简表

职 位

2000 年至今	牛津大学中国艺术与考古教授
2013—2014	剑桥大学斯莱德美术讲座教授
2005—2010	牛津大学副校长
1994—2010	牛津大学墨顿学院院长
1987—1994	大英博物馆东方部主任
1967—1987	大英博物馆东方部

荣 誉

1990	英国学术院院士
1994	大英帝国司令勋章（CBE）
2002	大英帝国爵级司令勋章（DBE）

重要出版物

图书和图录

With Kristian Göransson eds., *China's Terracotta Army*, Stockholm, 2010.

Treasures of Ancient China: Bronzes and Jades from Shanghai, London, 2009.

Contributions to *The First Emperor: China's Terracotta Army* (Jane Portal ed.), London 2007.

With Evelyn Rawski eds., *China: The Three Emperors, 1662—1795*, London Royal Academy Publications, 2005.

Mysteries of Ancient China: New Discoveries of the Early Dynasties, British Museum Press, 1996.

Chinese Jade, from the Neolithic to the Qing, British Museum Press, London, 1995.

British Museum Book of Chinese Art, ed., London, 1992.

With Emma Bunker, *Ancient Chinese and Ordos Bronzes*, Hong Kong: Oriental Ceramic

Society, 1990.

Western Zhou Ritual Bronzes from the Arthur M. Sackler Collections, Arthur M. Sackler Foundation and the Arthur M. Sackler Museum, Harvard University, Washington and Cambridge, Mass. Harvard University Press, 1990.

The Bella and P.P. Chiu Collection of Ancient Chinese Bronzes, Hong Kong, 1988.

Chinese Bronzes Art and Ritual, London: British Museum Publications, 1987.

Chinese Ornament: the Lotus and the Dragon, London: British Museum Publications, 1984.

Ancient China, Art and Archaeology, London: British Museum Publications, 1980.

Animals in Art, London: British Museum Publications, 1977.

With John Ayers: *Chinese Jade Throughout the Ages*, London, 1975.

文 章

"Reviving Ancient Ornament and the Presence of the Past: Examples from Shang and Zhou Bronze Vessels," in Wu Hung ed., *Reinventing the Past: Archaism and Antiquarianism in Chinese Art and Visual Culture*, Chicago: Art Media Resources, 2010, pp. 47-76.

"Carnelian Beads, Animal Figures and Exotic Vessels: Traces of Contact between the Chinese States and Inner Asia, c. 1000—650BC," *Archäeologie in China,* vol. 1, Bridging Eurasia, 2010, pp.1-42.

"In Search of Ancient Red Beads and Carved Jade in Modern China," *Cahiers d'Extrême-Asie*, vol.17, pp.1-15.

"The First Emperor's Tomb: The Afterlife Universe," in J. Portal ed., *The First Emperor: China's Terracotta Army*, London, 2007.

"A Portrait of the Wanli Emperor: Art Ritual and Agency," in Robin Osborn and Jeremy Tanner eds., *Arts' Agency*, Oxford: Blackwells, 2007, pp.95-113.

"The Chinese Hill Censer, boshanlu: A Note on Origins, Influences and Meanings," *Ars Asiatiques, Volume en homage á Madame Michéle Pirazzoli t'Serstevens*, vol. 61, 2006, pp. 75-86.

"Ornament as System: Chinese Bird-and-Flower Designs," *The Burlington Magazine*, June 2006, pp.380-389.

"Han Dynasty Tomb Planning and Design," in Chrystelle Maréchal and Yau Shun-Chiu eds., *Cang Jie des Symposiums Internationaux, Le Monde Visuel Chinois*, Paris: Éditions

Languages Croisés, Centre de Recherchés Linguistic sur L'Asie Orientale, École des Hautes Études en Science Sociales, 2006, pp.103-116.

"Novelties in Antiquarian Revivals: The Case of the Chinese Ritual Bronzes," *The National Palace Museum Research Quarterly* vol.22, no.1, Autumn, 2004, pp.1-34.

"A Study of Later Chinese Metalwork," in Michael Cowell, Susan La Niece, Jessica Rawson eds., *Scientific Research in The Field of Asian Art, Proceedings of the First Forbes Symposium at the Freer Gallery of Art*, Archetype Publications Ltd., 2003, pp 80-89.

"Strange Beasts in Han and Post-Han Imagery," in Annette L. Juliano and Judith A. Lerner eds., *Nomads, Traders and Holy Men along China's Silk Road, Papers presented at a symposium held at The Asia Society in New York, November 9-10, 2001*. Silk Road Studies VII, Belgium: Brepols Publishers, 2002, pp.23-32.

"Ritual Vessel Changes in the Warring States, Qin and Han Periods," in *Regional Culture, Religion and Arts before the Seventh Century, Papers from the Third International Conference on Sinology, History Section*, Taipei: Institute of History & Philology, Academia Sinica, 2002, pp.1-57.

"The Origins of Chinese Mountain Painting: Evidence from Archaeology," *Proceedings of the British Academy*, vol.117, 2002, pp. 1-48.

"The Power of Images: The Model Universe of the First Emperor and Its Legacy," *Historical Research*, vol. 75, no.188, May 2002, pp.123-154.

"Tombs and Tomb Furnishings of the Eastern Han Period (AD 25—220), " in R. W. Bagley ed., *Ancient Sichuan, Treasures from a Lost Civilization*, Seattle: Seattle Art Museum and Princeton University Press, 2001, pp.253-307.

"The Many Meanings of the Past in China," in Dieter Kuhn and Helga Stahl eds., *Die Gegenwart des Altertums, Formen und Funktionen des Altertumsbezugs in den Hochkulturen der Alten Welt*, Heidelberg: Edition Forum, 2001, pp.397-421.

"Creating Universes: Cultural Exchange as Seen in Tombs in Northern China between the Han and Tang Periods," in Wu Hung ed., *Between Han and Tang: Cultural and Artistic Interaction in a Transformative Period*, Beijing: Cultural Relics Publishing House, 2001, pp.113-149.

"Cosmological Systems as Sources of Art, Ornament and Design," *Bulletin of the Museum of Far Eastern Antiquities*, vol. 72, 2000, pp.133-189.

《从欧洲和地中海以西艺术的观点看早期中国的艺术和考古以及中国的统一》，见北京大学中国传统研究中心编：《文化的馈赠——汉学研究国际会议论文集（考古学卷）》，北京：北京大学出版社，2000 年，164 – 169 页。

"The Eternal Palaces of the Western Han: A New View of the Universe," *Artibus Asiae*, vol. LIX, 1/2, 1999, pp.5-58.

"Western Zhou Archaeology," in Michael Loewe and Edward Shaughnessy eds., *The Cambridge History of Ancient China*, Cambridge: Cambridge University Press, 1999, pp.352-449.

"Ancient Chinese Rituals as Seen in the Material Record," in J. McDermott ed., *Court and State Rituals in China*, Cambridge, 1999, pp.20-49.

"Ewige Wohnstätten: Die Graber des Königs von Nan Yue und der kaiserlichen Prizen in Ostchina," in Margarete Prüch ed., *Schätze für König Zhao Mo, Das Grab von Nan Yue (catalogue of an exhibition in Schirn Kunsthalle Frankfurt*, 5 December 1998-22 January 1999), Heidelberg: Braus Verlag, 1998, pp.80-95.

"Transformed into Jade: Changes in Material in the Warring States, Qin and Han periods," 收录于邓聪主编：《东亚玉器》，香港：香港中文大学，1998，中卷，125-136 页。

"Chinese Burial Patterns: Sources of Information on Thought and Belief," in Chris Scarre and Colin Renfrew eds., *Cognition and Culture: the Archaeology of Symbolic Storage*, Cambridge: McDonald Institute for Archaeological Research, 1998, pp.107-133.

"Strange Creatures," *Oriental Art*, June 1998, pp.44-47.

"Thinking in Pictures: Chinese Tomb Figures in the Chinese View of the Afterlife," *Transactions of the Oriental Ceramic Society*, vol. 61, 1996—1997, 1998, pp.19-37.

"Some Examples of Human and Human-like Faces on Shang and Western Zhou bronzes," in Archaeology Department of Peking University ed., *Proceedings of the International Conference on Chinese Archaeology Enters the Twenty-first Century*，北京：科学出版社，1998, pp.124-148.

《殷商时期中原地区与南方的青铜文化交流》，收录于马承源编：《吴越地区青铜器研究论文集》，香港：两木出版社，1997 年，147 – 166 页。

"The Reuse of Ancient Jades," in Rosemary Scott ed., *Chinese Jades, Colloquies on Art and Archaeology in Asia no.18*, London: University of London, Percival David Foundation of Chinese Art, 1997, pp.171-186.

"Some Jades from a Western Zhou Period Tomb at Beijing Fangshan Luilihe," 收录于北京市文物研究所编:《北京建城 3040 年暨燕文明国际学术研讨会会议专辑》,北京:燕山出版社,1997,327–332 页。

"Overturning Assumptions: Art and Culture in Ancient China," *Apollo*, March 1997, pp.3-9.

《中亚银器及其对中国陶瓷的影响》,《陕西历史博物馆馆刊》第 3 辑,1996, 203–213 页。

"Changes in the Representation of Life and the Afterlife as Illustrated by the Contents of Tombs of the T'ang and Sung Periods," in Maxwell K. Hearn and Judith G. Smith ed., *Arts of the Sung and Yuan*, New York, Metropolitan Museum of Art, 1996, pp. 23-44.

"Western Zhou Jades from tomb 1 at Fufeng Qiangjia: Further Evidence for Ritual Changes in the Western Zhou," 收录于石兴邦编:《考古学研究——纪念陕西省考古研究所成立三十周年》,西安,1993 年,744–752 页。

"Contact between Southern China and Henan during the Shang period," *Transactions of the Oriental Ceramic Society*, vol. 57, 1992—1993, pp.1-24.

"Ancient Chinese Ritual Bronzes: the Evidence from Tombs and Hoards of the Shang (c. 1500—1050 BC) and the Western Zhou periods (c. 1050—771 BC)," *Antiquity*, vol. 67, no.257, December 1993, pp.805-823.

《中国陶瓷及其形式——十到十四世纪》,《上海博物馆辑刊》,1993 年,257–272 页。

"The Ancestry of Chinese Bronzes," in Steven Lubar and W. David Kingery eds., *History from Things: Essays on Material Culture*, Washington and London, Smithsonian Institution Press 1993, pp. 51-73.

"Late Shang Dynasty Bronze Ornament: Purpose or Meaning," in Roderick Whitfield ed., *The Problem of Meaning in Early Chinese Ritual Bronzes*, London, 1992, pp. 67-95.

"Shang and Western Zhou Designs in Jade and Bronze," 为 1991 年 "中国艺术史国际学术研讨会"提交的论文,台北:故宫博物院,73–105 页.

"Central Asian Silver and its Influence on Chinese Ceramics," paper presented to the Second European Seminar on Central Asian Studies, University of London (SOAS) 7th - 10th April 1987, *Bulletin of the Asia Institute*, vol. 5, 1991, pp.139-151.

"Statesmen or Barbarians, the Western Zhou as Seen through Their Bronzes," British Academy Albert Reckitt Archaeological Lecture, 19th October 1989, *Proceedings of the British Academy*, LXXV, 1989, pp.71-95.

With Ian Freestone and Nigel Wood, "Chinese Bronze Casting Molds and Ceramic Figures," in P.E. McGovern et al. ed., *Ceramics and Civilization, volume IV, Cross-craft and Cross-cultural Interactions in Ceramics*, Westville: The American Ceramic Society, 1989, pp.253-273.

"Chinese Silver and Its Influence in Porcelain Development," in P.E. McGovern et al. ed., *Ceramics and Civilization, volume IV, Cross-craft and Cross-cultural Interactions in Ceramics*, Westville: the American Ceramic Society, 1989, pp.275-299.

"Chu Influences on the Development of Han Bronze Vessels," *Arts Asiatiques*, vol. XLIV, 1989, pp.84-99.

With M. Tite and M. J. Hughes, "The Export of Tang Sancai Wares: Some Recent Researches," *Transactions of the Oriental Ceramic Society*, vol. 52, 1987—1988, pp.39-64.

《西周晚期礼器的变化》,《周秦汉唐考古和文化国际学术会议论文集》, 西安: 西北大学学报编辑部, 1988 年, 68－72 页。

"A Bronze-casting Revolution in the Western Zhou and Its Impact on Provincial Industries," in R. Maddin ed., *The Beginnings of the Use of Metals and Alloys, Papers from the Second International Conference on the Beginnings of the Use of Metals and Alloys, Zhengzhou*, China, 21-26 October 1986, Boston: Massachusetts Institute of Technology, 1988, pp.228-238.

"Western Zhou Sources of Interlaced Motifs," in Rosemary Scott and Graham Hutt ed., *Style in the East Asian Tradition, Colloquies on Art and Archaeology in Asia*, no. 14, London: Percival David Foundation, 1987, pp.38-64.

"An Unusual *You* in the British Museum," *Orientations*, June 1987, pp. 44-49.

《中国银器和瓷器的关系（公元 600—1400 年）——艺术史和工艺方面的若干问题》,《故宫博物院院刊》1986 年 4 期, 32－36 页。

"Tombs or Hoards: The Survival of Chinese Silver of the Tang and Song Periods, Seventh to Thirteenth Centuries AD," in Michael Vickers ed., *Pots and Pans*, Oxford, 1986, pp.31-56.

"Song Silver and Its Connections with Ceramics," *Apollo*, July 1984, pp.18-23.

"Eccentric Bronzes of the Early Western Zhou," *Transactions of the Oriental Ceramic Society*, vol. 47, 1982—1983, pp.11-32.

"The Ornament of Chinese Silver of the Tang Dynasty," *British Museum Occasional Paper*, no. 40, London, 1982.

"The Transformation and Abstraction of Animal Motifs on Bronzes from Inner Mongolia and Northern China," in Philip Denwood ed., *Arts of the Eurasian Steppelands, Colloquies on Art and Archaeology in Asia*, no.7, London: University of London, Percival David Foundation of Chinese Art, School of Oriental and African Studies, 1978, pp.52-73.

"The Surface Decoration on Jades of the Chou and Han Dynasties," *Oriental Art*, vol.XXI, no.1, 1975, pp.36-52.

"A Group of Han Dynasty Bronzes with Chased Decoration and Some Related Ceramics," *Oriental Art*, vol. XIX, no. 4, 1973, pp.405-420.

"Chinese Bronzes from the Sedgwick Collection," *Oriental Art*, vol.XXVI, no.2, 1971, pp.148-155.

"A Pair of Chinese Bronze Ritual Vessels," *Apollo*, August 1972, pp.124-127.

Simplified Chinese Copyright © 2017 by SDX Joint Publishing Company.
All Rights Reserved.
本作品简体中文版权由生活·读书·新知三联书店所有。
未经许可，不得翻印。

图书在版编目（CIP）数据

祖先与永恒：杰西卡·罗森中国考古艺术文集／（英）罗森著；邓菲等译．—2版．—北京：生活·读书·新知三联书店，2017.8
（开放的艺术史）
ISBN 978-7-108-06029-7

Ⅰ.①祖… Ⅱ.①罗… ②邓… Ⅲ.①考古-中国-文集 Ⅳ.① K870.4-53

中国版本图书馆 CIP 数据核字（2017）第 167683 号

责任编辑　杨　乐
装帧设计　蔡立国
责任印制　宋　家
出版发行　生活·讀書·新知三联书店
　　　　　（北京市东城区美术馆东街22号 100010）
网　　址　www.sdxjpc.com
经　　销　新华书店
印　　刷　河北鹏润印刷有限公司
版　　次　2011年12月北京第1版
　　　　　2017年8月北京第2版
　　　　　2017年8月北京第2次印刷
开　　本　720毫米×1000毫米 1/16 印张35.5
字　　数　545千字
印　　数　06,001-12,000册
定　　价　92.00元
（印装查询：01064002715；邮购查询：01084010542）